日本の近代・現代を支えた建築

建築技術100選

霞が関ビルディング（1968（昭和43）年）

日本で初めて実現した本格的な超高層ビル——[035]公開空地、[036]都心再開発、[043]鉄骨造、[046]耐震設計法、[048]制振、[050]超高層ビル、[071]カーテンウォール、[098]容積率規制、[100]建築基準の性能規定化

軍艦島（1890（明治23）年三菱社採掘開始）

炭鉱を採掘するため、企業が住宅群に加えて学校・病院・社寺・遊興施設などさまざまな生活施設を、鉄筋コンクリートを主に用いて建設した——[003]炭鉱住宅、[061]場所打ちコンクリート

丸の内ビルヂング（1923（大正12）年）

アメリカ・フラー社によって鉄骨造で建設され、関東大震災を経て鉄筋コンクリートで補強された——[044]鉄骨鉄筋コンクリート造

同潤会青山アパート（1926–27（大正 15–昭和 2）年）

関東大震災を受けて財団法人同潤会が創設され、東京を中心につくられた鉄筋コンクリート造のアパート――［002］同潤会アパートメント

神奈川県庁舎（1928（昭和 3）年）

シンボル性を高めるために、塔や日本趣味などの意匠を凝らした庁舎建築が出現――［024］庁舎建築

神奈川県立近代美術館(1951(昭和26)年)

日本の近代化とともに文化施設も近代化を遂げ、「ホワイトキューブ」と呼ばれる白い展示壁面を採用した美術館も現れた——[**023**]公共文化施設

金岡団地(1956(昭和31)年)

住宅不足の解消と良好な居住環境の形成が目指され、団地をはじめとしたさまざまな集合住宅がつくられた——[**005**]団地

ホテルニューオータニ（1964（昭和39）年）**の建設工事**
超高層ビルにはさまざまな新技術が導入された。たとえば、浴室のプレファブ化により大幅な工期短縮を達成した——［050］超高層ビル、［069］外装タイル、［071］カーテンウォール、［079］浴室ユニット

国立代々木競技場 第一体育館（1964（昭和39）年）**の建設工事**
吊り構造により一〇〇mスパンの無柱空間を実現した——[027]宗教建築・祈念施設、[029]東京オリンピック、[052]シェル・空間構造

セキスイハイムM1(1971(昭和46)年販売開始)**のユニット工場**

住宅メーカーは工場生産化率の高さを競った──[018]工業化住宅

柏駅ペデストリアンデッキ(1973(昭和48)年)

歩車分離を考え、国鉄(現、JR)柏駅東口に日本で最初のペデストリアンデッキがつくられた──[034]ペデストリアンデッキ

芦屋浜高層住宅（1979（昭和54）年）

住宅行政の主要課題と関連してパイロットプロジェクトが実施され、兵庫県芦屋浜では3,400戸の高層住宅団地を工業化工法を用いて建設した――[005]団地、[019]パイロットプロジェクト

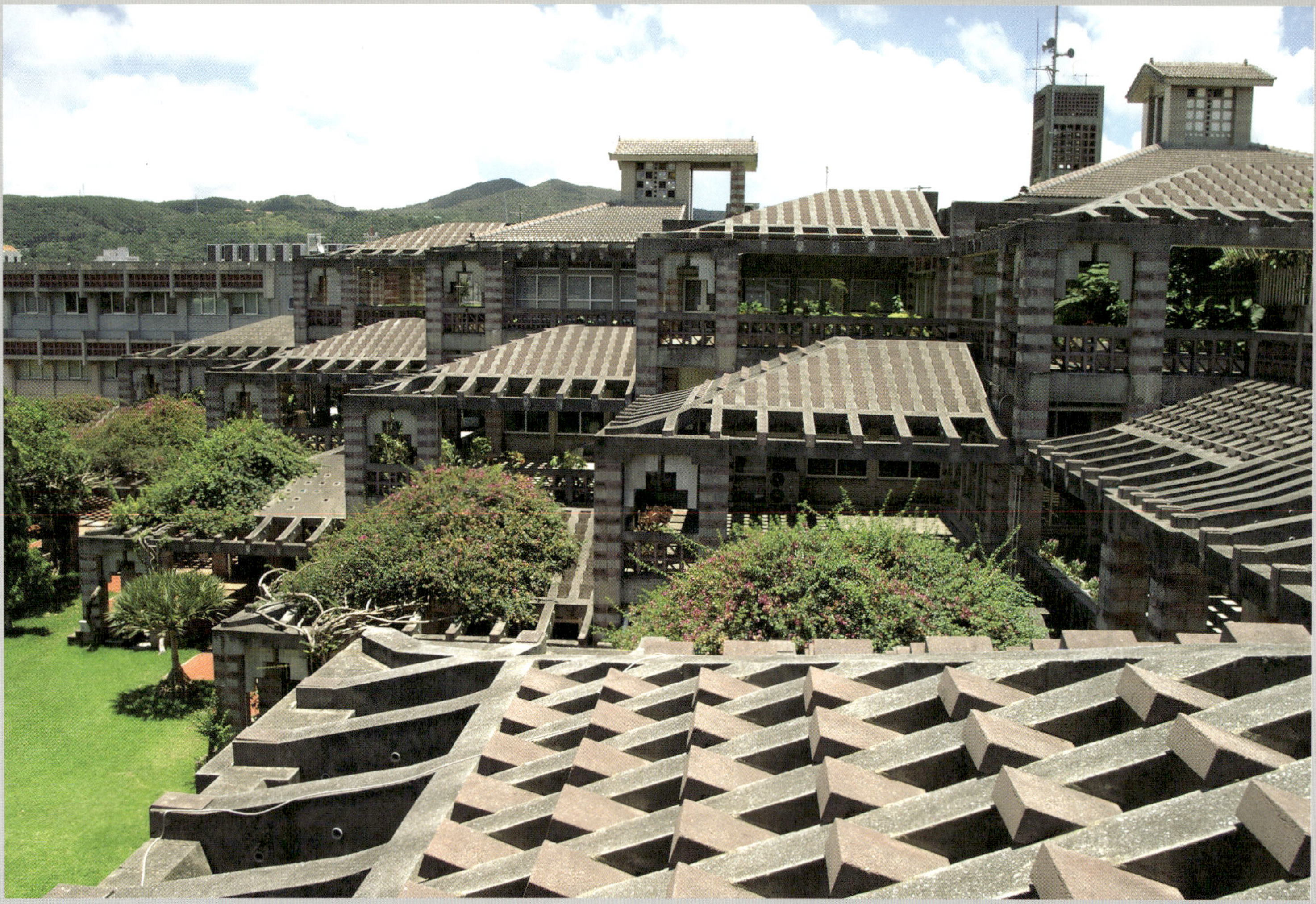

名護市庁舎（1981（昭和56）年）

亜熱帯の気候風土に対応した地域主義的な環境建築――[026]沖縄型建築

アークヒルズ（1986（昭和61）年）

オフィス、ホテル、文化施設などを複合させた大規模再開発の先駆け――[036]都心再開発、[085]地域冷暖房

梅田スカイビル（1993（平成5）年）

ガラスが空を映して空中庭園展望台を浮かんでいるかのように見せている──［071］カーテンウォール

大館樹海ドーム（1997（平成9）年）

高さ52m、長径178×短径157mに及ぶ国内最大の木造建築──［052］シェル・空間構造、［053］膜構造建築、［060］大規模木造

東京駅丸の内駅舎（2012（平成24）年改修）

免震レトロフィットの技術や特例容積率適用地区の制度を使って保存された──[044]鉄骨鉄筋コンクリート造、[047]免震構造、[062]代用資材・竹筋コンクリート、[069]外装タイル、[093]歴史的建築物の保存・再生、[096]リノベーション・コンバージョン

商工中金

日本の
近代・現代を
支えた建築

建築技術
100選

一般財団法人 日本建築センター
公益財団法人 建築技術教育普及センター

日本の近代・現代を支えた建築—建築技術100選—

委員会

［委員長］

深尾精一（首都大学東京 名誉教授）

［委員］

浅見泰司（東京大学大学院工学系研究科 教授）

磯 達雄（建築ジャーナリスト、株式会社フリックスタジオ 取締役）

井上章一（国際日本文化研究センター 教授）

頴原澄子（千葉大学大学院工学研究科 准教授）

小見康夫（東京都市大学工学部建築学科 教授）

熊谷亮平（東京理科大学工学部建築学科 准教授）

権藤智之（東京大学大学院工学系研究科 特任准教授）

佐々木 宏（公益財団法人 住宅リフォーム・紛争処理支援センター 理事長）

速水清孝（日本大学工学部建築学科 教授）

松葉一清（武蔵野美術大学 教授）

松村秀一（東京大学大学院工学系研究科 特任教授）

三井所清典（公益社団法人 日本建築士会連合会 会長、芝浦工業大学 名誉教授）

山名善之（東京理科大学理工学部建築学科 教授）

吉川 洋（立正大学経済学部 教授）

吉見俊哉（東京大学大学院情報学環 教授）

ワーキンググループ

［作業WG主査］

小見康夫（東京都市大学工学部建築学科 教授）

［編集WG主査］

磯 達雄（建築ジャーナリスト、株式会社フリックスタジオ 取締役）

［委員］

大竹 亮（株式会社 日本建築住宅センター 常務取締役）

熊谷亮平（東京理科大学工学部建築学科 准教授）

権藤智之（東京大学大学院工学系研究科 特任准教授）

速水清孝（日本大学工学部建築学科 教授）

山道雄太（株式会社フリックスタジオ）

オブザーバー

国土交通省住宅局建築指導課

国土交通省住宅局市街地建築課

（所属は2019年3月末現在）

はじめに

2019年は建築基準法の前身である「市街地建築物法」が制定されてから100年目にあたります。本書の出版は、その百周年を記念するために企画されました。市街地建築物法は1919年に制定され、1950年の建築基準法の制定に引き継がれ、その後、幾多の改正を経て今日の建築基準法へと変遷してきました。その背景となった、わが国の近代・現代を支えた建築・建築技術の歩みを明らかにするために、百の「建築・建築技術」を選ぶというのが、そもそもの本書の企画でした。

近現代の社会の発展に寄与してきた「建築・建築技術」を、誰もが納得できるように百選ぶという、大変難しい課題をいただいたわけです。

選定にあたっては、選定委員会（選定後、編集委員会に改称）を設け、委員には建築分野だけでなく、広く、社会・経済・歴史・都市計画・ジャーナリズムなどの分野を代表する専門家にお集まりいただきました。また、比較的若手の学識者で構成する作業ワーキンググループと、選定したものを書籍に取りまとめるための編集ワーキンググループを設けました。

委員会では、「建築・建築技術100選」という命題に対し、「何を」「どのように」選ぶか、から議論を始め、「「建築」と「建築技術」のどちらを対象とするのか」「建築を選定することは、過去に幾度も繰り返されている」「建築技術を選び、事例として建築について語るというアプローチもある」などの意見が出されました。議論を経て、建築・建築技術について、キーワード（テーマ）を設け、ストーリーを立てて整理し100年間を振り返るという方向になり、「100のキーワードで100年間の建築・建築技術について語る」ことに収束しました。その後、作業ワーキンググループで整理・提案したキーワードの136候補に対し、委員による意見交換と投票を経て、「100のキーワード」を選定するに至ります。このキーワードについては、「住宅」「一般建築」「各種構造」「建築生産・設備」「政策・地域計画」の5分野に分けて扱うこととしました。

執筆にあたっては、「キーワード」ごとに、そこで取り上げられている「建築・建築技術」について、その成り立ち、実現された新たな建築空間、社会や私たちの生活との関わりなどを明らかにするという方針のもと、なるべく多くの方に書いていただくこととし、結果として91名の方に執筆をお願いすることとなりました。また、日本を代表する建築分野の学識者の方々に、座談会形式で関連するご意見を伺い、それを本書に収録しています。

本書を発行する目的のひとつに、「日本の100年間における建築・建築技術の全体像や日本の独自性を、これから建築を学ぶ若い人に伝える」ということがあります。建築を創造し、そのために必要な技術を生み出し紡いできた人々の叡智と創造力を、「100のキーワード」の形で若い人々に届けられれば、この本の目的のひとつは果たせることになると思います。そして、歴史を振り返ることで未来を見出すというような本となればと考えています。

最後に、日本の近代・現代を支えた建築―建築技術100選―委員会の先生方、100のキーワードをご執筆いただいた執筆者の方々、また、本書に関わったすべての方々へ感謝を申し上げ、本記念出版の冒頭のご挨拶とさせていただきます。

日本の近代・現代を支えた建築 ―建築技術100選― 委員会
委員長　深尾精一

目次

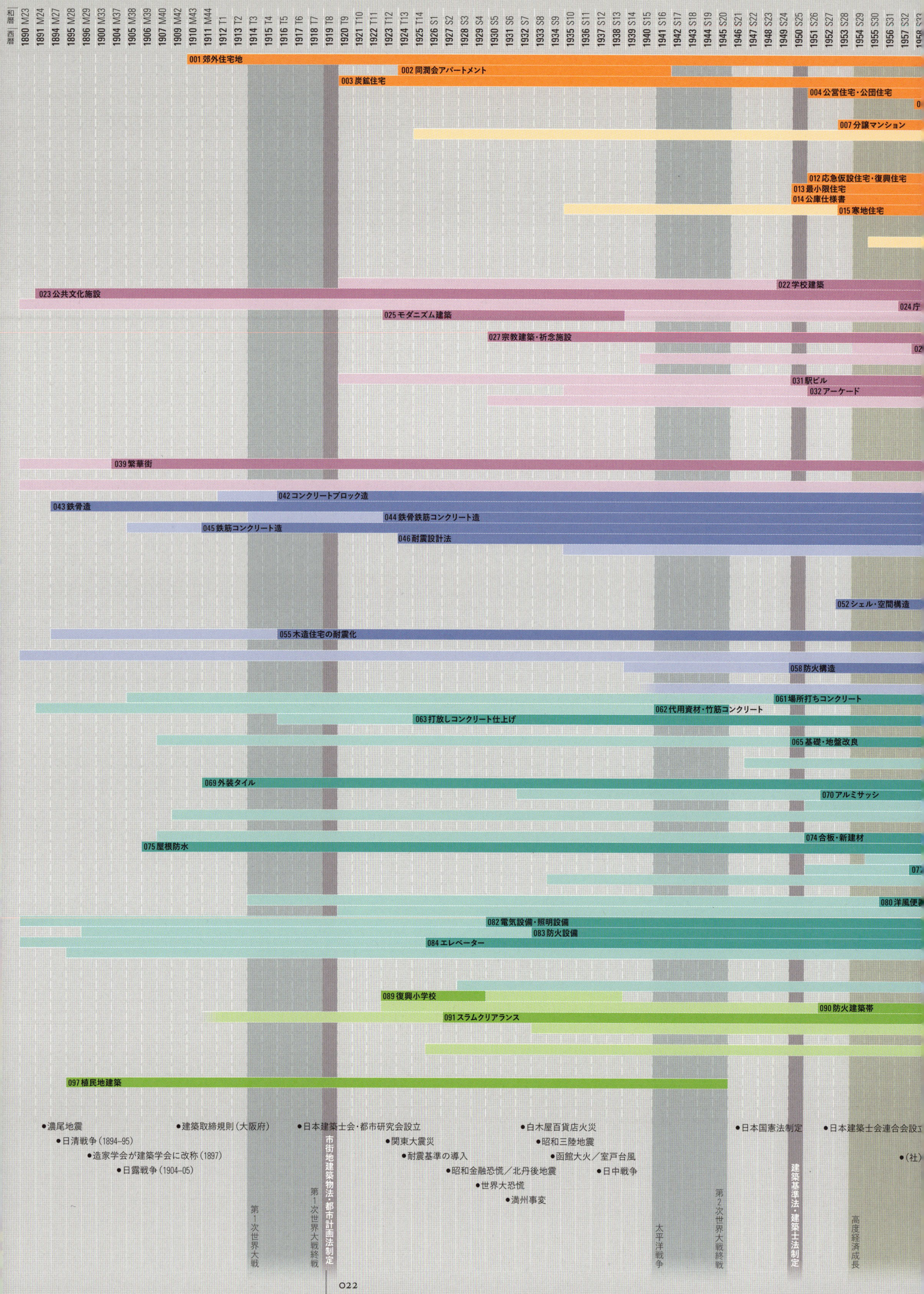
和暦 西暦
1890 M23
1891 M24
1894 M27
1895 M28
1896 M29
1900 M33
1904 M37
1905 M38
1906 M39
1907 M40
1909 M42
1910 M43
1911 M44
1912 T1
1913 T2
1914 T3
1915 T4
1916 T5
1917 T6
1918 T7
1919 T8
1920 T9
1921 T10
1922 T11
1923 T12
1924 T13
1925 T14
1926 S1
1927 S2
1928 S3
1929 S4
1930 S5
1931 S6
1932 S7
1933 S8
1934 S9
1935 S10
1936 S11
1937 S12
1938 S13
1939 S14
1940 S15
1941 S16
1942 S17
1943 S18
1944 S19
1945 S20
1946 S21
1947 S22
1948 S23
1949 S24
1950 S25
1951 S26
1952 S27
1953 S28
1954 S29
1955 S30
1956 S31
1957 S32
1958 S33
001 郊外住宅地
002 同潤会アパートメント
003 炭鉱住宅
004 公営住宅・公団住宅
007 分譲マンション
012 応急仮設住宅・復興住宅
013 最小限住宅
014 公庫仕様書
015 寒地住宅
022 学校建築
023 公共文化施設
024 庁
025 モダニズム建築
027 宗教建築・祈念施設
031 駅ビル
032 アーケード
039 繁華街
042 コンクリートブロック造
043 鉄骨造
044 鉄骨鉄筋コンクリート造
045 鉄筋コンクリート造
046 耐震設計法
052 シェル・空間構造
055 木造住宅の耐震化
058 防火構造
061 場所打ちコンクリート
062 代用資材・竹筋コンクリート
063 打放しコンクリート仕上げ
065 基礎・地盤改良
069 外装タイル
070 アルミサッシ
074 合板・新建材
075 屋根防水
080 洋風便
082 電気設備・照明設備
083 防火設備
084 エレベーター
089 復興小学校
090 防火建築帯
091 スラムクリアランス
097 植民地建築
●濃尾地震
●日清戦争（1894–95）
●造家学会が建築学会に改称（1897）
●日露戦争（1904–05）
●建築取締規則（大阪府）
●日本建築士会・都市研究会設立
●関東大震災
●耐震基準の導入
●昭和金融恐慌／北丹後地震
●世界大恐慌
●満州事変
●白木屋百貨店火災
●昭和三陸地震
●函館大火／室戸台風
●日中戦争
●日本国憲法制定
●日本建築士会連合会設立
●（社）
第1次世界大戦
第1次世界大戦終戦
市街地建築物法・都市計画法制定
太平洋戦争
第2次世界大戦終戦
建築基準法・建築士法制定
高度経済成長

1961 S36 1962 S37 1963 S38 1964 S39 1965 S40 1966 S41 1967 S42 1968 S43 1969 S44 1970 S45 1971 S46 1972 S47 1973 S48 1974 S49 1975 S50 1976 S51 1977 S52 1978 S53 1979 S54 1980 S55 1981 S56 1982 S57 1983 S58 1984 S59 1985 S60 1986 S61 1987 S62 1988 S63 1989 H1 1990 H2 1991 H3 1992 H4 1993 H5 1994 H6 1995 H7 1996 H8 1997 H9 1998 H10 1999 H11 2000 H12 2001 H13 2002 H14 2003 H15 2004 H16 2005 H17 2006 H18 2007 H19 2008 H20 2009 H21 2010 H22 2011 H23 2012 H24 2013 H25 2014 H26 2015 H27 2016 H28 2017 H29 2018 H30 2019 R1
年譜
ニュータウン
民間アパート
009 コーポラティブハウス
010 コレクティブハウス
011 超高層マンション
016 高齢者住宅
017 住宅性能表示制度
工業化住宅
019 パイロットプロジェクト
020 スケルトン・インフィル住宅
021 プレカット
026 沖縄型建築
029 東京オリンピック
030 大阪万博
033 地下街
034 ペデストリアンデッキ
035 公開空地
036 都心再開発
037 ウォーターフロント開発
038 ショッピングモール
040 コンベンション施設
041 テーマパーク
047 免震構造
048 制振
049 耐震改修
050 超高層ビル
051 鋼管構造
053 膜構造建築
054 開閉式ドーム
056 伝統木造の構造解析
057 ツーバイフォー建築
059 耐火木造建築
060 大規模木造
064 PCaコンクリート・PC
066 建材のリユース・リサイクル
067 労働安全対策
068 CAD・BIM
071 カーテンウォール
072 ガラス建築
073 ALC
076 ガス給湯設備
078 ステンレス流し台
079 浴室ユニット
081 浄化槽
085 地域冷暖房
086 インテリジェントビル
087 断熱・省エネ
088 サステナブル建築
092 密集市街地対策
093 歴史的建築物の保存・再生
094 まちなみの保全
095 地域型住宅
096 リノベーション・コンバージョン
098 容積率規制
099 ユニバーサルデザイン
100 建築基準の性能規定化
定
•全国建築士事務所連合会設立
•東京オリンピック
•(財)日本建築センター設立
•1968年十勝沖地震／新都計法制定
•都市再開発法制定
•大阪万博
•沖縄の復帰
•酒田大火
•第1次オイルショック(1973–74)
•1978年宮城県沖地震
•省エネ法制定／第2次オイルショック(1979–80)
•新耐震基準の導入
•(財)建築技術教育普及センター設立
•プラザ合意
バブル景気
•マルタ会談(冷戦の終結)
•(社)住宅生産団体連合会発足
•ハートビル法制定
•阪神・淡路大震災／耐震改修促進法制定
•COP3 京都議定書採択
•建基法改正(確認検査の民間開放等)
•ハートビル法改正
(一部の基準適合義務付)
•景観法制定
•構造計算書偽装問題公表
•リーマンショック
•東日本大震災
•耐震改修促進法改正
(一部の耐震診断義務付)
•国連SDGs採択／
建築物省
エネ法制定
•2016年
熊本地震
•2018年
北海道
胆振
東部地震

総論

建築が支えた日本の近代・現代

佐々木宏　公益財団法人住宅リフォーム・紛争処理支援センター 理事長
大竹亮　株式会社日本建築住宅センター 常務取締役

本書ではこの100年における建築・建築技術の発展を総体として振り返るために、100の技術をキーワードとして選び出した。選ばれた技術は、いずれもそれぞれの時代において、社会が必要とした建築物を実現するために開発・導入されたものである。また、これらの技術によってつくり出された建築物が、結果として社会にインパクトを与え、社会に変化をもたらしたことも数多くあった。

ここでは、この100年間を大きく4つに区分して、各技術を時代の流れのなかに位置づけることにより、社会が建築に求めたもの、そして建築技術が社会にもたらしたものを捉え直していくことにしたい。なお、100の技術のなかには長期にわたって取り上げられたものもあり、4つの年代区分と厳密に対応するものではない。

第1部 ——1935(昭和10)年 近代国家の建設と建築技術

明治以来、日本は欧米諸国を範として、「富国強兵」のスローガンのもと、近代国家の建設を進めた。それは欧米の諸都市に引けを取らない都市の姿を実現することでもあった。

都市の近代化は、当初、他の分野と同様に、多くのお雇い外国人や欧米諸国への留学生がもたらした技術の移植からスタートした。しかし、明治の終わり頃から次第に日本独自の文化や諸事情に即した改良も加えられ、新たな独自技術の開発・実用化も進められるようになっていった。

そのような近代的都市のシンボルとして、日本の各地で近代建築による庁舎や文化施設などが建築された。

また、工業の発展とともに企業活動も活発化し、金融や商業などのシステムも整えられるようになると、それらの活動の場としての都市における近代建築が必要とされるようになる。それを実現するための技術として、鉄筋コンクリート造、鉄骨造などの構造や、エレベーター、電気設備、照明設備などが、不可欠なものとして用いられるようになった。

とくに、都市にできた近代的な企業で働く人々が増大し、軍人や官吏などとともに新たな社会階層を形成するようになると、郊外住宅地などそれらの人々のための新しい形態の住宅の供給が始まる。そして、そこで実現される住宅には、文化台所や水洗便所などの新技術が用いられ、新しい生活のスタイルを具現化させていった。

経済の発展とともに庶民の暮らしも豊かになり、消費の拡大や娯楽の普及が進み、そのための場としての繁華街が形成され、また駅ビルのような新しい形態も生まれた。

欧米の都市政策において、都市における伝染病の蔓延防止は大きな課題のひとつであったが、わが国でも同様に大きな関心が払われた。建築物における衛生環境の重要性が近代医学の導入とともに認識され、便所の改良やペストの拡大を防ぐための防鼠対策などが採られた。そして、これらの努力は、医療の発達や衛生思想の普及、栄養状態の改善などとともに、大正初期まで度々流行したコレラ、赤痢、ペストなどの伝染病による死者の減少につながっていった[fig.1]。

1923年に発生した関東大震災は、近代日本を襲った初めての大災害として建築技術にも大きな影響を及ぼした。明治当初、わが国では煉瓦造を主体として欧米の建築技術が導入されてきたが、それは地震に対する配慮が不十分なものであった。その後、鉄筋コンクリート造、鉄骨造、鉄骨鉄筋コンクリート造などの工法が採られるとともに、耐震設計に関する技術が開発導入される。その有効性は関東大震災によって明らかになり、1924年には初めて建築基準のなかに耐震設計が位置づけられることとなった。市街地建築物法施行規則である。これは明治以来、わが国で積み重ねられてきた近代建築技術の成果であり、世界的にも先駆的なものであった。

関東大震災においては在来軸組工法による木造住宅の構造被害も大きく、全壊棟数は13万棟に及んだ。これを踏まえて、筋違などが木造住宅の耐震性向上のための技術として建築基準にも位置づけられ、普及が進んでいった。

また、木造を主体とするわが国の都市では、歴史的に数多くの大火に見舞われてきた。関東大震災による死者の大半も、大規模な火災によるものである。このことから、木造住宅の防火技術であるラスモルタル工法が広く用いられるようになった。

さらに、関東大震災からの住宅復興のために設立された同潤会はわが国における集合住宅形式の定着に大きな役割を果たした。

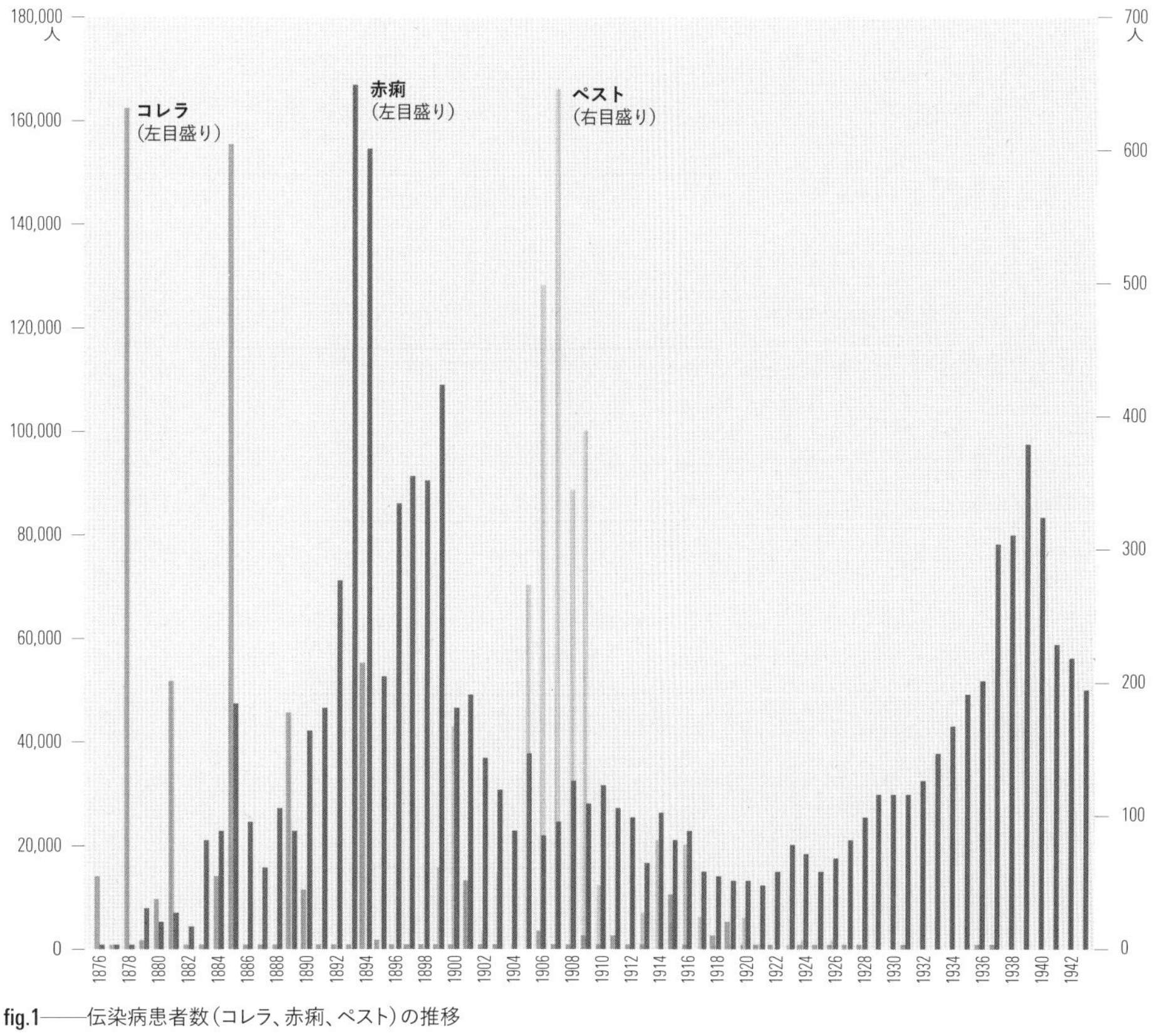

fig.1——伝染病患者数(コレラ、赤痢、ペスト)の推移

—

20世紀前半以前、わが国では不衛生な環境のために度々伝染病が蔓延し、多くの命が失われた。

[出典:厚生労働省「伝染病統計」]

第2部

戦争、そして建築技術の低迷期

1935(昭和10)――1955(昭和30)年

日中戦争から太平洋戦争まで続いた戦争は、建築技術にも深い影響を残した。国家のすべての資源が戦争に動員され、資材の統制が強化されるとともに、建築技術にも大きな制約が加えられた。そのなかでも必要な資材を生産するため、炭鉱住宅にみられるように、これに従事する労働者のための住宅供給が課題となった。これは戦後の傾斜生産方式のもとでも、同じように取り組まれた。

この時期に大きな関心が払われ、研究が進められたのは、戦争の被害を軽減するための防空技術であり、市街地火災の研究である。これらは戦時中には効果を上げるに至らなかったものの、その成果が戦後になって、市街地大火の防止対策として結実することとなる。

戦災によって全国にわたる多くの都市が灰燼に帰し[fig.2]、終戦直後には420万戸という膨大な住宅不足が発生した。また壊滅状態にあった産業や国土の荒廃に伴い、木材をはじめとする主要建築資材の不足など、建築技術にとってもっとも困難な時代でもあった。こうしたなかで、最小限住宅のような設計技術や、代用資材・竹筋コンクリートのような技術も生まれるなど、建築技術は何とかこの困難を乗り越えようと努力してきた。

fig.2――戦後直後の東京

霞が関付近より新橋方向をみたところ。戦禍によって建物は消失し、数少ない堅牢なRC造がいくつか残る程度。
[所蔵:アメリカ国立公文書館/提供:佐藤洋一]

第3部 1955（昭和30）——1990（平成2）年

経済成長と豊かな暮らしの実現を支えた建築技術

戦災からの復興も一段落した1955（昭和30）年には、日本の経済も戦前のピークである1930年代後半のレベルを回復。翌年の経済白書では「もはや戦後ではない」と記された。日本経済は本格的な成長期に入り、社会にも大きな変化が生じるようになる。建築技術においても、新たな課題への挑戦が始まった。

経済成長は膨大な建築需要を生み出し、それに応えるための新しい空間づくりやまちづくりが進められた。また、限られた資源や時間、労働力のなかでそれを実現するために、生産・施工を合理化する技術が開発されていった。

新しい住まいとその大量供給

終戦直後、日本の人口は8,000万人以下であったが、1956年に9,000万人、1967年には1億人と、急速に増加を続けた。同時に、経済成長とともに地方から大都市への人口集中も著しくなった[fig.3-4]。そのため、新たな都市住民のための住まいを、大量に供給する技術が必要となる。これに応えるための住宅政策が立案され、大量供給のための住宅地開発、住宅建設の技術が、公営住宅や公団住宅などの公共セクターが先導するかたちで発達していった。また、民間による住宅建設も活発化し、分譲マンションや賃貸アパートのような住宅供給の仕組みも産業として確立した。

戦後、家族のあり方にも大きな変化が起こった。ひとつが核家族化であり、もうひとつが個人を基盤とする戦後民主主義の浸透である。これに対応して、住宅の側からこれを支えたのが、公共住宅に導入された食寝分離、分離就寝を基本とする住宅設計である。この考え方は、その後のわが国の住宅に大きな影響を与え続けた。

経済の発展とオフィス需要

高度経済成長のもとでは、とくに第三次産業の発展が著しく、なかでも大都市においてオフィスワークの従事者が急激に増大していった[fig.5]。このことを背景に、事務所建築が大量に建築されることとなり、超高層ビルの出現にもつながった。

また、その後の情報化の進展に伴い、事務所建築にも対応が求められるようになり、インテリジェントビルとして普及していった。

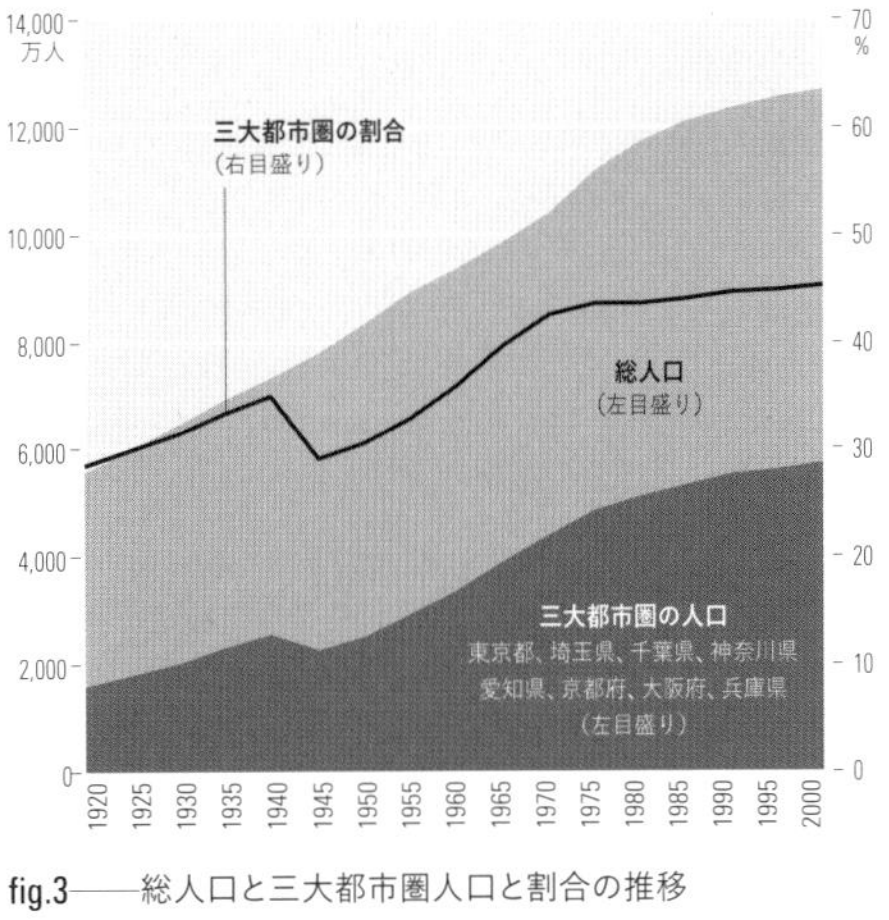

fig.3——総人口と三大都市圏人口と割合の推移

日本の人口は1920（大正9）年から80年間で2.3倍に増加した。なかでも三大都市圏では3.6倍に達し、住宅の確保は大きな課題であった。［出典：総務省「国勢調査」］

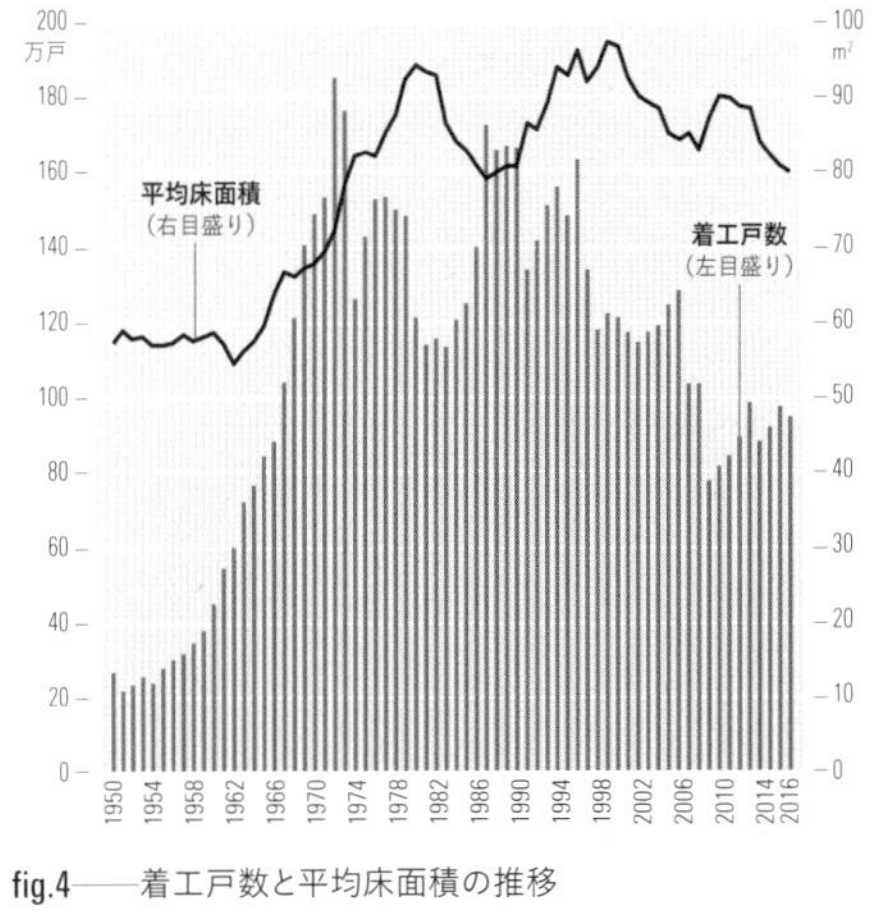

fig.4——着工戸数と平均床面積の推移

住宅着工戸数は1960年代以後急増し、平均床面積も80m²に達した。［出典：国土交通省「住宅着工統計」］

生活水準の向上、消費の拡大

所得水準の上昇とともに、より快適で利便性の高い暮らしに対する要求も強まり、洋風便器やガス給湯設備などを備えるなど、それに応えられる住宅が求められるようになった。長く続いた住宅不足も、1968(昭和43)年には全都道府県で住宅数が世帯数を上回り、「量から質へ」の時代に入った[fig.6]。住宅に対する人々のニーズも多様化し、社会の変化とともに新しいニーズも生まれてきた。これに応えてコーポラティブハウスなどの新しい住宅供給方式や多様な住宅の形態も開発されていく。

所得の上昇とともに消費も拡大し、商業や娯楽の場としての建築がショッピングモールやテーマパークのように、多様なかたちで形成されるようになった。また、文化施設としての建築も充実し、文化活動の活発化を支えた[fig.7]。そして、オフィスや住宅なども複合し、豊かな公共スペースも備えた新しい都市空間が都市再開発などを通じて創られるようになった。

大規模なイベントを実現するための大空間をつくる技術も実用化して、ドームやアリーナ、メッセ施設などで、より広い空間が提供されるようになった。

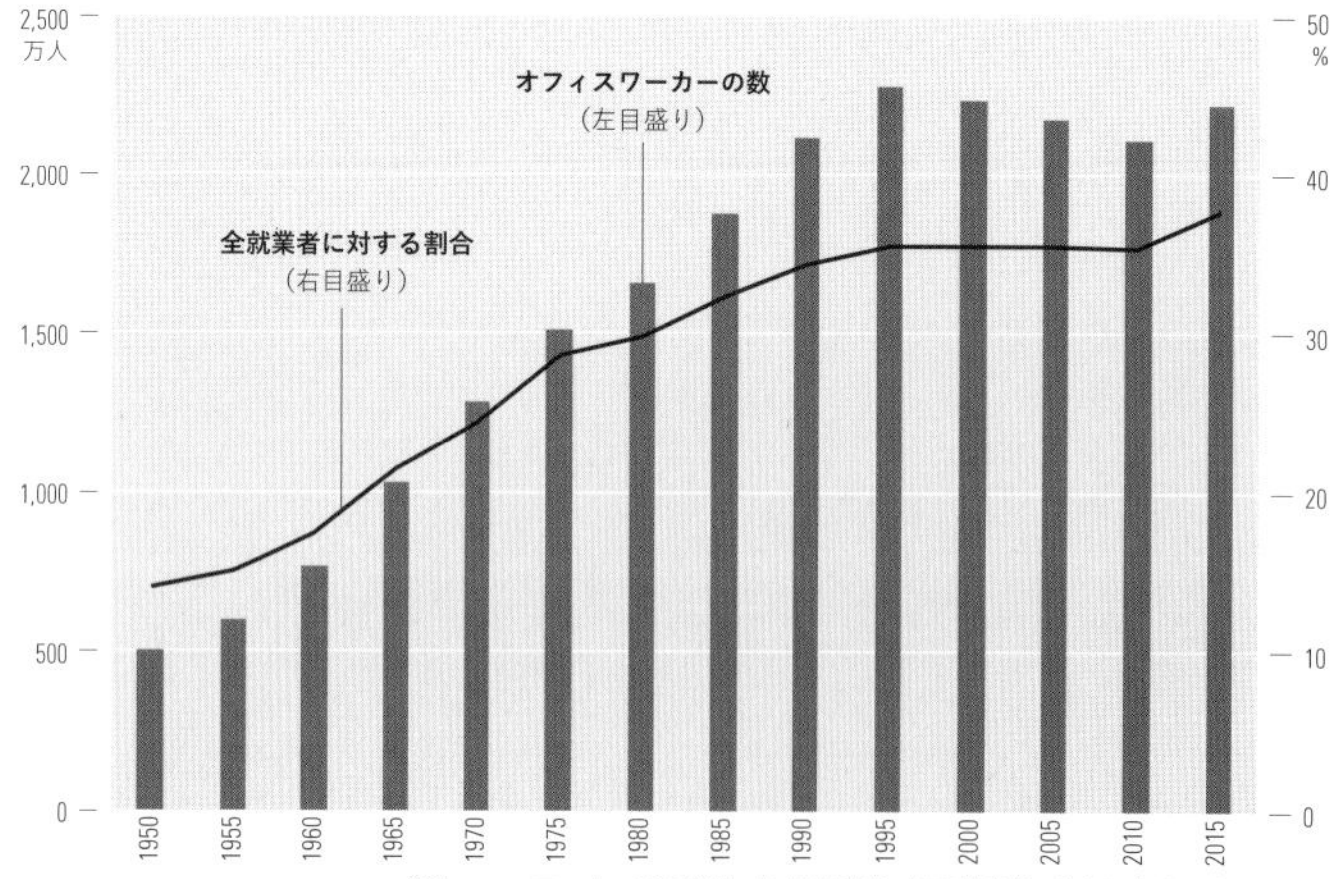

※オフィスワーカーは専門的・技術的職業、管理的職業、事務従事者の合計。

fig.5——オフィスワーカー数と割合の推移

産業構造の変化とともにオフィスワーカーはその数、割合ともに増加を続けてきた。それはオフィス建築に対する需要につながり、また効率的で快適なオフィスを実現するための技術も必要となってきた。[出典:総務省「国勢調査」]

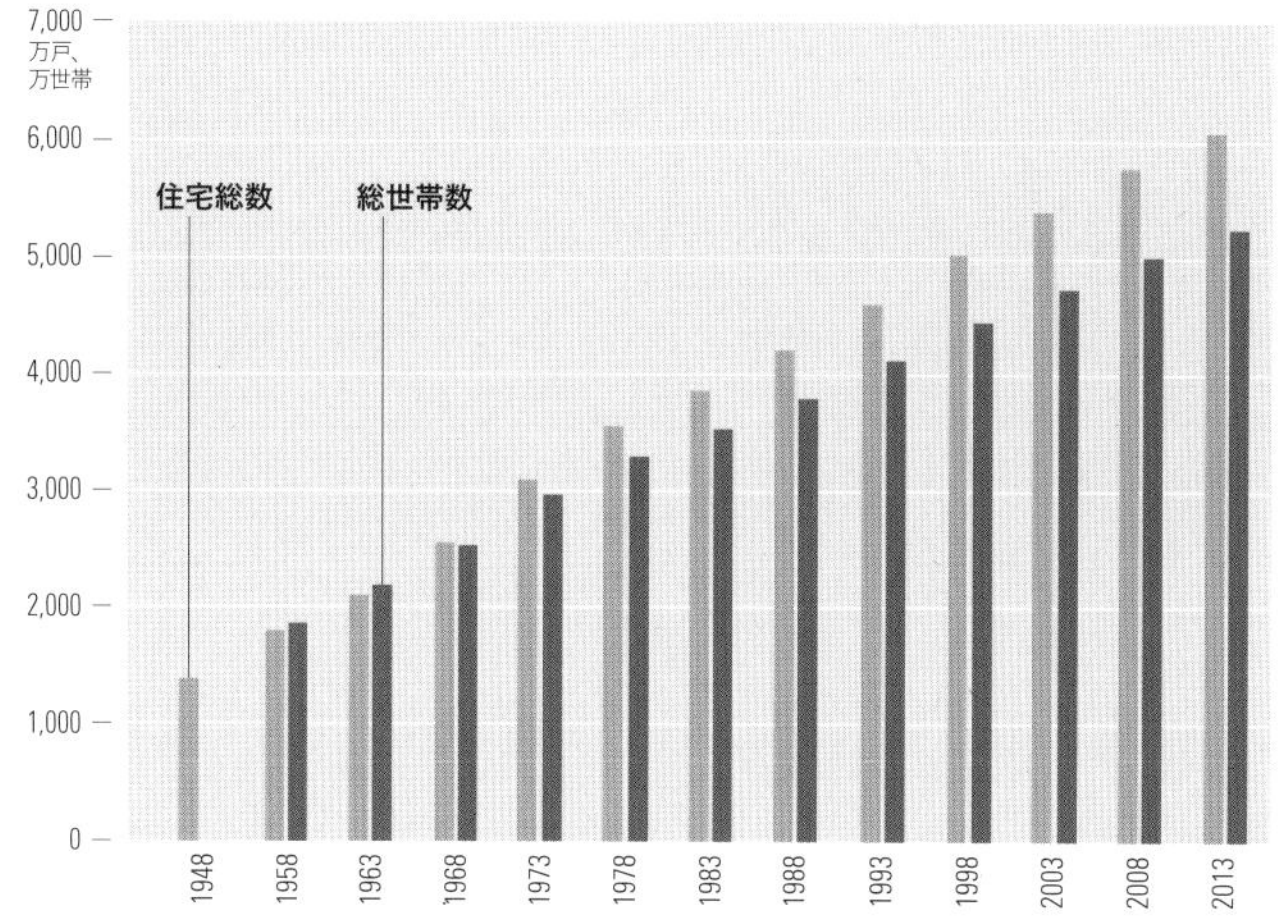

fig.6——住宅総数と総世帯数の推移

戦後圧倒的な住宅不足からスタートした住宅事情も、1973(昭和48)年には全都道府県で住宅数が世帯数を上回った。[出典:総務省「住宅・土地統計調査」]

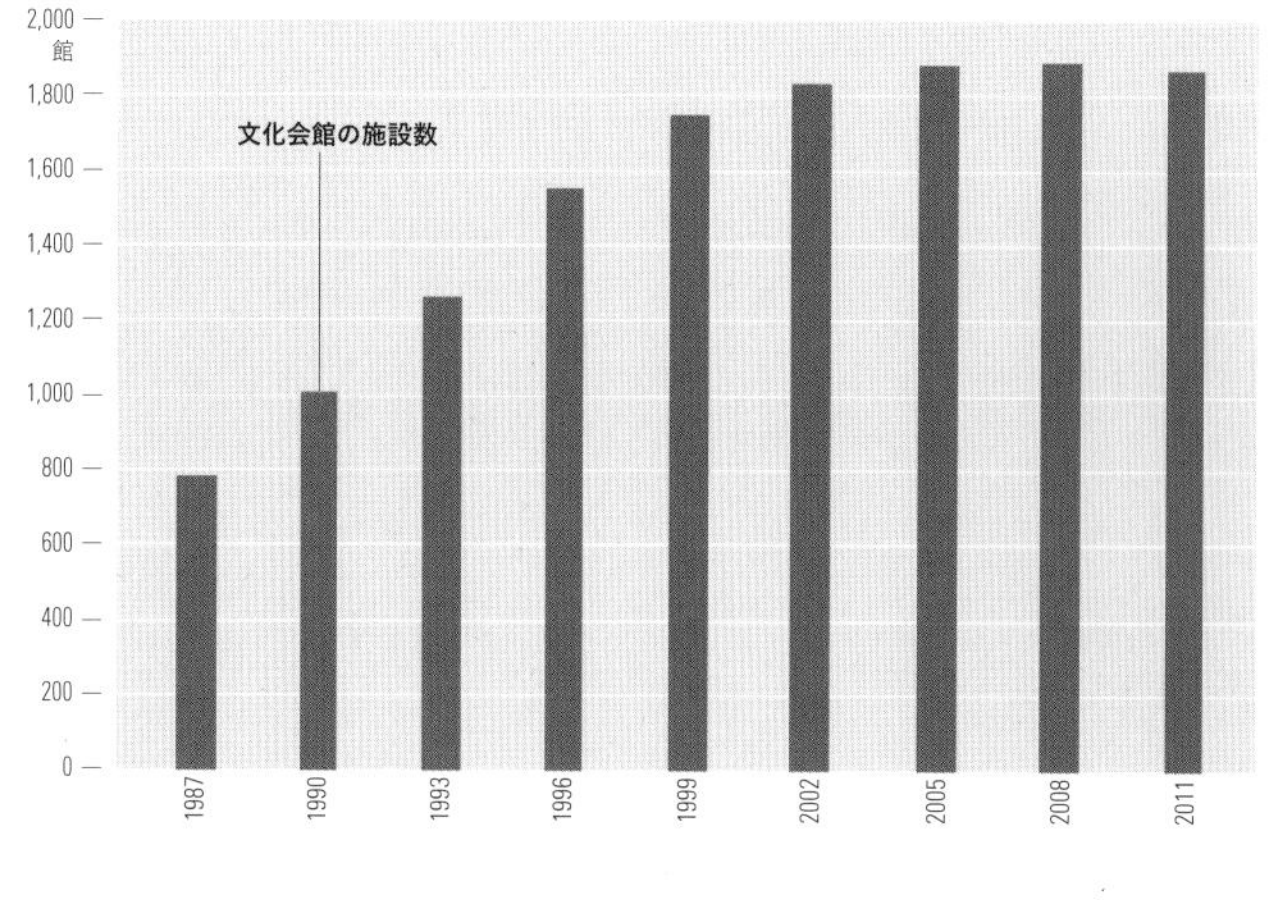

fig.7——文化会館の施設数の推移

1970年代以降全国各地で多くの文化施設が建築された。[出典:文部科学省「社会教育調査」]

人々の希望の象徴となった建築

戦前においては、威厳ある庁舎やオフィス、壮麗な百貨店や劇場、それらが集積した都心ビル街など、新たに出現した近代建築そのものが日本国家発展の象徴であり、民衆の夢であった。

戦後になると、日本社会の価値観が平等主義の大衆社会へと大きく変わるなかで、装飾を排したモダニズム建築の開放的な庁舎・オフィスなどが主流を占めるようになる。一方で、オリンピックや万国博覧会といった国家規模のイベントの際には、それを代表する施設が現代建築として建てられた。平和祈念施設やタワーといった人々の意識に広く共有されるモニュメントも設けられている。

類のない急速な経済成長を果たした日本では、建築デザインにおいても発展を果たす。欧米のスタイルを学び、導入することで始まった日本の近代建築だが、独自の発展過程を経て、世界的にも評価される建築を多く生み出すようになった。

経済成長の一翼を担った建築技術

経済成長とともに建築物に対する投資も急拡大し、1960（昭和45）年に6,600万m^2であった建築着工床面積は、1973（昭和48）年にはおよそ4倍の2億6,700万m^2に達する。住宅と並んで、商業やサービス業といった第三次産業のための建築投資が、とくに大きく拡大した［fig.8］。

国民経済全体における建築投資の役割も大きくなり、効率的に、よりスピーディに、そして安全に建築物をつくることが一層求められるようになった。このため、合理的に建築物をつくるための技術が重要性を増した。また建築に従事する労働者の安全対策も進められる。こうした技術のおかげで、建設業従事者（土木を含む）の人数は、この間におおむね1.5倍の増加にとどまった［fig.9］。

こうしたなかで、とくに住宅については、伝統的工法による木造住宅の供給を担ってきた大工など

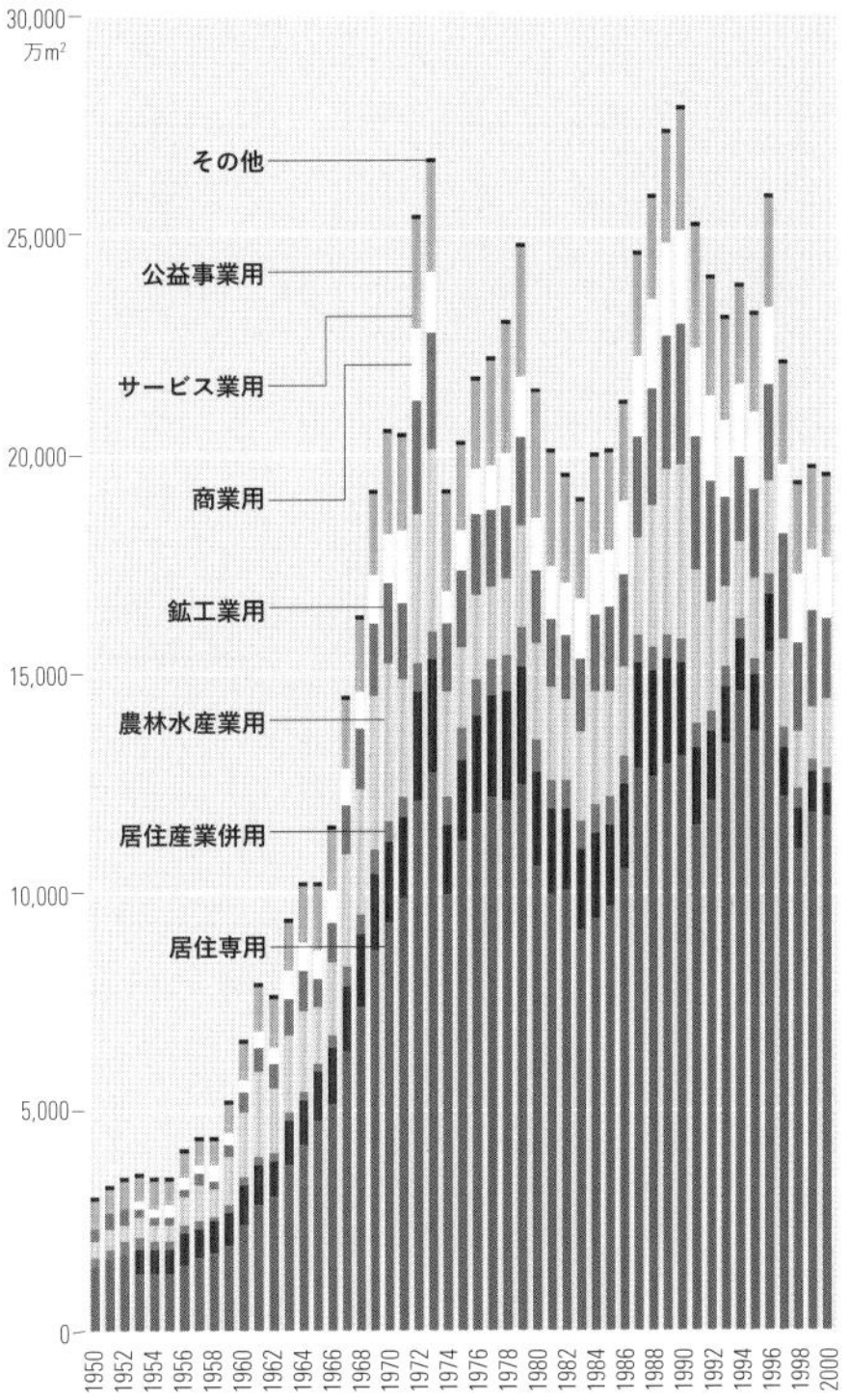

fig.8——建築着工数（用途別）の推移

経済成長とともに建築投資も急速に拡大した。とくに住宅と並んで商業、サービス業用の建築物に対する投資が著しかった。［出典：国土交通省「建築着工統計」］

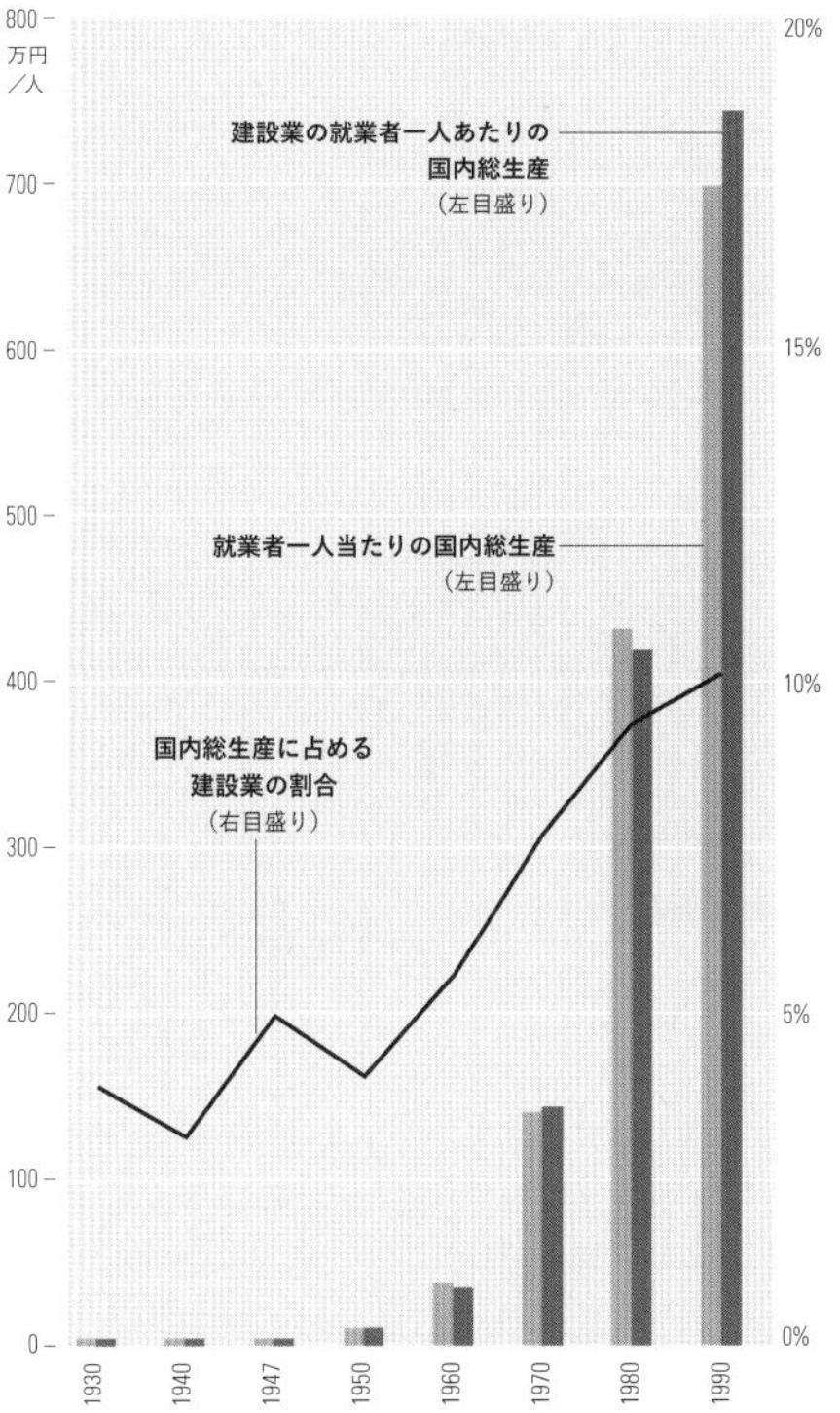

fig.9——就業者一人当たりの国内総生産（全産業、建設業）と国内総生産に占める建設業の割合の推移

国内総生産に占める建設業（土木を含む）の割合は大きく伸びてきた。同時に生産の合理化技術も発展し、就業者一人当たりの生産額も大きく上昇したが、それは全産業と比較して遜色のないものであった。［出典：内閣府「国民経済計算」、総務省「国勢調査」］

の熟練技能者が著しく不足する。前述のような大量供給の必要性とも相まって、工事現場での生産から工場での生産の比重を増加させる工業化住宅やツーバイフォー工法など、より効率的な住宅供給システムに対応した技術が求められた。それは同時に、大規模な工場など新たな生産システムを可能にする近代的産業としての住宅産業の確立につながり、さらなる技術の開発へと展開していった[fig.10]。

大量供給の一方で、住宅の品質を確保することも急務となった。これには住宅金融公庫(現、住宅金融支援機構)の公庫仕様書が永年にわたり大きな役割を果たした。しかし、欠陥住宅のような社会問題も発生し、住宅性能表示制度などの消費者保護の仕組みが設けられた。

頻発する災害に対処する建築技術

経済発展の一方で、多くの都市では戦前や戦後復興期に形成された木造住宅の密集する市街地が残され、1960年代にいたるまで市街地大火による大規模な被害が頻発した。これに対して、老朽化した建物を防火技術を適用した建物に更新する事業が進んでいくと、被害は縮小していき、消防力の充実と相まって、1970年代以降は大火の発生が大幅に減少した。しかし、とくに大地震に伴って大規模火災が発生する危険性は、引き続き多くの都市に存在し、木造密集市街地の改善が課題となった[fig.11]。

大規模な建築物や大勢の人が利用する建築物の火災対策は、1932(昭和7)年の白木屋百貨店火災を契機に取り組まれることになり、その後も幾多の火災の経験を経て、防火設備の技術開発が進んでいった。また、近年建築物における火災安全性に関する研究が大きく進展し、火災の拡大の防止や避難の安全性の確保などを、より合理的に実現するための設計法も可能になってきた。これらは建築基準の性能規定化へ発展し、一層の技術進歩につながっていった。

地震は、関東大震災以後も数多くわが国を襲い、多くの被害をもたらした。大規模な地震が起こるたびに、建築物被害についての調査が行われ、その結果を踏まえて各工法技術が改良され、そして建築基準も改正されてきた。さらに耐震設計の技術も大きく発展し、構造設計におけるコンピューター利用も一般化していった。これらによって、従来は夢であった超高層ビルや大規模空間の建築が可能となった。こうした建築基準の到達点が、新耐震基準である。

近年においては、より高い安全性を目指して免震構造や制振技術の導入も進んでいる。また、耐震技術が進むとともに、従来の技術に基づいて既に建てられている建築物の安全性の確保も課題となり、耐震改修の技術の開発・普及が進んできた。

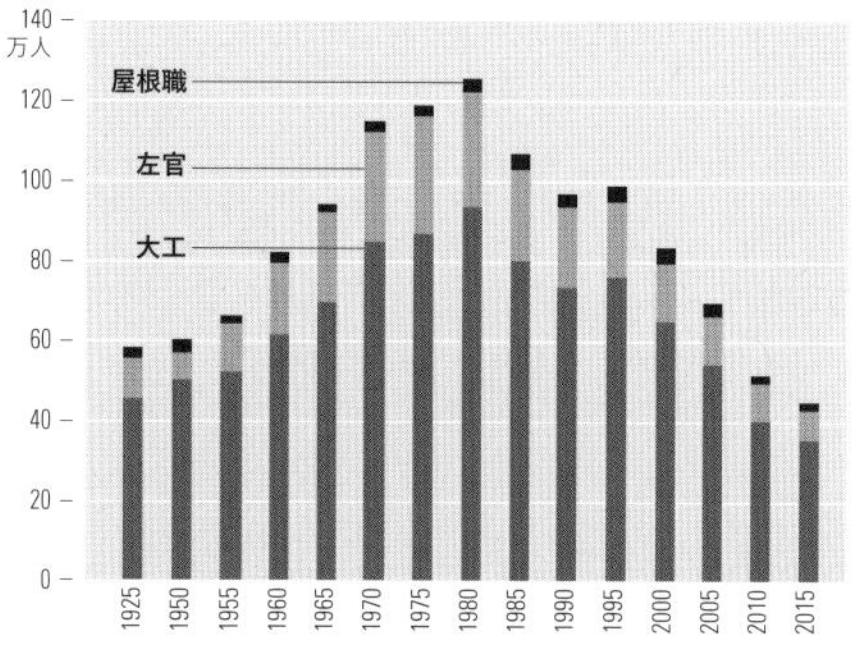

fig.10——職人数(大工、左官、屋根職)の推移

—

大工、左官などの技能者は1980(昭和55)年をピークに減少を続けている。[出典:総務省「国勢調査」]

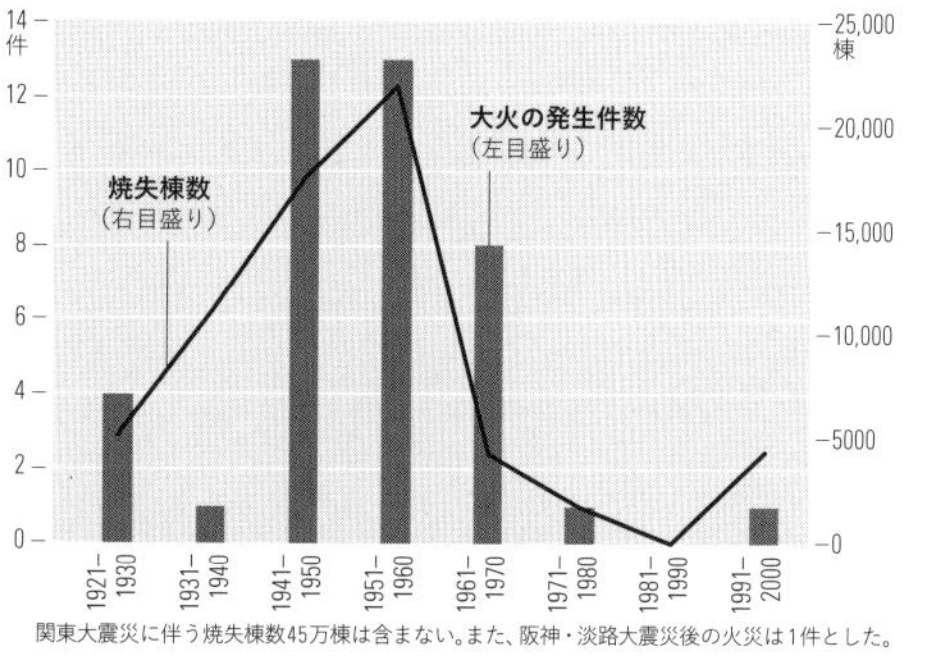

関東大震災に伴う焼失棟数45万棟は含まない。また、阪神・淡路大震災後の火災は1件とした。

fig.11———大火の発生件数と焼失棟数の推移

—

1960年代まで市街地大火が頻繁に発生し大きな被害をもたらしたが、1970年代以降ほとんど見られなくなった。[出典:消防庁「消防白書」]

第4部 1990（平成2）年——

成長から成熟へ 未来を支える建築技術

高度成長の時代を終え、さらにはバブル景気の時代とその崩壊を経て、社会や人々の価値観にも大きな変化が訪れた。そして、人口の急速な高齢化や地球環境問題などが社会全体の課題とされるなか、建築技術にもこれからの社会を支えるための新しい技術が求められるようになってきた。

多様な社会の実現と地域資源の再生

高齢者や障害者なども含め、誰もが活動できる空間を実現することが必要となっており、高齢者住宅やバリアフリー、ユニバーサルデザインといった技術が求められるようになってきた。

また、地域の多様性も重視される。高度成長の時代には、各地域が同じように発展し、均一化する道が選ばれた。しかし、近年は気候風土や歴史の中で形成されてきた地域の固有性に着目した建築技術が探られ、さらに地域に存在する建築物や町並みなどの資源を再生し、活かす技術も求められてきた。

持続可能な社会、ストック型社会への転換

高度成長の時代、わが国では多くの資源を費やして、大量の建築物をつくり出してきた。それは同時に、多くの建築物を廃棄物として取り壊すことを伴ってもいた。しかし、地球環境問題に対する意識の高まりとともに、持続可能な社会の実現に向けて、建築技術にも多くの努力が求められている。

建築における資源制約への対処は、1973（昭和48）年の石油ショックに端を発する、断熱・省エネルギー対策に始まる。以来、たゆまず進歩を遂げてきたが、サステナブル建築などさらなる技術の向上が求められている。また近年は、住宅室内の温熱環境の改善が健康増進に大きく寄与することも、広範な研究によって明らかにされてきた。しかし、過去にさかのぼれば、とくに戦後のわが国における住宅の室内環境の改善は著しいものがあり、これが日本人の長寿命化に貢献してきたことは想像に難くない。建築の室内環境の改善が、医療費の削減に寄与することが期待されるなど、建築技術の役割は、一層多面的なものとなってきている。

一方でこれまでには、アスベスト被害やシックハウスなど、新たな建築技術の導入が健康被害につながったケースもあり、技術的対応がなされてきた。

また、1年間に日本で出される産業廃棄物は約4億トンで、その20%にあたる約8,000万トンが建設業から、さらにそのおよそ1/3が建築系からの廃棄物である。家庭、産業すべてを通じて資源の有効利用、廃棄物の削減が求められるなか、リユース、リサイクルの技術の一層の進化が求められている。また、これまで築き上げた建築ストックを使い続けるためのリノベーションやコンバージョンの技術に磨きをかける必要もある。

持続可能な社会を実現する建築材料として、とくに注目されるのが木材である。戦後、国土の荒廃が進むなかで、木材の利用には多くの制約が加えられてきたが、近年はそれも回復し、むしろ再生可能な資源として、木材の利用を促進する動きが強まっている。木材の欠点を克服する耐火木造建築や大規模木造のような技術とともに、伝統木造の構造解析など木材利用の可能性をより高める評価技術も開発されてきており、引き続きその努力が求められている。

住宅の生産には、大量供給の時代に多くの新しい技術が導入されてきたが、現在でもなお、新築住宅の4割、一戸建て住宅の7割は在来軸組工法によるものである。そしてそのおよそ半数が、一戸建て注文住宅として工務店、大工によって建てられている。在来木造の施工技術は、わが国の建築が大きく発展を遂げ、社会や経済の発展を支えてきた基盤として、大きな役割を果たしてきた。しかし、大工などの技能者は減少しており、急速に高齢化しているという課題がある。

国際社会への貢献

本書に掲げた多くの建築技術は、社会の要請に応えて、近現代におけるわが国の発展を支えるべく生まれてきた。そのなかには、海外諸国にルーツを持ちつつ、わが国の実情に合わせて改良が加えられたものもあれば、日本で独自に開発され、発展を遂げてきたものもあった。

このようにして築かれた建築技術力を活かして、これまでも国際社会に向けて情報発信を行い、交流の機会をもってきた。また、多くの発展途上国に対して、技術の支援を行ってきている。

たとえば、耐震工学の発展のうえで、米国をはじめとする海外との協力が相互に多くの利益をもたらした。また、わが国の地震に備える技術は世界に誇るべきものであり、海外諸国に多くの貢献を果たしている。

地球環境問題についても同様である。2005年に東京で開催されたSB05（Sustainable Building 2005）会議などを通じて、国際的な取り組みを促進するための努力を重ね、現在も海外諸国に対する情報発信と支援に多くの努力がはらわれている。

今後もわが国の建築技術の蓄積と経験を活かし、より一層の国際社会への貢献を果たしていくことが必要とされている。

このように、建築の発達は100年にわたり日本社会の成長とともに歩んできた。建築技術の発展は、人々の生活の本拠である住まいの改善、さまざまな社会経済活動の場の創造、災害などに対する安全・安心の確保、文化水準の向上や国民意識の共有など、多くの面で大きな貢献を果たすとともに、生産システムを合理化し経済成長の一翼を担ってきた。そして現在も持続可能な成熟社会に向けての努力が続けられている。建築技術の発展は、これからも未来に向けて、新たな課題や建築に対する要請に応え、社会を支えていくことであろう。

提供：朝日新聞社

第 章

住宅

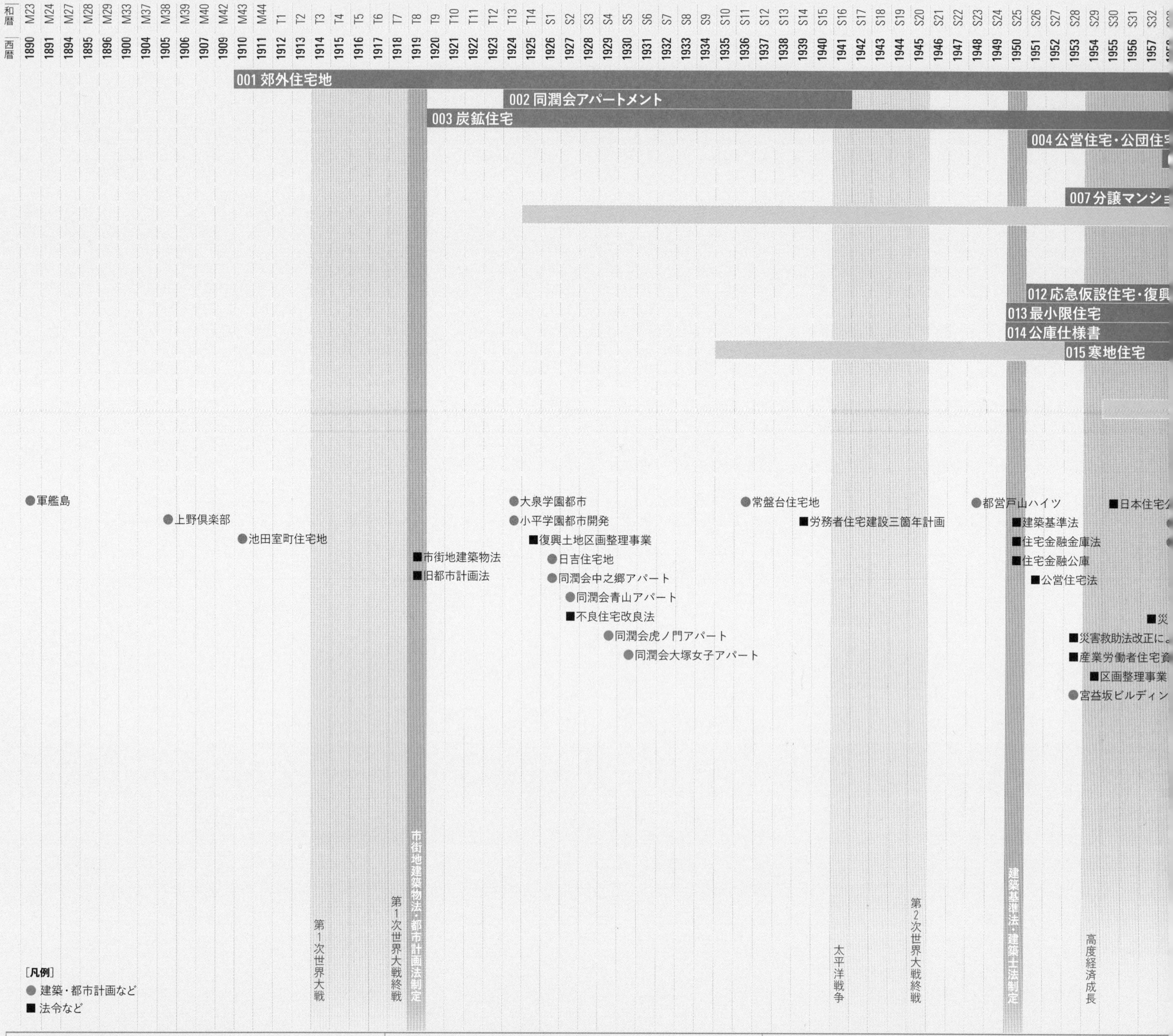

産業化と都市への人口集中

明治維新後、日清戦争、日露戦争を経て近代産業化を果たした日本では、都市人口が急激に増加した。都市に集まる住民のための新たな住宅タイプとしてアパートメントと呼ばれる高級集合住宅が20世紀はじめから見られ始め、全国の産業都市や大規模工場周辺には**炭鉱住宅**[003]に代表される高密度な住宅地が新たに形成された。同時に、都市環境悪化への対策としてスラムなどの不良住宅地に対する住宅改良運動や鉄道会社による**郊外住宅地**[001]供給も欧米を範として始められた。関東大震災以降には、復興事業として同潤会が設立され、近代的な設備・共用部や巧みな配置計画を用いた**同潤会アパートメント**[002]を建設するとともに、住宅改良を目的とした住宅供給も行った。

戦後の住宅不足と標準化・工業化

第2次世界大戦後の日本では、420万戸におよぶ住宅不足解消が大きなテーマとなった。限られた物的・人的資源を使って短期間にできるだけ多くの住宅を供給するために、住宅供給の標準化、工業化が進められた。戦後の住宅政策3本柱といわれる公庫、公営、公団のうち、後2者の**公営住宅・公団住宅**[004]では、標準設計や標準部品、さらにプレキャストコンクリートをはじめとする工業化の手法を駆使して主に集合住宅を供給した。とくに一群の公団住宅が立ち並ぶ住宅地については**団地**[005]という呼称も使われ始め、大都市圏郊外を中心に大規模な**ニュータウン**[006]も計画・建設された。公営住宅・公団住宅の多くは賃貸集合住宅であったが、1950年代からは都市部で分譲集合住宅、なかでも現在主要な住宅タイプとなった**民間分譲マンション**[007]も供給され始め、1962(昭和37)年の区分所有法制定によって所有者の権利など法的な位置づけが明確にされた。

3本柱の残る1つ住宅金融公庫は、主に在来木造住宅建設に対する住宅金融として機能するとともに、融資の条件となる**公庫仕様書**[014]を通じてその性能向上にも貢献した。戸建住宅を工業化という視点で見ると、戦後間もない時期には、建築家による**工業化住宅**[018]、プレハブ住宅設計の取り組みが見られ、物資が限られるなかで近代的な住まいを目指した**最小限住宅**[013]の実例もいくつか生み出された。同時に、軍需産業の平和利用を意図して他産業から多くの企業が住宅産業に進出し、1960(昭和35)年頃から現在に通じる大手プレハブ住宅メーカーの原型が見られ始める。政府も住宅金融公庫の融資などを通じて住宅の工業化を推進し、1970(昭和45)年頃になるとパイロットハウスや芦屋浜高層住宅プロジェクト提案競技など一連の**パイロットプロジェクト**[019]

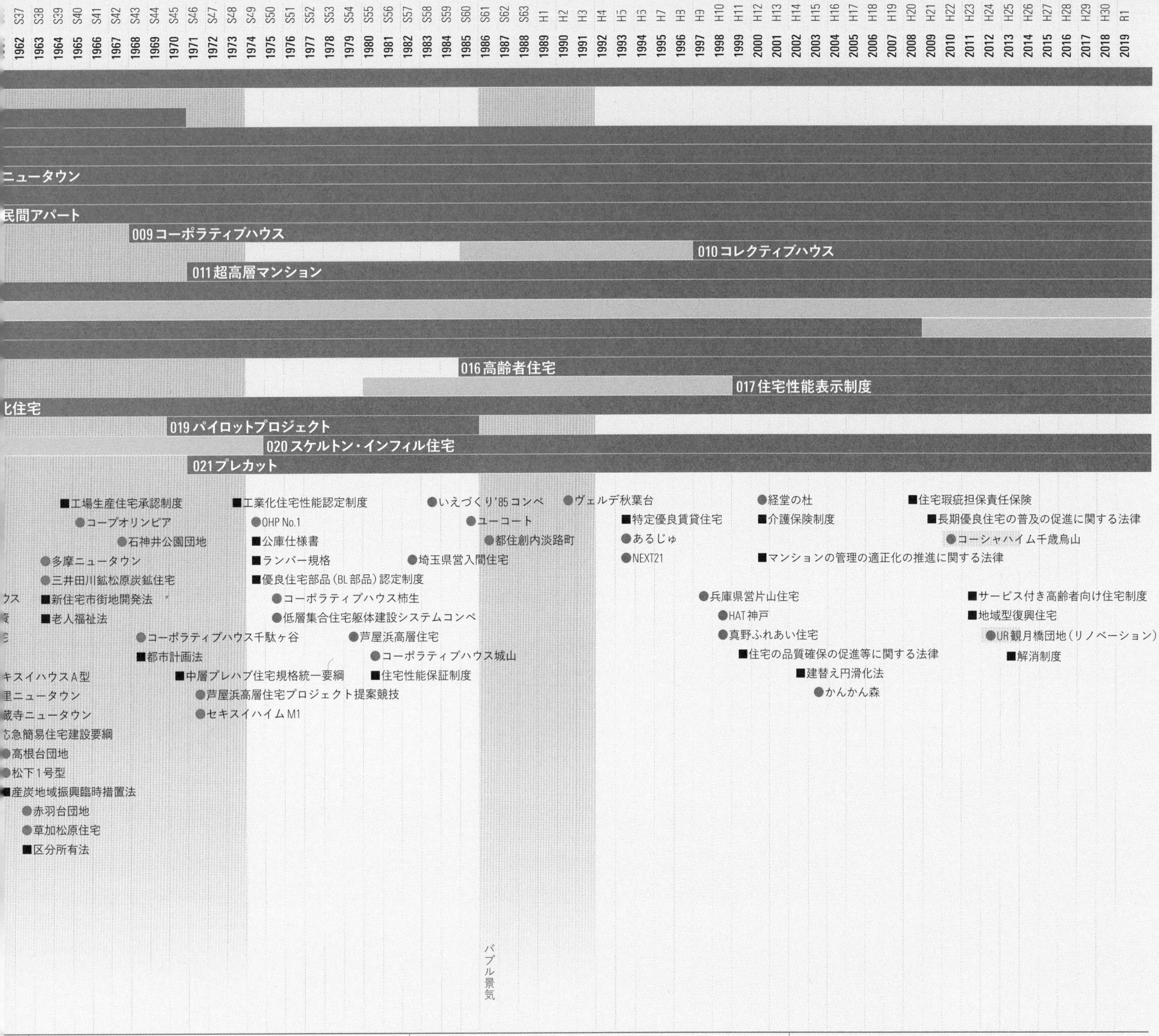

により開発の流れをより一層推し進めようとした。

一方、高度成長期の都市部へのさらなる人口集中は、戦前と同じく無計画な住宅開発につながり、都市周縁部に木賃ベルト地帯とも呼ばれる狭小な**民間アパート**[008]密集地域を成立せしめた。また、住宅標準化のベクトルはそれまで全国各地に見られた住宅の地域性とは相反するものであるが、地域の特性に基づく住宅開発の初期の例として、北海道における**寒地住宅**[015]開発の取組がある。

住宅不足解消とその後の流れ

1968（昭和43）年に日本の住宅戸数は世帯数を上回った。こうして統計上の住宅不足が解消されると、住宅の標準化・工業化から多様化する住要求への対応へと住宅を取り巻くテーマは大きく転換した。オープン化した住宅部品の組合せにより住民の要求に対応するオープンビルディングの試みも1970（昭和45）年頃から見られたが、日本では躯体と内装・仕上げの分離という側面が強調され、**スケルトン・インフィル住宅**[020]という長寿命化を主眼とした名称で定着した。他にも、住民が組合を結成し企画や設計、運営に関与する**コーポラティブハウス**[009]や、食事室など暮らしの一部を共有する**コレクティブハウス**[010]など、住宅供給や住まい方を見直す取り組みも注目を集めるようになった。同時に、戦後の標準設計が前提とした両親と子供からなる4人世帯といった標準的な家族像は、統計上でも占める位置を低下させ、**高齢者住宅**[016]などさまざまな居住者に合わせた住宅供給の必要性も高まった。

材料・構法について見ると、1980（昭和55）年頃になっても工業化住宅の供給戸数が十数%で推移する中で、戸建住宅の大半を占める在来木造住宅の性能向上や合理化が政策的なテーマとして浮上した。そうした中で1970年代に開発された**プレカット**[021]が徐々に普及し、在来木造住宅においても構造躯体の工場生産・合理化が実現した。集合住宅においては、高強度コンクリートなどの技術開発に加え、郊外から都心回帰の動きや規制緩和の影響によって**超高層マンション**[011]が1990（平成2）年頃から多く供給され始めた。戸建住宅、集合住宅を問わず、相次ぐ地震被害や欠陥住宅問題、オイルショックや住民の省エネルギー指向を受けて、住宅性能への関心の高まりは継続して見られ、2000（平成12）年にはこれに答えるかたちで**住宅性能表示制度**[017]が開始された。また、東日本大震災など近年相次ぐ災害の中で、**応急仮設住宅・復興住宅**[012]のあり方も、高齢化や過疎化など被災地の実状に合わせて柔軟に対応できるよう再考を迫られている。

1 供給方式

001

郊外住宅地

ハワードの「田園都市」を創造的換骨奪胎して日本的にする

小場瀬令二
筑波大学 名誉教授

今から一二〇年前にエベネザー・ハワードが提示した「田園都市」は、明治の終り頃、わが国に上陸し、大正十年代から郊外住宅地として空間化されていく。鉄道敷設と併行して住宅地開発を行い、膨大な先行投資を運賃に加えて住宅地開発による利益でまかなうのが、日本的「田園都市」のビジネスモデルである。これに生活関連施設整備や学園誘致を加えて、「健康都市」「文化都市」「学園都市」として郊外住宅地は発展した。また鉄道沿線地域では、地主層が連合して広域にわたる区画整理を実施し、今日優良な郊外住宅地を形成している。

郊外住宅地の元祖「ハワードの田園都市」

約120年前の1898(明治31)年にエベネザー・ハワードは「田園都市」を構想した。それは、緑豊かな住宅地で、地区内に職場もあり、開発利益は私有化されず、まちの価値を上げるために再投資される、という画期的なアイデアであった。彼の構想はロンドン郊外レッチワースで1903(明治36)年に実現。

電鉄系——「ミミズの一三」のビジネスモデル

ハワードの「田園都市」が英国で出版された後、わが国でも数年後には翻訳された[1]。1907(明治40)年に箕面有馬電気軌道(のちの阪急電鉄)が設立され、創業者小林一三は鉄道敷設に合わせて郊外住宅地の開発に乗り出した。分譲郊外住宅地供給の第1号は1910(明治43)年から販売された「池田室町住宅地」である[fig.1]。レッチワースに遅れること7年。小林一三は「模範的郊外生活」を提唱し、月賦販売も取り入れ、マーケットや商店、公園、社交倶楽部などの生活関連施設もセットで整備。加えて、鉄道線の都心部にはターミナルデパートを開店し[fig.2]、模範的郊外生活者に都会でのお買い物の楽しみを味わわせた。さらに、鉄道線の郊外部には、動物園やホテル、温泉など娯楽施設をオープンして、通勤客と逆方向の乗客の流れもつくった。この娯楽施設から「宝塚歌劇」も誕生したのだ。このように小林一三は「土を食いながら、儲けて行く」ので、「ミミズの一三」と当時、揶揄された。しかし、ミミズが食べた土は立派な肥料、つまり、良質な住宅地となり、今日的には賞賛の言葉なのだ。

「日本資本主義の父」渋沢栄一の見た夢

渋沢栄一もハワードの「田園都市」に刺激され、1918(大正7)年、東京で田園都市株式会社を立ち上げた。手始めに、東京城南地域の洗足、大岡山、多摩川台(現、田園調布)で事業用地を買収し、1922(大正11)年に洗足地区から分譲を開始[fig.3]。翌年には目黒蒲田電鉄が部分開通。第1次世界大戦後の不景気にもかかわらず、販売は好調。加えて1923(大正12)年の関東大震災で人口の郊外化があり、分譲開始2年で完売となった。また、洗足会なる住民組織が会社の後押しで発足し、会館も建設され、住民活動が盛んに行われた。ここに渋沢の夢は実現。これらの開発は小林一三の「ミミズモデル」をほとんどそのまま踏襲している[2]。

ミミズモデルに学園を追加した東急の五島慶太

その後、田園都市会社は五島慶太が事実上の経営者となり、最終的に東急電鉄に統合されるが、ビジネスモデルは、あくまでも小林一三の「ミミズモデル」であった。五島はそれを踏襲するだけでなく、住宅地に大学を誘致して学園都市にすることを発明する。目蒲線(現、目黒線)の大岡山地区には、東京高等工業学校(現、東京工業大学)の誘致、東横線の日吉地区には、慶應義塾大学の誘致に成

fig.1——鉄道を敷設しながら住宅地開発を進めた小林一三の「ミミズビジネス」。池田室町付近。[提供:阪急電鉄(株)]

fig.2——ターミナルデパートとして初めてお目見えした梅田の梅田阪急デパート。正面に宝塚少女歌劇の看板が見える。[提供:阪急電鉄(株)]

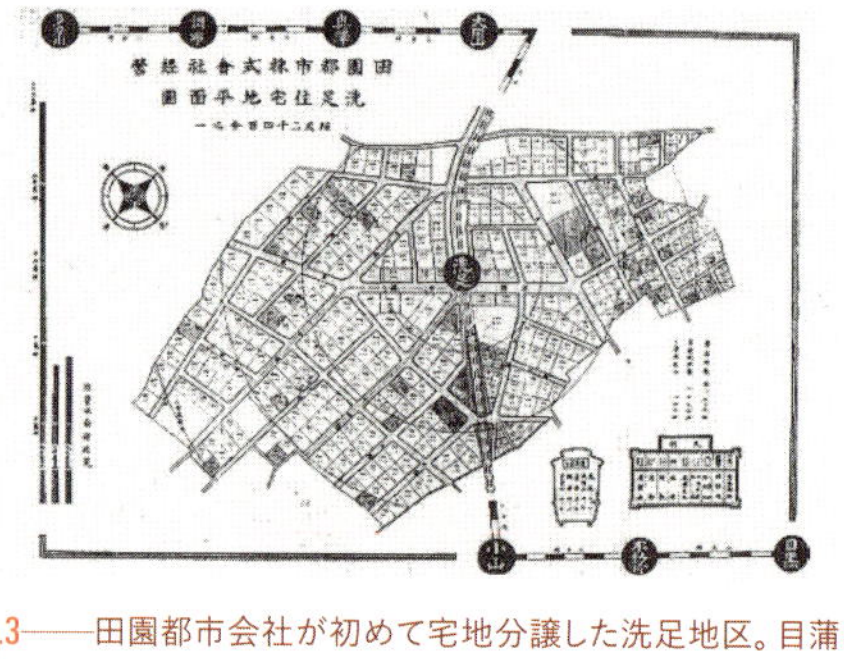

fig.3——田園都市会社が初めて宅地分譲した洗足地区。目蒲線の洗足駅を中心に、150坪程度を単位にして販売。[出典:(一社)洗足の会ウェブサイト]

fig.4——景観を意識した慶應義塾大学日吉キャンパスと円形道路パターンの住宅地の中心に日吉駅が配置されている。[提供:慶應義塾福澤研究センター]

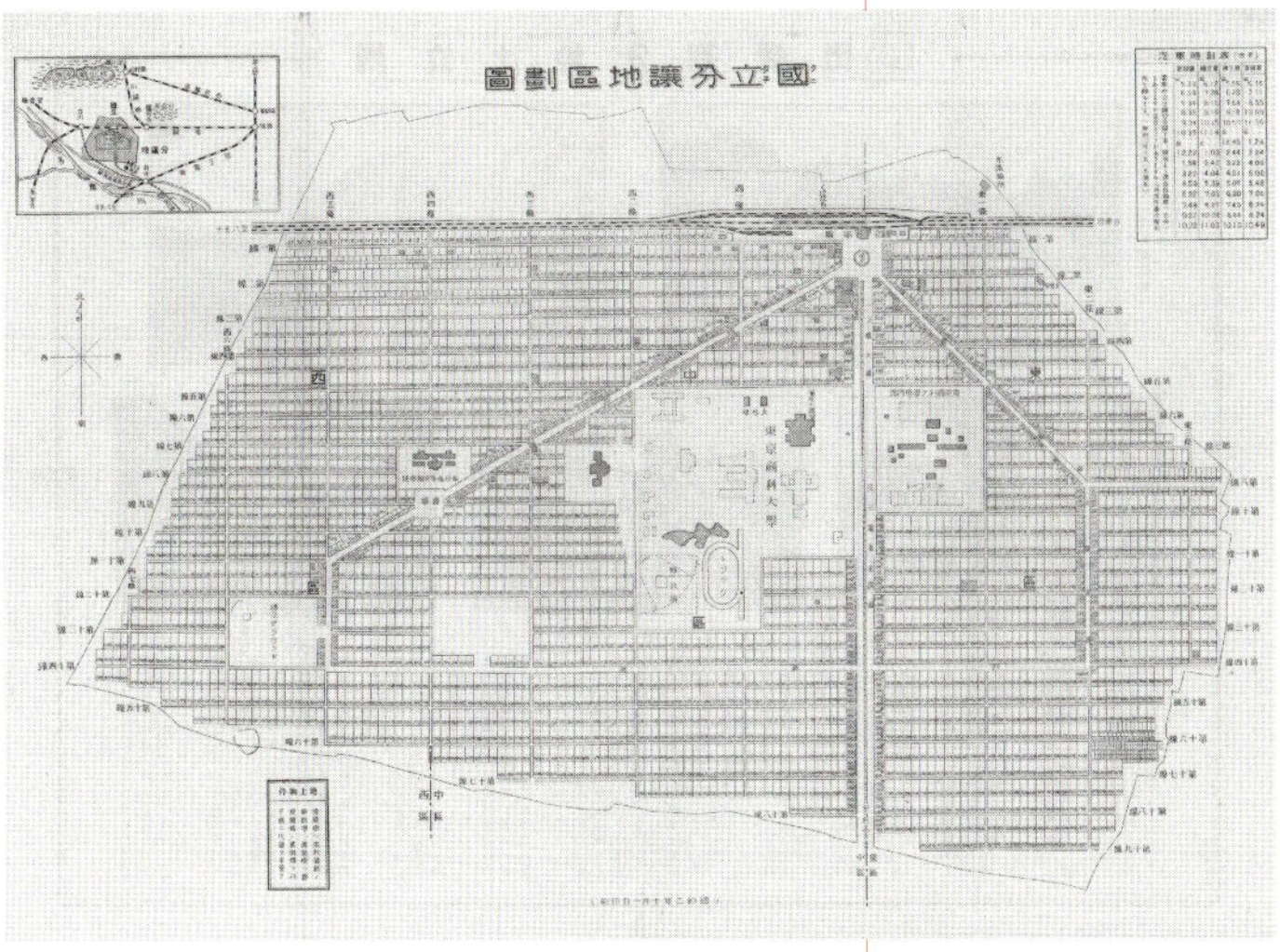

fig.5——国立学園都市。駅正面に広幅員道路が計画され、象徴的デザインの駅がビューポイントになっている。また地区の中心には大学キャンパスを配置。左斜めの道路は富士山を正面に望むことができる。[所蔵・提供:くにたち郷土文化館]

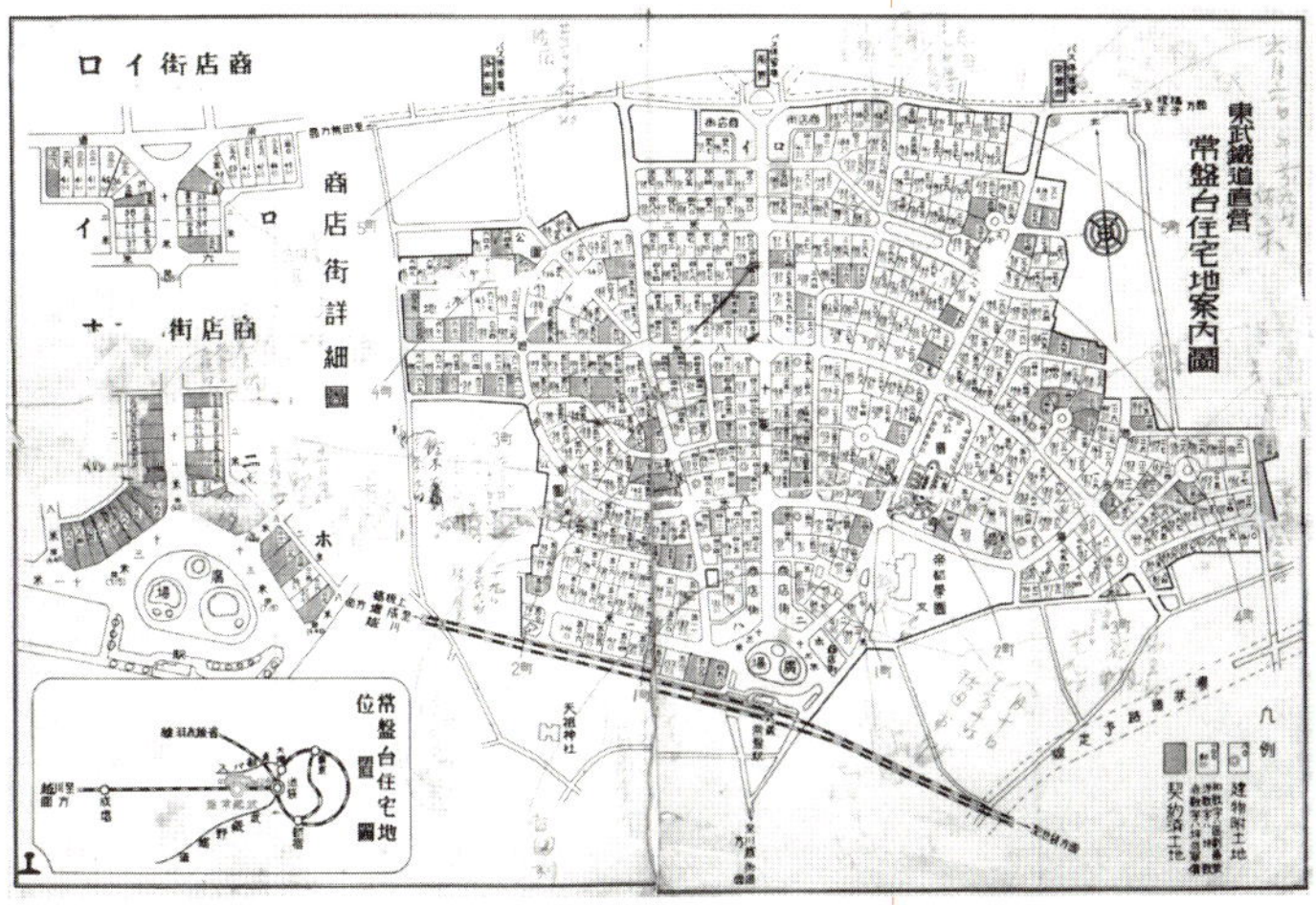

fig.6——東武鉄道が1936(昭和11)年から販売した常盤台住宅地。住宅地を一周する緑のプロムナードやクルドサック、ロードベイなど先進的な手法が取り入れられている。今日においては住民の強い絆とまちづくり条例で宅地の細分化を抑制している。[所蔵:小林保男/提供:板橋区公文書館]

功し、充分な開発利益を上げた[3]。この日吉住宅地でも田園調布と同じ半円形の道路パターンを採用[fig.4]。

地主連合、ミミズモデルを見て区画整理に取り組む

すでに鉄道が敷設された沿線郊外地域の農家などの地主層はミミズモデルを見聞きし、自身で宅地化しないと、農地を安く買い叩かれることがわかってきた。耕地整理事業を準用する形で区画整理事業を実施することが可能となったので、連合して道路、公園などの都市インフラを整備しながら、住宅地開発に乗り出した。現在の東京世田谷区の大井町線沿線では、「玉川全円耕地整理組合」を村長中心に結成し、世田谷区の1/4(約1000町歩)の広さの地域で耕地整理(区画整理)を1928(昭和3)年から開始。同様の動きは各地区で起こり、都内では中央線沿線の杉並区や中野区などが有名。

他社線に請願駅を寄付して開発——西武の堤康次郎

鉄道敷設と郊外住宅地開発はカリスマ的経営者のもと、ミミズモデルで進められたが、ここで忘れてならない経営者は西武鉄道の堤康次郎である[4]。彼は自社の鉄道でない鉄道沿線でも郊外住宅地開発を大規模に実施した。そこで、請願駅を寄付するビジネスモデルを構築した。当然、鉄道の重要性は認識しており、鉄道会社の経営権の買占めに、とくに熱心であった。堤は関東大震災後の人口の郊外化現象を見て、矢継ぎ早にプロジェクトを進めていく。武蔵野線(現、西武池袋線。当時は西武の経営ではない)に東大泉(のちの大泉学園駅)という請願駅を寄付して、1924(大正13)年から大泉学園都市の開発を開始する。大学を誘致する予定であったが、失敗し、学園のない学園都市となり、販売には苦労。同じ年には小平学園都市開発も開始している。小平では東京商科大学予科(現、一橋大学小平校舎)を誘致することに成功。さらに、堤にとって自慢の郊外住宅地開発が国立学園都市である[fig.5]。ここは、昭和元年の1926年から開発が始まった。中央線に請願駅を寄付して、東京商科大学(現、一橋大学)を誘致した。また、寄付した駅舎も三角屋根のユニークなデザインで、駅前大通りのアイストップに配置。斜めになった通りの商店街の先に富士山が見えるような工夫もされるなど、景観的な配慮もされている。

学園による学園のための学園都市

高額所得者や芸能人が住む町として小田急線沿線の成城は、意外にも小田急電鉄が開発し、成城学園を誘致したのではない。成城学園の関係者であった小原國芳が、原野に鉄道が敷設されることを知り、学園建設資金捻出のために、周辺の土地2万坪を先行買収して造成し、中央鉄道(現、小田急線)と交渉して駅を開設させた。学園の敷地を確保するとともに、残りを住宅地として1924(大正13)年から分譲して、資金の回収を図った。小原はその後、学園の内紛に巻き込まれ、成城学園を去り、さらに今の玉川学園で同じ方法により開発をした。

緑と環境維持をテーマにした郊外住宅地

戦前、1936(昭和11)年から東武鉄道によって開発された「常盤台住宅地」では住宅内を一周する緑のプロムナードがあり、クルドサックや歩行者小路、ロードベイ(道路に沿った緑道)などが組み合わされている[fig.6]。今日においては、まちづくり協定によって、宅地の細分化を抑制している[5]。また、東急電鉄が戦後開発した田園都市線沿線の多くの郊外住宅地では、開発当初より、もしくは、住民発意により、建築協定や地区計画で宅地の細分化を規制して、質の高い居住環境を維持している[6]。

戦前からの近郊住宅地は、宅地の細分化を平然と認めてきたが、今日においては、法的に規制をする住宅地、街づくり条例によって抑制する住宅地(法的強制力はない)、練馬区の城南住宅のように、法や条例にも頼らないで、住民の強い絆と運動で保全してきた住宅地など、各地でいろいろな取り組みがされている。また、戦後の高度成長時代の郊外住宅地開発では、開発と同時に、大量住宅供給が行なわれ、プレファブ住宅が各地で建設された。当初、画一的だったが、その後は、商品化住宅として、わが国の住宅建設のなかで大きく発展した。

参考文献

1———渡辺俊一『「都市計画」の誕生——国際比較から見た日本近代都市計画』柏書房、1993年

2———日本住宅総合センター『世代交代からみた21世紀の郊外住宅地問題の研究——戦前及び戦後の郊外住宅地の変容と将来』日本住宅総合センター、1987年

3———木方十根『「大学町」出現——近代都市計画の錬金術』河出ブックス、2010年

4———猪瀬直樹『ミカドの肖像』小学館、1988年

5———劉一辰、小場瀬令二「戸建て住宅地におけるしゃれ街条例の住環境・景観保全への効果」『建築学会計画系論文集』第79巻 第695号、2014年

6———東京急行電鉄株式会社田園都市事業部 編『多摩田園都市——開発35年の記録』東京急行電鉄、1988年

7———柴田建「高度成長期に開発された郊外戸建て住宅地の変容プロセスに関する研究」『日本建築学会計画系論文集』第66巻 第543号、2001年

002 同潤会アパートメント

震災復興から生まれた「まちとしての集合住宅団地」

——大月敏雄 東京大学 教授

関東大震災後の住宅復興のために設立された財団法人同潤会は、鉄筋コンクリート造（以下、RC造）のアパートメントを東京の各所で建設した。同潤会アパートは、住棟のデザインがそのまま街路景観を形成するように設計され、まち並みに溶け込んだたたずまいが多くの人々に愛された。また、家族向けから単身者までさまざまな世帯に対応した住宅を用意するとともに、集会所も完備していた。併せて店舗併用住宅、食堂、銭湯、理髪店、医務室などを周辺環境に応じて配置するなど、まちの機能を補完する役割も負った。

同潤会アパートメント ——RC造による先駆的な都市型集合住宅団地

明治末まで、日本の集合住宅は長らく木造平屋もしくは2階建ての長屋であった。明治初期の銀座煉瓦街で煉瓦造の店舗併用住宅の長屋建てが出現したが、多様な集合住宅が出現し始めるのは20世紀初頭であった。1901（明治34）年に出現した木造平屋の共同長屋はすぐに2階建てとして普及し、中廊下型木造2階建てアパートの原型となった。1905（明治38）年には木造5階建ての高等下宿である上野倶楽部が出現し、1916（大正5）年には軍艦島にRC造の炭鉱夫向けの社宅が出現したが、RC造の集合住宅で公共住宅団地を構成するのは同潤会アパートが初めてであった。

インフラ復興を待つ復興住宅

1923（大正12）年9月に起きた関東大震災の住宅復興のために、翌年の1924（大正13）年5月、義捐金をもとに内務省社会局管轄下に設立されたのが、財団法人同潤会であった。同潤会は1924（大正13）年度中に、普通住宅事業とアパートメント事業の2事業を柱として復興住宅供給をスタートした。被災の度合いの少なかった東京・横浜の郊外に木造2階建て長屋で団地を構成する普通住宅事業は素早く進捗し、12カ所（約3,700戸）をほぼ同年度中に完成させている。一方のアパートメント事業は、被災がひどかった都心部にRC造3階建ての集合住宅団地を建設する事業であったが、被災地には被災者による自力仮設住宅が多数建設され、なおかつ、復興土地区画整理事業の換地設計を待たねばならなかったため、事業実施は1925（大正14）年度に持ち越された。その代わり、1924（大正13）年度の途中で、区画整理事業によって移転を余儀なくされる被災者に対して、政府から依頼されて「仮住宅」と呼ばれる木造平屋建て長屋を7カ所（約2,100戸）、同年度中に完成させている。

こうして、同潤会のアパートメント事業は、震災発生の1年半後、1925（大正14）年度事業として中之郷［fig.1–2］、柳島、青山、代官山の4つのアパートで着手されたのだが、コンクリートの打設が冬場に差し掛かかったため、工期が押して、年度末にようやく姿を表すこととなった。

まちとしての集合住宅団地

同潤会アパートの特徴は、戦後に建設された集合

fig.1——中之郷アパート鳥瞰図［出典：内務省社会局『大正震災志写真帖』岩波書店、1926年］

fig.2——コンクリート打設中の中之郷アパート［出典：『大正十四年度事業報告書』同潤会、1926年］

同潤会アパートのなかで最初に竣工したのは、現在の墨田区の曳舟通り沿いに建っていた中之郷アパートであった。当時はまだ、曳舟通りが曳舟川と呼ばれていた川で、昭和初期に埋められてしまった。このパースにも写真にもまだ舟が見られるが、川岸からロープで舟を引っ張ったことからこの川の名が付いている。川と川岸の通りに面した中之郷アパートの1階は店舗併用住宅となっており、ゆるく中庭を囲む配置計画がなされた。

fig.3——青山アパート透視図

現在、表参道に建っている同潤館と呼ばれる商業施設は、青山アパートが市街地再開発事業によって表参道ヒルズに建て替えられた際に、従前の青山アパートの保存運動を受け、新たにレプリカ的に建設されたものである。建設当時、陸軍中将から、皇室の方が通る表参道沿いに庶民住宅が建ち、屋上に洗濯物をひらひらさせているのはけしからんとのクレームが来たために、屋上のパラペットが高く設計された。[出典:『大正十四年度事業報告書』]

住宅団地との対比において、次の3点が特筆される。

「まち並みを形成する住宅」:戦後の団地では住棟を原則平行配置し、敷地周辺の街路に対してぶっきらぼうな表情を見せてきたが、同潤会アパートでは、住棟のデザインがそのまま街路景観を形成する形式で設計された。同潤会青山アパート[fig.3]などがその典型で、まち並みに溶け込んだたたずまいが多くの人々に愛された。

「まちとして機能する住宅」:戦後の団地において、住宅以外の施設といえば、せいぜい集会所くらいであり、大規模なところはそれに小さな商店街が付属する程度である。ところが同潤会アパートにはすべて集会所があり、その他、店舗併用住宅、食堂、銭湯、理髪店、医務室など、周辺環境に応じてじつにきめ細かく配置された。住宅だけではなく、集合住宅自体がまちとして機能し、周辺のまちの機能を補完するように計画されたのである。

「まちと同じく多様な世帯を容れる住宅」:多くの同潤会アパートでは、3階までを家族向けの住宅とし、4階以上の階を独身者専用の住宅にしていた。また、独身者用のアパートも2カ所建設されている[fig.4-5]。震災でなくなった普通のまちが、単身者をはじめとした多様な家族形態から成り立っている現実を、素直に集合住宅計画に写し込んだのだろう。

これら3点をまとめると、「まちとしての集合住宅団地」が同潤会アパートの計画上の特徴なのである。

また、同潤会は明治末期から大都市の課題となっていた、スラム問題にも着手している。1927(昭和2)年の不良住宅地区改良法成立のためのモデルケースとして、政府から同潤会に猿江裏町不良住宅地区改良事業が委託され、ここでも、上記の特徴を有した集合住宅が建設された[fig.6]。同事業は、戦後も住宅地区改良事業として継続し、通常の公営住宅では対応できない都市問題を解く伝家の宝刀として、今も利用されている。震災を奇貨とし、精力的に新たな課題を解きに走った当時の内務省の能吏たちの意気込みが伝わってくる。

同潤会アパートを生んだ人々

同潤会を考えついたのは、内務官僚の池田宏であった。彼は後藤新平の右腕として初代都市計画課長になった人物であるが、市街地建築物法・都市計画法の制定時に佐野利器や内田祥三と懇意になっており、内田が池田のもとで田園都市に関する研究を始めるようになったのも、この頃である。そして、同潤会設立の際、評議員の内田によって抜擢され、同潤会建設部長となり、同潤会アパートの設計を指揮したのが川元良一であった。東京帝国大学(現、東京大学)建築学科を1914(大正3)年に卒業後、三菱地所に勤めていた川元は、建築学会住宅問題常置委員会主査として、当時アメリカのニューヨーク周辺で流行していたガーデン・アパートメントと呼ばれる集合住宅団地の計画手法を独自に体系化した『共同住宅館と衛生価値』という報告書を関東大震災の前年に出している。この経験を買われ、初期の同潤会アパートの設計が彼に託されたのである。軍人会館(1934(昭和9)年/のちの九段会館)の設計でも有名な川元の集合住宅作品として、銀座アパート(1932(昭和7)年)がいまも現存している。

このような系譜で出現した同潤会アパートであったが、その後、日本は残念ながら日中戦争、太平洋戦争に突入してしまった。戦後は、同潤会を引き継ぐ住宅営団が戦時中に展開した標準設計による画一的な住宅供給方式が公営住宅や公団住宅に引き継がれていった。

参考文献

1———佐藤滋『集合住宅団地の変遷』鹿島出版会、1989年

2———マルク・ブルディエ『同潤会アパート原景』住まいの図書館出版局、1992年

3———佐藤滋、高見沢邦郎、伊藤裕久、大月敏雄、真野洋介『同潤会のアパートメントとその時代』鹿島出版会、1998年

4———大月敏雄『集合住宅の時間』王国社、2006年

5———橋本文隆、内田青蔵、大月敏雄『消えゆく同潤会アパートメント』河出書房新社、2011年

6———大月敏雄『町を住みこなす』岩波書店、2017年

fig.4——虎ノ門アパート外観[出典:宮澤小五郎『同潤会十八年史』1942年]

fig.5——大塚女子アパート外観[出典:建築学会『東京横浜復興建築図集』丸善、1931年]

同潤会アパートに計画された独身室は、男子単身者のみを対象としていたが、茗荷谷駅前には日本初の女子専用アパートも建設された。同潤会本部が事務所を構えた虎ノ門アパートは、3階までが事務所建築で、4階からは女人禁制の男子寮だった。ここにはエリート独身サラリーマンが多く住み、銀座、新橋あたりの夜の女性が夜間忍び込むことが問題となり、アパートはのちに廃止され、江戸川アパートの独身室に移動したものもいた。

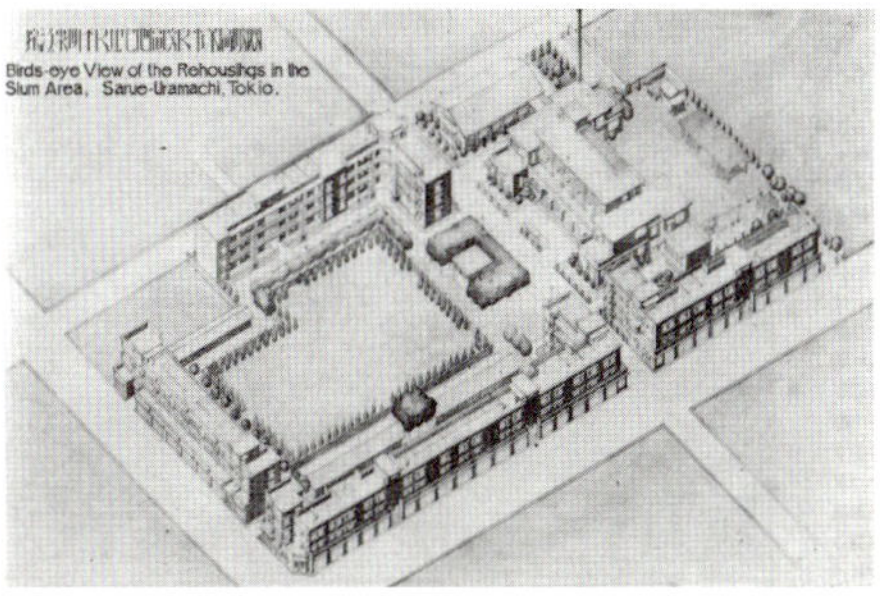

fig.6——猿江裏町共同住宅鳥瞰図

左の街区の中に木造平屋建ての建物が3棟建っており、居住者を対象としたゴザ工場の授産施設が営まれていた。右の街区には、善隣館という社会福祉施設が建てられ、この地域の一大福祉拠点が計画されていた。[出典:中村寛「住宅経営」『高等建築学第25巻』常盤書房、1934年]

003

炭鉱住宅

企業がつくった生産手段としての住宅群

菊地成朋
九州大学 教授

炭鉱住宅は、石炭生産に直接的に結びつけられて建設された住宅群である。それは住宅であると同時に、企業にとっては生産のための施設だった。
戦時下には国策として盛んに建設され、戦後には復興に向けた経済政策の柱となったが、まもなく起こったエネルギー革命によりその役割を終えた。
炭鉱住宅は時代や炭鉱業の浮沈によって大きく揺れ動く、フロー型のハウジングだったといえる。
大手炭鉱では、住宅だけでなくさまざまな施設を備えたコロニーのような自己完結的な住宅街がつくられた。

炭鉱業と炭鉱住宅

日本の石炭産業は、明治になって本格化し、以降、生産が行われた100年余りの期間に激しい浮き沈みを経験した［fig.1］。戦争が起こると需要が拡大し、とくに第2次世界大戦時には国の統制化で増産が図られた。その反動もあって、終戦時には大きく疲弊した状態となったが、まもなく復興の基幹産業として位置づけられ、「傾斜生産方式」と呼ばれる優遇措置がとられて再び拡大した。しかし、1960年代からは相次いで閉山するようになる。

炭鉱では、坑夫の数が生産量に直結する。炭鉱住宅はその確保のための生産施設だったといえる。そして、炭鉱業は業績の振幅が激しかった。生産が社会情勢に左右され、また良質な炭層が掘り当てられれば新たに炭鉱が建設されるが、炭層の状況によってはすぐに生産をストップする事態にもなる。生産が拡大すると炭鉱住宅を急いで建設し、縮小すると処分する。必然的にフロー志向の住宅となった。

企業がつくった住宅街

初期の炭鉱では、いわゆる納屋制度（あるいは飯場制度）によって、中間搾取的な労務管理が行われた。炭鉱主から委託された納屋頭が、納屋と呼ばれる坑夫の住宅を建設し、坑夫募集から作業監督、生活物資の支給など生活全体を管理した。納屋制度下の住まいは、居室1室と土間だけの粗末なもので、棟割長屋も多かった。

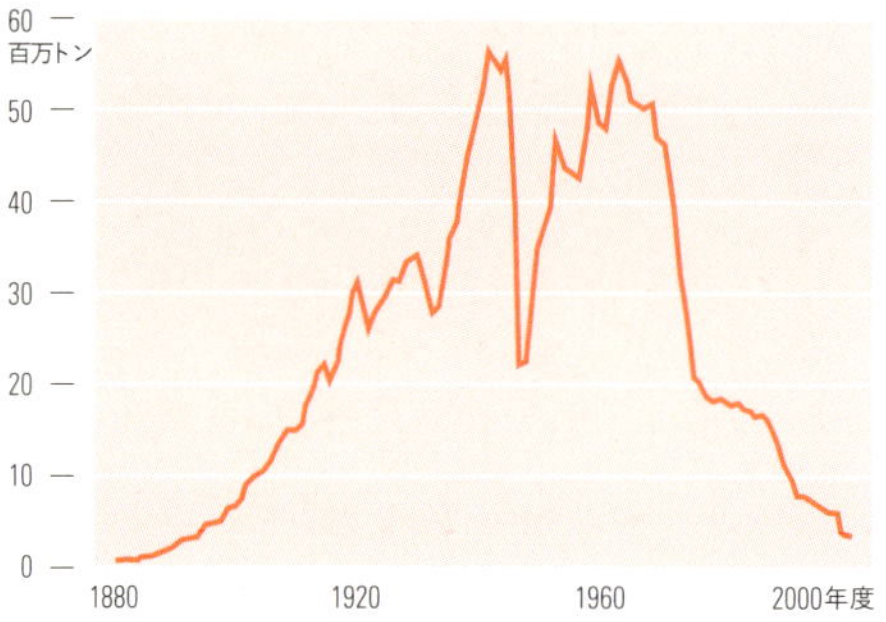

fig.1——国内の出炭量の推移

日本の石炭産業は、鉄鋼業の発展により大量の石炭が使われるようになり、明治中期に中央資本が相次いで参入した。日清、日露、第1次世界大戦と続く戦争が石炭の需要を増加させ、炭鉱業への設備投資も進み産業として重要な位置を占めるようになる。しかし、第1次世界大戦後の世界恐慌によって冷え込み生産が停滞する。それが第2次世界大戦へと向かう軍需体制のもと、再び石炭需要が拡大するようになり、1940（昭和15）年に国内生産量が最大値に達する。終戦を迎えると、労働力や資材の不足などにより炭鉱業の基盤が衰退し、出炭量が極度に落ち込んだ。政府は炭鉱業を経済復興の基幹産業として位置づけ、「傾斜生産方式」を採用したことによって再び活況を呈する。しかし、それもまもなく打ち切られ、さらに1960年代になると主要エネルギーが石炭から石油へと移行し、炭鉱が次々に閉山していった。［出典：「エネルギー生産・需給統計年報」石炭エネルギーセンター］

大正時代になると、労働運動の高まりなどを背景に納屋制度が批判されるようになり、大手を中心に廃止されていった。代わってとられたのが、企業が炭鉱住宅を建設し管理する直轄制度である。企業によって運営されるようになった炭鉱では、坑夫の住宅は社宅化され、経費の多くを企業が負担し、坑夫の労務管理の一環として生活全般を支えた。

大手炭鉱では、住宅だけでなくさまざまな施設を備えたコロニーのような自己完結的な住宅街がつくられた。その場所は、石炭を搬出する坑口近くに設定されることが多く、坑口の位置は炭層によって決まるため、場合によっては人里離れた場所だった。そこに、生産施設と隣接して炭鉱住宅群が建設された。企業はその中に生活施設や娯楽施設も建設して坑夫の用に供したが、それは福祉というよりは、支配的な立場の者が父親のように保護・支援するパターナリズム（父権主義）的なものであったといえる。

炭鉱住宅のかたち

炭鉱住宅の多くは木造長屋を平行に並べた形式で、建物としてはきわめて簡素なつくりをしていた。松原炭鉱住宅［fig.2–4］は、筑豊の中でも最大手の炭鉱のひとつだった三井田川鉱業所が開発した住宅地である。1936（昭和11）年に建設が開始され、3年程の間に約1,700戸の大規模炭鉱住宅街が形成された。大半が4軒長屋で、土間の台所と和室2室の画一的な住戸によって構成された。住宅街には、浴場や集会施設、商店などが設けられていた。また、病院、講堂、購買部、マーケット、保育所、郵便局などもあり、生活全般が成り立つようになっていた。講堂は劇場としても使われ、芝居が催されたりした。公民館は結婚式にも使われた。そして、これら三井に属する施設は使用料が無料であった。

「軍艦島」の名称で知られる三菱炭鉱端島鉱業所は、鉄筋コンクリート造（以下、RC造）の炭鉱住宅が建てられたが、炭鉱住宅としてはかなり特殊な事例といえる［fig.5–6］。1916（大正5）年に建てられた30号棟は日本最初期のRC造集合住宅であり、その後もRC造の住宅が増殖的に建てられていった。それが限られた敷地で無計画に進められたため、立体迷路のような空間のつながり方をした独特の集住体が形成され、最盛期には5,000人あまりが暮らした。また、端島には小中学校、幼稚園、病院、郵便局、プール、児童公園、体育館、テニスコートなどがあり、寺、神社、映画館、旅館、商店、食堂、質屋、スナック、パチンコ、雀荘などまでつくられた。この小さな島で都会的な生活が送れるようにあらゆる施設が用意されたのである。

fig.2——三井田川鉱松原炭鉱住宅［所蔵：田川市石炭・歴史博物館］

fig.3——松原炭鉱住宅配置図［出典：『松原炭鉱住宅と夕陽ヶ丘社宅』］

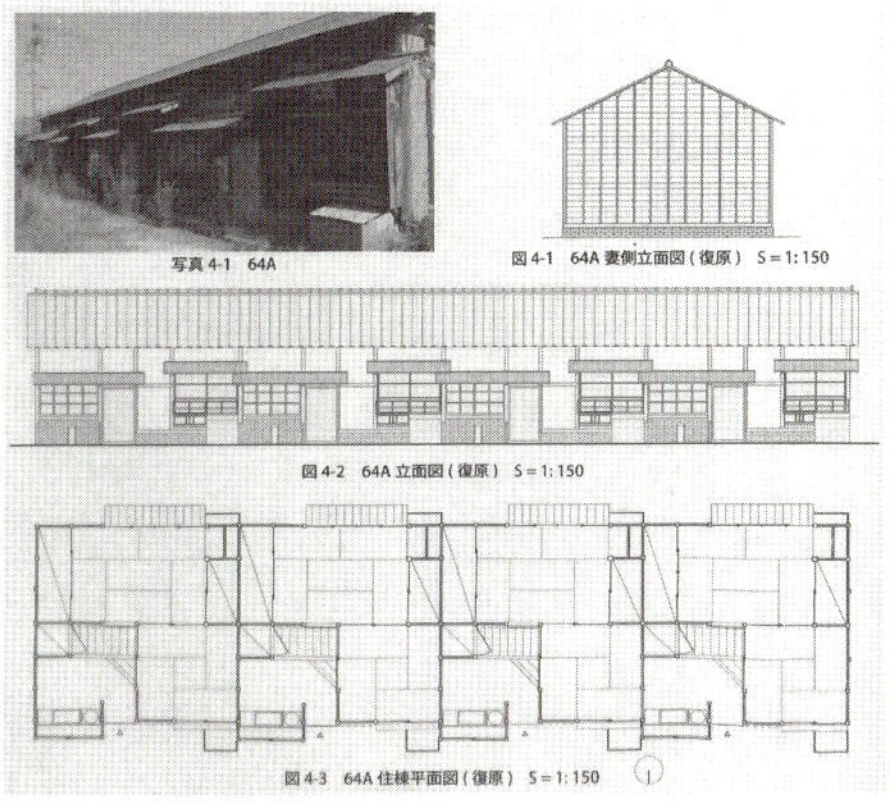

fig.4——松原炭鉱住宅住棟［出典：『松原炭鉱住宅と夕陽ヶ丘社宅』］

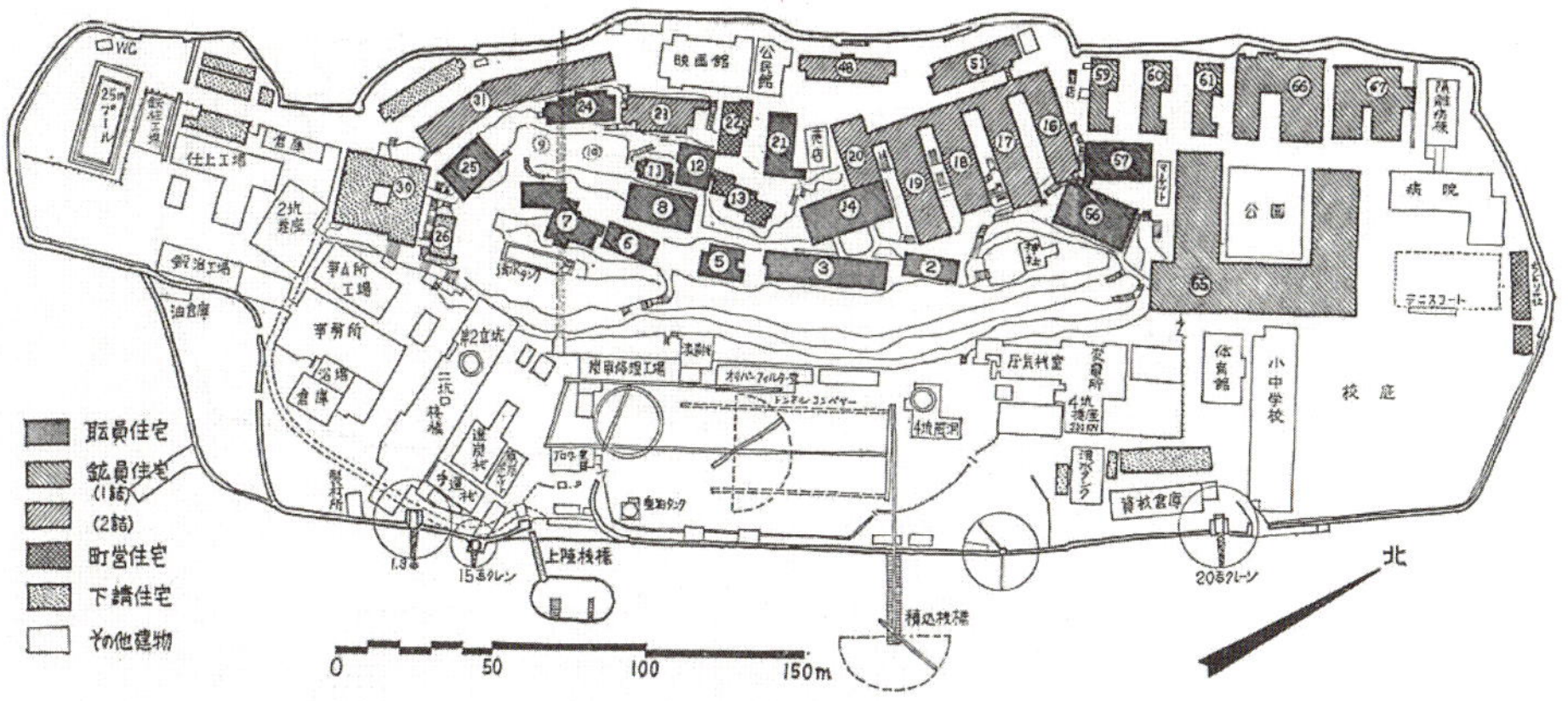

fig.5——軍艦島配置図［出典：『日本のすまいIII』］

fig.6——軍艦島の鉄筋コンクリート造炭鉱住宅［撮影：伊藤千行］

炭鉱住宅への施策

炭鉱産業の変動に合わせて、炭鉱住宅への施策も目まぐるしく変化した。政策としては、1920（大正9）年に農商務省が炭鉱住宅について言及したのが最初といわれる。居室を2室以上とすることや共同便所を廃止することが提案されたが、炭鉱産業が不況期だったこともあってあまり実効性はなかった。1929（昭和4）年に「鉱業警察規則」が改正され、そのなかで「鉱夫住宅」に関する条項が新たに加えられた。そこでは、棟割長屋の禁止、居室の天井高、1人あたりの畳数などが定められ、法制化による居住水準の底上げが図られた。

それが、戦時体制が強まって国の統制下に置かれるようになると、目標が数の確保に変わる。政府は1939（昭和14）年に「労務者住宅建設三箇年計画」を策定し、増産に向けた労務者住宅の新規建設を計画した。その建設主体はあくまで事業主であり、政府は建築資材の供給や低金利融資を行い、住宅建設を促進するというものであった。その際、炭鉱住宅は他の労務者住宅より低い水準が容認された。

戦後の傾斜生産方式では、炭鉱住宅建設に対して大手を中心に多額の融資が行われ、企業はこれを社宅として建設した。炭鉱住宅は約5万戸が新築され、約7万戸の改修・修理が行われた。それらは、規模においても設備においても戦前に比べ大きく改善されたものであった。また、戦災復興院建築局のなかに炭鉱住宅課が置かれるなど、炭鉱住宅は住宅政策の中心課題のひとつとして取り組まれた。

しかし、傾斜生産方式が終わり、炭鉱への優遇融資が打ち切られると、炭鉱住宅建設は「産業労働者住宅資金融通法」（1953（昭和28）年施行）によって、産業全般に広げた融資基準に従って建設されるようになる。炭鉱住宅は特別扱いされなくなり、一般の労働者住宅と同じ基準になった。

1960年代からは閉山が相次ぐようになるが、その際の炭鉱住宅は、払い下げられるもの、賃貸住宅化するもの、公営住宅化するものなど対応がさまざまであった。その後、残った炭鉱住宅は不良住宅とみなされ、「産炭地域振興臨時措置法」に基づいて住宅地区改良事業として炭鉱住宅を公的住宅に建て替えることが行われていく。しかし、とくに払い下げられた場合には建て替えがスムーズには進まないことも多く、劣悪な環境のまま存続しているなど、現在でも問題は解消していない。

参考文献

1——西山夘三『日本のすまいIII』勁草書房、1980年
2——本田昭四、山下良二「炭鉱住宅計画に関する史的研究(1)、(2)」『日本建築学会計画系論文報告集』第382号、1987年
3——菊地成朋『炭鉱都市および炭鉱住宅の形成に関する計画史的研究』科学研究費補助金研究成果報告書、2000年
4——菊地成朋、菊地研究室『松原炭鉱住宅と夕陽ヶ丘社宅』福岡県、2009年

004

公営住宅・公団住宅

住生活の合理化に役割を果たした標準設計

髙田光雄
京都美術工芸大学 教授／京都大学 名誉教授

公営住宅や公団住宅は、標準設計の開発や改善などを通じて、住生活の合理化や近代化に貢献し、民間住宅へのデモンストレーション効果も発揮してきた。住み方調査から得られた「食寝分離」や「隔離就寝」の原則を基礎として、一九五一年には公営住宅の「51C型」と呼ばれる標準設計がまとめられる。これが2DKと呼ばれる住戸平面の原型となり、一九五五年に発足した日本住宅公団では、nKやnDKと略称される住戸平面の型系列へと発展していった。標準設計による画一性が問題視されるようになる一九七〇年代以降は、住要求の多様化に対応した可変型住宅の開発も行われている。

公共住宅の標準設計が果たした役割

第2次世界大戦後の日本の住宅政策は、少なくとも1970年代はじめまでは、住宅金融公庫法（1950（昭和25）年）、公営住宅法（1951（昭和26）年）、日本住宅公団法（1955（昭和30）年）のいわゆる主要三制度に支えられて発展してきた。住宅金融公庫法は、住宅建設・購入資金の長期・固定・低利による直接貸付制度であり、住宅供給の促進に加えて、貸付条件となった設計基準や検査制度を通じて、主として民間住宅の質の確保に貢献した。一方、公営住宅法や日本住宅公団法は、住宅に困窮する低所得者や都市部の中堅勤労者などへの公共住宅の直接供給制度であり、「標準設計」の開発・改善などを通じて、住生活の合理化・近代化に貢献し、民間住宅へのデモンストレーション効果も発揮してきた。

戦後の住宅難の解消を目指して考案された公営住宅や公団住宅の「標準設計」は、戦中の限界的環境下での効率性を重視した住宅設計技術である規格設計の考え方をふまえた、住宅の大量供給の手段であった[fig.1]。加えて、建設技術者が不足している地方でも一定水準以上の住宅建設を可能にしたこと、住生活の合理化・近代化という生活指導的役割を果たしたこと、などの意義を有していた。また、公共サービスの公平性を確保する手段として合意が得やすいこと、建設費補助の算定根拠が明快なこと、公共部門特有の事務手続きが最小化できることなど、公共部門の組織に馴染みやすい仕組みであったことも普及の背景にあった。

公営住宅51C型と公団住宅の型系列

公営住宅や公団住宅の「標準設計」の作成では、京都大学の西山夘三によって行われた庶民住宅研究が理論的基礎を与えた。西山は、庶民住宅を対象とした「住み方調査」に基づく「食寝分離論」において、いかに狭小な住宅でも、食事室と就寝室を分離する傾向が強いこと、子供の年齢や性別によって就寝室の分離に一定の法則性が認められることなどを明らかにし、「食寝分離」「隔離就寝」の二大原則を導くとともに、それらを基礎とした規格設計提案を行っていた。戦後、東京大学の吉武泰水や鈴木成文らは、公営住宅の標準設計「51C型」にこの研究成果を活用し、のちに「2DK」と呼ばれる住戸平面の原型を確立した。1955（昭和30）年に発足した日本住宅公団では、これを継承・発展させ、浴室とともに、当時はまだ一般的ではなかったDK普及のためにダイニングテーブルを備え付けた2DKを供給した。また、のちにnKあるいはnDKと略称される住戸平面は系統的

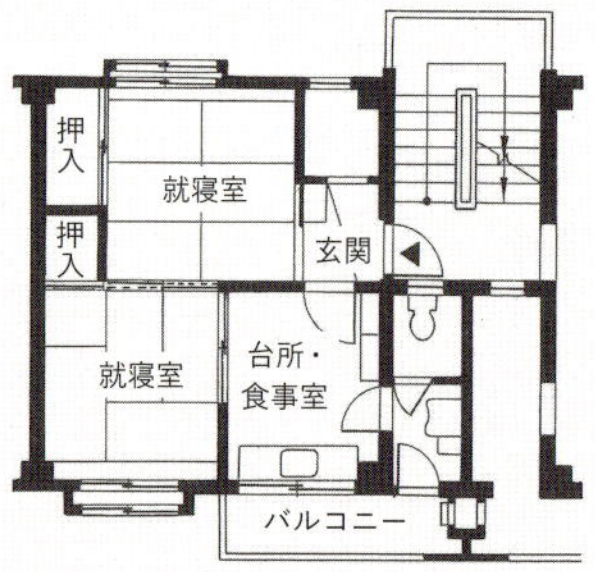

1. 公営住宅（1951年）
2DKの基本タイプとして、その後の公共住宅のモデルとなった51C型標準設計。

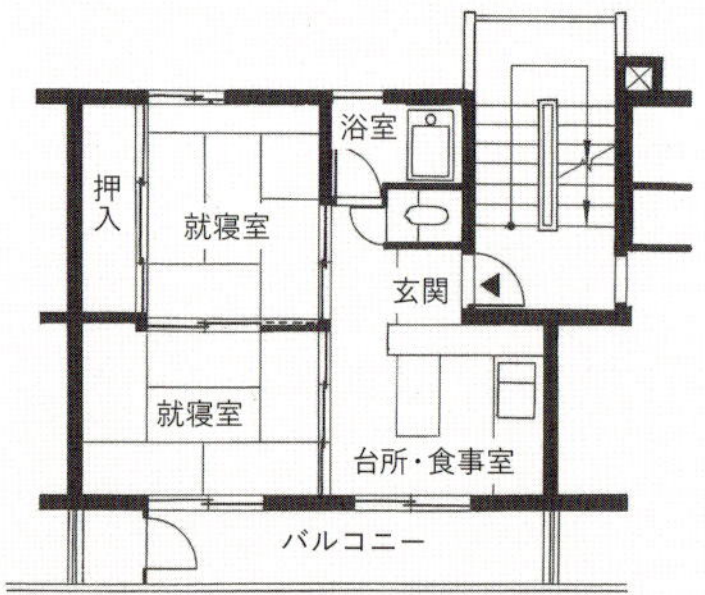

2. 公団住宅（1955年）
当時はまだ一般的でなかったDKの普及のため、ダイニングテーブルを造付けとした初期の公団住宅。

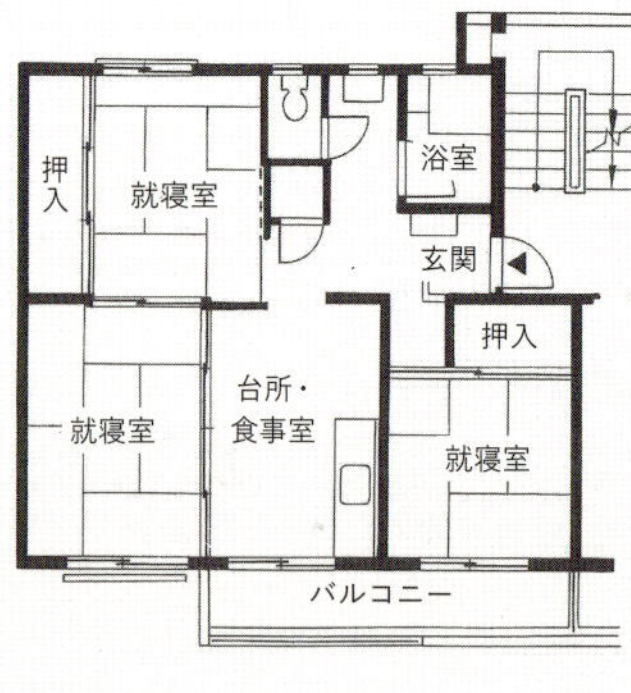

3. 公団住宅（1963年）
規模拡大要求に対応した3寝室住宅。この年、公団は標準設計の全国統一を達成し、平面を1DKから3DKまでの9種類に集約した。

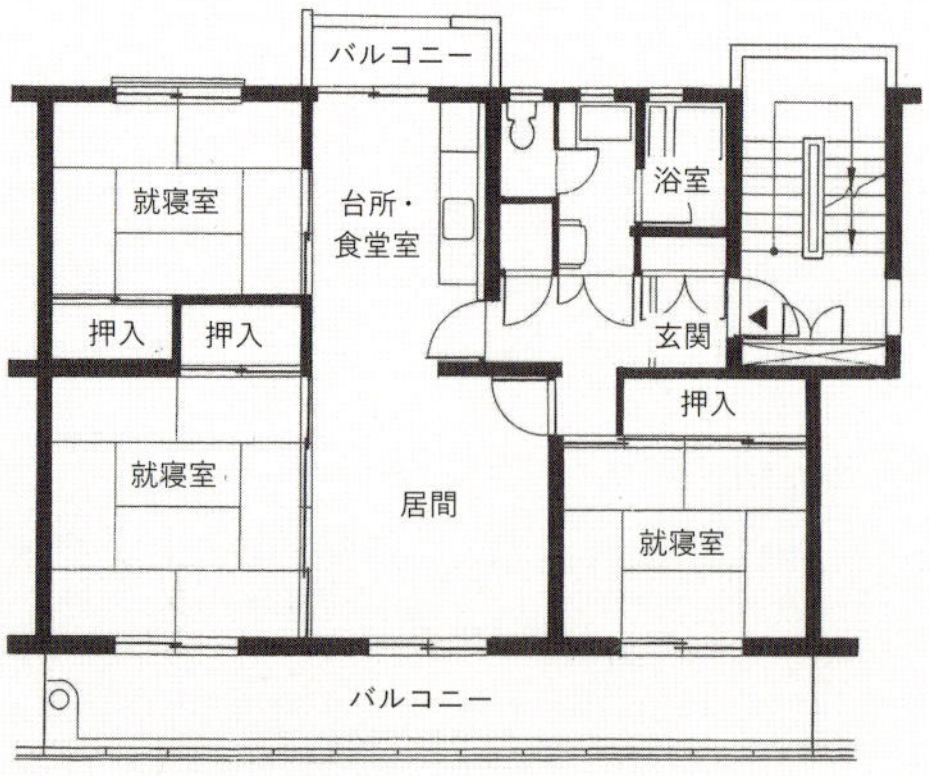

4. 公団住宅（1967年）
住様式の変化に対応したLDKタイプの住宅。この年から戸数が増え始めた分譲住宅についても標準設計が作成されるようになった。

fig.1———公営住宅・公団住宅の標準設計の変遷

fig.2——千里ニュータウン（古江台地区）に建設された公営住宅（大阪府営住宅）［提供：大阪府］

に整理され「型系列」としてまとめられた。公団では、1963（昭和38）年に住戸平面を1DKから3DKまでの9種類に集約、全国統一された「型系列」が実現している。この「型系列」は、西山が提唱していた「型計画」の考え方と標準設計が結びついたものである。「型計画」とは、不特定多数の住宅需要者を類型化し、各類型に住戸平面を対応させていく計画技術であり、1940年代はじめに住宅営団において、具体的な規格平面系列が作成されたが実現していなかった。

住要求の多様化と標準設計の限界

公営住宅や公団住宅の標準設計においては、規模拡大要求や住様式の変化に対応して毎年改訂が重ねられ、新たな住戸平面が追加されたりした。1960年代には、居室数の多い住戸や居間のあるLDK型の住戸、あるいは、変化のある外観を目指した雁行配置型住戸なども登場している［fig.2］。しかし、標準設計で多様性や変化に対応することには限界があり、むしろ、その画一性や硬直性がより大きな問題となっていった。

こうした標準設計の計画面での展開とともに、その生産面での展開も見逃してはならない。元来、標準設計は量産化対応という側面が強い設計手法であるが、この側面がとくに大きな意味をもち始めたのは1960年代中頃、中層住宅生産の工業化が開始されてからである。とはいえ、当時、工業化工法による公共住宅には定められた規格はなく、結果として、量産効果は上がらず、部材の生産供給にも混乱が認められた。そこで、1970（昭和45）年に「中層プレハブ住宅規格統一要綱」が策定され、公営住宅・公団住宅などの公共住宅に共通する標準設計SPH（Standard of Public Housing）がまとめられた。ただし、SPHの開発は、寸法の統一などの意義は認められるものの、計画面の展開との対応は希薄で、その後の需要側の変化のなかで抜本的な変革が求められていった。

多様化への対応とストックの再生

1975（昭和50）年より画一化した従来のSPHに代わる新しい標準設計（NPS）の開発が開始された。NPSは、当初、New Plan Seriesの略称とされ、新たな「型系列」として一応の成果がまとめられた。しかし、その検討過程で、標準設計の位置づけに関する考え方の転換がみられ、NPSは標準化された住戸平面の集合ではなく、各団地の個別的条件に応じて「適正な計画と合理的な生産とを導き出すための標準化された空間構成手法」、換言すれば、「設計ルール」として把握されるようになった。その結果、NPSは、New Planning Systemと読み替えられることになった［fig.3-4］。

住要求の多様化に対応した可変型住宅の計画手法の開発も行われてきた。生活像に基づく可変型住宅としては、鈴木による「順応型住宅」などが提案された。可変という用語は使わず、個性への順応という側面が強調され、住様式規定型住宅を補完するものとして位置づけられた。順応の手法は、可動収納家具などが想定され、固定部分と可動部分を組み合わせた住戸平面は、複数の公営住宅に適用が試みられた。

また、住宅生産の部品化の動きを背景とした可変型住宅の技術開発も進められた。公団では、部品の選択や交換によって住要求の多様化に対応しようとしたKEP（Kodan Experimental Project）という大規模な実験に1973（昭和48）年から着手し、その成果の一部は公団の可動収納家具付き賃貸住宅などに活用された。

その後、こうした技術開発は、長期耐用性を考慮した部品化住宅システムを目指したCHS（Century Housing System）の開発や、住要求の多様性への対応と居住基盤整備の同時的実現を目指したスケルトン・インフィル住宅の開発などに引き継がれていくが、住宅市場全体を視野に入れた住宅政策の確立と主要三制度の解体・再編が求められる社会が進行するなかで、公営住宅・公団住宅という枠組みを超えた普遍的な取り組みが展開されることになった。他方、全国に多数建設された公営住宅・公団住宅などの公共住宅では、維持管理や再生（リノベーション）に関するさまざまな試みが展開されており、ストックの時代に適合した技術開発の実践という観点から、大きな注目を浴びるようになってきている［fig.5–6］。

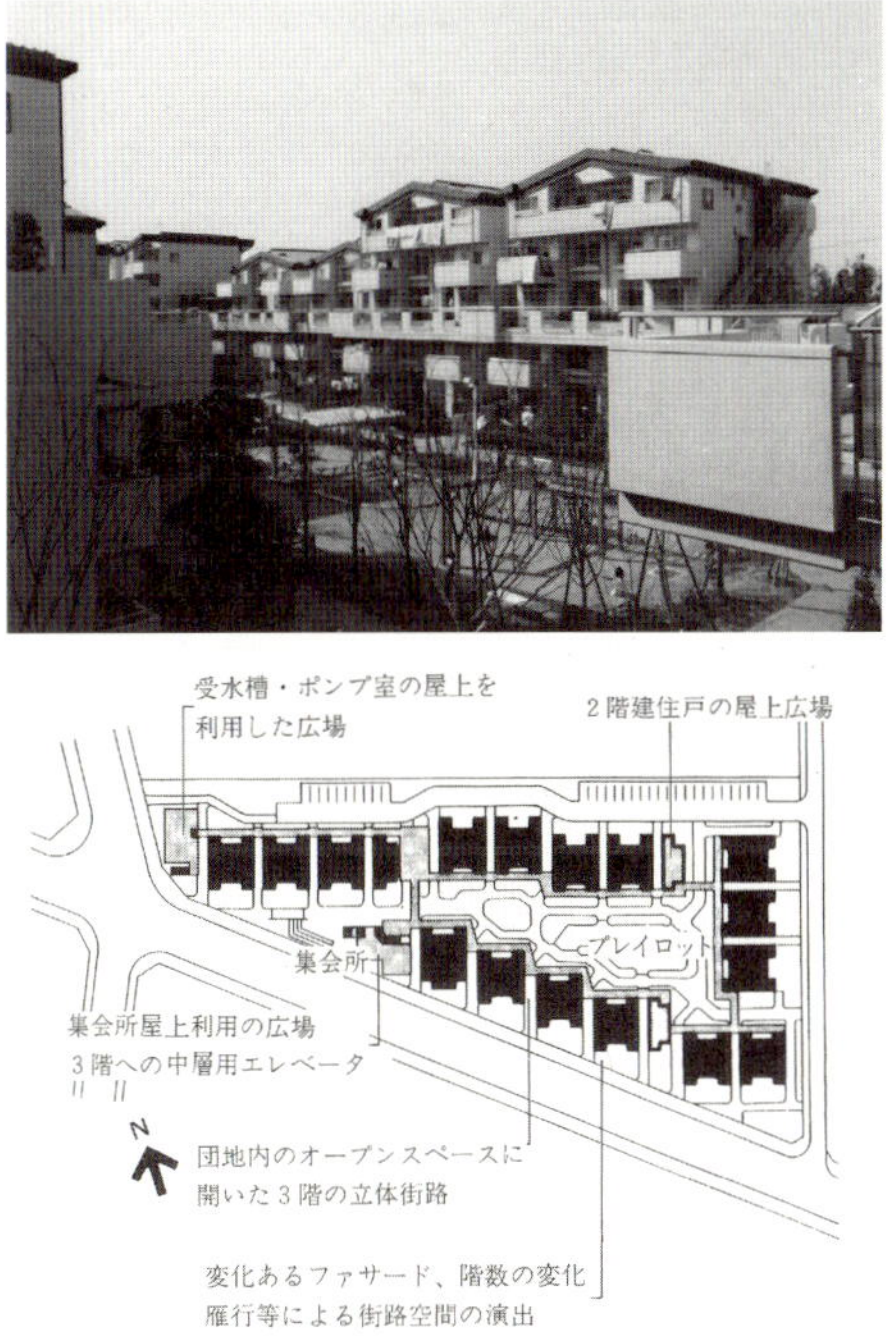

fig.3-4——NPSルールによる個別設計団地（埼玉県営入間住宅）
［提供：（株）市浦ハウジング＆プランニング］

fig.5-6——公団住宅のリノベーションプロジェクト（UR観月橋団地）
［提供：（独）都市再生機構 西日本支社］

1 供給方式

005

団地

戦後の生活水準を底支えした建築計画学の結晶

植田実 編集者

終戦後、建築分野の大きな課題のひとつが住宅供給であった。戦禍によって、また戦後のベビーブームによって多くの世帯が住宅を必要としていたためである。これに対し、一九五五年に日本住宅公団が設立され、多くの「団地」を建設してゆくこととなる。初期の団地は、住宅の不燃化、衛生的な生活、近代都市生活の敷衍などを目的に、鉄筋コンクリート造を用いた寝食分離を提起する間取り、ステンレス流し台や洋式トイレが採用されるなど、その後の住宅のかたちを形成する試みが、産学官の連携によってなされてきた。

住戸数・団地数の風景と生活の風景

1958(昭和33)年、日本住宅公団(現、都市再生機構)の東京支所募集パンフレットの表紙タイトルに初めて「団地」の名称が使われる。それ以前は対外的にはたとえば牟礼住宅、金岡住宅と呼んでいた。住宅金融金庫法の公布が1950年、その翌年に公営住宅法公布、4年後の1955(昭和30)年に日本住宅公団発足。慌ただしい空気のなかで初年度17,000戸、次いで38,000戸、30,600戸以上を建設、3年分の計画戸数が78,000を上まわった年に、「住宅」を「団地」と呼び直した。2009(平成21)年時点の記録では、事業内容に即して公団は都市再生機構と名称を変えてはいるが、供給戸数・団地数は併せて150万戸・3,300団地、管理戸数・団地数は76万戸・1,800団地をそれぞれ超えている。

まず公団関連の記録の団地数から規模を見たが、公営住宅に直接つながる動きは、敗戦直後の日本全土における深刻な住宅不足への対策がすでに1945(昭和20)年から、応急簡易住宅や転用住宅のかたちで始まっている。それは戦後を持続的に伝える風景としてしばらく後まで、復興してゆくまちの片隅に陣取っていた。

東京では1948(昭和23)年に1,052戸の都営戸山ハイツが建設される。木造切妻屋根、2戸1の同じ住棟が整然とどこまでも続くのは計画的だが、窓やドアの外にあふれ出た生活は計画性を凌駕し、そのまま周囲のまちとひとつになっていた[fig.1]。1968(昭和43)年には中高層住宅への建て替え事業の対象となり、10年以上をかけて3,016戸、そこに各種公共施設をそなえた団地に更新される。

それに先んじて、原則として分譲(住戸の払い下げ)は行わない、高額所得者には住戸明け渡しを請求する、全住戸に浴室を設置するなど、都営住宅全体の方針が決まってゆく。高層に建て替わるのは公営住宅本来のありかたをさらに強めているともいえる。同じ団地といっても地方行政それぞれの工夫が見られ、福祉的性格が感じられる。かつて都営中層棟各戸のバルコニーに仮のバスユニットがずらりと並び、カプセル建築のような愛嬌を見せていた、公営ならではの風景は今はない。

公団団地の複雑性

51Cの名で知られる住戸間取り原案は公営・公団に共通しているので、かえって単なる所得層の上下などではなく、地方行政と国の事業の方向性が歴然としてくる。51C提案に関わった吉武泰水は、設計の標準化は最低レベルをおさえたり、ある目標に達する段階まではいいが、固定的な型を再生産していくのは発展の阻害になる。その意味では設計の標準化には賛成しないと何度も語っている。

だが公団住宅の多くは固定的な型の再生産になり、その集積と反復はおそるべき画一性で、常に突然の出現が日本全国に起こった。人々は戦慄し、同時に強く魅せられた。公団の住戸は公営より1坪ほど広い。ダイニングキッチンを工面することができた。最初からシリンダー錠とステンレス流し、その後すぐ洋風便器なども開発された。どれも大量発注によって可能になった、日本では最新の生活設備である。

さらには賃貸と分譲が併立された。高・遠・狭は用地取得の難しさから公営では成し得なかった行政領域越境の結果である。千葉県、埼玉県が東京都に接する一帯に公団の団地をマークしていくと、それらが露骨なまでに東京の延長で、両県側からは計画の位置づけが希薄になり、土地性そのものが希薄になっているのが一目瞭然である。それは当然の批判だったが、上にあげた諸条件も加えて、公団住宅団地はこれまでにない複雑な多義的性格を内包するに至っている。

1960(昭和35)年前後の新聞や週刊誌には「ダンチ」「ダンチ族」の文字がしばしば現れる。まずカナ書きなのは、当時いかに目新しい言葉だった

fig.1——戦後初期に建設された戸山ハイツの一画(東京都新宿区/1948(昭和23)年/1,052戸)

木造平屋建ての大集合が頼もしかった。個々の生活が見えたから。現存せず。[撮影:筆者]

fig.2——日本住宅公団阿佐ヶ谷住宅（東京都杉並区／1958（昭和33）年／中層住棟118戸、2階建てテラスハウス232戸。後者は前川國男設計）

——

延床面積に厳しい制約があった時代の計画で、ルーズとも思える住棟配置が時代を経るごとにすばらしい環境を熟成してきた。この余白が団地形成の最低基準であるべきだっただろう。現存せず。［撮影：筆者］

かを裏付けている。「ニュウキョ（入居）」でさえもわからない、辞書にもないと言っている。仮住まいと耐震耐火建築との組み合わせだけを取り上げても、今の辞書ではどれもほぼ同じように説明されている、「団地とは計画的にまとめて建設された一団の住宅地」が理解しにくい。同じ時代に個々の建築家が思想表明として設計し実現した、最小限住宅（そこには住宅金融公庫の関わりもある）の複雑さとも重なるかもしれない。

計画と時間

団地を構成する要素のなかでもとりわけ重要なのはその「現在」である。計画された住宅地だから、それが建っているあいだは常に計画の正当性が検証され続ける。同じ公共事業といっても河川改修や道路建設とはまるで違う。個々人が住むという消費に終わり、その消費形態は団地全体から窓や手摺のような細部まで、自転車にもゴミにも関わっていて、刻一刻変化している。

たとえば、1950-60年代の大規模団地の年齢はコミュニティセンターに端的に表れている。中核部の広場に面して集会所、郵便局、銀行、診療所、バス停などの基本を整え、店舗はそれぞれに工夫をこらしているが、どこか懐かしい。ひなびている。半世紀以上も前の「計画」がそのまま残っている。まちなかでもこうしたサービスと商売のゾーンに、計画の難しさがもっともつきまとっているが、団地ではほとんどが自分の家に歩いて帰れる客だった。その特性において閉じた場所の閉じた計画である。

住棟が団地を団地にしている。標準設計は単に墨守されたのではなく、さまざまなアレンジを支社で試みた事例は少なくない。それが積もれば収拾がつかなくなり、1963（昭和38）年から数年おきに全国統一標準設計が強化されるが、やがては緩和、1977（昭和52）年には標準設計そのものが廃止。その先は団地というよりは巨大建築や巨大

fig.3——標準設計による住棟で構成された団地の優れた事例は多い。ここでは1960年代、関東圏に絞っての4団地を紹介するにとどめる。

——

A. 高根台団地（千葉県船橋市／1961（昭和36）年／4,828戸）
板状中層棟、テラスハウス、ポイントハウスの各グループを層状に反復配置した結果、地形を人間の住む場所としてダイナミックに見せている。［撮影：筆者］

——

B. 草加松原住宅（埼玉県草加市／1962（昭和37）年／5,926戸）
17万坪の水田跡地に、住棟と施設の段階的構成による生活環境をめざした大規模団地。板状中層棟が容赦ない密度で南面平行配置された風景は、当時その均一性が批判されたが、いまは形や色の恣意的な操作を排した直截さこそが新鮮。［撮影：筆者］

——

C. 赤羽台団地（東京都北区／1962（昭和37）年／3,373戸）
旧陸軍被服廠敷地の、南面に対して約45度振れた既存道路パターンを活かした住棟配置にしているために、単純な平行配置ではなく縦横直交の住棟景観が出来た希少な事例。住戸平面および住棟計画にも新しい試みが目立つ。［撮影：筆者］

——

D. 石神井公園団地（東京都練馬区／1967（昭和42）年／490戸）
住棟の平行配置という手法を超えて、デザインの高さを印象づけ、住み手にとっては生活環境の統一と深みを感じられる、新しい標準設計が求められた。その結果としての雁行配置棟はいまも何気なく、静謐で美しい。［撮影：筆者］

街区（たとえば川口芝園や芦屋浜）、あるいは逆に集落的なタウンハウス（たとえば見明川や永山）、あるいは建築家の思想が住宅地をつくること自体に抵触する提案（たとえば東雲）など、それぞれ一回性の設計が40年間展開されてきた。

その前期はほぼ半分の歳月だが、標準設計を軸に持続した20年は長い。板状中層棟、ポイントハウス、テラスハウスの基本タイプだけで一団地を設計した風景が際立つのは、地形が綿密に読まれたという以上に、画一性が純化の極限に達した結果として恣意性が排され、思いがけない住む場所への道が突然開けているからだ［fig.2–3］。設計者なら誰でも、画一的な建築を繰り返し並べて済ませることはできない。それらの団地を訪ねてみればわかる。何よりもまず場所が見える。

参考文献

1——西山夘三『日本のすまいI』勁草書房、1975年
2——日本住宅協会『昭和の集合住宅史』日本住宅協会、1994年
3——東京住宅局『住宅50年史——住宅局事業のあゆみ』東京都住宅局総務部、1994年
4——鈴木成文『五一C白書——私の建築計画学戦後史』住まい学大系101、住まいの図書館出版局、2006年
5——木下庸子、植田 実『いえ 団地 まち——公団住宅設計計画史』住まい学大系103、住まいの図書館出版局、2014年

006 ニュータウン

一体的に計画・建設された大規模な住宅都市

鳴海邦碩
大阪大学 名誉教授

戦後の日本では、戦争によって失われた住宅の回復と急速な大都市化に対応するために、住宅供給と市街地整備が求められた。これに対処するために計画的かつ大規模な住宅市街地の整備が行なわれ、これをニュータウン開発と呼んだ。一九六〇年に開発が始められた千里ニュータウン以降、この方式は全国的に展開され、多くの開発が行なわれた。それらの中には、自立した機能をもつ大都市周辺の新都市や、地方の産業振興を目指した新都市もあった。

日本のニュータウン開発の始まりと展開

1955（昭和30）年、日本住宅公団が設立され、香里団地が1958（昭和33）年に入居を開始するなど新住宅地づくりが始まり、これを引き継ぐ形で日本のニュータウン開発が展開した。日本で最初のニュータウン開発は1960（昭和35）年に着手した千里ニュータウン事業であり、これに続いて、1974（昭和49）年までの間に、日本を代表する大規模なニュータウンの建設が集中的に進められた［fig.1］。この間に住宅市街地の開発を目的とした新住宅市街地開発法（1963（昭和38）年）が成立した。

既存都市と新規開発とによる「連合都市」の形成を目指した多摩ニュータウン［fig.2］をはじめとする、これらのニュータウン群は、それぞれ特徴のある計画に基づいており、わが国の都市開発の記念碑的な存在であると同時に将来も重要な役割を果たし続ける都市群である。

1968（昭和43）年の住宅統計調査によって全国的に住宅数が世帯数を上回ったことが判明し、住宅は「量より質」の時代に入った。この頃から以降、2度にわたるオイルショックの影響もあり、住宅開発に重点を置いたニュータウン事業は方向転換を余儀なくされ、地域振興型のニュータウンやサイエンスシティづくりが新たな課題となった。さらに、既存のニュータウンの活性化が求められるようになり、複合機能型への再編をサポートする制度的な対応として、1986（昭和61）年、新住宅市街地開発法が改正され、就業機会の増大に貢献する業務施設の導入が可能となった。そして近年はニュータウン事業が収束期を迎え、初期のニュータウンの再生への取り組みが行なわれるようになっている。

国土交通省のウェブサイト（執筆時点）によれば、開発面積300ha以上の大規模ニュータウンが全国で64カ所、計画人口10万人以上とすれば13カ所ある。またニュータウンの開発地区の総数は2,000地区を超える。

事業年度	ニュータウン名称	施行面積
1960–1969	千里ニュータウン	1,160ha
1965–1981	高蔵寺ニュータウン	702ha
1965–1982	泉北ニュータウン	1,557ha
1966–2005	多摩ニュータウン	2,853ha
1968–1998	筑波研究学園都市	2,696ha
1969–2013	千葉ニュータウン	1,930ha
1970–2014	けいはんな学研都市	1,844ha
1971–2015	西神ニュータウン	1,324ha
1971–2014	“神戸三田”国際公園都市	1,853ha
1974–1995	港北ニュータウン	1,341ha

fig.1——1960（昭和35）–1974（昭和49）年に着工した大規模ニュータウン［出典：国土交通省ウェブサイト「宅地供給・ニュータウン資料」より筆者作成］

日本第1号の千里ニュータウンの開発と現在

戦後の混乱を乗り越え大阪地域の発展を目指す都市開発を大阪府は検討し、千里丘陵と臨海部の都市開発とこれを結ぶ環状道路の整備を構想した。海外の都市開発を知る人材を集め組織づくりを行なう一方で、1958（昭和33）年9月から千里丘陵の用地買収交渉が開始された。大規模な都市開発は日本初のことであり、計画の検討・作成にあたって大学の協力が求められ、京都大学や東京大学の研究室がこれを担った。

用地取得は容易ではなくマスタープランが固まったのは1960（昭和35）年の半ば頃であった。新住宅市街地開発法が適用され、順次開発が進められた結果、1970（昭和45）年3月のまちびらきをもってすべて完了した。この年は万博が開催された年でもあった。

1964（昭和39）年、70年万博開催の推進が閣議決定され、翌年、会場は千里丘陵に決定、事業は順調に進み1970（昭和45）年3月には万博の開催にこぎつけた。万博開催とニュータウン建設が両輪をなし、千里地域の開発整備が国家的な事業の色彩を帯びて展開したのである。

千里ニュータウンの計画でユニークだったことのひとつは、大都市圏の鉄道駅を中心とした購買行動調査に基づいて施設配置を検討し、近隣住区の考え方を日本化したことである。また、戦前のアメリカで生まれたラドバーン方式（歩車分離）を参照し、集合住宅の囲み配置を実現するなど、新しい居住地環境の創出に工夫を凝らした［fig.3］。

2002（平成14）年、千里ニュータウンはまちびらき40周年を迎え、このころから再生に関する取り組みが始まった。2003（平成15）年にはタウンセンター再生プロジェクトが開始され、また分譲住宅の建替えも行われている。公的賃貸住宅の建替え事業に関しては、大阪府住宅供給公社が2005（平成17）年から、大阪府営住宅が2007（平成19）年から本格的に事業を開始した。

ニュータウンの計画論と日本的展開

近代のニュータウン建設の原理となった考え方に、イギリスのE. ハワードが提唱した田園都市論（1898（明治31）、1902（明治35）年）とアメリカのC. A. ペリーが提案した近隣住区理論（1924（大正13）年）がある。前者については戦前に日本に導入され郊外開発に影響を与えたが、大都市の郊外に自立的な都市を造るべしという根本的な理念は、当時もそして今日もあまり重視されていない。そうしたなかで自律的な新都市づくりに挑戦した事業のひとつが筑波研究学園都市［fig.4］である。

「近隣住区理論」については、コミュニティ構

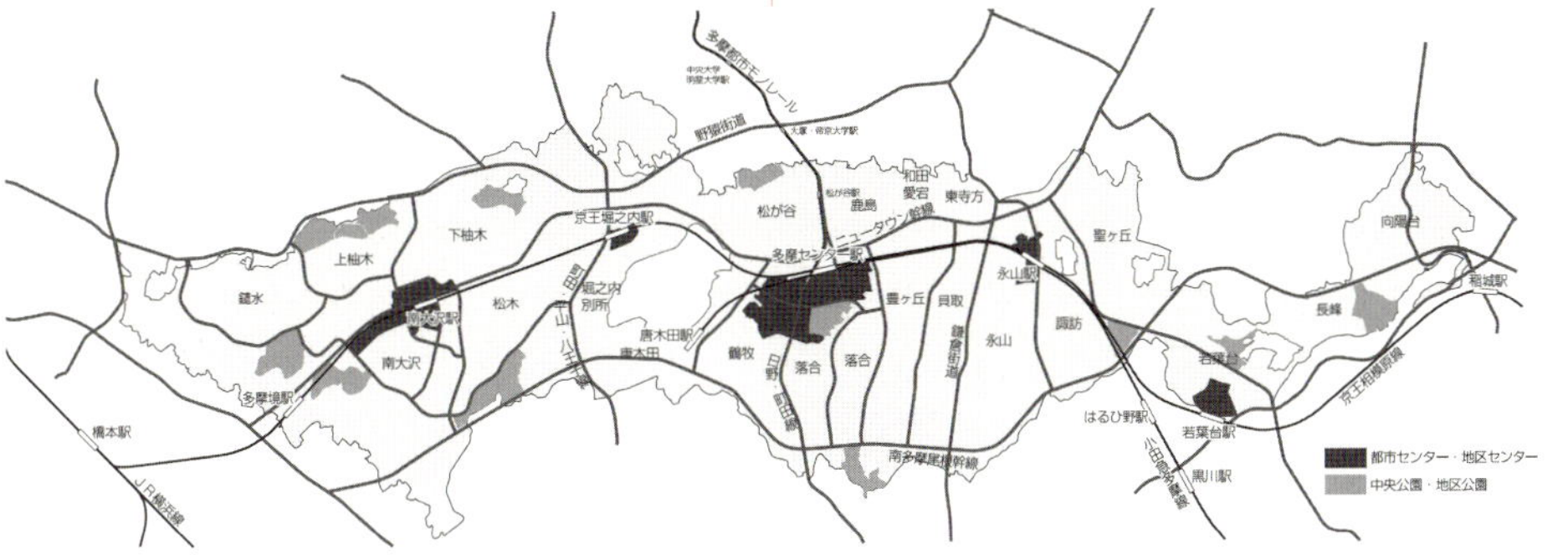

fig.2——多摩ニュータウンの骨格構造

東京都西南部の多摩丘陵に位置し、八王子、町田、多摩、稲城の4市にまたがる東西14km、南北2–3kmの細長い地域。開発区域は東西に延びる鉄道ルート沿いに地形などの条件から設定。商業施設等のセンターとして、中央に都市センター（多摩センター）、他の4つの駅前に小さい規模の地区センターが配置されている。開発区域は21の住区で構成され、1住区は1中学校区を基本とした。ニュータウンを中心とする地域は、首都大学東京をはじめとする大学・研究機関が立地するなど、業務、商業、教育、文化などの多様な施設があり、人口約22万人の多摩地域の拠点となっている。［出典：『TAMA NEW TOWN SINCE 1965』］

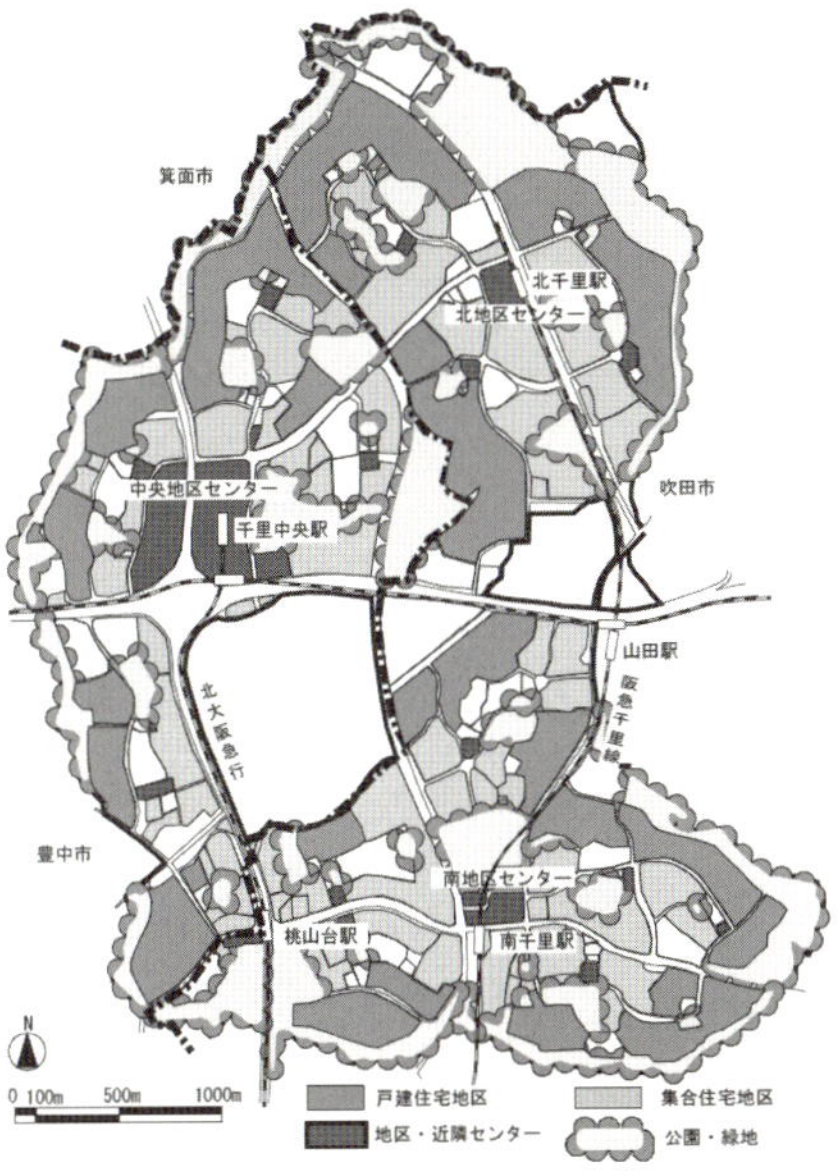

fig.3——千里ニュータウンの土地利用

1970年大阪万博の開催に相前後して整備された国土インフラに近接。大阪市の都心から十数キロの位置にあり、2本の鉄道が都心に直結する。ニュータウンのすぐ東に、大阪大学キャンパスとEXPO'70の敷地がある。

ニュータウンは、北住区3、中央住区4、南住区5の近隣住区で構成され、それぞれの地区にセンターが、近隣住区には近隣センターが配置された。

住宅タイプを見ると、公的賃貸住宅が全体の約60％、これに社宅や分譲住宅を加えて中高層主体の集合住宅が85％を占めた。歩車分離システムの採用により緑道システムを確立し、区域の外周すべてに周辺緑地を配置するなど、新しい環境の形成を目指した。［出典：『ニュータウン再生』］

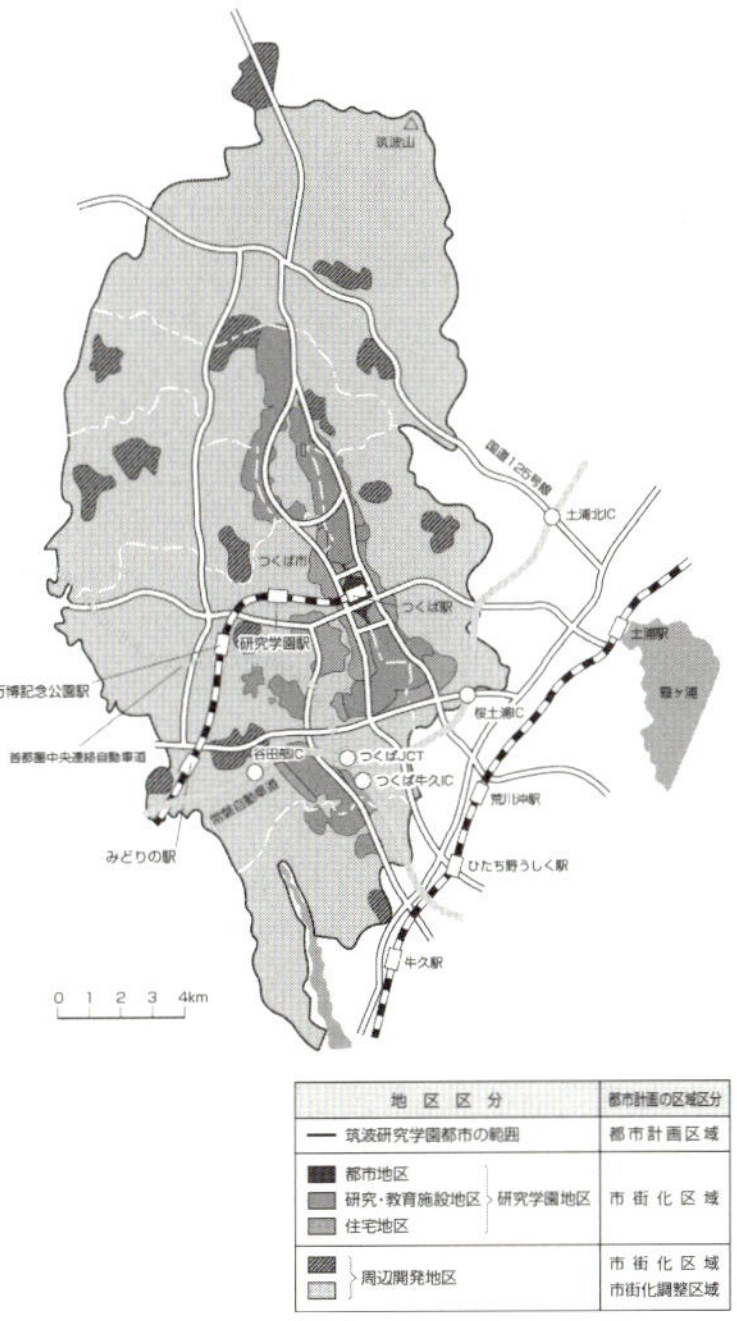

fig.4——筑波研究学園都市の土地利用概略図

1964年首都改造計画を踏まえ「研究・学園都市の構想」が作成された。1968年日本住宅公団が事業を開始し、1970年筑波研究学園都市建設法が制定された。1973年筑波大学（旧東京教育大学）が開学、1980年には43の研究・教育機関が移転・新設され、その他の施設整備とともに首都機能の分散を担う新都市として概成した。

この新市街地と合体するかたちで、つくばエクスプレスタウンのニュータウン開発事業が都市再生機構によって進められている。つくばエクスプレスは2005年開業。［出典：『筑波研究学園都市』］

成の基本的考え方を示したものであることから、社会主義国を含め世界的に影響を与え、千里ニュータウンの計画においても参照された。千里ニュータウンは施設の段階的な配置を採用したが、引き続いて計画された高蔵寺ニュータウン[fig.5]はこれを否定しワンセンター型を採用した。自動車を利用することによって可能になる集中の効用を評価したのである。

イギリスにおいてもカンバーノールドなどのニュータウンはこの方式をとった。しかし、環境問題など自動車もまた未来的とはいえず、高蔵寺型の計画方式がその後優位になっていったわけではない。

ニュータウンの根本課題

1973（昭和48）年に大阪府が発行した千里ニュータウンに関する小冊子で、早くも、「居住者の片寄り、職場の不在」と「総合性を欠く購買などの施設計画」の問題が指摘されている。それは、住宅で都市を造る、短期間に計画都市を造ることの限界の指摘でもあった。

ニュータウンの問題点の指摘は世界的なもので、1965（昭和40）年のC. アレグザンダーの「人工都市には本質的な構成要素が欠落している」という指摘がよく知られている。また、ブラジリアについても、完成からしばらくの間、ブラジリアそのものよりも周辺に立地した建設労働者のまちの方が都市らしいと論評された。

日本のニュータウンは、開発から40–50年が経過したものもあり、居住者の高齢化、人口減少、住宅や施設の老朽化等のいわゆるオールドニュータウン化の問題が生じている。ニュータウンは「新都市」であり「人工都市」である。かつて歴史上の新都市がそうであったように、それぞれが歴史を紡ぎ、固有の都市文化を形成していくことに期待したい。

参考文献

1———『千里ニュータウンの建設』大阪府、1970年
2———『千里ニュータウン——人と生活』大阪府千里センター、1973年
3———住田昌二ほか『日本のニュータウン開発——千里ニュータウンの地域計画学的研究』都市文化社、1984年
4———建設省建設経済局宅地企画室 編『明日のニュータウン』第一法規、1990年
5———山本茂『ニュータウン再生——住環境マネジメントの課題と展望』学芸出版社、2009年
6———『筑波研究学園都市』国土交通省 都市・地域整備局大都市圏整備課、2010年
7———篠原雅武『生きられたニュータウン——未来空間の哲学』青土社、2015年
8———佐藤健正、市浦ハウジング&プランニング『日本のニュータウン開発と（株）市浦ハウジング&プランニングの取り組み』市浦ハウジング&プランニング、2016年
9———『TAMA NEW TOWN SINCE 1965』都市再生機構東日本支社、2005年
10———『高蔵寺リ・ニュータウン計画』春日井市、2016年

fig.5——高蔵寺ニュータウンの実施マスタープラン

愛知県春日井市の東部に位置し、ニュータウン南端の高蔵寺駅から名古屋駅に直結、商業施設を集約したワンセンター方式が特徴。センター周辺に日本住宅公団の賃貸住宅、分譲集合住宅を配置、その周辺を戸建住宅エリアが取り囲む。ニュータウンは7つの地区（住区と呼ばない）によって構成される。

初期のマスタープランでは、大学研究者の協力を得、高層住宅と歩行者デッキによる都市軸の形成など、意欲的な設計活動が行なわれたが、実施段階に入り大幅に修正された。また建設の初期には小規模な商業施設の分散配置も行われた。［出典：『新建築学体系17 都市設計（第1版）』彰国社、1983年］

007

分譲マンション

高額所得者のための住宅からブームを経て大衆化

小林秀樹
千葉大学 教授

分譲マンションは、集合住宅を区分所有する制度に基づき供給・管理されている。わが国では一九五〇年代に登場し、一九六二年の区分所有法制定を契機として本格的な供給が始まった。その後、第一次マンションブーム（一九六三―一九六四年）、第二次マンションブーム（一九六八―一九六九年）、第三次マンションブーム（一九七二―一九七三年）を経て大衆化が進み、都市住宅の典型として定着した。分譲マンションの登場は、鉄筋コンクリート造の中高層集合住宅の普及・発展に大きな役割を果たした。

マンションは世界的な制度技術

集合住宅の各住戸を個別の所有権の対象とする制度が登場したのは、先駆とされるヨーロッパでも100年ほど前のことで、本格的に法制化され普及したのは、第2次大戦後と比較的新しい。日本が手本としたドイツでは、1951（昭和26）年に区分所有に関する法律が制定されている。

本来はひとつの建物である集合住宅は、資金などを手配できる者（政府、貴族、資本家など）が建設し、居住者に貸すかたちを原型とする。これに対して、居住者自らが所有する要望に応えて最初に定着したのが組合所有、いわゆるコープ住宅である。これは、1900年代初期の協同組合運動の高まりとともに欧米で普及するが、その後、区分所有制度の登場とともに、一部地域（ニューヨークやスウェーデンなど）を除いて停滞する。これに対して、区分所有制度は、個別融資・個別売買ができるとして支持され、世界的に普及・発展することになる。

日本の分譲マンションの登場

わが国では、持家形式の集合住宅は昭和初期にも例外的に存在するが、本格的な分譲は、宮益坂ビルディング（1953（昭和28）年竣工）が第1号とされる［fig.1］。当初は、民法の共有規定に基づき権利を定めていたが、建設戸数が増えるとともにトラブルを避ける法的規準が求められ、1962（昭和37）年に「建物の区分所有等に関する法律」（通称、区分所有法）が制定された（翌年施行）。

当時、鉄筋コンクリート造の集合住宅といえば、住宅公団の賃貸住宅が全盛であったが、持家化への要請を背景として、以後マンション供給が活発化した。高額所得者を対象とした第1次マンションブームを皮切りに、以後、何度かのブームを経て大衆化し、わが国に定着した［fig.2］。分譲マンションの登場は、都市住宅の歴史的エポックであったといってよい。

「マンション」という言葉

今日、区分所有の集合住宅を「マンション」と呼ぶことが定着している。この言葉は、1960（昭和35）年頃から民間業者が高級感を謳って使い始めたものである。その後、2000（平成12）年制定の「マンションの管理の適正化の推進に関する法律」において、「複数の区分所有された住宅専有部分をもつ建物」と定義され、単にマンションといえば分譲を指すことになった。なお、本来は大邸宅を意味する英語で、分譲マンションの英語はコンドミニアム（condominium）、賃貸はアパートメントハウス（apartment house）である。

東京の初期分譲マンションの名称を見ると、1961（昭和36）年まではアパート、コーポラスが多い。マンションが初めて登場するのは、1959（昭和34）年竣工例からであり、以後急速に普及している［1］［2］。

集合住宅建築としてのマンション

集合住宅を鉄筋コンクリートで建設する技術は、戦前の同潤会アパートで本格導入され、戦後の公団・公営住宅で蓄積されてきた。これに対して分譲マンションは、間口狭小住戸による高層住宅が早期に定着した点に特徴がある。これを可能にしたのが、換気扇の発達による水廻りのセンターコア化とされる。さらに、洋風のLDK形式が初期から採用されている。

これらの特徴は、住宅公団が広い間口のDK形式を大量建設したことと対照的であるが、その背景には、マンションが高地価の市街地立地であり高密度化が要請されたこと、高所得層の住様式に対応したことがあった。

初期の特徴的な事例として、コープオリンピア（1965（昭和40）年竣工）がある［fig.3］。住戸面積の可変性の工夫（ユニット単位を組み合わせて多様な面積を実現）が特筆されるが、フロントサービスや共同ランドリーの設置にみられるように、当時の高級マンションの生活様式に配慮した建築計画であった。

その後の集合住宅計画の展開

1980年代以後は、自由設計やメニュー方式の登場、住棟計画では低層タウンハウスから超高層タワーまで多様な形式が展開し、さらに閉鎖的な住戸まわりを見直すリビングアクセス形式、街路景観に配慮した街区型（中庭型）の計画などが実現した。しかし、中核は間口を制限した住戸による高層廊下型住宅であり、日本のマンションを特徴づけている［fig.4］。

一方、マンションの長所のひとつに、共用施設・サービスの充実がある。これらはリゾートマンションの特徴であったが、今日では都市部でも一般化し、さらに図書室、パーティルーム、保育所の併設などがみられる。

また、相次ぐ地震災害と偽装問題（2005（平成17）年耐震偽装、2015（平成27）年杭偽装）の発生を踏まえて、マンションの構造安全性の重要さが再確認されている。

ストック時代のマンション

マンションの登場から50年以上が経過し、その累

朝日新聞　第23991号　12版　(八)

東京版

完成近い「お金持アパート」

安い部屋で八十万円

渋谷の十一階建分譲ビル

「ひと部屋ざっと八十万円ナリ」の値段などをめぐって日本一だとか、いや東洋一だとかギロン百出、ともかく「金持の住むアパート」と相場がきまった「分譲ビル」のモデル・ケース、渋谷区宮益坂の十一階建店舗併用共同住宅は今年の一月工事をはじめてから約十カ月、いまやっと七分通り出来あがった。入るのは来年五月の予定だそうだが、きょうから三日間受付ける申込み希望者はかなりあるらしく、都建築局企画課の話では部屋の数一二六に対しすでに五百人余りの人たちが申込用紙をもらっているという。「貧乏人には手が出ないアパート」とは一体どんな建物だろう。

fig.1——分譲マンション1号、宮益坂ビルディング［出典：『朝日新聞』1952年10月26日］

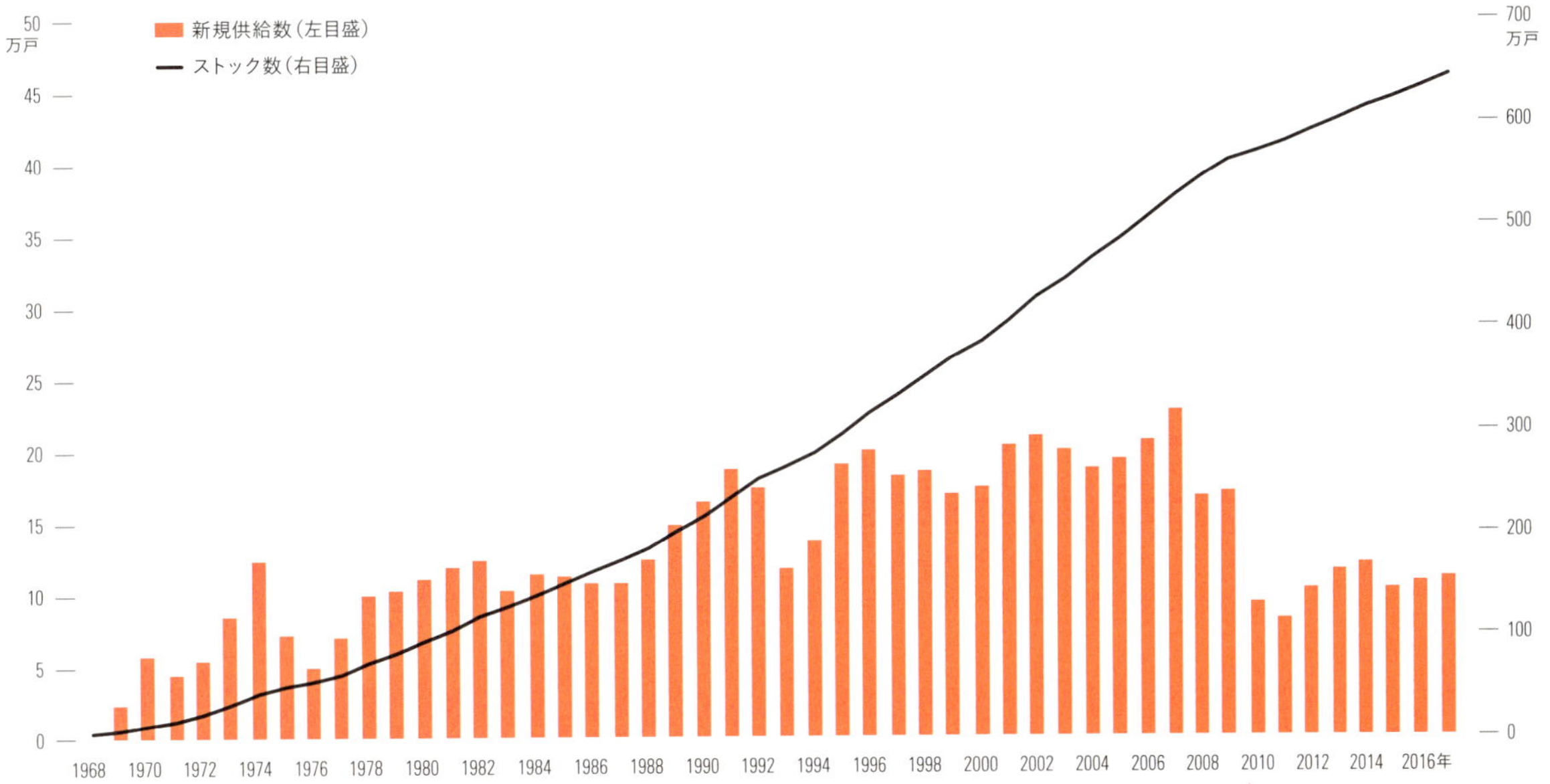

fig.2——マンション供給戸数とストック戸数の推移［出典：国土交通省資料より筆者作成］

積数は2017（平成29）年末で約640万戸に達した。これとともに建替えや再生が課題になっている。

マンション建替えは、阪神・淡路大震災を契機として注目され、2002（平成14）年には、区分所有法改正で建替えの決議要件が緩和され、さらに事業の安定をはかる建替え円滑化法が制定された。2017（平成29）年末で実施中を含め約260の建替え実績がある。

次いで東日本大震災では、建替えが経済的に困難なことを踏まえて、建物解体・敷地売却を多数決で行う解消制度が創設された（2013（平成25）年）。さらに、2015（平成27）年には適用対象が耐震性に劣るマンションに拡大され、今後は一般老朽マンションにおける解消制度が課題となっている。

その一方で、マンションの長期利用に向けた建物修繕と改修等の実施が課題となっている。マンション再生を円滑に進めるためには所有者の合意形成が重要であり、その基盤として、コミュニティの重要さが改めて注目されている。

参考文献
1———『日本における集合住宅の普及過程』日本住宅総合センター、1997年
2———『日本における集合住宅の定着過程』日本住宅総合センター、2001年

fig.3——現存するコープオリンピア［撮影：筆者］

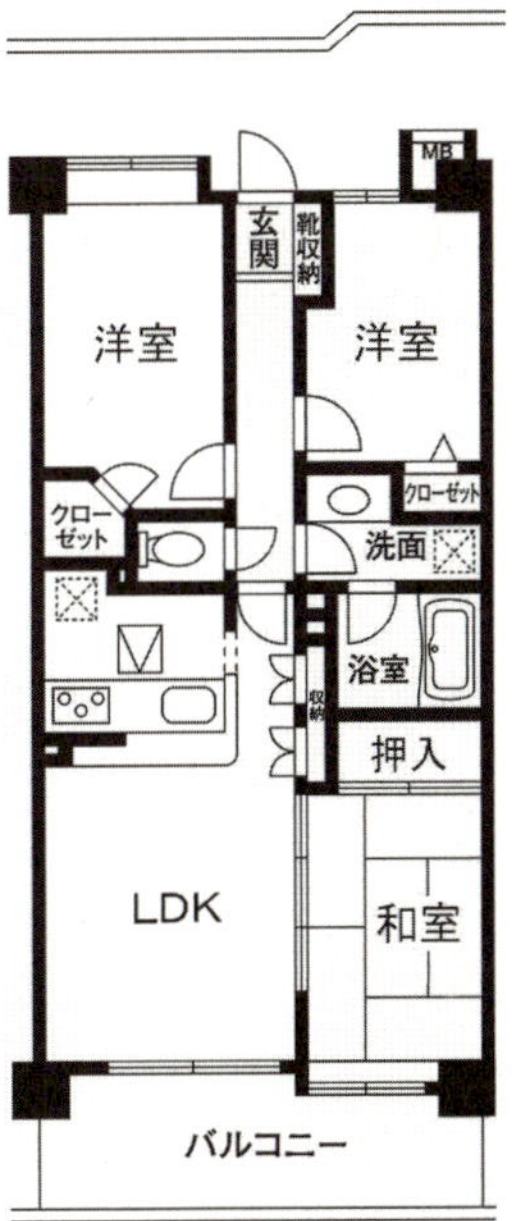

fig.4——マンションの典型的間取り［作成：筆者］

008 民間アパート

都市への急激な人口流入に対応した木賃アパート

——森本信明
近畿大学 名誉教授

戦後は戦災や地代家賃統制令の継続などにより貸家市場は停滞したが、一九六〇年代に入ってようやく民間の賃貸住宅供給が盛んになる。おりしも農村から都市への人口流入も急激に増加し、賃貸住宅に対する需要が高まった。それを担ったのが木造賃貸アパートであった。木造賃貸アパートには玄関、トイレ、台所などの設備を共用する劣悪なものも少なくなかったが、一九六八年をピークに減少していく。共同賃貸住宅は木造から非木造へと次第に主流が変わるが、住戸あたりの床面積は平均は四十平米で増えていない。

木賃アパートから鉄賃アパートへ

戦後になって日本の住宅所有関係は激変する。第2次世界大戦後の持家と民間借家の変化をみてゆこう[fig.1]。戦災、地代家賃統制令の継続、税制改革、長屋建借家の持家化などにより、戦後の貸家市場は停滞し、持家が主流になった。1960年代に入りようやく民間の賃貸住宅供給が盛んになる。それを担ったのが木造賃貸アパートであった。

農村から都市への人口の急激な集中により賃貸住宅に対する需要が高まった。設備共用の木賃アパートも供給された[fig.2]。玄関で靴を脱ぎ、トイレや台所は共用であった。住宅統計調査では1958(昭和33)年から1983(昭和58)年までは民間借家を設備専用と設備共用とにわけて見ることができる。設備共用のものは1968(昭和43)年の200万戸をピークに減少に転じている。木賃アパートは設備専用のものが主流になってゆく[fig.3]。1983(昭和58)年には753万戸、住宅戸数全体の37%を占めるまでになっており、公的賃貸住宅の比率を大きく上回っている。

需要者である世帯の成長に伴い、1室タイプから2室タイプへと変わった。また供給地域を見ると、大阪では当時は郊外であったり、低湿地であったりしたところに「凝集型」と呼ばれる木造密集地域が形成された。東京では木賃ベルトと呼ばれる幅広い地帯が出現した。庭先や「おかぐら」と呼ばれる方式で、家主の近傍に建設されることも多かった。

1室木賃から2室木賃へと変化するに伴い規模拡大は進んだ。一方で木賃アパート供給は非木造化してゆく[fig.4]。非木造化の変化をみてゆくと、1988(昭和63)年に非木造共同賃貸住宅が9%であったものが、2013(平成25)年には非木造が19%に増大している。

1990(平成2)年までは3–5階建ての比率が高まっており[fig.5]、この間に非木造化に伴う密度上昇が進んでいる。ただし一般にエレベーターを必要とする6階以上の高層の比率はあまり高まっていない。しかも木賃から非木造に変化しても、延床面積の平均は$40m^2$程度から上昇していない。ワンルームマンションや近年話題となっているシェアハウスなどは、設備面や共用部分での質向上が見られるものの、戸当り延床面積はそのままで供給されているのである。

建替えとくいつぶし経営型

木賃アパートはそれが出現したときから居住水準の劣悪化が指摘されていた。建設から20年も経過すると、老朽化のため建替え問題が議論された。第2次世界大戦後に出現したわが国のアパート経営の支配的な型は生業的・なりわい的経営で

	住宅数[単位:千戸]							
				借家内訳				
	総数	持家	借家(合計)	公共借家	民借(非木)	民借(設専)	民借(設共)	給与住宅
1958(昭和33)年	17,432	12,419	5,013	614		3,233		1,166
%	100.0	71.2	28.8	3.5		18.5	0.0	6.7
1963(昭和38)年	20,372	13,093	7,279	944		3,115	1,789	1,433
%	100.0	64.3	35.7	4.6		15.3	8.8	7.0
1968(昭和43)年	24,198	14,594	9,604	1,403		4,527	2,000	1,674
%	100.0	60.3	39.7	5.8		18.7	8.3	6.9
1973(昭和48)年	28,731	17,007	11,724	1,995		6,354	1,535	1,839
%	100.0	59.2	40.8	6.9		22.1	5.3	6.4
1978(昭和53)年	32,189	19,428	12,689	2,442		7,157	1,252	1,839
%	100.0	60.4	39.4	7.6		22.2	3.9	5.7
1983(昭和58)年	34,705	21,650	12,951	2,645		7,531	956	1,819
%	100.0	62.4	37.3	7.6		21.7	2.8	5.2
1988(昭和63)年	37,413	22,948	14,015	2,799	3,322		6,344	1,550
%	100.0	61.3	37.5	7.5	8.9		17.0	4.1
1993(平成5)年	40,773	24,376	15,691	2,878	4,895		5,867	2,051
%	100.0	59.8	38.5	7.1	12.0		14.4	5.0
1998(平成10)年	43,922	26,478	16,730	2,951	6,472		5,577	1,729
%	100.0	60.3	38.1	6.7Ω	14.7		12.7	3.9
2003(平成15)年	46,863	28,666	17,166	3,119	7,473		5,088	1,486
%	100.0	61.2	36.6	6.7	15.9		10.9	3
2008(平成20)年	49,598	30,316	17,770	3,007	8,768		4,598	1,398
%	100.0	61.1	35.8	6.1	17.7		9.3	3
2013(平成25)年	52,102	32,166	18,519	2,814	9,946		4,637	1,122
%	100.0	61.7	35.5	5.4	19.1		8.9	2

fig.1——戦後の住宅所有関係・賃貸住宅の変化[出典:『新たな住宅ビジョン』「住宅・土地統計調査」より筆者作成]

fig.2——木賃アパート(設備共用)

東京における木賃アパート(設備共用)で玄関が1つであり、中に入るとトイレが共用となっている。[撮影:筆者]

fig.3——木賃アパート(設備専用)

東京の事例で、外階段から2階の各住戸の玄関に直接アクセスできることがポイントである。[撮影:筆者]

fig.4——鉄賃アパート

東京の事例で3階建てである。鉄賃アパートの系譜にワンルームマンションやシェアハウスがある。[撮影:筆者]

あった。「くいつぶし経営型」と呼ばれ、「再経営を放棄し、家賃収入のなかから、最低限必要な維持管理費を支出するのみで、残りは他への投資あるいは生活費へとふりむけてゆくものである」と定義される。この定義で重要な点は、家賃値下げ競争が激しくなるにつれて、くいつぶし経営型へと陥っていくケースである。

とくに複数の人が居住する場合には、家主が建替えを決意しても転出に時間がかかるなどの理由から、建替えが容易に進まないとの指摘もあった。しかしながら民間賃貸住宅は、設備共用という低質なものから徐々に更新してゆくことになる。その変化の方向としては建替えだけではなく、除却して更地化、駐車場化や戸建て分譲住宅化したものもある[fig.6]。とはいえ、1995(平成7)年に発生した阪神・淡路大震災では老朽アパートの被害は深刻であった。依然として老朽アパートは残っているのである。それらの除却をどのように促進するのかという議論が残されている。

民間アパートの公的支援

わが国のアパート経営を見ると地代相当分を割り込んででも新規参入するものは多い。このようなメカニズムがあるため、「地価を顕在化させずに多くの地域で経営に参入ができる」という民間アパートを支援する東京都や国の政策につながってゆく。

公的に賃貸住宅を直接供給する方法とは別に、低利の融資などを当初に準備することにより、あとは民間に経営・管理を委ねるという方向がある。古くは土地担保賃貸住宅(住宅金融公庫)や、民間賃貸向特定分譲住宅(日本住宅公団)として存在していた。

しかしながら、世間的に注目されたのは1980年代末の地価バブル期である。都民住宅を出発点として1993(平成5)年には特定優良賃貸住宅へと展開された。2006(平成18)年末には約16万戸ものストックが形成された。

この施策は中堅所得層向けに比較的規模の大きな(50-125m²以下)貸家を供給しようというものであった。だが家賃値上げの仕組みや借り上げ方式の失敗などに加え、民間アパートが主にカバーする面積の領域を越えていたという問題がある。

かつて世帯成長にともない2室木賃の後にくるものは零細戸建て持家(いわゆる「ミニ開発」)が受け止めるという議論があった。もちろんそれも重要な方向ではあったが、マンション(区分所有の共同建て持家)が都市部では有力な受け皿のひとつとなった。

非木造アパートの平均延床面積が増大しないのは、非木造アパートが単身世帯需要の受け皿となったこともあるが、世帯成長に伴う需要に対してはマンションが次の有力な受け皿となってきたためでもある[fig.7]。立地のよいマンションでは古くなると賃貸化する比率が高まっており、いっそう非木造アパートの規模拡大は阻まれる。公的支援によりある程度アパートの戸当たり延床面積を増大させることはできた。しかしながらマンションと競合したため、借家比率の増加や借家規模の拡大にはつながらなかったのである。

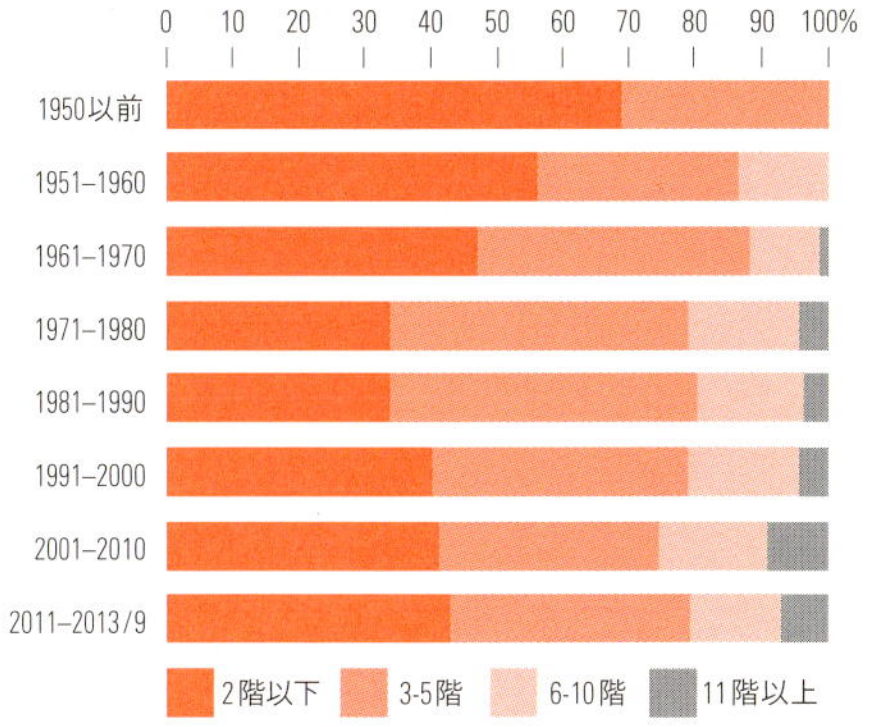

fig.5——民間アパートの階数別戸数比率の変化

民間借家(共同建)の階数をみると、多くは5階建て以下であり、近年全国的にみるとまた2階建ての比率が上昇してきている。[出典:「2013年住宅・土地統計調査」より筆者作成]

fig.6——建売住宅となった木賃アパート

大阪の寝屋川市を歩くと、従前が木賃アパートであったものが、建替わって戸建て分譲住宅に変化しているものも多い。[撮影:筆者]

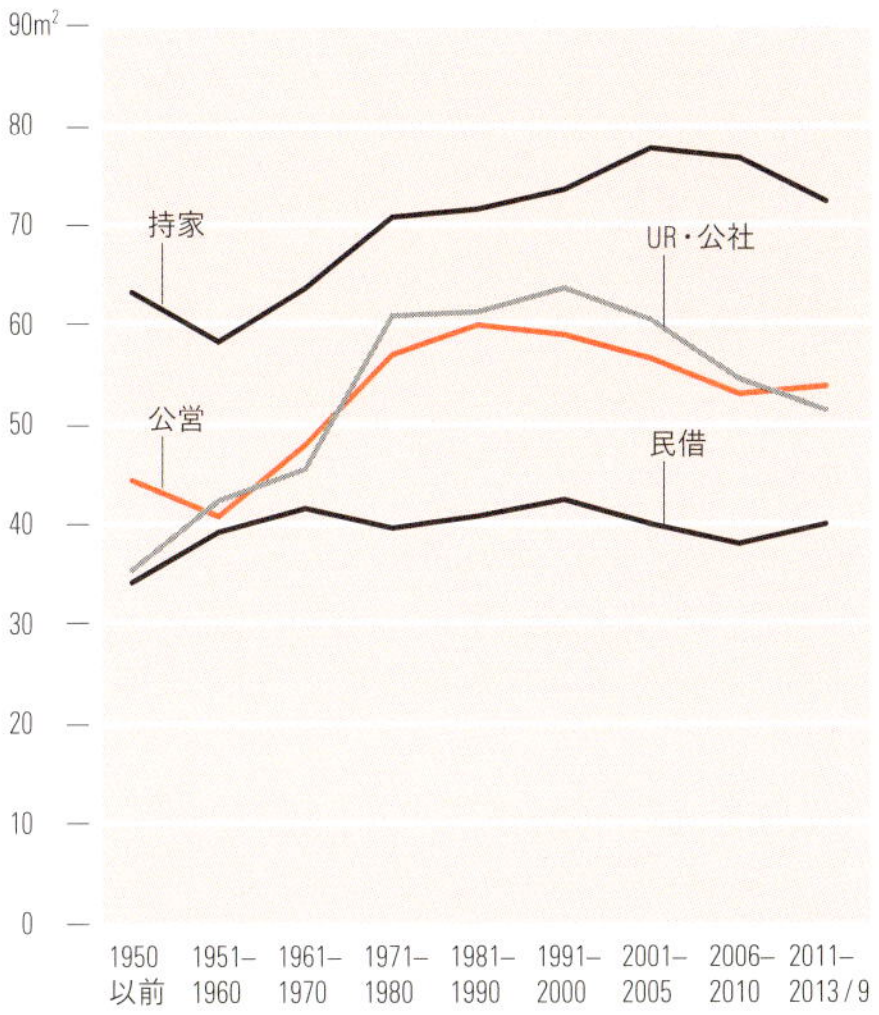

fig.7——非木造共同住宅の所有関係別平均延床面積

非木造賃貸共同住宅(いわゆる鉄賃アパート)の平均延床面積は40m²程度であり、一方、公営住宅・公団住宅などは50m²程度、その上に民間マンションの市場があることがわかる。[出典:「2013年住宅・土地統計調査」より筆者作成]

009 コーポラティブハウス

入居予定者が組合を結成して、土地の購入、設計・工事の発注、入居後の運営・管理などを行う、コーポラティブハウスと呼ばれる共同住宅は、日本では一九七〇年代に、土地建物を実費で取得できる点や、住戸ごとの自由設計などをメリットとして、大都市圏で始まった。当初は住民が主体となって自主的に建設する事例が多かったが、次第に民間コーディネーターが入居者を募集する手法が主流となった。住宅供給公社などの公的機関によるコープタウンと呼ばれる大型プロジェクトも建設されている。

集合住宅の画一化を免れる手法

—中林由行
NPO法人コーポラティブハウス全国推進協議会 副理事長

日本でコーポラティブハウス（コープ住宅）と呼ばれる共同住宅がつくられ始めてから50年になる。欧米ではコープ住宅の歴史は古く「第3の住宅供給手法」として大きな役割を果たしてきたが、日本ではその流れとは違うかたちで量的には少ないながら継続的に建設されてきた。日本のコープ住宅は何故現在のようなかたちになっているのか、本来のコープ住宅の在り方とは何なのか、現在の課題と今後の目指すべき方向などを考えてみたい。

これまでの流れと実績

現在までのコープ住宅の年別建設戸数と累積戸数を示したものを見ると、累積建設戸数は約11,000戸、年間平均建設戸数は約235戸、1プロジェクトあたりの平均戸数は約16戸となっている［fig.1］。年代別に見ると、最初の10年間は「黎明期」で、住民主体の自主建設や建築家が自邸を含めて仲間と建設するなどの事例が多い［fig.2–4］。次の15年間は「発展期」で民間のコーディネーターが土地を見つけて入居者を募集するかたちが中心になり［fig.6–7］、同時に公的機関（住宅都市整備公団、東京都住宅供給公社、大阪府住宅供給公社など）もコープ方式を導入して入居者参加型の分譲住宅を供給した［fig.5］。この時期にはコープタウンと呼ばれる100戸前後の大型公的プロジェクトもかなり実現した［fig.8］。1995（平成7）年からの10年間は再開発型などいろいろなタイプのものが出現し、「多様化第1期」となる［fig.9］。バブル崩壊で公的機関が撤退するものの、民間にコープ住宅専門の小規模デベロッパーが出現して戸数を伸ばした［fig.11］。2006（平成18）年からはデベロッパーが撤退し、小規模企画者中心になったが、エコヴィレッジ型［fig.10, 12］、シニア型、ストック再生型、など「多様化第2期」として現在に至っている。

日本のコープ住宅の特徴

①入居予定者が集まり「住宅建設組合」を設立し、コーディネーターの支援を受けながら土地の購入、設計発注、工事発注などを行う。②その間入居予定者の検討会議が多数回開催されるので入居時には全員が顔なじみになっており、濃密な交流のあるコミュニティが形成される。③組合を設立後約1年間の設計や見積調整などがあり、建設工事が約1年間、計2年間が平均的な入居までの期間である。④入居予定者が希望を出すので各戸自由設計となることが多い。⑤分譲マンションと比べて宣伝費やデベロッパー利益、金利などが節約できるが、一方で、コーディネーター費は別途必要、自由設計による工事費アップがある。高級な仕様にしなければトータルでは15%程度は安くなると言える。⑥入居後は住民主体の自主管理を採用することが多い。⑦入居後は親密で相互扶助のあるコミュニティができるが、それが長期に継続するかはそれぞれの条件による。

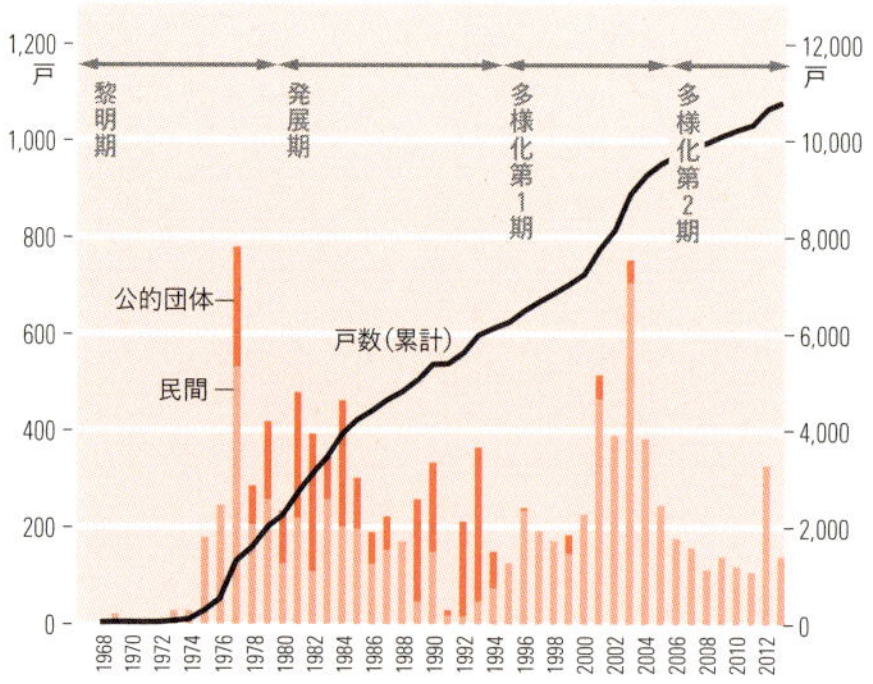

fig.1——コープ住宅の年別建設戸数と累積戸数［出典：NPO法人コーポラティブハウス全国推進協議会］

日本のコープ住宅の課題

①コーディネーターや建築家は用地の確保、入居者集めや実作業での負担が大きく、また入居予定者も時間と労力の負担が大きい。②各戸の自由設計は日本だけの特殊例で、それが工程を煩雑にしているが、入居者の希望が強いので採用せざるを得ない面がある。③欧米のコープ住宅は土地建物全体を「居住者組合法人」が所有し、住人は「居住権」（第3の所有形態と言われる）をもつ。転売や転貸には組合の承認が必要など、物的にもコミュニティ的にも良好に管理されるところに存在意義がある。一方、日本のコープ住宅は区分所有なので、転売転貸自由で長期的には住人の転出入に伴い理念も薄れ、当初の良さがなくなりやすいという問題がある。

コープ住宅の過去と現在

日本では1970年代の物価高騰期に住宅需要者

fig.2——コーポラティブハウス千駄ヶ谷（1968（昭和43）年／東京都／4戸）

建築家4人によるコープ住宅第1号。［撮影：筆者］

fig.3——OHP No.1（1974（昭和49）年／東京都／6戸）

建築家と友人により建てられ、Our Housing Project運動としてNo.5まで建設。［撮影：筆者］

fig.4——コーポラティブハウス柿生(1975(昭和50)年／川崎市／92戸)

入居者を公募した事例第1号で、都市と農村の融合を目指した。徹底した自主管理、定期情報紙の発行、コーポ祭など今でもモデルとなる存在。[撮影：筆者]

fig.5——コーポラティブハウス城山(1980(昭和55)年／藤沢市／30戸)

住宅都市整備公団のグループ分譲住宅第1号。現在も良好に維持管理運営されている。[撮影：筆者]

fig.6——ユーコート(1985(昭和60)年／京都市／48戸)

公団から土地を譲り受けて自由設計された濃密で個性的な事例。[撮影：筆者]

自身が集まって、「土地建物を共同購入、共同発注すれば実費で取得できる」という発想から自然発生的に大都市圏で始まった。その後欧米の「協同組合思想」も取り入れて、実費・自由設計・良好なコミュニティなどを特徴として続いてきた。その背景には大都市の共同住宅の匿名性や近隣関係への不安、また住宅が画一的で機能や質が充分でないことへの不満などがあり、それらへの受け皿のひとつとなった。コープ住宅には事例に見るようにコミュニティだけでなくデザイン的にも個性的で楽しいものが多い。最近はプロジェクトの数が伸び悩んでいるが、それは住宅が余っていること、分譲マンションの機能や質が高くなっていること、現在の住宅購入世代と団塊世代との住コミュニティに対する志向の違いなどが、背景にあるのではないかと推測される。

fig.7——都住創内淡路町(1986(昭和61)年／大阪市／住宅・事務所・店舗の複合)

「都市住宅を自分達の手で創る会(都住創)」は大阪市谷町界隈に22棟を建設した。[撮影：筆者]

fig.8——ヴェルデ秋葉台(1990(平成2)年／八王子市／115戸)

東京都住宅供給公社のコープタウンプロジェクトの代表的な事例。[撮影：筆者]

「区分共有」という選択肢を

区分所有は有用な制度ではあるが、長期的には問題も多い。区分所有者の権利が強いために全体の合意が難しく、管理や大規模修繕が円滑にいかなかったり、まして建替え合意はさらに難しい。転売や転貸が多かったり、空住戸が増えればスラム化に向かう恐れもある。一方、欧米型のコープ住宅は「区分共有」ともいうべきかたちであり、住人の居住権よりも組合法人の所有権が上位にあるため、運営・維持管理・修繕などで全体の利益が優先され、個人的な主張は抑えられる。結果として長期に良好な物的な維持保全、良好なコミュニティが継続する。それは、ニューヨークの複数の築100年以上のコープ住宅の実態調査から導き出された結論でもある。区分所有は1棟の建物の所有を多元化したことで問題も抱える一方、欧米のコープ住宅は所有を一元化することでの長所をもっている。ニューヨークでは転売を重視する人はコンドミニアムを選択し、定住とコミュニティを求める人はコープ住宅を選択する傾向がある。日本でもその両方のニーズがあることは明らかであるが、区分共有という選択肢はまだない。日本でも制度面・金融面が整備されるならばもっと豊かな安定した集住ライフが可能になるはずである。これまでのような中途半端なコープ住宅ではなく、本来のコープ住宅が今後日本で実現できるようになることを願うものである。

参考文献

1——日本建築学会建築計画委員会『住まい手参加型集合住宅の期待と現実』2004年

2——NPOコーポラティブハウス全国推進協議会『コーポラティブ方式を担う建築技術者に必要な知識と資質向上のための業務マニュアル』2013年

fig.9——あるじゅ(1993(平成5)年／東京都／13戸)

唯一の賃貸型コープ住宅、賃借人の希望に合わせてつくられ、家主と共同で維持運営されている。計画主体の象地域設計はコープ住宅やコープ方式による共同建替えを多く手がける。[撮影：筆者]

fig.10——経堂の杜(2000(平成12)年／東京都／12戸)

定期借地で都市部の緑の保全、建物の緑化、省エネなどをテーマとしたエコヴィレッジ型。仕組みは「スケルトン定借方式(つくば方式)」で、同方式の事例は現在15棟ある[撮影：筆者]。

fig.11——CELLS(2002(平成14)年／東京都／19戸)

企画元の(株)都市デザインシステムは日本初のコープ住宅供給専門組織として、プロセスの合理化や有名建築家への設計委託などを実施した。東京都区部を中心に50棟以上の実績をあげたが、他分野での事業の失敗で活動を停止した。[撮影：筆者]

fig.12——COMS HOUSE(2002(平成14)年／東京都／12戸)

企画者は「NPO都市住宅とまちづくり研究会」で神田地域を中心に都心部の住コミュニティを再生するようなコープ住宅を多く手がけている。[撮影：筆者]

010 コレクティブハウス

コレクティブハウスは、個人のプライバシーを確保しつつ、住生活の一部を他者と協同して運営する共同住宅である。なかでも食生活の共同を重視し、専用住戸内に整備される台所とは別に、共用の厨房や食事室を確保することが空間構成上の特徴となっている。こうした居住形態を日本で先駆けて実践したのは、阪神・淡路大震災の災害復興公営住宅として供給されたコレクティブハウスだった。家事や育児などを協同化する本格的なコレクティブとしては、二〇〇三年に民間賃貸の「かんかん森」が完成している。

家族の規範が揺らぐなかで模索される共に住まうかたち

檜谷美恵子
京都府立大学 教授

オルタナティブな暮らしを目指す住まい

日本で知られるようになったコレクティブハウジングは、北欧諸国で20世紀後半に登場した協同居住型共同住宅で、個人および家族生活のプライバシーを確保しつつ、住生活の一部を他の居住者と協同して運営することにより、生活の豊かさや安心を高めようとする住まいである。協同する住生活の範疇には家事や子育てを含むさまざまな生活行為が含まれる。なかでも重視されるのはコモンミールと呼ばれる食生活で、専用住戸内に整備される台所などとは別に、共用の厨房や食事室が確保されることが空間構成上の特徴である。

協同の単位は個人である。コレクティブは、世帯という枠組みを超えて、住まうという営みを他者と協同するライフスタイルを、主体的に選択する者が存在することを前提に成り立っており、性別役割分業や「住まいは家族の私事空間」という規範を相対化するオルタナティブハウジングである。同じ建物に住まう他者と住生活の一部を分かち合うという住まい方にこそ、その核心がある。コモンスペースは各住戸に割り当てられる専用面積から供出されるので、コレクティブという居住形態を選択する時点で、居住者はそれを他の居住者と利用する意思をもつとみなされる。

北欧諸国の実践例をいち早く日本に紹介した小谷部育子氏をはじめ、一部の研究者の間では、こうした居住形態が1980年代半ば頃から注目されていたが、広く知られるようになったのは阪神・淡路大震災の被災地で、その理念を掲げる「ふれあい住宅」が供給されてからである。1997（平成9）年3月に復興住宅として供給された兵庫県営片山住宅［fig.1–2］を皮切りに、1999（平成11）年までの3年間に兵庫県下で災害復興公営住宅として供給されたコレクティブは10団地331戸にのぼる。この頃から、民間部門でも多様な共用空間をもつ共同住宅が供給されるようになった。また2003（平成15）年には本格的なコレクティブとして知られる「かんかん森」が誕生した。

災害公営コレクティブの意義と限界

阪神・淡路大震災の被災地で実現した公営コレクティブの功績は、協同居住の理念を掲げ、家族という親密圏に閉じていた住戸をコモンスペースに開き、他者と協同する住まいのかたちを全国に先駆けて、具体的に示したことである。

被災地でこれが注目された背景には、被災状

fig.1-2──兵庫県営片山住宅（1997（平成9）年）

木造2階建てで、延べ面積は313.72m^2。高齢者単身者向け6戸で構成される。住戸面積は28.6m^2/戸。災害公営コレクティブ第1号として1997（平成9）年3月に完成。1階南側の庭に面する共用の食堂兼居間は、食事や団欒などの「ふれあい」「楽しみ」を実現するだけでなく、居住者が住宅の管理や運営の方法を話しあったり、友人や地域のボランティアを招いたり、外部からのサービスが提供される場となる。奥の共用和室は多目的室で、将来の外部支援を考慮し設けられた。［撮影：筆者（1999年）］

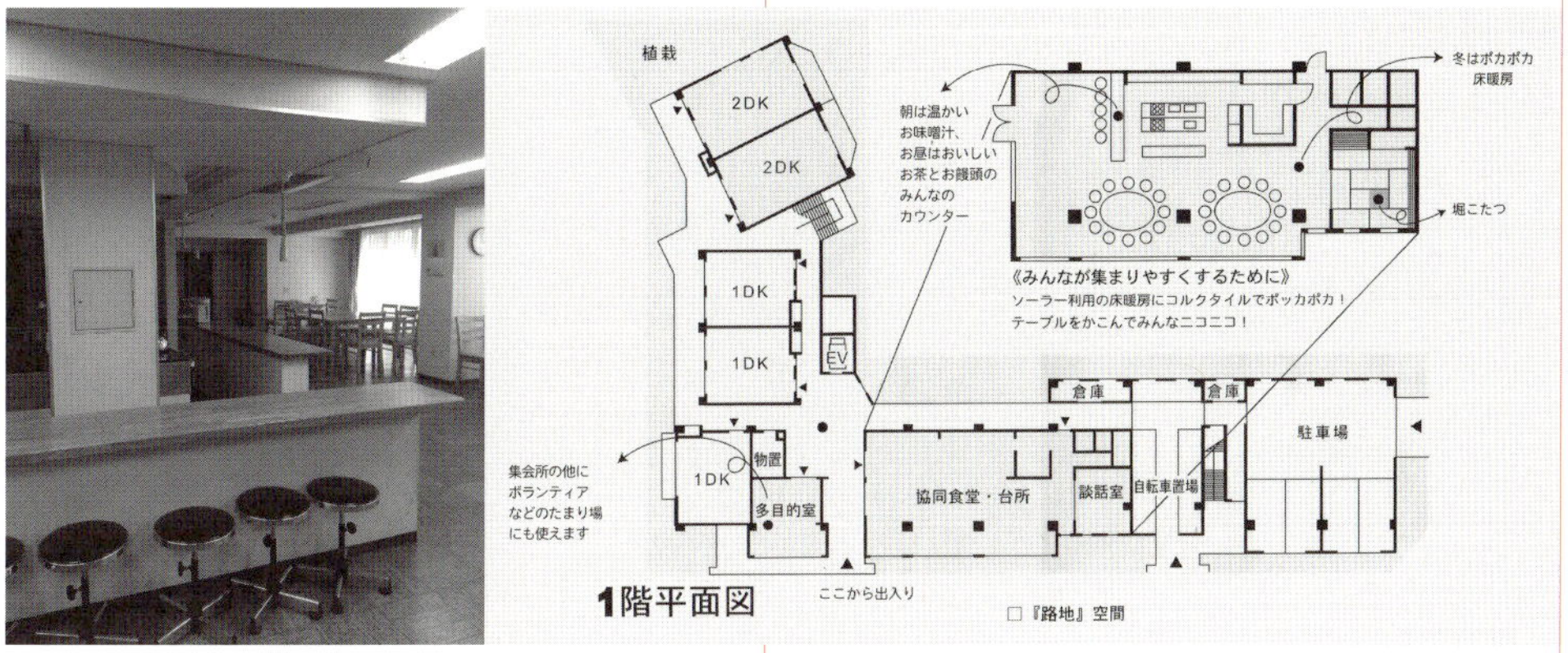

fig.3-4――神戸市営真野ふれあい住宅（1998（平成10）年）

鉄筋コンクリート造3階建て、29戸（うち21戸は高齢者向けシルバーハイツ）からなるコレクティブ。各住戸から$5m^2$が供出され、他の入居者との団らんや共同炊事のためのコモンスペースがとられている。［撮影（写真）：筆者（2017年）／出典（図面）：神戸市住宅局管理課「真野ふれあい住宅――コレクティブハウジング浜添あんない」］

況の特性がある。震災では、既成市街地に残されていた低質な木造賃貸アパートや長屋が甚大な被害を受けた。従前、そこに居住していたのは、低所得の単身または夫婦のみの高齢者世帯であり、彼らの居住の安定に資する住環境が求められていた。

そこで参考にされたのが、恒久住宅の供給に先行して提供された、障がい者や高齢者向けの地域型応急仮設住宅での経験である。そこでは共用の厨房や食堂兼談話室が設けられたが、専用空間を切り詰めてでも、こうしたコモンスペースを確保することが入居者の居住の安定に有効と評価された。仮設住宅団地に設置された「ふれあいセンター」も、身近な場所に他者と交われる共用空間を設ける意義を確認するものとなった。こうした経験が復興公営住宅としてコレクティブを供給するという構想につながっていった。

一方で、公営コレクティブには理念と合致する運営を阻む制約条件があった。主な入居対象者は被災高齢者であり、コレクティブの理念や住まい方に共感し、協働する意欲をもつ者のみが選べたわけではない。事業を推進する応援団が結成され、説明会や事前交流会などが行われたものの、入居者がコモンスペースを活用して住生活の一部を協同するという状況には至らなかった。神戸市営の真野ふれあい住宅［fig.3-4］のように一般世帯との混住を目指したコレクティブにおいても事情は変わらない。

コレクティブハウジングの可能性

コモンミールの運営をはじめ、家事や育児など、家庭領域に残された仕事を協同化することにより、合理的で豊かな住生活の実現を目指す本格的なコレクティブとしてスタートしたのは、2003（平成15）年に完成した民間賃貸の「かんかん森」［fig.5-7］である。

自主管理、自主運営に特徴づけられるこの住宅では、コレクティブの理念に合致する住空間と協働の仕組みが構築され、若者からシニア層まで幅広い年齢層がともに暮らす多世代居住が実現している。企画から管理、運営に至るまで、コレクティブの理念に沿った事業として展開され、その後もこれに続くプロジェクトが、NPO法人コレクティブハウジング社によってプロデュースされている。入居者による住生活の共同運営を実現したこれら一連のプロジェクトは、他者と協同する住まいというコンセプトが一定の共感を得られることを示している。

近代家族や、その生活の器としての郊外戸建て持家を理想視する規範が揺らぎだし、生活単位の個人化が進むなかで、「共に住まう」かたちや、住生活の一部を他者と分かち合うというコンセプトへの関心は、今後も高まると予想される。ただし、その実践は容易ではない。住まい手が協働する生活モデルを掲げるコレクティブの対極には、第三者がサービスを提供するホテルやサービスハウス、また常に他者と空間や設備を共用しなければならないシェアハウスがある。成熟都市社会において、身近な他者とのゆるやかな関係性を構築する住まい方モデルとしてのコレクティブハウジングは、それらよりも豊かな住生活を実現する可能性を秘めている。この点が理解され、広がっていくことを期待したい。

参考文献

1――――コレクティブハウスかんかん森居住者組合森の風『これが、コレクティブハウスだ！――コレクティブハウスかんかん森の12年』ドメス出版、2014年
2――――小谷部育子 編著『コレクティブハウジングで暮らそう――成熟社会のライフスタイルと住まいの選択』丸善株式会社、2004年
3――――小谷部育子『コレクティブハウジングの勧め』丸善株式会社、1997年
4――――石東直子、コレクティブ応援団『コレクティブハウジングただいま奮闘中』学芸出版社、2000年
5――――『阪神・淡路大震災――復興10年総括検証・提言報告（3/9）』復興10年委員会、2015年

fig.5-7――多世代居住型の本格的コレクティブ「かんかん森」（2003（平成15）年）

ここではコモンミールと呼ばれる食事会が定期的に行われている。共用廊下は幅員が広く、ソファや本棚が置かれている。コモンスペースには厨房や食事室のほか、居住者が共同で使うゲストルームなどもある。写真は、共用の厨房（左）、居間（右上）、廊下（右下）。［撮影：筆者（2007年）］

011

超高層マンション

タワーマンションを実現する技術の開発

安藤正雄
千葉大学 名誉教授

一九七〇年代初めまで、郊外に建てられる住宅団地などの集合住宅は、五階建て程度の中層建築だった。

ところが一九七四年にRC造十八階建ての椎名町アパートが実現、超高層集合住宅の時代に先鞭をつける。

一九八〇年代半ばからはいよいよ本格的な超高層集合住宅が建てられるようになり、二〇〇〇年代になるとそれが加速してタワーマンションが見慣れた風景となる。

その背景には、構造・工法から住棟・住戸設計に及ぶ、さまざまな技術開発の積み重ねがあった。

中層から超高層へ

日本の集合住宅の時代が本格的に始まったのは戦後のことである。1970年代初めまでを、郊外住宅団地において大量に建設された「中層の時代」(5階建て程度まで)とすれば、市街地に高層集合住宅が続々と建てられ始めたのは1970年代以降、「超高層集合住宅［注1］の時代」の到来は1980年代半ば過ぎであり、2000年代になってその建設は一気に加速した。以来、超高層集合住宅の数、高さはともに増加の一途をたどり、平成末の現時点では首都圏における建設戸数は累計25万戸を数え［fig.1］、65階程度、250mを超えるものも複数棟計画されている。首都圏では新築集合住宅に占める超高層の割合は2割ほどにも達し、鉄筋コンクリート造(以下、RC造)ラーメン構造による塔状のタワーマンション住棟はすでに見慣れた風景の一部となった。

RC造ラーメン構造の超高層集合住宅の誕生

超高層集合住宅建設を可能にしたのはもちろん1970(昭和45)年の建築基準法改正による絶対高さ制限の撤廃である。しかし、1977(昭和52)年、日本住宅公団が性能発注方式により民間開発の工業化工法を採用することを制度化したように、高層集合住宅時代の到来に備え、ゼネコン各社が独自の工法開発にしのぎを削っていたことも大きい。RC造超高層住宅の実現に先鞭をつけたのは鹿島建設であり、その初弾は同社の椎名町アパート(地上18階、1974(昭和49)年竣工)［fig.2］［注2］であった。

経済性に優れ、風揺れが少なく居住性の高いRC造超高層集合住宅は欧米では主流の構造であったが、これを日本で実現するには多くの開発が必要とされた。地震国の日本でラーメン構造による柔構造を実現するにはコンクリートや鉄筋の高強度化に加え、柱・梁部材に十分な靭性をもたせることが必要であり、また、合理的な施工法を実現するにはコンクリートの垂直・水平分離打ちやそれにともなう太径の梁主筋の定着方法の開発が課題となった。

こうして開発されたのが、スパイラルフープを組み込んだ二重フープやU字型の梁主筋定着法であった［fig.3］。「HiRC工法」と命名されシリーズ化されたこの構造および構工法の考え方や実績はその後の日本の超高層集合住宅のあり方に大きな影響を与えた。

構造・工法の進化

RC造純ラーメンの構造躯体は、高層化すればするほど短いスパンで林立する大径の柱が設計の自由度や居住性確保にとっての制約となる。そのため、超高層集合住宅普及期にはCFT(鋼管コンクリート)構造が採用されるケースもあったが、コンクリート、鉄筋の高強度化技術の進展がこの問題を緩和した。超高強度コンクリートに関しては、2009(平成21)年竣工の超高層住宅(パークシティ武蔵小杉ス

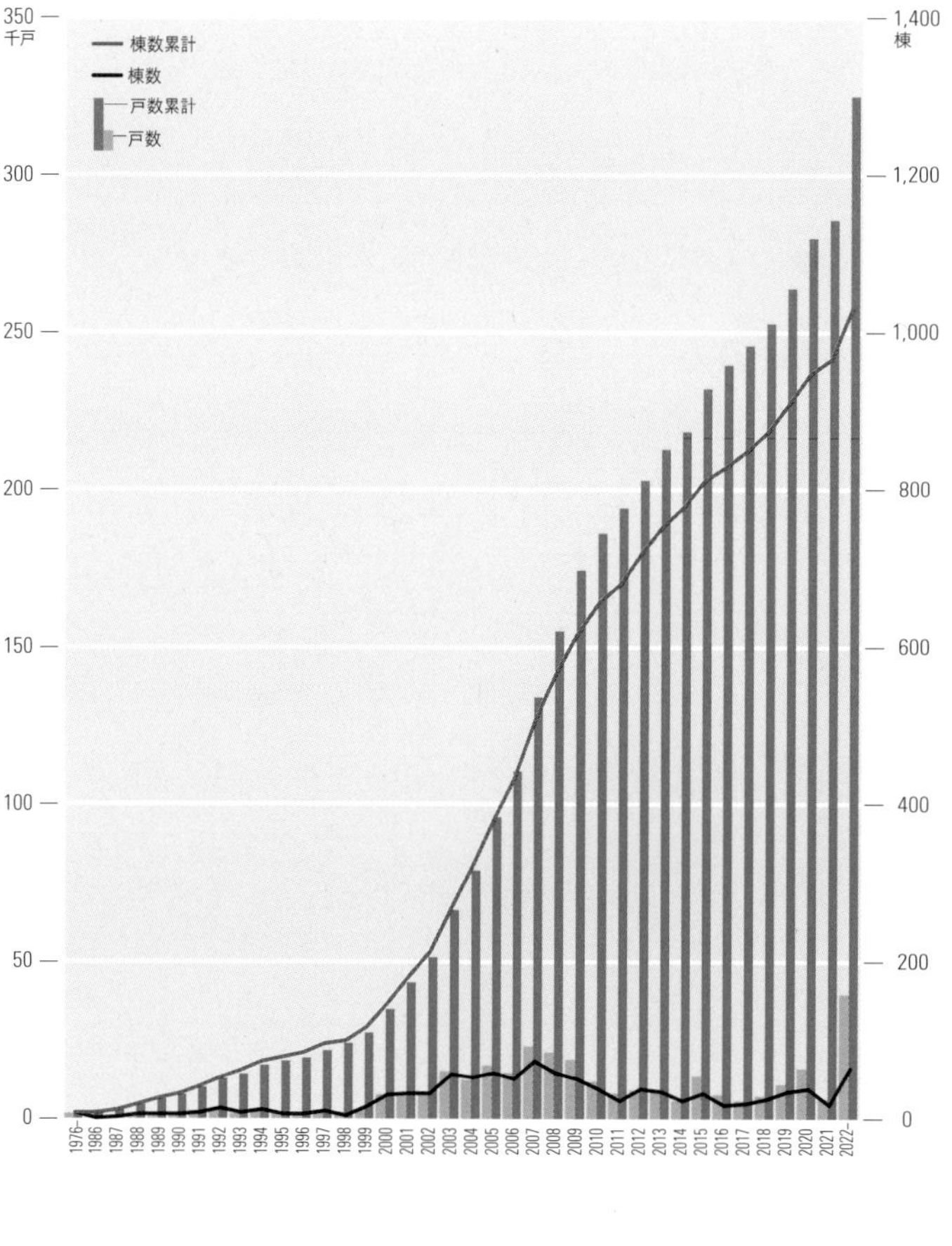

fig.1――超高層集合住宅竣工・計画戸数(首都圏、1976-2022年以降)

2008年以降の市場規模を年次別計画戸数で見てみると、首都圏はおおむね全国の50%から65%程度を占めていたが、直近のデータではその割合は急騰し80%程度に達している。一方、おおむね20%以上で推移してきた近畿圏のシェアは直近で10%前後に低下している。[出典:「不動産経済 マンションデータ・ニュース」(不動産経済研究所、2018年4月24日)より筆者作成]

fig.2——椎名町アパート

日本初のRC造超高層集合住宅。[出典:「鹿島建設椎名町アパート」]

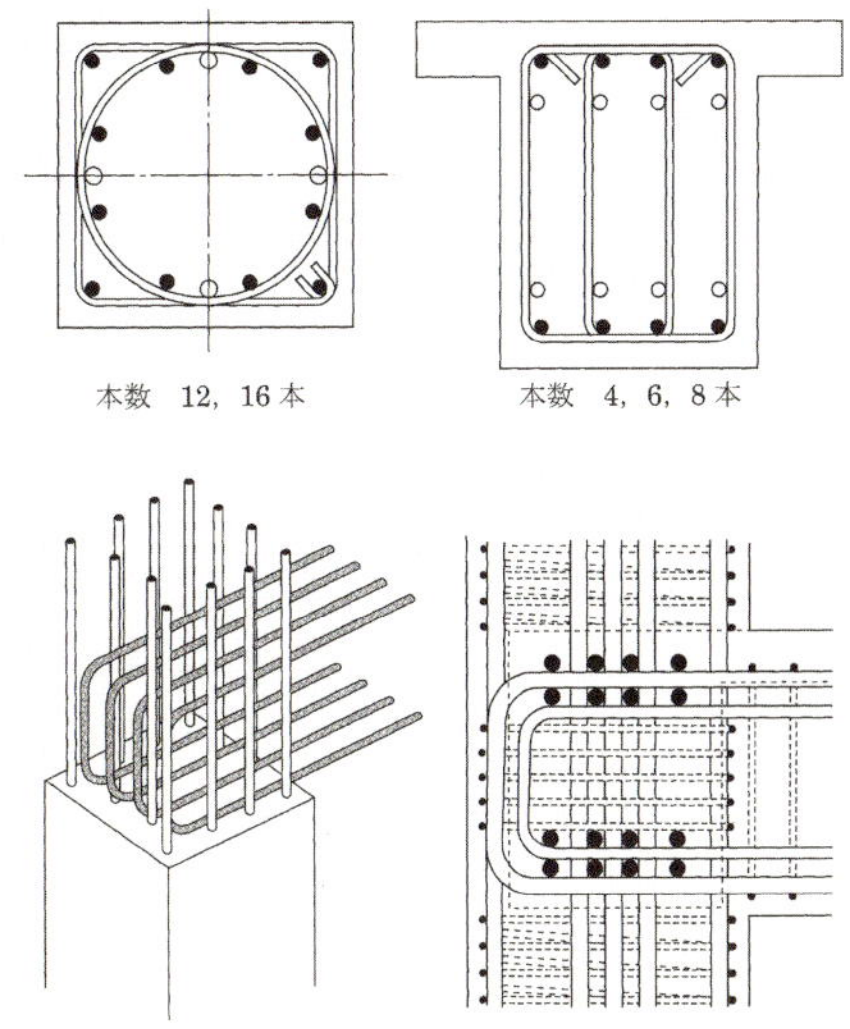

fig.3——椎名町アパートの柱・梁標準断面(上)と梁主筋定着法(下)

柱はたが式とスパイラルフープを複合した二重のフープ構造を持つ。U字型主筋定着法は、柱コンクリートを梁下端でいったん打ち止めるVH(垂直・水平)分離打ち工法採用のために開発されたものである。[出典:「鹿島建設椎名町アパート」]

fig.4——PCa化率を高めた超高層集合住宅の躯体工法

スクライムH工法(三井住友建設)は柱、梁部材のPC化を追求した工法の例である。この工法では、柱の一部と梁を一体化した大型PCa部材から突き出した梁主筋を他の同種部材に横差しにし、その上方から柱PCa部材の主筋を差し込む。[提供:三井住友建設(株)]

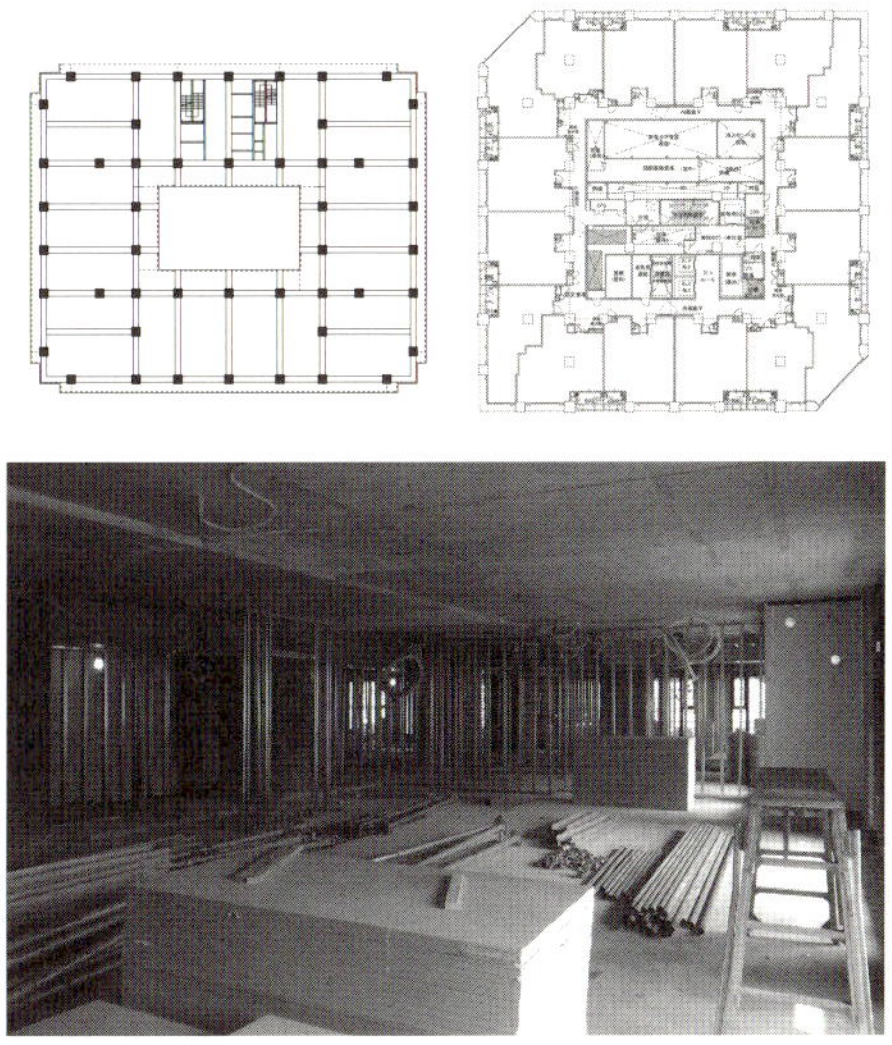

fig.5——フリープランへの対応による構造の変化

1990年代のRC造超高層集合住宅の構造躯体(左上図)は多数の柱を結ぶ梁が住戸空間の中にあらわれていた。近年の躯体の例(右上図、下図)では、住戸部分を井桁状に区切る梁の他には梁型は室内に露出せず、大空間に自由な平面をつくることができる。[提供:三井住友建設(株)]

カイミッドタワー、59階建て、竹中工務店)に用いられた$Fc150N/mm^2$のものをはじめ、多くの実績がある。

また、耐震構造としてのRC純ラーメン構造に続いて開発・普及が進んだ免震・制振技術も多く採用されるようになってきた。とくに2004(平成16)年の新潟県中越地震、2011(平成13)年の東日本大震災など頻発する地震災害は、長期地震動対策を含む構造安全性への技術者、居住者の意識を一層高めることになり、また家具の転倒対策や居住継続性といった問題を前景化させることにもなった。

一方、工法に目を転ずると、現場打ちRC造として登場した超高層住宅の躯体の姿は大きく変わってきた。工期短縮、施工品質の安定等の要請から柱・梁部材をはじめとするプレキャスト化が進み、3-4日/1フロアといった短工期施工も珍しいことではなくなっている[fig.4]。これに対し、職種・工程・バリエーションが多種多量に及ぶ内装・設備工事の合理化にはなお課題が残されている。

住棟・住戸設計の進化

塔状の住棟平面を持つ超高層集合住宅は、板状の中高層住宅に比べて、そもそも住戸設計の標準化が困難である。加えて、最上層に大型住戸を配置するなど、超高層住宅ならではの事業主の戦略もあり、階により住戸の規模・数と配置が変化する。さらには、フリープランやリニューアルの必要性に由来するスケルトン・インフィル分離への要請がある。純ラーメンとは言え、内部の随所に露出する柱・梁をもつ初期の構造体は使いにくい。

そこで、今日の超高層集合住宅の構造体では、ベアリングウォールやダブルチューブ架構などと呼ばれる構造形式を採用し、コア部や外周部に柱・梁を集約しながら大型スラブを用いることで、設計の自由度やリニューアルの容易性を確保するように変わってきた[fig.5]。大型スラブに設備配管横引き用のピットゾーンを設け、住戸内のバリアフリー化を実現するなど、日本独自の進化を遂げてきているといえるであろう。

超高層集合住宅のこれから

このように、超高層住宅の実現にかかわる技術は適宜開発され、社会に受容され、定着してきた。しかし、私たちの超高層住宅居住の経験はまだ20-30年に過ぎず、今日になって外壁工事などに及ぶ大規模修繕や建替えにかかわる課題が少しずつ現実化してきている。技術的なことに限っていえば、長期に及ぶ工期をいかに短縮するかということや、足場仮設工法に関することである[fig.6]。しかし、超高層集合住宅の持続可能性は、技術的なことに限らず、所有者、居住者を中心とした社会および社会システムの持続可能性にかかっていることをよく自覚しておく必要があろう。ロンドンのグレンフェル・タワー火災(2017(平成29)年)に際して、日本の報道は「タワーマンション火災」と形容した。しかし、このタワーの実態は低所得者が住む公営住宅であり、羨望視されるような住宅ではない。これも、グローバルにみれば超高層集合住宅の出自の一典型なのである。私たちには、今後、区分所有や組合管理といったことを超えた想像力が必要であろう。

注釈

注1——60m超、階数で20階以上のものを指していうことが一般的である。

注2——椎名町アパートは1972年に日本建築センターの高層評定・建設大臣認定を取得しているが、取得時の階数は20階、軒高は59.2mとして計画されていた。

参考文献

1——荻原行正「鹿島建設椎名町アパート——鉄筋コンクリート造超高層住宅のさきがけ」『コンクリート工学』9号、2008年

2——志手一哉、安藤正雄「大型タワー型マンションにおけるフリープラン対応構造体と住戸計画の関係性——板状型との比較分析を通じて」『日本建築学会計画系論文集』第77巻 第676号、2012

3——藤木亮介、秋山哲一、奥野健一「超高層マンションの外壁等総合改修工事における相場仮設計画プロセス」『日本建築学会技術報告集』第15巻 第31号、2009年

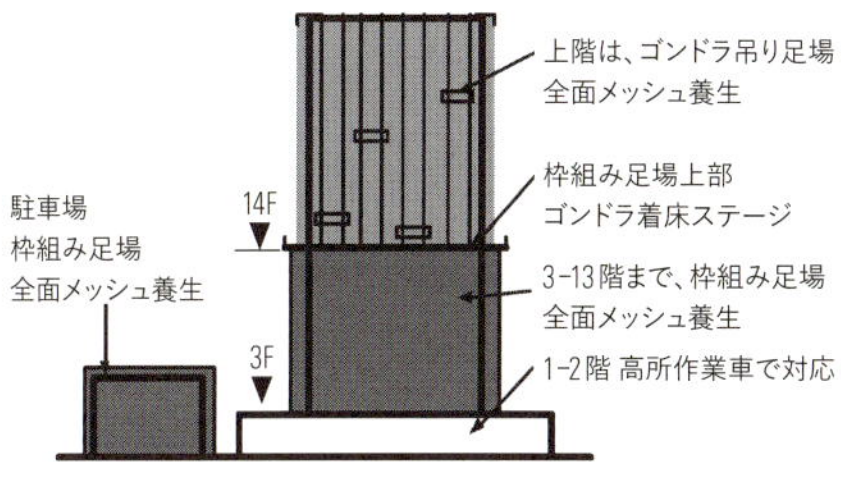

fig.6——仮設計画例の概念図[出典:「超高層マンションの外壁等総合改修工事における相場仮設計画プロセス」]

012

応急仮設住宅・復興住宅

戦後の公的建設から多様な住宅支援へ

応急仮設住宅・復興住宅の公的建設は、戦後の住宅政策と結びつきながら、長らく被災者に対する住宅支援の中核をなしてきた。しかし、一九九五年の阪神・淡路大震災以降、幾度の災害を経ながら、種々の面的整備事業との連携、多様な発注方式の採用、既存の住宅ストックの活用など、従来の個別建設によらない多くの整備手法が生み出されてきた。それは成熟した住宅市場機構に立脚し、地域事情に即した新たな住宅支援への展開といえる。

渡邊史郎
国土交通省 国土技術政策総合研究所 主任研究官

戦後に始まる被災者の住宅支援

わが国の被災者救援・復興支援は、制度的にも実際的にも極めて公的な性格を帯びている。災害対応の事務は国家によって司られ、地方公共団体の協力のもとに執り行われる。応急仮設住宅・災害公営住宅は、まさにその象徴的な存在である。いわゆる「現物支給の原則」のもと、被災後の仮住まいとして応急仮設住宅が、恒久的な住まいとして災害公営住宅が、国の定める基準のもとで直接的に建設される。

この一連の支援策は1950年代に整えられた。1951（昭和26）年公営住宅法制定において「災害公営住宅」が制度化され、1953（昭和28）年災害救助法改正により、「収容施設」のひとつとして「応急仮設住宅」が明記された。1957（昭和32）年には住宅金融公庫による自立再建を対象とした災害復興住宅融資も開始された。国の公的支援のもとで建設される恒久住宅を、復興住宅と定義するならば、災害公営住宅と災害復興住宅は復興住宅の2本柱であった。いずれにしても、戦後の深刻な住宅不足に悩まされていた当時、これら公的支援策は重要な役割を担った。

1955（昭和30）年新潟大火の復興対策を担当した県職員の記録が残されている。「応急仮設住宅は（中略）位置の選定を誤っているようだ。余りに都心に便利なため半永久的に残存しスラム化するおそれがありその対策に苦慮している」[1]。当時の建設省も応急仮設住宅に関して、「将来スラム化することのないよう」と注意を促している[2]。終戦から10年余り、応急簡易住宅がいまだに多く残存し、その管理・用地返還などの問題が深刻化していた当時、応急仮設住宅の用地の選定にはとりわけ配慮が払われた[fig.1]。応急仮設住宅はスラム化の危険性を孕む「収容施設」であった。

一方、災害公営住宅は可能な限り耐火・簡易耐火構造による建築が目指された[fig.2]。公庫融資の災害復興住宅においても、耐火構造に対する融資条件が特別に緩和された。まさに災害を奇貨とした不燃都市の創出であった。応急仮設住宅とは対照的に、復興住宅には「良質な住宅ストックの形成」という戦後の住宅政策の未来が託されていた。

fig.1——木造の応急仮設住宅（1959（昭和34）年）

1959（昭和34）年伊勢湾台風の被害を受けた名古屋市では、南区を中心として計1,608戸の木造の応急仮設住宅が建設された。［出典：「伊勢湾台風」］

fig.2——耐火構造・簡易耐火構造の災害公営住宅（1959（昭和34）年）

伊勢湾台風により名古屋市営住宅が全壊した市有地に「防災住宅団地」として耐火構造（工事中）と簡易耐火構造の災害公営住宅が建設された。［出典：「伊勢湾台風」］

fig.3——阪神・淡路大震災の被災者向けの応急仮設住宅（1995（平成7）年）［提供：神戸市］

「必要即応」を具現化するプレハブ仮設住宅

1960年代、プレハブ造の応急仮設住宅が検討され始める。木造に比べ迅速・大量に建設できるプレハブ構法は、まさに災害救助法の求める「必要即応の原則」を具現化する技術であった。応急仮設住宅のプレハブ化を決定づけたのは、社団法人プレハブ建築協会による供給システムであった［注1］。そのシステムは、災害協定に基づく随意契約、標準設計、供給範囲の広域性において画期的であった。災害後の応急対応において官公庁の随意契約は特別に認められるが、災害協定の存在が協会会員への発注を極めて円滑にした。また、これまで行政担当者が行ってきた設計プロセスが、協会作成の標準設計により一気に解消され、敷地・必要戸数・住棟配置さえ決まれば、ただちに着工可能とした。さらに、全国に展開する会員各社の生産拠点を活かし、全国津々浦々に建設可能な生産体制を約束した。1995（平成7）年阪神・淡路大震災では、約34,000戸の仮設住宅が協会会員によって建設されたが[fig.3]、その活躍は高く評価され、1997（平成9）年には全都道府県との協定締結に至った[4]。

一方、応急仮設住宅は依然として「収容施設」であった。行政担当者による設計行為は省略され、

fig.4——HAT神戸脇の浜

HAT神戸は、住宅・都市整備公団（現、都市再生機構）が災害公営住宅のみならず従前居住者用の民間賃貸住宅の建設、さらには土地区画整理事業の運営（施行者である神戸市から業務受託）を一体的に行うことにより整備された。脇の浜地区では、特別養護老人ホームを併設したシルバーハウジングやコレクティブハウジングなどの高齢者への対応、さらにはヒューマンスケール感のある外部空間の形成も図られた。［出典：『阪神・淡路大震災から10年 人が輝く都市をめざして——都市機構の震災復興事業』（都市再生機構 西日本支社、2005年）］

居住性の確保・周辺地域との関係など、「住まい」づくりに必要な計画的視点は失われたままだった。

公的建設から多様な住宅支援へ

阪神・淡路大震災以降、復興住宅は新たな展開をみせる。復興のシンボルプロジェクトとして知られるHAT神戸は、従来の公的住宅の個別建設にはなかった新たな復興住宅のかたちを示した［fig.4］。また、東尻池コートをはじめとした共同再建事業は、個別に自力再建できない被災者に住宅再建への道を開いた［注2］［5］。

2004（平成16）年新潟県中越地震では、集落地における復興住宅の先駆的な取り組みがなされた。都市計画区域外となる集落地では、土地区画整理事業が適用できない。しかし、小規模住宅地区改良事業を適用することにより、住み慣れた地域での継続居住を可能とした。また、旧山古志村（現、長岡市）では、地域産材を使った良質な復興住宅が地元工務店によって建設された［fig.5］。

2011（平成23）年東日本大震災では、防災集団移転促進事業などの面的整備事業との連携、買い取り方式・設計施工一括方式などの多様な発注方式が採用され、その後の復興住宅の整備手法に多くの選択肢を与えた。

応急仮設住宅にとっての最大の転機は、東日本大震災といえるだろう。その膨大な必要戸数に対して、従来のプレハブ建築協会の供給システムでは建設が追いつかず、大手住宅メーカー、地元工務店など、住宅建築を通常業務として行う事業者が次々に参加した。その結果、内外装・設備の充実、高い環境性能、住棟配置の工夫など、「住まい」と呼ぶにふさわしい仮設住宅が数多く建設された［fig.6］。他方、民間賃貸住宅を活用した「みなし仮設住宅」も、ストック型社会における有効な手段として認知された。その後、「借上型仮設住宅」として応急仮設住宅の所与の選択肢として認められ［注3］、2016（平成28）年熊本地震や2018（平成30）年西日本豪雨などでは、「借上型」が主要な供与方法となっている［注4］。

戦後長らく、応急仮設住宅・災害公営住宅の個別建設は、被災者に対する住宅支援の中核をなしてきた。しかし、阪神・淡路大震災以降、それらは支援の一部となり、成熟した住宅市場を前提とした多様な支援メニューが生み出されてきた。すなわち、既存の市場機構・民間事業者・住宅ストックを地域事情に即したかたちで活用する、個別建設によらない応急仮設住宅・復興住宅の指向である。一方、応急仮設住宅の入居期間の長期化や復興まちづくりとの連携、さらには面的整備事業の遅れや団地自治会による災害公営住宅の継続的な管理の難しさなど、多くの課題も指摘されている。今日もその改善に向けて、次世代の応急仮設住宅・復興住宅のあり方が模索されている。

注釈

注1——プレハブ建築協会と都道府県との災害協定に基づき、応急仮設住宅の建設を行うのは、同協会・規格建築部会の会員企業である。通常、プレハブ構法による事務所・庁舎・工場などの生産、設計、施工を主要事業としており、住宅用建物の施工実績は限られる。

注2——住宅・都市整備公団（現、都市再生機構）が中心となって実施された共同再建事業では、国の市街地整備関連補助事業の適用、余剰床の処分などにより、個別再建できない従前居住者のための共同住宅の再建が実現した。その後の復興住宅に留まらず、密集市街地の整備手法としても有用な示唆を与えた。

注3——内閣府告示「災害救助法による救助の程度、方法及び期間並びに実費弁償の基準」（平成25年内閣府告示第228号）が2017（平成29）年4月に改正され、民間賃貸住宅を地方公共団体が借り上げる、いわゆる「みなし仮設住宅」が「借上型仮設住宅」と定義され、従来の個別建設によって設置される応急仮設住宅が「建設型仮設住宅」と改めて定義された。

注4——2018年5月11日時点の借上型仮設住宅の入居戸数は11,625戸となっており、建設型3,407戸の約3.4倍である。

fig.5——旧山古志村（現、長岡市）に建設された「中山間地型復興住宅」（2006（平成18）年）

旧山古志村の被災者向けの復興住宅として、同地域に見られる伝統的な構法・材料を活かし、一定水準を確保した「中山間地型復興住宅」が提案された。この住宅モデルをもとに公営住宅（災害公営住宅・改良住宅）、自立再建住宅が建設された。同様に、地元工務店との協働を通じ、地域独自の技術を活かした復興住宅の取り組みは、2007（平成19）年能登半島地震、2011（平成23）年東日本大震災、2016（平成28）年熊本地震などでも見られた［6］。［撮影：筆者］

fig.6——住棟間に屋根付きデッキスペースを備えた木造の応急仮設住宅（2011（平成23）年）

釜石市・平田総合公園にコミュニティケア型の応急仮設住宅団地が建設された。従来の仮設住宅団地にはなかった、向い合せの住棟配置、バリアフリーを実現するデッキの設置、団地内でのケアサービスとの連携を実現した［7］。［撮影：筆者］

参考文献

1——小川一益「鳥取、新潟は大火災からどのように復興したか」『住宅』Vol.5 No.11、1956年
2——大橋孝則「住宅災害の対策」『住宅』Vol.11 No.6、1962年
3——名古屋市「伊勢湾台風——住宅の被害とその対策」1960年
4——社団法人プレハブ建築協会『社団法人プレハブ建築協会50年史』2013年
5——UR密集市街地整備検討会『密集市街地の防災と住環境整備——実践にみる15の処方箋』学芸出版社、2017年
6——武田光史ほか「山古志における震災復興住宅モデル設計・その1」『日本建築学会建築デザイン発表梗概集』2008年
7——冨安亮輔「コミュニティケア型仮設住宅：岩手県釜石市と遠野市での試み」『建築雑誌』2012年11月

013

最小限住宅

住むことの平等な権利を目指して

塚本由晴
東京工業大学 教授

第1次世界大戦後のヨーロッパで、都市に流入する大量の人口を収容する方策として「最小限住居」が検討された。その多くは集合住宅の形式だったが、日本の戦後復興期に取り組まれた「最小限住宅」は戸建てである点が特殊だった。「限られた床面積と予算でどれだけ豊かに暮らせるか」という問いに建築家たちはそれぞれのかたちで回答を出した。しかし、高度経済成長期に入り社会背景が変わると、「最小限住居」の意味もさまざまに変化していった。

第1次世界大戦後のヨーロッパ／最小限住居の源流

西欧各国では産業革命以降、工場労働力として大量の人口が農村から都市に流入、失業した貧窮者が増加し、定員超えの人数が住むアパートは劣悪な衛生状態に陥った。これを打開するには、人口集中を回避するか、人口を合理的に収容するしかない。前者は職場と賃貸住宅を都市外につくる「田園都市」(エベネザー・ハワード、1898年)に、後者は第1次大戦後に「最小限住居」になった。

西欧を中心に18カ国・130名の建築家が参加した1929(昭和4)年のCIAM IIの主題は「生存最低限のための住居」。ワルター・グロピウスは、生存最低限の必要を見極めるには家庭生活についての社会学的統計と生物学的な配慮(光、太陽、空気の確保)が重要と唱え、高層住棟にその答えがあるとし、ル・コルビュジエは「規格化、工業化、テーラー主義化」により科学的に最小限住居を実現できるとした。

一方、ハンス・シュミットは、建築法規は理想論的で高規格に手が届く人向けだと批判し、科学に基づく範囲で建設業者の自由裁量を認めるべきとした。同時開催された最小限住居の展覧会をまとめた書籍の中で、エルンスト・マイは低所得者のためにこそ最小限住居はあるべきとし、公益事業とすることを訴えた。

グロピウス、ル・コルビュジエのデータ分析や技術的提案を組み合わせて社会階層を超越するヒロイズムに対し、シュミットの建築法規批判や、マイの低所得者を包摂すべきとする主張は福祉的と言える。

最小限住居=ワンルーム型

1932年にはチェコ・アバンギャルドの批評家・芸術家のカレル・タイゲが『最小限住居』[fig.1]を著し、家族を経済の基本単位とするブルジョア住居が男女、親子の不平等の上に成立していることを批判。一室ですべてをこなす居住空間(遊牧民のテント、エスキモーのイグルー、農家の小屋など)の否定が、諸室に分節されたブルジョア住居になるのだから、その否定は機能分化されない個人向けワンルームを再生し、個別の機能は共用施設に集約(アパートメントのキッチンは給食工場に、ブルジョワ住居のサロンは各種クラブに、子供部屋は全寮制の学校に)されるとした。

fig.1──『最小限住宅』[所蔵:東京工業大学 塚本研究室]

タイゲの最小限住居はCIAM IIの建築家たちが踏み込まなかった、家族の解体を含み、その集合形式は当時ソ連で議論された集合住宅、ドム・コムーナに似る。原初的ワンルームの「否定の否定」がワンルームを再生する筋書きには叙事詩的魅力があるが、唯物史観的弁証法特有のレトリックであることには留意すべきだろう。

第2次世界大戦後の日本／戸建住宅×最小限住居=最小限住宅

西欧諸国での最小限住居が集合形式を想定しているのに対し、日本の「最小限住宅」は戸建て形式である。戦後復興期の日本政府は「戦災復興計画基本方針」(1945(昭和20)年)がドッジライン(1949(昭和24)年)による財政緊縮で縮小させられたように、なかば手足を縛られた状態だった。このため戸建住宅による「やれる人からやる式」の復興になった。この方針は賃貸から持ち家への転換を促した「地代家賃統制令」(1939(昭和14)年)の継続や、農地改革(1947(昭和22)年)により後押しされた。

一方、物資の調達は「臨時物資需給調整法」(1946(昭和21)年)、住宅規模は「臨時建築等制限規則」(1947(昭和22)年)により制限(当初は12坪。1948年に15坪に緩和)された。さらに家づくりを支援する「住宅金融公庫」(1950(昭和25)年)は、仕様書に基づいた建築士による設計を条件付け、未来のマネーフローと建築家の才能が住宅建設に投入されることになった。こうして、田園都市の類型であるはずの戸建て住宅と、集合住宅に実装されるはずの最小限住居が掛け合わされた「最小限住宅」が現れた。

限られた床面積と予算でどれだけ豊かに暮らせるか?という問いは、復興期だけでなく今も切実である。池辺陽の立体最小限住居(1950(昭和25)年、延床$49.5m^2$)[fig.2]と増沢洵の自邸(1952(昭和27)年、$49.5m^2$)[fig.3]はその回答として有効性を失っていない。ともに寝室を2階にして吹き抜けで1階と結びつける木造2階建てのワンルーム。部屋の仕切りをなくす点はタイゲにも通じるが、家族単位は維持されている。

戦時下に開発された新技術を最小限住居に応用する試みもある。CIAM IIにも参加した前川國男は、終戦時に建築を担当していた木造軍用機製造工場を住宅生産に転用できるよう、木質パネルによるプレファブ住宅、プレモス(1946(昭和21)年)

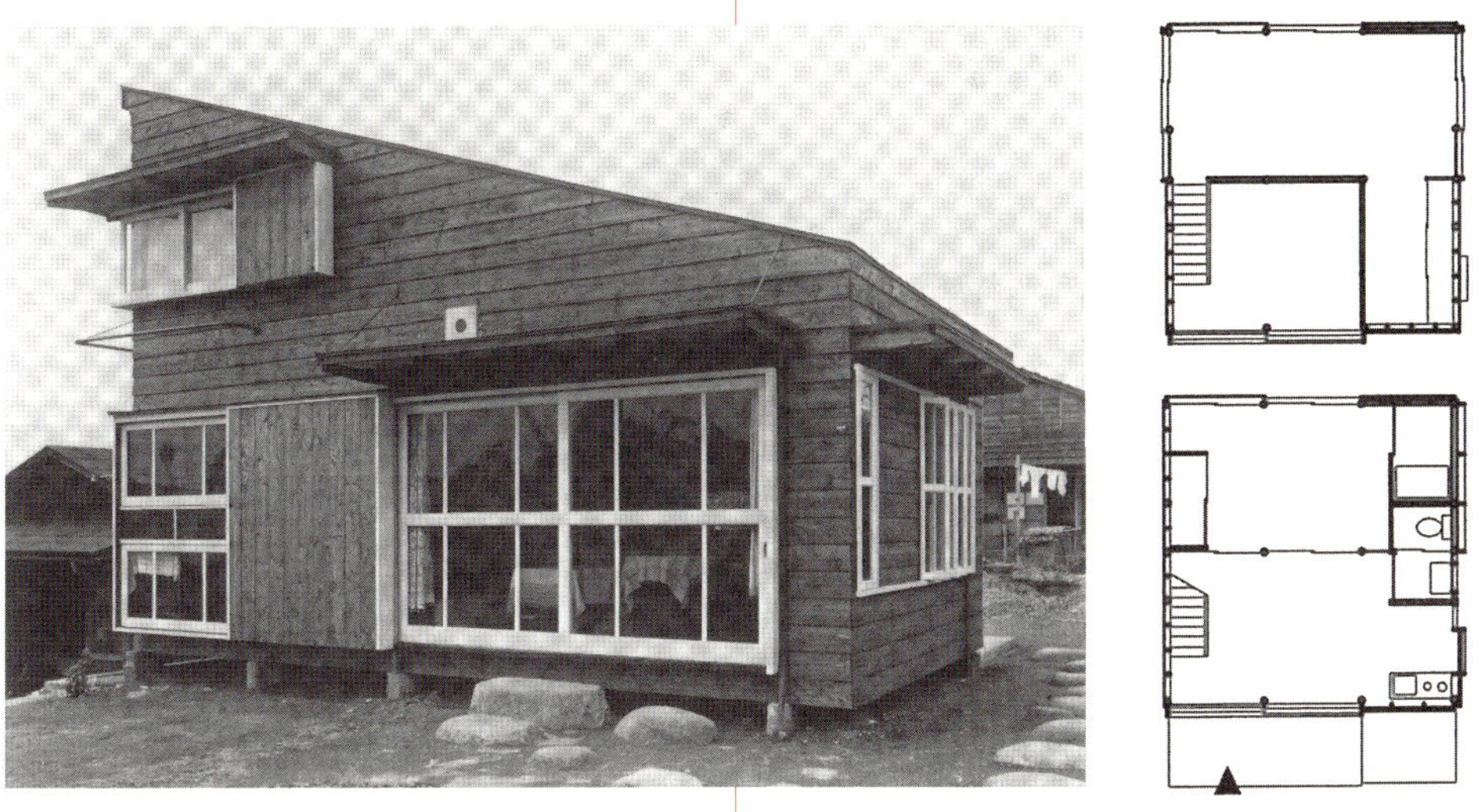

fig.2——最小限住宅(設計:池辺陽/1950(昭和25)年)の外観写真(左)と平面図(右)[出典(写真):宮脇檀 編著『日本の住宅設計』彰国社、1976年/出典(図面):塚本由晴、西沢大良『現代住宅研究』INAX出版、2004年]

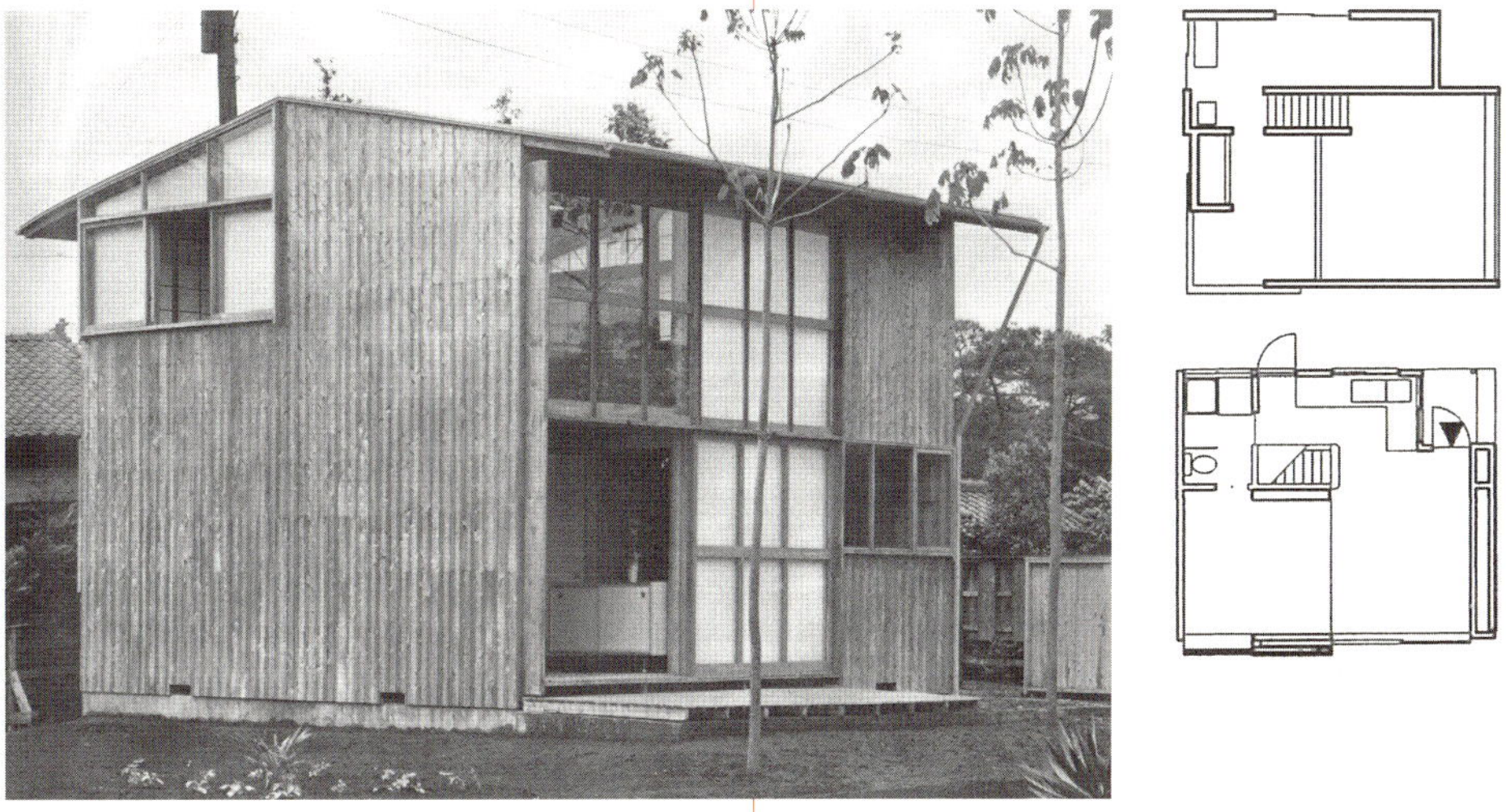

fig.3——増沢洵自邸(設計:増沢洵/1952(昭和27)年)の外観写真(左)と平面図(右)[出典(写真):『日本の住宅設計』/出典(図面):『現代住宅研究』]

fig.4——プレモス(設計:前川國男/1946(昭和21)年)[出典:『前川國男建築展カタログ』生誕100年・前川國男建築展実行委員会、2006年]

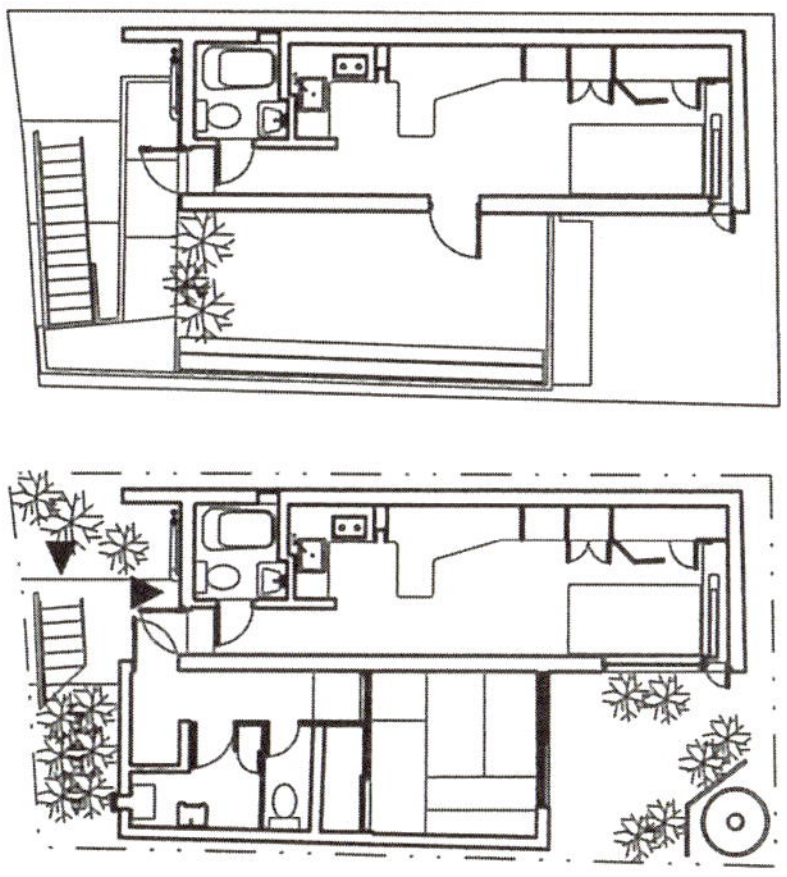

fig.5——ホシカワ・キュービクル(設計:黒沢隆/1977(昭和52)年)[出典:『現代住宅研究』]

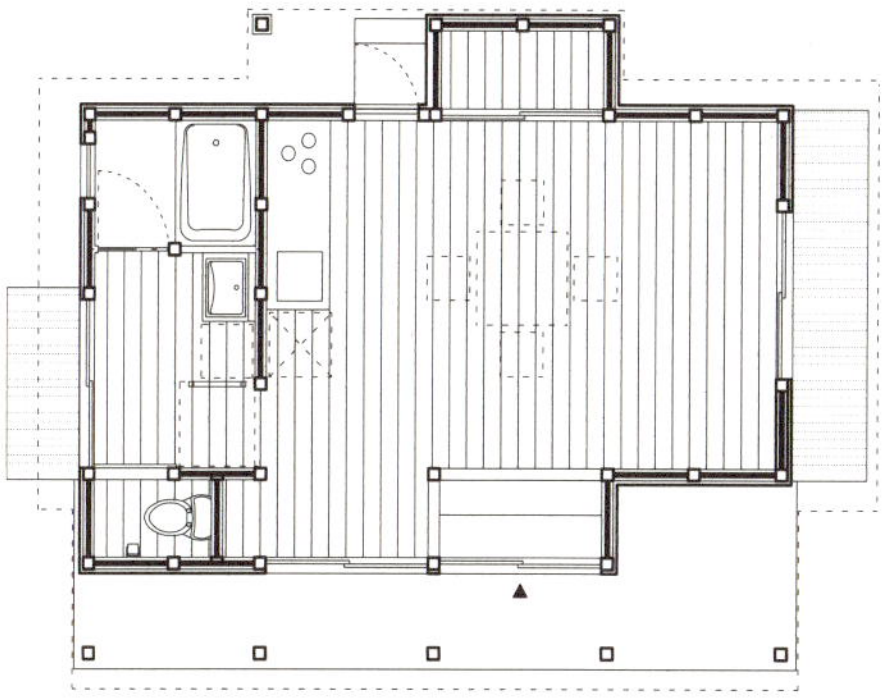

fig.6——コア・ハウス/板倉の家(設計:アトリエ・ワン/2013(平成25)年)[提供:アトリエ・ワン]

[fig.4]を開発。全国に約1,000棟を建てたが多くは炭鉱住宅で、一般の消費者には届かなかった。

同じ頃アメリカ西海岸ではケース・スタディ・ハウス(CSH)が経済的で複製可能な設計・施工モデルを探求、1949(昭和24)年には軽量鉄骨とガラスを用いたケーススタディハウスno.8イームズ自邸が完成する。その数年後、日本では全鉄骨重量がスチールサッシを入れて1トン強という超軽量の広瀬鎌二自邸(1953(昭和28)年、47m^2)が完成。CSHの影響か、庭と連続した靴を脱がない生活が想定されている。2.4mごとに外周に配された65mmのアングル材を用いたボックス柱は6mm鋼棒でブレースされ、4.8mの短手にはアングルと鋼棒による張弦梁の浅い切妻屋根が架かる。小径鋼材の能力ギリギリの寸法がこの短手断面のプロポーションを決めている。

社会背景が変わる高度経済成長期、「最小限住居」は当初とは別の意味を持ち始める。東孝光の自邸、塔の家(1966(昭和41)年、65m^2)は、新宿西口広場の設計監理のために大阪から東京に移った東が、郊外住宅地に住まわされることに抵抗を覚え、東京五輪の開発で生じた都心の三角ヘタ地6坪に建てた。内外とも粗いコンクリート打ち放しで、階段周りに小さな床が展開する縦型のワンルームである。鯨井勇の自邸、プーライエ(1973(昭和28)年、51.5m^2)は、雛壇造成した分譲住宅地の擁壁の階段の上に古材で自力建設し、家が建てられるはずの場所を畑にした、生きるためのスキルを集約する住居。対照的なのが黒沢隆による一連の個室群住居[fig.5]だ。資本主義の都市生活では、男女の役割分担を前提にした家庭はその内的矛盾により破綻するという洞察のもと、住居を個人向けワンルーム群に解体。タイゲの最小限住居に最も接近した日本の事例である。

近年頻発する自然災害からの復興も最小限住宅を召喚する。東日本大震災の被災地域で復興支援を行ったアーキエイドは、コア・ハウス/板倉の家(2013(平成25)年、39m^2)[fig.6]を提案、牡鹿半島桃の浦にモデルハウスを建設した。この「地域再生のための最小限住宅」は、仮設住宅から浜に戻り漁を始め、徐々に家族を呼び寄せていく、漁師の暮らしの段階的な復興に応えた増築可能性や、地域に豊富な杉を使う板倉構法により、浜と山をつなぐ事物連関の再生を提案している。

以上、西欧における黎明期から日本の戦後における展開を通して、多様化する最小限住居の100年を追った。今まさに西欧諸国では都市部での投機的開発による地代家賃の高騰や移民問題により、都市の高密化が関心を集めている。住むことの平等な権利という近代のユートピアはおそらく永久に達成されないだろう。とすれば最小限住居も永久に召喚され続けるに違いない。

014

公庫仕様書

戦後のわが国の住宅性能向上を促進した設計施工書

水谷達郎
元住宅金融公庫 建設サービス部長

一九五〇年、住宅不足の早期解消を主目的として設立された住宅金融公庫では、一定以上の質をもった住宅の供給を促進するため、融資にあたって建築基準法に上乗せした独自の建設基準を適用し、建築確認制度と一体的に運用することとした。この基準を、住宅を施工する一般の大工や工務店が理解できるよう、材料や施工方法などについて明示したものが公庫仕様書だ。繰り返しの改訂を経て、現在まで日本の木造住宅の性能向上に大きな役割を果たし続けている。

住宅金融公庫の設立と技術業務

1950(昭和25)年に住宅金融公庫法が建築基準法とほぼ同時に成立し、400万戸を超える膨大な住宅不足の早期解消を主な目的として、住宅金融公庫(現、住宅金融支援機構。以下、公庫)が設立された。そして融資に当たっては、一定の質を確保した住宅の供給を促進するため、建築基準法に上乗せした公庫独自の建設基準が適用され、その設計・現場審査を地方公共団体に委託して、建築確認制度と一体的に運用されることとなった。

一方当時の住宅建設は、そのほとんどが大工・工務店が担っており、建設基準の適用にあたっては彼らが理解しやすいよう、材料や施工方法などが明示された設計・施工の技術書が必要と判断され、1950(昭和25)年に在来木造工法の公庫仕様書が作成された。そして、仕様書は設計審査時に必要な設計図書として設計図に添付され、施工段階ではそれらに基づき現場審査がなされるという仕組みで運用された。これにより一定の質が確保された住宅が大量に供給されていった。

建設基準と仕様書

戦後復興期にバラック住宅が多数建築されている中で、木造住宅中心の融資を行うに当たって建設基準のレベルが議論され、一定に安全性の高い中程度以上の住宅にしようということになった。具体的には、①柱・土台の寸法を10cm以上とする、②基礎を一体のコンクリートの布基礎とし土台とアンカーボルトで緊結する、③壁に柱の三ツ割の筋かいを入れる、④火打ち梁と火打ち土台を設ける、などが建設基準に定められた。そしてこれらを盛り込み木造住宅の仕様書が作成されたが、当時にしては新たな仕様であったため、当初、大工・工務店では公庫融資住宅の仕事を避ける傾向になり、工事費も割高なものとなった。しかしその後の旺盛な住宅需要や新たな材料・職種が充足するにつれ、在来木造住宅が公庫仕様に収斂していった。

木造住宅の公庫仕様書の効果が際立って現れたのは、1995(平成7)年に発生した阪神・淡路大震災の時であった。具体的には神戸市等の一定のエリアにおける悉皆調査の結果、公庫融資住宅における大破以上の被害割合は6.4%であり、一般の木造住宅に比べ約1/3という低い割合であった。これは公庫仕様書において土台、柱、はり等の緊結方法が具体的に明示され、現場検査が行われていたことよるものである。これらを背景として、2000(平成12)年に建設省告示が出され、木造の継手および仕口の構造方法が明示されたことは記憶に新しい。

さらに融資において提出が必要とされた請負契約の附属図書として仕様書の添付が義務付けられたことにより、契約内容の明確化やトラブルの防止にも寄与することとなった。

ツーバイフォー工法の導入と仕様書作成

その後、高度経済成長に伴い人口の大都市集中が進み、大量の住宅需要が発生し価格が高騰した。これに対応するため、プレハブ住宅が開発されたが、なかなかコストダウンが進まず、欠陥住宅問題も顕在化したことから、建設省(現、国土交通省)での議論の結果、性能と生産性の高いアメリカのツーバイフォー工法に着目し、これをオープンな形

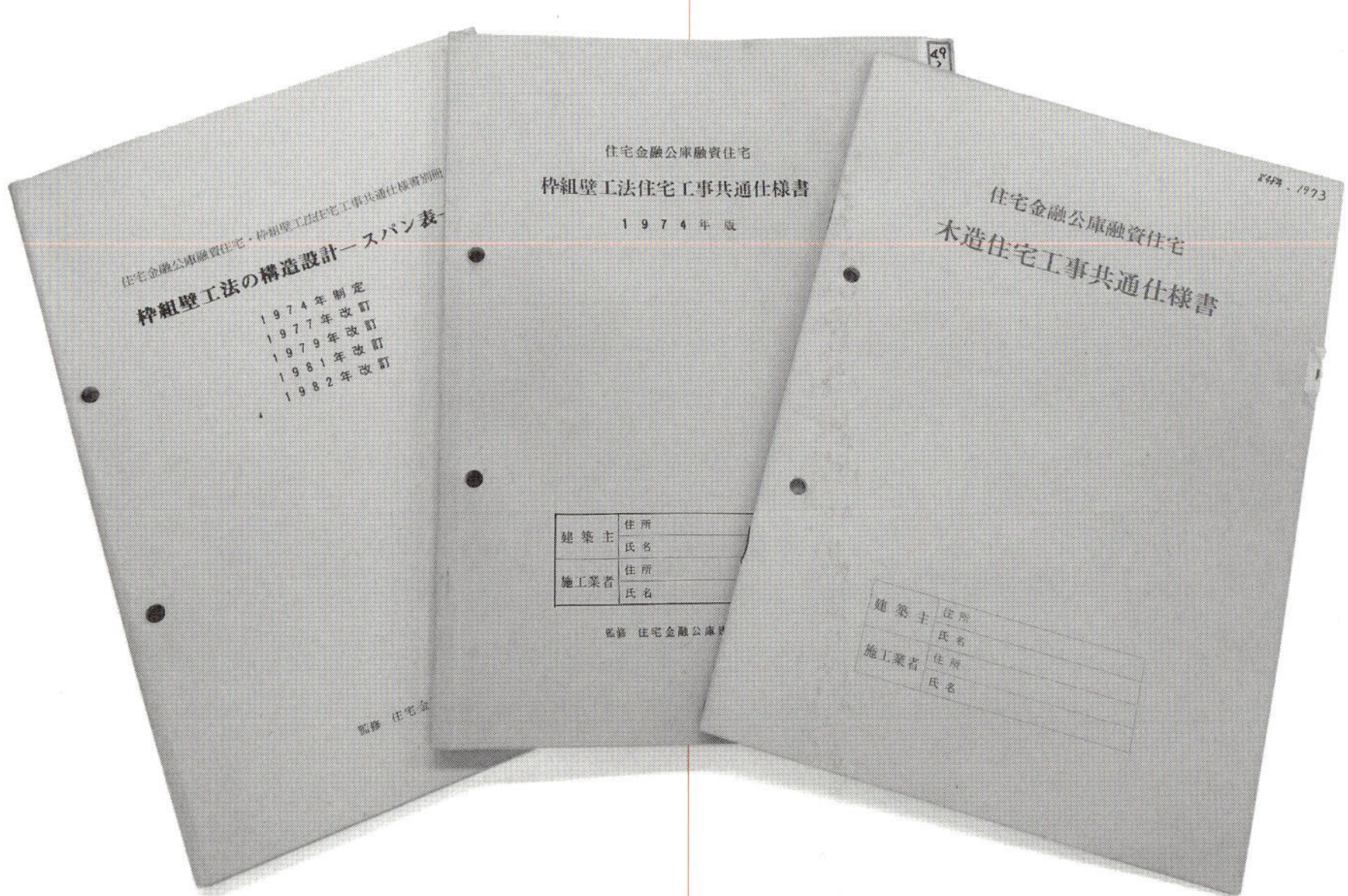

fig.1――1974(昭和49)年頃に運用されていた『木造住宅工事共通仕様書』『枠組壁工法住宅工事共通仕様書』『枠組壁工法の構造設計――スパン表』

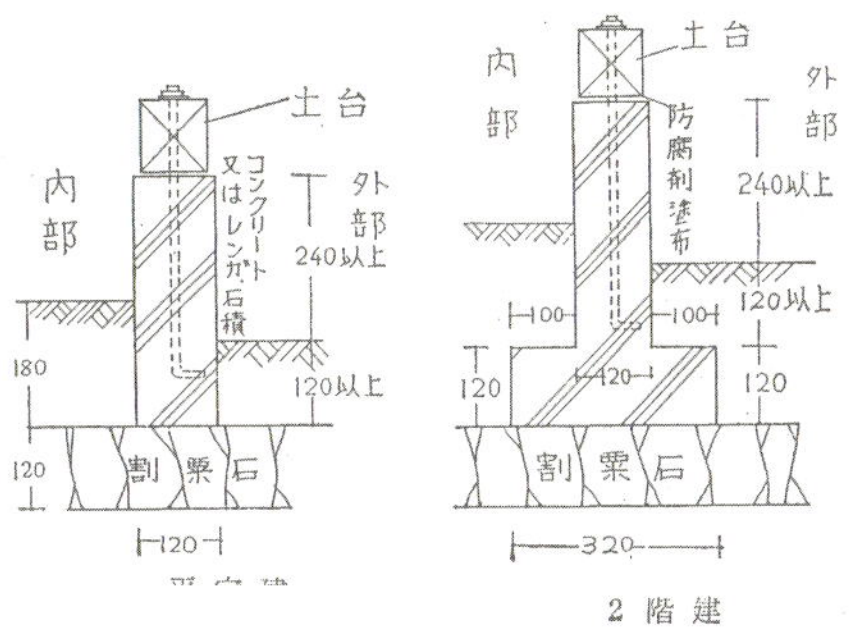

fig.2――1962（昭和37）年に運用されていた『木造住宅工事共通仕様書』における「1図 布基礎詳細図」［出典：『住宅金融公庫仕様書』］

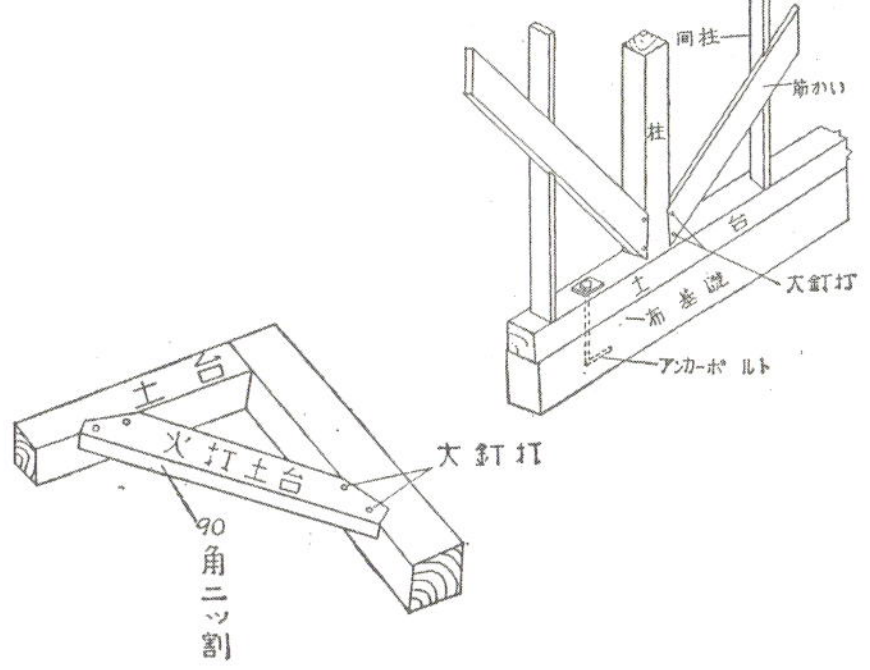

fig.3――1962（昭和37）年に運用されていた『木造住宅工事共通仕様書』における「5図 火打土台の取り付け方」「10図 柱と筋かいとの取合い」［出典：『住宅金融公庫仕様書』］

で導入することが決定された。そして大工・工務店が取り組みやすくするため、1974（昭和49）年に建築基準法の告示が出され、JASによるランバー規格と公庫仕様書が整備された。

ツーバイフォー工法の構造安全性等の性能は、WWPAなどの木材製品団体の研究成果を踏まえ、アメリカの基準法やFHAの保険の付保基準で定められていた。その基準はわが国の在来木造より高いレベルであったことから、公庫の建設基準において何ら上乗せすることなく、告示基準に準拠して仕様書が整備された。その中で、①躯体の施工法とスパン表、②梁受け金物等の全ての金物とその使用方法、③12mm以上の石膏ボードを用いた内装下地工法、④断熱・防湿・防露工法、⑤建具・造作工法と半外付けサッシなどが仕様書に明示された。

しかしながら、構造合板や12mm厚の石膏ボード、50mm厚の断熱材や防湿材、金物など、ほとんどの材料・部品がわが国にはなかったので、材料メーカーに新たに開発製造していただくこととなった。また、スパン表が整備されたことにより、構造計算を省略できるようになり大工・工務店において取り組みが進んだ。

上記のような取り組みの過程で、わが国の木構造計算規準が北米に比べて極めて厳しいことがわかり、この原因を研究し技術基準を改善するために、1975（昭和50）年から建設省で「小規模住宅の新施工法の開発」という総合プロジェクトが実施された。1年目は樹種と等級別の許容応力度の設定や合板ダイヤフラム、2年目は防耐火性能の評価等が行われた。

ツーバイフォー工法の防耐火性能の評価と公庫法改正等

公庫融資ではツーバイフォー住宅への融資は一戸建てに限られていたが、その防耐火性能に着目し、連続建てへの融資を可能とするため、1975（昭和50）年に界壁の防火仕様を整備した。これを受け「モデル団地貸付け」を創設し、ツーバイフォー工法によるタウンハウス団地への融資が始まった。

さらに国が実施した実大火災実験等の結果、ツーバイフォー工法の防火性能は「簡易耐火構造同等」と評価されたが、その取り扱いは、建築基準法でなく公庫法で対応することとなり、1982（昭和57）年に公庫法が改正され、省令に性能基準が定められた。これがいわゆる「省令簡耐」であり、簡易耐火構造の融資額や償還期間が適用され、火災保険料率も低減され、ツーバイフォー工法の普及の後押しになった。

まとめ

仕様書は、1977（昭和52）年から始まった断熱構造化への割増融資などについても、その技術基準の仕様を明示した。また、1989（平成元）年に始まった「輸入住宅」プロジェクトにおいては、「特記仕様書」を整備し、その円滑な導入を支援するなど、住宅性能向上を下支えした。

公庫融資によって戦後、約2,000万戸の住宅に融資がなされた。その中で度重なる大規模地震での融資住宅の被害は一般住宅より小さいことが確認され、さらに近年、フラット35において省エネやバリアフリー化住宅に対し優遇金利が適用されるようになり、わが国の住宅性能は飛躍的な向上が図られた。これらを具現化する仕組みとして、建設基準、仕様書、建築確認制度と一体化した設計・現場検査という仕組みが効果を発揮したことは言うまでもない。とくに公庫仕様書は、今なお年間約10万部が発行されていると聞くにつけ、木造住宅の大半を供給している大工・工務店の技術規範として、住宅性能向上の実用書として引き続き確固たる地位を維持していると言えるのではないかと思う。仕様書に携わった者として、今日の状況は望外の喜びであることを最後に申し添えたい。

	木造	枠組	主な改訂内容
1950（昭和25）年	制定		木造住宅工事共通仕様書制定
1960（昭和35）年	○		布基礎の「構造・寸法」および「コンクリート強度等」の仕様（参考図による表記）
1970（昭和45）年	○		耐力壁（筋かいの取り付く柱）の仕様等の追加
1974（昭和49）年		制定	枠組壁工法住宅工事共通仕様書制定
1979（昭和54）年	○	○	断熱工事仕様（昭和55年省エネ告示対応）の追加
1982（昭和57）年		○	枠組：簡易耐火構造仕様の追加
1987（昭和62）年	○		木造：高耐久性木造仕様の追加
1988（昭和63）年	○	○	3階建て仕様の追加
1989（平成元）年	○	○	断熱工事義務化への対応
1991（平成3）年	○	○	高齢化社会対応住宅への対応
1993（平成5）年	○	○	高性能準耐火構造および準耐火構造仕様の追加
1997（平成9）年		○	枠組：性能規定化による仕様の追加
2000（平成12）年	○	○	改正基準法への対応、耐久性要件化への対応
2001（平成13）年	○	○	日本住宅性能表示基準との整合化 木造：継手・仕口仕様の充実
2002（平成14）年		○	枠組：ツーバイフォー告示改正への対応
2005（平成17）年	○	○	フラット35への対応 耐震等級2に対応した簡易計算事例
2007（平成19）年	○	○	住宅金融支援機構発足 フラット35Sへの対応
2008（平成20）年	○	○	住宅瑕疵担保履行法への対応（防水仕様の充実）
2010（平成22）年	○	○	フラット35S（20年金利引き下げタイプ）への対応 木造：省令準耐火構造の仕様の追加
2012（平成24）年	○	○	住宅瑕疵担保履行法設計施工基準との整合

fig.4――公庫・機構住宅工事仕様書の主な改訂経緯図［作成：筆者］

015

寒地住宅

積雪寒冷地域の気候風土に適合した住宅の開発

谷口尚弘
北海道科学大学 教授

日本の家屋は「夏を旨とすべし」でつくられてきた。しかし、積雪寒冷地域とりわけ北海道においてはそれでは対応できず、終戦後に北海道の住生活向上を目的として寒地住宅がつくられた。寒地住宅は、北海道の多くの技術者・研究者・行政機関が協働しながら研究・開発した成果である。その後も、その過程を受け継ぎながら省エネ住宅、北方型住宅へと展開してきている。寒地住宅は積雪寒冷地域の居住の礎である。

本州住宅の継承

北海道の住宅は、アイヌ民族の住居チセを除き、本州住宅をそのまま継承したといってよい住宅が戦前には多くあった。終戦後の農村住宅の調査によると、何らかの断熱材（もみがらなど）を入れていた住宅は全体の1割程度で、都市部も同様であったとある[fig.1]。また居住経験者からは「起きると部屋隅には布団が凍っていた」などの話を聞く。

終戦以前の1935（昭和10）年頃に北海道住宅株式会社や北海道建築協会が設立され、「北海道建築」の刊行、モデル寒地住宅の建設など、建築技術者の交流が図られはじめ、この頃より本格的に寒地住宅建設の準備が進められた。

寒地住宅建設条件の成立

終戦後、復興に向けて「罹災都市応急簡易住宅建設要綱」が政府により決定されるが、木材の入手難などの事情から住宅復興が遅れる。北海道においても外地引揚者らの人口増加と北海道という広域性もあり住宅政策が遅れ、粗雑な住宅の質的向上が急務とされていた。

そこで1948（昭和23）年に北海道初の民選知事である田中敏文氏が総合開発の推進、生産の増強、道民生活の安定向上などの施政を掲げ、1949（昭和24）年に「北海道開発審議会」の設置、1950（昭和25）年に「北海道開発法」を制定する。このなかの重点施策のひとつとして「北方生活文化の確立」を提唱し、これにより積雪寒冷地域の気候風土に適合した寒地住宅の建設が促進される。

寒地住宅の建設・普及にあたり、「北海道立ブロック建築指導所」（1950（昭和25）年）と「北海道建材ブロック協会」（1952（昭和27）年）が設立され、戦後に設置された日本建築学会北海道支部（1948（昭和23）年）や北海道大学工学部建築工学科（1948（昭和23）年）と北海道庁とが一体となり研究・開発が進められる。また、1950（昭和25）年に制定された「北海道開発法」をもとに1953（昭和28）年に「北海道防寒住宅建設等促進法」が制定される[fig.2]。この「北海道防寒住宅建設等促進法」は通称「寒住法」と呼ばれ、議員立法で公布された。その趣旨は、防寒対策を施した住宅の促進と、木材の消費節約であることが第一条に記されている。同法により木造住宅の公庫融資が制限され、1955（昭和30）年以降に三角屋根コンクリートブロック造住宅など簡易耐火構造の住宅の普及が大きく促された。この寒住法と呼応するかたちで、全道で住宅講習会など[fig.3]が開催され、多くの寒地住宅建設技術者が育成されるとともに、ブロック工場も多く設立された。

これら一連の寒地住宅建設の基礎を築いた事業に対し、1955（昭和30）年に日本建築学会から「寒地住宅の普及」で学会賞が授与されている。

fig.1——戦前の様子［出典：『住宅年報北海道1945–1954』（北海道建築部住宅課発行、1955年）／所蔵：北海道立図書館、北方建築総合研究所］

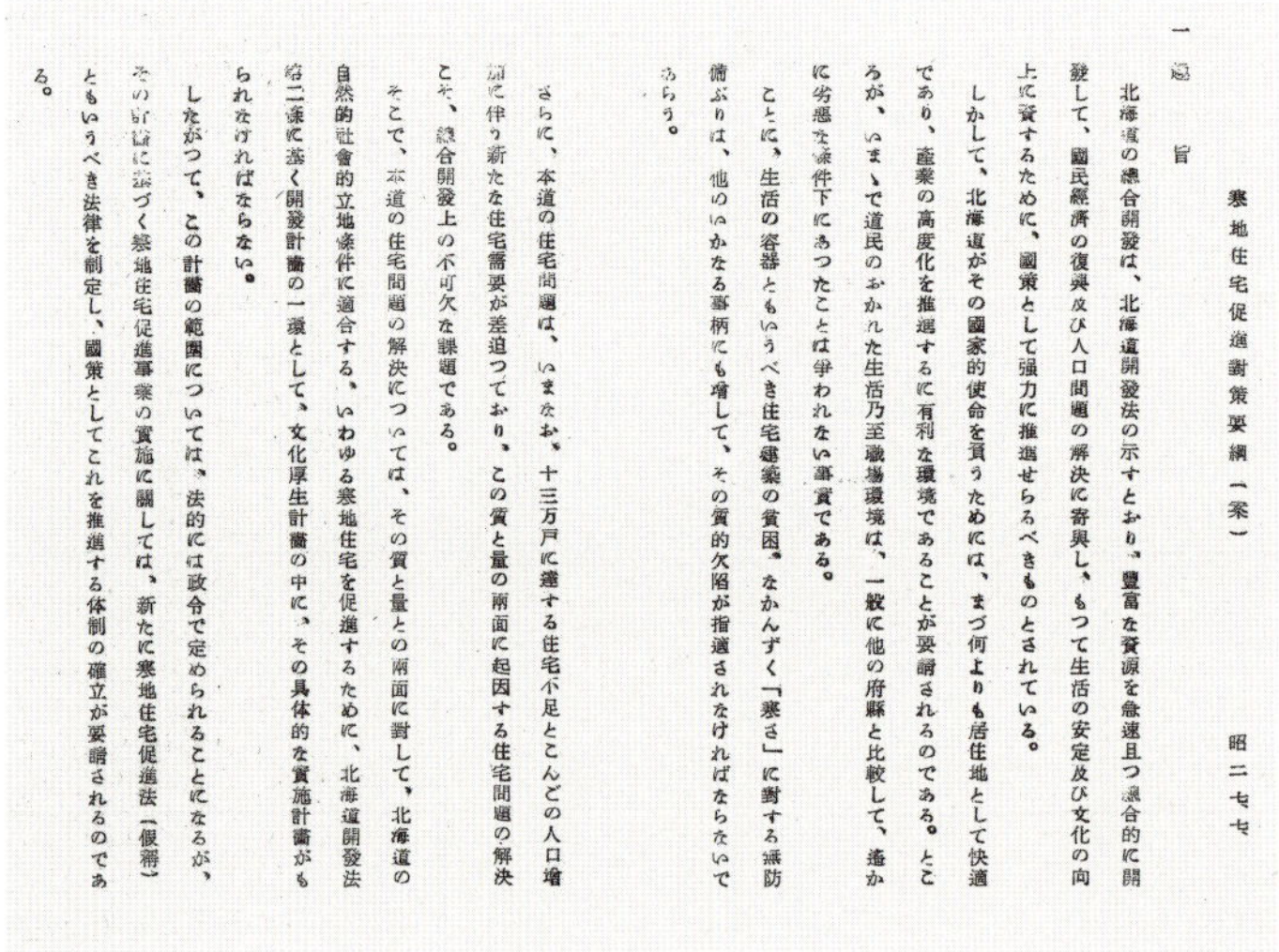

寒地住宅促進對策要綱（案）　昭二七七

一 趣旨

北海道の總合開發は、北海道開發法の示すとおり、豐富な資源を急速且つ總合的に開發して、國民經濟の復興及び人口問題の解決に寄與し、もつて生活の安定及び文化の向上に資するために、國策として强力に推進せらるべきものとされている。

しかして、北海道がその國家的使命を負うためには、まづ何よりも居住地として快適であり、產業の高度化を推進するに有利な環境であることが要請されるのである。ところが、いまゝで道民のおかれた生活乃至職場環境は、一般に他の府縣と比較して、遙かに劣惡な條件下にあつたことは爭われない事實である。

ことに、生活の容器ともいうべき住宅建築の貧困、なかんずく「寒さ」に對する無防備ぶりは、他のいかなる事柄にも增して、その質的欠陥が指摘されなければならないであろう。

さらに、本道の住宅問題は、いまなお、十三万戸に達する住宅不足とこんどの人口增加に伴う新たな住宅需要が差迫つており、この質と量の兩面に起因する住宅問題の解決こそ、總合開發上の不可欠な課題である。

そこで、本道の住宅問題の解決については、その質と量との兩面に對して、北海道の自然的社會的立地條件に適合する、いわゆる寒地住宅を促進するために、北海道開發法第二條に基く開發計畫の一環として、文化厚生計畫の中に、その具体的な實施計畫がもられなければならない。

したがつて、この計畫の範圍については、法的には政令で定められることになるが、その計畫に基づく寒地住宅促進事業の實施に關しては、新たに寒地住宅促進法（假稱）ともいうべき法律を制定し、國策としてこれを推進する体制の確立が要請されるのである。

fig.2——北海道防寒住宅建設等促進法案要綱の趣旨

1952（昭和27）年に制定された北海道の寒地住宅建築の礎である法案である。第1章から第5章の42条で構成されている。［所蔵：北海道庁］

fig.3——寒地住宅の手引きの表紙

1957(昭和32)年北海道建築部住宅課が発行した建築技術講習会で使われたテキスト。当時の住宅劣化等を考慮し的確な住宅改修を施せるように住宅改修の概要および寒地住宅建築実務に関して解説されている。[所蔵:北海道立図書館、北方建築総合研究所]

寒地住宅代表としての
三角屋根コンクリートブロック造住宅

1955(昭和30)年に全国の住宅対策が定められるが、北海道はその住宅対策計画に加え、寒地住宅建設の目標を掲げ、北海道庁職員や研究者、技術者のただならぬ努力により、三角屋根コンクリートブロック造住宅がつくりだされた[fig.4]。三角屋根コンクリートブロック造住宅は、耐火建築物の促進とともに、北海道の木材資源の保全と地元の材料の火山灰・火山礫を有効的に活用するためにコンクリートブロックを活用し、北海道ブロック建築研究所などを中心とした産・官・学により開発された寒地住宅の代表例であり、1955(昭和30)年頃から北海道住宅供給公社によって全道の主要都市に供給される。

三角屋根コンクリートブロック造住宅は、急勾配の切妻屋根をもつ北海道独特の空間構成と形態を有し、戦後の北海道住宅の最高傑作といわれている。三角屋根コンクリートブロック造住宅の特質は、急勾配な切妻屋根、凹凸のないシンプルな形態、居間中心型の平面構成、「中2階」、集合煙突の設置、オープンな庭、である。これらは、居間に置かれたストーブ1つで居間・食堂・台所・居間に接続する2つの部屋を同時に暖房できること(暖房効率)、適当なところに調整可能な温気ダクトを設けると1階からの暖房余熱を利用できること、屋根が急勾配のため屋根雪処理がいらないこと、簡素な平面は必要以上の基礎が必要ないため凍上防止・凍害防止などに有利であること、外面積を少なくすることにより屋根のかけ方も簡単であり工費も少ないこと、「中2階」は1階部分の6割前後の費用でできること、住宅の内外におけるオープンな生活様式が可能なこと、さらに群となると綺麗な景観が形成できることなど、北海道の風土に対応したトータルな住宅様式を整えているといえる。しかし、玄関ホールや便所、中2階、浴室は暖房からはずされていたので寒かったこと、接客を兼ねる居間から台所が丸見えになること、居間の窓面(ベランダ)に大規模な結露が発生することなどの欠点もあった。その欠点を克服すべく、その後はさらに技術開発が進み、省エネ住宅や北方型住宅などへと展開している。

寒地住宅建設のその後の影響

1950(昭和25)年に設立された「北海道立ブロック建築指導所」は1955(昭和30)年に「北海道立寒地建築研究所」、2002(平成14)年に「北方建築総合研究所」に改組された。また、1953(昭和28)年に制定された「寒住法」も、1969(昭和44)年に木造住宅も公庫融資の対象にするなど改正されている。これらは時代の社会動向や庶民の生活スタイルに合わせて柔軟に対応させながら展開してきたといえる。

以上のように寒地住宅は、地域の発展を目的に居住生活の向上を目指し、大学や研究機関の研究成果を踏まえ、北海道庁をはじめとする官庁が寒冷地特有の法律や融資体制を整備し、技術講習の実施などにより工務店や設計者がその考え方と技術を使って具現化してきた全国でも稀な産・官・学による協働の成果であるといえる。現在の北海道の住宅が高性能住宅として成果を上げていることは、寒地住宅建設のプロセスが現在でも受け継がれながら展開されているためであろう。

fig.4——三角屋根コンクリートブロック住宅図面と当時の団地(左:1964(昭和39)年の札幌市元町団地/左下:1階平面図/右下:矩計図)

1966(昭和41)年建設の2N56タイプの図面である。三角屋根コンクリートブロック造住宅は、1951(昭和26)–1984(昭和59)年に札幌圏で約1万戸も建設されている。また間取り数は82タイプである。[所蔵(平面図・矩計図):北海道住宅供給公社/写真:『住宅年報1964』(北海道建築部建築課、1965年)]

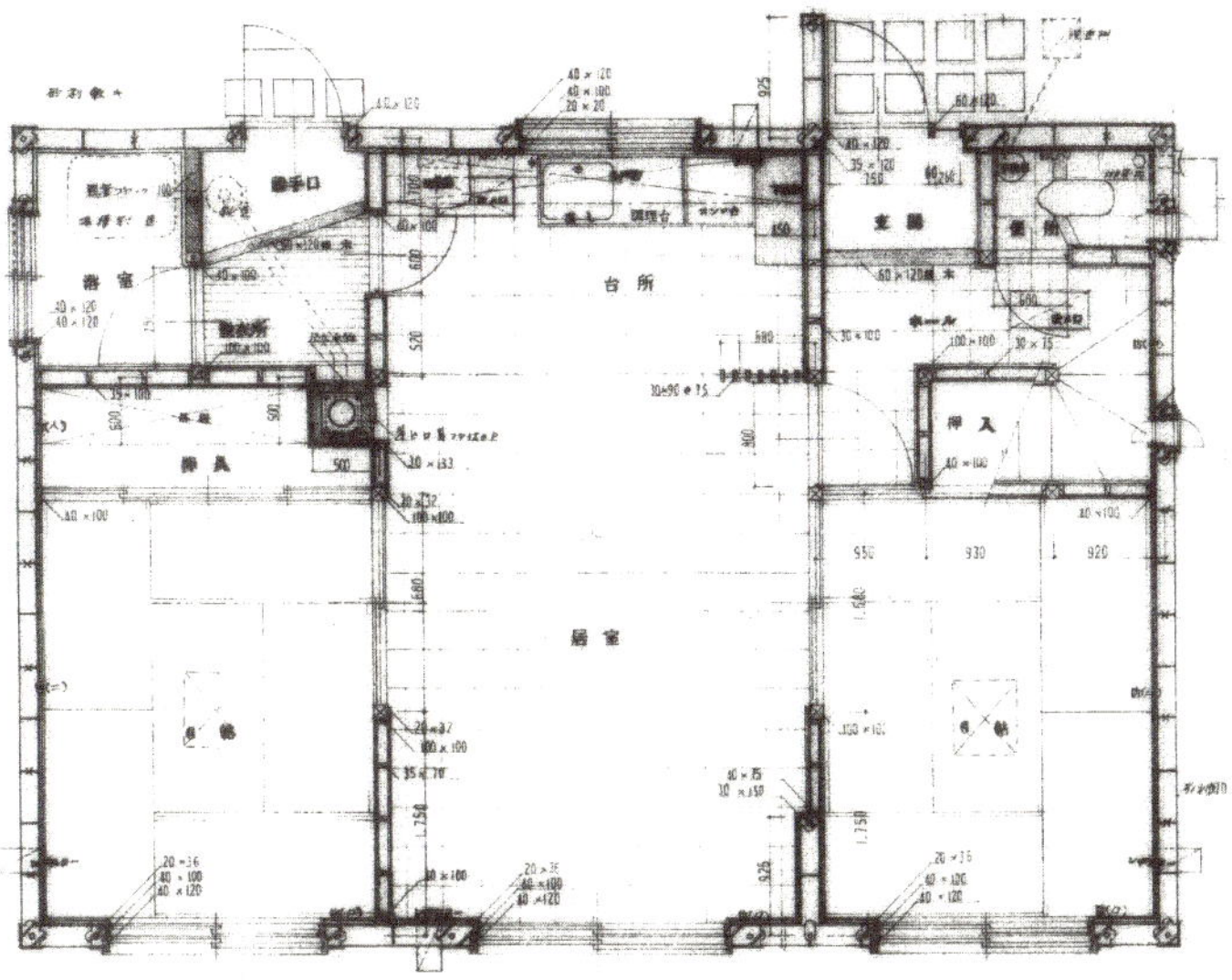

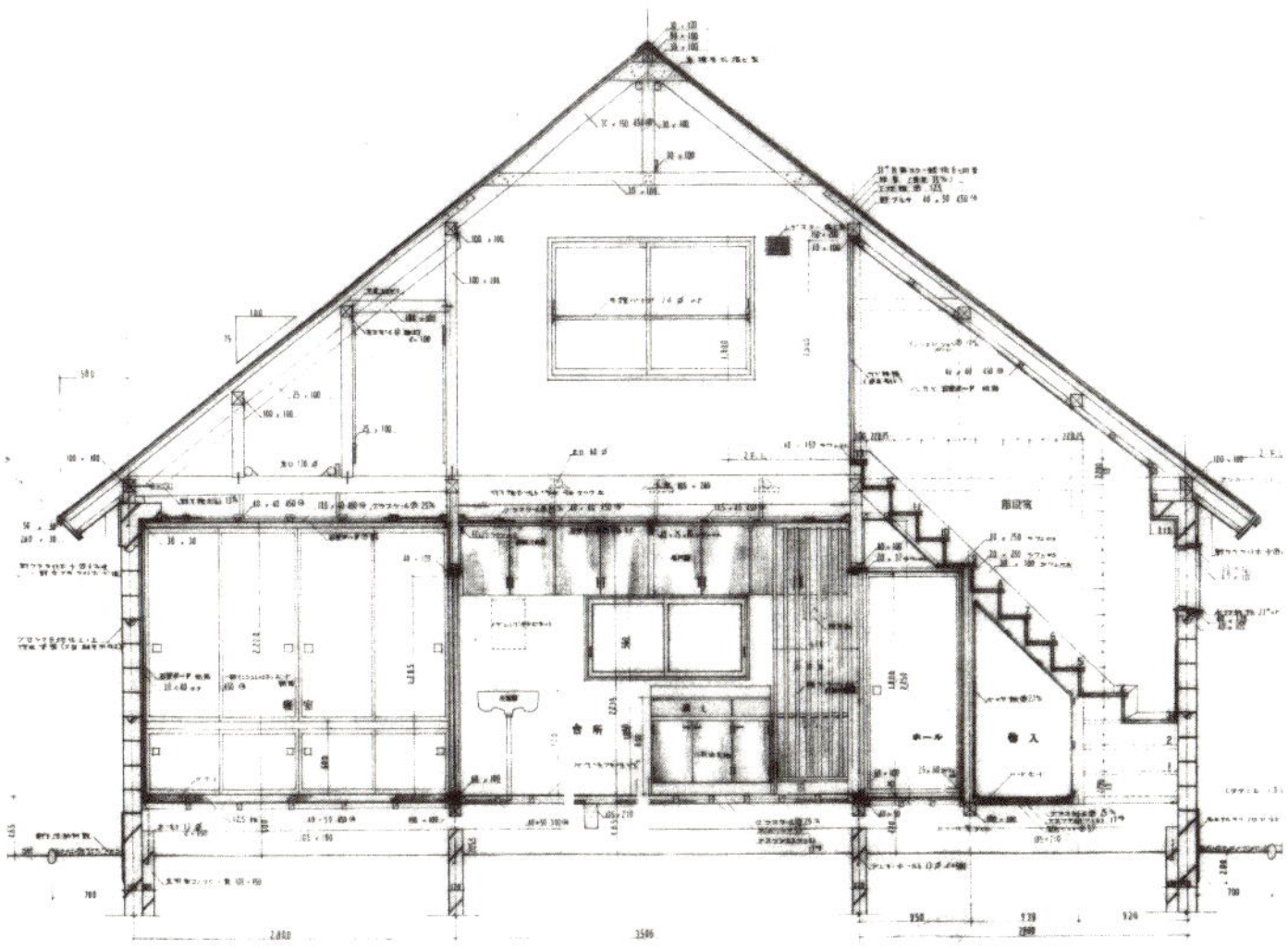

参考文献

1———遠藤明久『北海道住宅史話(下)』住まいの図書館出版局、1994年
2———北海道住まいづくり市民セミナー実行委員会(主査:谷口尚弘)「性能向上と住まいのこれから」2013年
3———大垣直明「北の住まい——三角屋根住宅再考」『建築雑誌』1989年7月
4———真境名達哉、谷口尚弘ほか「三角屋根CB造住宅のストック価値再考と持続可能な居住システムに関する研究」2012–2014年度日本学術振興会基盤研究(B)
5———北海道建築部建築課「寒地住宅の設計と施工 1962」『第5回建築施工技術者講習テキスト』1962年

016

高齢者住宅

日本の超高齢化に対応する住宅のあり方

―― 園田眞理子 明治大学 教授

ここでいう高齢者住宅は、高齢者を対象とした、単身または二人世帯向けの小面積でかつバリアフリー仕様の住宅のことである。見守り、緊急時対応、日常的な生活相談対応、食事、介護などの何らかのケアサービスを付帯したもので、その多くは集合住宅である。わが国で本格的な高齢者住宅の取り組みが始まったのは、一九八〇年代後半の「シルバーハウジング・プロジェクト」からであった。ほかに高齢者のための居住の場には、一九六三年制定の老人福祉法で体系化された老人ホームや、二〇一一年から始まったサービス付き高齢者向け住宅がある。

高齢者住宅の誕生とシルバーハウジング

わが国において、本格的な高齢者住宅が誕生したのは1980年代後半のことである。当時の日本の高齢化率は10%程度で、OECD諸国のなかでもっとも若い国だった。しかし、近い将来日本が世界のどの国も経験したことのない超高齢国になるとの予測が出始めた時期である。

日本で最初の本格的な高齢者住宅といえる「シルバーハウジング・プロジェクト」は、60歳以上の高齢単身または夫婦世帯などを対象に、公営住宅、公団・公社住宅などの公共住宅として建設省が所管・供給し、日常的な生活相談や安否確認を行うためにライフサポートアドバイザー（生活援助員）と呼ばれる特別な管理人を厚生省が所管・配置する、という組み合わせのものである。当時の建設省と厚生省が省庁間の垣根を超えて連携することはじつに画期的なことであった。

こうして始まったシルバーハウジングは、制度開始直後から始まったバブル経済によりその存在感を際立たせた。当時、地上げや立ち退きなどが横行したが、その最大の被害者は借家居住の経済基盤も家庭基盤も脆弱な高齢者であった。こうした状況は大都市で顕著であり、ちょうど建て替え時期を迎えていた東京都、神奈川県、大阪府、愛知県下の公営住宅で、シルバーハウジングが多数建設された。1DKもしくは2DKの小住戸は建替え後の戸数増にもつながった。また、1995（平成7）年の阪神・淡路大震災による復興公営住宅として、兵庫県下でも100団地以上でシルバーハウジングが建設・供給された。

しかしながら、バブル経済が完全に崩壊した1990年代後半以降、財政状況が逼迫し建替え団地も縮小されることに伴い、シルバーハウジングの新規建設は急速に減少。とくに公営住宅の建設補助金が交付金化された2005（平成17）年以降は激減しており、2011（平成23）年度末時点のストック数は882団地、23,679戸である。

シルバーハウジングは、日本の超高齢化を担うための「モデルプロジェクト」として始まったが、30年の時を経た今、残念ながら高齢者住宅のモデルにはなり得なかったといえる。その最大の理由は、要介護状態になった後の居住の保障までを考えていなかったためである。シルバーハウジングは健常自立期の居住は保障できたが、最後まで住み続けられない点で十全ではなかった。

老人ホーム

高齢者の居住の場として、「老人ホーム」というカテゴリーがある。日本の老人ホームの体系がほぼ整ったのは、1963（昭和38）年の老人福祉法の制

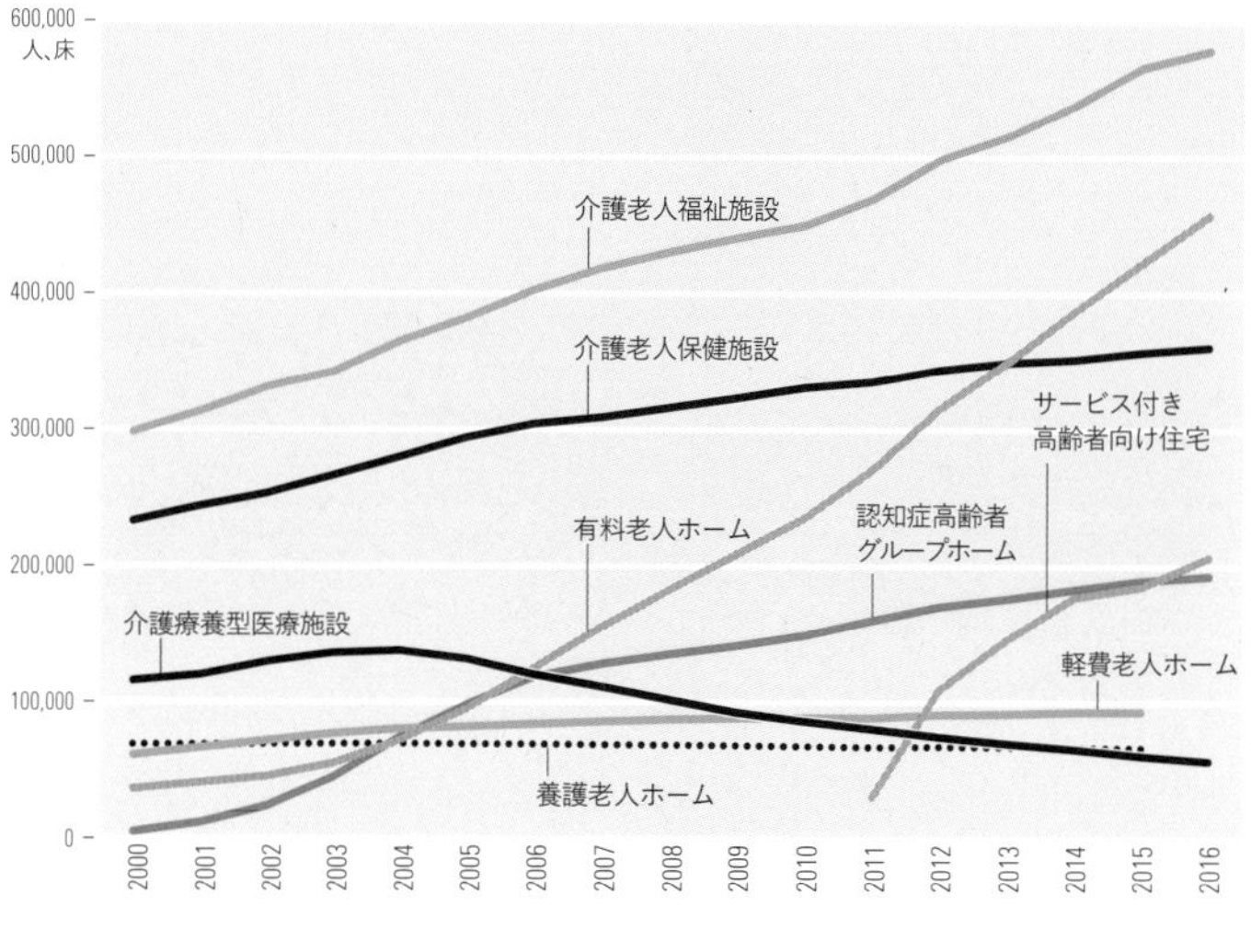

fig.1――高齢者向け住まい・施設の定員数

施設整備に関して、市町村の介護保険事業計画で箇所数がコントロールされている特別養護老人ホーム、老人保健施設、認知症グループホームは漸増傾向にあるが、民間事業者による有料老人ホームとサービス付き高齢者向け住宅は近年急増している。とくに、サービス付き高齢者向け住宅は2017（平成29）年12月末時点で22.5万戸が登録されており、短期間で急激に増えている。［資料：国土交通省住宅局］

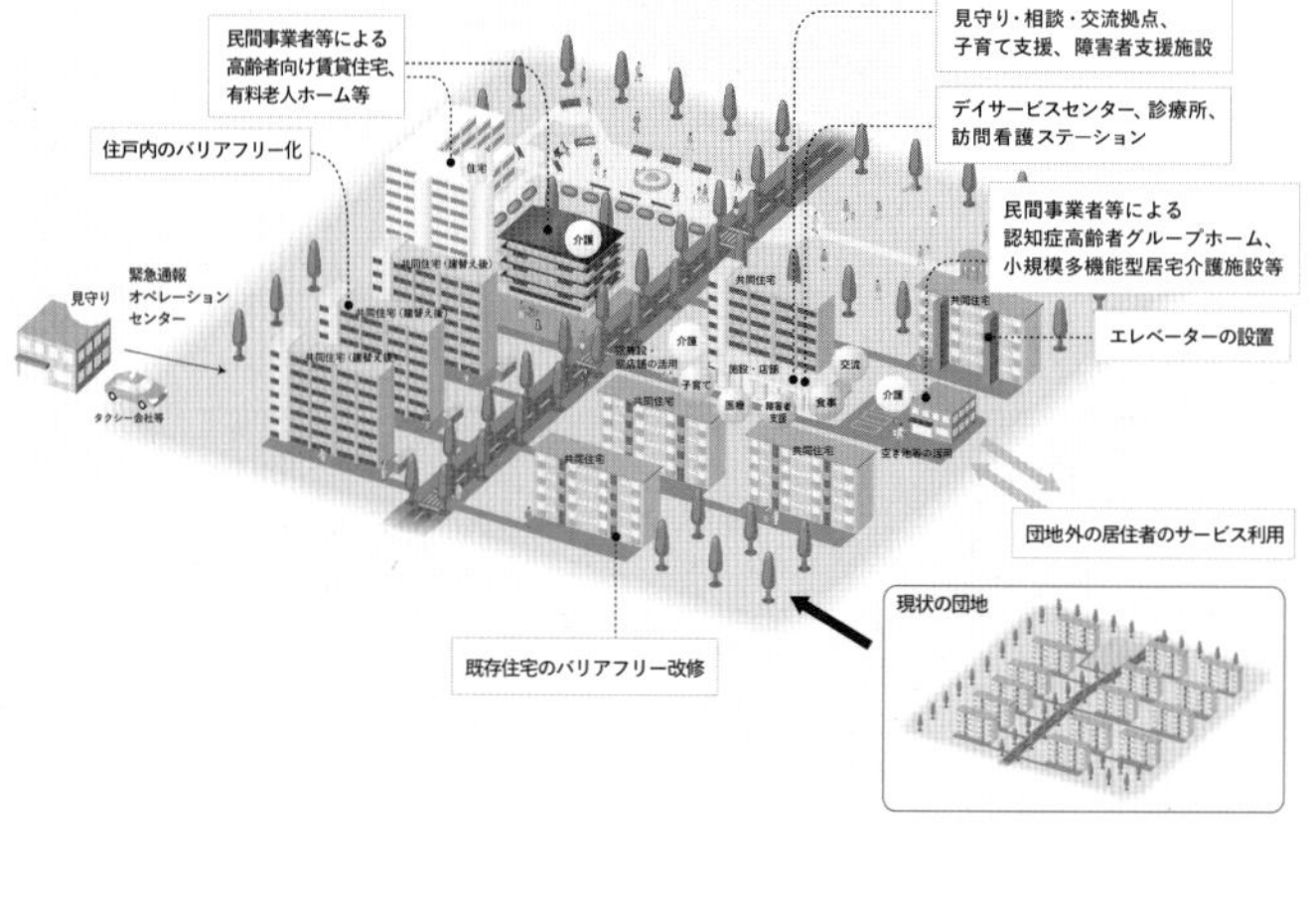

fig.2――安心住空間創出プロジェクトの事例：福岡県大牟田市

国土交通省と厚生労働省は連携して、建物の老朽化や入居者の高齢化が目立つ公営住宅や都市再生機構の賃貸住宅団地の建替えなどに合わせて福祉のサービス拠点を整備する「安心住空間創出プロジェクト」を推進している。［出典：国土交通省住宅局］

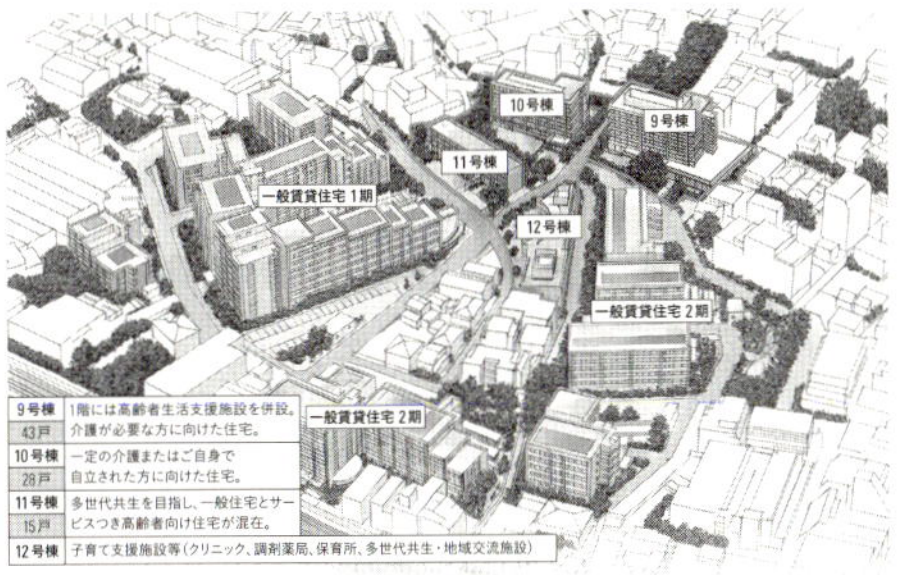

fig.3——東京都医療・介護連携型サービス付き高齢者住宅モデル事業——コーシャハイム千歳烏山

東京都住宅供給公社の建替え団地において、一般賃住宅に加えて高齢者が医療や介護が必要になっても安心して住み慣れた地域に住み続けられるためのサービス付き高齢者向け住宅や、子育て世帯向けの地域交流拠点やクリニック、保育所などが総合的に整備されている。サービス付き高齢者向け住宅は新築のものと、既存建物をコンバージョンしたタイプのものがあり、東京建物が開設・運営している。[出典:東京都住宅供給公社]

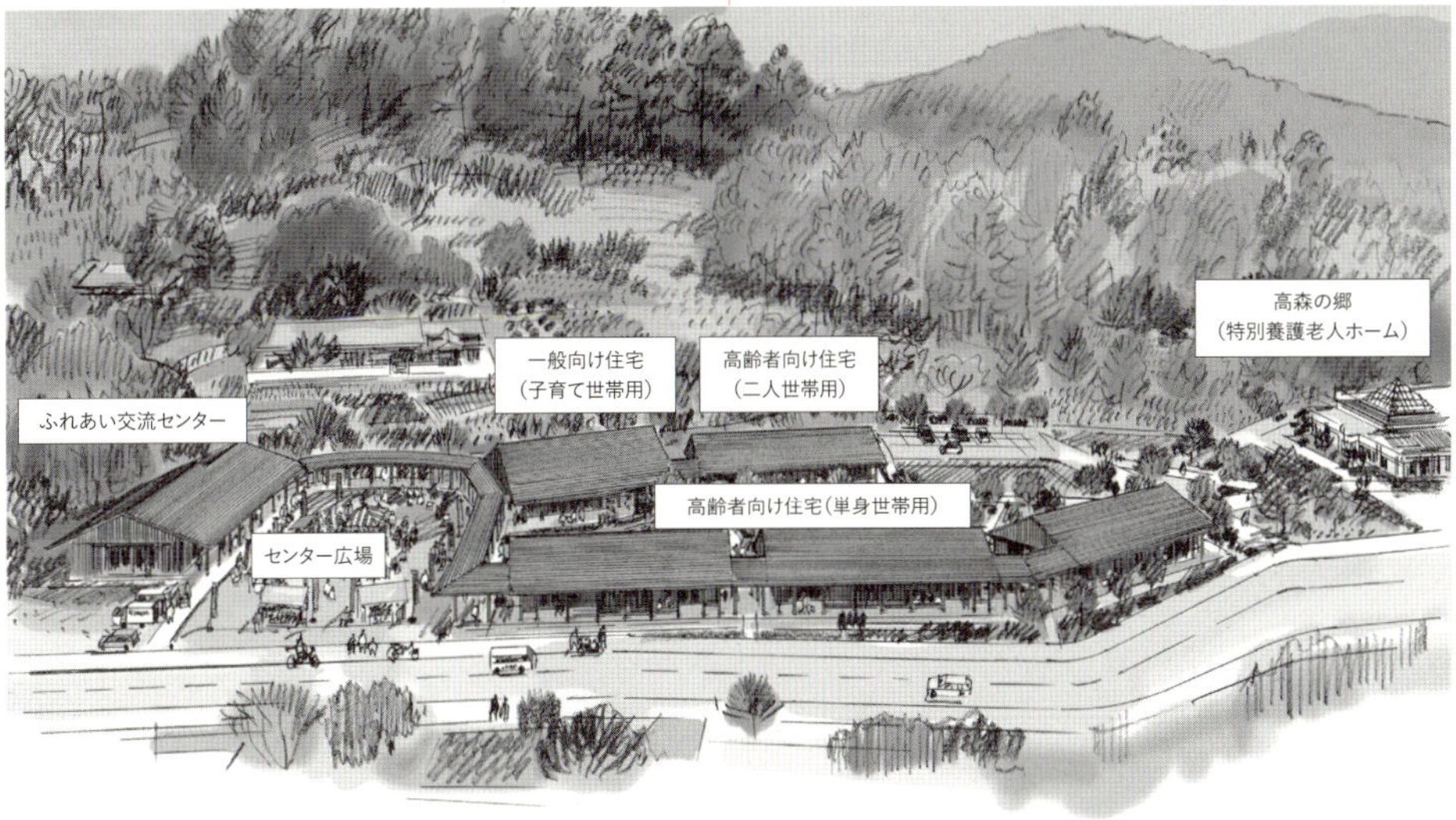

fig.4——「新しい集落づくり 高森のいえ」奈良県十津川村

紀伊大水害からの復興事業の一環として、過疎化が進む村で高齢者が最後まで安心して暮らせる高齢者環境を整備した。あわせて子育て住宅や地域交流拠点も整備し、隣接する村唯一の特別養護老人ホームとともに、村の復興と再生にむけた安心拠点となっている。村ではこれをモデルに既存住宅などを活用した地域拠点の形成を図ろうとしている。[出典:奈良県十津川村]

定による。そこでは4種類の老人ホームが定義されている。1つめは軽費老人ホームで、低所得高齢者が低額もしくは無料で入居できる。2つめは養護老人ホームで、身寄りがなく経済的に困窮した高齢者が入居できる。3つめが特別養護老人ホームで、心身が虚弱化した高齢者が常時介護を受けながら生活する場である。4つめが有料老人ホームで、民間事業者が開設し住居と各種サービスを合わせて提供する。これらのうち数も多く重要な役割を果たしているのが特別養護老人ホームと有料老人ホームである。

特別養護老人ホームは、1990年代までは措置施設であったが、2000(平成12)年4月からの介護保険制度により、介護老人福祉施設に位置づけが変わった。入居者は、原則、要介護3以上の者に限定されている。居室は4人部屋のものもあるが、現在は個室が基本で、食堂・浴室・リハビリ室などの充実した共用部分が付帯する。利用料は、所得による軽減措置はあるが、原則室料と食費は自己負担で、その他は1割の自己負担分を除いて介護保険で賄われる。比較的低額で利用できることから利用希望者が殺到する傾向が続いているが、地方では高齢者人口自体が既に減少に転じ、介護人材の確保も困難なことから空き室も目立ち始めている。

これに対して、とくに都市部で急速にその数が増えているのが有料老人ホームである。有料老人ホームは1990年代までは引退した富裕層向けの住まいとして扱われていたが、現在では、介護保険制度により、虚弱もしくは介護が必要になった高齢者が自費で利用する施設として認知されている。有料老人ホームの定義は、高齢者を1人でも入居させ、食事などの何らかのサービスを合わせて提供するものである。有料老人ホーム設置運営指針により、開設者は都道府県知事などに届け出て指導を受けなければならない。介護保険上は特定施設入居者生活介護が適用される「介護付」と、一般住宅と同じ扱いの「住宅型」の2種類がある。しかし、一方で低所得者向けの無届けホームや、生活困窮者を囲い込んだいわゆる貧困ビジネス型の有料老人ホームも存在し、これらの存在は大きな社会問題となっている。

地域包括ケアシステムとサービス付き高齢者向け住宅

2011(平成23)年10月に高齢者住まい法の改正により「サービス付き高齢者向け住宅(以下、サ高住)」が誕生した。一方、2012(平成24)年4月からの第5期介護保険事業計画では、「地域包括ケアシステムの構築」が全面的に打ち出された。地域包括ケアシステムとは、日常生活圏域に居住する高齢者が加齢などにより心身の状況が変化しても、24時間365日必要不可欠な介護・看護・医療などを受けて、最後まで住み慣れた地域・環境で生活することを実現しようという仕組みである。

サ高住は、民間事業者が都道府県知事等に届け出て、住戸面積、共用設備やバリアフリーなどの一定の条件を満たす民間賃貸住宅であって、状況把握サービスと生活相談サービスが付帯することが必須条件となっている。国土交通省が制度開設当初から比較的手厚い整備補助を行ったことから、わずか7年間の間に23万戸も登録されている。

地域包括ケアシステムを実現するための根幹をなすのは「高齢者の自宅」であるが、高齢者の虚弱化が進んだ場合、生活支援や介護などを受けながら暮らせる「もうひとつの住まい」が必要であり、その担い手として、サ高住が期待されている。

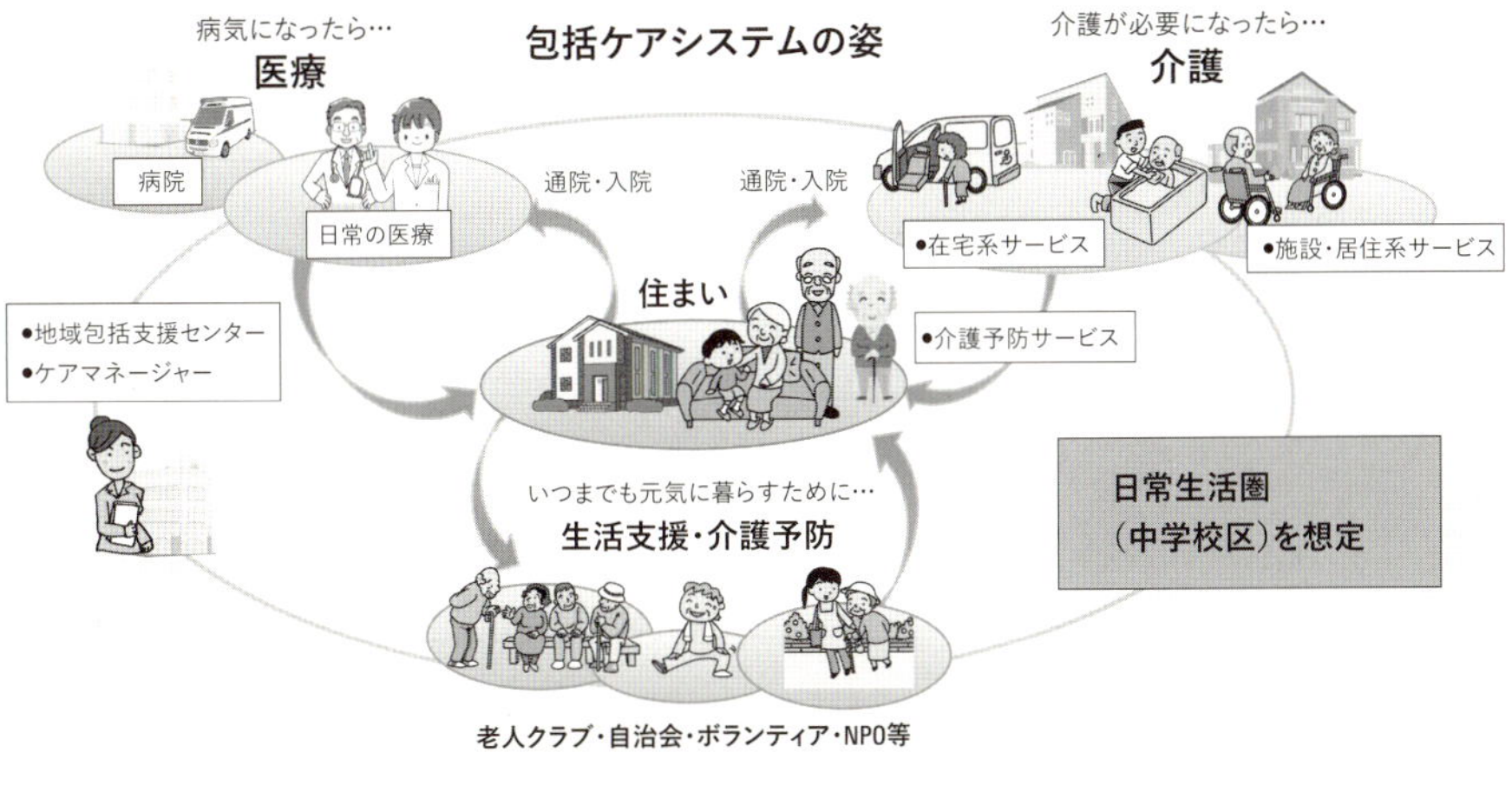

fig.5——地域包括ケアシステムにおける住まいの位置づけ[出典:厚生労働省]

団塊の世代が75歳以上となる2025(令和7)年を目途に、重度な要介護状態となっても住み慣れた地域で自分らしい暮らしを人生の最後まで続けることができるよう、住まい・医療・介護・予防・生活支援が一体的に提供される地域包括ケアシステムの構築を目指している。そのためには、高齢者の住まいを中心に、生活支援・介護予防・介護・医療が的確にネットワークされなければならない。

017 住宅性能表示制度

住宅の技術が正当に評価されるための仕組み

角倉英明 広島大学准教授

住宅性能表示制度は、住宅の性能を共通の方法で評価・表示する仕組みである。これにより、住宅取得者が住宅を比較しやすくなり、紛争処理が速やかになる、技術力の高さによる受注がしやすくなるなどのメリットが生まれる。結果として、住宅産業でそれまで培ってきた技術が正当に評価されるようになり、住宅市場の体質が改善されることが期待された。また良質な住宅ストックをつくる役割を担うだけでなく、住宅取得者と住宅供給者をつなぐものとして、欠かせない仕組みとなっている。

住宅品質確保法の成立

1960年代後半から1970年代前半に一世帯一住宅が達成され、戦後の住宅難は量的には一応解消されることになった。しかし、施工にミスや不備のある欠陥住宅や性能、居住面積、設備などの質の低い不良な住宅がかなりの数あり、量から質への転換が住宅産業の目標となった。ところがトラブルが後を絶たず、欠陥住宅が社会的な問題になるなど住宅の品質に対する関心は日増しに大きくなり、住宅性能を保証する仕組みが求められ、1980(昭和55)年に「住宅性能保証制度」が設けられた。これは独自に設けた設計施工基準にしたがって新築・増改築された住宅の性能を現場検査で担保して、一定期間保証する任意の制度である。当初は北海道限定であったが、その後全国に広がっていき、住宅瑕疵担保責任保険が始まる2008(平成20)年まで運用された。

このような動きのなかで住宅建設・売買に関しても住宅取得者・供給者からさまざまな課題が指摘されていた[fig.1]。これらを解消すべく、住宅の生産からアフターメンテナンスまで一貫して品質を確保できる仕組みが議論され、1999(平成11)年に、①住宅性能表示制度の創設、②住宅にかかる紛争処理体制の整備、③瑕疵担保責任の特例という3つの柱をもつ、住宅の品質確保の促進等に関する法律(略称、住宅品質確保法)が成立した。

住宅取得者にとっての問題
①住宅性能に関する表示に共通ルールがないため、相互比較することが難しい。
②住宅性能に関する評価の信頼性に不安がある。
③住宅性能に関する紛争について、専門的な処理体制がないことから、その解決に多くの労力がかかる。
④新築住宅の取得の際に、契約書において瑕疵担保期間が1–2年などとなっているため、その後の瑕疵が明らかになっても、無償修繕等が要求できない。

住宅供給者にとっての問題
①住宅性能に関する表示の共通ルールがないため、性能について競争するインセンティブが十分でない。
②住宅性能について、消費者からの正確な理解を得ることに苦慮する。
③住宅性能に関するクレーム対応等に多くの労力がかかる。
④新築住宅の取得の際に、10年を超える長期の保証契約(瑕疵担保期間の設定)を行うことができないとされてきた。

fig.1——住宅品質確保法の制定背景[出典:『必携 住宅の品質確保の促進等に関する法律〈2016〉』]

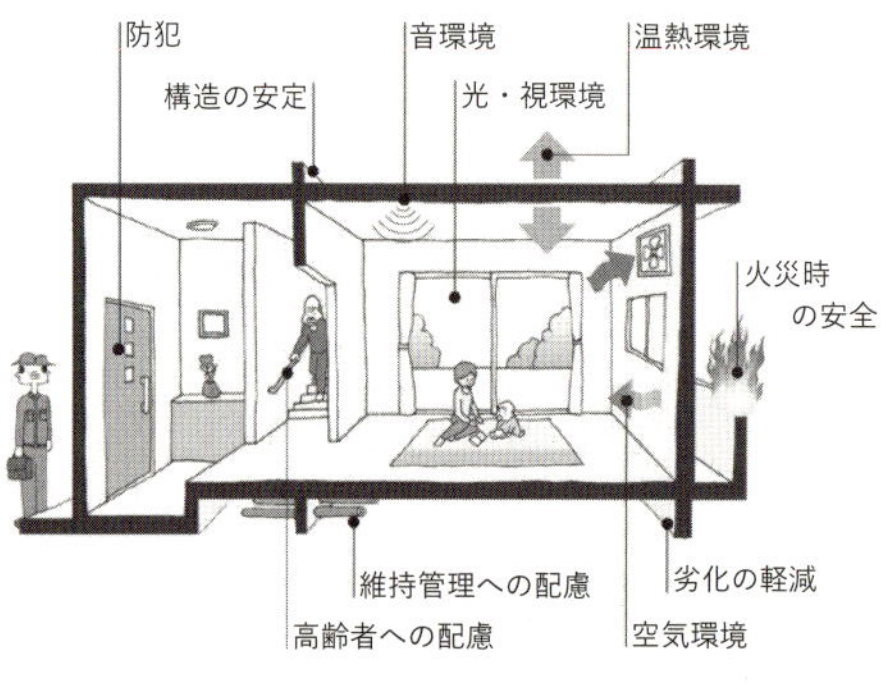

fig.2——住宅性能表示制度における性能分野

住宅性能表示制度では、性能評価の対象は大きく10の性能分野に分かれている。界壁および界床や共用配管などに関わる性能については共同住宅のみを対象にした評価項目となっていて、戸建住宅と共同住宅で評価項目が異なることはこの制度のひとつの特徴である。[出典:住まいの情報発信局ウェブサイト]

住宅性能表示制度の役割と普及

住宅性能表示制度は、住宅の性能を共通の方法で評価・表示する仕組みである。住宅取得者や住宅供給者に利用は委ねられているが、住宅を比較しやすくなる、住宅紛争処理機関でトラブルを速やかに処理してもらえる、営業スキル・センスではなく技術力の高さによる受注がしやすくなる、といったメリットを享受できる。しかし、この制度のもっとも重要な役割は、住宅産業でそれまで培ってきた技術の正当な評価・理解につなげて住宅市場の体質を改善することである。

当初は新築住宅のみを対象にした運用から始まり、2002(平成14)年に既存住宅向けのものが追加された。また、プレハブ住宅を型式で性能認定する仕組みもある。

新築住宅では、構造、火災安全、省エネルギーなどに関わる10分野32項目の評価事項があり、このうち耐震等級や劣化対策等級など4分野9項目が必須となっている[fig.2–3]。防犯性は2006(平成18)年に追加され、2015(平成27)年には必須の評価事項が住宅取得者などの関心の高いものと、建設後では調査しにくいものに絞られた。また、等級や数値を用いて性能レベルがわかりやすくなるように表示方法が工夫されるなど、世の中のニーズに応じて仕組みの見直しが進められてきている。

新築住宅は設計性能評価、建設性能評価の順で評価され、それぞれの評価後に所定のマークが付された性能評価書が交付される[fig.4–5]。設計性能評価では設計図書などをもとにしてどのような性能を有した住宅であるかを評価し、建設性能評価では建設現場での検査などによって住宅が想定された性能を発揮するかどうかを確認する。このような過程を踏むことで初めて住宅そのものに備わっている性能を確認できるため、住宅性能表示制度が健全な住宅市場の形成に果たしている役割は非常に大きい。

一方の既存住宅では、書類や図書などの審査に加えて現地での検査を目視可能な範囲で行い、住宅の現況と性能を評価する。現況評価では劣化事象の有無を表示するとともに、10年間の瑕疵担保責任の対象部分については劣化などの総合

分野	住宅性能表示制度の評価事項	長期優良住宅認定基準での性能評価方法の引用
構造の安定	耐震等級（構造躯体の倒壊等防止、構造躯体の損傷等防止）、その他（免震建築物）、耐風等級、耐積雪等級、地盤又は杭の許容支持力等及びその設定方法、基礎の構造方法及び形式等	【耐震性】 耐震等級（倒壊等防止） その他（免震建築物）
火災時の安全	感知警報装置設置等級（自住戸火災時、他住戸等火災時）、避難安全対策、脱出対策、耐火等級（延焼のおそれのある部分（開口部、開口部以外）、界壁及び界床）	
劣化の軽減	劣化対策等級	【劣化対策】 劣化対策等級
維持管理・更新への配慮	維持管理対策等級（専用配管、共用配管）、更新対策（共用排水管、住戸専用部）	【可変性】 更新対策（住戸専用部） 【維持管理・更新の容易性】 維持管理対策等級（専用配管） 維持管理対策等級（共用配管） 更新対策等級（共用排水管）
温熱環境	断熱等性能等級、一次エネルギー消費量等級	【省エネルギー対策】 断熱等性能等級
空気環境	ホルムアルデヒド対策、換気対策（居室の換気対策、局所換気対策）、室内空気中の化学物質の濃度等、石綿含有建材の有無等、室内空気中の石綿の粉じんの濃度等	
光・視環境	単純開口率、方位別開口比	
音環境	重量床衝撃音対策、軽量床衝撃音対策、透過損失等級（界壁、外壁開口部）	
高齢者等への配慮	高齢者等配慮対策等級（専用部分、共用部分）	【高齢者等対策】 高齢者等配慮対策等級 （共用部分）
防犯	開口部の侵入防止対策	

fig.3——住宅性能表示制度の評価項目と長期優良住宅の認定基準

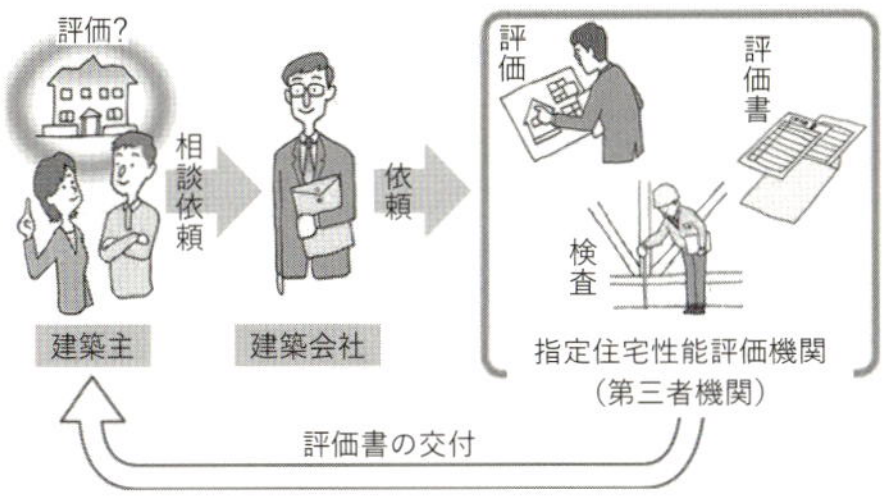

fig.4——住宅性能評価の流れ

建設性能評価は、設計性能評価を受けて性能評価書を交付された住宅において受けることができる。[出典：（一財）ベターリビングウェブサイト]

fig.5——住宅性能評価書に付すべき標章（マーク）

設計性能評価、設計性能評価ならびに既存住宅性能評価を受けて交付されたそれぞれの性能評価書には、法律で指定されたマークが付される。住宅品質確保促進法において紛らわしい名称やマークの使用を法律で禁止している。これらによって評価と表示に公平さが重んじられる住宅性能表示制度の信頼性が担保されている。[出典：『必携 住宅の品質確保の促進等に関する法律〈2016〉』]

的な状況を示す。

新築住宅に設計住宅性能評価書が交付された数は、当初共同住宅に比べて少なかった戸建て住宅での利用が増えたことで近頃は年間20万戸前後に増え、新設住宅着工数の1/4程度を維持している[fig.6]。こうしてこれまでに積み上げられた設計性能評価と建設性能評価を利用した住宅は、それぞれ310万戸、240万戸を超える。すべてが建設性能評価を利用しているわけではない。

住宅性能表示制度の年間利用実績の伸びが弱まってきているが、それは申請手続きの煩雑さや施工コストの増加などの課題とも関係があるとの指摘もある。建売・分譲のように仕様を定めた住宅をいくつも建設する住宅供給者にとっては戸別に利用するメリットがないことや、注文住宅ではオーダーメイドのためそもそも性能を評価する動機が施主にあまりないといったことなど、住宅供給方式が普及の隘路となっている側面もある。

近年の住宅性能表示制度の展開

2006（平成18）年に制定された住生活基本法によって、住宅政策はフロー重視からストック重視に舵が大きく切られ、良質な住宅ストックをつくるために2009（平成21）年にスタートした仕組みが長期優良住宅である。具体的には長期使用に耐える耐震性や劣化対策などの性能とともに住戸面積、居住環境への配慮、維持保全計画について一定基準を満たしている住宅を認定するもので、住宅履歴情報の蓄積も求められている。性能に関する認定基準の一部に、住宅性能表示制度の評価方法基準が引用されている[fig.3]。こうした住宅が開始当初から年間10万戸を超えるペースで新築され、多くの場合で住宅性能表示制度が一緒に利用されている。2011（平成23）年に東日本大震災が起きると被災地では地域にふさわしい木造による長期優良住宅を低廉な価格で被災者に供給するため、地域型復興住宅の取り組みが始められた。地域の工務店と木材、建材流通などの関連事業者で生産者グループを組織し、それらがつくる住宅のモデルプランとその概算工事費が示された。2016（平成28）年の熊本地震後も地域型復興住宅が取り組まれ、ここでは耐震等級3または3相当であることが条件に追加された。供給実績は明らかではないが、このような性能と工事費の目安が分かる住宅と生産体制は住宅再建を検討している被災者にとっての重要なものさしとなっている。

住宅性能表示制度は、長期優良住宅の普及を通して私たちが安心して長く使っていける住宅ストックをつくる大切な役割を担っているだけでなく、住宅取得者と住宅供給者をつなぐ仕組みとして欠かせない存在になっている。

参考文献

1———国土交通省住宅局住宅生産課『必携 住宅の品質確保の促進等に関する法律〈2016〉』創樹社、2016年

2———（一社）住宅性能評価・表示協会制度普及委員会『住宅性能表示制度の利用状況に関する事業者アンケート調査結果報告書』2014年

3———岩手県地域型復興住宅推進協議会、宮城県地域型復興住宅推進協議会、福島県地域型復興住宅推進協議会、住宅金融支援機構東北支店『地域型復興住宅──住まい手と作り手が力を合わせて住宅再建を』2013年

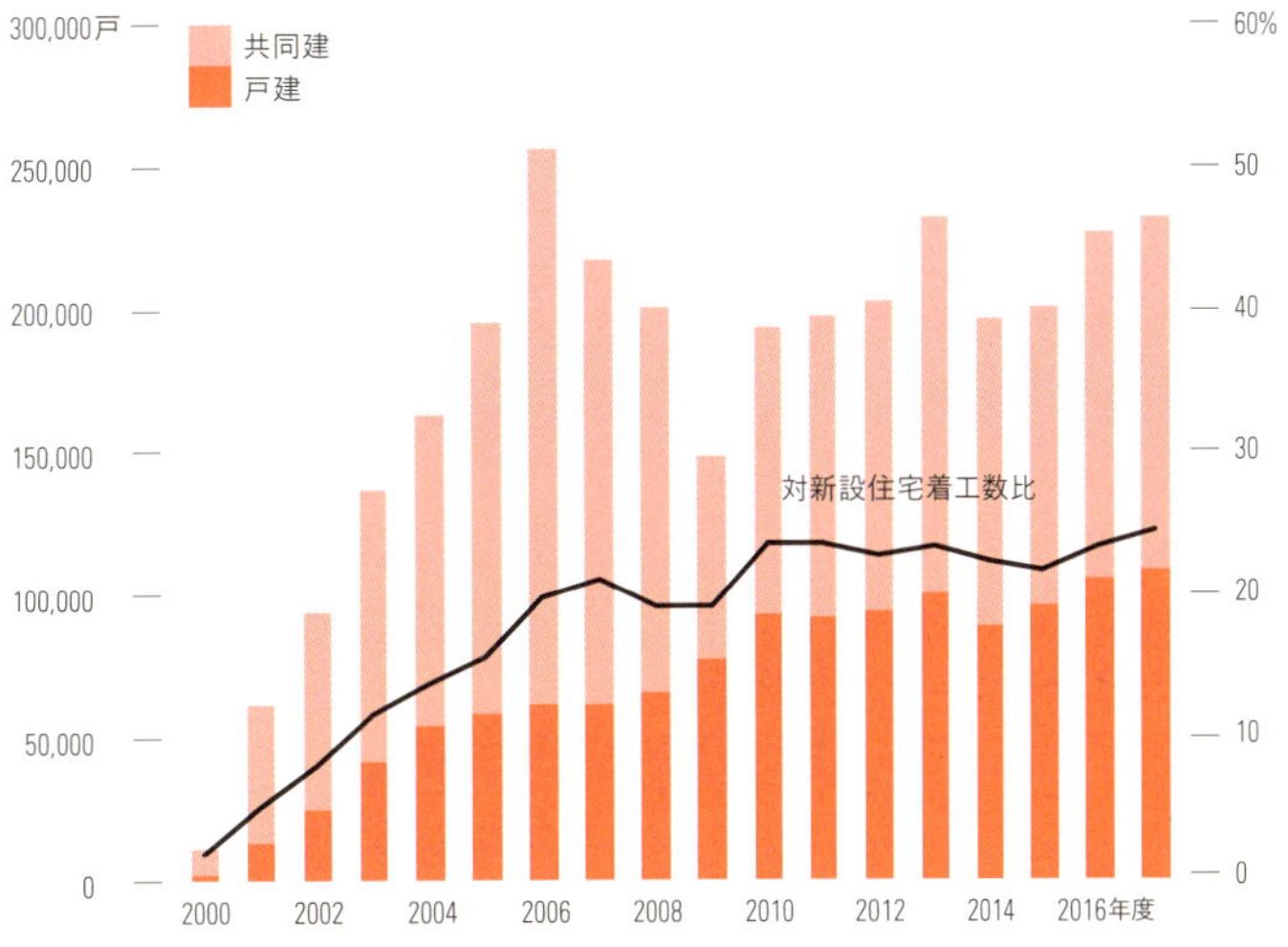

※値は、設計住宅性能評価書の交付実績数である。
※2000年度については制度開始時期の関係から2000年10月から2001年3月が対象期間となる。

fig.6——設計性能評価の利用実績の推移

設計性能評価は制度運用当初、戸建て住宅よりも共同住宅での利用が多かった。現在では戸建て住宅における利用実績も増え、全体の利用実績も増える傾向にある。当初、建設性能評価の利用実績は少なかったが、8割程度が建設性能評価を受けるまでに普及してきている。なお、2016（平成28）年度までの既存住宅性能表示制度の利用は累計で約3500戸である。[出典：（一社）住宅性能評価・表示協会ウェブサイト|都道府県別 住宅性能評価書交付状況]

018 工業化住宅

自動車のように生産供給される住宅

松村秀一
東京大学 特任教授

一九六〇年頃から日本の住宅市場は急成長の兆候を見せ、鉄鋼業、化学工業、家電機器製造業などの企業が、この魅力的な市場に参入し始めた。
そうした企業は、昔ながらの大工仕事に頼る木造住宅とは異なる、より工業的な住宅の生産供給を目指す。
そして当時実用化されたばかりの軽量型鋼に注目し、これを構造に用いた住宅の構法を開発した。
ほぼ同時期にコンクリート系や木質系の住宅メーカーも登場、住み手の好みに応じてスタイルを変えながら、工業化住宅は市場で受け入れられていった。

その意味するところ

T型フォードのアセンブリーラインに代表されるような工場でのマスプロダクションが、さまざまな製品の入手性を高めはじめた20世紀。人々が健康に暮らしていける住宅が不足していた時代、地域では、まさにT型フォードのように生産される住宅が目標になり得た。それこそが「工業化住宅」である。その生産に工業的に進んだ技術を適用した住宅のことをそう呼ぶ。日本でこの言葉が本格的に使われるようになったのは1970年代だが、そう呼ぶにふさわしい住宅は1960年代初頭に現れていた。

1960(昭和35)年より以前にも、戦前の住宅営団の木製パネルを用いた組立住宅や、戦後すぐの田辺平学、後藤一雄らによる鉄筋コンクリート造組立建築「プレコン」など、工業化住宅を目指した事例はあったが、肝心の量産規模を実現できずにいた。

工業化住宅出現の前夜

1960年代に現れた日本の工業化住宅の前夜は、1955(昭和30)年に冷間成形による軽量型鋼が国産化されたことに始まる。明治以来鉄鋼業の発展は国家的な課題であり、官需を中心に日本の鉄鋼業は成長した。しかし、第2次世界大戦が終わり、朝鮮戦争が休戦状態に入ると、日本の鉄鋼業には、軍需を中心とする官需に代わる新たな需要、即ち民需を開拓することが強く求められた。そのなかで注目されたのが急速な成長が期待されていた建築市場であり、冷間成形による軽量型鋼の製造技術の開発は、その新市場への有力な対応策として注力されたもののひとつであった。

冷間成形による軽量型鋼の国産化が可能になると、鉄鋼業界はすぐにその用途開発に着手した。鋼材倶楽部によって軽量鉄骨建築協会という組織が創設され、当時の建築学界の重鎮から期待の若手研究者まで、建築構造学から建築計画学や建築意匠まで多くの学者が参加して、軽量型鋼を構造に用いた住宅や学校等低層建築の設計指針の策定、接合ディテールを含む構法の開発、さらには試行的な設計施工事例の積み重ねが急ピッチで行われた。

そして、それらの成果が出だした1960(昭和35)年頃から住宅市場は急成長の兆候を見せ、これまで建築業でなかった多くの企業がこの魅力的な市場に参入し始めた。鉄鋼業、化学工業、家電機器製造業などから参入した企業は、昔ながらの大工仕事に頼る木造住宅とは異なる、より工業的な住宅の生産供給を目指し、その必然的な帰結として実用化されたばかりの軽量型鋼の可能性に注目した。そのとき、すでに軽量型鋼は巨大な鉄鋼業界により製品化され、構造材料としていつでも利用可能な状態になっていたのである。

巨大住宅メーカーへの道

軽量型鋼を用いた構法は、細部においては住宅メーカーごとに異なるが、溝型鋼や角型鋼管を柱材として用い、溝型鋼や軽量H型鋼などを横架材やトラス材として用いる方法はおおむね共通していた。ただし、こうした初期の鋼構造による工業化住宅には、従来の木造住宅に慣れ親しんだ目には少々奇異に映る「新しさ」を身にまとったものが多かった。壁パネル同士の目地がはっきりと外見に現れてしまうのは普通だったし、外装にアルミなどを用い人々を驚かせたものもあった。[fig.1–3]

1960年代前半には、量産公営住宅向けに開発された薄肉リブ付きパネルによるコンクリート系工業化住宅や、合板を利用した木質系工業化住宅も登場し、1963(昭和38)年1月にはそれらをまとめるかたちで「プレハブ建築協会」が設立された。また、翌1964(昭和39)年には住宅金融公庫の融資制度と関係づけられた「工場生産住宅承認制度」も創設された。しかし、当時の工業化住宅メーカーの工場はまだ量産というには程遠い状態で、生産している部品の種類もごく少なかった。だから

fig.1——1960(昭和35)年に売り出されたセキスイハウスA型(積水化学工業)
—
ピカピカ光るアルミ外壁、真新しいスチールサッシ、プラスチックの庇と控え壁が印象的。[提供:積水ハウス(株)]

平面の外形寸法は各社とも数種類に限られている場合が多かった。

1960年代後半になると、スタイルは普通の木造住宅に似たものへと変わり、少ない種類のなかから選択してもらうしかなかった「レディメイド」のプランは、個々の住み手の要求にある程度柔軟に応えられる「イージーオーダー」型のプランニング・システムへと再編成されていった。そして、その結果、工業化住宅は日本の住宅市場に受け入れられ、従来の木造住宅とは異なるタイプの住宅として社会に定着していった。

そうした市場の拡大に呼応するように、1973（昭和48）年には、それまでの住宅金融公庫の「工場生産住宅承認制度」が個々のプランを認定していたのに対して、プランニング・システムを認定する「工業化住宅性能認定制度」が建設省（現、国土交通省）によって創設された。「工業化住宅」という言葉が法制度上位置付けられたのはこの時点であった。

1970年代には、年間の販売戸数が1万を超える工業化住宅メーカーが見られるようになり、1980年代に入ると数社に増えていった［fig.4］。それらの住宅メーカーは、今日もなお工業化住宅の大規模な生産供給を継続し、日本の住宅市場に対して大きな影響力を有している。

※本稿の一部は、拙著「Development of Prefabricated Steel-frame Housing in Japan」（『Steel Construction Today & Tomorrow』日本鉄鋼連盟・鋼構造協会、2012年）の日本語原稿に基づいている。

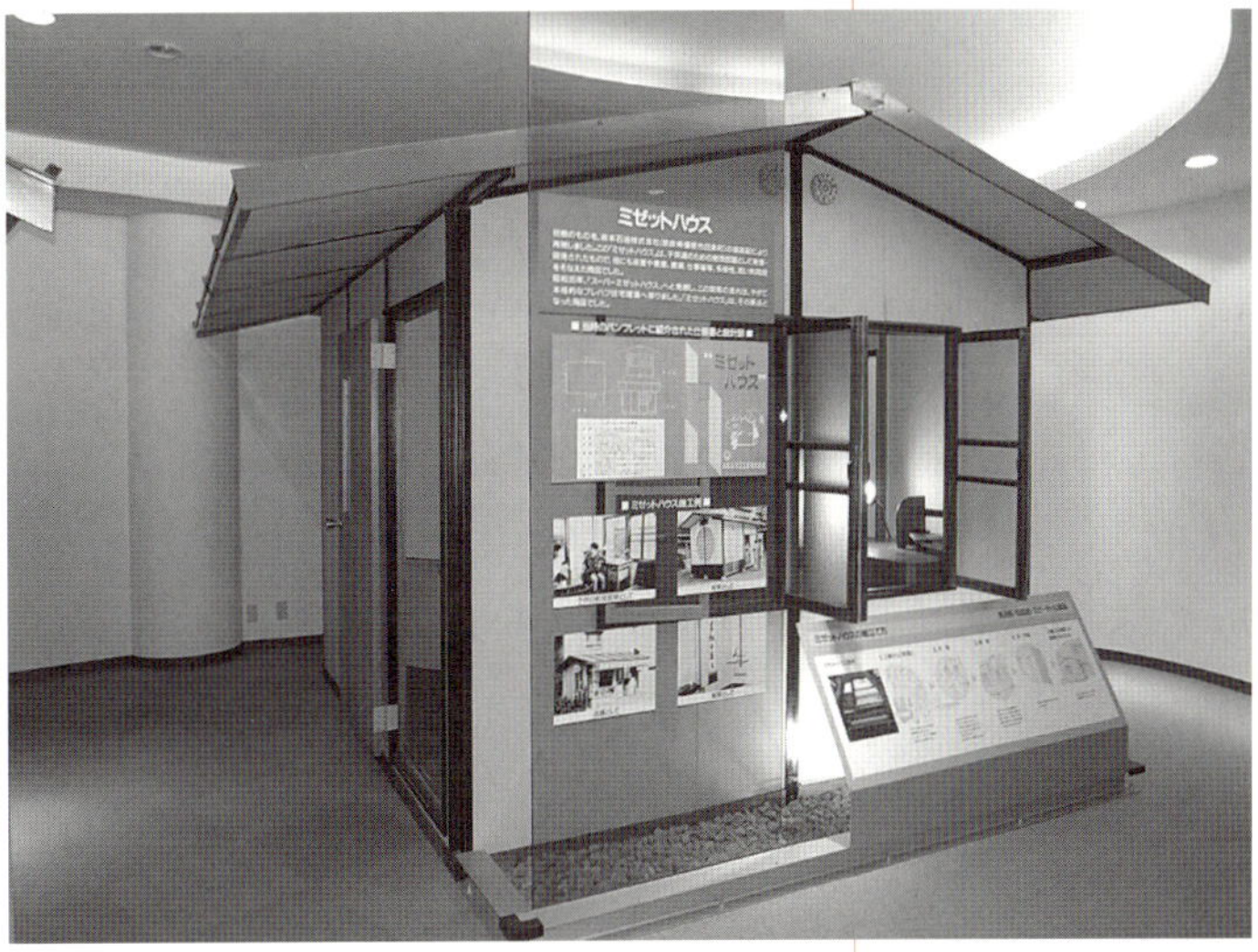

fig.2——最初期のプレハブ住宅のひとつ：ミゼットハウス（大和ハウス工業（株））

1959（昭和34）年、庭先に立てる勉強部屋として売り出された。現、大和ハウスの研究所内で展示されている。［撮影：筆者］

fig.3——最初期のプレハブ住宅のひとつ：松下1号型（ナショナル住宅建材／現、パナソニックホームズ（株））

1961（昭和36）年、松下幸之助の肝いりで開発されたという住宅。［提供：パナソニックホームズ（株）］

fig.4——ユニット構法の例：セキスイハイムM1のユニット工場

1970年代には、より工場生産化率の高い構法の開発も盛んだった。［提供：積水化学工業（株）］

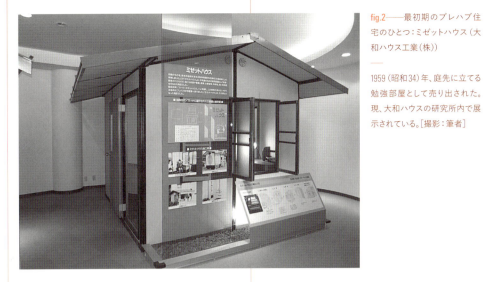

019 パイロットプロジェクト

時代ごとに直面する住宅行政の課題と連動

吉田倬郎
工学院大学 名誉教授

パイロットは、今日では「航空機に乗り込んでこれを操縦する人」の意味で用いられることが多いが、元々は「水先人」を言い、操船の困難な水域で、船長を助け船舶を安全に導く専門家の意味である。建築分野では、まだ確立してない技術の実用化や発展のために、先行的試験的な要素を含む事業が行われてきており、これらがパイロットプロジェクトと呼ばれている。とくに住宅分野では、折々の住宅行政の主要課題とも関連して、数々の注目すべきパイロットプロジェクトが実施されてきた。

工業化住宅を確立させたパイロットハウス

パイロットハウス技術考案競技は、1970（昭和45）年に提案募集され、2年にわたる書面審査・試行建設、そして性能などの確認を経て、入選提案が決定している。この事業は、当時の国の住宅産業振興策の一環として、①良質な住宅を安定した価格で供給できる技術の飛躍的革新、②多様な技術をもつ先進工業分野の住宅産業への参加、③住宅の生産から販売を通して良好な住環境を供給し得るようなトータルな住宅供給組織のグループ化・システム化、を狙って企画されている。

入選提案は、一戸建て住宅7件、連続建て住宅1件、共同建て住宅9件であった。一戸建て住宅7件の提案者のうち、鉄鋼系3社、木質系1社は、これを機に大きく成長し、現在の有力住宅メーカーとなっている［fig.1］。共同建て住宅9件の多くは、その後、高層壁式構法やHPC構法に展開されるものが多かった［fig.2］。一方では、大型型枠工法のもの、造船技術を応用したブロックコンストラクション工法のものが注目されたが、それらの工法自体は発展しなかった。また、水廻りを集約したコアを活用した平面計画が定着してきた時期でもあった。この事業は、以後の工業化住宅供給、集合住宅供給の発展の契機となり、この事業のタイトルによって、建築分野におけるパイロットプロジェクトの概念が成立したといえる。

その後の事業コンペにもつながった芦屋浜プロジェクト

芦屋浜高層住宅プロジェクト提案競技は、1972（昭和47）年、埋め立て事業でつくられた125haの芦屋浜の中の20haの敷地に、3,400戸の高層住宅団地を工業化工法でつくるべく実施された。提案内容には、実現されるべき住宅と住宅地の姿、それを実現するための工法に加え、事業全体の企画、価格、管理、事業体制などを含む、広範で多岐にわたる内容のものが求められた。こうしたかたちの募集提案内容を事業モデルとして見れば、のちの事業コンペ、PFIなどにつながるものである。25の提案のなかから採択されたのはASTMグループの提案であるが、5層単位の鉄骨造大架構に4層のプレキャストコンクリート壁式構造の住戸を設ける、最高29層の住棟を含む超高層集合住宅団地である［fig.3–4］。鉄骨大架構の垂直部にはエレベーターや階段が設けられ、水平部はエレベーターの停止階となり、防災拠点が設けられた。1975（昭和50）年に着工し、1979（昭和54）年に完成している。

量産主義に一石を投じた低層躯体システム

低層集合住宅躯体建設システムコンペは1975（昭和50）年に実施され、入選提案の躯体システムが試作された［fig.5–6］。当時、一戸建て住宅と中高層集合住宅における工業化工法は着実に実績を見せていたなかで、その低層集合住宅への展開の期待を背景に行われた。しかし、低層集合住宅がそもそも計画の自由度の大きさを特徴とするものであることもあり、工業化工法の大規模な導入には必ずしもなじみが良くなかったといえる。

戸建住宅の工業化を飛躍させた「ハウス55」

高品質で低廉な住宅を供給することを目的にした、旧通産・建設両省共同のプロジェクトである「新住宅供給システムプロジェクト」（通称、ハウス55プロジェクト）が1976（昭和51）年に発足した。延床面積100m²の住宅を、1980（昭和55）年時点で、500万円台の価格で大量供給可能な住宅生産システムを構築することを目標に掲げた提案競技が実施され、3グループが開発主体として選出された［fig.7–9］。パイロットハウスの入選提案は、供給実績をふまえた堅実な提案といった性格のものであったが、ハウス55プロジェクトのものは、画期的な新技術の提案が選ばれた。具体的には、珪酸カルシュウム気孔体のパネル、インシュレーション材を含む

fig.1——パイロットハウス一戸建て住宅入選提案例

戸建て住宅の入選作提案各社の多くは、その後、有力ハウスメーカーに成長している。［出典：日本建築センター『パイロットハウス入選作品集』工業調査会、1972年］

fig.2——パイロットハウス共同建て入選案

この時期の集合住宅技術の枠を結集したものといえる。その後も集合住宅技術は高層化、高性能に向けて大きく発展する。［出典：日本建築センター『パイロットハウス入選作品集』］

fig.3——芦屋浜高層集合住宅

当時としては画期的な事業であった。阪神・淡路大震災を経て、今日まで、健全に住まわれている。[提供：朝日新聞社]

fig.4——芦屋浜高層集合住宅工事

5層単位の鉄骨造の架構に大型PC版を用いた壁式構法の住戸が収まっている様子がよくわかる。[撮影：筆者]

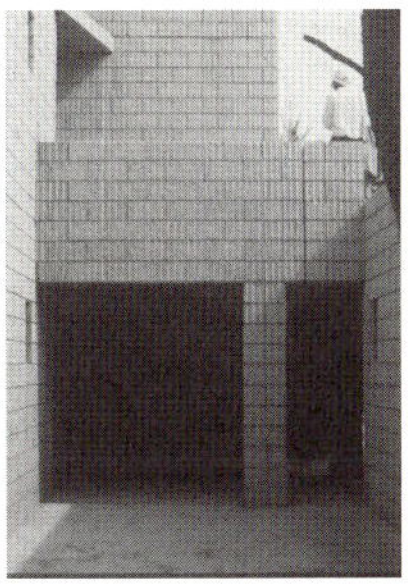

fig.5——低層集合住宅躯体システム試作例（型枠コンクリートブロック構法）[撮影：筆者]

fig.6——低層集合住宅躯体システム試作例（標準化型枠工法）[撮影：筆者]

ペーパーハニカムコアを鋼板で挟んだサンドイッチパネル、木質系チップ成形パネルといった画期的な新資材を用いた構法であった。選出後、実用化企業化に5年を要し、ようやく供給が開始された。各々供給実績を上げ、その後の供給企業の発展に寄与している。

木造軸組構法の発展の契機となった「いえづくり'85」

いえづくり'85プロジェクトは、1983（昭和58）年に良質低廉な在来木造構法住宅の提案を募集し、1985（昭和60）年にかけて、選定された提案が全国各地で実現された[fig.10–11]。1970年代初めまでの公的な住宅施策は、主に工業化住宅や集合住宅を対象に行われ、すでに各地に存在していた地場の工務店による木造住宅供給に対しては、特段の施策は講じられなかった。それが1970年代に入り、さまざまな課題が顕在化し、在来木造構法住宅に関する施策がようやく活性化し始めたのである。そうしたなかで、いえづくり'85プロジェクトでは、当時の価格として$100m^2$の住宅を800万円で供給できるよう、木造在来構法の特徴を巧みに活かしたものや、技術的に創意工夫のあるものが多数提案され、実施されている。また、これを受けて木造住宅合理化システムや新世代木造住宅供給システムの認定制度につながるなど、その後の在来木造構法住宅供給の展開を方向ける事業であったといえる。

fig.7——ハウス55

ミサワホームグループはPALC（多孔質軽量セラミック版）を特徴とする構法を提案した。[撮影：筆者]

fig.8——ハウス55

鉄鋼系構法：鋼板サンドイッチパネルは床に使用。[撮影：筆者]

fig.9——ハウス55

木造枠組長尺パネルによる通し壁構法。[撮影：筆者]

fig.10——いえづくり'85（土佐杉の家）

地場産材である杉、瓦、漆喰を活用している。[撮影：筆者]

fig.11——いえづくり'85（ジックシステマン）

耐力壁をユニット化し、柱を基礎に直接取りつけるなど、当時としては先進的な取り組みが注目された。[撮影：筆者]

020 スケルトン・インフィル住宅

多様性・可変性を備えた長期耐用住宅

南 一誠 芝浦工業大学 教授

集合住宅の計画において、入居者の多様なニーズに対応し、入居後のライフスタイルや家族構成の変化に柔軟に対応するため、構造躯体（スケルトン）と内装・設備（インフィル）に分離する手法が用いられてきた。数々の技術開発や関連法令の整備が行われ、長期にわたって住み続けることを目指した集合住宅として普及している。資源環境問題の重要性が高まるなか、インフィルに可変性をもたせて、スケルトンを長く使い続けることは、社会的な要請にも応えるものである。

スケルトン・インフィル方式の背景

建築物を、構造体・基幹設備（スケルトン）と内装・設備など（インフィル）に区別して建設する方式を「スケルトン・インフィル（略称、SI）方式」と呼ぶ[注1]。スケルトンは、建築物のうち、基幹的な部分であり、耐久性を有し、より共同的な性質の強い社会的部分といえる。それに対してインフィルは建築物のうち、末端的な耐久性に乏しい消耗的性質の部位であり、より個別的な性質が強い私的部分といえる。大まかにいえば、マンションの共用部分がスケルトン、専有部分の内装・設備がインフィルとなる。経年が進んだ集合住宅を購入し、既存の建物の躯体部分だけを残して、内装・設備を一新するリノベーションが広まっているが、SIの手法の応用とみることができる。スケルトンとインフィルに建築物を分けて計画・建設し、使用・管理する手法は、建物の所有形態や新築工事か改修工事かなどによらず、一定の普遍的な合理性があり、多くの事例で採用されてきた[注2–4]。

ヨーロッパでは戦後、画一的なマスハウジングが大量に建設されたが、オランダのN. J. ハブラーケンは、1961年『サポート——マスハウジングに替わるもの』を出版して、住まいづくりを居住者の手に戻すべきと批判した。彼は、建築物をサポート（躯体など）と内装・設備に分離することにより、前者は都市との関係に基づき建築家が設計するが、後者は入居者が意思決定の主体であるべきと主張した。住宅生産の組織としても、サポートは地元の工務店などが地域の実情に応じて建設するが、インフィルは工業化された部品や建材として、生産や流通の合理化が図れることを予見した。この考え方はオープンビルディングと呼ばれ、わが国のSI方式にも影響を与えた。

集合住宅生産合理化の一環としての発展

わが国の集合住宅の計画や建設手法は、日本住宅公団が海外の研究開発の動向も視野に、計画標準の制定や鉄筋コンクリート技術の普及など、その時々で直面する課題に対応することにより発展してきたといえる。戦後の鉄筋コンクリートの集合住宅の内装工事は、大工が伝統的工法により施工することで始まったが、生産の合理化、品質の向上のため、建築部品・建材、住宅設備の開発が行われた[2]。集合住宅の建築計画において、入居者の多様なニーズに応えることは重要な課題である。限られた住戸面積のなかで家族が住み続けるためには、ライフスタイルや家族構成の変化に対応できるよう間取りに「可変性（順応性）」をもたせることが有効であると考えられた。官民が連携して研究開発した「KEP（Kodan Experimental housing Project）」では可動間仕切り、可動収納壁が導入され、インフィルを可変させながら、長く住み続けることが目指された。それに続く「CHS（Century Housing System）」では、一定の年数ごとに更新が必要となる内装・設備と、寿命の長い躯体などとの接続方法（取り合い）を整理して、各部位を円滑に更新できる長期耐用住宅が開発された。住宅・都市整備公団（現、都市再生機構）が開発した「KSI（Kodan Skelton Infill）」[fig.1]では、高い耐久性を有した鉄筋コンクリートの躯体、間仕切り壁を配置しやすい小梁のない大型一枚床版、排水ヘッダー方式と共用立配管の共用部設置、直天井配線システム（テープケーブル工法）などの技術が確立され、社会一般にも普及した。共用立配管を共用部に配置して維持管理・更新を行いやすくすることはSI方式の重要な要件とされ、その考え方は、今日の住宅性能表示制度などに反映されている。

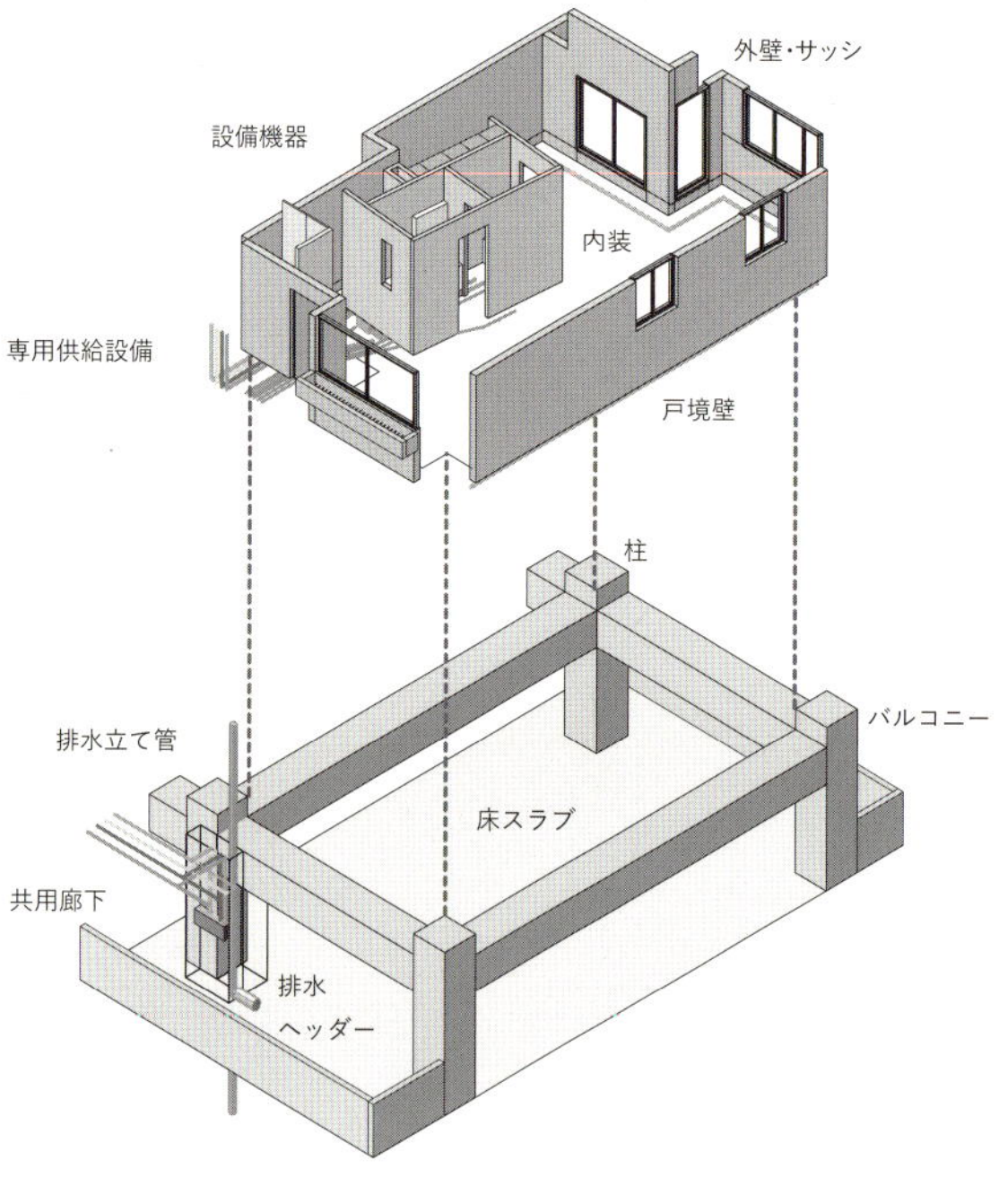

fig.1——KSIにおけるスケルトンとインフィルの構成要素

スケルトンは、100年以上の長期耐久性をもち、インフィルの変化を可能とするラーメン構造として、インフィルは、住まい手のライフスタイルやライフステージの変化に応じてつくり替えることが可能なものとして提案された。［提供：（独）都市再生機構］

fig.2——実験集合住宅NEXT21外観(設計:大阪ガスNEXT21建設委員会/総括:内田祥哉、集工舎建築都市デザイン研究所)

—

大阪ガスが近未来の都市型住宅の研究のため1993(平成5)年に建設した集合住宅で、定期的に入居者を入れ替えて、インフィルの可変性を検証している。スケルトンは周辺のまちとの連続性を考えた立体街路として計画されている。[提供:大阪ガス(株)]

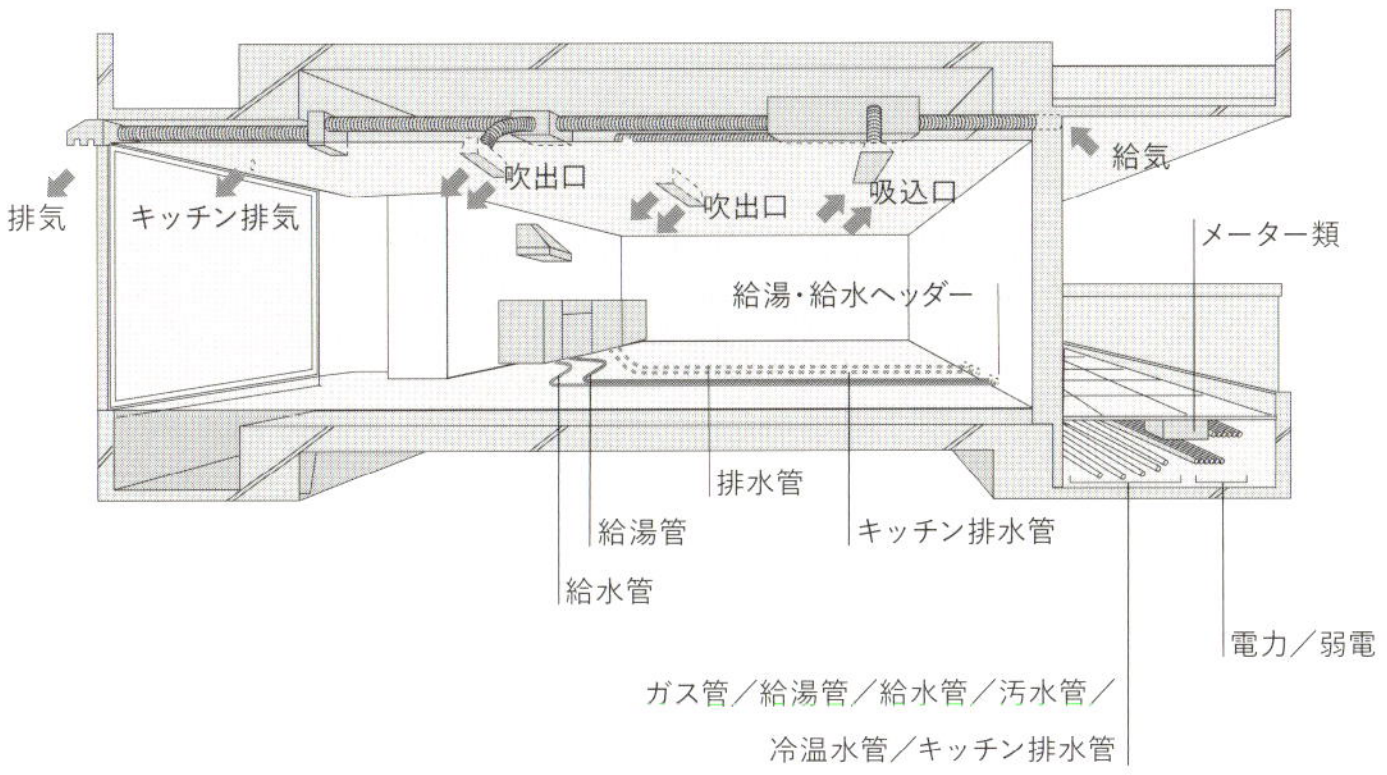

fig.3——NEXT21における躯体と設備の関係

—

住戸内は二重床になっており、水廻りのレイアウトが自由である。立体街路の下に設備配管のスペースがあり、配管のメンテナンス、追加工事、住戸の水廻りの位置変更に対応できる。[提供:大阪ガス(株)]

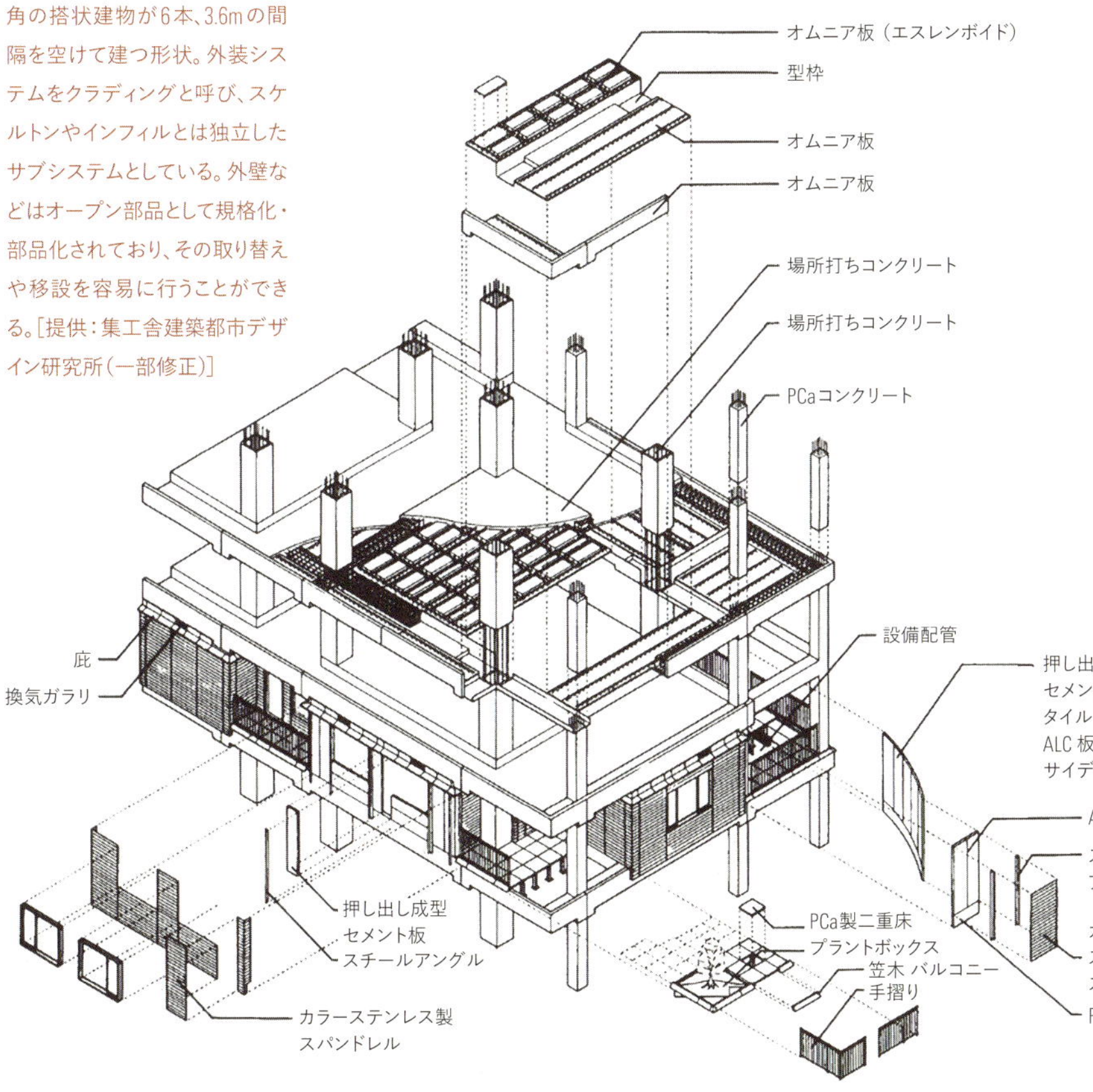

fig.4——NEXT21を構成する建築部品

—

階高は4.2m(1–2階)、3.6m(3–6階)。3階以上の住宅階は7.2m角の搭状建物が6本、3.6mの間隔を空けて建つ形状。外装システムをクラディングと呼び、スケルトンやインフィルとは独立したサブシステムとしている。外壁などはオープン部品として規格化・部品化されており、その取り替えや移設を容易に行うことができる。[提供:集工舎建築都市デザイン研究所(一部修正)]

技術開発と社会システム整備の連携

資源環境問題の重要性が高まり、インフィルに可変性をもたせて、スケルトンを長く使い続けることは社会的要請となった。しかしSI方式を実現するには、技術開発だけでなく不動産登記や融資などの社会システムの整備を並行して行う必要があった。優良住宅部品(BL部品)認定制度の確立、二段階供給方式の研究、「つくば方式」の実現につながる一連の総合技術開発プロジェクト[注5]などが、SI住宅が日本の諸制度のもとで実現することに寄与した。実験集合住宅NEXT21(1993(平成5)年)は、国内外の研究開発の集大成となるプロジェクトである[fig.2–4]。そこではスケルトン、インフィルは別々の建築家が独立して設計を行い、インフィルとクラディング(外壁、戸境壁)の更新実験も継続されている。

わが国でSI方式が、日常的に不動産業界の広告で言及され、またその理念が「長期優良住宅の普及の促進に関する法律」に活かされた背景には、数多くの研究開発が産官学連携で継続的に実施されたことが貢献しているだろう。SI住宅は、スケルトン賃貸、スケルトン定借など、所有か賃貸の二者択一ではない新たな住宅の供給方法として、さらに発展する可能性があり、引き続き、技術開発と社会システムの整備が連携して進められることが期待される。

注釈

注1——英語ではそれぞれ「base building」「fit out」という。

注2——江戸時代の大阪などでは「裸貸し」と称し、賃貸住宅(長屋)の建具、畳、竈などは入居する店子が自分で設え、大家は構造体だけを貸していたとされる(髙田光雄「二段階供給(スケルトン・インフィル)方式の課題と展望」『都市住宅学』41号、2003年4月)。

注3——米国のシェル・アンド・コア方式、発展途上国のサイト・アンド・サービス。中国の集合住宅では入居者自身が内装・設備を設えることが一般的であった。

注4——先駆的事例として、マルセイユのユニテ・ダビタシオン、日本住宅公団の晴海高層アパート。建設省の量産公営住宅(1964(昭和39)年)も、躯体と内装を分離発注。

注5——投資効率向上・長期耐用都市型集合住宅の建設・再生技術の開発、工業化インフィル住宅の工法などの開発、多世代利用型超長期住宅及び宅地の形成・管理技術の開発。

参考文献

1——Kazunobu Minami, "Japanese Innovation in Adaptable Homes", *Loose-Fit Architecture: Designing Buildings for Change, AD*, Wiley, 2017

2——集合住宅のインフィル研究会『集合住宅のインフィル改修——インテリアの新技術』建築技術教育普及センター、2014年

3——建築思潮研究所『SI住宅——集合住宅のスケルトン・インフィル(建築設計資料101)』建築資料研究社、2005年

4——深尾精一「集合住宅におけるサポート・インフィル分離」『建築技術』建築技術、1999年1月

5——小林秀樹「SI住宅の真実——スケルトン・インフィル方式の裏面史」小林秀樹研究室ウェブサイト〈http://kobayashi-lab.tu.chiba-u.jp/column/column_rensai.html〉2018年8月閲覧

021

プレカット

「日本の住宅」を下支えした木加工技術

権藤智之　東京大学 特任准教授

日本の新築戸建ての大半を占める木造在来構法。かつては大工が道具を使って木を加工していたが、現在ではほとんど機械で行われるようになっている。はじめは単純な加工しかできなかったが、現在はかなり複雑な加工ができるまでにいたり、その発展はまだ留まることを知らない。プレカットの普及により、住宅建設の工期やコストが削減され、現場の施工性や安全性も高まった。日本の戸建文化を支える欠かせない技術であり、日本の建築モデュールに特化して発展した、特異な建築生産技術である。

在来木造のプレハブ化

日本で在来構法住宅といえば、柱や梁を継ぎ手や仕口で接合した木造軸組構法住宅を意味する。現在、日本の新築戸建住宅の9割程度は木造であり、さらに木造の約8割は木造軸組構法住宅である。そしてこの木造軸組構法住宅の約9割に使われている技術がプレカットである。

プレカットとは、継ぎ手や仕口を工場で加工することを指す。工場で加工することによって、熟練した大工でなくても精度が高くなり、加工にかかるコストや時間は減少する。プレカットが登場する以前は継ぎ手や仕口を大工が、ノミやゲンノウを使って加工していた。大工の手刻み（加工）では、職人の技量によって精度にばらつきが生まれる。また、「坪1人工」などと言って、建物の床面積1坪あたりの加工に1人の大工でおおむね1日かかっていた。これが、最新のプレカット工場では1時間ほどで1棟分の加工が終わる。加工費も坪5,000-6,000円程度である。工場で加工すれば、加工の際に発生する木屑の処理や騒音といった問題も発生しない。

1980（昭和55）年頃の建て方の写真を見ると、2階の柱は仮の筋違や横材で固定し、人が支えているのがわかる。一方、近年の建て方の写真を見れば、2階の柱はほぞを指すだけで安定している。プレカットによって精度が向上し、現場の施工性や安全性も大きく向上したのだ。手刻みした木材の建て方を知る大工は、口を揃えて「揺れなくなった」と言う。こうした理由から、当初は技能の置き換えに懐疑的だった大工や工務店にもプレカットは受け入れられていった。

近年では柱や梁の構造部材に限らず、根太や間柱などの羽柄材にもプレカットは広がった。床や屋根の下地合板のプレカットも多くの住宅で使われている。かつて施工現場で寸法を採り、大工が1枚ずつ切断していた合板が、工場で屋根や床に歩留まりも考慮して割り付けされ、現場ではプリントされた番号順に並べるだけになっており、そのメリットの大きさは明らかだろう。さらに継ぎ手・仕口に代わって、梁に空いたスリットに、柱に取り付けた鋼板を差し込みドリフトピンで固定する金物工法も1980年代から見られはじめ、阪神・淡路大震災後に大きく普及した。金物工法の金物取り付けや、そのための加工も大半はプレカット工場で行われる。

プレカット機械とプレカット工場

日本初のプレカット機械が何かは定義によるが、1970（昭和45）年頃から継ぎ手・仕口を加工する機械は見られる。当初のプレカット機械は、ほぞ取りなどと呼ばれた単能機の延長線上にあり、特定

fig.1——一般的な住宅用プレカット加工機（上）と接合部形状（下）［出典：宮川工機］

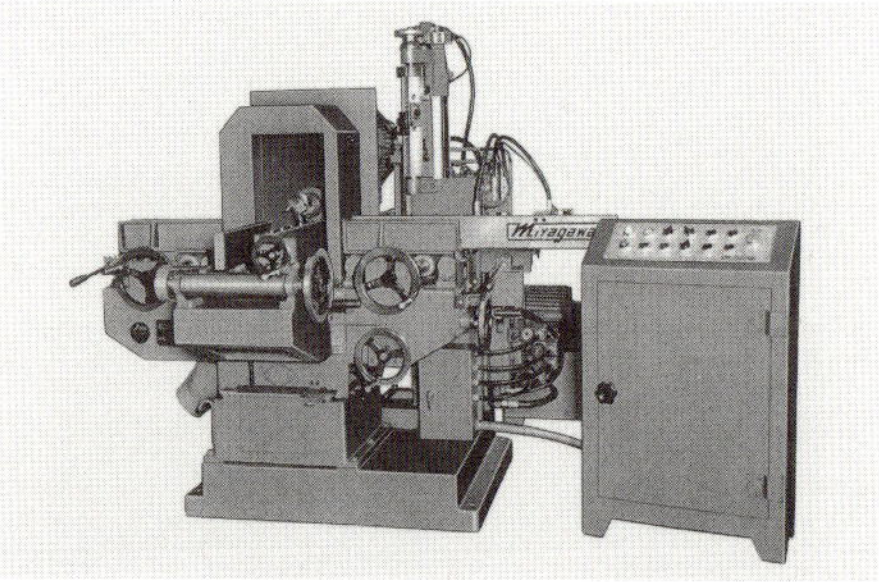

fig.2——MHF型自動仕口加工盤（1976年、宮川工機）

MHA型（1971年）は倣い板に沿って動くほぞ取り機だったのに対し、MHF型は刃物が円運動と上下動することにより円形の接合部を加工することができた。［出典：宮川工機］

fig.3——プレカット以前と以後の建て方

1980（昭和55）年頃と考えられる施工現場の写真では2階の柱を建てた後、横材で固定している。これはほぞを穴に差し込んだだけでは柱が安定しないためである。一方、近年の施工現場では柱1本1本が自立している。さらに2階の床を見ると、24mmや28mm等の厚板合板を梁の上に敷くことで根太を省略し、施工性や剛性を高めると同時に建て方時の安全性を確保している。この合板の柱部分もプレカットで欠き込まれている。［提供（下）：中野工務店］

の加工しかできず、基本的には大工が機械の横について、木材を機械に差し込んで加工していた。半プレカットと呼ばれていた頃の話である。どの部材にどのような加工をするかは紙で管理され、1本1本にプレカット工場の大工が墨付けをしていた。

その後、徐々にプレカット工場はライン化し、ラインに木材を投入すれば、加工機が定められた位置に定められた加工をするようになった。「プレカット」という名称が広がったのもこの頃といわれる。プレカットが普及した時期は、行政による木造住宅合理化が進められた時期と重なる。1977（昭和52）年に日本木材・住宅技術センターが設立され、1984（昭和59）年にいえづくり'85コンペ実施、1987（昭和62）年には建設省（現、国土交通省）に木造住宅振興室が設置された。プレファブ住宅の戸建て住宅シェアが10%台から伸び悩むなかで、依然として大きなシェアを占める木造軸組構法住宅に注目が集まった時期でもある。

そのうち、プレカット工場はサービスとして伏図の作成を始めた。現在では、設計事務所や工務店から送られてきた平面図や断面図を元に、プレカット工場が柱や梁の構成を定め、部材を加工するケースがほとんどである。プレカット工場が伏図を描くことが一般化したため、設計事務所や工務店の構造への理解が低下し、構造上問題のある木造軸組構法住宅が増加したとの指摘もある。

これからのプレカット

現在、プレカット工場は日本全国にあり、おおよそどの地域であっても利用ができる。大手プレファブ住宅メーカーの工場では、そのメーカーのための部品しか製造しないのに対し、ほとんどのプレカット工場は工務店やビルダーなどさまざまな住宅生産者に対してオープンである。

日本木造住宅機械協会によれば、2013（平成25）年度のプレカット工場数は707工場にのぼる。しかし、この数字は1998（平成10）年の888工場をピークに減少しており、大規模な工場への集約、淘汰が始まっているとされる。現在、日本でもっとも大きなプレカット工場は、通常の戸建て住宅で月に1,500棟程度の加工能力をもつ。

基本的に、このようなプレカット工場を成り立たせてきたのは、日本における木造軸組構法住宅市場の大きさである。中国南部や韓国など伝統的に木造軸組構法住宅を建設してきた国や地域は海外にも見られるが、戦後の都市化などを背景にして主流になったのはレンガやコンクリートブロック、鉄筋コンクリート造による住宅である。これに対して日本では、冒頭の通り現在でも多くの木造軸組構法住宅を建設し、プレカットをはじめとした機械化、合理化の取り組みが続けられている。

このように高度に洗練された日本のプレカット工法であるが、海外ではそもそも木造軸組構法住宅の市場がほとんど見られないし、輸出するような動きもほぼない。その理由は、市場がないことに加えて、プレカット機械が木造軸組構法住宅専用につくられていることにある。たとえば、多くのプレカット機械には木材の幅180mmまで、長さ6mまで、高さ450mmまでといった制限がある。これでは木造軸組構法の需要が継続的に存在する市場でしか、日本のプレカット機械は使えない。

このようにプレカットは日本の在来構法である木造軸組構法住宅に特化して開発・発展してきた技術である。今後、新築住宅市場の縮小が見込まれるなかで、リフォーム、中大規模木造、海外など、新たな市場に進出できるかについては、乗り越えるべき課題も多いように思われる。

fig.4——日本最大のプレカット工場

ポラテック（株）板東工場（テクノフィールド+クリエイティブフィールド）は、月間60,000坪程度の木造軸組構法住宅用の構造材加工能力をもつ。この工場はかなり特殊といえるが、梁のラインは加工機が並列に配置され、ある部材に加工時間がかかったとしても、もう一方のラインで加工を続けることができる。また、奥に見える背の高いラックは多棟木拾い装置と呼ばれ、複数の住宅に使用される木材の長さを元に最適化して木材を選ぶため、木材の歩留まりを向上させることができる。[提供：ポラテック（株）]

参考文献

1———松村秀一「プレカット加工機械の技術的開発と普及」『日本の建築を変えた八つの構法』日本建築センター、2002年

2———蟹澤宏剛ほか「木造住宅の「禁じ手」を知る」『建築士』日本建築士会連合会、2012年12月

3———全国木造住宅機械プレカット協会『プレカット協会20年史』2005年

4———公益財団法人日本住宅・木材技術センター『木材需給と木材工業の現況 平成24年度版』2013年

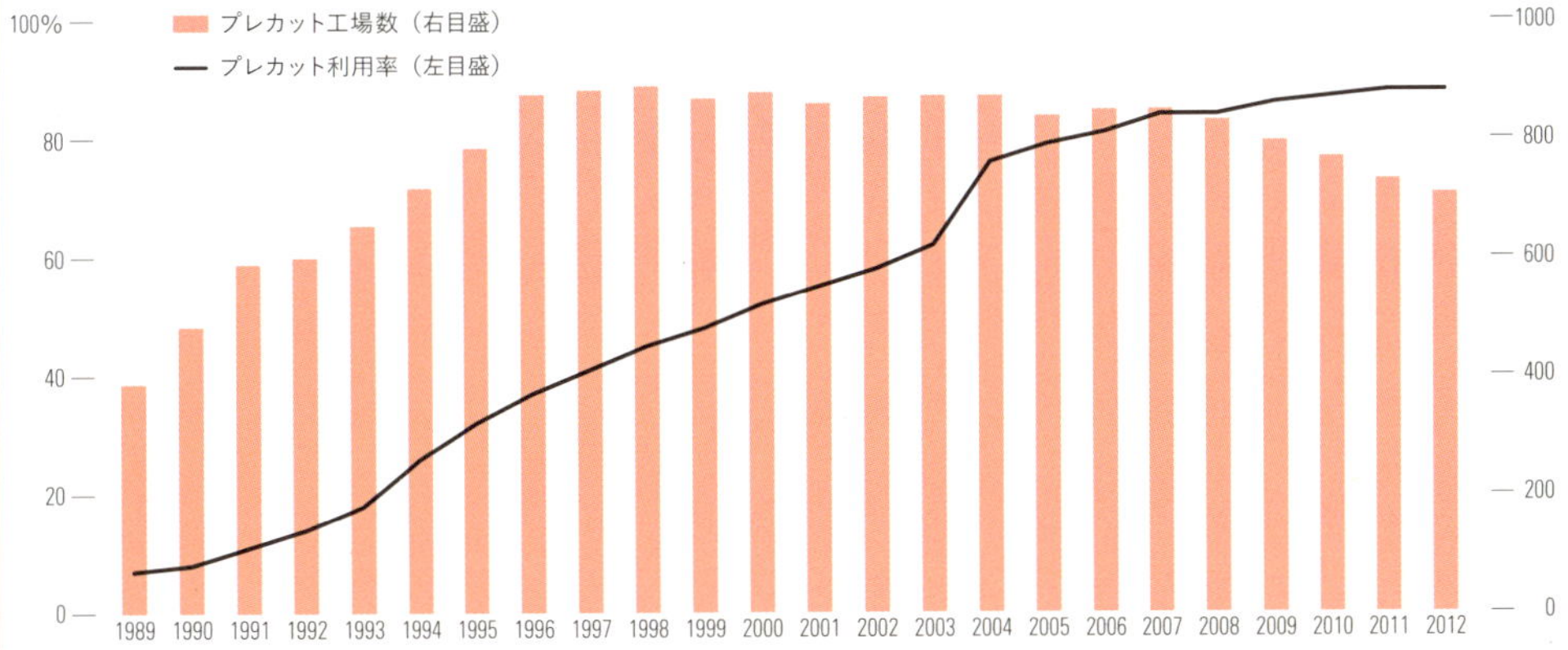

fig.5——プレカット普及率・工場数の推移

1970年代からプレカット工場は建設され始め、2000年（平成12）頃には900工場近くまで増加した。現在は減少傾向にあり、これは中小規模のプレカット工場が淘汰されているためと考えられる。プレカット工場は大きく分けて、製材所などの木材供給の川上側が設立した場合と施工会社など川下側が設立した場合がある。プレカット普及率は増加を続け、2012（平成24）年度には88%まで増加した。2019（令和元）年現在、都市部の新築木造軸組構法住宅ではほぼ100%に近いと考えられる。[出典：『プレカット協会20年史』『平成24年度版木材需給と木材工業の現況』]

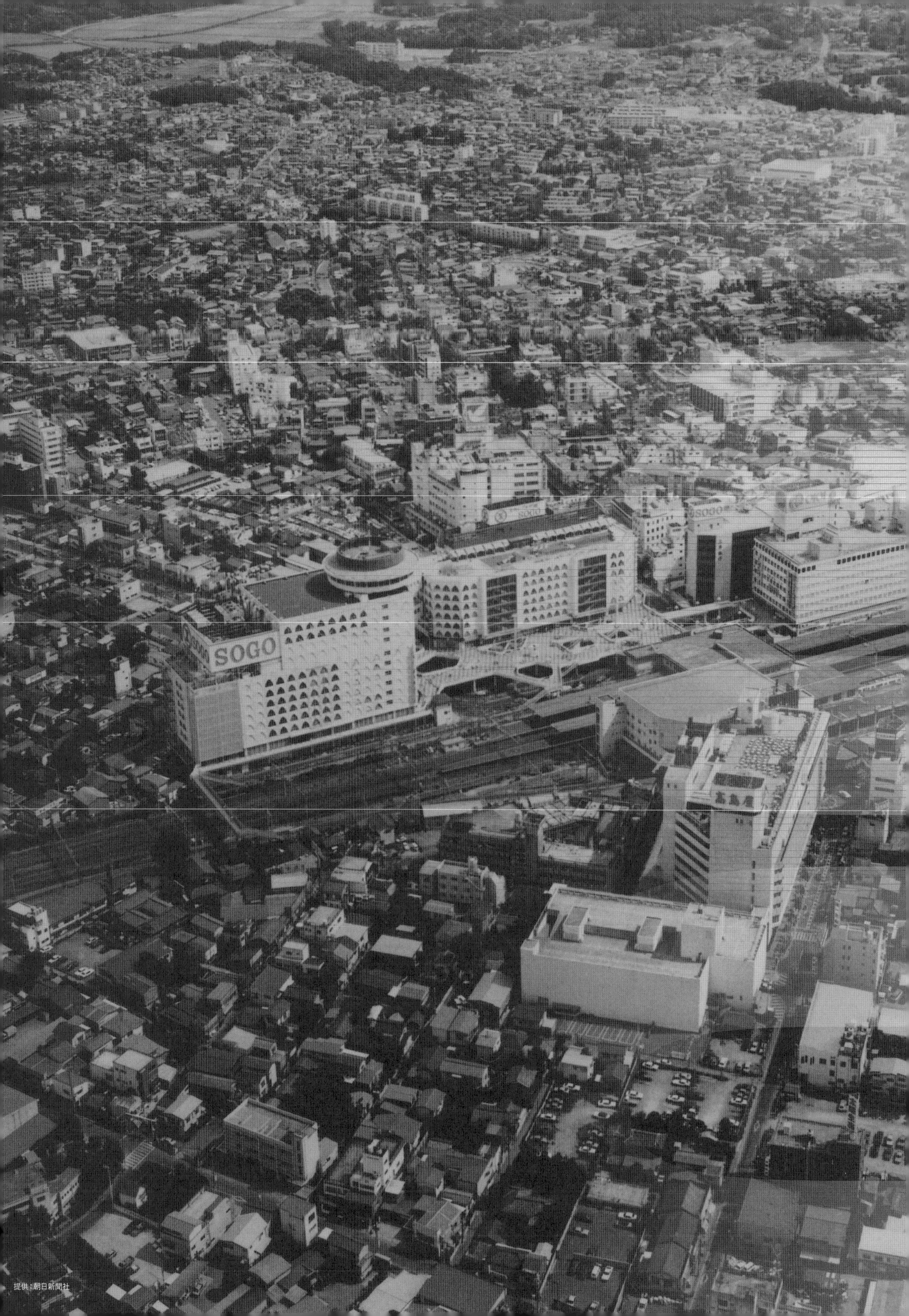

提供：朝日新聞社

第II章 一般建築

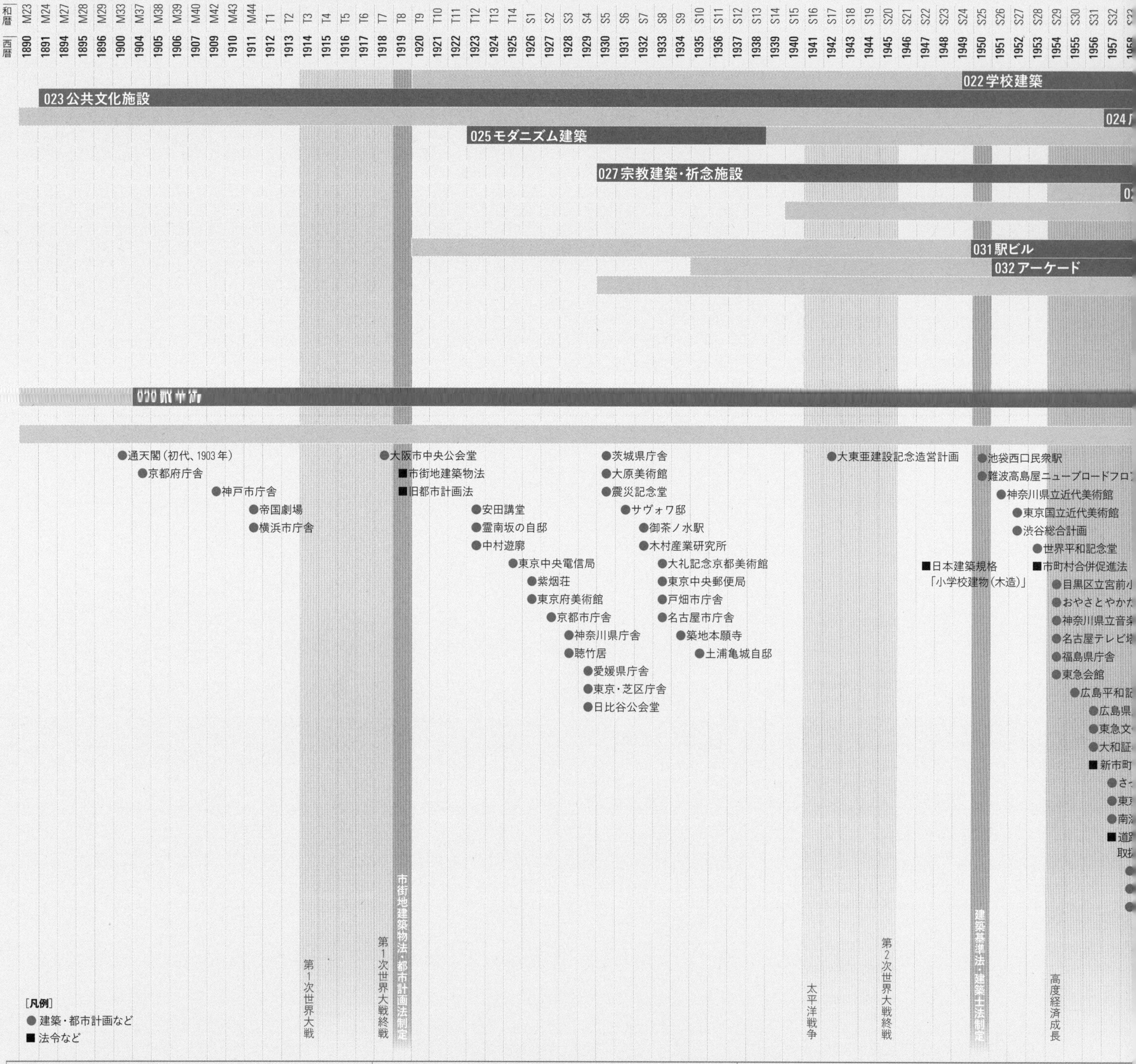

多様化する建築

時代に連れて変わる社会からの要求に応えるべく、さまざまな建物が計画されてきた。同時に、建築は望ましい社会のあり方に向けて変化をリードする前衛の役割も負ってきている。本章では、この100年における住宅系以外の一般建築について、動向を採り上げる。

公共建築

明治後期から大正期にかけて、日本はようやく近代国家としての形が整う。それはすなわち、さまざまな公共建築が建てられたということだ。庁舎、学校、駅、病院、公会堂、博物館などの、現在の主要な建築タイプはこの時すでに出揃っている。

学校建築[022]は明治末期から始まった標準設計が普及。戦後も同じ方法で大量の建設需要に対応するが、1970年代以降は、意欲的な学校で新しい校舎の計画がとられるようになる。博物館、美術館、劇場・音楽ホールなどの**公共文化施設**[023]は、戦前期は主要大都市で設けられ、戦後は都道府県、1990年代以降は小さな市町村でも建設されるようになっていった。**庁舎建築**[024]は、戦前期までに様式建築として都道府県の庁舎が完成。戦後は市町村の庁舎が、モダニズムのスタイルをとって建設された。それは行政のオフィスであると同時に、地方自治の象徴でもあった。

シンボルとしての建築

建築は機能を果たすものであると同時に、象徴を担うものでもある。そうした象徴の作用を最大限に活かして建設されるのが、**宗教建築・祈念施設**[027]といった建物である。電波塔として建てられる**タワー**[028]も、所在する都市を代表するアイコンとして親しまれると同時に、それが建設された時代を思い起こさせるモニュメントともなる。また、**東京オリンピック**[029]や**大阪万博**[030]といった国家的イベントでは、著名な建築家によって建てられた会場施設が、世界に向けて日本の存在をアピールした。装飾性が剥ぎ取られた**モダニズム建築**[025]は、建築の象徴作用を否定しようとする動きだったかもしれないが、結果としてはやはり近代という時代を象徴するスタイルとなったといえるだろう。その批判として興ったポストモダニズムでは、地域性の取り入れが試みられる。日本においてそのムーブメントを代表するのは**沖縄型建築**[026]である。

市街地環境

この100年で都市人口は爆発的に増大した。そうした状況の中で多くの問題が発生するとともに、それを解決するさまざまな技術提案がなされてきた。中心市街地に集まる人々が、安全で快適にショッピングを楽しめる環境として考え出されたのが、商店街の歩行動線に屋根を架けてしまう**アーケード**[032]や、歩行者が行き交う商店街自体を地面下に移してしまう**地下街**[033]だった。交通施設と一体化した**駅ビル**[031]のような、日本で独自の発展を遂げる商業建築のタイプもある。高密化する都市において貴重なオープンスペースを確保するため、総合設計制度等との組み合わせで**公開空地**[035]を設ける方策も採られた。また、自動車交通との交錯を避けて安全で快適な歩行空間を実現する**ペデストリアンデッキ**[034]も広まった。

都市再生

1980年代以降、日本の主要各都市で**都心再開発**[036]が盛んになった。建物の容積を一気に高めて、オフィスビル、商業施設、ホテル、文化施設、集合住宅などの機能を集積させるプロジェクトだ。新たな都市拠点がこれによってつくり出されていった。また、ほとんど人が訪れない倉庫や工場だった港湾地区を、賑わいのある魅力的なエリアに生まれ変わらせる**ウォーターフロント開発**[037]も各都市で行われる。大規模商業施設としては、百貨店やショッピングセンターに代わって人を広域から呼べる施設として、**ショッピングモール**[038]という新しい商業建築が注目されるようになった。

賑わい空間

建築はまた、都市の賑わいもつくり出してきた。終戦後、焼跡と化した都市でまず活気を取り戻したのは闇市であり、これが発展して、現在の**繁華街**[039]へとつながっていく。余暇への志向が高まるにつれて発展していった施設に**テーマパーク**[041]がある。独自のテーマ設定に沿って建物がデザインされた広大な空間で、人々は日常を忘れて楽しむ。また、新たな都市施設として**コンベンション施設**[040]も増えている。そこには商業、展示、交流、観光といったさまざまな目的で遠方から人が訪れ、新たな賑わいの拠点となっている。

022

学校建築

標準設計から脱して地域の核となる施設に

長澤 悟
東洋大学 名誉教授・教育環境研究所 所長

明治の教育制度発足とともに始まった近代の学校建築は、戦後の教育制度改革を節目とし、その後も時代状況に影響されながら変化してきた。最初の百年間は量的整備のため標準設計による画一化が進み、一九七〇年代以降の五十年間は、多様な教育方法、豊かな生活の場、地域との連携が探られた。近年はＩＴ化、小中一貫教育、地球環境、木材活用、安全・安心などの諸課題に応えることが求められるようになっている。また、老朽化や少子化に対して複合化などにより、地域の核としての学校像をもつ必要がある。

標準設計による画一化の進行

学校建築は明治の近代学校の発足から150年を経過した。模索期の擬洋風校舎は学校への期待を表すシンボルとなったが、やがて定型化に向かう。100年前となる大正時代に児童中心主義の教育運動が興ると、学級教室の充実や特別教室の設置が進み、1920（大正9）年には鉄筋コンクリート造（以下、RC造）校舎が初めて横浜と神戸で建設されるなど、戦前、学校建築は充実期を迎えた。

戦後は戦災復興、新教育制度での中学校の発足、人口急増と高校進学率の上昇、不燃化などに対し、量的整備が課題となり、技術的空白、厳しい財政のなかで規格・標準が必要とされた。1947（昭和22）年に日本建築規格（JES）「小学校建物（木造）」が出され、1949（昭和24）年には北側片廊下の定型を基本とするRC造校舎の標準設計が、文部省（現、文部科学省）からの委託で日本建築学会によりまとめられた。1954（昭和29）年には同じく鉄骨造校舎の研究開発が行われ、モデル校の目黒区立八雲小学校[fig.1]では多様な平面を生み出せる構法を活かし、前室を持つ教室や照度分布のよい室内環境の提案などがなされた。

補助制度の整備が進むとともにRC造標準設計が普及し、学校建築は画一化していく。その間、標準設計を脱する試みもあった。クラスター型やバッテリー型の教室配置、教科教室型中学校等の計画的提案や八幡浜市立日土小学校（設計：松村正恒／1956、1958（昭和31、33）年）など、建築家の設計提案が見られ、円形校舎（設計：坂本鹿名夫）が建設された。

オープン化による学校変革の動き

1970年代に教育改革の動きとともに、英米のオープンスクールを参考に学校建築は変化が始まる。嚆矢となったのが1972（昭和47）年に完成した加藤学園暁秀初等部[fig.2]である。16m角のオープンクラスルームと広い学習センターは、変化のある内部空間設計とともに学校建築の可能性を示した。公立小学校では学級教室を学年ごとにまとめ、オープンスペースを組み合わせる計画例が1975（昭和50）年前後から誕生した。そのなかで東浦町立緒川小学校（設計：杉森格・田中西野設計事務所／1978（昭和53）年）や福光町立中部（現、南砺市立福光中部）小学校（設計：長倉康彦・福見建築設計事務所／1978（昭和53）年）は、自由度の高いスペースを活かした教育展開と環境構成により、大きな影響を与えた。また、イギリスやアメリカのシステムズ・ビルディングを参考に、工業化・システム構法による学校建設方式の研究開発が教育施設開発機構（現、文教施設協会）を中心に行われ、1976（昭和51）年にGSKシステムがまとめられた。

一方、教室を拡大し、屋内外の豊かな生活環境

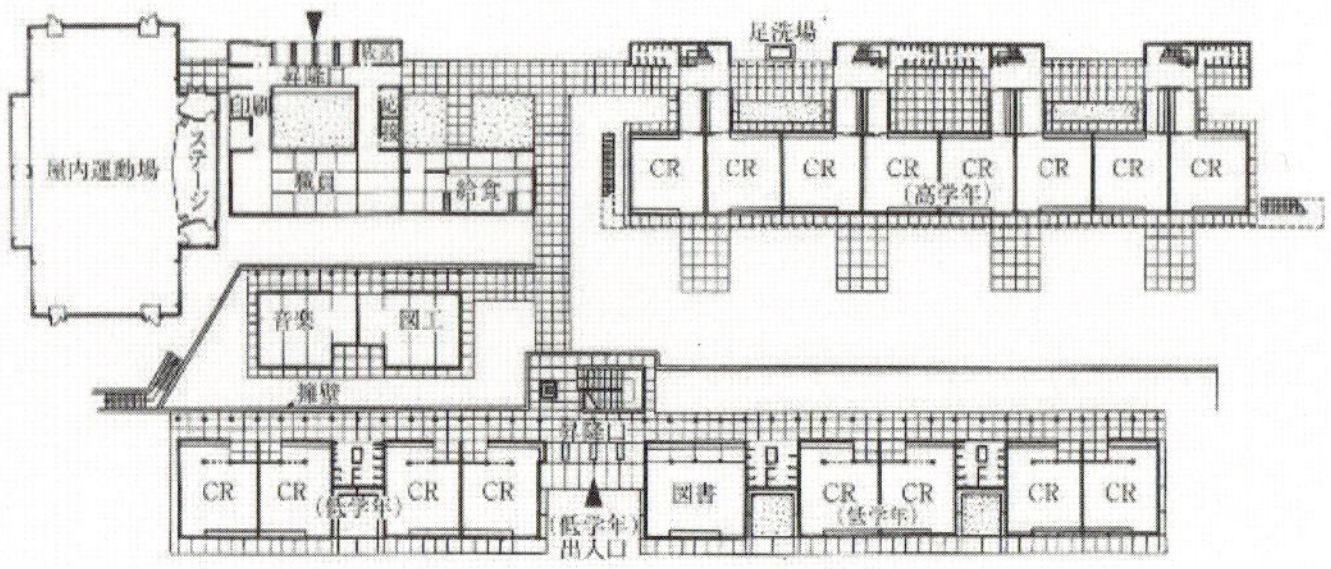

fig.1——目黒区立八雲小学校（設計：八雲小学校設計グループ／1954、1963（昭和29、38）年）

鉄骨造校舎のモデルスクール。2.7mの基本グリッドで多様な平面形が生み出せる構法を生かし、前室を持つ正方形の教室、バッテリー型配置、両面採光やハイサイドライトによる均質な照度分布の教室環境設計等の提案がなされている。［出典：日本建築学会 編『建築設計資料集成 教育・図書』丸善、2003年］

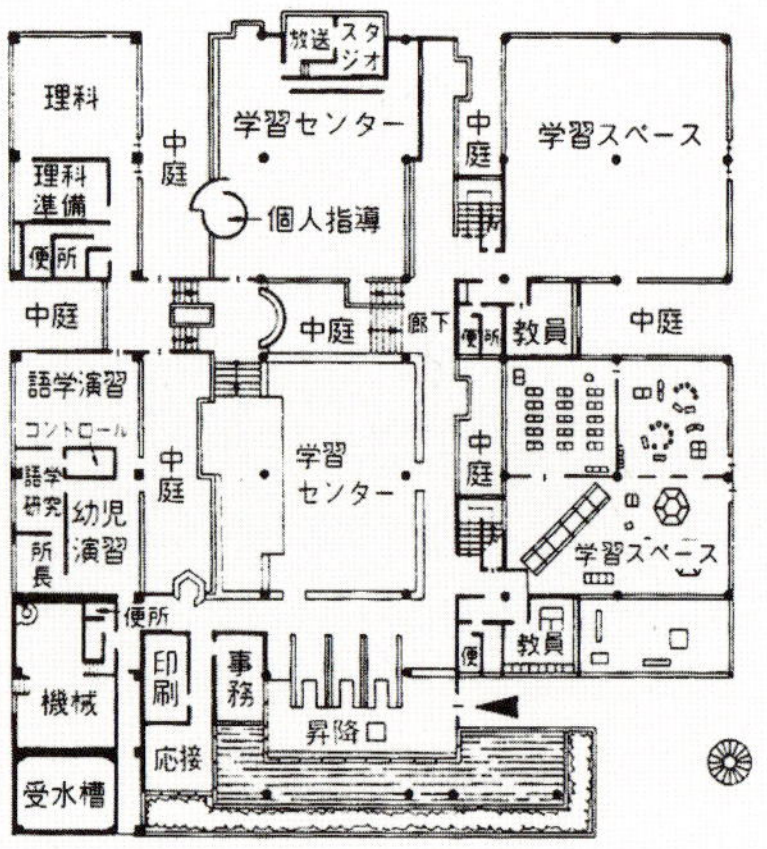

fig.2——加藤学園暁秀初等部（槇総合計画事務所／1972（昭和47）年）

オープンスクールを目指して、広い学習センターを中心に16m角のオープンクラスルームと特色ある特別教室群を配している。カラフルなグラフィックや家具により、学校建築デザインの新たな可能性を示した。［出典：『建築設計資料集成 教育・図書』］

fig.3——浪合学校（設計：湯澤正信、長澤悟／1988（昭和63）年）

人口約760人という小さな村の、児童・生徒数80名程の小規模な小中併設校の計画。「村民全ての浪合学校」として、各施設を村民が集まり、活動する場として位置づけ、特色のある空間づくりがなされている。村民が議論を重ねて完成し、次の村づくりにつながる計画となっている。1991年建築学会賞［作品］を受賞。［撮影：筆者］

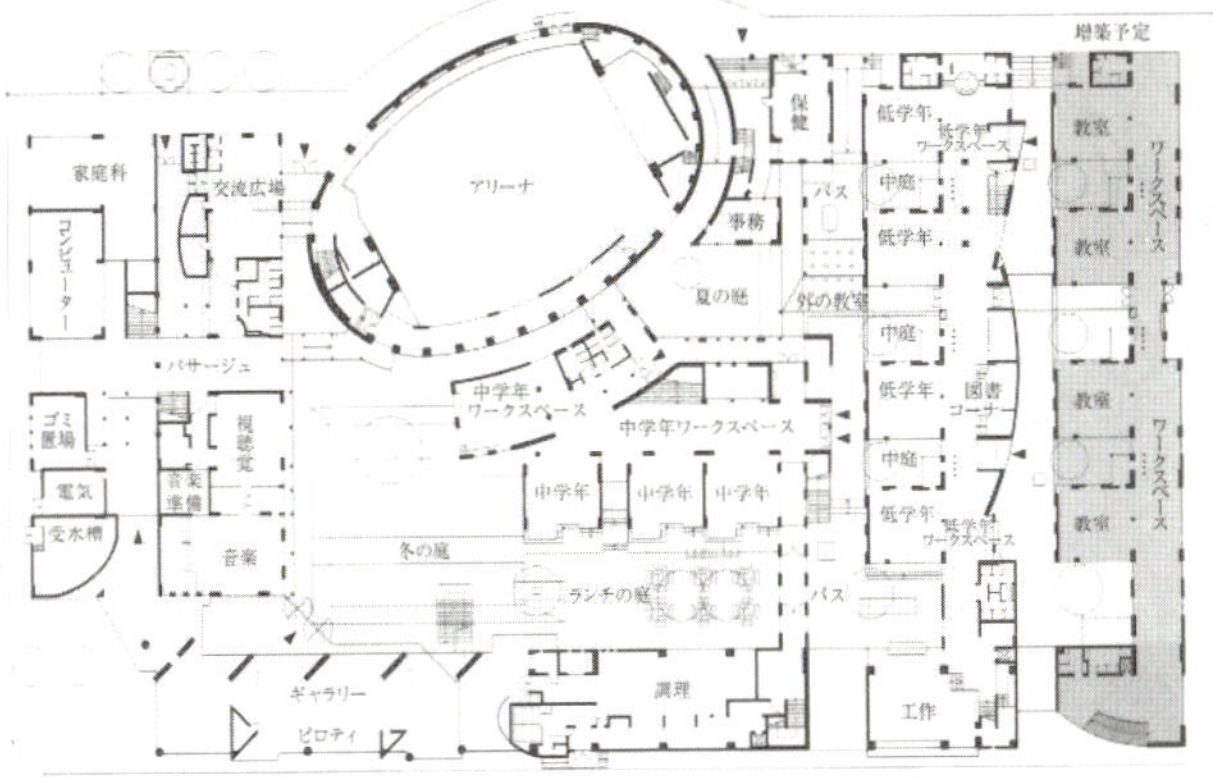

fig.4——千葉市立打瀬小学校（設計：シーラカンス／1995（平成7）年）

教室、ワークスペース、アルコーブを学年ごとに異なる形でまとめ、多様な学習展開への対応を図るとともに、特色ある豊かな空間を用意している。建物間にパスと中庭を挟み内外空間の連続性を確保し、地域に対しても開かれた空間としている。1996年建築学会賞［作品］を受賞。［出典：『建築設計資料集成 教育・図書』］

を実現した宮代町立笠原小学校（設計：象設計集団／1977（昭和52）年）など、各地で特色ある意匠の学校建築が生まれるようになった。量的整備が一段落を見せる時期を捉えて、文部省は1982（昭和57）年に学校施設の文化的環境づくりとして、豊かな教育環境を備え、地域の歴史文化のシンボルともなる施設目標を示した。その推進方策として設計の重視、関係者の参加を示したことは特筆できる。

こうした動きを受け、1984（昭和59）年に多目的スペースに対する補助制度ができ、1987（昭和62）年度にかけて教育方法などの多様化に対応する学校施設について、柔軟な教育空間、豊かな生活環境、地域に開かれた学校を3本柱とするあり方が示された。1985（昭和60）年に個別の学校づくりに必要な基本設計費と木材活用に対する補助制度ができ、以後20年程の間は主にアトリエ系建築家の手で特色ある学校建築作品が全国各地に次々と実現された。「村民全ての学校」として話し合いを重ねて実現された浪合（現、阿智）村立浪合小・中学校［fig.3］は1991（平成3）年に学校建築として初めて日本建築学会賞［作品］を授賞され、変化のある教室構成と地域に開かれた空間をもつ千葉市立打瀬小学校［fig.4］がそれに続いた。中学校については、1984（昭和59）年度から10年余りにわたり一貫性をもって進められた福島県三春町の一連の小・中学校計画において、教科教室型を採用した桜中学校（設計：香山壽夫建築研究所／1991（平成3）年）をはじめとする教育実践が評価され、広がりを見せた。これらは計画研究者、建築家の協働と教職員や地域住民の参加により実現され、計画プロセスの重要性が認識されるようになった。

1990（平成2）年前後から情報化や高齢化の進展に対して生涯学習が課題となる。学校もその一環に位置づけられ、インテリジェント・スクールとして情報環境の整備とともに、他の文教施設さらには福祉施設等との連携・複合が図られるようになった。

多様な施設整備課題への対応

20世紀末から教育や地域との関わり等、学校本来の目標に加え、さまざまな建築的課題への対応が求められるようになった。木造の復活は1985（昭和60）年の盈進学園東野高等学校［fig.5］から始まり、補助制度の拡充と共に木材活用が急速に進んだ。混構造を含め木の特性を生かした構造・構法の工夫は、標準設計からの脱却を進める力ともなった。1993（平成5）年の環境基本法制定を受け、1997（平成9）年に環境を考慮した学校施設（エコスクール）の整備が始まり、再生可能エネルギーの利用、省エネルギー・省CO_2化、地域材活用等が進められてきた。

一方、2001（平成13）年の大阪教育大学附属池田小学校での児童殺傷事件を受けて防犯が大きな課題となり、事故防止、シックハウス症候群対策と合わせ、安全・安心・健康が施設計画の目標として再認識された。また、相次ぐ地震被害に対して耐震化が促進され、2004（平成16）年に49%だった耐震化率は2016（平成28）年には98%とほぼ完了した。さらに非構造部材の耐震化と、津波、台風、集中豪雨等の災害時に避難所機能を果たす施設・設備の整備が進められている。一方、規制緩和の動きの中で、教室の天井高、階段の蹴上寸法、3階建木造校舎等に関する建築基準法令の改正が行われている。

戦後の単線系学校制度も変化し、中等教育学校、義務教育学校等が生まれ、それぞれの特性に応じた学校施設が実現されるようになった。とくに小中一貫教育は地域ぐるみの教育という理念と合わせ、小中学校と地域施設が複合した新たな施設形態を生み出している。

新たな学校像と学校建築

人口減少、少子高齢化、IT・IoT・AIの進展、エネルギー問題、国際化等、社会の転換点にある今、ICT、アクティブ・ラーニング、インクルーシブ教育、グローバル教育等に対して新たな学校建築、教育空間の構想が必要とされている。また、学校統廃合が進む現実に対して学校の役割を捉え直し、地域と支え合うコミュニティ・スクールの実現が求められる。一方、学校施設整備の大きな問題が、約7割が建設後25年以上経過という既存施設の老朽化対策である。機能向上を図る長寿命化改修と施設マネジメントが課題とされる。未来に向け、新たな学校像を描き、学校建築を創造する努力が求められている。

参考文献

1———菅野誠『日本学校建築史』文教ニュース社、1973年

2———青木正夫『建築計画学8 学校建築I』丸善、1976年

3———長倉康彦、長澤悟ほか『新建築学大系29 学校の設計』彰国社、1983年

4———文部省部文教施設部『ニュー・スクール計画 教育方法等の多様化と学校施設』ぎょうせい、1990年

5———長倉康彦ほか『ニュースクールデザイン事典』産業調査会、1997年

6———長澤悟、中村勉『スクール・リボリューション——個性を育む学校』彰国社、2001年

7———長澤悟、教育環境研究所『建築設計資料103 学校3』建築思潮研究所、2006年

8———吉武泰水、長倉康彦ほか『学校建築計画事始めI–IX』文教施設、2003-2006年

fig.5——盈進学園東野高等学校（設計：C. アレグザンダー／1985（昭和60）年）

機能性だけでなく精神性を持った学校をという理事者の想いを、パタンランゲージの手法により、設計への教員参加のプロセスにより実現した。体育館は当時木造による最大のスパンであった。［撮影：筆者］

023 公共文化施設

鑑賞の場から創造・表現の場へ

佐藤慎也
日本大学 教授

日本の近代化とともに文化施設の近代化も進み、劇場・ホールや美術館・博物館など、さまざまな公共文化施設が建設されていく。
劇場・ホールは集会を主用途とする公会堂から、音楽や演劇の上演施設に発展。分野ごとの専用施設が生まれる一方で、多目的ホールの技術も進んだ。
美術館では近代美術に即したホワイトキューブと呼ばれる展示室から、現代美術の展開に応じた多様な空間体験を可能とするものへと変化していく。
また公共文化施設は、鑑賞の場としてだけでなく、創造の場や表現の場としての役割も担うようになっている。

舞台芸術の鑑賞のための場

広義の文化施設には図書館や公民館などが含まれるが、ここでは社会教育施設を除いた芸術文化施設として、舞台芸術を対象とする劇場・ホール、美術を対象とする美術館（博物館）を中心に述べていく。

日本の劇場・ホールの歴史は、近世の能舞台や芝居小屋にさかのぼり、近代的な施設としては、音楽ホールでは東京音楽学校奏楽堂（1890（明治23）年）、劇場では民間の帝国劇場（1911（明治44）年）が先導し、続いて大阪市中央公会堂（1918（大正7）年）や日比谷公会堂（1929（昭和4）年）などの公共施設へ広がるが、国立施設は国立劇場（1966（昭和41）年）の開館を待たなければならなかった。

劇場・ホールは、公演ジャンルによって種類が異なる。日本独自に発展してきた能や歌舞伎などは、西洋文化が導入されるなかで伝統芸能と総称されるようになり、能楽堂や歌舞伎劇場などがつくられていく。公共施設にも石川県立能楽堂（1972（昭和47）年）などがあるものの、前述の国立劇場や国立能楽堂（1983（昭和58）年）、国立文楽劇場（1984（昭和59）年）などの国立施設や民間施設が中心となる。一方、西洋の演劇やクラシック音楽などに対応する施設では、渡辺翁記念会館（1937（昭和12）年）を含む初期の事例は、舞台芸術専用ではなく、集会を主目的とする公会堂と名づけられた施設がほとんどであった。第2次世界大戦後には神奈川県立音楽堂（1954（昭和29）年）のような音楽ホールがつくられるものの、多くの公共施設が、可動式の音響反射板を導入することにより、演劇と音楽という異なるジャンルに対応した舞台を成立させる、多目的ホールとして普及していくことになる。そのなかでも東京文化会館（1961（昭和36）年）[fig.1]は、優れた音響性能をもち、数々のオペラやバレエ、クラシックコンサートの公演が行われている。

しかし、舞台芸術ジャンルの個別性を考えるときに、適切な公演空間を実現するための専用の施設が要求されるようになる。そして、兵庫県立尼崎青少年創造劇場（1978（昭和53）年）といった専用劇場、中新田町民文化会館（1981（昭和56）年）といった音楽専用ホールがつくられはじめ、複数の劇場や音楽ホールを併設する熊本県立劇場（1983（昭和58）年）なども登場する。さらに国立施設では、本格的なオペラ上演を可能とする新国立劇場（1997（平成9）年）が開館する。しかし現在でも、限られた条件のなかでつくられる公共施設においては、多様な要求をひとつのホールで応えることができる多目的ホールが整備される事例が多い。

美術の鑑賞のための場

一方、日本の美術館の歴史は、1872（明治5）年に文部省博物局により湯島聖堂を会場に博覧会が行われたことから始まり、上野博物館（1881（明治14）年）などの国立施設が最初につくられ、東京府美術館（1926（大正15）年）や大礼記念京都美術館（1933（昭和8）年）などの公共施設へと展開していった。

その後は、美術作品のあり方が時代によって変化するため、収集・展示する作品に応じて美術館の種類も変化していく。近代美術を扱う施設は、民間の大原美術館（1930（昭和5）年）が最初であり、第2次世界大戦後に、公共施設では神奈川県立近代美術館（1951（昭和26）年）、国立施設では東京国立近代美術館（1952（昭和27）年）が続く。そして、それらの展示室にはホワイトキューブと呼ばれる白い壁面が採用されていく。

続く現代美術に対しても、民間の池田20世紀美術館（1975（昭和50）年）や高輪美術館（1981（昭和56）年）などが先導し、公共施設では広島市現代美術館（1989（平成元）年）や水戸芸術館（1990（平成2）年）[fig.2]、丸亀市猪熊弦一郎現代美術館（1991（平成3）年）などが続く。美術作品は絵画や彫刻に留まらず、空間を体験するインスタレーションへと変化していく。近代以前の作品

fig.1——東京文化会館（1961（昭和36）年）
可動式の音響反射板が舞台上に設置された大ホール。［提供：東京文化会館］

fig.2——水戸芸術館（1990（平成2）年）

自然光を導入するトップライトをもったホワイトキューブによる展示室。［提供：水戸芸術館／撮影：田澤純］

を扱う美術館の展示室では、ほとんどが作品保護の観点から人工照明を用いているが、現代美術を扱う施設の多くは自然採光を用いている。さらにサイト・スペシフィックな作品に対応して、奈義町現代美術館（1994（平成6）年）や十和田市現代美術館（2008（平成20）年）など、収蔵作品と展示空間が一体となった事例も現れている。

芸術文化の創造のための場

以上のような公共文化施設の主要な目的は、専門家にとっては完成された作品を公演・展示するための場であり、市民にとっては、その作品を鑑賞するための場であった。しかし、劇場・ホールで公演する演劇やコンサートをつくり出すためには、出演者・演奏者やスタッフなど多人数による長期間の稽古・練習が必要になるし、美術館に展示する作品をつくり出すためには、美術家はアトリエに籠って長時間の作業が必要になるだろう。そんな芸術文化の創造という側面に注目したときに、劇場・ホールや美術館でも、創造活動を目的とした諸室が併設されるようになる。

劇場・ホールには、公演直前の練習のために、リハーサル室などの名称の練習室が設置されていた。しかし、とくに公共施設においては、市民による日常的な創造活動に対応して、先駆的な事例の新潟市音楽文化会館（1977（昭和52）年）をはじめ、長岡リリックホール（1996（平成8）年）［fig.3］や新潟市民芸術文化会館（1998（平成10）年）などに多数の練習室が設置されている。また、富山市民芸術創造センター（1995（平成5）年）や金沢市民芸術村（1996（平成8）年）などには専用の練習場もつくられている。一方の専門家に向けても、彩の国さいたま芸術劇場（1994（平成6）年）や世田谷パブリックシアター（1998（平成10）年）などに複数の練習室が設置されている。こうして公共施設としての劇場・ホールは、市民と専門家の双方にとって、練習から公演に至る舞台芸術の作品制作全体を支援する施設として位置づけられるようになる。

一方の美術館では、市民による創造活動に対応して、教育普及という考え方のなかでワークショップが注目され、宮城県美術館（1981（昭和56）年）［fig.4］や世田谷美術館（1986（昭和61）年）などをはじめ、アトリエや創作室といった名称の部屋が設置されるようになる。一方の専門家に向けては、アーティスト・イン・レジデンスという滞在制作が行われるようになり、国際芸術センター青森（2001（平成13）年）［fig.5］などの専用の施設もつくられている。また、多くの美術館には、市民が展示を行うことのできる市民ギャラリーが設置されており、横浜市民ギャラリー（1964（昭和39）年）などの単独施設から、東京府美術館を引き継いだ東京都美術館（1975（昭和50）年）［fig.6］や国立新美術館（2007（平成19）年）などの大型施設までを含め、市民団体の活動の場となっている。

fig.3——長岡リリックホール（1996（平成8）年）

大型練習室であるスタジオ。音楽ホール、劇場に大中小10室の練習室が併設。［撮影：筆者］

fig.4——宮城県美術館（1981（昭和56）年）

市民が自由に創造活動を行うことができる創作室。［撮影：筆者］

fig.5——国際芸術センター青森（2001（平成13）年）

専門家の作品制作に応える設備をもつ創作棟。展示棟、宿泊棟が併設。［撮影：筆者］

このように公共文化施設は、市民にとって、鑑賞の場から、創造の場へと変化してきた。今後は、さらなる日常的な表現の場への変化が求められることになるだろう。

参考文献
1———村田真「美術の基礎問題」『artscape』大日本印刷、2000-02年
2———日本建築学会編『建築設計資料集成［展示・芸能］』丸善、2003年

fig.6——東京都美術館（1975（昭和50）年）

市民団体の発表の場として使われる公募展示室。アーツカウンシル東京「TURNフェス2」2017。［撮影：冨田了平］

シンボリックな様式から戦後を体現したモダニズムへ

石田潤一郎
武庫川女子大学 客員教授／京都工芸繊維大学 名誉教授

明治期に西洋建築の様式や技術を取り入れることから始まった庁舎建築は、平面やファサードに対称性を採り、シンボル性を重視した設計になっていた。大正末期になると、全体の外観は箱型のオフィスビルに近づくが、塔を設けることで強いシンボル性を残している。戦後は民主主義の思想が庁舎建築にも及ぶ。封建制に通じる歴史様式が否定され、かわりに明朗なモダニズムが目指すべきスタイルとして追究された。一九五〇年代の終わりには、市町村合併促進法の影響による市庁舎建設ブームが到来。三年間に全国で五十件もの市庁舎が新築された。

ここでは都道府県庁舎を中心に地方行政庁舎について論じ、中央官庁、あるいは郵便局舎や裁判所、警察署などは扱わない。地方庁舎に限定するのは、理事機関と議決機関の二元性を有し、また窓口業務を備えることから、他の行政庁舎以上に地域・社会と密接な関係を結んできたと考えられることによる。

地方行政の空間化

明治維新後、強固な中央集権体制をつくり上げようとする新政府は、府県庁舎、郡町村役場を整備していく。明治前期においては財源難の明治政府は、府県庁舎の営繕事業にさまざまな統制を設けるが、地方官はしばしば庁舎に新時代到来を象徴する役割を求めた。擬洋風意匠が積極的に採用された背景には、庁舎のシンボル性が見出せる。

明治20年代に入ると、体系的に西洋建築を学んだ技術者が設計を担当することとなる。そこには2つの大きな課題があった。ひとつは、府県会議事堂の併設を筆頭とする規模の拡大と事務の複雑化に対処し得る平面計画の創出であり、もうひとつは正統的な西洋建築意匠と技術の獲得であった。この課題に最初に総合的な解決をもたらしたのは、1889（明治22）年起工、1894（明治27）年竣工の東京府庁舎であった。設計者の妻木頼黄は、ドイツ留学時に入手したヨーロッパ諸国の地方庁舎の図面に基づいて、欧米水準の計画を提示した。すなわち平面計画上では前面中央に理事機関のための玄関、背面中央に議決機関用の玄関を開き、その奥に議場を置いた。対称性の強い四角形の輪郭をなし、さらに前面の棟と議場とをも連結して、日の字を横に倒したような平面形状を呈した。意匠上では、ネオ・バロック様式に則り、正背中央と四隅を突出させる手法を提示した。京都府庁舎（1905（明治38）年）にいたって、こうした「官」と「民」とが織りなす地方行政の力学は見事に空間化されることとなる。すなわち、正面中央には「官」の象徴たる「御真影」を安置する正庁を置き、背面中央には、「民」の空間である府県会議事堂を配する。ロ字形平面の四隅の部屋には、知事室と府県会議長室、貴賓室と参事会室とをそれぞれ対角線上に割り振るというものである[fig.1]。

ビルディング化とシンボル性

1926（大正15）年に地方制度が改正されて郡役所が廃止されると、府県レベルの事務量が急増し、庁舎規模の拡大に迫られる。加えて1926（大正15）年に成立した普通選挙法が府県会にも適用されることから、これを機に議事堂新築を願う動きが現われた。その一方で関東大震災以降、不況が続いたため、工事単価は切り下げられる。鉄筋コンクリート構造の普及とあいまって、5階建てから7階建てと多層階化を見せる。細部意匠においては装飾の省略が進み、歴史様式性が維持されるのは前面車寄せまわりのみで、そのほかは平滑な壁面が連続するというパターンがほとんどとなる。このため外観は箱形のオフィスビルに近づく。

しかし社会的シンボル性を付与したいという希望もまた高かった。そのための表現として、1920年代後半から神奈川（1928（昭和3）年）[fig.2]・愛媛（1929（昭和4）年）・茨城（1930（昭和5）年）など、中

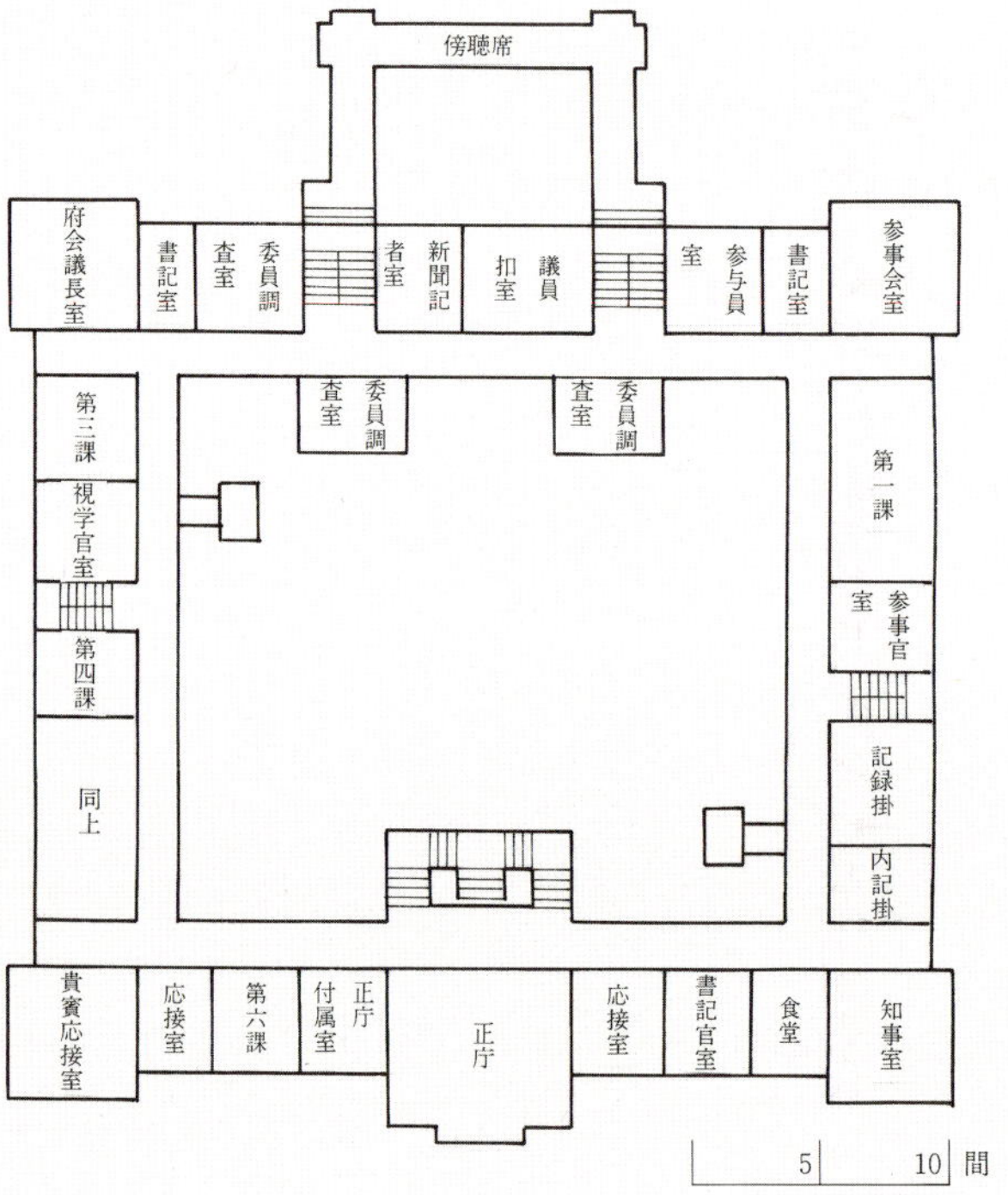

fig.1——京都府庁舎2階平面図
（設計：松室重光）[作成：筆者]

fig.2——神奈川県庁舎正面外観

コンペでは「港外ヨリノ遠望ヲ考慮」することが求められた。原案は小尾嘉郎。[撮影：筆者]

fig.3——名古屋市庁舎外観

平林金吾のコンペ当選案をもとに名古屋市建築課が実施設計をまとめた。右側に愛知県庁舎。[撮影：筆者]

fig.5——香川県庁舎外観［撮影：筆者］

央に高塔を立てるケースが現われる。そこには、鉄筋コンクリート構造の発達がこれを容易にしたという事情があるにせよ、塔によってシンボル性を高めようとする志向が見てとれる。神奈川県庁舎の外国航路を意識した「日本趣味」の表出、あるいは山梨県庁舎でのブドウの装飾や岐阜県庁舎でのアルプスのステンドグラス、愛知県庁舎の名古屋城を踏まえた塔屋の付加といった地域性の表現も、また、庁舎のシンボル化を目指す方向性の一環として捉えることができる

独立した市庁舎が現れるのは1889（明治22）年の市制施行後で、1910（明治43）年前後から神戸市庁舎（1909（明治42）年）、横浜市庁舎（1911（明治44）年）のようなレンガ造による大規模庁舎が建設される。府県庁舎の動向と歩みを同じくして、1927（昭和2）年の京都市庁舎を皮切りに高塔を備えた市庁舎が現れる。また名古屋市（1933（昭和8）年）[fig.3]、戸畑市（1933（昭和8）年）、東京・芝区庁舎（1929（昭和4）年）などの庁舎では日本趣味の意匠が試みられた。

戦後民主主義の形象

太平洋戦争敗戦によって地方行政のあるべき姿は一変する。それによって庁舎もまた変化が求められる。「民主主義」が鼓吹されるなかで、歴史様式は封建遺制と一体化した存在として打ち棄てられた。かわりにモダニズムが、目指すべき「明朗性」をもたらすものとして追究されることとなるのである。しかも、建設需要は多かった。都道府県庁舎に関していうと、戦災や終戦後の火災などで15件が失われ、1950年代にその再建が次々と進められた。市庁舎については、1953（昭和28）年に公布された「市町村合併促進法」とこれを引き継いだ「新市町村建設促進法」の影響が大きく、1957（昭和32）年から1959（昭和34）年までの3年間に新築された市庁舎は50件を数える。庁舎建築は戦後という時代を体現していたということができる。

福島県庁舎（1954（昭和29）年）[fig.4]は1937（昭和12）年に着工したのち、資材不足で中断していたものだが、工事再開にあたって、その「威圧的な重苦しさ」を払拭することに努めた（設計：山下寿郎事務所）。また丹下健三は東京都庁舎（1957（昭和32）年）で「シティ・ホール」という概念を立て、ピロティとペデストリアン・デッキによって開放的なアクセスを構成し、玄関ロビーの都民ホール化を図った。また香川県庁舎（1958（昭和33）年）[fig.5]では戦前の日本趣味建築とは異なる手法によって、伝統を表現し、シンボル性を付与することに成功した。広島県（1956（昭和31）年／設計：日建設計）、旭川市（1958（昭和33）年／設計：佐藤武夫）、羽島市（1959（昭和34）年／設計：坂倉準三）、世田谷区（1960（昭和35）年／設計：前川國男）、宮津市（1962（昭和37）年／設計：沖種郎）などの各庁舎も、この潮流のなかで生まれた秀作である。

しかしながら、地方庁舎を地域住民が積極的に使いこなす社会的プログラムは必ずしも充実しなかった。多くの市民ホール、県民ホールは単なる待合室か展示コーナーとしてしか使われなかった。加えて1970年代以降の庁舎規模の拡大と業務の多様化によって、庁舎建築は行政という事務のためのオフィスビルとなった観がある。

fig.4——福島県庁舎

2階までできていた躯体を活かして設計を変更した。[撮影：筆者]

025

モダニズム建築

ヨーロッパのムーブメントを同時代的に追随

山名善之　東京理科大学 教授

モダニズム建築はそれまでの様式建築を否定し、産業革命以降の工業生産品を材料に用いた構造や表現に特徴をもつ。一九二〇年代になって日本では、「分離派建築会」が先駆者として活動を開始。F・L・ライトの弟子たちも、師のスタイルから脱却してモダニズムへと走った。こうした日本建築界の動きは、ヨーロッパにおけるモダニズムの隆盛に、遅れることなく追随していた。一九三〇年代には渡欧した建築家たちが帰国して、日本に本格的なモダニズム建築の時代が到来する。

モダニズム建築の萌芽

モダニズム建築は、第1次世界大戦前後に成立し、第2次世界大戦開戦までに国際的拡がりをみせたモダン・ムーブメントを反映した建築である。これは19世紀以前の様式建築を否定し、産業革命以降の工業生産材料を用いた構造、表現をもつ。1928(昭和3)年から始まるCIAM(近代建築国際会議)の活動も後押しして、モダニズム建築は国際的広がりをみせる。他の非西欧諸国と違い、日本のモダニズム建築の展開がこれらとほぼ同調できたのは、第1次世界大戦前後の国際的位置によるところが大きい。日清戦争の戦時賠償による市場の拡大から戦争景気が起き、日本経済は大きく前進した。第1次世界大戦期、それまで欧米の植民地化によってヨーロッパの権益が強かったアジア市場の欧州不在の隙を日本が突き、アジアにおける市場を急速に拡大させ、第1次大戦終結時の1918(大正7)年には日本は欧米諸国と並ぶところまでに成長していた。この時期がモダニズム建築の萌芽と重なったのである。

日本への導入

第1次世界大戦直後、辰野金吾が1919(大正8)年に、翌年の1920(大正9)年にはJ. コンドルが逝去し、大正デモクラシーの気運が高まるころには、日本の建築界は西洋様式建築を規範とした「近代建築」から次の建築へと移ろうとしていた。

この時期にドイツにおける建築の工学的アプローチに影響を受けていた佐野利器は、1915(大正4)年に博士論文「家屋耐震構造論」をまとめる。彼は教育面においても建築工学面を強調していたが、この教育に反発した1920(大正9)年の東京帝国大学建築学科卒業生らが、卒業と同時に建築の芸術性を主張して「分離派建築会」を結成する。モダニズム建築の初期段階である表現派の傾向が、これを機に日本においても活発になる。

F. L. ライトによる帝国ホテルが1923(大正12)年に竣工するが、アシスタントであったA. レーモンドはその後、東京に事務所を開設し、ライト・スタイルからの脱却をはかり「霊南坂の自邸」(1923(大正12)年)[fig.1]を竣工させる。同様にライトの弟子

fig.1——霊南坂の自邸[出典:『JA』新建築社、1999年]

fig.2——土浦亀城自邸[出典:『国際建築住宅図集』国際建築協会、1936年]

であった土浦亀城も、1930年代に入るとライト・スタイルからの脱却をはかり、「土浦亀城自邸」(1935(昭和10)年)[fig.2]に代表されるモダニズム建築を実現させる。

欧米諸国からの影響

20世紀初頭にはドイツ、アメリカを中心に都市や建築計画の課題が衛生学の科学的視点から議論されるようになってきていた。モダン・ムーブメントを推進する建築家たちはこの衛生学的視点からの合理性に共鳴し、主に日照などの課題に対して科学的に計画することを試み、建築・都市デザインの根拠とした。建築環境工学の先駆者である藤井厚二は、1919(大正8)年から約9カ月間にわたって欧米諸国を巡遊し、この流れへの関心を高めた。帰国後の1920(大正9)年に京都帝国大学建築学科に着任した藤井は京都府大山崎に土地を購入し、自邸の設計・建設を繰り返して、日本の風土に適した住宅の在りようを追求し、環境工学の理論化を試みた。集大成として、第5回目の住宅としてつくられたのが「聴竹居」(1928(昭和3)年)[fig.3]である。

このような先進的な状況が繰り広げられたのは、藤井以外にも1920年代前半に多くの建築家が欧米に渡航し、モダニズム建築の萌芽の状況を同時代的に共有できたからである。堀口捨巳は1923(大正12)年から1924(大正13)年にかけてヨーロッパ視察旅行を行い、帰国後、オランダの2つの新潮流であったアムステルダム派とデ・ステイルの双方の影響が読み取れる「紫烟荘」(1926(大正15)年)[fig.4]を設計する。

fig.3——聴竹居[撮影：磯達雄]

fig.4——紫烟荘[出典：分離派建築会 編『紫烟荘図集』洪洋社、1927年]

fig.5——御茶ノ水駅[出典：『国際建築』1932年8月]

fig.6——東京中央電信局[出典：山田守建築作品集刊行会『山田守建築作品集』東海大学出版会、1967年]

fig.7——木村産業研究所[提供：青森県]

ル・コルビュジエのもたらした影響

同様にル・コルビュジエの理解も日本がもっとも早い国のひとつであった。1922(大正11)年秋、ル・コルビュジエが「300万人の都市」「シトロアン住宅」をサロン・ドートンヌで発表し、この展示を見た中村順平、薬師寺主計はその新しい建築の視点に驚嘆した。中村は関東大震災復興のために1923(大正12)年に帰国し、ル・コルビュジエのユルバニスムの考えの紹介を含めた帝都復興計画について提案した『東京の都市計画を如何にすべき乎』(1924(大正13)年)を出版。薬師寺も同様に、帰国後、雑誌『建築世界』1923(大正12)年8月号に「ル・コルビュジエとの会見記」を寄稿するなど、モダニズム建築の萌芽はすぐに日本へ伝えられることになったのである。このサロン・ドートンヌ以来、ル・コルビュジエはパリを中心にヨーロッパで注目されるようになるが、日本における理解もこれらと同時代的に展開を始める。

1920年代後半になると、1926(大正15)年の東京帝国大学の岸田日出刀、1926-1927(大正15-昭和2)年の早稲田大学の今井兼次など大学教員も渡航し、新しい建築潮流であるモダニズム建築に触れる。また1927(昭和2)年7月には日本インターナショナル建築会が設立され、外国人会員としてペーター・ベーレンス、ブルーノ・タウト、ヴァルター・グロピウスなどが名を連ねるなど、日独の交流が盛んになる。岸田はル・コルビュジエなどのモダニズム建築の理論を講義し、教え子であった前川國男、牧野正巳がル・コルビュジエのアトリエに1928(昭和3)年に入門することとなる。早稲田大学を卒業し、帰国後、「御茶ノ水駅」(1932(昭和7)年)[fig.5]などを設計する土橋長俊も1929(昭和4)年に入門する。分離派建築会にも参加した逓信省の建築家で、「東京中央電信局」(1925(大正14)年)[fig.6]を設計した山田守も1929-1930(昭和4-5)年にかけてヨーロッパ視察旅行に出かけ、ベルリンなどに滞在しモダニズム建築を訪問し、前川らとともに第2回CIAMにも参加している。同じ逓信省の建築家である吉田鉄郎も1931-1932(昭和6-7)年にかけて、ドイツを中心に、ヨーロッパとアメリカを視察し、バウハウスでは日本建築について紹介をしている。

ル・コルビュジエは1929(昭和4)年から「サヴォワ邸」の設計に取りかかり、1931(昭和6)年に完成させ、モダニズム建築の完成形を提示するが、これは翌年1932(昭和7)年にニューヨーク近代美術館で開催された『インターナショナル・スタイル——1922年以降の建築』において中心的に紹介される。「インターナショナル・スタイル」と命名されたモダニズム建築は、日本においても1930年代から隆盛を極めるようになる。パリから帰国した前川は「木村産業研究所」[fig.7]を1932(昭和7)年に、吉田も帰国後に「東京中央郵便局」を1933(昭和8)年に竣工させるが、これらは合理主義を反映したモダニズム建築の日本における本格的な幕開けを示している。

026

沖縄型建築

ポスト・モダニズムの実践として

松葉一清
武蔵野美術大学 教授

一九八一年に竣工した名護市庁舎は、アメリカ統治下の沖縄で普及したコンクリートブロックや魔除けの力をもつシーサー像を外観に用い、日陰をもたらすテラスを各階に設けて、地域に根ざした建築の金字塔となった。これを契機に、沖縄では風土や歴史を強く意識したかたちで数多くの建築がつくられている。「沖縄型建築」の着実で粘り強い歩みは、日本におけるポスト・モダニズムの成果として、世界的にも注目できるレベルに到達している。

グレーの景観

沖縄本島を南部から北部まで自動車で走り抜けるとき、車窓の両側に広がる「グレーの家並み」に誰もが強い印象を抱くに違いない。屋上に渇水時対策の高置水槽の載ったコンクリートの建築群。木造の住宅が連なる本土とは異なり、沖縄ではコンクリートブロックが住宅のかなりの部分を占める。太平洋戦争時の米軍の「鉄の暴風」といわれた砲撃によって、木造の家並みが焼失し、焦土と化した沖縄本島の復興にあたり、沖縄のひとたちはブロックを建材に選んだ。統治した米軍がブロックの建築を建設するのに倣った。石灰分の多い地場産の砂でつくったブロックは、戦災の記憶が生々しいなか、防火の観点から沖縄における建築の主材料のひとつとして広がっていった。

1981(昭和56)年、そのような沖縄の地域性に根ざす建築の金字塔として「名護市庁舎」(設計:象設計集団+アトリエ・モビル)[fig.1]が登場した。鉄骨鉄筋コンクリートの躯体に地場産のブロックを外装に使った市庁舎は、沖縄の住宅形式をもとに「アサギテラス」[fig.2]と呼ぶ開放的な小広場を各階に配した。そこにはコンクリートとピンク色のブロックを組み合わせたルーバーが、赤瓦に白漆喰の伝統的な傾斜屋根を彷彿とさせる形態で架けられた。このテラスが連なり重なる姿は、今では多くが失われた木造民家の立体的な集合を表現し、日本における脱近代主義(ポスト・モダニズム)の実践として、大きな注目を集めた。

海側の壁面には、ブロックの柱のそこここに50体を超える屋根獅子(シーサー)[fig.3]が配された。沖縄各地の職人に依頼し、家の守りとなるシーサーが創作され、愛くるしい姿で海に向って鎮座している。それもまた、この地ならではの市庁舎の姿を強く印象づける役割を果たしている。

地球環境負荷軽減への挑戦

あわせて、この名護市庁舎は「熱を断ち、陰をつくり、風を導き入れる」ことにより、「冷房なし」を実現した。沖縄のひとたちが冷房のない時代に暑さをしのいできた知恵を活かそうとしたのである。庁舎内には背後の海からの風を採り入れる「風のミチ」[fig.4]と呼ばれる仕掛けが設けられた。テラスも頭上のルーバーが陽光を緩和し、風が吹き抜けると、夏期でもそこにたたずめた。今ではブーゲンビリアがテラスを覆い[fig.5]、建築と大地が自然のなかで一体化した強靭さを示している。

米国の建築家ルイス・カーンの有名な警句に「Form evokes function.」がある。直訳すると「形は機能を連想させる」となるが、そこには「人間の記憶の奥底に残る形態をとることで、多くのひとたちがその建築の担う役割を理解する」という意味が込められている。「名護市庁舎」は、ひとつには地域が育んだ景観の現代的な再構築として、また、南国の暮らしで快適さを手にする昔ながらの知恵を現代に復活させる点でも、カーンの警句に見事に応えてみせた。1970(昭和45)年の日本万国博覧会以降のモダニズム批判と、モダニズムから次なる一歩を踏み出せず行き詰まっていた日本の建築界に、沖縄から新風がもたらされた。

「名護市庁舎」は、太平洋戦争後の沖縄建築の総括であり、現地における建築の営為を現代の創造として位置づけるものだった。

fig.1——テラスの屋根が重なる「名護市庁舎」[撮影:筆者]

fig.2——テラスにルーバーが陰をつくる[撮影：筆者]

fig.5——繁茂したブーゲンブリアが建築と一体化する[撮影：筆者]

fig.3——風土デザインをシーサーが象徴する[撮影：筆者]

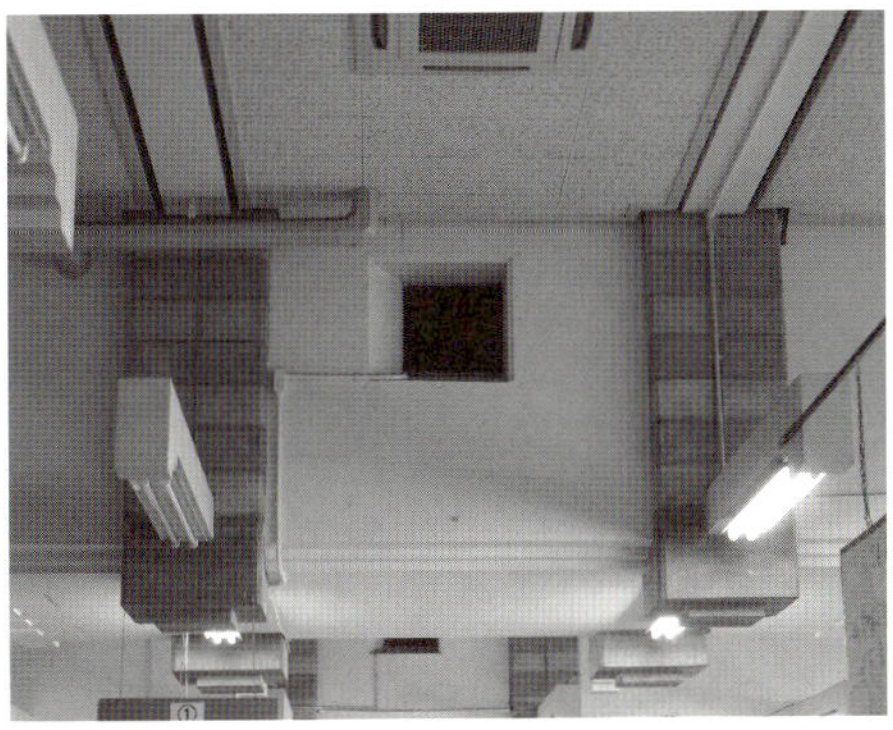

fig.4——室内に海風を導く「風のミチ」[撮影：筆者]

同じ設計者による「今帰仁村中央公民館」(1975(昭和50)年)は、大きな屋根の下での壁なしの集会所を実現した。また、象設計集団と現地で連携した活動を続けるアトリエガィィによる「冷房なし」の住宅の実践も沖縄の暮らしの伝統を継承し、現代における「沖縄型建築」の確立に大きな役割を果たした。地球環境への配慮が叫ばれる前夜の試みであり、その意味でも先駆的だった。

首里城につながる守礼の門の傍らに敷地の広がる「那覇市立城西小学校」は、原広司+アトリエ・ファイの設計で1987(昭和62)年に完成した。ここもかつての集落の配置を校舎の構成に活かし、ひとつの教室がひとつの赤瓦の方形屋根を持つ形式で連なった。子どもたちは放課後も、民家の前庭になぞらえて配された小さな広場などで遊び続けた。

継続する歩み

沖縄戦で焼失した首里城の復原は、この小学校が登場したあとで実現した。沖縄型建築の原点は、そのような現代建築家たちの旺盛な活動があったからこそ今日的な意味が理解され、実現にこぎ着けられたといってよいだろう。「名護市庁舎」とともに沖縄型建築の蒔いた種は、次々と開花していった。高松伸が網代の形態をコンクリートで表現した「国立劇場おきなわ」(2004(平成16)年)[fig.6]、内井昭蔵による赤瓦の「浦添市立図書館」(1985(昭和60)年)など、景観形成を意識した建築作品の試みは定着した。糸満市の「沖縄平和祈念資料館」(1999(平成11)年)は、原の事務所在籍時に「城西小学校」を担当した福村俊治の設計によるもので、赤瓦の屋根が連なり重なる姿も「蒔いた種」の実りと位置づけられる。

原による「城西小学校」は、2018(平成30)年に屋内運動場、幼稚園などを加え、構想の開始から35年の歳月を経て完成に至った。こうした「沖縄型建築」の着実で粘り強い歩みは、1970年代以降のモダニズム批判の流れのなかでの、地に足の着いた成果として、世界的にも注目しうる次元に到達している。

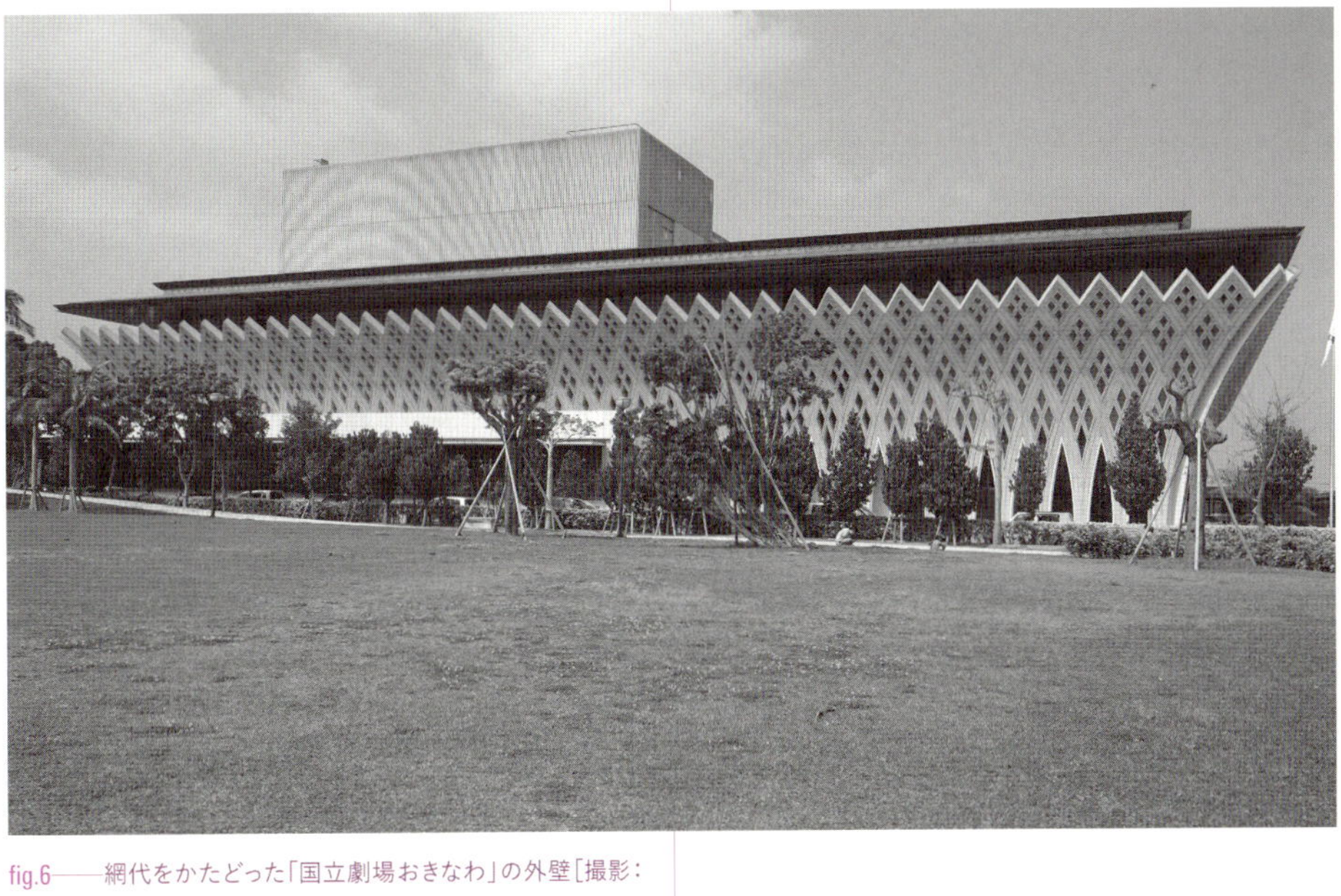

fig.6——網代をかたどった「国立劇場おきなわ」の外壁[撮影：筆者]

027 宗教建築・祈念施設

モダニズムとシンボリズムの融合

五十嵐太郎
東北大学 教授

信仰や精神性を表現する宗教建築・祈念施設は、建築史においてながらく主役の座を占めてきた。近代以降、その存在感は弱まったが、建築家にとってテーマが失われたわけではない。たとえば、丹下健三はキリスト教の大聖堂や戦争記念施設などの設計で、モダニズムとシンボリズムを高いレベルで結びつけた。また、戦後の新宗教は、自由なデザインと先端的な構造技術を組み合わせた壮大なスケールの建築をいくつも実現させている。

建築史における宗教施設

建築史をひもとくと、洋の東西を問わず、古代や中世は宗教建築が主要な役割を果たしている。エジプトのピラミッドも然り、フランスの大聖堂も然り。高さやヴォリュームにおいては先端的な構造技術を駆使し、当時の建築としては最大級を記録していた。もちろん、多くの信者を収容するという機能的な理由から広さは必要とされたが、都市のシンボルとなるようなサイズや、デザインのランドマーク性も求められただろう。中国からの構法を輸入した法隆寺の五重塔や奈良の東大寺は、ほとんどが単層の建築だった日本において、高層ビルのような存在だったに違いない。また絵画や彫刻など、装飾の面においても、もっとも優れたアーティストが参加し、宗教建築はまさに総合芸術の場として機能していた。いうまでもなく、宗教が権力をもち、お金をもち、建築にとって重要なパトロンになっていたからである。すなわち、宗教建築こそが新しいデザインを牽引していた。

しかし、近代を迎えると、社会や都市の構造が変わり、各種の公共施設、個人住宅や集合住宅などが、建築家にとって重要なビルディングタイプに変わる。もっとも、近代建築史において存在は薄くなるが、宗教そのものが消えたわけではない。宗教建築がデザインの前衛から切り離されたのである。文明開化から始まる日本の近代は、西洋の列強に追いつくべく工学としての建築や様式の学習に着手するが、寺社などの宗教施設を建てるためではない。古典主義やゴシックの様式を学んだが、神殿や教会を設計するためではなく、銀行や博物館、大学の建築などをつくるためだった。またその後に登場したモダニズムは、機能主義であり、装飾やシンボル性を排していくデザインである。そうしたなかで法隆寺の歴史的な価値を発見した伊東忠太は異色の存在だった。彼は仏教のルーツを起源にまでさかのぼって、インドの様式を採用した築地本願寺（1934（昭和9）年）や、日本の古建築のいくつかのタイプを折衷させた震災記念堂（1930（昭和5）年）など、シンボリックなデザインを展開した。もっとも、彼の作品は基本的に様式という枠組みにおいて構想されたものである。

fig.1——戦没学徒記念館（設計：丹下健三／1967（昭和42）年）［撮影：筆者］

fig.2——東京カテドラル（設計：丹下健三／1964（昭和39）年）［撮影：筆者］

丹下健三とシンボリズム

戦時期の日本は、ドイツやイタリアとは違い、建築によるプロパガンダに向かわず、むしろ貧相な合理的デザインに陥った。その一方で戦死者を顕彰する忠霊塔というビルディングタイプはさまざまなコンペが実施され、デザインを表現する数少ない機会になった。ただし、忠霊棟は装飾や特定の様式はもたないが、純粋なモダンでもなく、巨大な墓石型が多く、過渡期的な造形である。また大正期以降に、新しい建築として靖国神社や明治神宮のデザインを絶賛する言説が存在していたことも、注目すべき状況だろう。

若き日の丹下健三が1等案に選ばれた1942（昭和17）年の大東亜建設記念造営計画のコンペは、富士山の裾野に忠霊神域を提案し、富士山を背景とする神がかったドローイングを描いていた。彼こそは、戦後日本の復興期にモダニズムとシンボリズムをダイナミックに接続することに成功した国民的な建築家である。そして大東亜建設記念造営計画で提示した強力な軸線によって都市スケールで空間を貫くデザインは、原爆ドームと対峙する広島平和記念資料館や東京計画1960に発展的に継承された。また丹下による淡路島の戦没学徒記念館（1966（昭和41）年）[fig.1]は、ペン先をモチーフとするシンボリックな塔をもち、ランドスケープと対話する建築である。

1964（昭和39）年に竣工した2つの丹下建築は、高いレベルでモダニズムとシンボリズムを融合した。東京カテドラル[fig.2]と国立代々木競技場である。前者はHPシェルの構造をキリスト教の神聖な空間に用い、後者は吊り屋根の曲線が日本の伝統建築を想起させるものとなった。東京カテドラルは、先端的な技術が宗教建築に使われたという意味でも画期的な事例である。コンクリートの技術が進歩したことで実現可能になった構造表現主義の潮流が世界的にも注目された時期であるが、これはモダニズムに再びシンボリズムを導入する契機だった。横山公男が設計した創価学会の大石寺正本堂（1972（昭和47）年）[fig.3]も、ダイナミックな吊り屋根をもち、こうした系譜に位置づけられるだろう。

fig.3——大石寺 正本堂（設計：横山公男／1972（昭和47）年）[撮影：筆者]

戦後の宗教建築とデザイン

戦後の新宗教建築は、戦前からの断絶を視覚的に表現するために、モダニズムの自由なデザインを使うケースが認められる。たとえば、天照皇大神宮教の本部（1964（昭和39）年）は、沖種郎と大谷幸夫が手がけ、教祖の踊りを意識しながら、流動的な空間を実現した。神慈秀明会はミノル・ヤマサキに教祖殿（1983（昭和58）年）[fig.4]を依頼したが、大きく反った屋根は富士山をイメージしたものだという。新宗教の場合、技術的には近代以前よりも巨大な建築が可能になっても、意匠的には日本の古建築と同様、しばしば屋根の造形が象徴性を表現する要になる。たとえば、天理教の神殿や教会、おやさとやかた計画の建築群、霊友会釈迦殿（1976（昭和51）年）、世界真光文明教団の本殿（1987（昭和62）年）などだ。

fig.4——神慈秀明会 教祖殿（設計：ミノル・ヤマサキ／1983（昭和58）年）[撮影：筆者]

神社は保守的な木造が主流であり、菊竹清訓[fig.5]や木島安史をのぞくと、ユニークなプロジェクトは多くない。ビルの屋上に建立されるようになっても、本殿のデザインをいじることは難しいだろう。逆に寺院は近代以降、耐震耐火のために、コンクリート化が進み、白井晟一、谷口吉郎、山崎泰孝、相田武文、石山修武、宮本佳明など、建築家による興味深いプロジェクトが散見される。キリスト教は、今井兼次の日本二十六聖人殉教記念館、村野藤吾の世界平和記念堂、安藤忠雄による光の教会、坂茂による紙の教会など、モダニズムであれ、装飾的なものであれ、それぞれの建築家の個性を活かした傑作を生みだしている。なお、日本はキリスト教の信者が多くない国だが、結婚式のためだけのウェディング・チャペルが増殖し、見晴らしのよいロケーションだと、建築家にチャンスをもたらすケースがある[fig.6]。イスラム教のモスクはわずかに存在するが、必ずしも現代的な建築ではない。

fig.5——出雲大社庁の舎（設計：菊竹清訓／1963（昭和38）年）[撮影：筆者]

行政の長の任期、あるいは年度の予算などでプロジェクトのスケジュールが区切られたり、公共建築に対するコスト感覚が厳しくなっている現在だからこそ、異なる時間のスケール感覚によって、シンボリックな共同体の場をつくる宗教建築は大きな意味をもち得るのではないか。

fig.6——水の教会（ウェディング・チャペル）（設計：安藤忠雄／1988（昭和63）年）[撮影：筆者]

028 タワー

怪獣たちは破壊し続ける

吉見俊哉
東京大学 教授

一九五〇年代、集約電波塔として東京、大阪、名古屋、札幌など、日本の各主要都市に相次いでタワーが建設される。高くそびえる鉄塔の上部には展望台が設けられ、アミューズメント施設としても大勢の人が訪れ賑わった。その代表である東京タワーは、国民に明るい未来への希望を与え、戦後復興と高度経済成長を象徴するシンボルともいわれる。しかし、映画や広告に繰り返し描かれた姿を追っていくと、別の側面も見えてくる。

東京タワーとモンスターたち

1954(昭和29)年に公開された映画『ゴジラ』に東京タワーは登場しない。東京タワーが完成するのは1958(昭和33)年のことで、1954(昭和29)年にはまだ存在していなかったのだから当然である。だが、私たちのなかにあるゴジラのイメージには、タワー破壊という印象がつきまとっている。『ゴジラ』のなかでもっとも印象的な場面のひとつが、都心の電波塔がゴジラに倒される瞬間だったからだろう[fig.1]。ゴジラが近づいてくるなかで放送を続けていた放送局員たちは、「右手を塔にかけました!ものすごい力!さようならみなさん!」と叫びながら塔とともに地上に落下する。背景には東京大空襲以来、再び火の海と化した東京が見える。

そして1958(昭和33)年に東京タワーが完成すると、このタワーは繰り返しモンスターによる破壊の標的となってきた。当時、このタワーは、エッフェル塔よりも高く、「世界一」であることが喧伝されていた[fig.2]。この高さを下から見上げるイメージは、高度成長へ向かう日本人の欲望と結びつき、東京タワーに象徴的求心力を与えた。そして1961(昭和36)年、まさにこのタワーを最初に破壊したのが、ここに繭をつくって成虫に進化したモスラであった。モスラは繭と化しながら、タワーをへし折ってしまった[fig.3]。続いて1964(昭和39)年、3つの頭をもつキングギドラが飛来し、口からの光線でタワーを倒す。さらに翌1965(昭和40)年、今度はガメラがタワーを直撃、自分の手でなぎ倒す[fig.4]。これ以降、キングコングのような有名獣から無名の怪獣まで、1970年代初頭まで怪獣たちは東京タワーを破壊し続けるのである。

成長の夢と戦災の記憶

この戦後東京における執拗な破壊への衝動は注目に値する。なぜ、これほどまでに東京タワーは破壊され続けなければならなかったのか。答えは、すでに初代『ゴジラ』が明瞭に語っている。ゴジラ襲来により火の海と化した東京で、ビルの片隅に座り込んだ哀れな母子。母は「もうすぐ(戦争で死んだ)お父様のところに行くのよ」と子たちに語る。『ゴジラ』は濃厚に戦災の記憶と結びついており、テレビ塔の破壊は戦後の「復興」が見せかけにすぎないことを暴いている。その延長線上で、東京タワーが破壊され続けたのは、この戦後復興と高度成長のシンボルへの潜在的な違和感の表明とはいえまいか。

他方、東京以外の都市でタワーが怪獣に破壊されるのは比較的遅い。初代通天閣が建設されたのは1903(明治36)年だが、1956(昭和31)年に再建された二代目の通天閣は1966(昭和41)年、バルゴンという怪獣に破壊されている。しかし、京都タワーは1993(平成5)年まで標的になってはいない。1954(昭和29)年完成の名古屋テレビ塔も、1957(昭和32)年完成のさっぽろテレビ塔も、怪獣の来襲を受けるのは1990年代で、建設から40年近く後である。これは、1980年代までの想像力の地理学のなかでの東京の圧倒的な中心性と1990年代以降のその後退を示すが、同時に、1990年代、都市の破壊が戦争の記憶と結びつかなくなったことも示唆する。2014(平成26)年に公開された『シン・ゴジラ』は、興味深いことにスカイツリー(2012(平成24)年完成)を破壊していない。シン・ゴジラは福島原発事故の隠喩であって、東京大空襲の隠喩ではないのである。

fig.1——ゴジラに襲撃されるテレビ塔(『ゴジラ』1954年)[提供:東宝(株)]

fig.2——東京タワーのパンフレット

fig.3——東京タワーをへし折るモスラの幼虫(『モスラ』1961年)[提供:東宝(株)]

fig.4——ガメラになぎ倒される東京タワー

シンボルからパロディへ

歴史的にいうならば、ゴシック教会や五重塔のように、タワーは天上に向かう意志、すなわち宗教的崇高性の象徴であると同時に、天守閣から東京大学の安田講堂までがそうであったように世俗的権威の象徴でもあった。この塔をめぐり、近代に生じたもっとも重要な変化は、誰もが登れるようになったことである。この変化は日本では浅草十二階から本格化し、初代通天閣でも同じであった。それまで神や高位の聖職者、権力者にのみ許されていた高所から俯瞰する視界を、近代は万人のものとした。この新しい経験は庶民にとって快楽であり、タワーはアミューズメントパークとなった。東京タワーからスカイツリーに至るまでこの性格は継承されるが、同時に戦後のタワーでは、テレビ塔としての役割が中心化する。すべてを見渡すことはカメラと電波に媒介され、お茶の間の国民的欲望と化していった。東京タワーをはじめとするタワーは、この国民的欲望のメディアとなった。

このように、タワーの超越性への欲望の媒介者だったのは、1970年代頃までである。1980年代以降、タワーは下から見上げる近代化のシンボルというよりも、ポストモダン都市の背景的な置物となっていく。この変化を、広告ほど顕著に示してきたものはない。たとえば、1991(平成3)年の西武百貨店の広告に登場した東京タワーは、東京のど真ん中で逆立ちしてしまっていた[fig.5]。「東京まるかじり」と題した2000(平成12)年のJR東日本の広告に登場するのは、無数の飴によって出来上がった東京タワーである[fig.6]。タワーは見上げるものから舐めるものに変化したのだ。テレビCMでも、早くも1980(昭和55)年には、YMOが出演したフジフィルムのテクノポップ調のCMで、東京タワーは意識的にパロディ化され、天使のような光輪を被せられていた。JR東日本のCCガールズが登場したCMでも、東京タワーは完全に横になってしまい、その上で女性たちがまだ有線だった電話に興じていた[fig.6]。

日本の都市と建築的なるものの限界

20世紀半ばまでの近代都市を席巻する巨大建築は、要するに1851(嘉永4)年ロンドン万博の水晶宮と1889(明治22)年パリ万博のエッフェル塔のバリエーションである。モダニズムがそのデザインを高度に洗練させていった摩天楼は、両者を合体させた究極の姿であったし、かつて華やかな消費の殿堂であった百貨店から今日のショッピングモールまでは、より直截に水晶宮の延長線上にある。そしてもちろん1958(昭和33)年の東京タワーは、その約70年前に建てられたエッフェル塔をモデルにしている。しかし、エッフェル塔が見事にパリ全体の都市改造と景観的に結びついてきたのに対し、東京タワーは、その遠景の美しいシルエットの一方で、近隣地域の景観との関係では戦後都市計画の失敗を証明している。そしてまさにこのアンバランスさこそ、逆説的に戦後近代日本的なのである。モンスターたちが東京タワーを壊し続けるのは、タワーが戦争の災禍やこの都市の路上の生々しさを前にすれば、じつは容易に壊れてしまう程度のものでしかなかったことを暗示している。

fig.5——逆立ちした東京タワー[所蔵:アド・ミュージアム東京]

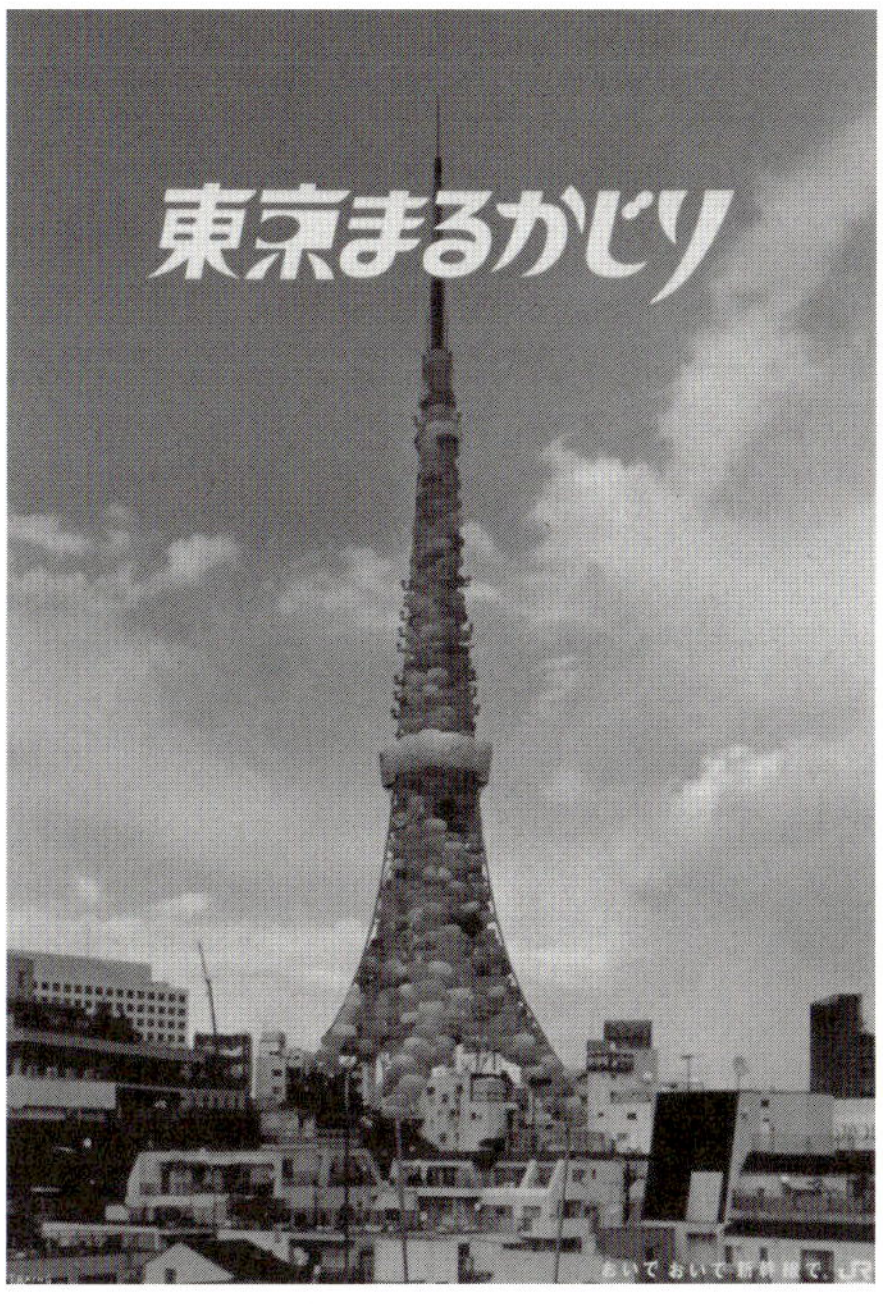

fig.6——飴でできた東京タワー[所蔵:アド・ミュージアム東京]

029

東京オリンピック

工学的知見を結晶化させて戦後復興をアピール

——豊川斎赫
千葉大学 准教授

アジアで初めてとなるオリンピック競技大会が、一九六四年に東京で開催された。

これに際して、鉄道では東海道新幹線が開通し、自動車道路では首都高速道路や都心環状線が整備された。

また、建築では競技会場として代々木体育館や駒沢公園などを建設、すぐれたデザインが世界から高く評価される。

国土計画、都市計画、建築計画の各分野で成果を上げることにより、日本の戦後復興と東京のグローバルシティ化を内外に知らしめた。


1964(昭和39)年に開催された第18回オリンピック東京大会(以下第18回大会)は戦後日本のナショナルイベントとして類い稀な成功を収めた。本稿では開催までの経緯に触れ、国土計画・都市計画・建築計画に衝撃を与えた成果として、東海道新幹線、首都高速と幹線道路整備、代々木体育館(竣工当時は国立屋内総合競技場)と駒沢公園の3つを取り上げたい。いずれの事例も既成概念にとらわれず、不断の努力を通じてさまざまな工学的知見を結晶化させた点で傑出しており、首都・東京の近代化を全世界に知らしめ、グローバルシティに成長するための礎を築いた。

国威発揚、占領、そして平和の祭典へ

1930(昭和5)年末、関東大震災後の帝都復興に取り組んできた永田秀二郎・東京市長は、1940(昭和15)年に東京に第12回オリンピックを誘致することを新聞紙面で公表した。この年は紀元2600年に該当し、挙国体制で祝賀イベントが企画されており、東京オリンピックは国内外に向けて大日本帝国の威容を発信する格好の機会と捉えられた。しかし、日中戦争(1937-1945(昭和12-20)年)の長期化に伴い、1938(昭和13)年7月にオリンピックの返上が正式に決定された。

その後、日本は敗戦し、全国各地の施設・土地が進駐軍に接収されたものの、1952(昭和27)年5月には東京都議会はオリンピック東京招致を議決し、1959(昭和34)年5月のIOC総会にて第18回オリンピック東京大会の開催が決定した。その際、オリンピック用地の確保を目指して、朝霞のキャンプ・ドイレクと代々木のワシントン・ハイツの返還が外交問題として浮上した。当初の計画では、前者に選手村を建設し、後者の一部に水泳場を建設する予定であったが、米軍との返還交渉が難航した。この結果、1961(昭和36)年10月、後者の全面返還が決定し、北部分に広がる米軍宿舎を選手村に活用しつつ、南部分に水泳競技場を建設することとなった。戦後の日本は第18回大会を平和の祭典と位置づけ、都心部の広大な占領地の返還を実現し、敗戦によって失った国際的プレゼンスを取り戻すことに成功した。これと同時に、焼け野原から復興を遂げた平和国家の奇跡を国内外にアピールできたのである。

国土計画への衝撃——東海道新幹線

1964(昭和39)年10月1日、第18回大会開催に合わせて東京・大阪間を4時間でつなぐ東海道新幹線が開通したが、そもそもこの計画は1940(昭和15)年に計画された東京・下関間をつなぐ弾丸列車計画に端を発する。この計画も第12回大会と同様に中止に追い込まれるが、ルート・駅・輸送設備等の基本事項、高速鉄道としての各種技術規格・施設仕様の基礎、用地買収・トンネル工事計画などが詳細に検討され、東海道新幹線の開通に大きな役割を果たした[fig.1]。東海道新幹線の技術的成果として、平面交差がない高速旅客電車専用の線路であり、自動列車制御装置(ATC)を装備している点が挙げられる[fig.2]。一方、国土計画へのインパクトとしては、東海道メガロポリスの実現がある。これは、東京・大阪間の一日交通圏を現実のものとし、関東・中部・関西といった旧来の圏域を打破しながら、国土の有機的再編を促した。たとえば、開通から6年後に開催された大阪万博では、入場者数約6,000万人中、900万人を新幹線が運んだと推定されている[fig.3]。

都市計画への衝撃——首都高と環状線・放射線

東京都心部における自動車交通の混乱は戦前より予見され、内務省に在職した山田正男(のちの東

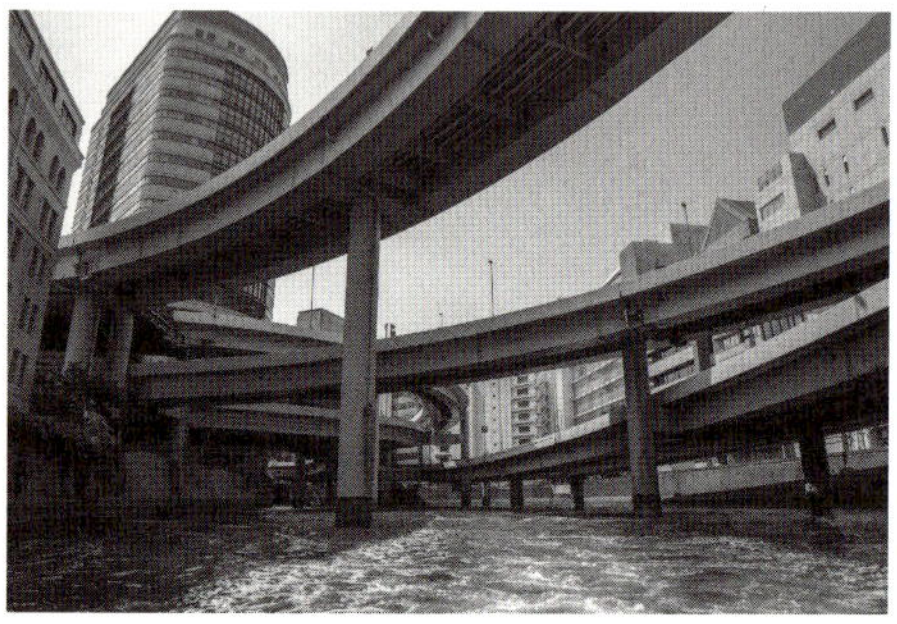

fig.1——首都高速一号線の江戸橋ジャンクション

ここでは、橋梁では初めて「立体ラーメン構造」を採用し、橋脚本数を劇的に減らしている。[写真:PIXIA]

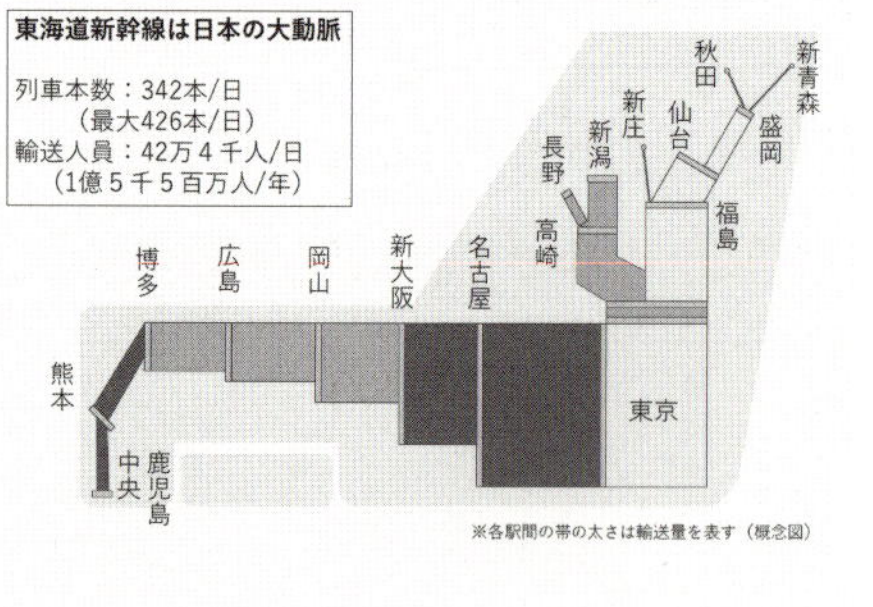

fig.2——東海道新幹線=日本の大動脈

「(東海道エリアは)国土面積では日本の24%だが、GDPの64%を生み出しているほか、日本の人口の60%が住み、(2018(平成30)年現在)全部で20ある政令指定都市のうち12が集中している。これは東海道新幹線が単に東京–名古屋–大阪という三大都市圏を結ぶだけでなく、沿線地域を含めた東海道回廊を経済的に統合する役割を果たしたということを物語っている。そしてそれは、安全・高速・大量・高頻度な高速鉄道だからこそ成し得るのである」(括弧内筆者)[2]。[出典:『50+50——東海道新幹線と首都高速』を元に筆者作成]

京都首都整備局長)は1938(昭和13)年に「東京高速度道路網計画」の立案に参画した。この計画は戦後の首都高速道路や都心環状線整備の基盤となり、都心部の限られた道路空間の効率的活用による渋滞緩和するのみならず、都市改造、都市再開発を誘発する動脈となることが期待された[fig.4]。

とくにオリンピック関連道路として首都高速一号線と環状七号線、放射四号線(国道246)が知られ、首都高は都心と羽田を結んで訪日客の玄関口となり、環状七号線は朝霞の選手村と都心部の競技場を短時間で結ぶことが期待された。前者は沈埋トンネルや地下ジャンクションなど特筆すべき技術が投下されたほか、直線的な部分はコンクリート桁、曲線的な部分は鋼合成、桁長大橋で鋼構造が採用され、見本市的な様相を呈した[fig.5]。また後者は、誘致当初に計画された朝霞選手村と競技施設を結ぶ重要幹線に位置づけられたが、代々木の米軍宿舎を選手村に活用することが決まると後者の必然性が薄れてしまった。そこで東京都はさまざまなチャンネルを通じて政府に強く訴えかけ、どうにか実現にこぎ着けた。

fig.3——代々木体育館配置図

敷地の高低差を巧みに操りながら、北の原宿駅(高台)側から大観衆の流れを制御し、南の渋谷駅(低地)側から車の動線、天皇陛下を含む貴賓客の動線、選手の移動を制御した。[所蔵:東大生産技術研究所川口研究室]

fig.4——代々木体育館構造模型実験

構造を担当した坪井善勝・川口衞らは、1/30の構造実験用模型をつくり、釣り屋根面の構造性状について検討を重ねた。[所蔵:川口衞構造設計事務所]

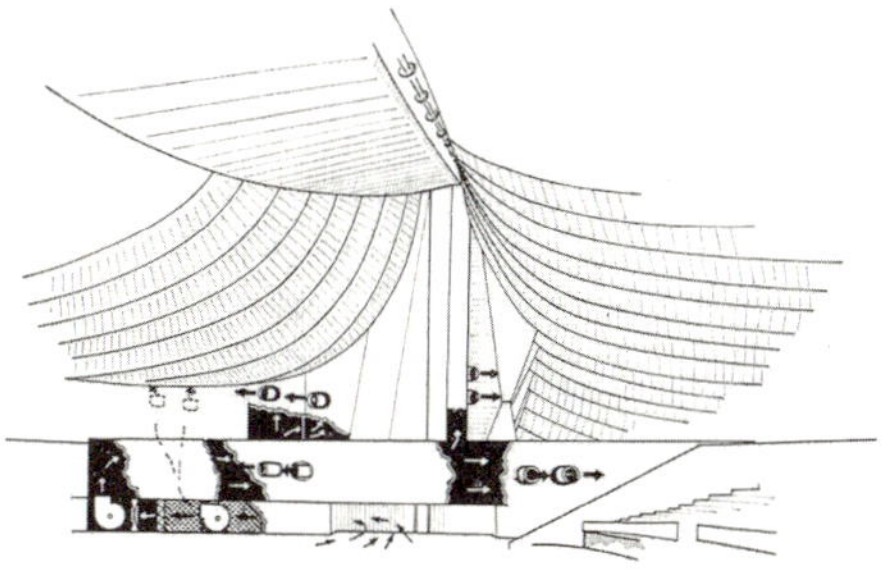

fig.5——代々木体育館空調設備

設備を担当した井上宇市・尾島俊雄らは、天井吊り下げ型の空調機ではなく、大体育館側壁に16台のノズルを用いて給気し、空調を一元管理できるようにした。[出典:『建築文化』1965年1月号]

建築計画への衝撃 ——代々木体育館と駒沢公園

第18回大会の水泳・バスケットボール会場となった代々木体育館の特徴を2つあげると、ひとつは巴型平面や「道空間」の採用により都市と建築の有機的統合を可視化した点である。もうひとつは、ダイナミックな吊り屋根構造を採用し、意匠・構造・設備の三位一体的な建築を実現した点である。

前者について、代々木体育館はJR原宿駅から直近に位置し、大勢の観客を迎え入れ、また地震時には大観衆を安全に避難させる必要があった。このため、巴型の平面形を採用し、また大小体育館を結ぶ「道空間」によって観客・スタッフ・選手らの階層的ゾーニングを計画した。これにより、流動的でありながら明快な構造をもつ複合巨大公共建築のお手本が完成した。また後者について、設計者の丹下健三は坪井善勝とともに1950年代まで鉄筋コンクリート造シェルによって大胆な造形の体育館を実現していたが、規模の増大や施工不良による鉄筋コンクリート片の落下が危ぶまれため、吊り屋根構造が採用された。これにより約100mスパンの無柱空間が得られ、屋根面が凹となることで容積が縮減し空調費を削減するメリットがあった。しかし、解決すべき技術的課題も多く、意匠・構造・設備の密接な連携や、数多の天才的発明によって困難を乗り切り、期限内に竣工を迎えることができた。

一方、駒沢公園は第12回大会の競技会場に選ばれ、戦後には国体会場として整備された。その後、第18回大会時にはレスリング・バレーボール・サッカー・ホッケー会場として利用されることとなった。駒沢の基本構想は高山英華が担当し、戦前の施設配置計画を踏襲しながら優れた造園計画が実践された。また、体育館の設計を担当した芦原義信は不等辺HPシェルを駆使した屋根面を提案した。その際に芦原は、シェル面の縁に壁などの構造部材を据えると陰影がなくなり、曲面の美しさが保たれないと判断し、屋根の軒の出を大きく取って、ガラス面を後退させている[6]。この結果、幾人かの識者に日本の寺院建築に通じる屋根表現と評されたという。

参考文献

1———地田信也『弾丸列車計画——東海道新幹線につなぐ革新の構想と技術』成山堂書店、2014年

2———葛西敬之「第2章 東海道新幹線50年の歩み」土木学会『50＋50——東海道新幹線と首都高速』丸善出版、2014年

3———「東海道新幹線開業50年、その歴史を振り返る」『朝日新聞』2014年5月30日

4———山田正男「ごあいさつ」首都高速道路公団『首都高速道路公団20年史』1984年

5———広瀬可一、菊田聡裕「首都高速1·4号線(オリンピック関連)の完成まで」『新都市』1964年9月

6———芦原義信「駒沢体育館の設計」『新建築』1964年10月

030

大阪万博

それは建築技術の実験場でもあった

橋爪紳也
大阪府立大学 教授

一九七〇年に大阪府吹田市の千里丘陵で開催されたアジアで初となる国際博覧会は、会場内に建てられた基幹施設や各国・各企業などによるパビリオンが、ユニークなデザインを競い合った。また、スペースフレームやリフトアップ工法、カプセル、空気膜構造、エアビームほか、施工や構造における新たな試みも多数みられ、その後の日本における建築技術の進歩に、大きな影響を与えることとなった。

シンボルゾーンと大屋根

日本万国博覧会は、1970(昭和45)年3月15日から9月13日までの183日間、大阪府吹田市の千里丘陵を会場として開催された。国際博覧会条約に基づく第1種一般博である。アジアで初となる国際博覧会であり、「大阪万博」の略称が広く用いられた。

330haの広さがある会場内に、多数のパビリオンが建設された[fig.1]。海外からは76カ国と1政庁(香港)、4国際機関、9州市が参加した。国内からは、日本政府、日本万国博覧会地方公共団体出展準備委員会、2公共企業体、28の民間企業等の出展があった。入場者数は当初想定を超えて6,421万8,770人を数え、国際博覧会の従来の記録を塗り替えた。

会場の中央、南北の軸線に沿ってシンボルゾーンが設けられた。日本庭園のゲートを北端に、万国博美術館と万国博ホール、お祭り広場、テーマ館、中央口が一列に並ぶ。さらに南に、万国博協会ビル、エキスポタワー[fig.2]が建設された。

シンボルゾーンのコアに広場を設けることは西山夘三が提案し、これを受けた上田篤は、神社境内など祭礼の場の伝統を重ねて、「お祭り広場」と命名した。基幹施設の総合プロデューサーとなった丹下健三は、総合演出の立案を磯崎新に委ねた。磯崎は、演出装置を兼ねたロボットを配置、「お祭り広場」を情報化社会の「インビジブル・モニュメント」と位置づける案をまとめた。

シンボルゾーンの中央部、テーマ館やお祭り広場を覆うように大屋根が架構された。幅108m、長さ291.6m、6本の柱で支持された世界最大規模のスペースフレームである。丹下健三研究室が設計、構造は坪井善勝研究室と川口衞構造設計事務所が担当した。上下の弦面を10.8mの方形グリッドとし、その間に斜材を角錘状に連結するダブル・レイヤー・グリッド構造とした。上面を世界初となる透明ニューマチック・パネルでカバー、太陽光が透過するように工夫した。施工の際には、地上で組み立ててジャッキで30mの高さに持ち上げるリフトアップ工法が用いられた。

シンボルゾーンの南端に、会場全体のランドマークとなることが想定されたエキスポタワーが建設された。展望塔に加えて、無線通信用の中継アンテナという機能も託された。高さ127mにおよぶ3本の支柱の上方に9つの多面体のユニットが取り付けられ、それぞれ展望室や展示室、機械室として使用された。菊竹清訓が設計を担当、支柱とユニットを増やしていくことで拡張が可能となる。いわゆる「塔状都市」のモデルが提案された。

メタボリズムと空気膜構造

各パビリオンはユニークなデザインを競いあった。一方、施工や構造面でも、従来にない試みが行われた事例がある。

新陳代謝を前提に、変化し、成長する都市建築を想定した「メタボリズム」の理論が、複数のパビリオンで応用された点が注目された。先述のエキスポタワーのほか、黒川紀章がプロデューサーを担ったタカラビューティリオン[fig.3]などが好例である。フレームの中に、工場で制作された立方体のユニットが組み込まれており、現場での施工は7日間で完了した。万博でメタボリズムの展示館を見て感銘したサウナ事業者が、のちに黒川に相談、世界初のカプセルホテルが大阪で開業することになる。

空気膜構造の建物も話題になった。アメリカ館[fig.4]は、長径142m、短径83.5m、床面積1万m^2におよぶ楕円形のエアドームである。ガラス繊維に塩化ビニールをコーティングした膜をワイヤーロープで補強。送風機で館内に空気圧を加えることで、18cmの積雪荷重にも耐える強度が確保された。

幌馬車のような外観が人気を集めた富士グループパビリオン[fig.5]は、エアビームを16本を横に連結することで、高さ31mもの巨大な無柱空間を創出させた。直径4m、長さ78mの各ビームは、特殊

fig.1——会場風景

企業や各国が出展したパビリオンが並ぶ。[所蔵:筆者]

fig.2——エキスポタワー
シンボルタワーとして建設された。[所蔵：筆者]

fig.3——タカラビューティリオン。
メタボリズムによるパビリオン建築が話題になった。[所蔵：筆者]

fig.4——アメリカ館
月の石が話題になった。空気膜構造が採用された。[所蔵：筆者]

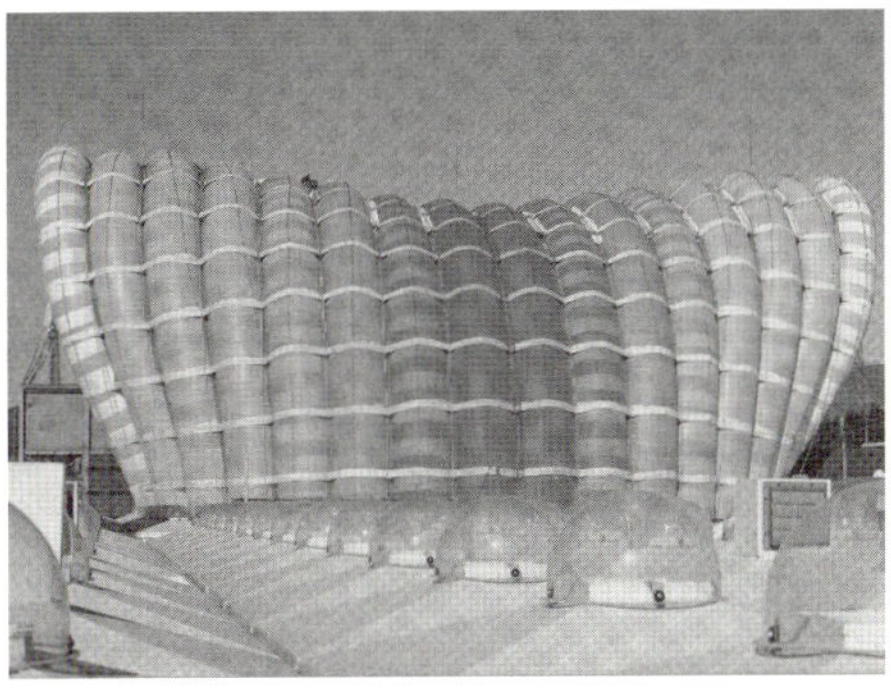

fig.5——富士グループパビリオン
エアビームを連結して建設された。[所蔵：筆者]

fig.6——太陽の塔
大屋根と太陽の塔。右に青春の塔がある。[提供：大阪府]

加工した高強度ビニロン帆布を継いだもので、外圧より0.08気圧ほど高い空気を常に送風して自立させた。0.25気圧ほど高くすることで、秒速60mの暴風にも耐えるものとされた。

電力館の水上劇場も、3本のエアビームによって、水面に浮かぶ外径23mの円形建築物を支持する構造であった。

テーマ館と「太陽の塔」

「人類の進歩と調和」という大阪万博のテーマを観客に伝えるべく、地下展示・地上展示・空中展示からなる「テーマ館」が、シンボルゾーンに設けられた。プロデューサーに岡本太郎を迎え、地下展示では、進歩や調和の根源にある混沌とした原始的な体験を提供、「現代のエネルギー」と題する地上展示では、人間の生き方の多様さ、素晴しさや尊厳が提示された。川添登がサブプロデューサーを務めた空中展示には、各国の建築家が手がけた未来都市の模型、世界最大の絵本、原爆のキノコ雲を象徴する展示などがあった。

地下展示と空中展示を連絡するエスカレーターを収める施設として、高さ約70mの「太陽の塔」[fig.6]が建設された。塔の頂部には、ステンレス鋼板に金色の特殊塩化ビニールフィルムを貼付した直径10.6mの「黄金の顔」が据えられた。胴体正面には直径12mの「太陽の顔」、背面には直径約8mの「黒い太陽」が配置された。腹部にデザインされた前面の赤いイナズマ模様と、背部の黒いコロナ模様は、イタリア産のガラスモザイクタイルで仕上げられた。

内部には約41mの「生命の樹」が設けられた。幹や枝に292体もの造形物を配置、アメーバ、爬虫類や恐竜、哺乳類を経て、霊長類へと生命が進化する様子が表現された。岡本は「太陽の塔」を、過去・現在・未来の3つの層が重なりあって構成するマンダラの一部を構成する「祭神」であると位置づけた。大屋根に設けられた円形の空間から上方に伸びて、左右に腕を広げる姿は、大阪万博を代表するシンボルとして親しまれた。

このように、大阪万博が日本の建築技術の進歩に与えた影響は極めて大きなものであった。一方で、3年後に第1次オイルショックが起こる。高度経済成長が節目を迎えることを告げるプロジェクトであった。

なお、太陽の塔は、閉会後、解体される予定であったが、反対の署名運動もあって保存されることとなる。2018(平成30)年3月には、耐震補強の工事が完了し、一般公開が始まった。

参考文献
1———日本万国博覧会記念協会編『日本万国博覧会公式記録資料集(全3巻)』日本万国博覧会記念協会、1971-1972年
2———橋爪紳也監修『EXPO'70パビリオン 大阪万博公式メモリアルガイド』平凡社、2010年
3———橋爪紳也『1970年大阪万博の時代を歩く』洋泉社新書、2018年

031

駅ビル

世界に類のない超高度利用の都市複合施設

藤村龍至
東京芸術大学 准教授／RFA主宰

わが国の駅ビルは一九二〇年に阪急梅田駅で百貨店を入れたビルが建設されたことを起点としてひろまった。戦後の復興期には、国鉄も民間資本を入れた民衆駅の方式で商業機能を入れた駅ビルを建てていく。さらに分割民営化後は駅ビル開発に積極的に取り組み、京都駅ビルや大阪ステーションシティといった巨大開発を実現させた。渋谷駅に代表される、周辺施設と駅がネットワークされた日本独特の都市複合施設は、世界に類を見ない建築の型として進化を遂げている。

ターミナルビルとしての駅ビルの誕生

わが国の駅ビルの歴史は関西から始まった。先に国鉄の敷設された東京では、旧東京市の政策により私鉄の都心部への乗り入れが制限されたため、池袋や新宿、渋谷などの国鉄駅が郊外と結ぶ鉄道のターミナルとなった。それに対し、国鉄と私鉄の敷設時期が重なった関西では、私鉄は独自のターミナルを都心部に構えることとなった。阪急電鉄の前進である箕面有馬電気軌道は1920(大正9)年にターミナルである梅田駅前に小さなビルを建て、白木屋に賃貸して売り場とした。そこでデータを取り、1925(大正14)年ビルを改装し2、3階に阪急マーケットを開店させた。1929(昭和4)年に地上8階・地下2階のビルを建設し阪急百貨店が開業、その後増築を重ね約5万8000m^2の規模にまで拡大した。1932(昭和7)年には南海鉄道が難波駅に高島屋をテナントとして入れた南海ビルディングを完成させた。

東京では1931(昭和6)年に東武鉄道が浅草雷門駅(現、浅草駅)の開業に際し、松屋をテナントしたターミナルデパートを完成させたが、本格的な駅ビルの建設は戦後に入ってからであった。運輸省施設局建築課長であり「省線電車駅に於ける旅客施設の設計について」という博士論文を著した伊藤滋は、1946年の春頃から被災した国鉄駅舎を民間資本により建設する「民衆駅」という再建方法を模索し、自らが役員となり会社を発起させ、1950(昭和25)年に池袋駅西口民衆駅を竣工させた。池袋駅(西口・東口)のほか、新宿駅(東口)、秋葉原駅、東京駅(八重洲口)、目黒駅、錦糸町駅、蒲田駅(東口・西口)、高円寺駅、吉祥寺駅の駅ビルが民衆駅方式で建設され、大丸、丸物、高島屋など関西の百貨店がテナントとして進出した。同様の事例は豊橋駅など全国で55例にのぼった。

「都市建築」としての駅ビル

ターミナルビルでは駅施設だけでなく、広場やバスターミナル、駐車場などの街路交通施設、野球場や映画館、アイススケートリンクやプラネタリウムなどの娯楽施設などと積極的に複合化されていった。その動きを「都市建築」として積極的に意味づけていったのはル・コルビュジエに学んだ坂倉準三であった。坂倉は南海難波駅高架下の雑居店舗街を百貨店に改装し野球場へ接続する「難波高島屋ニューブロードフロア」(1950(昭和25)年)の設計を手がけ、ターミナル駅に集まる人々の流れをさばきつつ、一体の建築としてまとめていった。

その成功を知った東急電鉄の五島慶太は坂倉に「東急会館」の設計を依頼。坂倉はこれを機に一連のプロジェクトをル・コルビュジエのいう「ユルバニスム(都市計画)」の中心となる「都市建築」と位置づけ「渋谷総合計画」(1952(昭和27)年)を発表する[fig.1]。その後、鉄道駅、商業施設、劇場からなる「東急会館」(1954(昭和29)年)、「東急文化会館」(1956(昭和31)年)を経て「渋谷西口ビル」(1970(昭和45)年)へと展開し鉄道駅と諸施設が立体的にネットワークされた、世界にも類を見ない都市建築としての駅ビルが実現する。

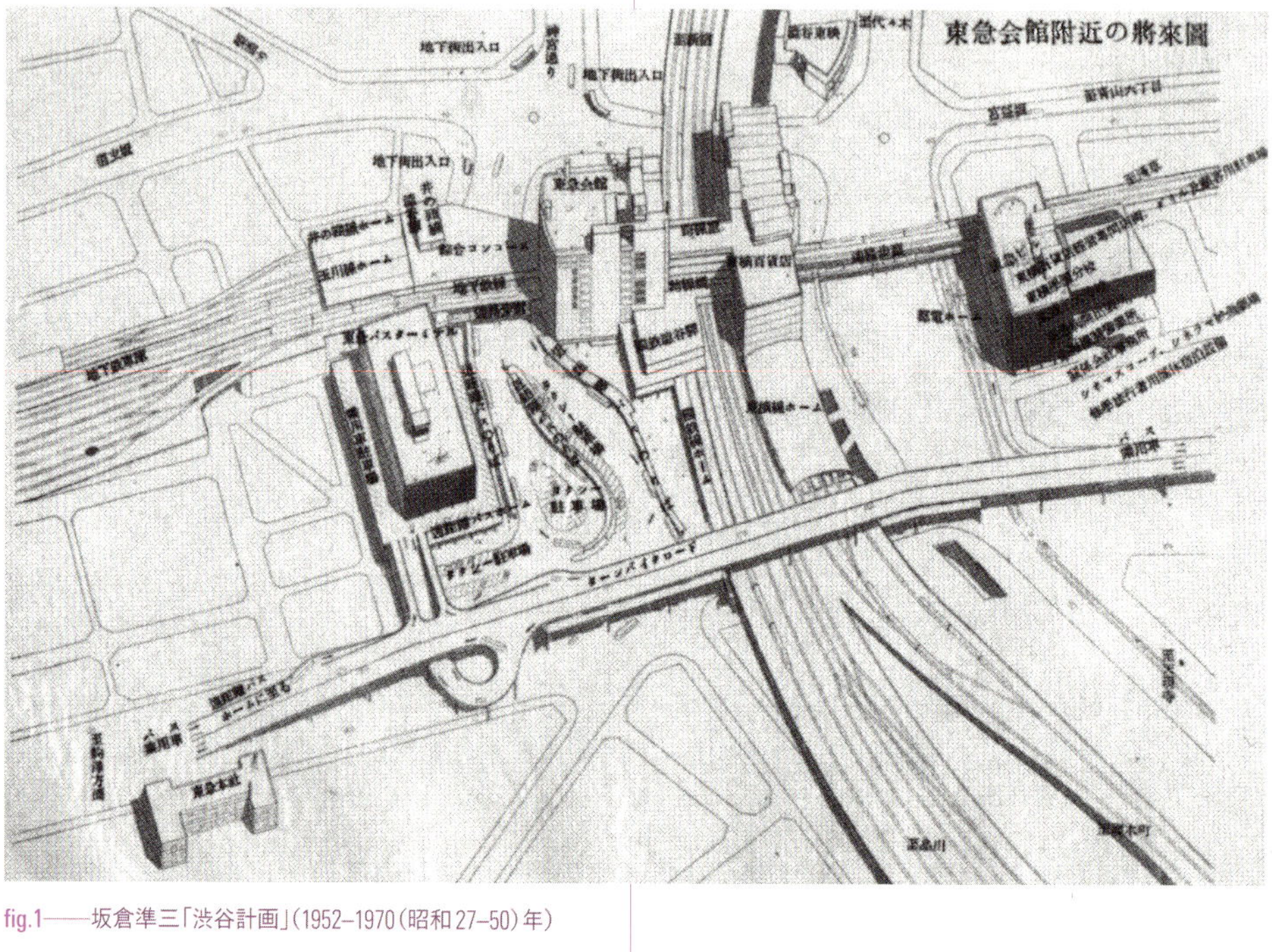

fig.1——坂倉準三「渋谷計画」(1952–1970(昭和27–50)年)

「東急会館パンフレット」(1954年)に掲載された、東急会館付近の将来図。[出典:『建築からまちへ 1945–1970』文化庁国立近現代建築資料館、2018年]

坂倉は同時期に大阪で南海電鉄から依頼された「南海会館」(1957(昭和32)年)においても成功を収めたことから私鉄業界、財閥との関係を築き「小田急新宿西口駅本屋ビル」(1967(昭和42)年)と「新宿駅西口広場および地下駐車場」(1966(昭和41)年)の設計を担当する。

ステーションシティとしての駅ビル

1987(昭和62)年の国鉄分割民営化によって誕生したJRは、その後の駅をめぐる開発の新しいプレイヤーとなった。民営化から10年で開業にこぎつけたJR西日本の京都駅ビル(1997(平成9)年)で設計を担当したのは、国際コンペによって選ばれた原広司である。原は構造家の木村俊彦と協働し「マトリックス」と呼ばれる人工地盤を3階部分に設置し、そのうえに百貨店とホテルを載せ、北側にコンコースを覆う大きなアトリウムを配置するとともに、百貨店の避難階段を集約した大階段を改札から屋上まで連続させ、巨大な谷のような内部空間を構成し人の流れをさばいた。その構成はかつて「住居に都市を埋蔵する」の宣言とともに発表された住宅を彷彿とさせた。

京都駅の成功を受け、さらに大胆な挑戦に取り組んだのが大阪駅である。南側にある既存の駅ビルを改装し、北側に百貨店と専門店街が入居する駅ビルを新築し、あいだにある線路の上に人工地盤を架け、大屋根で覆い、南北のビルをつないだ「大阪ステーションシティ」[fig.2]を2011(平成23)年に開業した。かつての駅では地下または地上の通路で連絡することはあっても、あるいは駅前に広場を設けることはあっても、線路上に巨大な広場を設ける例はなかった。乗降客はホームから直接人工地盤上の広場へ出て、そこから南北の商業施設へエスカレーターで誘導される。延べ床面積は50万m^2にも及び、駅の内部に広場を持つ中心とした巨大なシティ(=都市)をつくり上げた。

fig.2——「大阪ステーションシティ」(2011(平成23)年)[撮影:筆者]

fig.3——「渋谷駅街区開発計画」(2027(令和9)年完成予定[撮影:筆者]

都市再生の核としての駅ビルへ

JRのステーションシティが鉄道敷地を中心とした駅施設の改築であるのに対し、周辺街区を取り込み駅ビルの更新に取り組んでいるのが現在の渋谷駅である[fig.3]。ここでは駅を中心に6つの街区で再開発が行われている。駅ビルの建て替えのみならず、地下を流れる河川の付け替え、東急東横線渋谷駅の地下化、JR渋谷駅の耐震化および埼京線ホームの移設、バスターミナルの整備など多岐にわたり、容積率の割増が行われている。

渋谷駅の完成形は、さながら坂倉の「渋谷総合計画」(1952(昭和27)年)の21世紀版である。20世紀の渋谷駅ビルは坂倉がひとりの名前で構想したのに対し、新しい渋谷駅ビルおよび周辺街区の開発は内藤廣のコーディネートによりSANAAや隈研吾、手塚貴晴+由比、古谷誠章、C+Aが「デザインアーキテクト」として招聘された。

このようにわが国の駅ビルは1920年の阪急梅田駅でのビル建設を起点とし、戦後の民衆駅方式での復興を経て、坂倉準三によって周辺施設とネットワークされた日本独特のユルバニスムの実践として発展した。近年では1997(平成9)年の原広司の京都駅ビルを経て「都市を埋蔵した」巨大な建築となり、2020年代に内藤廣らのコーディネートによって都市基盤と直結した超高度な土地利用を行う都市複合施設を実現させることで、世界に類の見ない建築の型として進化を遂げている。国内における開発は、品川など一部の例外を除いて、おおむねひと段落の感があるが、近年「TOD(Terminal Oriennted Development)」としてパッケージされ、アジア各国など海外への輸出が期待されている。

032

アーケード

商店街の共同が創り出す都市の緩衝空間

辻原万規彦
熊本県立大学 教授

アーケードとはもともと、アーチの連なった歩廊や回廊を指す言葉であったが、現在は屋根付きの街路や商店街を指す言葉となっている。この日本的なアーケードの起源は、江戸期もしくは明治期に見られた「日覆い」である。現在の形のアーケードは一九五〇年代前半から建設が始まり、それから平成初期まで、十年から二十年周期で流行の型を変えながら、つくり続けてきた。都市や地域の中心部にあることが多い商店街。この共同施設であるアーケードやカラー舗装、街路灯などは、都市の印象を生み出す大きな要素であり、私有空間と公共空間を結ぶ特異な存在ともいえる。

アーケードの起源「日覆い」と昭和戦前期の共同施設の整備

現在、日本各地の商店街で見られるアーケードの起源は、遅くとも明治期から昭和戦前期に、主に西日本の商店街で見られた「日覆い」[fig.1]である。確認できるもっとも古い「日覆い」の写真は、明治20年代の大阪の心斎橋筋のものである。

「日覆い」は、現在のアーケードによく似ており、道路の両端に建てた細めの鉄製支柱を梁と桁で連結し、桁から桁へ布製の覆いを渡し、必要な際、つまり夏季の日中には道路全面に広げ、不必要な際や雨が降ると折り畳んだ[fig.2]。現在では、アーケードは「雨よけ」のイメージが強いが、もとは店舗に並べる商品を日射から護るための「日よけ」であった。

「日覆い」の分布は、1935(昭和10)年に商工省が各地の商工会議所を通じて実施した全国の商店街の実態調査などから明らかにできる。ほとんどは滋賀県以西の西日本にあり、とくに晴れの日が多い瀬戸内地域に多い。当時の商店街の共同施設の整備は、「日覆い」の設置と未舗装の道路で舞い上がる埃を抑えるための「共同撒水(散水)・塗油」の実施であった。

道路上に「日覆い」を設置するためには、商店街の共同体がある程度まとまる必要があった。すでに戦前期から、商店主達が協力して商品を「日焼け」から護るための施設を設置し、道行く人々により良い環境を提供する都市空間をつくり出した。商店が建ち並ぶ建築空間の集積から、面的な広がりをもった都市空間の一部が出現した、さらには建築スケールと都市スケールの間をつなぐ緩衝空間が出現したともいえよう。

fig.1——高知市魚の棚商店街

現在まで残る数少ない「日覆い」(ただし、写真は1998(平成10)年撮影)。魚の棚商店街では、土佐藩三代藩主の山内忠豊が開設した寛文年間(1661–1673(寛文元–12)年)当時から魚を扱う店が多く、「相対する向隣互に軒より打渡して日覆を作る」(松野尾章行『高知沿革略史』1924年)ことが許可されたとされる。[撮影:筆者]

アーケードの意外な一面

アーケードといえば、西日本では道路の全面を覆う「全蓋式」、東日本では歩道の上だけを覆う「片流れ式」を思い浮かべることが多い。東日本では、新潟や青森に分布する雁木やこみせ、江戸の町の庇下アーケード、銀座煉瓦街などの影響であろう。一口にアーケードといっても、その姿は地域性を反映し、多様である。

日本の商店街のアーケードによく似た形態の空間は、他の国にはほとんどない。欧米、とくにヨーロッパでは、パサージュなどと呼ばれる歩行者空間があるが、私有地にあり、屋根は周囲の建物によって支えられることが多い。一方、日本では、商店街(主には振興組合)の共有の資産でありながら、私有地にはなく、構造体も独立している。ただし、日本でもパサージュ型のアーケードがないわけではない。日本でもっとも古いアーケードといわれる別府市の竹瓦小路や八女市の土橋市場、福岡市の新天町などに見られ、とくに九州に多い。また、九州には、個性的なアーケードが多く、日本最長といわれる佐世保市のさるくシティ4○3、桜島の火山灰から歩行者を護る鹿

fig.2——岡山市西奉還町商店街(奉還町三丁目)

写真は2005(平成17)年6月の撮影。現在はすでに撤去されているが、昭和戦前期の「日覆い」に近い形態である。写真では、雨が降り始めたために「日覆い」は閉じられている。「日覆い」は、明治期の「軒から軒」タイプ、大正期の「桁+支柱」タイプ、昭和期の「梁+支柱」タイプのように変遷した。[撮影:筆者]

児島市の面的に広がる複数のアーケード、幅員が15mもある熊本市の下通商店街などがある。

戦後期のアーケード建設の急激な増加

東京の銀座に倣った「○○銀座」という商店街が各地に数多く存在する。さらに、一見すると「○○銀座」の派生型とも思える「○○銀天街」が西日本にいくつかあるが、じつは両者に関係はない。「銀天」街とは、昭和20年代後半からアルミ製の長尺羽板を用いた「シルバー」アーケード[fig.3]が建設されたことによる呼び名である。

シルバーアーケードは、現在のアーケードの直接の起源であり、命名者は石川栄耀であった。戦中期には軍需用が優先で一般の利用が難しかった鉄や軽金属が昭和20年代後半には利用できるようになったこと、戦後の復興も一段落して消費者の購買意欲が高まったとともに商店街側にも余裕が生まれたことなどから、新たにアーケードの建設が始まった。確認できるなかでは、片流れ式は1951(昭和26)年の東京の日本橋人形町商店街が、全蓋式は同年の福岡県小倉の魚町商店街の事例が早い。1950年代に各地で数多くのアーケードが建設され始めたため、1955(昭和30)年には建設省からアーケード設置基準が通達された。

fig.3——松山市銀天街商店街

現在は写真とは違うアーケードが建っている。シルバーアーケードでは、アルミニウム製もしくはジュラルミン製の長尺開閉羽板で屋根を葺いた。桁行方向に細長い羽板を回転させて光量を調節し、火災時の排煙に備えた。室内にあるベネチアンブラインドのアーケード版とでもいえばよいだろうか。片流れ式の場合は、シルバーオーニングと呼ばれた。[出典:神村鉄工(株)カタログ]

1960年代に入ると、アーケードの建設はさらに急増し、明るい空間を提供する合掌型アーケード[fig.4]が主に建設された。商店街のライバルであるスーパーマーケットが出現し、消費者に選択してもらえる商店街づくりが目指されたためである。アーケードの役割が、機能面の重視から、何らかのイメージや付加価値を与えることや豪華さのアピールに変化したのである。

それからのアーケードの発展と衰退

1970年代に入っても新規の建設は増え続け、ルーバー型アーケード[fig.5]が流行した。スーパーマーケットの普及、郊外型ショッピングセンターや地下街の出現により、百貨店との対抗上からも、より一層「横のデパート化」を進めるために、室内のような雰囲気を演出し、豪華さを打ち出した。また、商業政策も充実し、戦前の日覆いと共同撒水・塗油によく似たアーケードとカラー舗装を共同施設の整備として一層後押しした。しかし、一方で同じような商店街が増え、個性がなくなるとの弊害も指摘された。

1980年代から1990年代までは、ドーム型アーケード[fig.6]の時代である。昼間でも照明が必要なために光熱費が高くなるルーバー型に対し、照明が不要で明るく開放的な空間を演出した。流行し始めたオープンモールのイメージを取り入れるためでもあった。また、アーケードの建設が「まちづくり」の一貫としても捉えられるようになった。

2000年代に入ると、毎年の新設が少なくなった反面、多様なアーケードが建設された。一方で、商店街の空き家問題や後継者難もあり、取り壊しの議論もなされるようになった。

近年は、小売業の業態が大きく変化し、インターネット上の小売業を利用する人も多い。商店街がライバル視してきた百貨店もかつての輝きはない。アーケードが果たす役割も大きく変わったが、積雪時や雨天時に傘をささずに自由に歩き回ることができる空間を提供できる利点も捨てがたい。実在の小売店舗が集積する商店街を支える施設であるアーケードは今後どのような役割を果たしていくのだろうか。

参考文献

1———辻原万規彦、小林正美、中村泰人、外山義「西日本における都市のアーケードの成立および発展過程」『日本建築学会計画系論文集』第64巻 第524号、1999年

2———辻原万規彦、藤岡里圭「東日本における都市のアーケードの成立と変容過程」『日本建築学会計画系論文集』第69巻 第584号、2004年

3———辻原万規彦、藤岡里圭「アーケードの原型としての日覆いに関する研究」『日本建築学会計画系論文集』第70巻 第596号、2005年

fig.4——島原市一番街商店街

写真は2018(平成30)年8月の撮影。合掌型アーケードでは、200mm×75mm程度の比較的太いC型鋼を2本合わせて溶接した梁を、さらに合掌型に組み合わせて屋根を支えた。屋根の採光部には網入りガラスや塩化ビニル板が用いられた。[撮影:筆者]

fig.5——八代市本町2丁目商店街

写真は2000(平成12)年10月の撮影で、現在は写真とは違うアーケードが建っている。ルーバー型アーケードでは、左右の天井の間に、光量を調節するための金属製のルーバーを取り付けた。日中でもアーケード内の照度は低くなって室内のような雰囲気になり、商店街としての統一感も一層増した。[撮影:筆者]

fig.6——熊本市健軍商店街

写真は2018(平成30)年8月の撮影。ドーム型アーケードでは、75mm×45mm程度の比較的細い角形鋼管を母屋と小梁として十字に組み合わせ、ヴォールト状の屋根を形づくった。屋根材には初期にはFRP平板が、のちにはポリカーボネート平板が用いられる。[撮影:筆者]

033

地下街

過密な都市状況に対応して日本独自の発展を見せる

——初田香成 工学院大学 准教授

地下街は日本の過密な都市状況を象徴する存在であり、鉄道駅や沿道建物をつなぐ全天候型歩行者空間として独自の発展を見せている。日本における地下街は戦前、地下鉄ストアとして誕生し、高度経済成長期に全国へと普及した。一九七二年の大阪千日デパートビル火災などを契機に建設が抑制されるが、一九八〇年代の後半には再び開設されるようになる。ショッピングモールのようなものも出現し、これほどの数と規模の地下街が全国の都市に建設された例は海外にはない。

戦前に誕生し、高度経済成長期に地下駐車場建設と引き換えに日本全国に普及した地下街。自己増殖的に拡大した日本の都市空間を象徴する存在であり、鉄道駅や沿道建物をつなぐ全天候型歩行者空間として日本で独自の発展をみた。近年は防災やバリアフリーなどの課題をクリアしつつ、老朽化対策や新たな公共性も求められている。

地下街の定義と形成

地下街中央連絡協議会「地下街に関する基本方針」(1981(昭和56)年)は地下街を「公共の用に供される地下歩道(地下駅の改札口外の通路、コンコースなどを含む)と当該地下歩道に面して設けられる店舗、事務所その他これに類する施設が一体となった地下施設(地下駐車場が併設されている場合には、当該地下駐車場を含む)であって、公共の用に供されている道路又は駅前広場(土地区画整理事業、市街地再開発事業などにより建設中の道路又は駅前広場を含む)の区域に係るもの」と定義している。複雑な文言の背景には、地下街の出自が多様で、関連法規も多岐にわたること、アドホックに拡張するため輪郭が不確かといった理由がある[注1]。

日本の地下街は、地下鉄営業開始後に地下鉄ストアが上野(1930(昭和5)年、東京)に設けられたことに始まる。戦後、三原橋地下街(1952(昭和27)年、東京)など小規模なものが少数建設されるが、昭和30年代に入ると駅前広場や地下鉄の整備に伴い各地で建設が進む。1957(昭和32)年に池袋、渋谷、名古屋、大阪などで9地下街が開設されたのを始め、盛岡、岡山、姫路、金沢などでも建設が進められた。昭和30年代末からは梅田(1963(昭和38)年/大阪)、ダイヤモンド(1964(昭和39)年/横浜)、八重洲(1965(昭和40)年/東京)、さんちか(同年、神戸)など大規模な地下街の開設が続いた[注2]。

全国の地下街の築年代と合計面積[fig.1]を見ると、1930-1950年代に徐々に建設が進むものの、多数の地下街は1960-1970年代にかけて建設され、以後、散発的に建設されるもののそれ程増えていないことがわかる。

地下街建設の許認可と技術

1950年代に建設された地下街は、道路法の道路占用許可に基づいていた。本来、公共空間の道路地下の占用を特例的に認めるもので、狭い通路に小さな商店が並ぶ小規模なものが多い。露店整理に伴い営業者を収容した渋谷地下街(1957(昭和32)年/東京)などがある。1960年代になると都市計画法上の都市計画決定を経るようになっていく。駅周辺の再開発に合わせて不足していた駐車場設置と引き換えに民間による商業施設を認

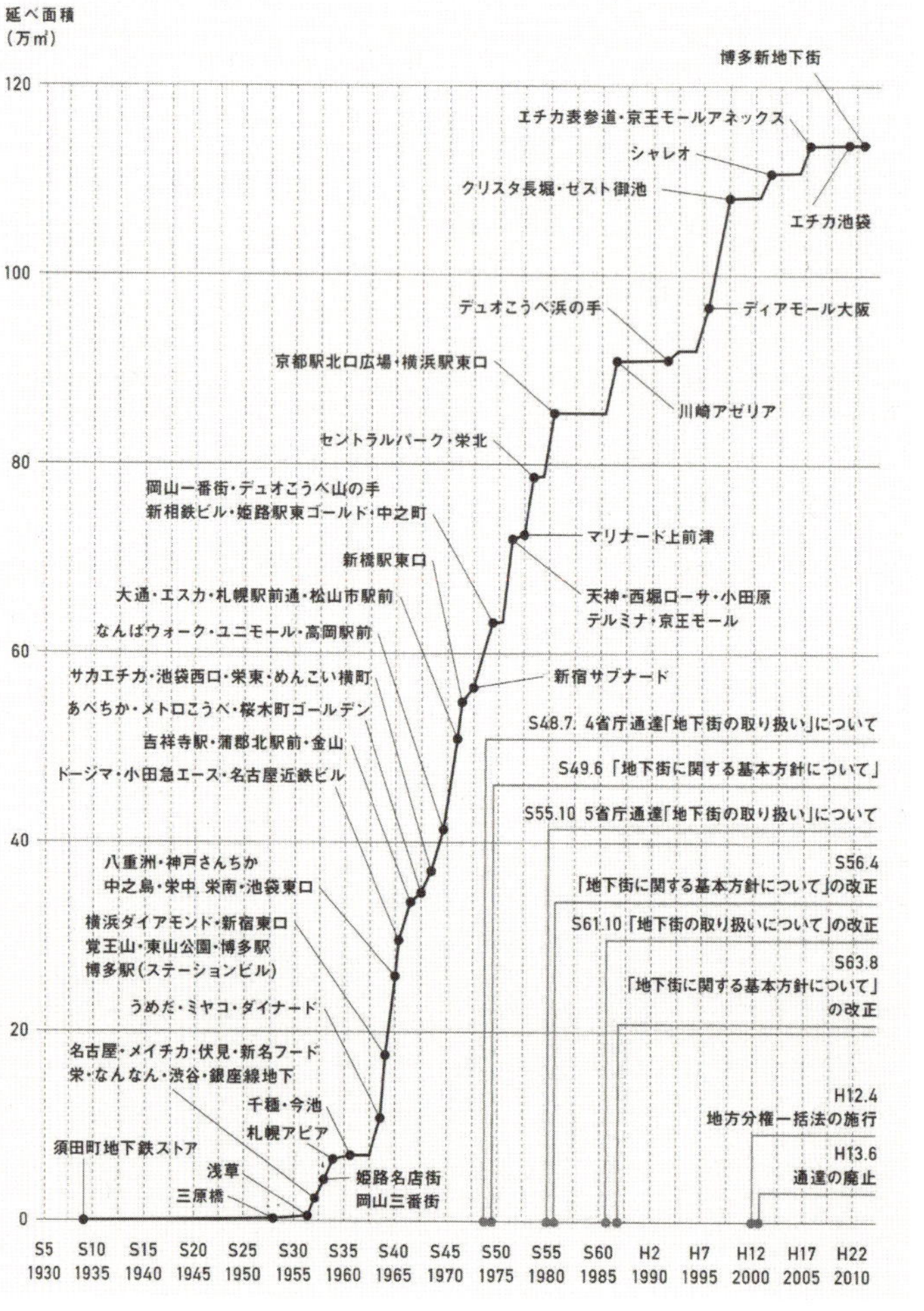

fig.1——建築年代と延べ面積から見た全国の地下街

1960年代から70年代にかけて急増している。[出典:廣井悠、地下街減災研究会『知られざる地下街——歴史・魅力・防災、ちかあるきのススメ』河出書房新社、2018年]

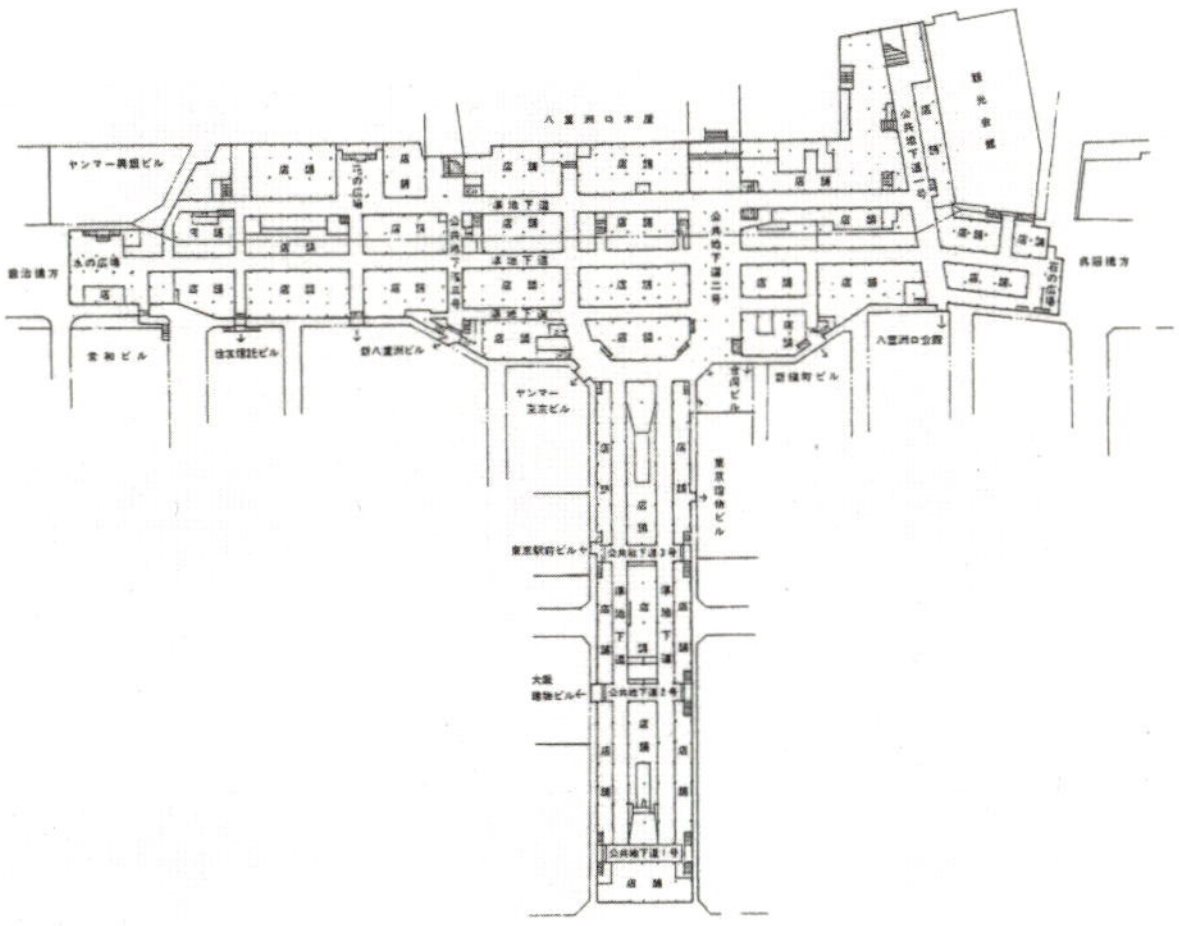

fig.2——八重洲地下街の地下1階平面図

道路に沿って巨大な地下空間が広がっている。[出典:『八重洲駐車場株式会社建設史』]

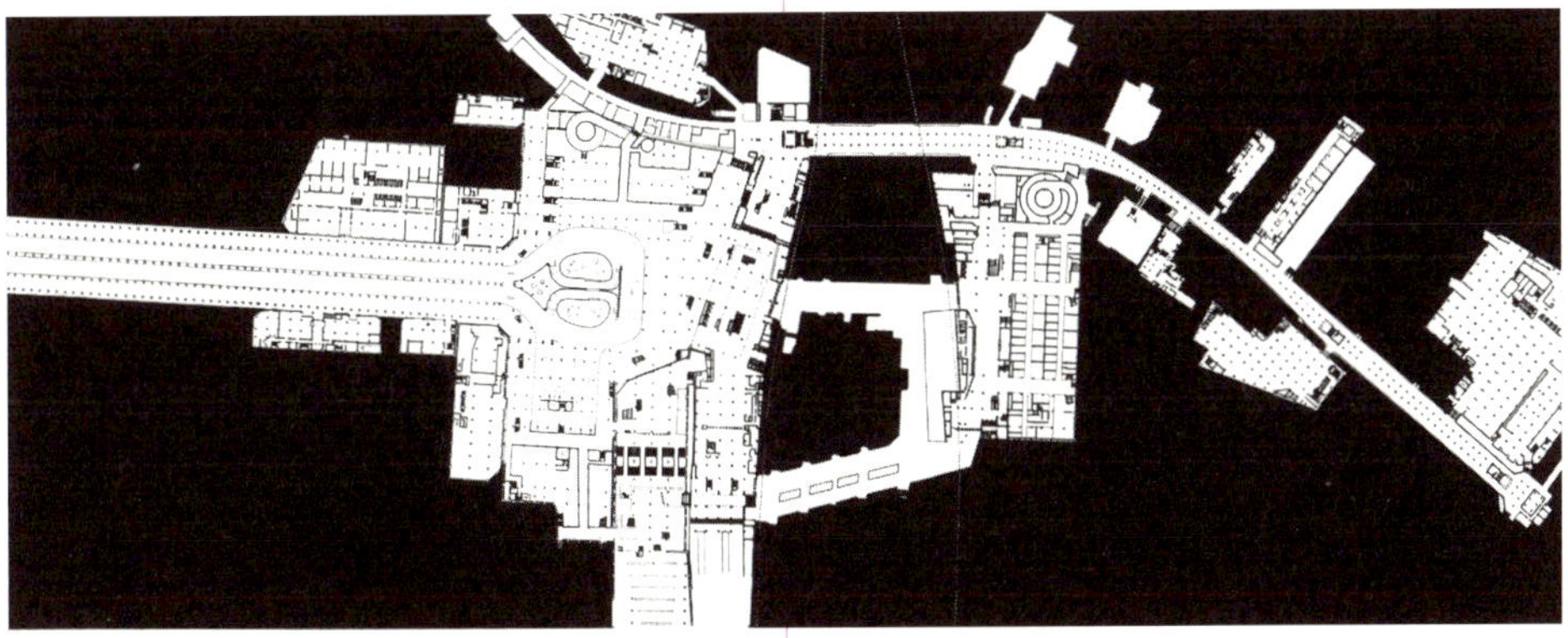

fig.4——新宿駅付近の地下1階連続平面図

地上レベルで分断された駅の東西を地下1階で結ぶ試みだった。[出典:東孝光、田中一昭「地下空間の発見」『建築』79号、1967年3月]

めるもので、大規模なものが増え店舗構成も工夫されていく。

後者の例として、当時「東洋一」と呼ばれた八重洲地下街(1965(昭和40)年/東京)を見てみよう[注3]。建設主体の東京地下駐車場株式会社(のちの八重洲地下街株式会社)は、東京駅八重洲口の街路および広場の都市計画事業に合わせて地下に駐車場と商店街を建設することを目的に、1958(昭和33)年に創立された。地元の商店街関係者、反対運動を起こした地元住民、小田急電鉄関係者からなり、周辺商店と民間企業という当時の主要な建設主体が含まれている。建設は代表的な2つの方法、所定の深さまで掘り進め下部から建設し最後に埋め戻す「開削工法」と、先に柱と天井を建設してから下部へ掘り下げていく「逆捲工法」によって行われた。地下1階に商店街[fig.2]、地下2階に当時建設中の首都高、地下3階に駐車場が設けられ、共同溝も新たに設置された。実施設計では、閉鎖空間で避難経路を確保する防火区画や地下水位上昇時の浮力防止、換気設備、防水対策などに注意が払われている。ただ技術自体は通常の地下工事と同様で、むしろ都や国鉄など関係主体の協議に労を要した点[fig.3]、地上の道路と階下の駐車場のスパンに設計が規定される点などに特徴が見出せよう。

高度経済成長期に地下街の整備が進んだ背景には、この時代特有の日本都市の過密があった[注4]。モータリゼーションによる都心の駐車場不足に対し行政の予算は不足し、旺盛になった民間投資で地下街と駐車場をセットで建設させるモデルが発明され、全国に普及していくのである。

日本的複合建築空間としての地下街

高度経済成長期に大規模・多用途の建築や共同施設、高層階や地下の利用が進展するなかで、建築と都市をつないだり都市をひとつの建築と見なすようなデザインの必要が主張された。地下街は自己増殖的に拡大する都市空間を象徴する存在で、それを利用した都市デザインの実践も注目されていた。建築史家の伊藤ていじは、当時建設中の新宿駅西口地下広場について、国鉄・私鉄・地下鉄のコンコースにデパートや多数のビルが接続された「建築複合体」と評し、日本的な都市空間の可能性を見出している[注5]。たとえば、同駅の地下通路は地上レベルでは分断された東西両口をつなぐ歩行者空間として意図されていた[fig.4]。

地下街はその後、1972(昭和47)年の大阪千日デパートビル火災、1980(昭和55)年の静岡駅前ゴールデン街でのガス爆発事故を契機に新設・増設が抑制される。「公共空間の私物化」といった批判もすでにこの頃見られる[注6]。しかし、1980年代後半から民間活力の活用の要請を受けて開設が認められ、近年は東京メトロのエチカなどショッピングモールのようなものも現れている。地下街は戦後日本の都市開発の動向を反映して多様に発展し、これほどの数と規模の地下街が全国の都市に建設された例は海外にはない。一方で1996(平成8)年の新宿西口地下道でのホームレスの退去や、1999(平成11)年の福岡水害で地下鉄駅構内が浸水し民間ビル地下で水死者が発生する事件も生じている。駅前再開発や駐車場整備がある程度達成された今、地下街には新たな公共性が求められつつあり、災害時の避難場所に利用するような動きも見られる。

注釈

注1——近森高明「非・場所の系譜学(序説)——高度経済成長期の地下街を主題として」『ソシオロジ』182号、2015年2月

注2——矢島隆、岩田真「地下街の現状と課題」『道路』557号、1987年7月

注3——八重洲駐車場建設史編纂委員会『八重洲駐車場株式会社建設史』1979年

注4——近森高明「「地下街主義」宣言のためのノート——高度経済成長期日本の過密の文化」『文化人類学』82巻2号、2017年9月

注5——伊藤ていじ「新しい伝統はこうして形成される——日本の建築複合体」『国際建築』32巻12号、1965年

注6——住田昌二「地下街の地域計画学的研究」京都大学西山研究室『現代の生活空間論 下』勁草書房、1974年

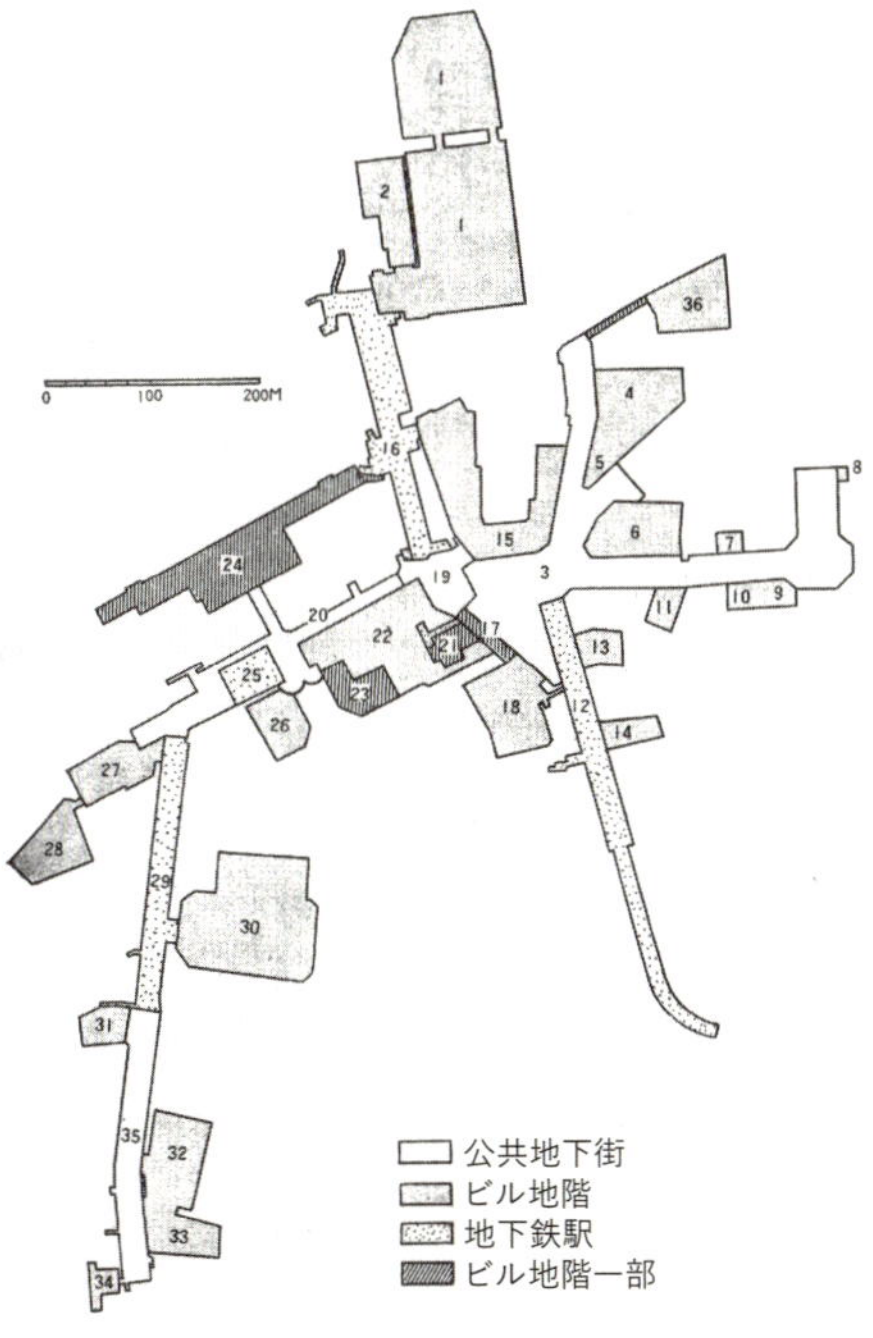

fig.3——梅田地下街管理区分図

通路・階段部、両側店舗、地下駅舎などで管理主体が異なり、地下街の関係主体がいかに多数にまたがっているかがわかる。[出典:「地下街の地域計画学的研究」]

034 ペデストリアンデッキ

歩車分離の仕組みから都市の立体的な空間活用へ

――藤村龍至
東京芸術大学 准教授／RFA主宰

歩行者の交通事故増加が一九六〇年代に大きな社会問題となり、自動車交通との分離を果たす道路上空の歩行者用通路の設置が始まる。これが駅前再開発と複合して、一九七三年には橋上駅舎と周辺ビルを人工地盤で結んだ柏駅東口市街地再開発事業が竣工、橋上駅舎の出入り口と周辺の建物を立体的な歩行者ネットワークで結んだ、日本で初めてのペデストリアンデッキとなった。その後も各地の大型再開発プロジェクトでこの方式が採用され、日本独特の都市インフラ装置として発達していく。

建築と土木のあいだに生まれた人道橋

歩行者と自動車の通行分離は、1963年にイギリスで発行された「ブキャナンレポート」(原題：“Traffic in Town”)で提唱された。わが国においても1960年代中頃には「交通戦争」が社会問題として採り上げられるようになり、対策が進んだ。

主荷重を群衆荷重とし、道路上空を横断する構造物には名称について規定がなく、歩道橋設計基準を適用する土木構造物としてのものと、建築基準を適用する建築構造物としてのものがある。土木構造物としての「横断歩道橋」は1959(昭和34)年に愛知県に初めて建設され、東京都では1964(昭和39)年の東京オリンピック開催を機に建設が進んだ。1965(昭和40)年には道路法のもとで「横断歩道橋設計指針」が定められた。

建築構造物としての上空歩廊は昭和初期から存在していた。1950(昭和25)年施行の建築基準法では第44条第1項で「建築物又は敷地を造成するための擁壁は、道路内に、又は道路に突き出して建築し、又は築造してはならない」とされたが同項第4号により特定行政庁の許可があれば設置することが可能とされ、街区内の建物間の連絡通路として「上空歩廊」が位置づけられた。

1957(昭和32)年には「道路の上空に設ける通路の取扱等について」との通達により許可基準が規定され、道路上空で建物同士をつなぐ渡り廊下のような「上空通路(公共用歩廊)」が基準に適合する場合に設置が許可され、道路管理者に道路使用料を支払って道路占有物として設置することができるようになった。

fig.1――柏駅東口ペデストリアンデッキ(1973(昭和48)年)[出典：柏市ウェブサイト]

やがて「上空通路」に「人工地盤」あるいは「歩行者専用嵩上(かさあげ)式広場」と呼ばれるものが組み合わされていく。1966(昭和41)年に渋谷区の宮下公園がこの形式で建設され、各地の高層建築物の低層部で採用された。

駅と街をつなぐインフラとしての日本型ペデストリアンデッキ

建築基準法の「上空通路」かつ道路法の「道路占有物」として位置づけられた人道橋は、ほどなくして1969(昭和44)年に施行された都市再開発法による市街地再開発事業と結び付けられ、駅前空間の高度利用のために応用されていく。都市再開発法の適用第1号で1973(昭和48)年に竣工した「柏駅東口市街地再開発事業」(千葉県柏市)[fig.1]では、2階に出口のある橋上駅舎の出口と再開発ビルを結ぶ、駅前広場の上空に設置された構造物が、わが国における「ペデストリアンデッキ」の最初の例とされる。

1981(昭和56)年に開通した東北新幹線に合わせ、大宮駅や仙台駅などでは、新幹線駅の建設に伴って駅前広場の拡充と駅前再開発が同時に行われ、大規模なペデストリアンデッキが整備された[fig.2]。これらの駅ではさらに駅前から複数の再開発ビルを連絡して既成市街地に面的に広がる「スカイウォーク」が整備され、駅から街へ歩行者をスムーズに移動させる装置となった。

1980年代後半から90年代にかけて計画的かつ面的に整備された横浜市の「みなとみらい21」や千葉県の「幕張新都心」、東京都の「臨海副都心」やさいたま市の「さいたま新都心」では大規模な人工地盤上の広場と「スカイウォーク」のネットワークが大規模展示場やコンサートホールなどの動員装置と結び合わされ、巨大かつ立体的な歩行者空間のネットワークが建設された。

2002(平成14)年にまち開きが行われた「汐留シオサイト」では地下鉄、大規模地下通路、道路、スカイウォークとしての上空通路、ゆりかもめと5層にわたる立体的かつ面的な交通空間が整備されており、1950年代から60年代にかけて欧米の建築家や都市計画家らによって構想されたスーパーブロックによる基盤と超高層建築物、それらを結ぶ立体的な歩行者空間からなる都市像が50年の試行錯誤を経て実際に出現することとなった。

都市を持続可能なものに導いていく役割へ

2010年代に入ると、東日本大震災と前後してインフラ老朽化が社会的関心を呼ぶようになり、維持管理費の負担が自治体の財政を圧迫することが

fig.2——大宮駅西口スカイウォーク(1981(昭和56)年)[撮影：筆者]

懸念されるようになった。そこでペデストリアンデッキの広い平面を利用して日常的な賑わいを創出したり、維持管理のための収益を上げるなど新しい取り組みが模索されるようになった。

一例として、2015(平成27)年から始まった愛知県豊田市の取り組み「あそべるとよたプロジェクト」では中心市街地の活性化の一貫としてペデストリアンデッキ上の空間の利活用の社会実験が段階的に実施されている[fig.3]。名古屋鉄道豊田市駅前のペデストリアンデッキにおける歩行者交通量は豊田市内で最多であったものの、単発のイベントでの活用以外には通勤・通学などで人々が通過するだけの場所であった。またペデストリアンデッキは道路法の適用を受けるため、道路上で利活用の取組を行うには警察を始めとする関係者との協議に大きな労力が伴っていた。

そこでここでは1カ月の椅子や机を置く実験を経て、道路の位置付けを「広場」とし、「ペデストリアンデッキ広場」として利活用が開始された。一般公募のプログラムとして約3ヶ月に及ぶ飲食店の営業に加え、ヨガ教室やダンスの発表ができる空間として利活用するなど積極的な社会実験を繰り返し、飲食事業で財源を確保し、清掃・現場調整をはじめとした広場マネジメントを実施する体制を構築しようとしている。

2027(令和9)年に全体が完成する予定の東京都渋谷区の渋谷駅周辺再開発ではJRや国道による分断の解消として既存の横断歩道橋を更新し、再開発と組み合わせ大規模なペデストリアンネットワークへと拡充する計画が進行している。ここでは歩行者交通量の多さを利用して広告の設置による広告料収入などを利用してエリアマネジメントの原資にしようという取り組みが予定されている。

このように交通戦争に対応した歩車分離の仕組みとして始まり、駅前用地の不足から駅前再開発と組み合わされて立体的な空間の活用として発達した日本型ペデストリアンデッキは都市空間に面的に広がり、駅ビルと合わせて諸外国には見られない、日本独特の都市インフラ装置として発達した。今後は交通空間や生活空間としてのみならず、エリアマネジメントとの組み合わせにより都市を持続可能なものに導いていく、より積極的な役割が期待されるであろう。

参考文献
1———増渕文男「跨道人道橋の建設史と設計基準の変遷に関する研究」『土木史研究』第13号、1993年
2———ハートビートプランウェブサイト〈http://hbplan.jp〉2018年11月27日閲覧

fig.3——豊田市「あそべるとよたプロジェクト」(2015(平成27)年–)

ペデストリアンデッキと周辺街区を一体的に捉えた利活用。[出典：あそべるとよたプロジェクトウェブサイト]

035

公開空地

都市環境への貢献と建築規制の緩和を結びつける仕組み

浅見泰司
東京大学 教授

公開空地は敷地内に設けられた公共的な空間で、歩道状空地、貫通通路、アトリウム、水辺沿い空地、広場状空地などさまざまな形態がある。都市計画法に基づく特定街区や建築基準法が定める総合設計制度では、公開空地を設けることで市街地環境の向上に寄与していると評価され、その貢献の度合いに応じて、容積率や各種高さなどについて規制の緩和を受けることができる。一九六〇年代以降、超高層ビルの建設や大規模再開発などの際に、しばしば設けられるようになった。

公開空地とは、敷地の一部でありながら一般に公開されている空地である。本来、敷地の所有者が自らのために自由に使える土地を一般に開放し公共の便益に供する代わりに、建築規制の特例が認められている。

特定街区

都市計画法第8条に基づく特定街区で公開空地が設けられることがある。特定街区は、既成市街地の整備・改善を図ることを目的に、一般の用途地域で定められる制限とは別に、街区のみに適用される容積率制限や高さ制限を定めるものである。特定街区は1961（昭和36）年に創設され、超高層ビルを街区内に建設するために設けられた制度である。公開空地の設置規定自体は法令上定めがないものの、市街地環境の整備への貢献の一種として公開空地が設けられることで規制緩和型の都市計画が認められやすくなる。

fig.1——霞が関ビルディング［提供：（株）三井不動産］

fig.2——新宿住友ビルディング［写真：PIXTA］

特定街区の適用事例としては、霞が関ビルディング（1964（昭和39）年／霞が関3丁目特定街区）[fig.1]、電通ビル（1964（昭和39）年／築地一丁目特定街区）、日本ビル・朝日生命ビル・大和証券ビル（1964（昭和39）年／常盤橋特定街区）、世界貿易センタービル（1967（昭和42）年／浜松町二丁目特定街区）、京王プラザホテル（1969（昭和44）年／西新宿二丁目（6号地）特定街区）、ホテル・グランドパレス（1970（昭和45）年／飯田橋一丁目特定街区）、新宿住友ビルディング（1971（昭和46）年／西新宿二丁目（8号地）特定街区）[fig.2]、東邦生命ビル（1972（昭和47）年／渋谷二丁目特定街区）、ホテルニューオータニ（1972（昭和47）年／紀尾井町特定街区）、新宿三井ビル（1972（昭和47）年／西新宿二丁目（9号地）特定街区）、サンシャインシティ（1972（昭和47）年／東池袋三丁目特定街区）[fig.3]などがある[1]。

総合設計制度

建築基準法第59条の2では、敷地内に広い空地を有する建築物の容積率等の特例、すなわち総合設計制度（1970（昭和45）年創設）が定められている。敷地内に公開空地を設けることにより市街地の環境の整備改善に資すると認められる場合に、容積率制限や各種の高さ制限（斜線制限や絶対高さ規制）が緩和される。容積率の割増は原則として基準容積率の1.5倍かつ200%増以内とされているが、その後導入された、市街地住宅総合設計制度（1983（昭和58）年）、都心居住型総合設計制度（1995（平成7）年）、敷地規模型総合設計制度（1997（昭和9）年）により、最大では基準容積率の2.0倍かつ400%増以内まで認められる[2]。さらに、マンション建替法の2014（平成26）年改正により、マンション建替法に関わる総合設計による容積率制限緩和も可能となった[3]。容積率の緩和については、特定行政庁が許可することになるが、多くの自治体で総合設計許可の基準を設けており、自治体ごとにその基準は異なる。たとえば、東京都では有効公開空地率として、基準容積率が500%以上の場合には10%が最低限度として定められており、また、公開空地の条件が歩道上空地、貫通通路、アトリウム、水辺沿い空地、広場状空地などの分類によって細かく定められている。そのうえで、割増容積率として、（有効公開空地率−その最低限度）×公開空地の質係数×（基準容積率÷400＋総合設計種類別係数×住宅係数）×環境性能係数×敷地規模別係数を割増容積率（%）とする[4]。この他にも、質や公共貢献の状況に応じて細かな規定

fig.3——サンシャインシティ［提供：(株)サンシャインシティ］

が存在する。

総合設計制度適用の事例としては、第一勧業銀行本店（1976（昭和51）年度／千代田区内幸町）、赤坂プリンスホテル（1979（昭和54）年度／千代田区紀尾井町）、赤坂六本木再開発（1983（昭和58）年度／港区赤坂）、大川端リバーシティ21（1986（昭和61）年度／中央区佃）［fig.4］、東京ガス新宿超高層ビル（1990（平成2）年度／新宿区西新宿）、サッポロビール恵比寿工場跡地（1991（平成3）年度／目黒区三田）［fig.5］、渋谷・桜丘プロジェクト（1994（平成6）年度／東急本社跡地）（渋谷区桜丘町）、大川端リバーシティ21北ブロック建設計画（1995（平成7）年度／中央区佃）、南青山一丁目団地（2003（平成15）年度／港区南青山）［fig.6］などがある［5］。（記載は制度適用年度）

公開空地制度の評価

公開空地制度は、敷地の一部を一般に公開する貢献に応じて、建築規制を緩和するものである。よって、敷地の所有者からすれば、自己目的に使えなくなる不利益以上の建築規制緩和の効果がなければ、この制度は使われない。ただし、この点については、当該敷地の開発者が合理的判断をしているものとすれば、とくに問題視する必要はない。他方、敷地外からみれば、建築規制を緩和することによってもたらされる負の影響以上に公開空地が使えるようになる社会的な便益がなければならない。この点を、定量的に検証した研究では、千代田区における総合設計制度による事業を対象としてヘドニック分析を行い、総合設計制度による規制緩和の外部効果が全体としてプラスになったことが示されている［6］。ただし、厳密にはその影響を十分に調整できていないために、総合設計制度に関連して建築紛争が生じていることも指摘されている［7］。総合設計許可に際して、特定行政庁が周辺への影響を精緻に判断したうえで許可されることになっているが、東京都の総合設計許可要項にもあるように、周辺への影響について十分に検討される仕組みになっていない点が問題点とされる。今後、周辺への影響も加味した実質的な判断を行えるようにすることで、公開空地およびそれに伴う建築規制緩和の仕組みが適切に運用されることが期待される。

fig.4——大川端リバーシティ21［提供：(独)都市再生機構］

参考文献

1———東京都都市整備局ウェブサイト｜特定街区プロジェクト一覧〈www.toshiseibi.metro.tokyo.jp/cpproject/intro/list_tokute.html〉2018年5月1日閲覧

2———国土交通省ウェブサイト｜総合設計制度〈http://www.mlit.go.jp/jutakukentiku/house/seido/kisei/59-2sogo.html〉2018年5月1日閲覧

3———国土交通省ウェブサイト｜容積率の緩和特例について（マンションの建替え等の円滑化に関する法律第105条第1項関係）〈www.mlit.go.jp/jutakukentiku/house/jutakukentiku_house_fr5_000008.html〉2018年5月1日閲覧

4———『東京都総合設計許可要綱』東京都都市整備局、2016年

5———東京都都市整備局ウェブサイト｜東京都総合設計制度許可実績一覧表〈www.toshiseibi.metro.tokyo.jp/cpproject/intro/list_sogo01.html〉2018年5月1日閲覧

6———山下英和「総合設計制度における外部効果の計測」『都市住宅学』47、都市住宅学会、2004年

7———富田裕「総合設計をめぐる紛争と制度的解決に向けての考察」『日本不動産学会誌』24（4）、日本不動産学会、2011年

fig.5——サッポロビール恵比寿工場跡地（恵比寿ガーデンプレイス）［提供：サッポロ不動産開発（株）］

fig.6——南青山一丁目団地［撮影：フリックスタジオ］

036

都心再開発

都市を再生させる拠点づくり

浅見泰司
東京大学 教授

市街地の土地を高度利用し、都市機能の更新を図る目的で、一九六九年に都市再開発法が制定された。当初は商業近代化の核づくりや防災機能の向上を目指して、狭小敷地の統合を行うものが多かったが、一九八〇年代後半からは規制緩和や民間活力導入の流れに乗り、工場、浄水場、貨物駅などの大規模敷地を、オフィス、ホテル、商業施設、文化施設、住宅などの機能を併せ持った複合業務エリアに生まれ変わらせる再開発が増えていった。

再開発とは、市街地を事業によって再整備することである。狭義には、都市再開発法に定められた市街地再開発事業を意味する。広義には、市街地再開発事業に限らず、既存市街地を面開発し直す事業はすべて再開発と呼ばれる。

市街地再開発事業

1969(昭和44)年に制定された都市再開発法の第2条では、「市街地の土地の合理的かつ健全な高度利用と都市機能の更新とを図るため、都市計画法及びこの法律(都市再開発法)で定めるところに従って行われる建築物及び建築敷地の整備並びに公共施設の整備に関する事業並びにこれに附帯する事業」と定義している。第一種市街地再開発事業と第二種市街地再開発事業があり、第二種のほうが防災上の緊急性の要件など条件が厳しい代わりにいったん施行者が施行地区内の不動産を買収・収用する管理処分方式(用地買収方式)が認められており、短期間での事業実施が期待できる。再開発事業は、高度利用、都市機能更新の2つの目的に合致していなければならず、また、高度利用地区など都市計画上の位置づけが必要であるが、融資制度、税の減免措置、補助金、合意形成上の円滑さなど事業推進に際してのメリットが付与される。

市街地再開発事業は、法制定当時、商業近代化の核づくりや防災拠点の整備を目的として事業が進められた。しかし、1980年代後半から規制緩和や民活ブームに後押しされるかたちで盛んに業務ビル開発が行われた。その後、不動産不況でやや下火になったものの、都市再生の動きから大都市部で事業が展開されてきている。再開発により不燃化が進むとともに事業地での容積率が高くなり、市町村の支出補助金も税収により数年で回収ができるとされている。

市街地再開発事業事例[1]

ここで、代表的な市街地再開発の事例を紹介する。

1. アークヒルズ再開発[fig.1]

1986(昭和61)年に竣工した港区赤坂一丁目および六本木一丁目にまたがる複合施設の再開発である。もともと六本木一丁目は木造住宅密集地であり、時間をかけて森ビルが地権者交渉を進めて事業を完成させた。大規模な街区統合により、六本木通りなどの高容積指定を表通りに面していない敷地にも適用できるようにした結果、地区全体で利用できる容積が大きくなるために成功した事業ともいえる。延床面積は36haで、大規模再開発の先駆けとなった。オフィス、住宅のほか、サントリーホールや大規模ホテルが立地している[2]。

2. 晴海アイランドトリトンスクエア再開発[fig.2]

2001(平成13)年に竣工した中央区晴海一丁目の複合施設の再開発である。もともと日本住宅公団の晴海団地などがあったが、オフィスや商業を多く取り入れたまちに生まれ変わった。都営大江戸線勝どき駅からは、動く歩道を通ってアクセスできる。環境にも配慮された開発となっている[3]。

3. 六本木ヒルズ再開発[fig.3]

2003(平成15)年に竣工した港区六本木六丁目の複合施設の再開発である。象徴的存在である森タワーは高さ238mと高く、また、幅も大きいことから際立っている。かつて毛利家の屋敷があった地である。毛利庭園が再開発によって新たに整備されている。かつてのテレビ朝日の敷地の他に木造住宅密集地が含まれており、権利者数は多く、交渉には時間がかかった。国内最大級の再開発である。オフィス、住宅、店舗、文化施設に加え、テレビ朝日や大規模ホテルが立地している[4]。

fig.1——アークヒルズ[提供:森ビル(株)]

fig.2——晴海アイランドトリトンスクエア[提供:晴海トリトンスクエア]

fig.3——六本木ヒルズ[提供:森ビル(株)]

fig.4——霞が関コモンゲート［提供：（株）三井不動産］

fig.5——新宿副都心［写真：PIXTA］

fig.6——横浜みなとみらい21［写真：PIXTA］

3. 霞が関コモンゲート再開発［fig.4］

2007（平成19）年に竣工した千代田区霞が関三丁目の中央合同庁舎第7号館を中心とする再開発である。PFI手法を用いた国の庁舎整備の先駆的な事例として有名である。もともと文部科学省や会計検査院の建物があったが、老朽化・狭隘化が進み、再開発された。霞が関ビルディングや東京倶楽部ビルディングにも隣接し、その中央に霞テラスと呼ばれる広場が設置されている［5］。

その他の再開発事例

続いて、必ずしも市街地再開発事業にあてはまらない、より広義の再開発の事業例を紹介する。

1. 新宿副都心［fig.5］

新宿副都心計画が策定され、淀橋浄水場の跡地で新たに街区を区切り、超高層ビルのエリアに転換された。1971（昭和46）年建設の京王プラザホテルをはじめとして200m超の高層ビルが建ち並んでいる。1991（平成3）年に東京都庁舎が完成しほぼ現在の姿となった。街区が大きく、長距離移動を強いられることもあり、新宿駅からの動く歩道も整備されている［6］。

2. 横浜みなとみらい21［fig.6］

1965（昭和40）年の横浜六大事業で提案された横浜の都心部強化事業として実施された、敷地面積186haの大規模再開発である。横浜ランドマークタワーは、建設当時には日本一高いビルであり、象徴的な存在となっている。ドックヤードガーデンにはかつて造船所があった風景が保存され、横浜赤レンガ倉庫は店舗やレストランが集まる一大集客スポットとなっている［7］。

3. 恵比寿ガーデンプレイス

サッポロビール工場跡地を再開発し、1994（平成6）年に開業した。オフィス、デパートなどの商業施設、集合住宅、美術館などが立地している。恵比寿駅からは、動く歩道「スカイウォーク」でアクセスできる。敷地面積8.2ha、延床面積47.6haの大規模開発である。センター広場には巨大な屋根が架かっており象徴的な空間になっている。毎年行われるクリスマスイルミネーションは有名で、多くの人を惹きつけている［8］。

4. グランフロント大阪［fig.7］

大阪駅北側の日本貨物鉄道梅田貨物駅の跡地を再開発してできた、うめきたエリアの一部である。店舗、レストラン、オフィス、ホテル、コンベンションセンター、劇場、超高層マンションなどの複合的開発となっている。北館低層階にはナレッジ・キャピタルという知的創造拠点が開設されており、産学連携が志向されている［9］。

5. 虎ノ門ヒルズ［fig.8］

都市計画の悲願であった虎ノ門から新橋に至る環状2号線を地下化し、立体道路制度を活用し、その道路の上に250m級の超高層タワー、虎ノ門ヒルズを建設した。広大な芝生広場を併設し、今後の事業との空間的な接続性も確保されている［10］。

参考文献

1———全国市街地再開発協会ウェブサイト｜日本の都市再開発情報検索〈http://www.uraja.or.jp/town/national/〉2018年5月4日閲覧

2———アークヒルズウェブサイト｜アークヒルズについて〈http://www.arkhills.com/about/〉2018年5月4日閲覧

3———晴海トリトンスクエアウェブサイト｜晴海トリトンスクエアについて〈http://harumi-triton.jp/about/〉2018年5月4日閲覧

4———六本木ヒルズウェブサイト｜六本木ヒルズについて〈http://www.roppongihills.com/about/〉2018年5月4日閲覧

5———霞が関コモンゲートウェブサイト〈http://www.kasumigaseki-commongate.com〉2018年5月4日閲覧

6———三井住友トラスト銀行不動産｜変貌する西新宿、都内有数の高層ビル街の形成〈https://smtrc.jp/town-archives/city/shinjuku/p08.html〉2018年5月4日閲覧

7———みなとみらいエリアマネジメントウェブサイト〈https://www.ymm21.jp〉2018年5月4日閲覧

8———恵比寿ガーデンプレイスウェブサイト〈https://gardenplace.jp〉2018年5月4日閲覧

9———グランフロント大阪ウェブサイト〈https://www.grandfront-osaka.jp〉2018年5月4日閲覧

10———虎ノ門ヒルズウェブサイト｜虎ノ門ヒルズについて〈http://toranomonhills.com/about/〉2018年5月4日閲覧

fig.7——グランフロント大阪［写真：PIXTA］

fig.8——虎ノ門ヒルズ［提供：森ビル（株）］

037 ウォーターフロント開発

港湾の魅力的な環境を再び都市に取り戻す

横内憲久
日本大学 名誉教授

倉庫や工場に占められていた都市部の港湾エリアを、商業施設や公園など一般の人でも楽しめる用途に変えるウォーターフロント開発。
水辺空間の魅力をあらためて感じさせる都市再開発の手法は、北米から十年ほど遅れて日本でも流行し、
一九八九年に開業した釧路フィッシャーマンズワーフをはじめとして、東京、横浜、名古屋、大阪、神戸、福岡など、主要各都市で開発が進む。
二十一世紀に入ると、超高層マンションやオフィスビルが相次ぎ建設されて、再び水辺の大規模再開発が注目されるようになった。

ウォーターフロント開発の台頭とその要因

わが国で「ウォーターフロント」という用語が使われ始めたのが1975(昭和50)年頃である[1]が、その頃の北米(主にアメリカ、カナダ)ではすでに、ボルティモア・インナーハーバー[fig.1]、ボストンのユニオンワーフ、バンクーバー・グランビルアイランド[fig.2]など各地でウォーターフロント開発の計画が次々と進行していた[2]。

ウォーターフロントの空間概念は、「海や川などに接する陸域およびそれにごく近い水域を併せた空間」[3-4]や「直接的には水面を前面に控えた土地を指す」[5]などとされている。つまり、水際線(海岸線、河岸線など)を挟んで、陸域と水域を併せもつ空間であるが、北米の開発事例では、ウォーターフロント開発はほとんど都市部の港湾地域で展開されている。

fig.1——ボルティモア・インナーハーバー(1981(昭和56)年供用開始)

1960(昭和35)年初めに始まったボルティモアの都心地区再開発は、250haのウォーターフロントを荒廃した港湾・工場地帯から、商業、業務、公園、居住など多様な機能の空間になり、いつも人々で賑わう新たな都心部に転換させた。開業した1981(昭和56)年の1年間で1,800万人の来訪者を数え、現在でも年間1,000万人が訪れているといわれている。[撮影：筆者]

fig.2——バンクーバー・グランビルアイランド(1979(昭和54)年開業)

バンクーバー市にあるグランビルアイランドは、イングリッシュ湾につながるフォールスクリーク(入江)に面した人工島である。埋立てにより造成された約16haの島は、埋立て以前は波風の影響が少ない穏やかな漁場となっていたが、第2次世界大戦後まもなくまで、林業や鉱業向けの機械などの第2次産業製品向け工場群が立地し、活況を呈していた。
しかし、周辺地区の都市化が進み、工場群は移転などを余儀なくされ、跡地には都市生活者や観光客などを対象とした商業施設が建設された。穏やかな海、対岸の建物群の景観、商店・商品の豊富さ、バンクーバーの中心地区から数キロメートルのアクセシビリティの良さなどグランビルアイランドは最も成功したウォーターフロント開発のひとつといえる。[撮影：筆者]

北米の大都市は、19世紀頃から海港や河川港(5大湖を含め)を拠点として拡大したが、その当時の港湾は、今のような長大で堅固な防波堤や護岸の建設技術もなかったことから、波や流れ、風雨などから港を守るような湾や入江の奥部、岬や島陰などの地形条件から選ばれた。いわゆる天然の良港である。

20世紀に入ると、造船技術の向上に伴い船も大型化し、輸送量が爆発的に増加したことから、きわめて広大な桟橋やエプロン、岸壁を有し、大型船が直接接岸できる水深の深い港が必要となった。そのため、航路も狭く、泊地水面も限られ、水深の浅い天然の良港は、大型化に対応ができなくなったのである。たとえば、ボストン、ボルティモア、トロントなどの港湾は1920年代まで隆盛を誇っていたが、しだいにさびれていき、その後20-30年間は港湾的利用もなく、治安の悪化も伴い、人が寄り付かない場所になった。しかし、1950-1960年代になると、さびれたままのかつてのまちの表玄関であった港湾の活気や賑わいを再構築しようと、再開発計画が立てられた。それがウォーターフロント開発の端緒となる。したがって、ウォーターフロント開発は港湾再開発ともいえるのである。

その後、北米のウォーターフロント開発は、1975(昭和50)年から10年程度で次々完成した。都心にありながら、倉庫、工場、桟橋などに占有されていた水辺を開放し、水面を眺めながら飲食や買い物のできる商業、水を眺める公園、岸壁沿いの遊歩道、ヨットハーバー、水族館など多様な施設や水域のある景観に魅了され、一気に都市生活者の支持を獲得した。

わが国のウォーターフロント開発の展開

一方、わが国のウォーターフロント開発は、北米から10年程度遅れ、1985(昭和60)年以降、賑わいを体現させた北米の成功例を見習い各地で展開された。釧路フィッシャーマンズワーフ(1989(平成元)年)[fig.3]がいわゆるウォーターフロント開発の第一号といわれ、その後、東京・台場地区、横浜・みなとみらい21[fig.4]、名古屋・ガーデンふ頭、大阪・天保山ハーバービレッジ[fig.5]、神戸・ハーバーランド[fig.6]、福岡・シーサイドももちなどが供用開始し、ウォーターフロント開発ブームの様相を呈した。日本のウォーターフロント開発のきっかけは、北米のような、港湾機能の衰退から、治安の悪化、その対策としての賑わいづくりといったプロセスとは異なる。確かに、1960年代の世界的なコンテナの普及・本格稼働(物流革命)により、港湾物流も操作性の高いコンテナヤードを移転・集約させたため、旧港内に遊休地や未利用地が出現するように

fig.3——釧路フィッシャーマンズワーフMOO(1989(平成元)年開業)

かつて最高クラスを誇っていた漁獲高の減少から、釧路川河口部の釧路港に集客を狙った大型商業施設をつくるべく、1968(昭和43)年に第三セクター㈱釧路河畔開発公社が設立され、釧路フィッシャーマンズワーフ計画を策定した。1989(平成元)年に釧路出身の建築家、毛綱毅曠のデザインによるフィッシャーマンズワーフの核となる商業施設MOOが開業した。ブームとなったわが国のウォーターフロント開発の第一号とも称される。[撮影:筆者]

fig.4——横浜・みなとみらい(MM)21(1983(昭和58)年事業着工)

MM21は、旧三菱重工横浜造船所の敷地を核に、昼間人口を増やすため、横浜都心部づくりを目的のひとつとした開発である。総計画面積は約186haでそのうち埋立面積は約76ha。敷地はランドマークタワーやパシフィコ横浜のある中央地区、赤レンガ倉庫やコスモワールドのある新港地区、横浜駅東口地区に分けられる。みなとまち横浜のブランド力もあり、2016(平成28)年には最高の約8,100万人の来訪者を集めた。[撮影:筆者]

なった。しかし、北米のように何十年もほったらかしにしたり、治安が悪化するような地域はなく、これらの土地の有効活用と地域活性化の促進を図るため、折からのバブル景気も追い風となり、北米の成功例をなぞるように商業機能を中心にブーム化したのである。しかしながら、1991(平成3)年のバブル経済の破綻により、各地のウォーターフロント開発は1995(平成7)年頃からは失速した。

21世紀に入ると、長い低成長期から、景気も徐々にもち直し、東京をはじめとして、広大で安価な土地、それでいて少ない地権者数、眺望の魅力、都心へのアクセスの良さなどから、いわゆる湾岸エリアに超高層マンション[fig.7]、オフィスなどが林立し、水辺は大規模な開発供給地として注目されることになった。

ウォーターフロント開発がもたらしたものとこれから

北米にしろ、わが国にしろ、国の発展のために港湾は大きな貢献を果たしてきている。日本でいえば、明治以降の工業立国を果たすべく、港湾は物流・工業機能に特化し、世界的な経済大国となったが、機能特化のため、港湾は関係者以外立ち入れない空間ともなった。そのため多くの人々にとって、都市の港湾や海は、日常生活の風景から長く存在しないものとなっていた。

しかし、現在のウォーターフロントは都市にいながら、海を日常的に意識でき、思い立てば、いつでも海岸や砂浜に出られ、倉庫などをリノベーションしたレストランなど[fig.8]へ訪れることができるようになった。ほんの数十年前に始まったウォーターフロント開発は、海や港という新たな環境を都市に付加させ、市民権を得たのである。この「新たな都市環境の創造と獲得」がウォーターフロント開発の最大の功績といえ、いまやウォーターフロントは、都市のインフラ(社会資本)と称されるまでになった。

今後、2011(平成23)年の東日本大震災で経験した津波などからの防御(防災)、年々増加するクルーズ船の観光客(インバウンド)への歓送迎空間やイベントのあり方、これまで培ってきた港やウォーターフロントならではの歴史・文化の継承、さらに港湾直背後のまちと一体となった「みなとまちづくり」など、多様な要請を受ける新たなウォーターフロント開発であるが、これらの要請を包含した海からのゲートウェイとしての次代の姿に期待したい。

fig.5——大阪・天保山ハーバービレッジ(1990(平成2)年開業)

海遊館(水族館)と複合大型商業施設マーケットプレース、大観覧車を主な施設とする天保山ハーバービレッジは、これまで関係者以外誰も行かなかった岸壁と倉庫群の地域に年間約1,000万人の来訪者を集め、安治川対岸のユニバーサル・スタジオとともに大阪市を代表する一大観光地域となっている。[撮影:筆者]

参考文献

1——横内憲久「WATERFRONT」『都市住宅』1975年7月

2——Douglas M Wrenn著、横内憲久訳『都市のウォーターフロント開発』鹿島出版会、1983年

3——日本建築学会編『建築学用語辞典第2版』岩波書店、1999年

4——日本建築学会編『海洋建築用語事典』彰国社、1998年

5——彰国社編『建築大辞典』彰国社、1993年

fig.6——神戸・ハーバーランド(モザイク1992(平成4)年開業)

1985(昭和60)年に貨物駅、工場などの跡地約23haの再開発。海に近い複合商業施設である、モザイクと隣接する2013(平成25)年リニューアルされたUmieを主な施設とする。約1,800万人の来訪者のうち、もっとも多くを集めるモザイクの1階は客船ターミナルになっており、目の前で船の離着岸が見える。2階のテラスからはメリケンパーク、ポートタワー、ホテルなどウォーターフロントの賑わいが一望でき、多くの人を集める開発となっている。

fig.7——東京・東雲キャナルコート(2005(平成17)年竣工)

辰巳運河沿いにあった約16.4haの三菱製鋼の大規模工場跡地を、主に集合住宅、商業施設に再開発した典型的な湾岸エリアのウォーターフロント開発といえる。中心ゾーンにある約1,700戸の都市再生機構の集合住宅CODANは6街区のうち5街区を、1街区ごとに著名な建築家にデザインなどを委ね、個性のある公団住宅となっている。東京駅、大手町駅、新橋駅まで10分圏とアクセスも良く人気が高い。[撮影:筆者]

fig.8——広島・尾道U2(2014(平成26)年開業)

尾道港にある上屋のリノベーションで、躯体は補強してそのまま活用し、内部にはホテル、レストラン、雑貨店などを有する複合型商業施設とし高い評価を得ている。もともと県営上屋2号であったのでUWAYAの「U」と「2号」から名付けている。とくにホテルは、近接するしまなみ海道を走るサイクリストをターゲットにしており、しっかりと地域性が活かされている。[撮影:筆者]

038 ショッピングモール

郊外に増殖した安全で快適な商業空間

松葉一清
武蔵野美術大学 教授

一九九〇年代後半から、米国の建築家ジョン・ジャーディーの設計によるショッピングモールが日本に相次いで実現した。施設内の通り抜け街路を楽しげに演出して、快適で安全な商業空間を生み出す手法は、高度経済成長期に大量消費の波に乗って広まったショッピングセンターとは明らかに異なるものだった。一方、日本の商業デベロッパーもショッピングモールを都市の郊外に急速に増殖させたが、人口減少もあり、これからが正念場だ。

センターからモールへ

ショッピングセンターからショッピングモールへ。1980年代から1990年代に世界規模で定着したこの変化は、建築の領域における商業施設の位置づけを大きく変化させた。日本の現実になぞらえるなら、ダイエーからイオンモールへといえば理解できるだろう。

1960年代のダイエーに始まるショッピングセンターの建設は、高度経済成長に支えられた大量消費の動きをとらえて、全国の地方中核都市を網羅するかたちで進んでいった。主婦にとっては毎日の食品と日用品の調達場であり、少年少女にとっては百貨店の身近な代替えとなる「ハレ」の場となった。しかし、その浸透度と親近感とは裏腹に、建築の領域に与えた影響は皆無に近かった。1970年代、ル・コルビュジエに心酔し、瀟洒な住宅設計の手腕を評価されていた老練な関西の建築家から「ボーリング場とスーパーマーケットは仕事にしないようにしている」と聞かされたことがあった。つまり建築家の取り合う対象ではないというわけだ。

確かに、地方中核都市の中心市街地再開発で出現したショッピングセンターのほとんどが、自然光を遮った内部に効率優先で各階の床を重ね、それをエスカレーターで結ぶだけの「素っ気ない」ものだった。建築の空間のなかに「センター」と呼べるような内なる広場さえ不完全な形でしか設けられなかった。高度経済成長が「量」を優先して「質」を置き去りにしたように、ショッピングセンターの空間もまた、そこに集う青少年の空間意識を高めるような効果はほとんどもたらさず、とりあえず「ハレ」の場を提供したに過ぎなかった。中心市街地を活性化したが、日本人の近現代建築に対する知識を涵養する役割は果たせなかった。

モール・タイクーン、日本に降臨

しかし、ショッピングセンターという呼称が21世紀には死語に近い存在になり、ショッピングモールという言葉が人口に膾炙するに至って、商業施設としてのイメージは一新された。その状況は、米国の建築家で「モール・タイクーン」と呼ばれるジョン・ジャーディの日本における成功によってもたらされた。

福岡市の「キャナルシティ博多」(1996(平成8)年)[fig.1]を皮切りに、北九州市の「リバーウォーク北九州」(2003(平成15)年)[fig.2–3]、川崎市の「ラ・チッタデッラ」(2003(平成15)年)、大阪市の「なんばパークス」(2003(平成15)年)と作品は展開していった。いずれも市街地の再開発・再構成を、通り抜け街路の立体化で彩り、それまでの国内商業施設とは次元の異なる消費空間を実現した。「失われた10年(いや20年か)」で萎縮した日本の建築界において、ジャーディの「モール」は、ひとり気を吐いたといってよい。

ジャーディ自身は、1985(昭和60)年、米西海岸サンディエゴで設計した「ホートンプラザ」で「モール」の形式を確立した。碁盤の目のような格子状の街路が区切るタウンブロック9つ分をひとまとめにする商業施設による再開発で、新街区の対角線の位置に通り抜けの屋外遊歩道モールを配した。この「小さな都市軸線」は、両側の商業店舗群に囲われた安寧の空間であり、頭上から降り注ぐ陽光が開放感を演出した。ショッピングセンターとも百貨店とも異なる「モールを歩く」という動感を伴った空間体験をもたらし、中心市街地の治安悪化による荒廃に悩まされていた米国において「都市の救世主」ともてはやされた。

わが国では、ジャーディによるモールが相次いで

fig.1——ジャーディの国内の第一歩となった「キャナルシティ博多」[撮影：筆者]

fig.2──幾何立体を連結させた「リバーウォーク北九州」。内部をモールが貫通する［撮影：筆者］

fig.3──重層するモールが広場の頭上に重なる［撮影：筆者］

建設される傍らで、たとえばイオン・グループは、全国各地で「イオンモール」と名付けた商業施設を急ピッチで建設していった。

低層の空間容積の大きな施設の内部に、幅の広い通路を吹き抜けに配した国内のモールの姿は、屋外中心のジャーディのモールとひと味違う「日本的な試み」だった。1990年代以降、地方都市の中心市街地が、生産施設の中国移転や人口減少で衰退していくのを横目に、イオンをはじめとするショッピングモールは、郊外の自動車交通を前提とした辺地に増殖していった。そのようなモールの多くが、減反政策などによる農業の衰退がもたらした遊休地に建設されたのは、「日本的現象」だったといえよう。それは多くの商業資本の参画をみた2000年代の半ばにピークを迎え、基調は継続している。

モール隆盛の下地は、1980年代後半の地球規模でのバブル経済がもたらしたウォーターフロント開発ブームだ。都市から生産施設が遠ざかるなか、貨物駅、岸壁の倉庫群などをオフィスや商業施設に衣替えする動きに、ル・コルビュジエ流の「アテネ憲章」に依拠する、消費を等閑視する都市論では対応できなくなった。文化施設ではなく、商業施設をどのように有機的、快適、かつ美しく配置して都市に貢献させるか、ジャーディを始祖とする「モール」はひとつの模範解となり、日本もそれに倣った。一方、ショッピングセンターの担い手だったダイエーは「キャナルシティ」を手がけたものの、企業としての凋落に歯止めがかからず、中心市街地の多くの店舗が閉店に追い込まれた。旧態依然のショッピングセンターは社会的使命を終えた。

モールは生き延びるのか

米国においては2010年代の半ばを過ぎたころから「デッド・モール」という言葉が広まっている。1980年代後半以降、全米各地で建設され、隆盛を誇ったショッピングモールの多くが閉店に追い込まれ、営業していてもわずかなテナントだけになっている。そのようにモールが、事実上、廃墟化している現状を「死んだモール」と呼ぶのである。盛者必衰の感を覚える。

東京近郊の私鉄駅前を舞台に、「都市の屋根」を大胆に架けた「ビナウォーク」（設計・北山孝二郎、2002（平成14）年）［fig.4］の隆盛ぶりや首都圏のアウトレットモールの人気を目の当たりにすると、公共交通が健在な日本では、モールは米国とはまた違う運命をたどるのかも知れない。しかし、辺地の遊休地に建設された多くのショッピングモールが、人口減少の波にどこまで耐えて、地域を支えられ続けるか。正念場がこれからなのは間違いない。

fig.4──「都市の屋根」がショッピングゾーンを覆う「ビナウォーク」［撮影：筆者］

039

繁華街

多くの人で賑わう都市の商業・娯楽の中心

石榑督和
東京理科大学 助教

近世から都市には人を集め賑わう盛り場が存在したが、それはいずれも都市周縁に位置していた。
それが近代になると都市の中心部に、娯楽が引き寄せられ繁華街が生まれる。そこには多様な外観を持った商店が並び、道を行き交う庶民を愉しませた。
戦前から戦後にかけては、大阪における新世界、東京における歌舞伎町など、計画的に繁華街を作る試みも行われた。
また終戦直後からは鉄道ターミナル駅周辺の闇市を起源にした新たな繁華街も現れ、成長していった。

多くの人で賑わい都市の商業・娯楽が集中する地区を繁華街という。近世から都市には人を集め賑わう盛り場が存在したが、いずれも都市周縁に位置していた。それが近代になると都市の中心部に、娯楽が引き寄せられ繁華街が生まれた。そこでは夜店も並び道を行き交う庶民を愉しませ、同時に多様な外観を持った商店が並んだ。戦前から戦後にかけては、計画的に繁華街を作る試みが行われ、また終戦直後からは闇市を起源に成長する繁華街も現れた。

近世の町人地の繁華街化

江戸の盛り場、たとえば広小路や橋詰などの水辺空間は、床店や茶屋など多種多様な店が並ぶとともに、花火・大道芸・芝居・見世物などが行われ人々を集めた[fig.1]。この頃は、いずれの盛り場も都市周縁に位置していた。

明治になると遊興空間は市街地に取り込まれていく。近代になって世の中は、近世のように土地に縛られ地域の中で生活が完結する社会から、人々が都市のなかを動き回る社会へと変化した。そうした人々を対象に商売する商店建築は、人を惹きつけるために多様な外観を持つようになり、またショーウィンドウなど商品を見せる建築形態が生まれた。こうした商店を見ながら銀座のまちを歩くことを「銀ブラ」といい、新宿では「新ブラ」といわれ、大阪や京都、神戸の繁華街でも同じように「○○ブラ」という言葉が使われた。

1905（明治38）年1月2日、日本における最初のデパートメント・ストア宣言といわれる、三越呉服店の広告が全国主要新聞に掲載された[fig.2]。欧米とは異なり、日本の百貨店は家族で訪れ1日を過ごすような行楽の場所として発展し、食堂や屋上庭園を充実させ、催事場、美術館、劇場を設置していった。百貨店は大正時代以降、大衆化を進めるなかで「都市の公園」とも言われるようになり、都市生活のなかで重要な施設となっていった。

さらにまちを歩く人々を楽しませる要素として街路の夜店があった[fig.3–4]。縁日との深い結びつきをもって銀座や神楽坂などの夜店は始まるが、昭和戦前期には縁日を凌駕する勢いで夜店が盛んになっていく。大正期から発展しつつあった渋谷では、商店街の振興のために夜店が誘致され、道玄坂に並ぶようになった。

つくられた繁華街

開発をきっかけにつくられた繁華街も存在する。大阪と東京の代表的な2箇所を紹介しよう。

1903（明治36）年に大阪市の天王寺一帯で開かれた第5回内国勧業博覧会をきっかけに、現在の大阪を代表する繁華街のひとつ、新世界が誕生した。

第5回内国勧業博覧会が開かれるまでは、財閥の住友家の本邸があるほか、別荘がいくつかある程度であった地域が、博覧会で大きく変貌する。博覧会終了後、会場跡地の西側半分が民間に売却され、開発されたのが新世界であった。新世界には、ルナパークという名の遊園地や映画館、芝居小屋などが立ち並んでいた。もちろんルナパークという名は、ニューヨークのコニー・アイランドの同名の遊園地からきているが、この遊園地のシンボルとして建設されたのが通天閣であった。初代の通天閣は、塔脚が凱旋門、塔はエッフェル塔を模したものであった。こうして大阪の中でも外縁部に位置した天王寺には、博覧会をきっかけに新世界が生まれ、遊興空間を中心に据えた繁華街として人を集めていくこととなった。

一方、東京では戦前の市街地の外縁にあたる新宿に、戦後復興期、「道義的繁華街」を目指して歌舞伎町がつくられた。町会長の鈴木喜兵衛が中心となり、学校の周りに住宅が並ぶ程度であった地区を繁華街へとつくり変える震災復興を計画する。まちの復興計画は都市計画家・石川栄耀によってつくられた。その計画は「広場を中心として芸能施設を集める、そして新東京の最健全な家庭センターにする」というものであった。

鈴木は権利関係を取りまとめ、東京産業文化博覧会を開催し、華々しく戦災復興を進めることを企図していたが、この博覧会は大失敗に終わり、遊興空間の中心となるはずだった広場周辺は閑散とし

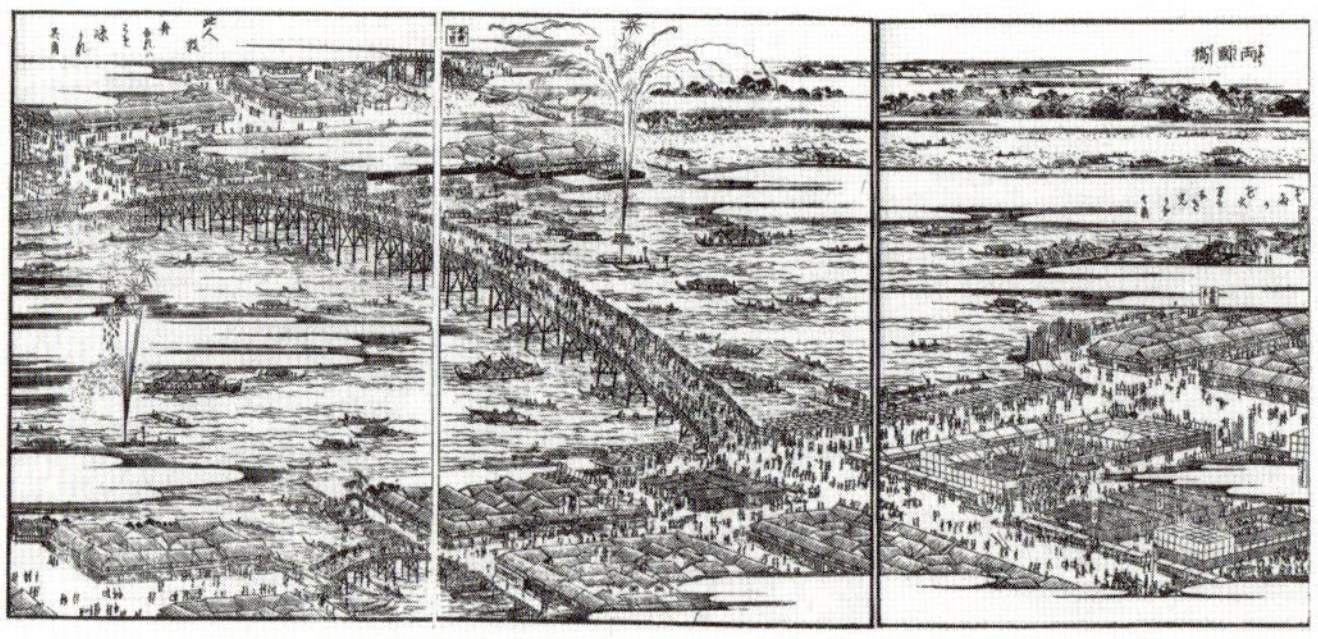

fig.1——『江戸名所図会』「両国橋」

fig.2——1914(大正3)年に建設された三越百貨店[出典:日本建築学会『建築雑誌』1915年4月号]

てしまった。売れ残った娯楽施設の用地を取得し、高度成長以降の活気ある歌舞伎町をつくっていったのは、戦後復興期に新宿西口駅前の闇市で商売をして資本を蓄積した在留台湾人たちであった。彼らが息を吹き込んだことで、歌舞伎町は東京の最大の繁華街のひとつとなっていった[fig.5–6]。

戦後闇市由来の繁華街

東京は近世までの市街地を基盤として近代以降も都市化していくが、市街地の範囲が急激に拡大するのは関東大震災後の郊外化以降であり、その郊外化は私鉄の敷設を伴って展開した。東京市が政策的に私鉄の都心部へのアクセスを拒んだため、東京の私鉄は山手線沿線の駅をターミナルとすることとなった。こうして東京は、高度成長期以降には副都心となっていく都市の核を、山手線沿線に備えるようになる。戦後復興期、ターミナル周辺には巨大な闇市が発生し繁華街の基盤を形成していく[fig.7]。そして高度成長期には、私鉄資本による百貨店がターミナル周辺に立ち並んだ。昭和戦前期以降、とくに戦後の闇市を契機として山手線のターミナル駅周辺に新たな繁華街が生まれていくこととなった。

鉄道ターミナル周辺で繁華街の形成が進んだのは、東京に限ったことではない。大阪では梅田や上本町といったターミナルや、ハブ駅である鶴橋にも巨大な闇市が発生した。

近現代の繁華街は近世までの都市の蓄積を背景としながらも、商業と遊興が融合するかたちで形成され、その中に新たな都市建築を生んでいった。そして、昭和戦前期以降は鉄道ターミナル周辺の高度に都市化するエリアに、闇市を契機として繁華街の形成が進んだ。他方で、戦前戦後を通じ計画的につくられた繁華街も存在した。こうして生まれた繁華街は今も都市の商業・娯楽の中心として重要な位置を占めている。

fig.4——新宿大通りに並んだ露店を記録した岩田義之「新宿夜店一覧表」[出典:今和次郎、吉田謙吉編著『復刻版 考現學採集 モデルノロヂオ』学陽書房、1986年]

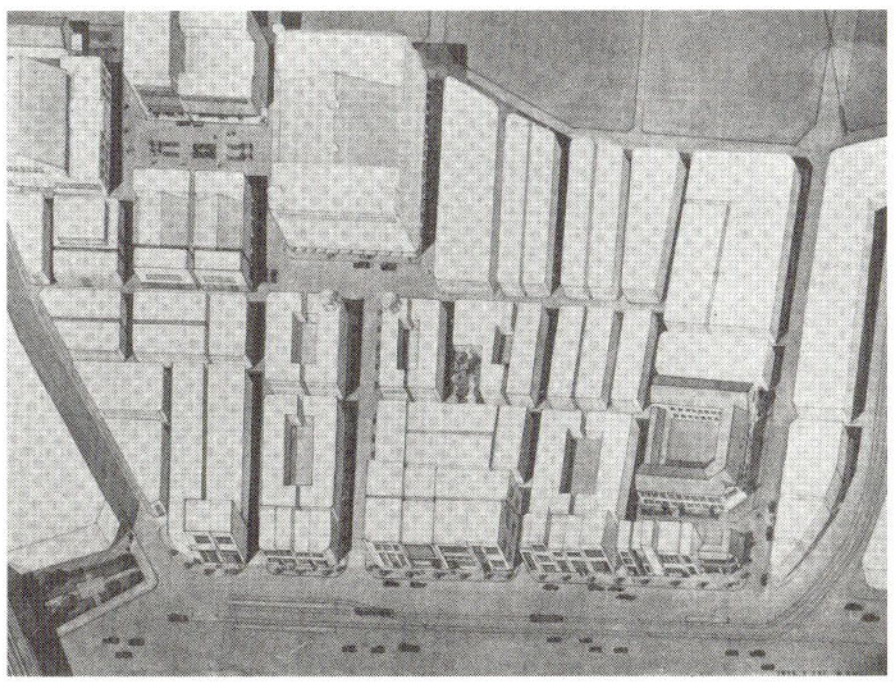

fig.5——戦災復興後の歌舞伎町予定図

図の左上に遊興施設群の中心として計画された広場が見える。[出典:鈴木喜兵衛『歌舞伎町』大我堂、1955年]

fig.3——昭和初期の銀座に並んだ夜店[出典:『資生堂百年史』資生堂、1972年]

参考文献

1——初田亨『繁華街の近代——都市・東京の消費空間』東京大学出版会、2004年

2——鈴木博之『日本の近代 10 都市へ』中央公論新社、1999年

3——中島直人、西成典久、初田香成、佐野浩祥、津々見崇『都市計画家 石川栄耀——都市探索の軌跡』鹿島出版会、2009年

4——稲葉佳子、青池憲司『台湾人の歌舞伎町——新宿、もうひとつの戦後史』紀伊國屋書店、2017年

5——石榑督和『戦後東京と闇市——新宿・池袋・渋谷の形成過程と都市組織』鹿島出版会、2016年

fig.6——戦後復興期の歌舞伎町の夜景[出典:鈴木喜兵衛『歌舞伎町』大我堂、1955年]

fig.7——1950(昭和25)年頃の旧和田組マーケット

酒場、飲食店、売春宿が軒を連ねた。[提供:東京都建設局]

040 コンベンション施設

国際機関や学術団体が催す会議、企業が催す商品紹介の展示会、スポーツやエンターテインメントのイベントなど、コンベンションにもいくつかの種類がある。求められる機能に、それぞれ会議場、展示場、スポーツアリーナといった建築タイプが応じてきたが、一九八〇年代以降、イベントの大型化、多様化に従って、これらの機能を複合したコンベンション施設が建てられるようになっていった。広範囲から人を呼び込むコンベンション施設は、都市間競争において重要な役割を果たす建築と見なされている。

建築タイプの複合でさまざまな人の集まりに対応

磯 達雄
建築ジャーナリスト／フリックスタジオ

コンベンションの3タイプ

広範囲に人を集める大規模な会議、集会を指すものとして「コンベンション」という言葉が定着している。この言葉が日本で初めて公に使われたのは1965(昭和40)年、国際観光振興会(現、国際観光振興機構)がコンベンション・ビューローを開設した時とされる。東京オリンピックに続けて、国際的な会議を積極的に誘致し、国際社会に復帰した日本の姿を直接、世界の人々に見てもらおうとの思惑があったとされる[1]。

コンベンションは「情報交流型」「マーケティング型」「感動体験型」という3つのタイプにわかれる[2]。「情報交流型」は高度な情報を交換するための集まりで首脳会議や各種学術会議などがこれにあたる。「マーケティング型」は商品紹介や営業推進に主眼を置いたもので、見本市やトレードショーなどを指す。「感動体験型」はスポーツの大会や音楽・演劇などの大規模公演を想定している。

コンベンションを催す施設は、これらのタイプごとにそれぞれ計画、建設されてきた。「情報交流型」には会議場が対応する。日本では、初めて国際会議に対応した本格的な会議場として国立京都国際会館[fig.1]が1966(昭和41)年に生まれている。「マーケティング型」には展示場が対応する。広大な床面を擁する恒久的な展示場としては、1959(昭和34)年、東京・晴海に東京国際貿易センター[fig.2]が完成。名古屋や北九州などにも建てられていった。「感動体験型」の大規模なイベントには、体育館やスポーツアリーナが対応する。大規模なものとしては、室内陸上競技も可能な大阪城ホール(1983(昭和58)年)や、屋根付き野球場の東京ドーム(1988(昭和63)年)などが建設されている。

また、規模・機能別でも分類でき、これに沿って主要施設を一覧にした[fig.3]。

展示場、会議場、イベントホールの複合

しかしこれらの施設はコンベンション機能の一面に対応したものにすぎない。コンベンションの大型化、多様化に伴って、1990年代以降は、展示会、セミナー、シンポジウムなどを同時開催できる本格的なコンベンション施設がつくられていく。

先駆けとなったのは幕張メッセ[fig.4](1989(平成元)年)である。この施設は、約54,000m^2の展示場(後に約72,000m^2に拡張)、大中小合わせて22室を擁する国際会議場、最大で約9,000人を収容するイベントホールからなり、飲食施設やビジネスセンターも内部に備える。主展示場はアクセスコリドーに面して一方向に延びる細長い長方形の床面を採っており、可動の間仕切りによって自由に分割が可能。催しに応じて適切な広さの空間を生み出すことができる。長大な無柱空間は、キールアーチ構造の屋根架構によって実現している。

これに続いて、パシフィコ横浜(1991(平成3)年)、夢メッセみやぎ(1995(平成7)年)、東京ビッグサイト(1995(平成7)年)などが、全国の主要都市につくられていった。また、くにびきメッセ(松江市/1993(平成5)年)、アイテムえひめ(松山市/1996(平成8)年)、ビッグパレットふくしま(郡山市/1998(平成10)年)、グランメッセ熊本(熊本県益城町/1998(平成10)

fig.1——国立京都国際会館(設計:大谷幸夫/1966(昭和41)年開業)

同時通訳の機能を備えた大中小の会議場やイベントホールからなる。政府主催の国際会議や学術会議の開催に対応する。宝ヶ池に面した風光明媚の地に建つ。[撮影:筆者]

fig.2——東京国際貿易センター(設計:村田政眞建築設計事務所/1959(昭和34)年開業)

床面積や屋根架構が異なる複数の展示施設が集積。東京モーターショーなどの大規模イベントが開催された。1996(平成8)年解体。写真は2号館。[出典:『株式会社東京国際貿易センター30年史』東京国際貿易センター、1988年]

fig.3——日本国内の主要コンベンション施設

建物名称、設計者名、開業年。分類は『全国会場Navi 2017年版』(ピーオーピー、2016年)による。

大規模展示施設系

- 西日本総合展示場(設計:磯崎新アトリエ/1977年)
- 神戸国際展示場(設計:日建設計/1981年)
- インテックス大阪(設計:東畑建築事務所/1985年)
- 京都パルスプラザ(設計:地域計画建築研究所/1987年)
- 幕張メッセ(設計:槇総合計画事務所/1989年)
- パシフィコ横浜(設計:日建設計/1991年)
- コンベックス岡山(設計:東畑建築事務所/1991年)
- 東京ビッグサイト(設計:佐藤総合計画/1995年)
- マリンメッセ福岡(設計:日本設計/1995年)
- グランメッセ熊本(設計:東畑建築事務所/1998年)
- 朱鷺メッセ(設計:槇総合計画事務所/2003年)
- 夢メッセみやぎ(設計:日建設計/1995年)
- 京都市勧業館「みやこめっせ」(設計:川崎清/1996年)

中小規模展示施設系

- 福岡国際センター(設計:梓設計/1981年)
- マイドームおおさか(設計:日建設計/1987年)
- 沖縄コンベンションセンター(設計:大谷幸夫/1987年)
- 高岡テクノドーム(設計:内井昭蔵建築設計事務所/1991年)
- 神戸ファッションマート(設計:昭和設計/1991年)
- 仙台国際センター(設計:日建設計/1991年)
- くにびきメッセ(設計:高松伸建築設計事務所/1993年)
- アスティとくしま(設計:日建設計/1993年)
- 別府国際コンベンションセンター(設計:磯崎新アトリエ/1994年)
- サンメッセ香川(設計:東畑建築事務所/1994年)
- アクトシティ浜松(設計:日本設計/1994年)
- アイメッセ山梨(設計:大宇根建築設計事務所/1995年)
- 愛媛国際貿易センター「アイテムえひめ」(1996年)
- 海峡メッセ下関(設計:NTTファシリティーズ/1996年)
- 東京国際フォーラム(設計:ラファエル・ヴィニオリ/1997年)
- ビッグパレットふくしま(設計:北川原温+ILCD/1998年)
- 米子コンベンションセンター(設計:佐藤総合計画/1998年)
- 静岡県コンベンションアーツセンター(設計:磯崎新アトリエ/1999年)
- 富山国際会議場(設計:槇総合計画事務所/1999年)
- 札幌コンベンションセンター(設計:北海道日建設計ほか/2002年)

国際会議施設系

- 国立京都国際会館(設計:大谷幸夫/1966年)
- 神戸国際会議場(設計:日建設計/1981年)
- 名古屋国際会議場(設計:日建設計/1990年)
- 北九州国際会議場(設計:磯崎新アトリエ/1990年)
- アクロス福岡(設計:日本設計/1995年)
- 長良川国際会議場(設計:安藤忠雄建築研究所/1995年)
- かずさアカデミアセンター(設計:坂倉建築研究所/1998年)
- つくば国際会議場(設計:坂倉建築研究所/1999年)
- グランキューブ大阪(設計:黒川紀章建築都市設計事務所/2000年)
- 淡路夢舞台国際会議場(設計:安藤忠雄建築研究所/2000年)
- 福岡国際会議場(設計:日建設計/2003年)

ドーム・アリーナ・体育館系

- 大阪城ホール(設計:日建設計/1983年)
- 横浜アリーナ(設計:竹中工務店/1989年)
- グリーンドーム前橋(設計:松田平田設計/1990年)
- 滋賀県立長浜ドーム(設計:久米設計/1992年)
- 福岡ドーム(設計:竹中工務店+前田建設工業/1993年)
- サンドーム福井(設計:岡崎甚幸+川口衞/1995年)
- ナゴヤドーム(設計:竹中工務店/1997年)
- 京セラドーム大阪(設計:日建設計/1997年)
- さいたまスーパーアリーナ(設計:日建設計ほか/2000年)
- 札幌ドーム(設計:原広司+竹中工務店/2001年)

年)など、各地方の拠点都市にも広がっていく。

単一の施設で対応するのではなく、関連した施設を近接して建てることによってコンベンション・ゾーンを整備する手法もある。マリンメッセ福岡、福岡国際会議場、福岡国際センター、福岡サンパレスなどを揃えた福岡港中央埠頭や、神戸国際展示場、神戸国際会議場、神戸ポートピアホテル、ワールド記念ホールなどを擁する神戸ポートアイランドがこれに該当する。

都市間競争の切り札として

コンベンション施設と強い結びつきを持つ施設としてホテルがある。遠方から訪れる参加者を宿泊させるだけでなく、レセプションや会議の機能でコンベンション施設を補完するものとして、ホテルは近接地に必須である。パシフィコ横浜や朱鷺メッセ(2003(平成15)年)のように、コンベンション施設と一体化したものもある。

またコンベンションの参加者にとって、ついでに近辺での観光を楽しむこともコンベンション参加の大きな動機である。そうしたことから、リゾート地が立地として選ばれることもある。別府国際コンベンションセンター(1994(平成6)年)、沖縄コンベンションセンター(1987(昭和62)年)などがこれに当たる。

宿泊、観光などの関連行動を含めると、コンベンションの経済効果は非常に大きい。幕張メッセについて調べた2006(平成18)年の調査では、年間の経済波及効果が県内で970億円、全国で3,614億円と算出されている。さらに開催都市の知名度アップ、愛郷心の醸成、街の美化、新しい仕事の発生などといった文化的、社会的な効果もコンベンションはもたらす[3]。都市間競争の切り札として、コンベンション施設は位置づけられている。

近年では、コンベンションを含むさらに大きな活動の概念として、MICE(マイス)という言葉も使われるようになった。これはMeeting(会合)、Incentive(報奨旅行)、Convention(学会・大会)、Exhibition/ Event(展示会/スポーツ文化イベント)を総称したもので、ビジネスと観光が一体となった人々の動きを表している。さらに発展した形として海外では、コンベンション施設に大規模商業施設、テーマパーク、カジノなどを併設した、統合型リゾート(Integrated Resort)の建設も進んでいる。

参考文献

1———梅沢忠雄『コンベンション都市戦略』日本地域社会研究所、1985年
2———田部井正次郎『コンベンション』サイマル出版会、1997年
3———田部井正次郎『観光MICE』古今書院、2017年

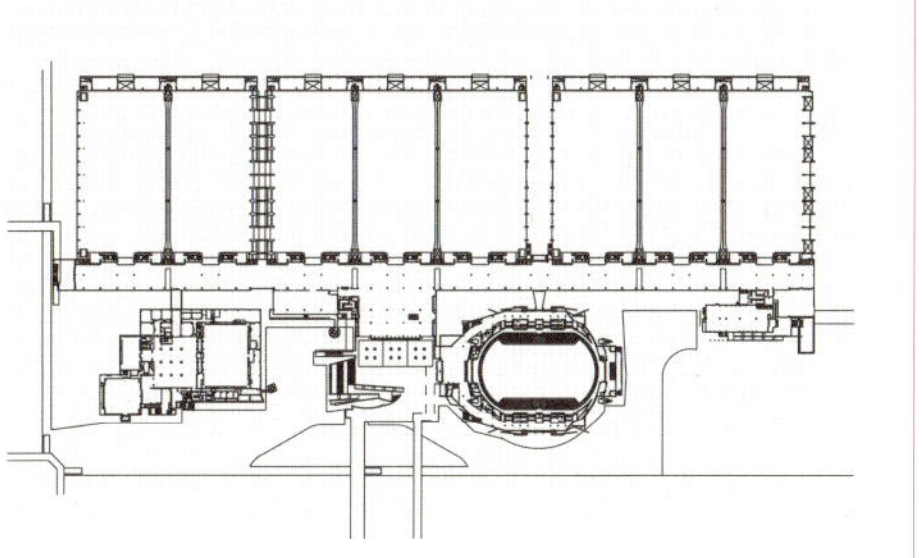

fig.4——幕張メッセ(設計:槇総合計画事務所/1994(平成6)年開業)

展示場は床面積が各6,750m^2の8つのホールからなり、可動間仕切りで複数イベントの同時開催に対応する。1997(平成9)年、隣地にホール9–11が増築された。天井高さは15–30m、床荷重は最大で5000kg/m^2となっている。イベントホールはコンサート、式典、スポーツイベントなどに対応、会議場はセミナー、会議、パーティを催すのに向いている。幕張新都心の中心施設で、周囲には複数のホテルが建っている。[提供:幕張メッセ]

041 テーマパーク

異国情緒や過去の歴史など、あるひとつの趣向でまとめあげ、日常から切り離された別世界をつくりだすテーマパーク。
その呼称は一九八三年、東京ディズニーランドの開業をきっかけとして広まった。
さかのぼれば奈良ドリームランドや博物館明治村など、一九六〇年代開業の施設にも同様の傾向がある。
さらに源流を探るならば、江戸時代の模擬巡礼施設や遊興施設へもたどり着く。

日常から切り離された別世界

井上章一
国際日本文化研究センター 教授

テーマパークとは

日本語のカタカナでテーマパークと書けば、遊園地一般とは違う含みが込められる。遊興施設を集めた区画の園内が、ある主題でまとめられたところを、普通は指す。趣向に一貫性のない遊具や店舗が雑然とならぶところは、テーマパークと呼ばれない。しかし、その定義には曖昧なところもある。

たとえば、大阪のユニバーサル・スタジオ・ジャパン。ここに言い及ぶ指摘は、たいていテーマパークのひとつとして、取り上げる。ユニバーサル映画を中心に、ハリウッドの映画世界を味わわせるそれである、と。

だが、ここでは妖怪ウォッチやAKB48に関わる催しも、しばしば開かれる。テーマを裏切るメイド・イン・ジャパンのイベントが、開催されないわけではない。それでも、一般にはテーマ・パークの代表例として、認められている。定義にはあやふやなところがあると考える所以である。

英語圏では、テーマパークと遊園地を、そうはっきり区別しないらしい。いっそ、日本でも、そちらの流儀に倣ったほうがいいのではなかろうか。

1983（昭和58）年には、東京ディズニーランド[fig.1]ができている。テーマパークという呼称は、その開業をきっかけに、広まった。周知のように、ここは園内をディズニーの世界観で統一させようとする傾向が強い。カタカナ表記の「テーマパーク」が遊園地一般と区別されやすいのは、そのためか。

その前史

園内をある趣向でまとめあげる。そうして、テーマパークは、日常から切り離された別世界を、つくりだそうとする。園内の施設にも、今の日本ではあり得ない何かを、まとわせる。たとえば、建築には異国情緒や歴史景観、あるいは未来的な表現を加味していく。童話（メルヘン）の情景などが仮託されることも、あり得よう。

ディズニーランド以前にも、それらしい前例はある。奈良ドリームランド（1961（昭和36）年開業）、博物館明治村（1965（昭和40）年開業）などである。世界史的には、デンマークのチボリ公園（1843（天保14）年開業）あたりが、あげられようか。

そういう通説的な例示の向こうを張って、ここでは江戸の護国寺に目を向けたい。この寺では18世紀の終わり頃、境内に西国寺院の模造建築を、数多く設営した。たとえば、興福寺の南円堂や、舞台のある清水寺本堂などに似せた建築を。そして、江戸の人々もここへ行けば西国巡礼がかなうという仕掛けをひねりだした。境内の堂屋配地は、今でも「江戸名所図絵」[fig.2]にうかがえる。

巡礼者用のアトラクションも、あったらしい。入園料はとらなかったが、参拝者の落とす賽銭の収益は、十分見込まれていた。異国的な建築で、といっても同じ日本の西国だが、客を集め儲けを企む。今日のテーマパークに通じるそんな営みは、18世紀に始まっていた。

こう書けば、戦国大名のこしらえたいわゆる小京都のほうが早い、と言われようか。あるいは、唐の長安が手本になった平城京や平安京をもちだす向きも、おられよう。

しかし、小京都や平城京などは、人民から見物料をとっていない。模造建築を人々に見せて、稼ごうとする。以上のような営業のさきがけは、やはり18世紀末の護国寺にあったと考える。まあ、織田信長は安土城で、模造建築ではないけれども、拝観料を取ったのだが。

fig.1――東京ディズニーランドのシンデレラ城［撮影：Øyvind Holmstad／出典：Wikimedia Commons／ CC BY-SA 4.0］

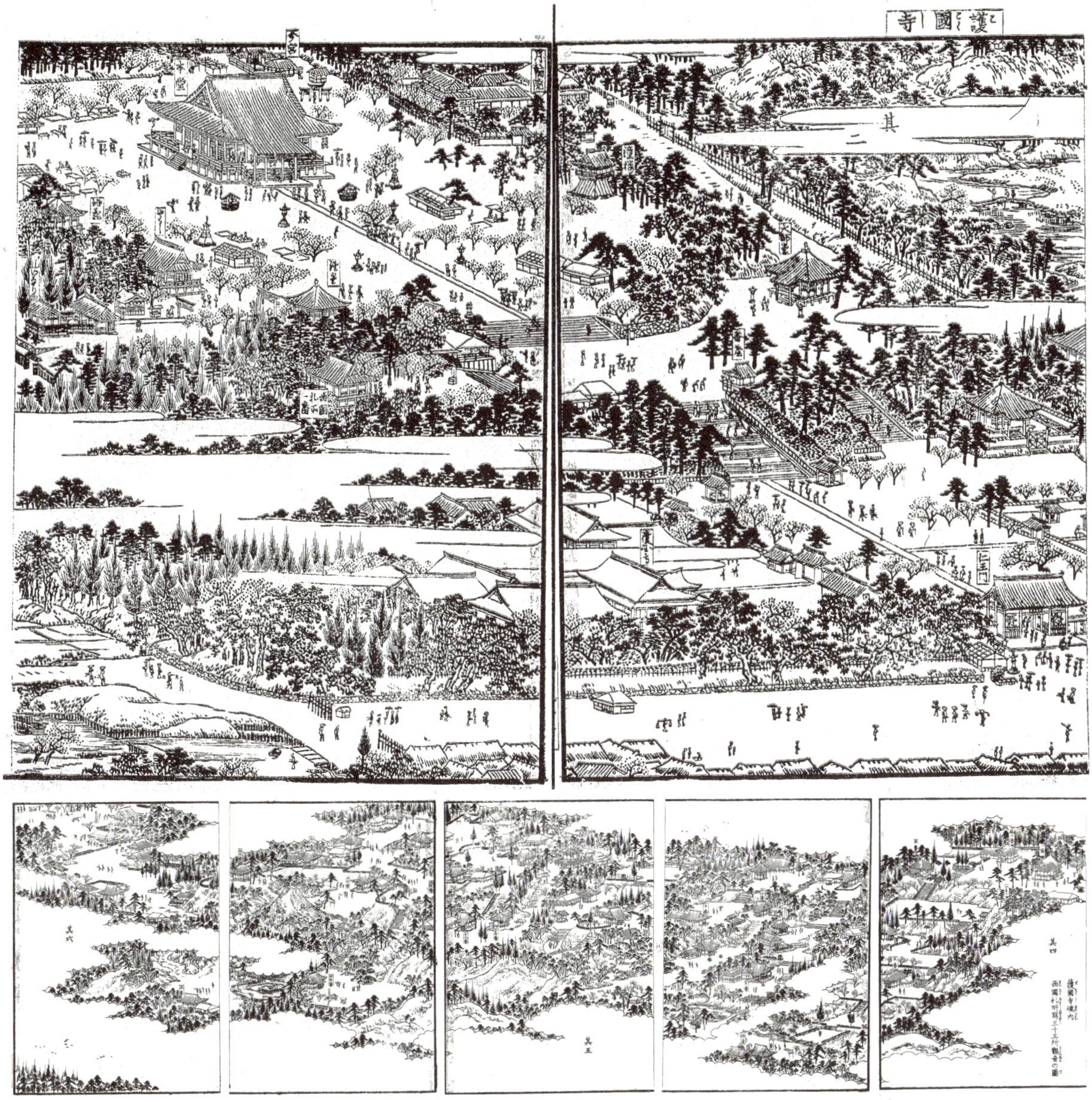

fig.2——護国寺［出典：国立国会図書館デジタルコレクション『江戸名所図会 十二』］

中東、そして西洋を幻想して

今のテーマパークが売り込む異国情緒は、西洋的であることが多い。その典型は、オランダのまち並みを映したハウステンボス（1992（平成4）年開業）であろう。他にも、東京ドイツ村や志摩スペイン村などが、よく知られている。

エキゾティックな模倣の対象が、国内や東アジアを離れ、中東や欧州へ及びだす。遠い国々への幻想をかきたてつつ、客をある区画に誘い込む。そんな試みの根っ子に、じつは遊廓がある。

戦前の中村遊廓（名古屋）には、異国情緒をかきたてる建築が、並んでいた。スペイン風、イスラム風、イギリス風に彩られた娼館が、林立していたのである。建築家の若山滋は、これをイミテーション・エキゾチシズムの先駆例として、位置づけた。「今日日本中に蔓延する」こういう様式の「始源はこの中村遊廓かもしれない」と。

中村遊廓が最初かどうかは、わからない。吉原をはじめとする他の遊廓も、検討をする必要がある。ただ、好色な男たちが遊ぶ場所から始まったとする見解は、侮れない。

テーマパークは老若男女、なかでも若い世代の集う遊園地である。そして、その擬似外国的な建築表現は、しばしば遊廓に先行されていた。だとすれば、遊廓は大人の男がたわむれる遊園地であったと、逆算して捉え得る。

東京ディズニーランドは、繰り返すが1983（昭和58）年にできた。ドイツのノイシュバンシュタイン城を手本としたシンデレラ城も、この時姿を見せている。

その10年前、1973（昭和48）年に目黒エンペラー［fig.3］というラブホテルが開業した。これを「ニューズ・ウィーク」は、東京にディズニーランドができたと、伝えている（1973（昭和48）年4月2日付け）。シンデレラ城と形の通じあうことが、そう報道されたのである。

同じノイシュバンシュタイン城が、大平洋の東側では、テーマパークの施設となる。その西側では、日本のことだが、まず大人の性的な享楽施設に化けた。テーマパークにとりいれられたのは、ずいぶん後になる。

遊廓の先駆性ともども、考えてみなければならない課題である。そこに、日本近代のあるかたよりが、読み解けるのではないか。

参考文献

1——鈴木博之編『復元思想の社会史』建築資料研究社、2006年
2——若山滋『遊蕩の空間——中村遊廓の数奇とモダン』図書出版社、1993年

fig.3——目黒エンペラー［撮影：フリックスタジオ］

提供：三菱地所(株)

第III章

各種構造

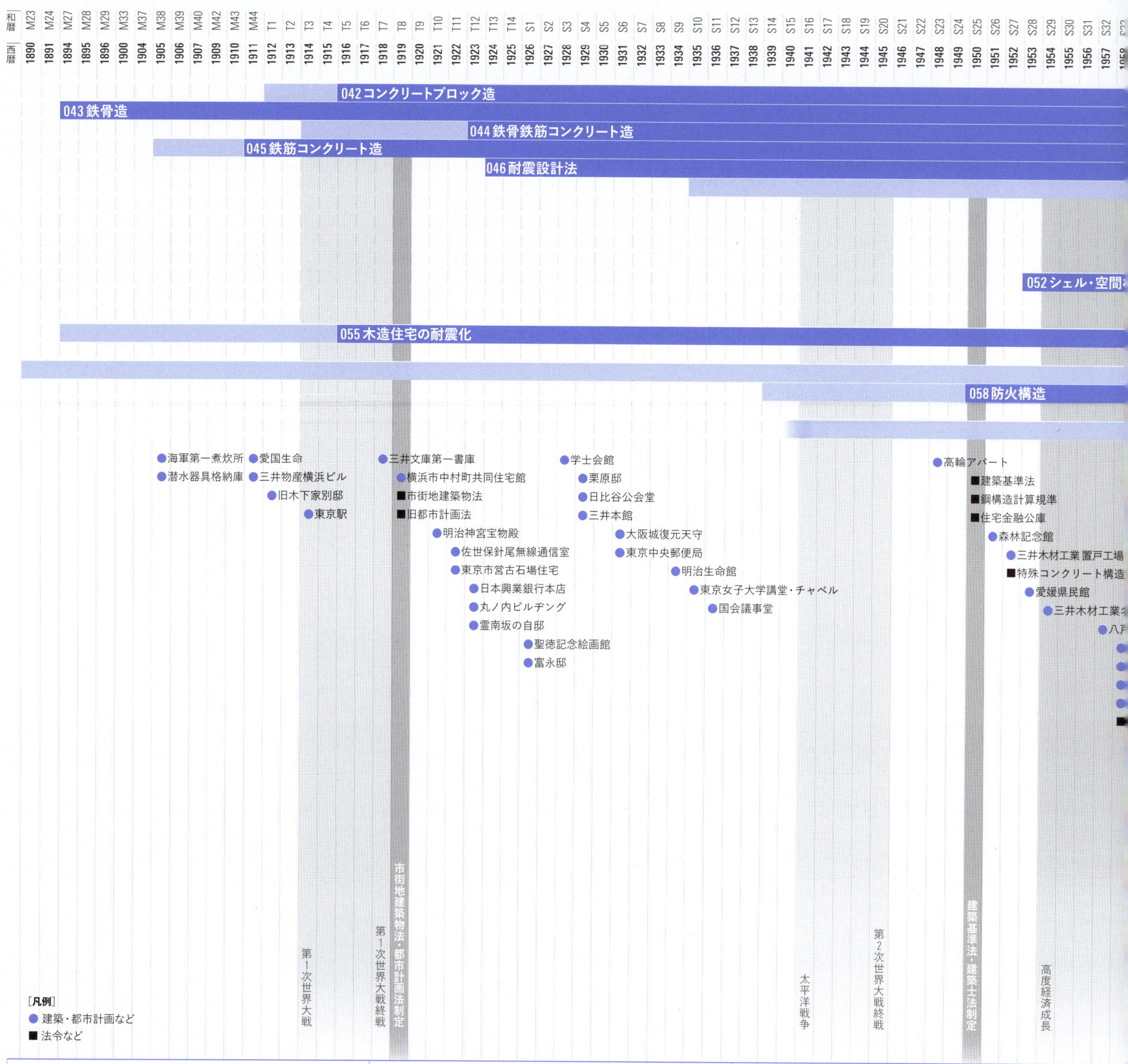

近代構造の導入と日本化

日本に近代化が訪れて以来、それまで木造一辺倒であった建物の構造方式も、レンガ造から始まりさまざまな構造方式が導入され、今日に至っている。まず導入されたのは**鉄骨造**[043]であり、19世紀後半から部分的に使われ、アメリカ式の建設が導入されるに連れて普及していった。またやや遅れて**鉄筋コンクリート造**[045]も20世紀はじめ以降、建物の構造として用いられ始め、日本に適した耐震構造としてその理論と実践が積み重ねられていく。型枠大工の存在により現場打ちが主流であった日本の鉄筋コンクリートであるが、より簡易に、経済的に、また施工性を高める目的により**コンクリートブロック造**[042]も並行して、主に住宅建設において普及していった。それらの流れの最終段階として**鉄骨鉄筋コンクリート造**[044]が日本において発明される。これは地震国日本において生み出されたユニークな形式であり、高層建築を建設するうえで欠かせない技術となった。

耐震設計・技術の確立

地震国日本において、外国から導入された構造方式は、耐震の必要性に適応していく。**耐震設計法**[046]は、佐野利器による震度法の考え方をもとにした設計方法であり、戦前から導入された。戦後には、さまざまな地震被害を受けた法令の改正により耐震基準は飛躍的に向上してゆき、1981（昭和56）年の新耐震設計法により今日の基本的な設計方法に到達した。加えて、地震力に剛で抵抗する耐震構造とは異なり、地震力と建物の縁を切った耐震技術として**免震構造**[047]が取り入れられた。入力地震動を低減する技術として**制振**[048]技術も近年、技術的な進化や建物への導入が進んできている。とりわけ超高層建築物における長周期地震動対策として近年注目を集めている。これらの技術は新築のみならず、文化財建造物の保存やストック活用においても、免震レトロフィットのように意匠と耐震性能の両立を可能にする方法をはじめ、建物の特性に応じたさまざまな設計方法や技術開発が**耐震改修**[049]として発展してきている。

建築の高層化と大規模化

日本における基本的な建物の構造形式が整ってきたことをふまえ、また先進国での取り組みに同

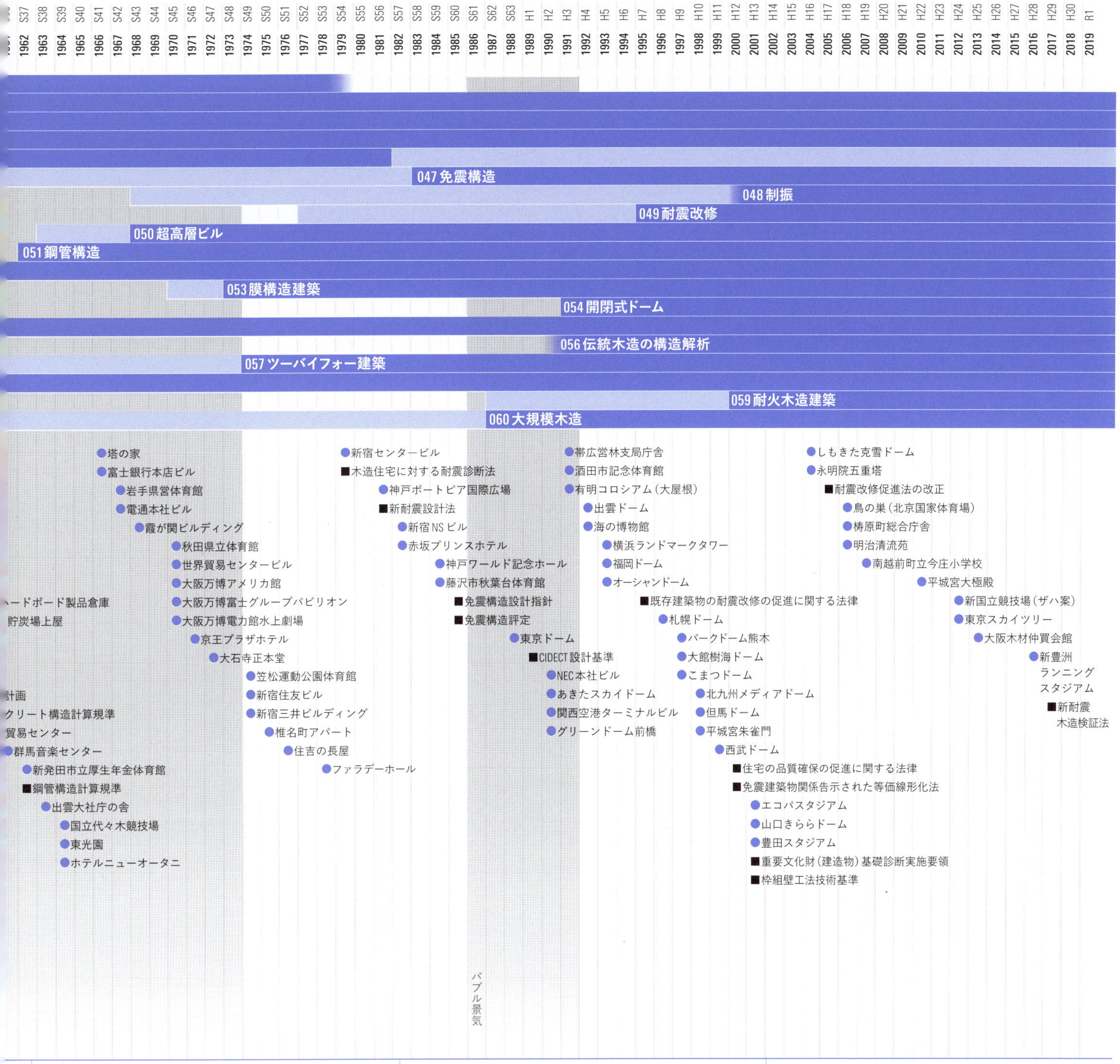

時代的に触れるなかで、より大規模な建築を構築する技術的可能性が拓けてきた。主に戦後の高度成長期を中心として技術的飛躍を遂げてきたが、その代表的な例が1968年（昭和43）竣工の霞が関ビルディングである。日本最初の本格的**超高層ビル**[050]を、安全で効率的に建設するために、プレファブリケーションを徹底することでその後のわが国における建設の工業化を推し進めた。また博覧会会場やスポーツ施設など、大スパン建築に対する社会的ニーズの高まり、構造技術の発展や新材料の開発に伴い、**鋼管構造**[051]、**シェル・空間構造**[052]、**膜構造建築**[053]の探求と実践が進められてきた。その後、四季による気候の変化に対応した**開閉式ドーム**[054]が実現され、スポーツ施設に利用されている。

木構造の新たな展開

近代化以降、さまざまな構造形式を取り入れてきた日本だが、元来の木造建築も技術的発展を遂げ進化してきた。とりわけ、度重なる地震被害を受けて耐震研究が蓄積され、筋違や耐震壁の普及によって、**木造住宅の耐震化**[055]は着実に進められてきた。また、第2次世界大戦での木造建築の延焼を背景に、木造**防火構造**[058]の普及も進んだ。なかでもモルタル外壁による防火仕様は戦後の木造住宅を特徴づける代表的な要素である。また1974（昭和49）年にオープン化された**ツーバイフォー建築**[057]は、既存の在来木造とは異なる構造形式として主に北米より導入され、戸建住宅を中心に建設されてきた。施工の簡易性や壁量の多いことによる耐震性の高さといった特性から、日本において定着してきている。

一方で住宅など小規模な建物以外では、戦後、都市防火の観点から、非木造を主流として都市が形成されてきた。しかし平成以降を中心に、徐々に**大規模木造**[060]や**耐火木造建築**[059]の研究や規制緩和、また実際の建物への適用が進んできた。とりわけ2000（平成12）年の改正建築基準法施行以降、大規模な耐火木造の実践を可能とする多様な取り組みが行われてきている。このように新しい木造をつくる技術や制度が進む中で、**伝統木造の構造解析**[056]に関する研究も進み、文化財建造物の修理や復元に活かされており、世界をリードしている分野である。

042 コンクリートブロック造

廉価・不燃・耐震で戦後住宅を支えた構造

熊谷亮平
東京理科大学 准教授

近代化と平行して、長らく日本の建築・都市のテーマは、「不燃」と「耐震」であった。さらに、敗戦後の日本社会では、早く安価に建築をつくることが求められた。レンガ造（組積造）のような原始的な方法でつくることができ、レンガ造で培った耐震化技術が活用でき、素材も不燃で、比較的安価につくることができるコンクリートブロック造は、戦後しばらくのあいだ日本の住宅需要を満たしてくれた。

黎明期の導入とユニークな開発

明治以降、レンガ造を習得し、建設し始めた日本であったが、関東大震災での甚大な被害によって、日本における組積造の困難が浮き彫りとなった。しかし、比較的高度な技術を要さず経済性や耐火性に富み、堅牢な建物をつくることができるというその特性から、地震国日本においても組積造はメリットがあった。外国から導入した技術を日本の状況に合わせて耐震化したコンクリートブロック造は、このような背景のもとに開発されていく。

日本で最初期に建てられたコンクリートブロック造の建物に河合浩蔵の愛国生命（1911（明治44）年）などがある。レンガに代わる材料として、新しく生産されるようになったセメントによって、より大きなサイズの組積材がつくられるようになってきていた。これらは「人造石」と呼ばれ、セメント製造会社によって担われてきたが、1921（大正10）年頃に入ると「鉄筋ブロック工業」といった建築請負業が現れていることから、補強されたコンクリートブロック構法が開発され始めていたと考えられる[1]。酒井祐之助が1916（大正5）年に最初の実作で用いた「酒井式」鉄筋ブロックは、詳細がわかっているなかではもっとも早いものであり、中空ブロックの中に配筋してコンクリートで一体化している。大正中期の鉄筋ブロック造としては横浜市中村町共同住宅館（1919（大正8）年）、東京市宮古石場住宅（1922（大正11）年）がある。

戦前における補強鉄筋コンクリート造の代表的な例として、通称「鎮ブロック」と呼ばれる「中村式鉄筋コンクリート建築」がある。これは大正から昭和初期にかけて活躍した建築家・中村鎮（1890-1933（明治23-昭和8）年）によって考案されたブロック構法で、1921（大正10）年に専売特許が認可されている。

この構法は、当時採用されはじめていた現場打ち鉄筋コンクリートを応用して開発されたものであり、中村は型枠による現場打ちの施工の不完全性を除去するものとして鉄筋ブロック造を捉えていた。L型ブロックを互いに組み合わせて壁体を形成し、空洞部分に配筋し、コンクリートを打設するという型枠コンクリートブロックである。L型ブロックは中央に2つの突起をもち、サイズは約360×180mmである。ここでは床組みも同じL型ブロックを組み合わせて箱状のボイドスラブを形成していることも特徴である。この形態により、壁体コーナー部も含めて、ほぼ単一のブロック形状で建物を構築できる利点を有している。さらに外壁側には別形状の外装ブロックを貼り、意匠面の向上もはかっている。中村式鉄筋コンクリート建築の壁構法によって建てられたブロック造の建物は119棟にのぼり[1][fig.1-2]、「鎮ブロック」によって建てられた代表的な建物のひとつに、建築家・本野精吾によって建てられた「栗原邸（旧鶴巻邸）」[fig.3]がある。

第2次世界大戦直後には多様なブロック造の提案がなされており、代表的なものとして「佐々木式ブロック」[fig.4]や「パスキン補強コンクリートブロック造」と呼ばれるものなどがあった。

規格化による全国的な普及へ

終戦後、木造に代わって耐火性の高いブロック造への関心が高まってきた。アメリカ型ブロック製造機械によるブロックが普及していくとともに、1950年頃から公庫住宅や建設省（現、国土交通省）が推進した公営住宅などにブロック造が取り

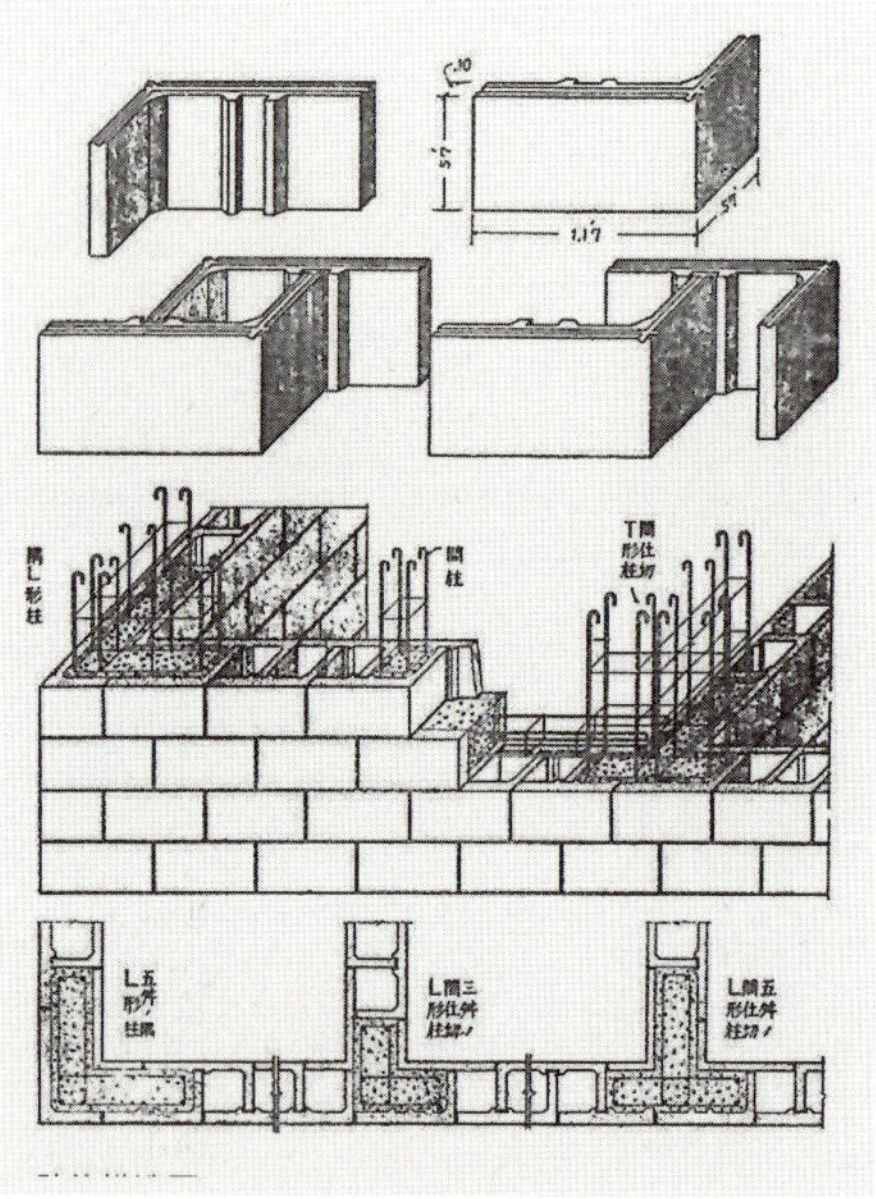

fig.1——中村式鉄筋コンクリート建築の壁構法

L型のブロックの組み合わせというシステムを用いることにより、コーナー部も同形のブロックで納めることが可能なシステム。
［出典：『中村鎮遺稿』］

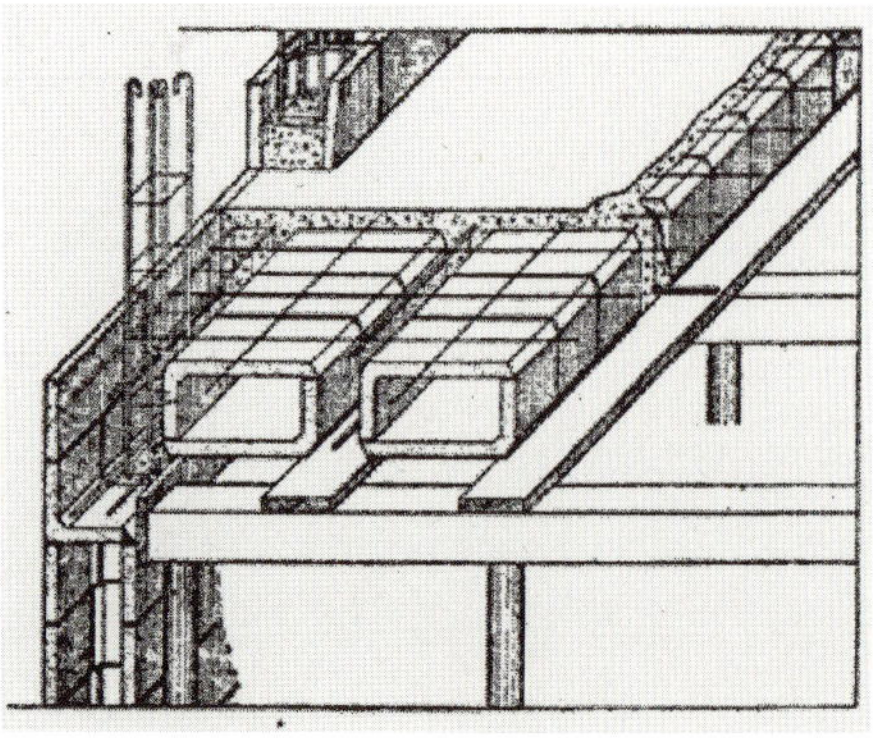

fig.2——中村式鉄筋コンクリート建築の床組み

壁と同形のブロックで箱状断面をつくり、ボイドスラブ状の床組みを構築する。隣接するユニット間をモルタルで連結している。
［出典：『中村鎮遺稿』］

fig.3――栗原邸(旧鶴巻邸)

1929(昭和4)年竣工。本野精吾によって設計され「鎮ブロック」で建てられたモダニズム建築である。コンクリートブロックの美しい外壁に加え、「びしゃん叩き」による打ち放し仕上など、コンクリート表現が追求されている。本野は1924(大正13)年竣工の自邸において、すでにこの構法を用いている。栗原邸は京都工芸繊維大学の教育プログラムの一環として保存活用のための修復工事が続けられ、2014(平成26)年には登録有形文化財に登録されている。[撮影:筆者]

入れられるようになり、1952年には「特殊コンクリート構造設計基準」として建築学会から構造基準が出された。またアメリカ型ブロックをもとにした規格「JIS A5406 空洞コンクリートブロック」が制定された。しかし、アメリカ型のブロックは鉄筋コンクリートを充填する空洞部分が小さく、地震国の日本においては耐震性に不十分な点があったため、1955(昭和30)年、JIS規格を見直して日本型の「補強コンクリートブロック構造用コンクリートブロック」に改定された[3]。日本型の補強コンクリート造の特徴として、芋目地が一般的となったことがあげられる。

具体的な構法は、目地モルタルを用いて空洞コンクリートブロックを組積し、縦横の目地に補強鉄筋を挿入する。壁頂部には現場打ち鉄筋コンクリートの臥梁《がりょう》を設ける。ブロックの大きさは施工時に片手で作業できるために、縦190mm、横390mm、厚さ150-190mmとされた。その後、建設省は積極的に公営住宅に推奨したため、低層の不燃住宅として普及していく。たとえば、建築家・前川國男による「阿佐ヶ谷住宅」(現存せず)[fig.6]といった低層テラスハウスにも用いられている。これらのコンクリートブロックは完全なオープンシステムであったこと、学会指針などにより施工方法が浸透したこと、特別な機械を要しない施工の簡易性から、1970年代には全国に広く定着することになった[4]。

地域性をあらわす素材

コンクリートブロック造は、日本における地域性をあらわす構法でもある。沖縄では戦後補強コンクリートブロック造の建設を公的に推進していた。また亜熱帯気候特有の通風性と意匠性を併せもった、通称「花ブロック」と呼ばれる穴あきスクリーンブロックがある。一方で北海道でも、補強コンクリートブロック造が政策として促進された。軽石などで製造され、空洞部を有するコンクリートブロックは空気層を多く含み断熱性が高いため、「三角屋根コンクリートブロック造住宅」として多数建設された。

その後、コンクリートブロック造は、現場打ち鉄筋コンクリート造の普及、プレキャストコンクリートパネルによる大型化などに伴い、建築構造としての役割は限定的なものとして今日に至っている。また、間仕切壁などの帳壁として一般に用いられたが、近年では耐震要求水準の向上や施工の合理化などにより、ALCパネルなど他の材料に取って代わられている。また、ブロック塀として広く利用されていたが、地震による被害もしばしば見られている。しかしながら、補強コンクリートブロック造は、高い耐震性能が求められる日本における組積造の構造を生み出し、防火性、経済性などから戦後の低層住宅として市民の住宅を支えた一形態であったのである。

※執筆にあたって、前島彩子氏(明海大学)より専門的知見の提供を頂きました。謝意を表します。

fig.4――佐々木式コンクリートブロック[出典:『建築文化』1949年7月号]

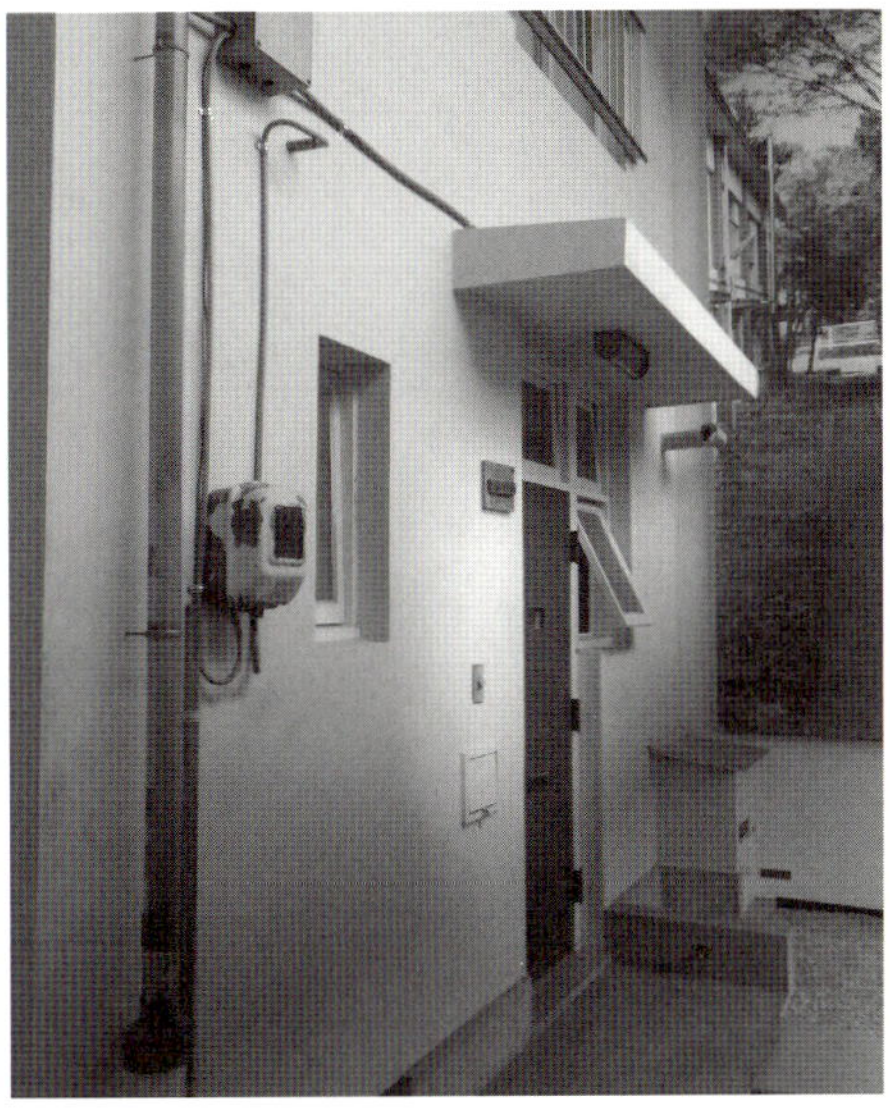

fig.5――日本住宅公団多摩平団地のテラスハウス復原住戸(都市再生機構 集合住宅歴史館)

コンクリートブロック造で間取りは3K。多摩平のテラスハウスでは、ほかにラーメン構造やTilt-up(ティルトアップ)工法などさまざまな構法が試された。[撮影:筆者]

fig.6――日本住宅公団阿佐ヶ谷住宅

1958(昭和33)年竣工。前川國男が公団のテラスハウスのプロトタイプとして設計したコンクリートブロック住宅である。阿佐ヶ谷住宅が建設される前に、鷺宮団地と烏山住宅でも同型のテラスハウスが建てられている。特徴的な三角屋根の下には小規模ながら吹き抜けの空間をもつ標準設計である。阿佐ヶ谷住宅は中層の鉄筋コンクリート造タイプの住棟と低層のテラスハウスを組み合わせた住環境を形成していたが、すでに解体され現存していない。[撮影:Kakidai/出典:Wikimedia Commons/ CC BY-SA 3.0]

参考文献
1――塚原淳、足立裕司「木骨コンクリート・ブロック造とその成立過程に関する研究――移情閣と東亜セメントの事例を通じて」『日本建築学会計画系論文集』第74巻 第637号、2009年3月
2――佐々木昌孝ほか「旧早稲田大学出版部倉庫にみる中村式鉄筋コンクリート建築」『日本建築学会学術講演梗概集』2004年8月
3――竹山謙三郎ほか『やさしいブロック建築の手引き――補強コンクリートブロック造篇』日本ブロック建築協会、1957年
4――松村晃「特殊コンクリート造とプレファブリケーション――補強ブロック造からALCパネル造へ」『建築雑誌』1971年12月
5――中村音羽 編『中村鎮遺稿』中村鎮遺稿刊行会、1936年

043

鉄骨造

接合技術の向上と形鋼の実用化による鉄骨構造の普及

山田 哲
東京工業大学 教授

日本における鉄骨造は十九世紀末に始まっていたが、一九六〇年代の高度経済成長期に急速に広まった。この時期にそれまでのリベット接合による組立から、H形鋼や高力ボルト摩擦接合の実用化が行われ、溶接技術の進歩もあいまって、霞が関ビルディングをはじめとする超高層建築から中低層の建物まで、多くの建物が鉄骨でつくられるようになった。その後は角形鋼管を柱として使用することが主流になり、さらにはCFT（コンクリート充填鋼管）も用いられるようになっていった。

黎明期から1960年代まで

わが国で最初に建てられた鉄骨造の建物は、1894（明治27）年に建築された、秀英舎印刷工場（東京・京橋）とされる[1]。

黎明期から1960年代までは、鉄骨造の建物は市街地建築物法で認められたリベット接合によりつくられるのが主流であった[2][fig.1–2]。リベット接合は、鋼材にあけた孔に赤熱した鋲を差し込み、これを叩いて鋼材をつなぐ接合方法であり、叩かれて変形することで孔と鋲の隙間が埋まり、鋼材同士が一体化する接合方法である。しかし、孔をあけることによる断面欠損や、1カ所ずつ打ち込まなければならないという施工性の悪さ、施工時に大きな音が発生するといった問題があった。この時期は組み立て材による構造が一般であり、日本建築学会から刊行された『鋼構造計算規準・同解説』[3]（1950（昭和25）年）には、溶接に関する記述もあるが、大梁と柱の仕口として、組み立て材による柱と梁の接合[fig.3]が示されている。

リベット接合から高力ボルト接合と溶接へ

1960年代に入り、H形鋼や高力ボルト摩擦接合の実用化によって建築鉄骨の生産性が向上した。また、高度成長期に入り建築着工面積が大幅に増加するなかで、鉄骨造の建物が普及するようになった[2]。1963（昭和38）年の建築基準法の高さ規制廃止により、鉄骨造による超高層建築が建てられるようになったことも、溶接など鉄骨造に関わる技術の普及発展につながった。わが国で最初の超高層建築である霞が関ビルディング（1968（昭和43）年）も鉄骨造であり、H形鋼の柱が用いられている。H形鋼が普及したことで、柱が強軸方向となる構面をラーメン構造、弱軸方向となる構面をブレース構造とした建物が建てられるようになった。また、工場で溶接により製作した鉄骨を、工事現場で高力ボルト摩擦接合により接合することも、この時期から一般的に行われるようになった[2]。

1970年代に、ロール成型角形鋼管（STKR）やプレス成型角形鋼管が生産されるようになったこと[4]、1981（昭和56）年の建築基準法施行令改正（新耐震基準）においてラーメン構造がブレース構造に対して有利な扱いとなったこと[2]から、その後は2方向の構造性能が等しい角形鋼管を柱として使用することが主流となった。また、超高層建築の下層部の柱など、板厚の大きな鋼材を使用しなければならない場合には、溶接組み立てによる箱

fig.1——さっぽろテレビ塔［撮影：著者］

fig.2——さっぽろテレビ塔のリベット接合部[撮影：著者]

形断面部材が用いられるようになった。中空断面である角形鋼管や箱形断面部材を柱として使用する場合、柱梁接合部において梁からの曲げ応力を伝達する方法が問題となる。角形鋼管柱の場合には、梁フランジにあたる位置で柱を切って梁フランジからの曲げ応力を伝達するダイアフラムを設ける「通しダイアフラム形式」[fig.4–6]が一般的に採用されるようになった。また、箱形断面部材の場合には、ダイアフラムを柱の内部に接合する、内ダイアフラム形式が採用されるようになった。いずれも完全溶け込み溶接による確実な溶接施工が求められる接合形式であり加工も多いことから、諸外国ではほとんど採用されず、わが国の建築鉄骨が独自の進化を遂げることになった。

高強度鋼・CFT・建築構造用鋼材の普及

超高層建築が多く建てられるようになり建物の高さも高くなっていくなかで、SM490材では強度が不十分であることから、より高強度の鋼材と溶接材料が使われるようになった。70階建ての横浜ランドマークタワー（1993（平成5）年）では、下層部にSM570Q材が用いられている[5]。1996（平成8）年には、SA440材が大臣認定を取得し、現在では超高層建築下層部の柱などに広く用いられている。また、超高層建築の下層部の柱などでは、高強度鋼であっても鋼材だけで大きな軸力を負担することは合理的でないことから、箱形断面もしくは鋼管断面内部にコンクリートを充填したCFT（コンクリート充填鋼管）が用いられるようになった。また、鋼材の高強度化に伴い、一般的に用いられる高力ボルトであるF10Tでは必要なボルト本数がかなり多くなってしまうことから、超高力ボルトF14Tが1999（平成11）年に大臣認定を取得し、超高層建築などで使われるようになっている。

1995（平成7）年の阪神・淡路大震災では、多くの鉄骨造建物で柱梁接合部における破断が発生し、接合部ディテールや使用鋼材の溶接性の問題などが明らかとなった。接合部ディテールについては、応力集中を緩和した複合円形状の改良スカラップやノンスカラップ工法に移行した。鋼材については、1994（平成6）年に溶接性に優れ、部材としての塑性変形能力を確保し得るための降伏比の規定などが設けられた建築構造用鋼材であるSN材がJIS規格材として規定されていたことから、SN材が普及することにつながった。また、角形鋼管についても、製造過程において弱点となる角部の性能などを改善した冷間ロール成形鋼管（BCR）と冷間プレス成型鋼管（BCP）が1994（平成6）年に規格化され、現在では建築構造に使われる角形鋼管は、基本的に大臣認定材料であるBCRもしくはBCPとなっている。

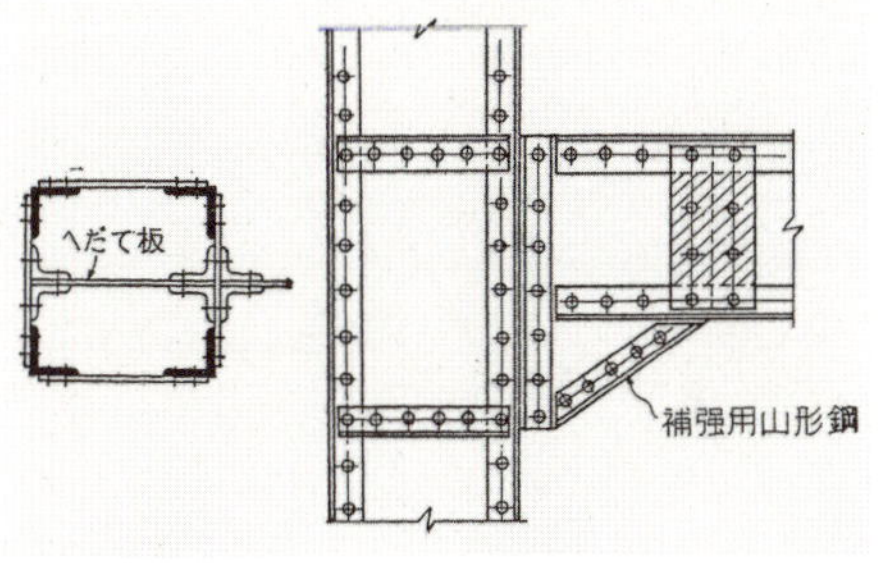

fig.3——鋼構造計算規準における柱梁接合部[出典：日本建築学会『鋼構造計算規準・同解説』1958年]

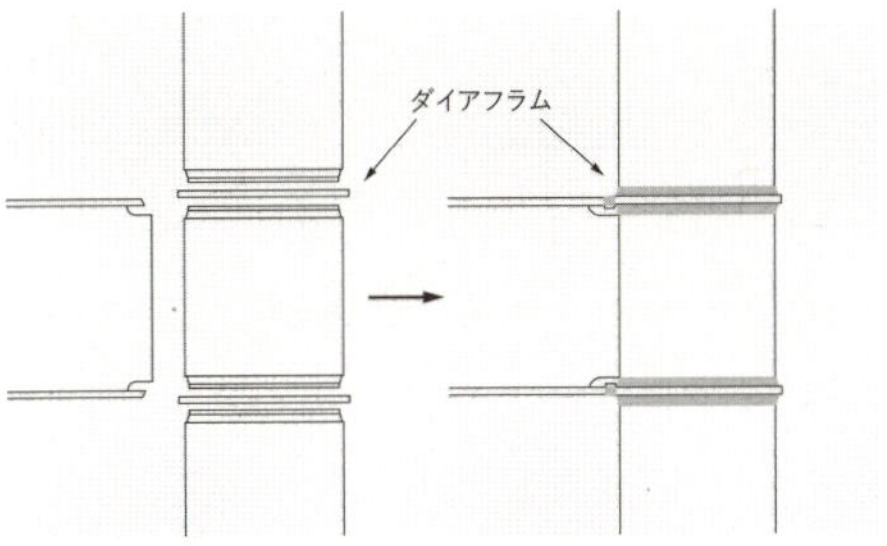

fig.4——通しダイアフラム形式の接合部[作成：筆者]

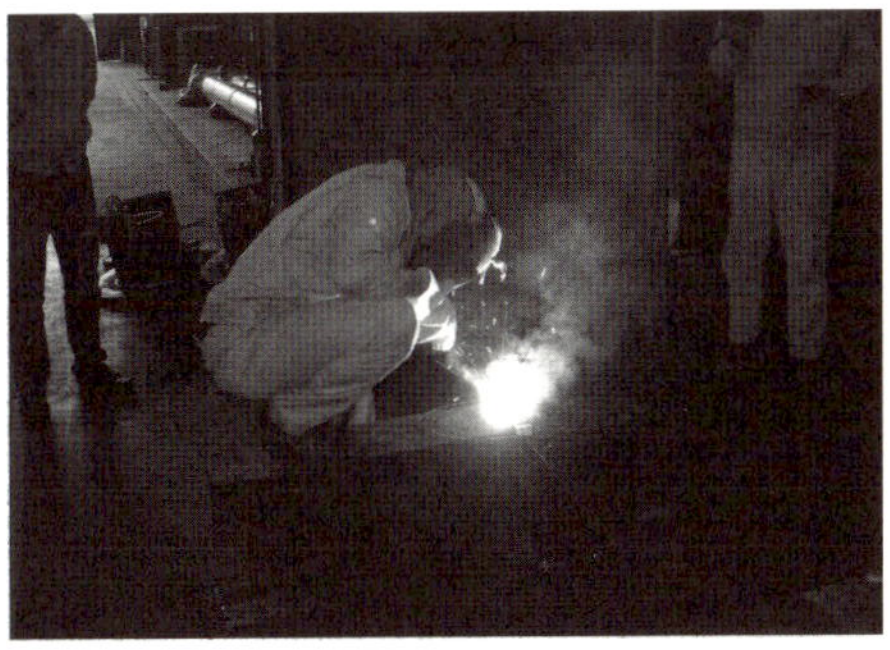

fig.5——接合部の施工状況（半自動溶接）[撮影：筆者]

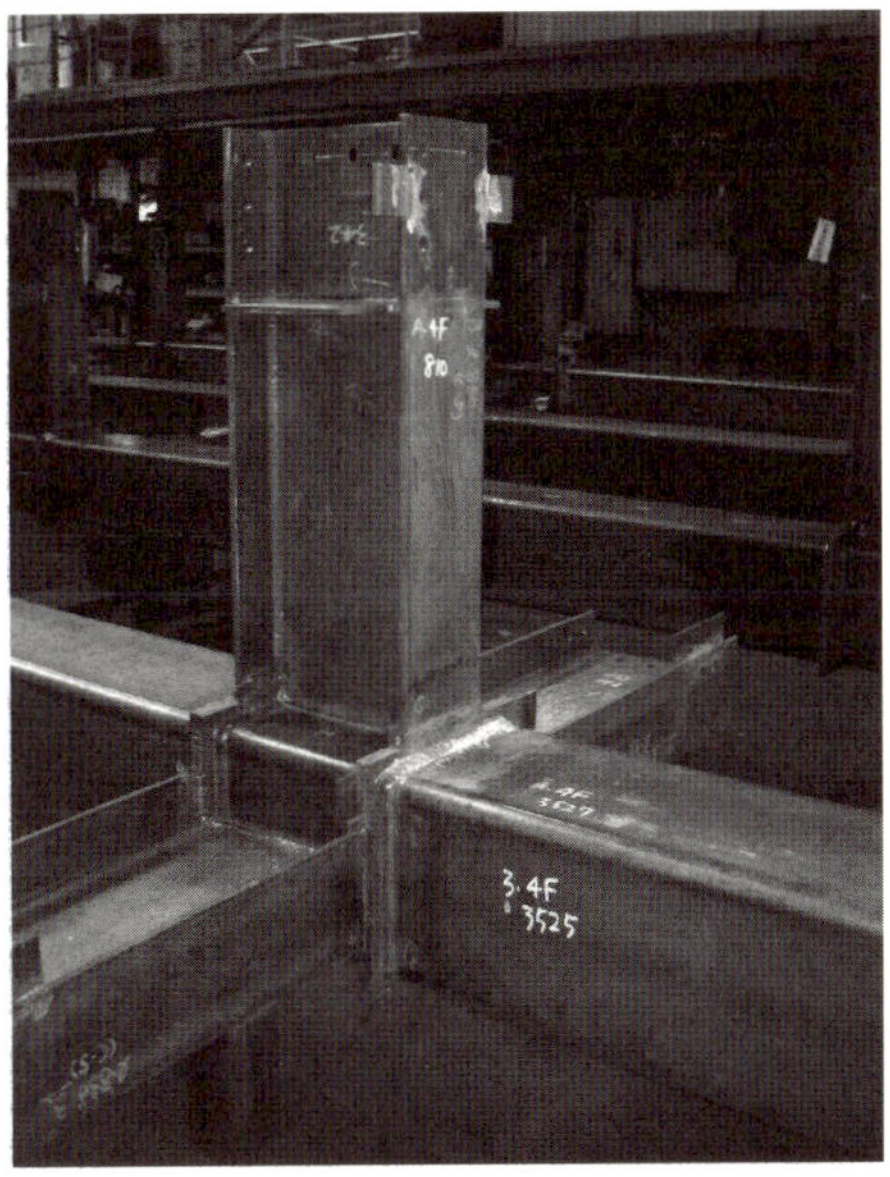

fig.6——工場でつくられた接合部[撮影：筆者]

参考文献

1———日本鋼構造協会『わかりやすい鉄骨の構造設計 第四版』技報堂出版、2009年

2———『溶接設計施工ガイドブック』日本建築学会、2008年

3———『鋼構造計算規準・同解説』日本建築学会、1950年

4———『冷間成形角形鋼管設計・施工マニュアル』日本建築センター、2018年

5———山崎真司「横浜ランドマークタワーの構造設計」『溶接学会誌』第61巻第2号、1992年

044

鉄骨鉄筋コンクリート造

地震国日本で発達した独自の技術

熊谷亮平
東京理科大学 准教授

鉄骨造と鉄筋コンクリート造を合成させた鉄骨鉄筋コンクリート造は、日本で独自に開発が進んだ技術である。大正末期に鉄骨造で建てられた丸ノ内ビルヂングは、関東大震災後の補強改修工事で鉄骨の柱を鉄筋コンクリートで巻き一体化させた。また日本興業銀行本店は当初から鉄骨鉄筋コンクリート造として建てられ、竣工して半年後の関東大震災でも被害を受けず注目された。鉄骨鉄筋コンクリート造は一九五〇年代に設計方法が確立、地上二十階程度の高層ビルや超高層ビルの低層部などで広く利用されている。

鉄骨鉄筋コンクリート誕生前夜

鉄骨鉄筋コンクリート構造は、鉄骨軸組の周囲を鉄筋コンクリートで包み、鉄骨造と鉄筋コンクリート造を合成させた構造である。この構造方式は、鉄骨造や鉄筋コンクリート造といった近代構造技術をもとにして発展したため、最初は欧米で使われたといわれる。しかし地震国である日本が独自に開発を進めてきた技術である。

鉄骨鉄筋コンクリートの源流は大正末期にさかのぼる。濃尾地震(1891(明治24)年)による被害をふまえ、西洋から導入されたレンガ造建築は、鉄で補強された日本独自の構法が用いられるようになっていた。レンガ造を鉄骨軸組で補強した「鉄骨レンガ造」による東京駅(1914(大正3)年)がその代表であり、関東大震災(1923(大正12)年)にも耐える耐震性を有していた。一方で鉄骨造による建物も建てられ始めていたが、その外壁はレンガを積んでつくられていた。しかしこのレンガ外壁は「鉄骨レンガ造」とは異なり、鉄骨と一体化されていない「帳壁」(構造を負担しない薄い壁)であり、関東大震災で大きな被害を受けた。

「丸ノ内ビルヂング」(1923(大正12)年/通称、丸ビル)[fig.1]も鉄骨軸組で建設された「レンガの帳壁」をもつ代表的な建物であった。丸ビルはアメリカのフラー社によって施工され、その先進的な施工機械や工程管理は、日本の建築施工の近代化に大きな役割を果たしたことで知られる。しかし竣工直後に関東大震災に遭い、外壁は大きな多数の亀裂を生じた。丸ビルは被災後の補強として、外壁のれんがを除去して鉄筋コンクリートで柱を巻いて鉄骨と一体化した。また内部の柱も鉄筋コンクリートで補強し、鉄骨のブレースや鉄筋コンクリート壁などが設けられた。丸ビルは改修工事によって、結果的に鉄骨と鉄筋コンクリートを組み合わせた構造となり、逆説的に鉄骨鉄筋コンクリート造の発展に大きな影響を与えることとなる[1]。

耐震構造の日本興業銀行、耐火被覆の三井本館

一方で鉄骨鉄筋コンクリート造の誕生の本流は別にあった。関東大震災で打撃を被った多くのアメリカ式鉄骨造のビルとは対照的に、震災半年前に竣工した「日本興業銀行本店」(1923(大正12)年)[fig.2]はほとんど被害がなかったため大きな注目を集めた。この建物が「鉄骨鉄筋コンクリート造」であった。建物の構造は、H形鋼柱による鉄骨骨組みを鉄筋コンクリートで包んだものであり、加えて鉄筋コンクリートの耐震壁を計画的に配置したものである。これにより、鉄骨架構と壁を鉄筋コンクリートで一体化した、剛性の高い構造となっている[fig.3]。この建物の構造設計を行ったのは日本の耐震構造の父、内藤多仲である。内藤はこの構造について、柱や梁を鉄筋コンクリートで包み、必要なところに耐震壁を設けて地震力を受けるよう建物を一体化し、地震力は主として壁にもたせるようにした。それにより変形を小さくすることを狙った剛構造であると説明している。はからずも関東大震災によって、鉄骨鉄筋コンクリートによる耐震の効果が実証されたわけである[2]。

「三井本館」(1929(昭和4)年竣工)[fig.4]は、鉄骨鉄筋コンクリート構造の確立への過渡的な様相を示す例である。鉄骨鉄筋コンクリート造5階建てのこの建物は、設計者、施工者ともにアメリカの会社であり、耐震要素が考慮されていないアメリカの構造形式をもとにしていた。そのため、日本の地震に適用するために山形鋼や平鋼を組み立てた鉄骨の柱梁を太くし、坪あたりの鉄骨使用量は今日の超高層ビルを優に上回るものであった。構造的には鉄骨造として設計され、鉄筋コンクリートは耐震要素ではなく、耐火被覆として用いられている[fig.5]。耐震要素としては鉄骨ブレース

fig.1——丸ノ内ビルヂング

1923(大正12)年竣工。三菱地所部設計。地下1階・地上8階建て。もともとは鉄骨造で、外壁はレンガおよび中空レンガ1枚半積み、間仕切り壁は中空レンガ、床は鉄筋コンクリート造である。関東大震災で外壁は亀裂を生じ、鉄筋コンクリートで補強・改造された。[提供：三菱地所(株)]

fig.2——日本興業銀行本店

1923(大正12)年5月竣工。設計は渡辺節と内藤多仲(構造)。鉄骨鉄筋コンクリート造、地下1階・地上7階建てで、1−2階に吹き抜けの銀行営業室をもつ。外壁は主としてレンガだが、必要に応じて鉄筋コンクリートの耐震壁を設けている。柱と大梁は鉄骨、小梁と床は鉄筋コンクリートでつくられており、それらを鉄筋コンクリートで一体化している。関東大震災では、わずかに壁にひび割れを生じた程度の被害であった。[出典:『明治大正建築写真聚覧』]

fig.3——日本興業銀行本店の建て方中の様子

鉄骨は鉄骨建て方を終えた後、柱梁に鉄筋コンクリートを打設している。組立て材による華奢な鉄骨架構からは、鉄筋コンクリートと一体化して強度を発揮させる考えがうかがえる。[出典:『内藤多仲博士の業績』]

が入れられているが、壁体や柱梁部分は鉄骨骨組と鉄筋コンクリートにより一体化されていたことから、結果的に鉄骨鉄筋コンクリート的な構造となっている。なお、外壁の石材は下地のコンクリートに石をとりつけるのではなく、石材を化粧型枠(撤去されず仕上となる型枠)としてコンクリートを打設している[1][fig.6]。

鉄骨鉄筋コンクリート造の確立と普及へ

初期の鉄骨鉄筋コンクリート造の建物としては、学士会館、日比谷公会堂、明治生命館、国会議事堂、東京中央郵便局などがある。しかし、昭和初期のこの時代はいまだその呼称は曖昧であった。内藤は「鉄骨鉄筋コンクリート」と呼んだが、内藤の師である佐野利器らは、1934(昭和9)年出版の「耐震構造汎論」において「鋼コンクリート構造」として述べている。そのなかでは、鉄筋コンクリート造よりも強度や粘りを増加し、鉄骨量を少なくでき、また高層建築にも適用できるとされており、鉄骨鉄筋コンクリートの特性を明確に説明している[1]。

次第に実験が試みられ、山形鋼や鋼板による組立材が用いられるようになるなど、鉄骨と鉄筋とコンクリートが一体的に働くという考え方へ移行していく。しかし鉄骨鉄筋コンクリート造は多様であったため、設計計算法の面では個々の設計者の判断に委ねられていた。主に鉄筋コンクリート造を主体として計算する方式、鉄骨造を主体として計算する方式、鉄骨と鉄筋コンクリートの各々の許容耐力の和によって計算する累加強度方式の3つの方法があった[2]。

第2次世界大戦に入ると鉄骨鉄筋コンクリートによるビルは建てられなくなり、1950年代以降に再登場する。ようやく1958(昭和33)年に日本建築学会の「鉄骨鉄筋コンクリート構造計算規準」が発表され、累加強度方式による計算方法の体系化が行われたことにより、鉄骨鉄筋コンクリートの設計方法が明確にされた。戦後しばらくして「SRC造」とも呼ばれるようになった鉄骨鉄筋コンクリート造は多くの実験研究が行われ、地上20階程度の高層ビルに数多く採用された。今日では超高層ビルの低層部分などやや限定的な適用になりつつあるが、この構造方式は日本で独自に発達した耐震構造としてすっかり定着している。

参考文献

1——石田繁之介『三井本館と建築生産の近代化』鹿島出版会、1988年

2——日本建築学会『近代日本建築学発達史』丸善、1972年

3——小高昭夫、鈴木孝明「丸の内ビルディングと日本興業銀行の振動解析」『日本建築学会論文報告集号外』1965年

4——「内藤多仲博士の業績」刊行委員会『内藤多仲博士の業績』鹿島出版会、1967年

5——三井本館記念誌編集委員会『三井本館(開館六十周年記念誌)』三井不動産、1989年

6——建築学会編『明治大正建築写真聚覧』建築学会、1936年

fig.4——三井本館

1926(昭和元)年着工、1929(昭和4)年竣工。鉄骨鉄筋コンクリート造、5階建て。アメリカのトロウブリッジ・アンド・リビングストン設計、ジェームス・スチュワート社施工によって、最新の技術が用いられた。一方、日本の設計者・施工者でなかったことは、当時の時代背景から議論を呼んだ。アメリカ式の初期オフィスビルを代表する意匠性や生産技術は高く評価され、1998(平成10)年に重要文化財指定を受けた。[撮影:筆者]

fig.5——三井本館の鉄骨鉄筋コンクリート

耐火被覆として鉄骨架構に鉄筋コンクリートを巻いたものだが、これにより鉄骨架構と床・壁が鉄筋コンクリートで一体化されている。[出典:『三井本館と建築生産の近代化』]

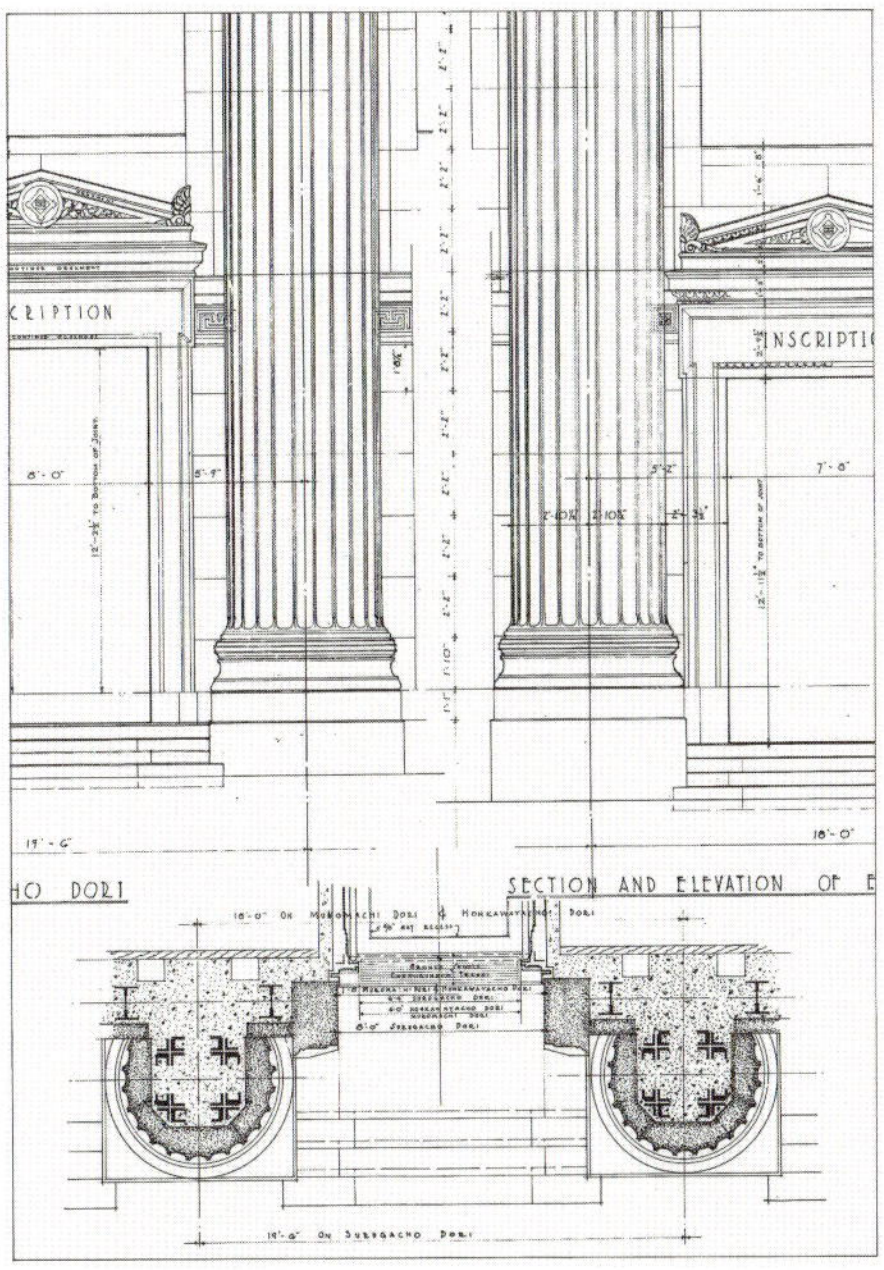

fig.6——三井本館の玄関列柱の断面[5]

山形鋼などを組み立てて鋼柱をつくり、外壁の石材との間を鉄筋コンクリートで充填している。[出典:『三井本館』]

045

鉄筋コンクリート造

さまざまな形を可能にする構造

藤岡洋保
東京工業大学 名誉教授

耐震耐火の性能に優れ、しかも比較的安価な構造として、鉄筋コンクリート造は近代日本の建築家や技術者に重用された。この構造を用いて、戦前期からヴォールトやドームによる大スパンの屋根など、先進的な構造の建物が実現している。また原理的にはどのような形もつくりうる鉄筋コンクリートは、建築家の創造意欲をかきたてるものとなり、さまざまな造形が試みられた。構造躯体をそのまま仕上げとして表したコンクリート打放しのテクスチャーも好まれ、数多くの傑作建築がこれを採用している。

初期の鉄筋コンクリート造

鉄筋コンクリート造（以下、RC造）は、耐震耐火に優れ、比較的安価ということで、近代日本の建築家や技術者にもっとも好まれた構造であり、その建設数も膨大である。その歴史は近代の建築の歩みに重なる。

日本最初のRC造建物は佐世保の海軍第一煮炊所と潜水器具格納庫（設計：真島健三郎／1905（明治38）年）で、大正に入ると、その数が徐々に増えはじめた。しかし、当時RC造は世界的に見ても発展途上の技術で、今日のRC造につながるアンネビークの特許（丸鋼を用い、接合部を剛にし、スターラップを用いるもの）は1892（明治25）年だったし、昭和初期でも、雑誌に作品を発表する際に、わざわざ水セメント比を記した例があることがそれをうかがわせる。最初期の現存例に三井物産横浜ビル（現、KN日本大通ビル／設計：遠藤於菟、酒井祐之助／1911（明治44）年）[fig.1]がある。

日本のRC造の歴史で特徴的なのは、導入と普及を同時に進めていることである。それは、早くから図式解法や略算法が提案されていたことにうかがえるし、当時の構造技術者や一部の建築家が、当初は耐火構造として、やがて耐震にも有効な技術として大きな期待を寄せていたからである。大正中期には、学術用語の統一も図られた。

導入期の先進的な試み

そのような揺籃期に、先進的なRC造建物がつくられていたことが注目される。たとえば、1922（大正11）年竣工の佐世保針尾無線通信室（設計：真島健三郎／重要文化財）のスパン20mの屋根にヴォールト・シェルが用いられているし、明治神宮外苑に建つ聖徳記念絵画館（設計：コンペ1等小林正紹案をもとに高橋貞太郎／1926（大正15）年／重要文化財）の玄関ホール上の屋根はスパン16mのドーム・シェルである。その構造設計では熱応力による変形まで考慮され、施工に際しては鉄筋のつなぎを長めにとり、打設を1回で終えるなどの配慮がされていた。また三井文庫第一書庫（設計：山口孝吉／1918（大正7）年）は二重壁式のRC造で、鉄骨アングル材による書架の十字形柱を6本梁下に並べて、9mスパンの梁成を20cmで収めるなど、合理的な手法がみられる[fig.2]。

優れた構造家もいた。阿部美樹志は、RC造研究で著名なイリノイ大学のタルボット教授のもとで学位をとり、帰国して鉄道省に勤務したのち、阿部事務所を開設した。彼は遠藤於菟のRC造建物の構造設計を担当しているし、戦後に、集合住宅では日本初の壁式RC造の「高輪アパート」（1948（昭和23）年、1949（昭和24）年）を設計している。また、内藤多仲は、ひとつの構造モデルの係数を100通り近く替えて計算することを繰り返して、構造解析のセンスを磨いたといわれる。

関東大震災（1923（大正12）年）を契機にRC造技術が進歩したといわれるが、その「進歩」には、一般の技術者も使えるように規定や計算法を整備して底上げを図ったという側面もある。

ちなみに、関東大震災以後、大規模な高層建物では鉄骨鉄筋コンクリート造が一般的になった。また内藤多仲提唱の耐震壁も用いられるようになった。

fig.1——三井物産横浜ビル（現、KN日本大通ビル）

RC造4階建ての建物で、外装はタイル張り。設計者の遠藤於菟は、アメリカの文献を研究してRC造の導入を図った。レンガ造の横浜銀行集会所（1905（明治38）年）の楣にRC造を用いるなど、部分的な使用からはじめ、打放しコンクリートの東京高等商業学校三井ホール（1916（大正5）年）や、マッシュルーム柱の生糸検査所倉庫（1926（昭和元）年）などを設計した。構造設計には阿部美樹志を重用した。[撮影：筆者]

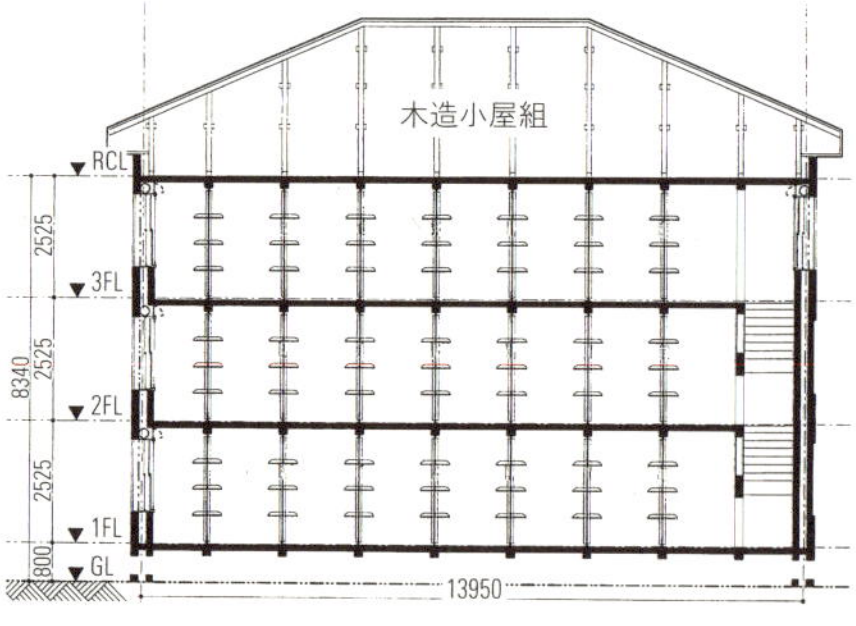

fig.2——三井文庫第二書庫 長手方向断面図（1922（大正11）年）

東京大学営繕課長だった山口孝吉設計の3階建ての壁式構造の書庫。取り壊された第一書庫（1918（大正7）年）と同形で、現在は品川区の防災倉庫。二重の壁式構造になっているのが特徴で、外側の壁厚が15cm、内側のは12cmで、18cmの空隙がある。それらの壁には、床スラブを支える梁が貫通している。最初期の壁式RC造としては内藤多仲邸が有名だが、それより早く、しかもより手の込んだ壁式構造のものである。1階床スラブと屋根スラブもRC造にし、開口部を防火シャッター（関東大震災後に防火戸に変更）で遮断できるようにしていることも注目で、周到な配慮が見られる。[出典：『品川区国文学館第一史料庫耐震診断評定用図書』品川区、2010年]

fig.3——群馬音楽センター

チェコ出身のアメリカの建築家アントニン・レーモンドの代表作のひとつ。平面は扇形で、その正面のスパンは60mで、背面が21m、側面長は66m。V字型の折板(その厚みは屋根面で12cm)で屋根と壁が一体的に構成され、前方への転倒防止のために長手方向に4本のつなぎ梁が設けられている。構造設計は、当時レーモンド事務所にいた岡本剛《たけし》(優れた構造家で、日本初の吊り構造の西条市体育館(設計:坂倉準三/ 1962(昭和37)年)や香川県立体育館(設計:丹下健三/1964(昭和39)年)の構造設計を担当)。[撮影:筆者]

fig.4——明治神宮宝物殿

明治天皇・昭憲皇太后の御物を収蔵・展示するためにつくられた博物館。和風意匠で不燃構造を条件に1915(大正4)年にコンペが行われたが、実施案はその当選案とは関係なく、明治神宮造営局技師・大江新太郎によって設計された。寝殿造の配置を思わせる7つの分棟からなり、校倉造風の展示施設の中倉とその左右の収蔵庫は高床になっている。構造設計は佐野利器の監修のもとで志知勇次が担当。[撮影:筆者]

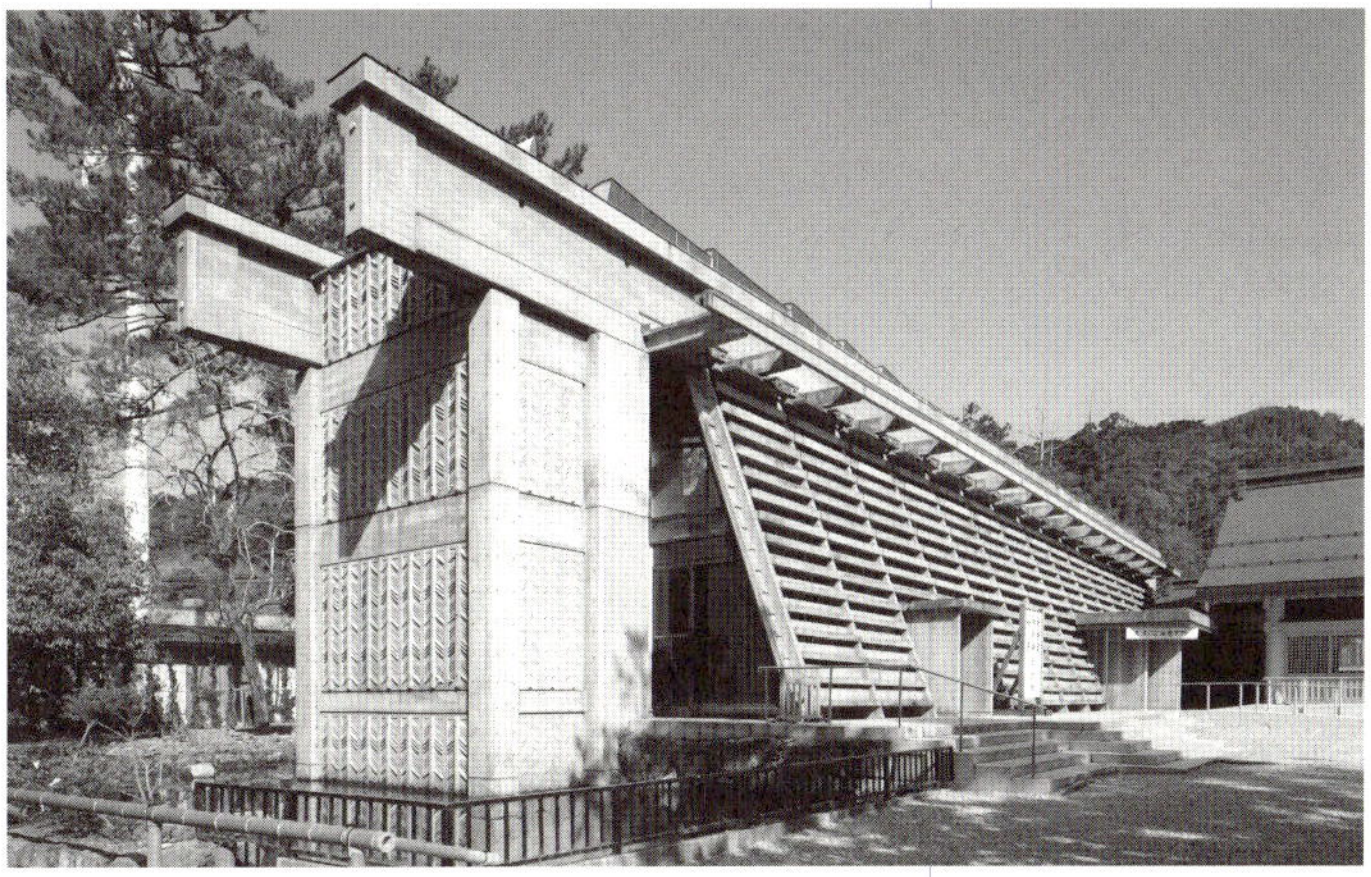

fig.5——出雲大社庁の舎(2017(平成29)年取り壊し)

菊竹清訓の代表作のひとつで、出雲大社拝殿左手前に建っていた社務所。出雲地方の稲掛けからヒントを得て、プレストレスト・コンクリートの長大な梁から地面に続く斜めの開口部に、やはりプレストレスのルーバーを架けている。長大な梁を支える両サイドの躯体の壁には矢羽根模様を打ち込んでいる。[撮影:筆者]

fig.6——東光園(登録有形文化財)

菊竹清訓設計のRC造および鉄骨造の地上8階・地下1階建ての旅館で、皆生温泉に建つ。11.5mスパンの主柱の三方に梁でつないだ細い柱を配した構造体で大スパンを構成して内部を無柱にし、4階までのプランニングの自由度を高め、その上の4層は鉄骨の吊り構造にして、やはり内部を無柱にしている。階段室は主柱と3本の脇柱からキャンティレバーで支えられ、その周囲は前面ガラス張りという、きわめて大胆かつ独創的な構造。構造設計は松井源吾。[撮影:筆者]

RC造による新たなデザインの可能性

RC造に新たな造形の可能性を見た建築家もいた。型枠にコンクリートを流し込んでつくられるRC造にはピースという概念はなく(プレキャストは別)、型枠さえつくれるならば、原理的にはどのような形にも対応できるし、寸法が規格によって制約されることもない。直線的な柱・梁によるラーメン構造にも、アーチやドーム、ヴォールトにも、自由曲面にすら対応できる。この自由度こそが建築家の造形意欲をかきたてたのである。

日本におけるそのパイオニアはアントニン・レーモンド(1888-1976((明治21-昭和51)年)で、一部に壁式構造を用い、コンクリート打放し仕上げにした「霊南坂の自邸」(1923(大正12)年)や、プレキャスト・コンクリートやヴォールト・シェルを組み合わせた「東京女子大学講堂・チャペル」(1935(昭和10)年/登録有形文化財)、折板構造の「群馬音楽センター」(1961(昭和36)年)[fig.3]など、さまざまな造形を試みている。

和風意匠の建物にも早くから適用されていた。明治神宮宝物殿(設計:大江新太郎、志知勇次/1921(大正10)年/重要文化財)[fig.4]や大阪城復元天守(設計:波江悌夫/ 1931(昭和6)年/登録有形文化財)はその例である。とくに、宝物殿の展示棟(中倉)は、鉄骨補強で梁間14.5m、桁行29mの無柱の大空間を実現したもので、10m以下のスパンがあたりまえだった当時のラーメン構造のなかで異彩を放っている。

戦後には、打放しのストイックなテクスチャーが好まれ、「香川県庁舎」(設計:丹下健三/ 1958(昭和33)年、重要文化財)や「塔の家」(設計:東孝光/ 1966(昭和41)年)、「住吉の長屋」(設計:安藤忠雄、1976(昭和51)年)のような傑作がつくられた。なかでも、菊竹清訓はRC造を活用してさまざまなデザインを提案した建築家として注目される。格子状の梁で剛性をもたせた居住部分を壁柱で持ち上げた「スカイハウス」(1958(昭和33)年)や、プレストレスト・コンクリートを利用し、スパン50mにかかるその長大な梁を受ける躯体の壁に矢羽根文様を打ち込んだ「出雲大社庁の舎」(1963(昭和38)年)[fig.5]、プレキャスト・コンクリートを活用し、階段を自立する構造にした「東光園」(1964(昭和39)年/登録有形文化財)[fig.6]は、RC造にさまざまなデザインの可能性を見出した作品として記憶される。

その後も、椎名町アパート(18階建て/設計:鹿島建設/ 1975(昭和50)年)では、RC造で高層建物を実現するなど、技術改良が試みられている。

今後の課題

このように、日本近代では、耐震耐火の建物を比較的安価につくれる技術としてRC造が好まれ、そのストックは膨大である。少子高齢化や低成長の時代になり、また文化財建造物にRC造が増えつつある今、それらの建物の長寿命化の技術開発は重要な課題になるだろう。

046

耐震設計法

地震被害の経験と技術の発達を踏まえて変化

塩原等
東京大学 教授

地震により建築物が倒壊しないようにする構造基準を「耐震設計法」という。通常の構造設計と異なり、損傷が起きる可能性を排除していない点が特殊である。

一九二三年に関東地震が発生し、その翌年の市街地建築物法令の改正で日本で初めて建築法規に耐震設計法が取り入れられる。

一九六〇年代に始まった超高層ビルの建設では、コンピューターを駆使した動的地震応答解析の手法が用いられた。

一九六八年の十勝沖地震では中層の鉄筋コンクリート造建築に大きな被害が出て、一九八一年から施行された新耐震設計法に結実した。

耐震設計法とは

建築物の強さは外見からはわからない。設計で適切な考慮がされなければ使用中に倒壊する建築物もあろう。そこで、構造基準は、構造方法や材料、強度や変形に関する共通の最低基準を定め、どの建築物もそれを守ることを求める。国や自治体は、それらを法的拘束力のある基準として定め設計者に強制し、居住者の安全を確保し建主に不利益が生じないよう保護する一方で、設計者は構造基準を遵守した設計とすることにより、万が一の場合に設計責任は免責となり設計者も保護される。

構造基準のなかでもとくに、地震によりに建築物が倒壊しないようにするものを「耐震設計法」という。耐震設計法は、通常の構造設計と異なり、地震で損傷が起きる可能性を排除していない。このような特殊な扱いがなされている理由は、地震は稀な現象であり、大多数の建物は、建物が取り壊されるまでの間に大きな地震を受けることがあまりないので、きわめて稀に起こる大きな地震に対してまで、すべての建物がまったく損傷が起こらないように設計することは実用的ではない、と考えたものである。これは、耐震設計法が、他の構造基準と比較してきわめてユニークな点を多数備えている理由である。

耐震設計法は、将来の未知の地震を想定し、最低基準としてどの程度の地震を考えるか、損傷をどこまで許容してよいのかを定めておかなければならないが、これが大変に難しい。頻度の低い過去の地震のデータから将来起こる最大級の地震動がいくらかを合理的に決めること、あるいは、構造物が最大級の地震動を受けて倒壊寸前に至る挙動を精度よく推定できるようにすることは、現代の技術をしても容易ではない。耐震設計の考え方が芽生えた100年前には必要な知識や経験がほとんどなかった。そこで、耐震設計法は、時代の流れのなかで、当該地域の過去の地震被害の経験を踏まえ、技術の発達とともに少しずつ形を変え、現在のものになっている。そのため、世界各国で耐震設計法が異なっていることは不思議ではない。現在の世界各国の主要な耐震設計法には、①日本の建築基準法令のほか、②アメリカのASCE7-16、③ニュージーランドの建築基準NZS1170.5、④ヨーロッパのEurocode8がある。

最初の耐震設計法

わが国の耐震設計法が成立する契機となったのが、1923（大正12）年の関東地震である。当時の新技術であった鉄筋コンクリート造を用いた丸の内・内外ビルディングの倒壊［fig.1–2］は、当時の技術者の落胆を察するに忍びない。震災予防調査会の地震被害調査報告では、倒壊した原因を示す説明［fig.3］が示されている。すでに当時の技術者の見識はかなり高かったことが伺われる資料である。

日本で最初の建築法規である市街地建築物法は、1919（大正8）年の公布であるが、関東地震の経験をふまえて、翌1924（大正13）年に施行規則が改正され、初めて建築法規に耐震設計法が取り入れられた。それは佐野利器が家屋耐震構

fig.1——倒壊した鉄筋コンクリート造7階建て建物（丸の内・内外ビルディング）［所蔵：東京大学武藤研究室］

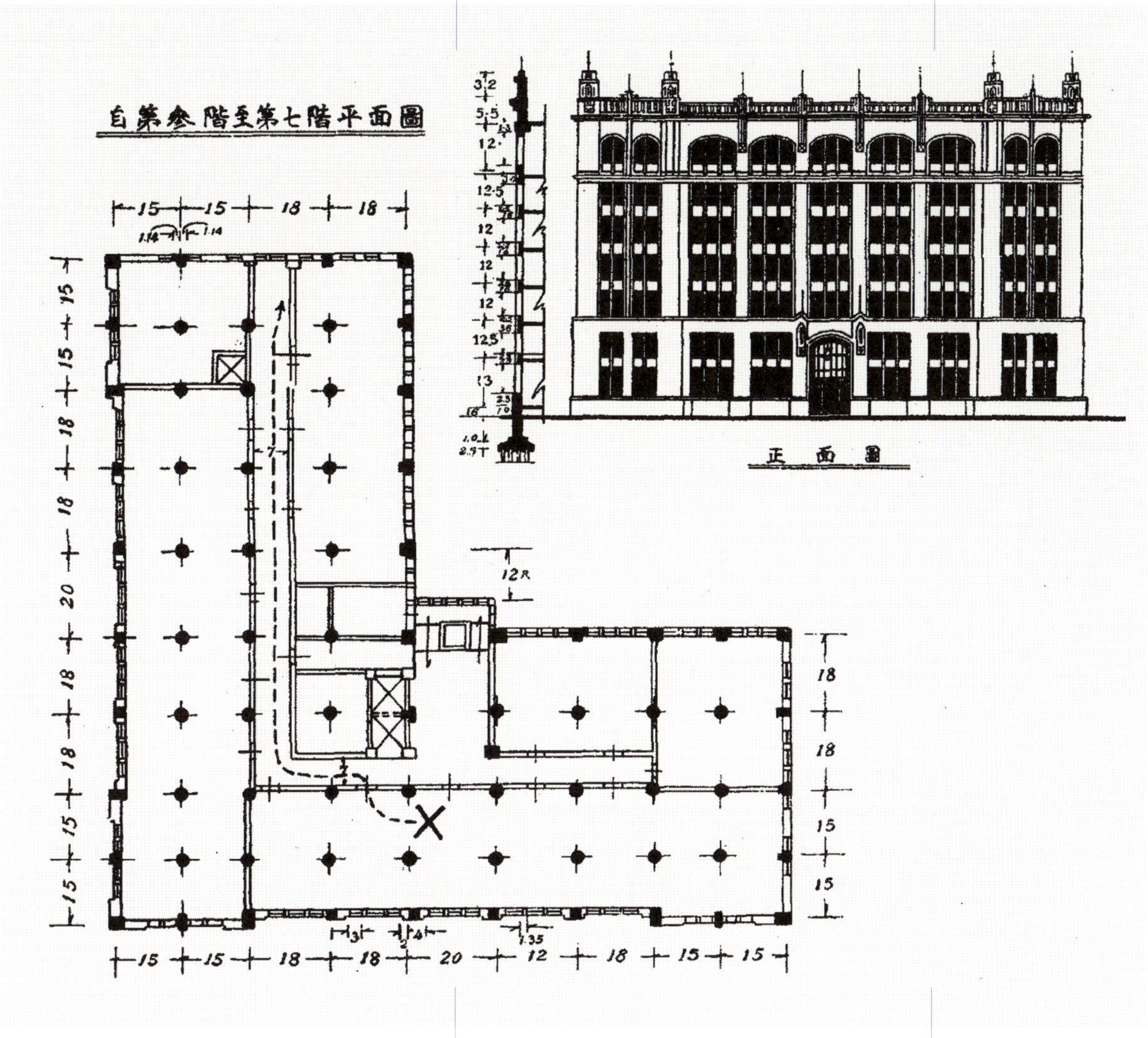

fig.2——丸の内・内外ビルディングの立面図と平面図[出典:「関東大震災調査報告——鉄筋コンクリート造被害調査報告」]

造論で震度法と呼ぶもので、設計震度は0.1、コンクリートの許容圧縮応力度は圧縮強度の1/3、鉄筋の許容引張応力度は$118N/mm^2$で、短期許容応力度に対する許容応力度の割増しはなかった。

こうしてわが国の耐震設計の枠組みが確立し、第2次世界大戦後1950(昭和25)年に市街地建築物法に代わって建築基準法が公布された。設計震度は0.2に高められ、これに伴って「短期」という概念が新設され、同時に短期許容応力度は1924(大正13)年当時の市街地建築物法の値の2倍と定められ、耐震設計の方針は基本的には変更はなかった。

耐震設計法の発展

1960年代には、高層建築の耐震設計のための動的地震応答解析の手法が着目され、コンピューターの利用が、耐震設計の可能性に新しい広がりをもたらした。1968(昭和43)年竣工の霞が関ビルディングをはじめとして、いわゆる超高層建物の建設が始まった。これは、それまでの耐震設計法に縛られず、多自由度系の非線形時刻歴応答解析で地震時の挙動が安全であることを確認し、専門家が審査で個別にその妥当性を確認するもので、今でいう性能型耐震設計に相当する。性能型耐震設計は、私家版の耐震設計法の開発を、国の代わりに民間企業が行い、個別に国が認める方法であり画期的な方法であった。

一方で、1968(昭和43)年5月16日の十勝沖地震は、函館市や八戸市に大きな被害をもたらした。当時かなり地方にも普及していた3–4階建ての鉄筋コンクリート建物、とくに学校建築に被害が多く、木造の被害率をも上回った。この地震以後、建築基準法施行令と鉄筋コンクリート構造計算規準の改訂をはじめとした、産官学での研究開発が強化され、1981(昭和56)年から施行された建築基準法施行令の改正、いわゆる新耐震設計法に結実した。設計震度は1.0と大幅に引き上げられた一方、構造特性係数Dsと呼ばれる部材の粘り強さを考慮する低減(0.3倍から0.6倍)をして、層の極限強度を確かめる保有水平耐力計算が導入された。また、不整形な構造物の設計震度の割増し、水平剛性にかかわる制限など、新たな規定も加えられた。これ以降に竣工した建物の耐震性が向上したことは、1995(平成7)年1月17日の兵庫県南部地震の被害の分析から定量的に確かめられたが、同時に、1981(昭和56)年の新耐震設計法以前の建築物の耐震性の低さがクローズアップされ、それら旧基準の建築物の耐震診断・耐震補強の重要性から、1995(平成7)年に耐震改修促進法が公布された。

参考文献

1———永田悉郎「関東大震災調査報告——鉄筋コンクリート造被害調査報告」『震災予防調査報告 第百号(丙)下』震災予防調査会、1924年

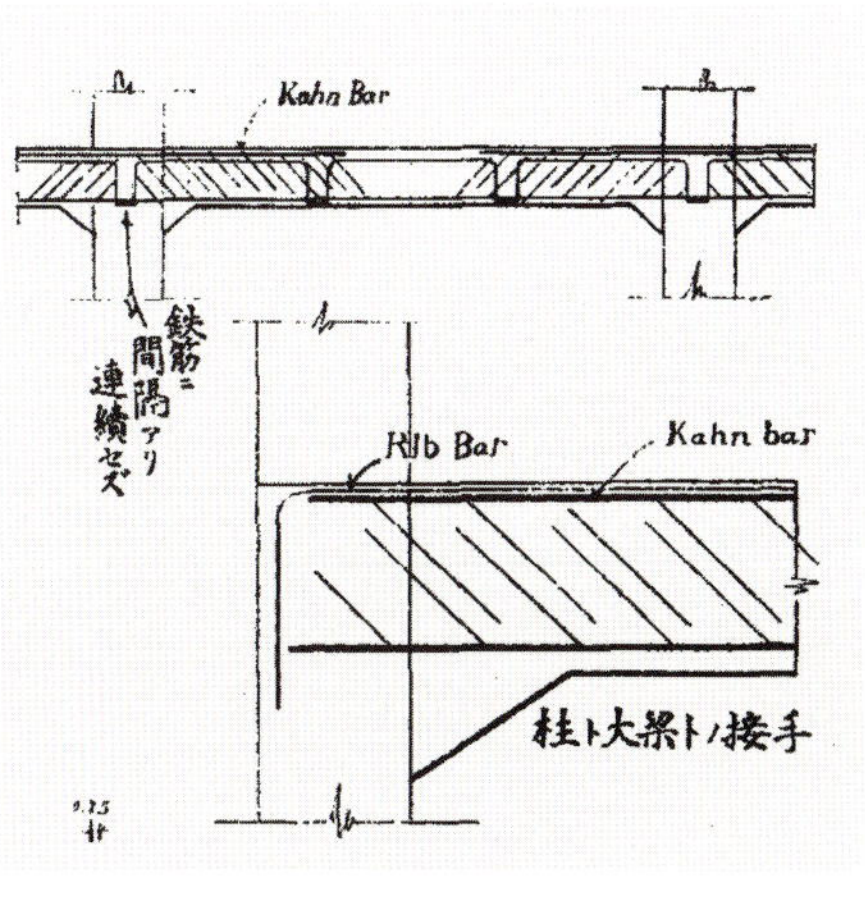

fig.3——梁下端主筋の配筋詳細の問題[出典:「関東大震災調査報告——鉄筋コンクリート造被害調査報告」]

047

免震構造

兵庫県南部地震で有効性が検証された

西川孝夫
首都大学東京 名誉教授

免震構造は建物と基礎の間に地震エネルギーを吸収する装置を介して、上部にある建物の地震被害を大幅に低減させようとする構造である。現在、普及している積層ゴムによる免震構造が我が国で初めて実現したのは、一九八三年の鉄筋コンクリート造二階建て住宅であった。以後、建設会社の自社施設などで試験的に採り入れられてきたが、一九九五年の兵庫県南部地震でその有効性が確かめられてからは一般建物にも急速に広まった。高層集合住宅や大規模病院などを中心に普及しているほか、一般の住宅でも採用例が増えている。

地震に対する安全性を大幅に向上させる構造

免震構造は建物と基礎の間に支承材、復元材、および減衰材から構成される装置を設け、そこで入力する地震のエネルギーの多くを吸収し、上部の建物へのエネルギーの入力を少なくし地震被害を大幅に低減させようとする構造である。耐震建物に比べてイニシャルコストは多少高いが、地震被害を大幅に軽減できるのでランニングコストを低く抑えることができるうえ、装置を取り替える事も可能なため地球環境問題、省資源問題にとって有効な構造システムである。さらに中国、台湾、東南アジア各国等大きな地震被害に見舞われた経験を持つ海外の諸国でも免震構造が次第に普及してきている。

免震構造の開発

わが国はどこで地震が起こってもおかしくないうえ、その地震動レベルもかなり不確実な地球上の場所に位置している。従って昔から経験的に地震被害をいかに防ぐかの工夫が行われてきた。例えば制震構造としては五重塔における心柱構造がよく知られている。また、彦根城の御書院は、土台に固定されず土台に載せられたいわゆる免震構造になっている。また、明治以降いくつかの免震システムの提案が行われている。1935（昭和10）年に発行された佐野利器による「家屋耐震並びに耐風構造」で、家屋の作り方として固定方式、減震方式があるとして、減震方式に関する種々のアイデアが紹介されている。現在の免震構造はそれらの具体化と考えても過言ではない。柱脚部をピンとして地震入力の低減をはかる方法を具体的に実現した建物として、戦前の岡隆一による不動銀行の姫路支店と下関支店や戦後の松下清夫等による東京理科大学一号館がある。現在のゴムと鉄板を交互に積層したいわゆる積層ゴムは（水平方向に柔らかく、鉛直方向に硬い特性を持つ）1977（昭和52）年にフランス国立科学センターで開発されフランスの小学校で、わが国では1983（昭和58）年の鉄筋コンクリート造2階建ての住宅で採用されたのが最初である。以降建設会社数社が免震構造開発研究を開始し、また、ゴムメーカーの免震装置の開発生産が開始された。それに伴い免震建物が建設会社の自社研究用に建設されて来たが1995（平成7）年の兵庫県南部地震でその有効性が証明されて以降急激に一般建物にも普及した。

1985（昭和60）年には日本建築センターで免震構造評定を開始し、1985（昭和60）年には日本建築学会で免震構造設計指針を発表し、1993（平成5）年には（社）日本免震構造協会が設立されている。

免震構造の普及

免震構造の建設数の推移[fig.1]を見ると、現在低層住宅以外の免震建築は約4,500棟程度あり、その内訳[fig.2]はいわゆるマンション建築が約半数を占めている。最近では新築される大規模な病院建築は殆ど免震建築となっている。高層住宅にも免震構造が採用されている。さらに耐震性の低い建物の耐震補強にも免震構造が適用されている。これを免震レトロフィットと言っているが、文化的価値の高い建造物の保存技術には最適と考えられている。国立西洋美術館や東京駅、日本工業倶楽部等増加傾向にある。また、一般住宅は8,000棟以上あると考えられるが、地震防災上ハウスメーカーは積極的に免震住宅を売り出している。免震構造のシステムとしては、建物基礎部に免震部材を設けた基礎免震と、建物中間層に免震層を設けたいわゆる中間層免震がある[fig.3]。とくに後者の中間層免震は免震層上部のマスと下部のマスとの相互作用を考慮することにより免震層上部への入力、また免震層下部への入力も同時に低減させることをねらったものである。なお設計は原則、時刻歴の応

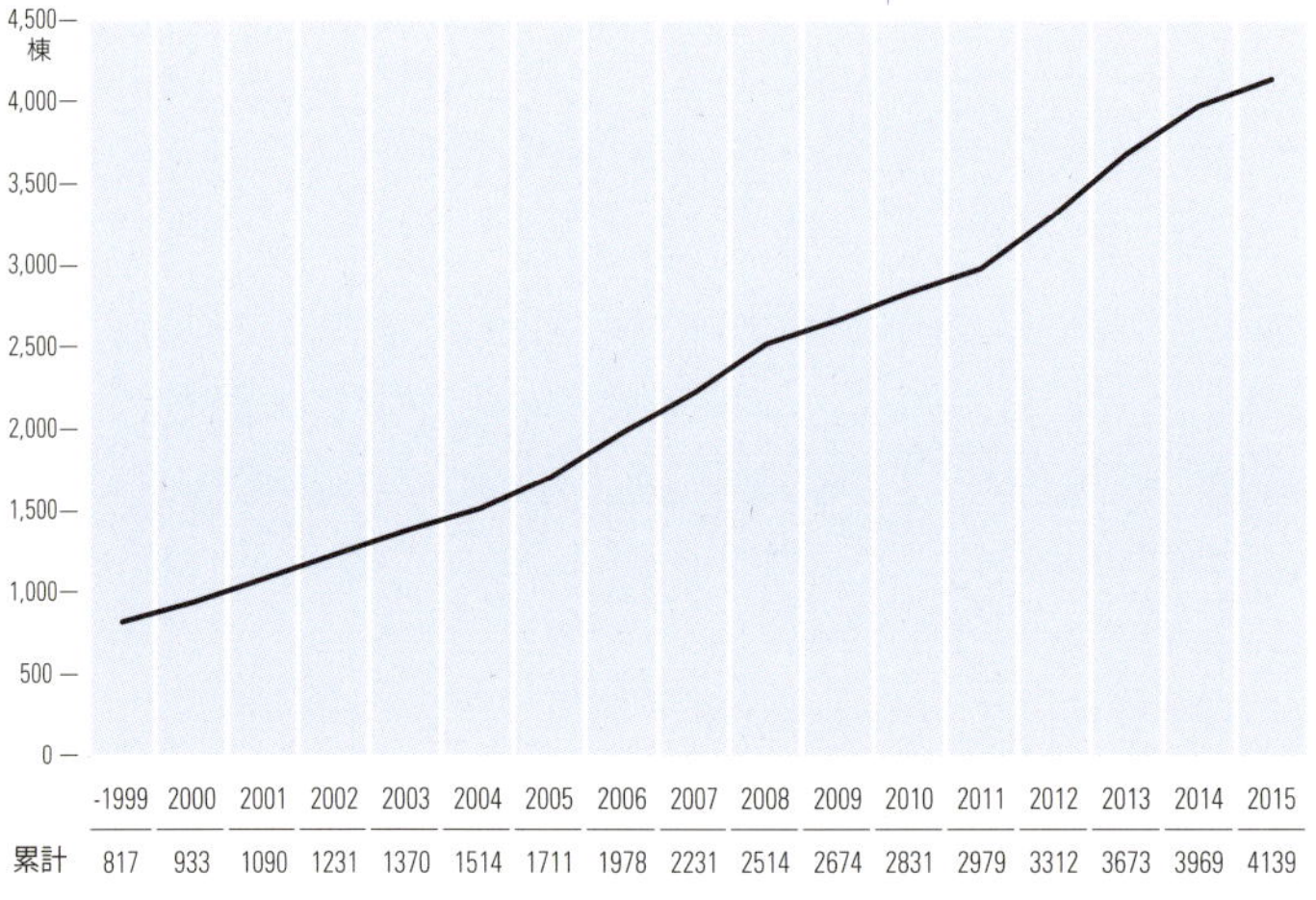

fig.1——免震建物の建設数の推移（低層住宅は除く）

他の構造による建物に較べて右肩上がりに増えている。順調に免震構造が増加している様子がわかる。［出典：（一社）日本免震構造協会］

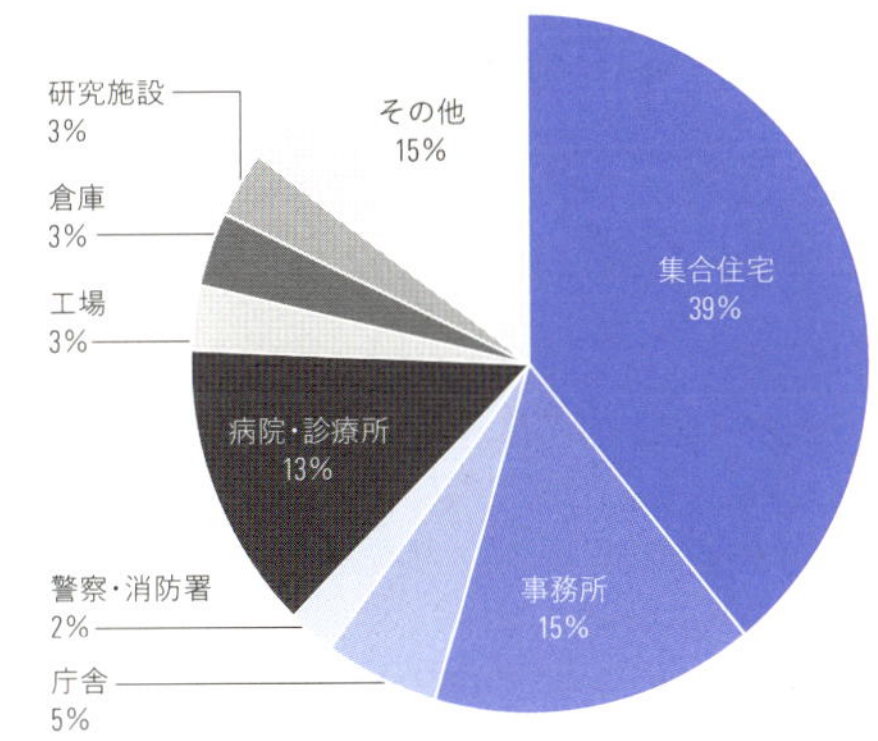

fig.2——免震建物の内訳

集合住宅が全体の約4割を占めている。最近では大規模な病院建築のほぼ100%に免震構造が採用されている。なお、高層免震の集合住宅も増えている。[出典:(一社)日本免震構造協会]

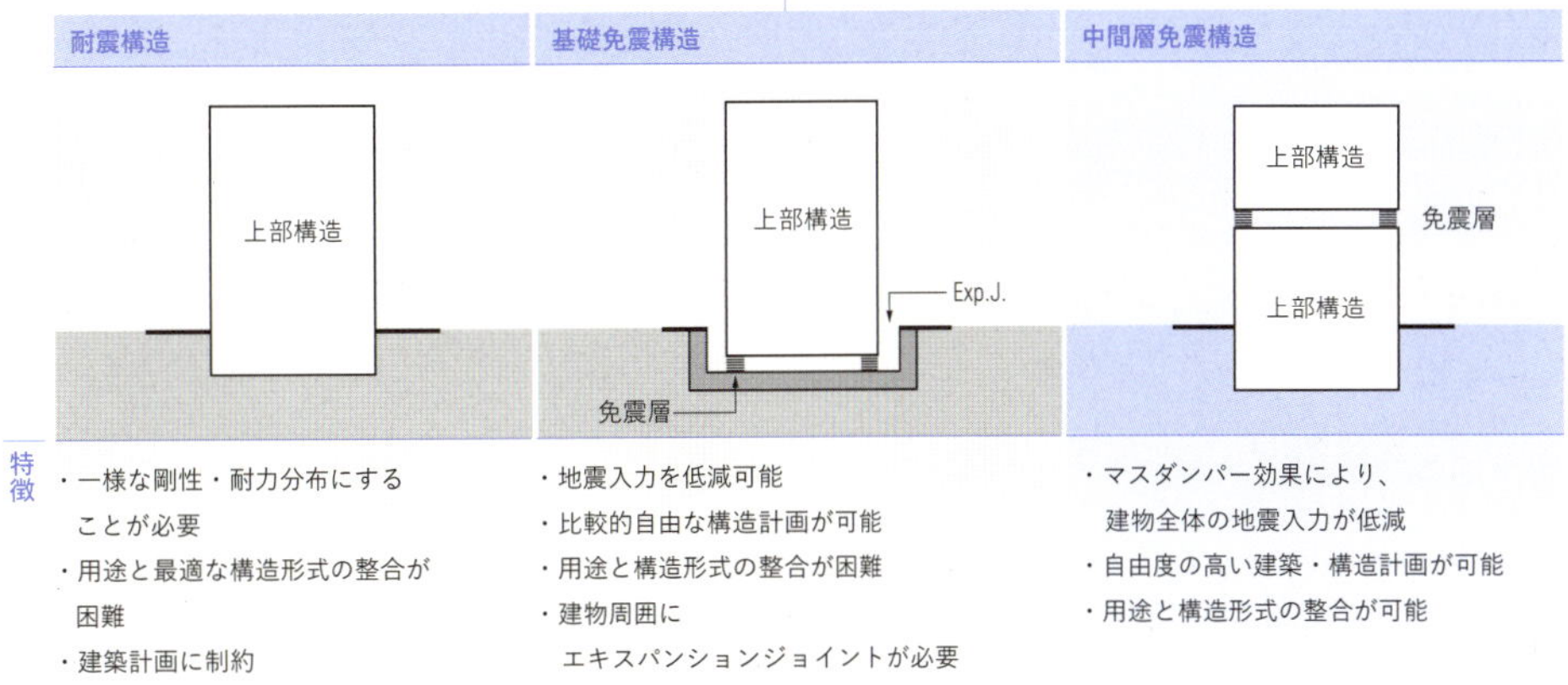

fig.3——耐震建物と免震建物

免震構造とすることにより自由度の高い構造計画が可能となる。[出典:(一社)日本免震構造協会]

答解析に基づくが、低層建物などは2000(平成12)年に改正された建築基準法に基づき公布された免震建築物関係告示による等価線形化法(告示免震)によることが多い。

免震装置の構成と免震効果

免震装置の基本構成は、支承材、復元材および減衰材からなる[fig.4]。支承材には積層ゴム支承、すり支承、転がり支承などがある。復元材はバネ材で、それを適切に選択することで建物を長周期化させることができる。積層ゴム支承は復元材を兼ねているが、他の支承では別途復元材が必要である。減衰材はエネルギーを吸収して免震層の過大な変形を防ぐもので、鋼材系はじめとする金属系ダンパーとオイルダンパー等がある。これらが組み合わされて免震層を構成している。免震装置は柱直下におかれ、かつ軸力の大小等に応じて、同じ建物の中でも建物外周部と内部で装置を使い分けることが一般である。

免震構造は、具体的に過去の地震によっても相当な入力低減を果たせることが実証されている。免震効果の例を示した図[fig.5]は免震層下部の加速度と免震層上部の加速度の比率を表したもので、地震動レベルが大きいほど減震効果が大きいことがわかる。ただし、積層ゴム等免震装置の鉛直剛性は高く、上下動についての減震効果は期待できない。

免震構造の今後の発展

完全なアクティブ制御でないかぎり、地震動の性質に建物(系)の応答は依存する。免震構造は原理的に建物の周期を伸ばして応答低減を図ろうとするものである。しかし、最近の地震学の知見や地震観測等によると、マグニチュードの大きい地震ではこれまで設計であまり対象としてこなかった継続時間の長い長周期地震動が問題となっており、免震建築などの比較的長周期建築物などにおいては、それに対する対策が必要である。

大地震時に建築構造物の耐震安全性を確保したり、地震後も工場などの生産ラインを確保したりして、経済活動に支障を生じさせない、いわゆるBCPのためにも、免震構造のさらなる普及を図る必要がある。

参考文献
1———武田寿一 編『構造物の免震、防振、制振』技報堂出版、1988年
2———日本免震構造協会 編『考え方・進め方——免震建築』オーム社、2005年

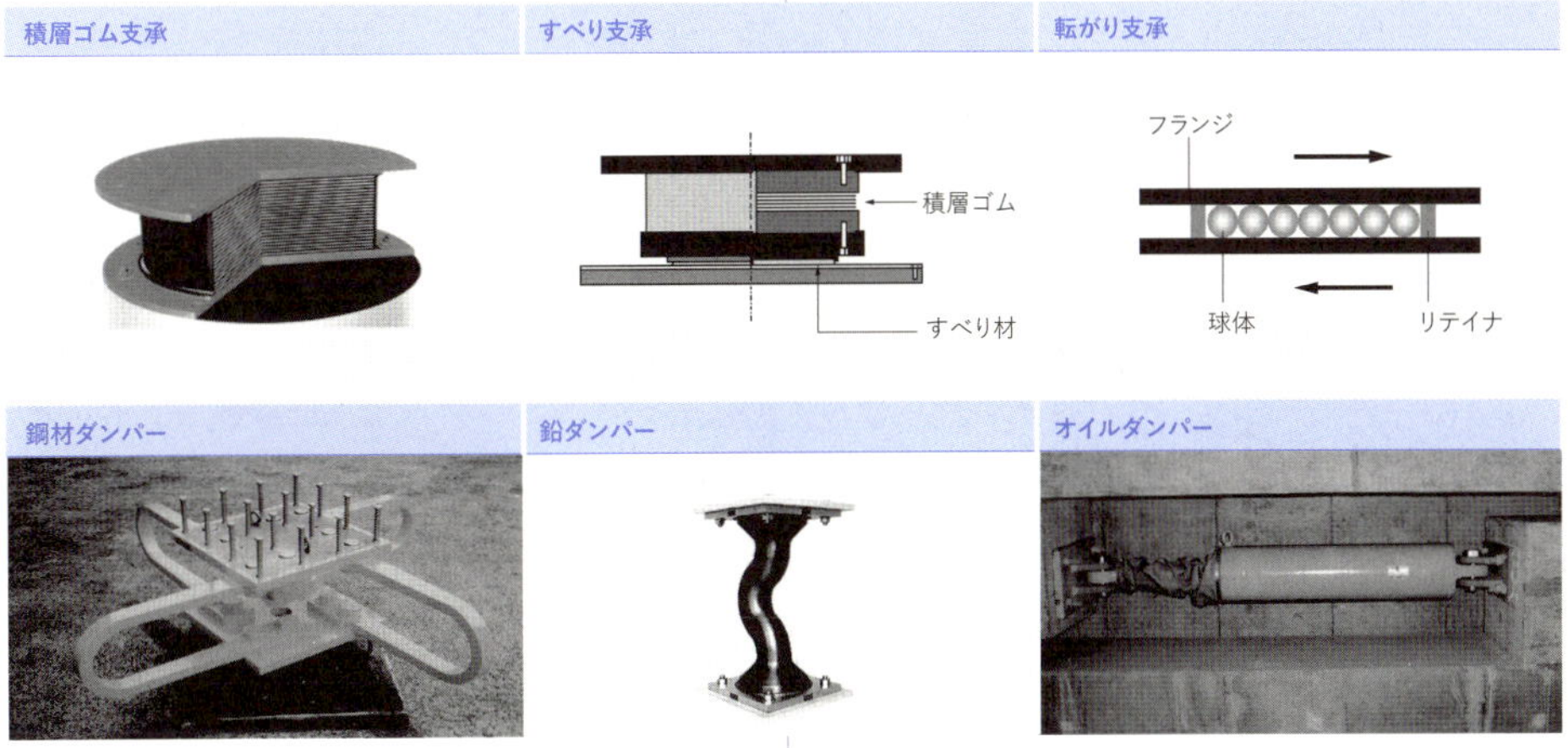

fig.4——免震支承・ダンパー[出典:(一社)日本免震構造協会]

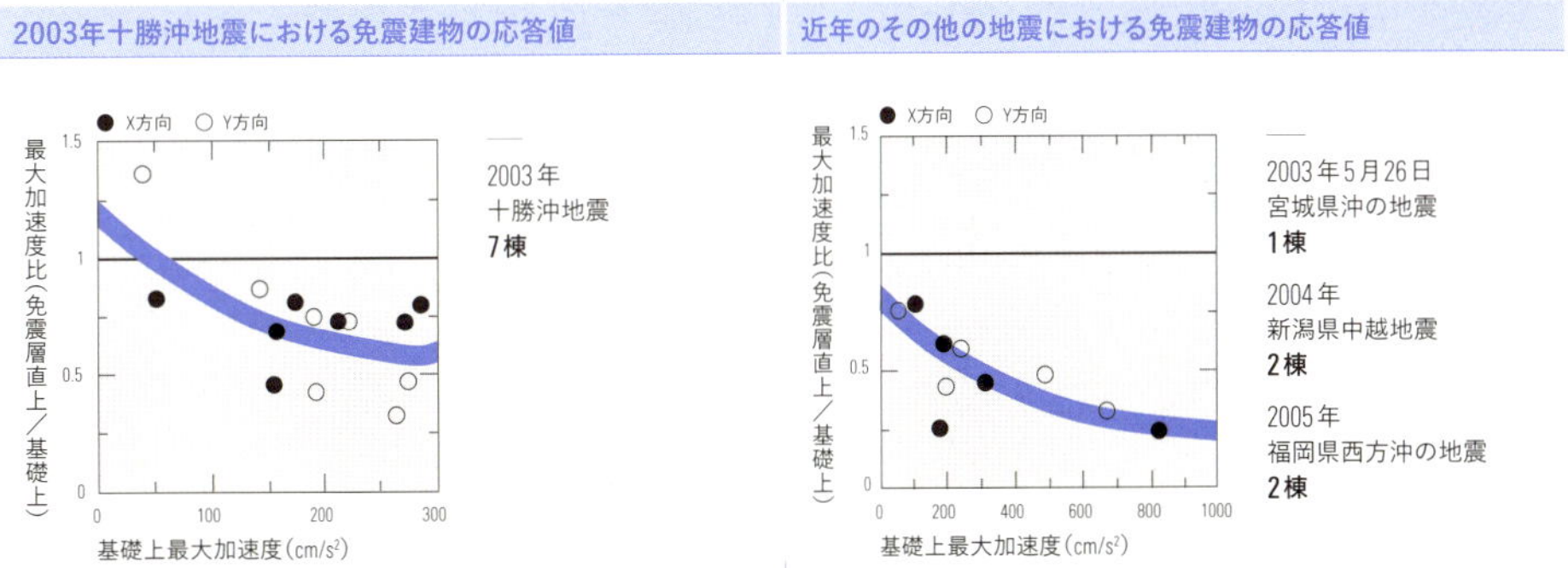

fig.5——免震建物の応答低減効果

建物基礎と免震装置上部床の加速度の比率を示したものである。免震層のエネルギー吸収により建物に入力する地震動がかなり低減することがわかる。しかも地震動のレベルが大きいほど入力低減効果は大きくなる。ただし、上下動に対する入力の低減効果は無い。[出典:(一社)日本免震構造協会]

弾性骨組と地震エネルギーを吸収する壁や筋違の組み合わせ

和田 章
東京工業大学 名誉教授

大地震で倒壊を免れたとしても、柱や梁が塑性変形を起こしてしまえば、地震後に建物は使用されなくなり、取り壊される結果となる。
これを変形能力をもった壁や筋違の設置によって回避しようとしたのが制振構造である。
これに対応するものとして鋼板耐震壁、粘性壁、座屈拘束筋違、オイルダンパー、粘性体を用いたダンパーなどが開発されてきた。
また、超高層建築の頂部に設置するチューンドマスダンパーを用いた制振構造があり、主に強風時の居住性確保のために使われている。

新耐震設計法は、大地震が起きても建築物の中で暮らし活動する人々の命を守ることを第一の目標にして考えられた方法であり、阪神・淡路大震災、東日本大震災、熊本地震などを受けた結果により、初期の目標は発揮されているといえる。ただ、大地震時に塑性変形を許容した構造物は、地震時にひび割れ発生などの恐怖を感じる音を出して大きく揺れるに違いなく、倒壊しないとしても無残な姿に変わる。日本社会は豊かになり人々は贅沢になっており、塑性変形を起こした建築物にもう一度住みたいと考える人は少ない。これらの損傷を受けた建築物は修復されず、取り壊されてしまうことが多い。

純ラーメン構造の耐震性

1981(昭和56)年6月の新耐震設計法の施行の頃から、壁や筋違を用いる構造に比べて、骨組の塑性変形に期待する純ラーメン構造のほうが、建築設計の自由度が高く、必要保有水平耐力を小さく設定できることもあり、好まれてきた。この傾向は鉄筋コンクリート構造や鋼構造だけでなく、木造構造まで広がり、壁や筋違に頼らない剛接ラーメン木造が開発されるまでに至っている。

ただし、地震を受ける骨組を応答加速度1Gに対して弾性に収めるのをあきらめ、この値の25%から30%の保有水平耐力で設計することは、不足分の70%以上の地震エネルギーを柱や梁の損傷が受けもつことになる。この損傷による変形は骨組の弾性変形に直列的に加算されるため、地震時に生じる骨組全体の変形は大きく、建築の持ち主、住人、利用者にとって望むものではない。ひびが生じて、残留変形の残る建築物の修復は難しい。重ねて、「梁」は建築物のX方向とY方向にあり、各方向の地震力をそれぞれ負担するので壊れにくいが、「柱」は両方向の地震力を負担するため、壊れやすい弱点をもつ。

壁や筋違をもつ構造の耐震性

純ラーメン構造に比べ、壁や筋違を用いる構造は変形能力が小さいとされ、必要保有水平耐力を大きく設定する必要もあり、設計者に好まれない。

壁や筋違は、鉛直荷重を受けもつ骨組構造のなかに並列的に組み込まれるが、鉛直荷重の抵抗要素として期待せず、地震力のみを負担するとして設計される。結果として、柱・梁の損傷は少なくなり、壁や筋違が損傷しても鉛直荷重の支持能力は劣化しにくい。重ねて、壁や筋違は建築物のXとYの両方向に配置され、各方向の地震力をそれぞれ受け持つため、2方向の地震力に対して壊れにくい利点がある。多くの地震災害の調査が耐震壁の有効性を証明しており、この方法は柱と梁の中に土壁を組み込む日本の木構造に原点がある。ラーメン構造の中に適切な量の耐震壁を組み込むべきと主張した内藤多仲、志賀敏男らの考えにも沿っている。

制振構造の発展

1968(昭和43)年に竣工した霞が関ビルディングは、各層のX方向とY方向にスリット耐震壁が組み込まれた制振構造と考えることができる。しかし、その後の約30年間は、純ラーメン構造が多く建設された。この時代に建設された多くの建物は柱・梁の塑性変形能力に期待しているから、大地震時に倒壊は免れたとしても、地震後に使用不能になり、取り壊される可能性が高い。最近になって、この時代の建築物に各種の方法で耐震改修工事が進められていることからも、大地震時に大きな損傷を受ける可能性が高いことがわかる。大きな都市には無数の建築物が建っている。これらの多くが柱や梁の塑性変形によって使えない建築物になると、都市の継続性まで失われてしまうことを考えなければならない。

長く望まれていたことは、変形能力を有する壁や筋違の開発である。たとえば、鋼板耐震壁、粘性壁、座屈拘束筋違、オイルダンパー、粘性体を用いたダンパー、摩擦ダンパー、回転慣性や粘性を利用したダンパーである。これらは地震時のエネルギーを吸収するため、建築物の応答を減じることができ、柱・梁によって構成される骨組の損傷を少なくできるため、建築物は地震後にも続けて使うことができる。これらを用いた構造物を制振構造と呼び、地震動と強風に対する設計に活用できる[1] [fig.1]。これらのほか、超高層建築の頂部に設置するチューンドマスダンパーを用いた制振構造があり、主に強風時の居住性確保のために使われている。

設計の原理

MIT(マサチューセッツ工科大学)の機械工学科の教授Num P. Suh著の"The Principle of Design"、畑村洋太郎が翻訳した『設計の原理』がある。ここでは、人工物の設計における設計要求と設計変数に注目し、複数の設計要求を縦に並べ、複数の設計変数を横に並べたマトリックスを用意し、互いの関係をこのマトリックスの中に埋めていくことを提案している。設計がガラパゴス状況に至るような場合、このマトリックスのすべてのマスにくまなく関係が書かれる。一方、設計要求と設

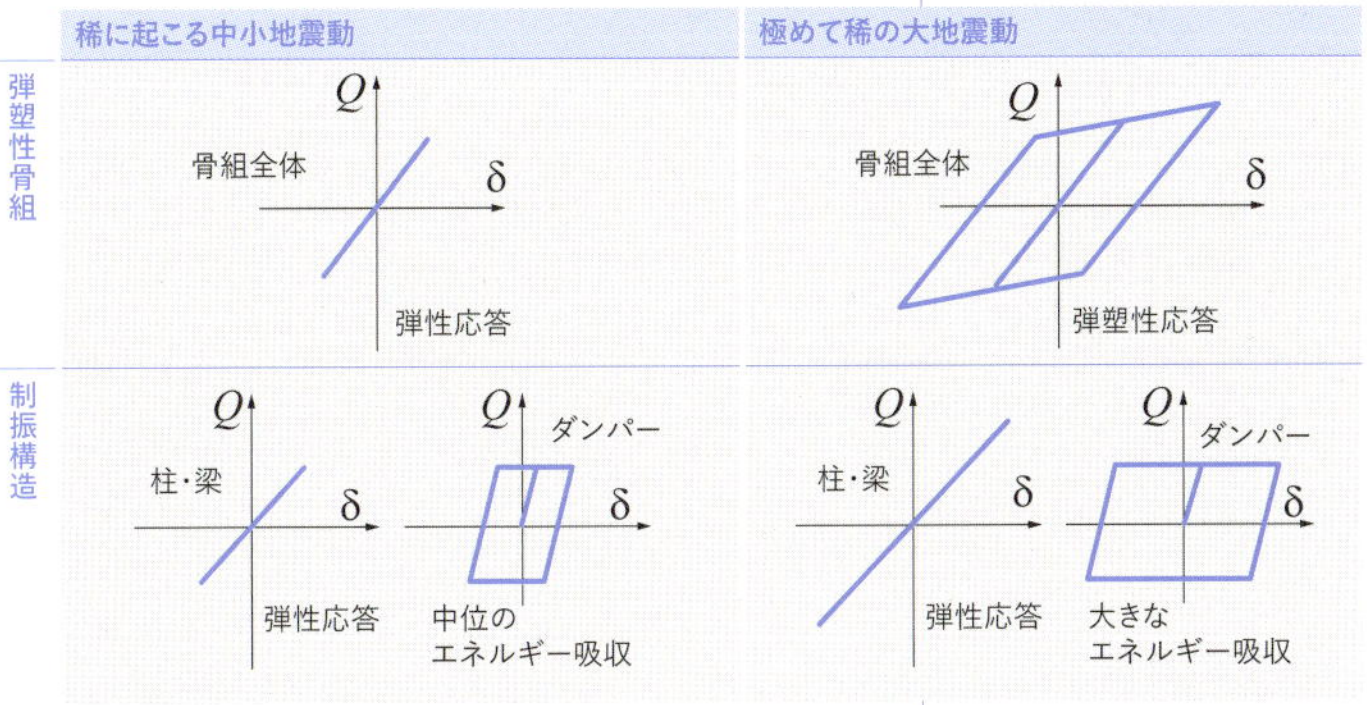

fig.1——弾塑性骨組みから制振構造へ

fig.2——京都外国語大学内部の耐震ダンパー[撮影：伊藤潤一郎／Arup Japan]

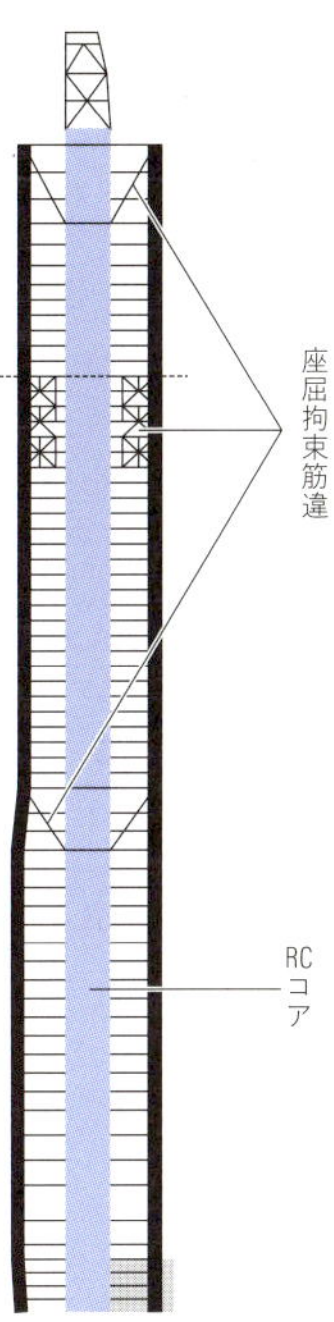

fig.3——軸組図
Wishare Grand Tower, Los Angeles USA[出典：*Structure magazine*, Aug 2015, p34-36]

計変数を上手に整理することにより、このマトリックスを整理し、対角線上にのみに強い関係を書き込むようにすることができる。この考えにより合理的な設計を進めることができる。

これを耐震設計に当てはめると、建築構造物を「重力を支える柱と梁による弾性骨組」と「地震エネルギーを吸収する耐震部材」に分け、それぞれ独立に設計する方法が考えられる。制振構造はこの考えにより成立されることができ、非常に合理的な設計法と言える。柱や梁に塑性変形を許容する従来の設計に比べ、初期建設費においても安価になる場合があり、地震時の揺れの減少、被害の少なさ、容易な復旧を含めて考察すると、圧倒的に優れた構造法である。

2017(平成29)年秋に竣工した京都外国語大学[fig.2]は、鉄骨の柱脚をピンにするなどによりしなやかな骨組を構成し、これに座屈拘束筋違を組み込んだ制振構造である。制振要素を壁の中に隠す方法ではなく、開放的な空間の中に設置した新しいデザインの建築といえる。

制振構造の進化

これまで述べてきたように、制振構造は柱と梁で囲まれる1層1スパンの空間に各種のダンパーを組み込むことによって構成することが多い。しかし、超高層建築などで、柱・梁そのものが剛強な場合に、ダンパーの両端に十分な相対変形や相対速度を与えることが難しいことがある。さらに超高層建築の上層部では骨組に生じる「全体曲げ変形による層間変形成分」が「骨組としてのせん断変形成分」より大きく、ダンパーに十分な相対変形や相対速度を与えるのが難しいこともある。

このような背景から、ダンパーを柱梁で囲まれる最小限の空間に組み込むのではなく、ひとつの建物を大きくとらえて設計する新しい制振構造の取り組みが進められている。たとえば、①建物の心棒として脚部のモーメント抵抗を減じた連層耐震壁を組み込み、これにダンパーを組み合わせる方法、②高層建築に組み込む連層耐震壁の頂部に水平方向に剛強な梁(アウトリガー)を設け、地震時にこの外端とその直下の柱の頂部に生じる上下相対変形を利用してダンパーを機能させる方法、③同様な考えであるが、アウトリガーを用いずコンクリートコアと外周の柱を斜めに直接につなぐ大きなダンパーを設ける方法などが、次々に展開されている。

③の具体的な取り組みとして、ロサンゼルスに竣工したWishare Grand Tower[fig.3]のRCコアと外周柱の間に組み込まれた4本の座屈拘束筋違と周辺柱の接合部[fig.4]、および全景[fig.5]を示す。これだけでなくサンフランシスコに竣工した181 Fremont Towerがある。

fig.4——中間層の外部柱と4本の大型座屈拘束筋違の接合、Wilshare Grand Tower, Los Angeles[撮影：Stephen Mahin]

fig.5——Wilshare Grand Tower全景[撮影：著者]

参考文献

1———Wada, A., Connor, J., Kawai, H., Iwata, M., Watanabe, A, *Damage tolerant structure*, ATC-15-4, Proc. 5th US-Japan WS on the Improvement of Building Structural Design and Construction Practices, 1992

2 耐震技術

049

耐震改修

兵庫県南部地震の経験を生かして広まる

中埜良昭
東京大学 教授

地震国である日本では、既存建物の耐震改修技術についても地震被害の経験と対をなして発展してきた。とくに一九九五年の兵庫県南部地震では、一九八一年以前の旧耐震基準で建てられた建物に甚大な被害が生じて問題になった。これを受けて、既存建物の耐震改修をうながす耐震改修促進法が制定され、学校建築をはじめとして全国で耐震改修が進んだ。耐震改修には、建物の強度や靱性を上げる在来型耐震改修工法と、免震装置や制振装置を建物に付加する改修工法がある。

既存建物の耐震化対策

地震国である日本では、建物の耐震技術の発展は地震被害の経験と対をなして発展してきた。既存建物の耐震改修技術やその判断のもととなる耐震診断技術も同様である。

今から50年余前の1968(昭和43)年、十勝沖地震による被害は、新築建物を対象とした耐震設計法の改訂の必要性と同時に、既存建物を対象とした耐震診断技術や耐震改修技術の開発の重要性を強く認識させ、被災建物の復旧・補強も含めた耐震改修技術に関する研究がちょうどこの頃から始まった。

1977(昭和52)年には十勝沖地震以降の耐震診断、改修技術に関する研究成果を盛り込み、鉄筋コンクリート(以下、RC)造を対象とした「耐震診断基準」「耐震改修設計指針」が発表された[1]。しかしながら、これらは当初、首都圏や東海地震の発生が指摘されている静岡県などを中心に適用される程度であった。一方、鉄骨造、鉄骨鉄筋コンクリート造、木造などのRC造以外の建物を対象とした耐震診断基準や改修設計指針も順次開発、公表されたが、これらの適用例もあまり見られなかった。これらの基準や指針が全国規模で適用されるに至ったのは、1995(平成7)年の兵庫県南部地震(阪神・淡路大震災)を契機とした建物の耐震改修の促進に関する法律(以下、耐震改修促進法)の制定以後である。

兵庫県南部地震と耐震改修促進法

1995(平成7)年に阪神・淡路地域を襲った兵庫県南部地震では、1981(昭和56)年以前に設計・施工された建物に甚大な被害が生じ、耐震改修による震前対策の重要性が強く再認識された。被害の割合は耐震規定が改訂された1971(昭和46)年および1981(昭和56)年を境界に異なり、1981(昭和56)年以前のいわゆる旧耐震基準で建設された建物ほど倒壊、大破などのより深刻な被害を受ける可能性が高く、その傾向は1971(昭和46)年以前の建物でとくに顕著であった[fig.1–2]。そのため、1995(平成7)年12月には耐震改修促進法が施行され、1981(昭和56)年以前の建物を対象に全国的に耐震診断・耐震改修の普及が図られるようになった。現在のところ、耐震改修の実施事例としては、校舎、体育館などの学校建築が多く、公立小中学校にあってはその耐震化率は98.8%(2017(平成29)年4月1日現在, 文部科学省)である。今後は防災拠点となる庁舎や病院など、その他の公共建物や住宅を含む民間建物の、より一層の耐震改修促進が大きな課題である。

耐震改修促進法はその後、2005(平成17)年11月には、耐震診断・改修の推進のための国の基本方針・地方自治体の計画作成、建築物に対する指導などの強化などを柱とした改正が、また2013(平成25)年には、耐震改修のより一層の推進を図るため、一部の特定建築物に対する耐震診断の義務化などを内容とする改正がなされた。

耐震改修技術の発展

1. 在来型耐震改修工法

水平耐力と靱性は構造物の耐震性能を支配するもっとも主要な要因である。したがって、耐震改修時の基本的な考え方としては、次のような手法が一般に考えられる。

a. 建物の水平耐力増加[強度抵抗型]
b. 建物の靭性(変形能)向上[靭性抵抗型]
c. 上記、aとbの組み合わせ[混合型]

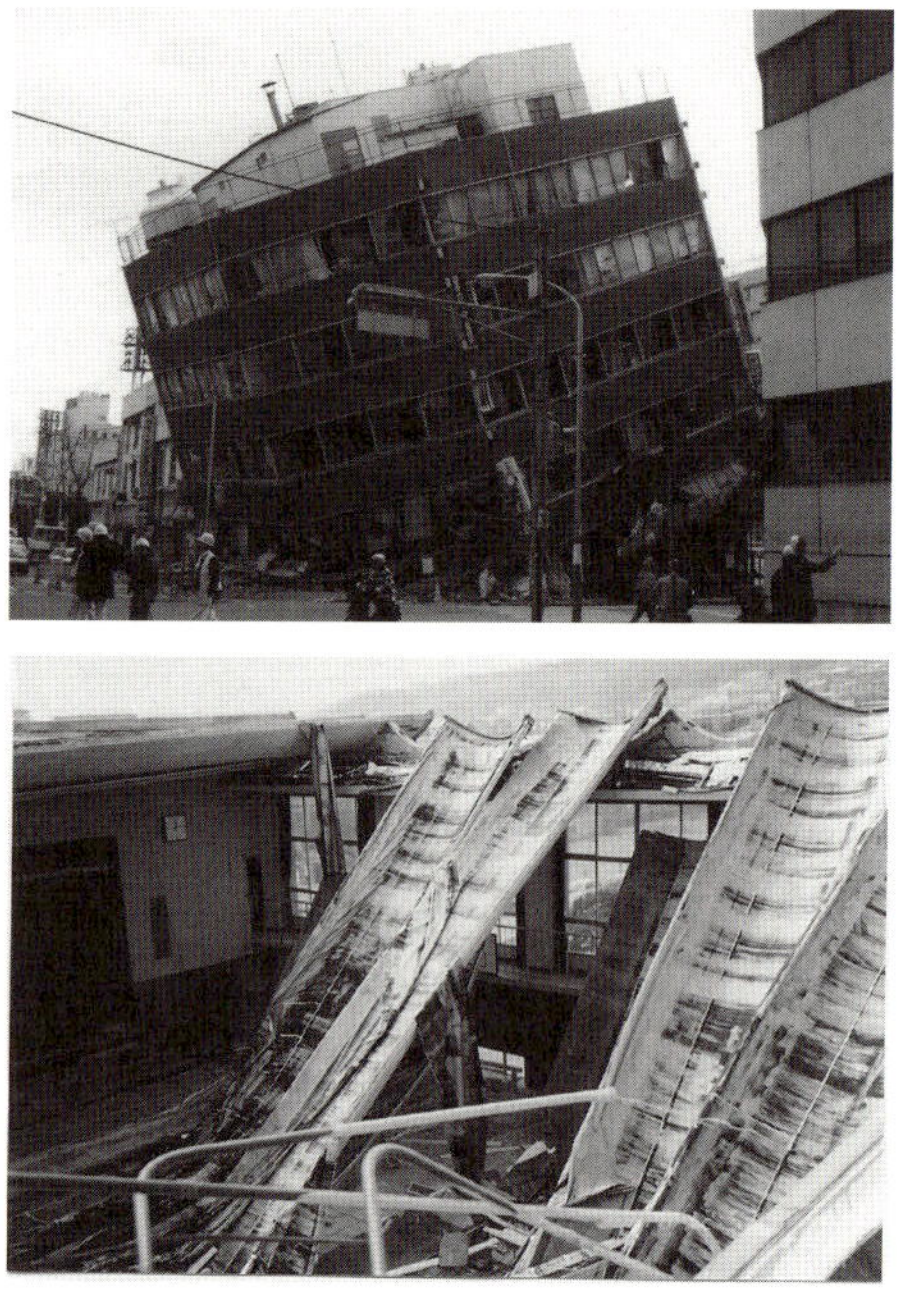

fig.1——1995(平成7)年兵庫県南部地震による建物の被害例(柱のせん断破壊により倒壊寸前の建物(上)とプレキャスト版屋根の崩落した体育館(下))[出典:『1995年兵庫県南部地震 鉄筋コンクリート造建築物の被害調査報告書 第II編 学校建築』]

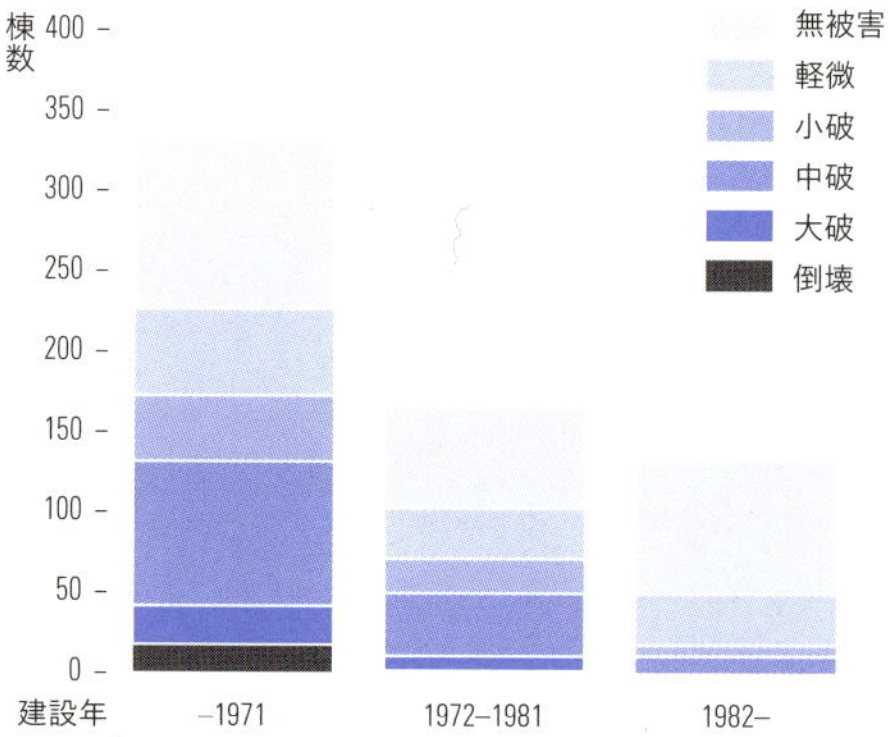

fig.2——1995(平成7)年兵庫県南部地震によるRC造学校校舎の被害統計

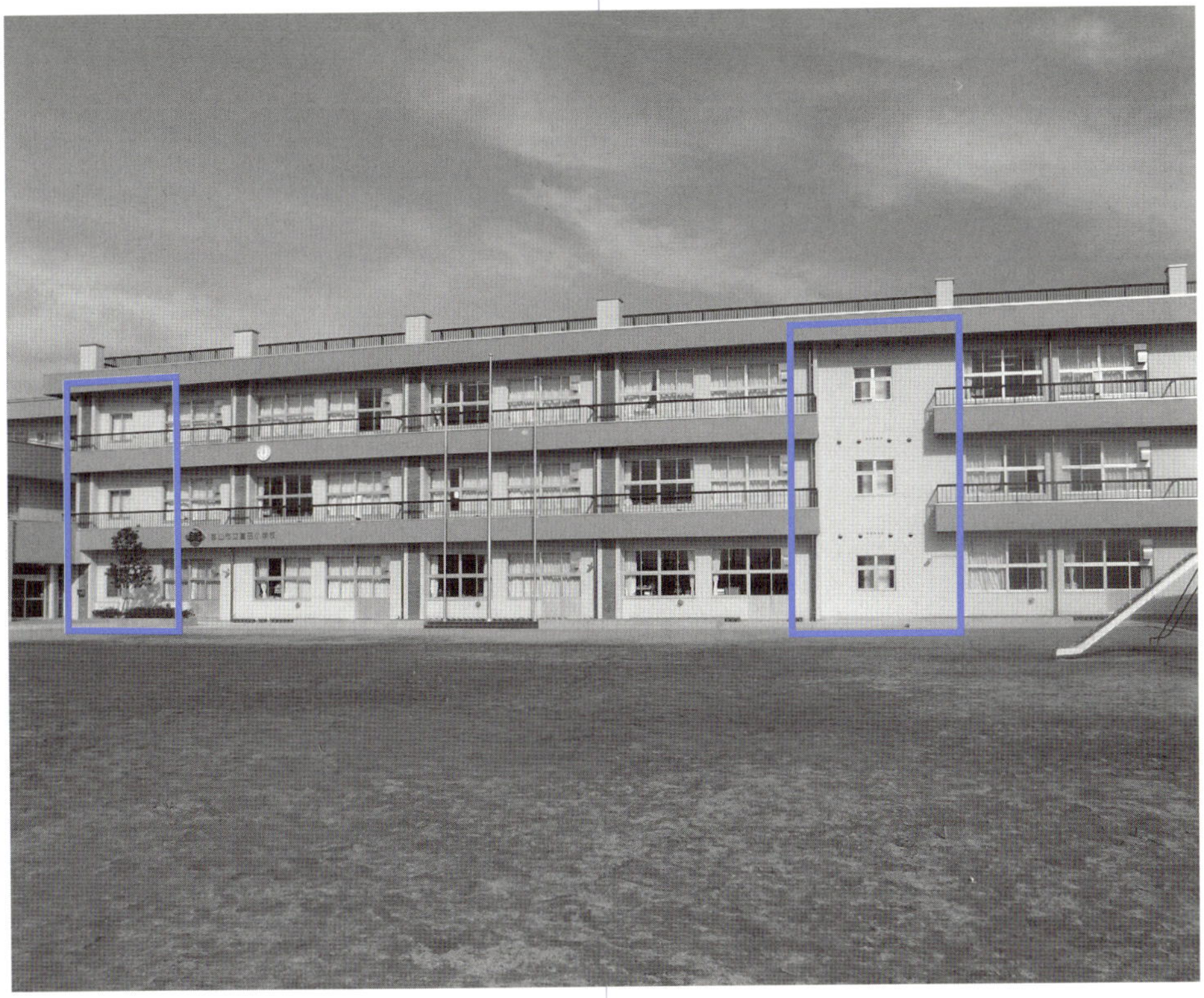

fig.3——強度抵抗型の改修：開口付きRC壁による改修事例［撮影：筆者］

fig.4——強度抵抗型の改修：鉄骨ブレースによる改修事例［撮影：筆者］

fig.5——靭性抵抗型の改修（柱の鋼板補強事例）［出典：『既存鉄筋コンクリート造建築物の耐震改修事例集（1997）』］

fig.6——基礎免震による耐震改修事例［撮影：筆者］

fig.7——中間層免震による耐震改修事例［撮影：筆者］

fig.8——制振ブレースによる耐震改修事例［撮影：筆者］

建物により高い水平耐力を付与するための具体的な手法［手法a］としては、既存骨組へのRC造耐震壁、枠付き鉄骨ブレースや鉄骨パネルの増設などが考えられる［fig.3–4］。RC造耐震壁の増設はもっとも効果的な耐震改修工法のひとつとして、従来よりわが国で広く利用されている工法である。一方、開口を必要とする建物では、枠付き鉄骨ブレースによる改修例も多い。この工法には、採光が比較的容易であることに加えて、①高い強度を付与することができる、②RC造耐震壁に比較して軽量であるため基礎への負担が少なく、基礎の補強工事を省略できることが多い、③補強要素はプレファブ生産により工期短縮が可能である、などの利点がある。

既存骨組の主として柱の靭性を改善する手法［手法b］としては、既存柱に鋼板や鋼帯を巻く、溶接金網を巻きコンクリートを増し打つ、炭素繊維などによるFRPを巻き付けて拘束力を高める、などが考えられる［fig.5］。なおこれらの工法の場合、多少の部材を補強しても、未補強部材の靭性が乏しい場合は、建物全体の耐震性能の改善にはあまり効果がない可能性がある点に注意する必要がある。しかし、極脆性柱や下階壁抜け柱のせん断耐力改善など、局部的に性能改善が必要な場合には効果が期待できる改修工法である。

その他の工法としては、①屋上塔屋やパラペットの撤去による重量低減、②剛性分布の改善、③ひび割れ補修による性能劣化の改善、などがある。これらはそれぞれ単独で用いられる場合もあるが、前述の構造性能の改善手法と併用されることが一般的である。

2. 免震・制振技術を応用した改修工法

従来の耐震構造は、地震動に対してその「強さ」と「粘り」で抵抗させる設計である。これに対し、免震構造や制振構造では、構造物本体ではなく、特別に工夫された「免震装置」や「制振装置」を構造物に設置し、地震動による入力エネルギーをこれらにより低減または吸収させる点に特徴がある。

免震構造は、その外観や建築計画なども含めて保存価値の高い建物、改修工事中も機能維持が求められる建物（一般に基礎免震工法が用いられる）や、発災後の機能維持を強く要求される建物（防災拠点施設など）の耐震改修に適用される例が多い［fig.6–7］。

一方、制振構造も免震構造と同様、耐震改修において適用される事例が見られる［fig.8］が、改修対象となる既存建物は一般に変形能に乏しいことが多い。そのため、耐震改修後の建物に想定される変形レベルと既存建物の変形能の関係に十分留意するなど、その適用性や効果については慎重に確認することが重要である。

参考文献
1——日本建築防災協会『既存鉄筋コンクリート造建築物の耐震診断基準・同解説、耐震改修設計指針・同解説』1977年、1990・2001・2017年改訂
2——日本建築学会『1995年兵庫県南部地震 鉄筋コンクリート造建築物の被害調査報告書 第II編 学校建築』1997年
3——日本建築防災協会『既存鉄筋コンクリート造建築物の耐震改修事例集（1997）』1997年

050 超高層ビル

地震多発地域において世界で初めて実現

権藤智之
東京大学 特任准教授

一九六三年の建築基準法改正で三十一メートルの高さ制限が撤廃されると、ホテル・ニューオータニなど高さ六十―七十メートルの高層ビルが相次いで建設されたが、高さ一〇〇メートルを超えた日本初の超高層建築と言えるのは一九六八年に竣工した霞が関ビルディングだ。これは地震多発地域、台風襲来地域での世界初の超高層ビルでもある。実現にあたっては、都市計画、構造、設備、材料、施工など、建築に関わるあらゆる分野で新たな技術の開発が進められた。それをもとにして、またさらなる新技術を積み重ねて、超高層ビルの高さ日本一は数年おきに更新されていった。

超高層以前

高さ100mを超える建築を超高層建築とすれば、タワー等を除いて日本初の超高層建築は1968(昭和43)年の霞が関ビルディング(高さ147m/以下、霞が関ビル)にさかのぼる。霞が関ビル以前に超高層建築を目指した計画として、国鉄の十河総裁による東京駅の高層化計画(1958(昭和33)年発表/実現せず)[fig.1]があり、武藤清東京大学教授を中心としたチームによって柔構造理論の有効性が明確にされた。1963(昭和38)年に建築基準法が改正されると、31m(100尺)の高さ制限は撤廃され、ホテル・ニューオータニ(1964(昭和39)年/高さ73m)をはじめ、富士銀行本店ビル(1966(昭和41)年/高さ67m)、電通本社ビル(1967(昭和42)年/高さ56m)などの高さ60-70m級の高層ビルが相次いで建設された。なかでもホテル・ニューオータニは、東京オリンピックに間に合わせるため17カ月の短工期で施工され、そのために東洋陶器(現、TOTO)によってユニットバスが開発された[fig.2]。これにより従来1カ所に1カ月程度かかった施工が3-5日程度に短縮された。

霞が関ビル

霞が関ビルは1968(昭和43)年4月12日に竣工した[fig.3]。霞が関ビルには東京駅高層化計画で検討された柔構造理論が適用され、解析には大型電子計算機が使われた。柔構造を実現するため大断面のH型高張力鋼も富士製鐵が開発し、柱・梁に用いられている。世界的に見ると、地震多発地域かつ台風も襲来する地域での超高層建築は初めてといえる[注1]。

また、超高層建築を実現するため、発注者の三井不動産は、特定街区制度を活用するとともに、従来の下層階が高い賃料設定を見直し、上階の賃料を高くし採算性を成立させた。他にも、エレベーターの数量設定やオフィス空間のモデュールなどの建築計画、設備階や煙突の配置といった設備計画など、あらゆる分野で超高層建築実現に向けた研究・開発が進められた。こうした開発は、発注者、設計者、施工者などからなる建設委員会方式で進められた。

なかでも鹿島建設の二階盛所長(施工は鹿島建設・三井建設JV)を中心に検討された施工の合理化は徹底していた。一般に超高層建築は整形の基準階の繰り返しであり、一つひとつの作業を合理化すれば、建築全体で同じ作業が何百、何千カ所繰り返されることになり、効果は大きい。また、各工事のペースを揃えればすぐ下の階で次の作業を始めることができ、作業の待ち時間をなくすこともできる。霞が関ビルであれば、鉄骨躯体の後に、床、耐火被覆、カーテンウォール、設備などの工事が続く。ここでは各工事を6日/階のペースに同期化した。これを実現するために、たとえば3.2m間隔で並ぶ長辺方向の鉄骨では小梁を省略し、ブラケット同士を直接接合し、床もデッキプレートとすることで下階のサポートを不要とした[fig.4]。他にも設備先付けのライン天井や床上配管ユニットなど、複数工事の錯綜をなくしたり、現場作業を減らすために多くの技術が試みられた。全体の工程計画にあたっては、工程を約2,500の作業単位に分解し、その期間・前後関係を反映したネットワーク工程表を作成した。ここでも大型電子計算機が活躍している。

fig.2――ホテルニューオータニのユニットバス

現在はTOTOミュージアムに実物が保存・展示されている。

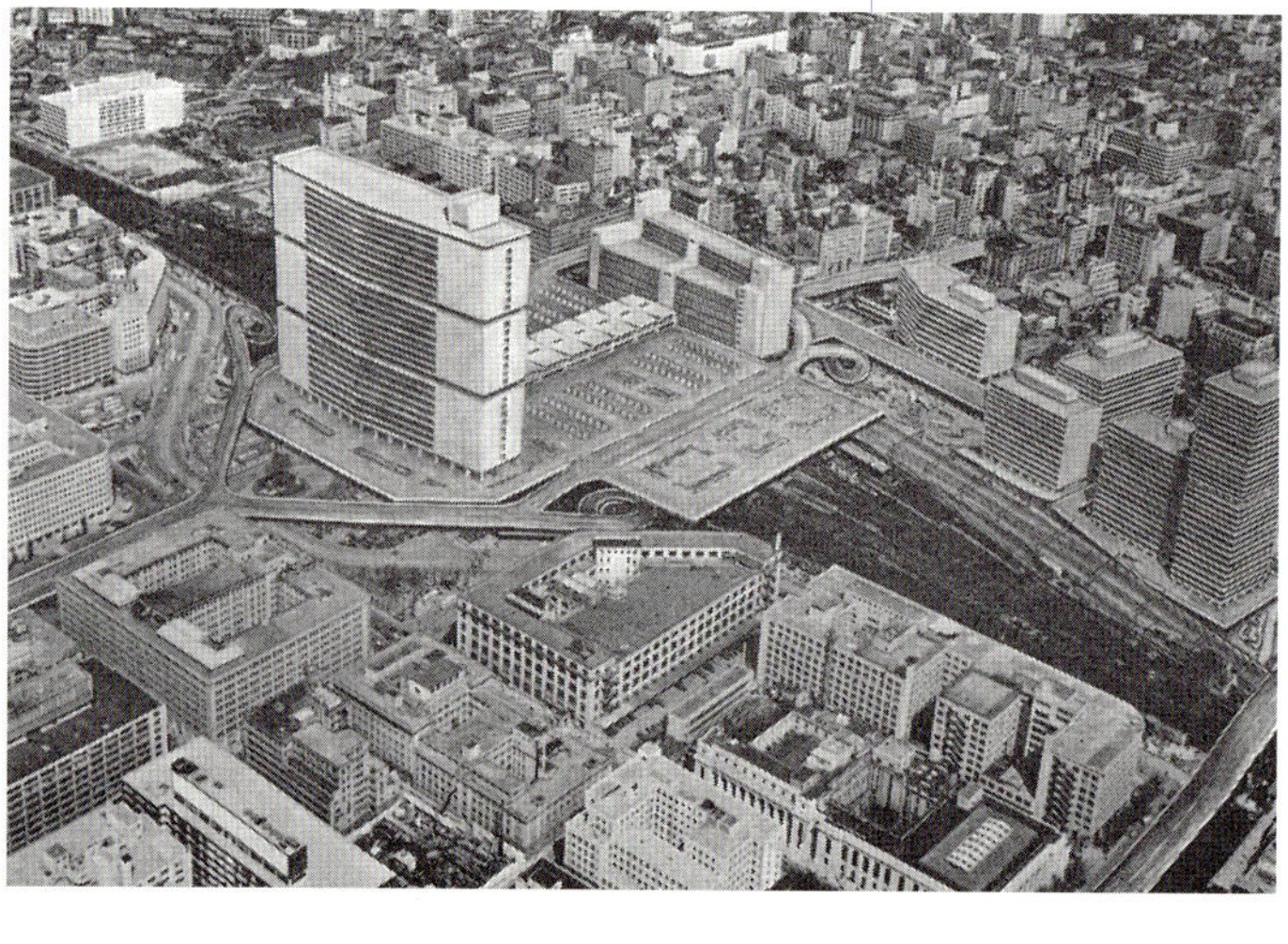

fig.1――東京駅高層化計画

[出典:馬場知巳『東京2,000万都市の改造計画』鹿島研究所出版会、1966年]

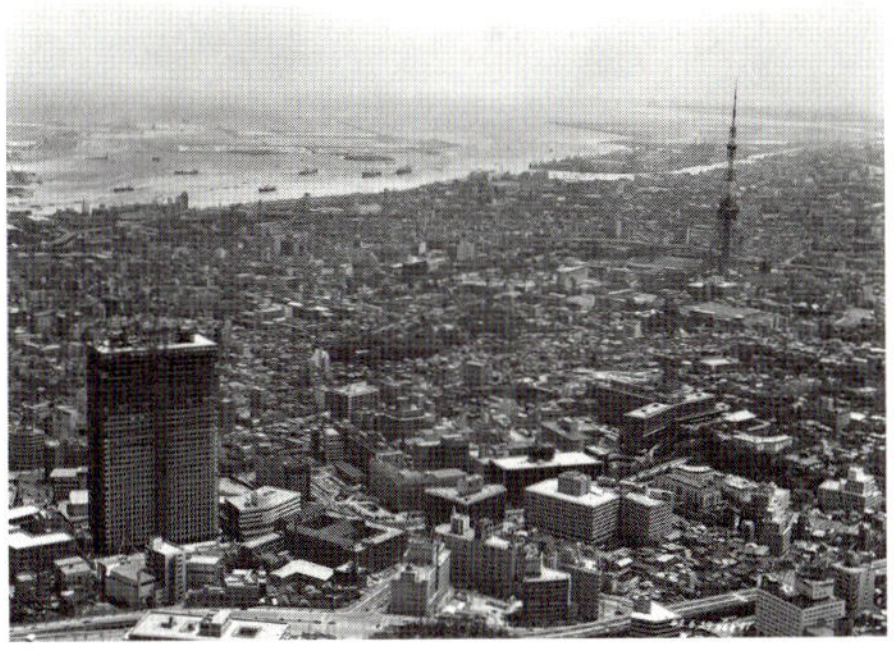

fig.3——竣工目前の霞が関ビル(1968(昭和43)年4月2日)

左奥に東京駅、丸の内オフィス街を臨む。[提供:三井不動産(株)]

fig.4——霞が関ビル鉄骨工事

基準階平面上、長辺方向は柱が3,200mm間隔で並ぶ。この柱間の梁の工事を省略するためブラケットを伸ばし、ブラケット同士を直接接合した。柱を含めて部材は1ピース6t以内に抑えられた。事務室空間はスパン15,600mmのハニカム梁が架かる。この大梁と柱は輸送効率を高めるためブラケット無しで接合される。現在では柱は鋼管が一般的であるが、溶接の手間がかかることから柱もH形鋼とし、弱軸方向の補強のため、梁は2段梁となっている。[提供:三井不動産(株)]

加えて、超高層建築を建てるには高所に大量の資材や人を運ぶ必要がある。そこで開発されたのがセルフクライミング式のタワークレーンである[fig.5]。霞が関ビル以前にもタワークレーンは使われていたが[注2]、この旋回体とマストを分離式にし、旋回体を躯体に固定したうえで、尺取り虫のようにマストをせり上げるセルフクライミングを行ったのは、霞が関ビルが初めてである。

霞が関ビルから現在まで

霞が関ビル建設以降、世界貿易センタービル(1970(昭和45)年/高さ152m)、京王プラザホテル(1971(昭和46)年/高さ178m)、新宿住友ビル(1974(昭和49)年/高さ210m)、新宿三井ビルディング(1974(昭和49)年/高さ224m)と高さ日本一は数年おきに更新される。これらのビルはすべてJV、あるいは単独で鹿島建設が施工に関わっている。また、これらのビルからは建設委員会方式は使われておらず、霞が関ビル建設を実現したことで一連の必要な技術が揃ったことがわかる。

その後は、機械の大型化も進み、NEC本社ビル(1990(平成2)年/高さ178m)や東京都庁(1990(平成2)年/高さ243m)では900t・mの大型クレーンが使われ、ユニットフロアの採用につながった。さらに横浜ランドマークタワー(1993(平成5)年/高さ296m)では、1500t・mの大型クレーンが用いられ、鉄骨のユニットは65t/ピースまで大型化し、4日/階のペースで施工された[fig.6]。他に、霞が関ビルではコンクリートはエレベーターで揚重したが、横浜ランドマークタワーでは296mまで直接圧送されている。現在、都市部の超高層建築では地上と地下を同時に施工する逆打工法が広く用いられるが、地上でも地下でも超高層建築の施工は高速化していった。

乾式化や機械化も進み、カーテンウォールでは新宿センタービル(1979(昭和54)年/高さ216m)において、プレキャストカーテンウォールの等圧構法が開発され、外部からのシーリング工事が不要になった。こうした取り組みは、労務費が高騰する好況期には盛んに進められ、大型ユニットフロアやサイトプレキャストの製造などが進められた。とくに1990(平成2)年前後のバブル期には、自動化施工、全天候施工と呼ばれる日本に特徴的な取り組みが見られた。これは基準階全体あるいは一部を、搬送装置を取り付けた屋根で覆い、天候に左右されない施工や、機械による揚重・設置の自動化を意図したものである。バブル期の人件費高騰を受けて進められたが、建築ごとの個別性に対応が難しいことなどから使われなくなった。一方で、赤坂プリンスホテル(1982(昭和57)年/高さ140m)をはじめ、超高層建築の解体も見られはじめ、騒音・粉塵などを防ぐ目的で全天候型の解体構法も試みられている。

注釈

注1——(超)高層建築の定義は高さ60m以上、100m以上などがある。たとえばニューヨークでは20世紀初頭から100m超の超高層が次々に建設された。日本の初期超高層建築実現にあたっては、多くの研究者、実務者が地震地帯初の超高層建築といわれるメキシコシティのトーレ・ラティーノ・アメリカーノ(1956(昭和31)年/高さ182m/1957(昭和32)年にメキシコ地震を経験)を視察している。

注2——タワークレーンが国内で初めて用いられたのは1953-1954(昭和28-29)年頃のこととされる。

参考文献

1———霞が関ビルディング50周年記念誌編集委員会『霞が関ビルディング』三井不動産、2018年

2———嘉納成男「5. 施工史」『建築業協会賞50年——受賞作品を通して見る建築1960-2009(新建築2009年12月臨時増刊)』2009年12月

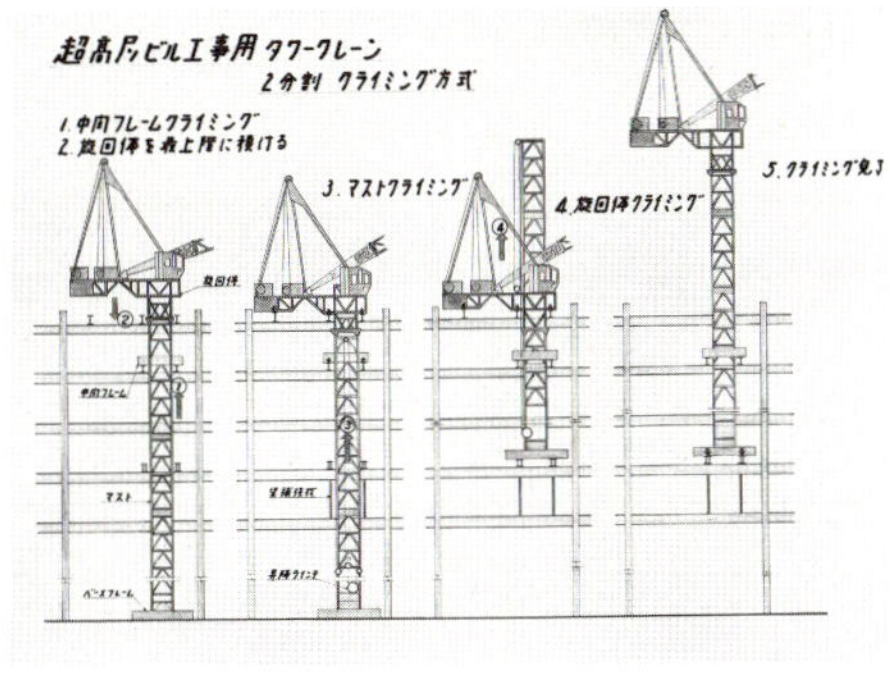

fig.5——霞が関ビルのセルフクライミングタワークレーン

霞が関ビルでは呉造船所によるタワークレーンKTK-200W(揚重能力200t・m)が使われた。旋回体を躯体に固定したうえで内部のマストのみがクライミングし、躯体への負荷は小さく安全性も高い。従来のデリックでは6日程度かかったせり上げが1日で終わる。霞が関ビルでは9回のせり上げを行った。霞が関ビルでは15,000tの鉄骨をはじめ多くの資材を揚重し、専門工事会社任せの揚重ではなく揚重の集中管理も行われた。[出典:『霞が関ビルディング』]

fig.6——横浜ランドマークタワーの大型鉄骨ブロック[出典:『施工——建築の技術』彰国社、1993年3月]

051

鋼管構造

タワーや空間構造を構成する構造形式

竹内 徹
東京工業大学 教授

軽量で座屈しにくい鋼管は軸力材に適している。その製造技術が確立すると、大規模なタワーや大スパンの構造に採り入れられる。鋼管部材の接合には、当初、溶接による分岐継手が使用されたが、一九七〇年代からは球形ノードを用いたシステムトラスが発展、体育館、スタジアム、ショッピングモール、展示場、空港施設の屋根などに広く用いられるようになった。一九九〇年代後半からは空港やコンベンション施設において再び鋼管溶接トラスが脚光を浴び、曲線を多用した豊かな構造デザインを具現化した。

鋼管部材は軽量で座屈しにくく、タワーや大スパン構造を構成するトラス架構に多く使用される。トラスが立体になる場合、任意の角度から入ってくる異なる径の鋼管部材をどのように接合するかが大きな課題となる。当初は溶接による分岐継手が使用され、1970年代より工業化されたシステムトラスが発展した。その後1990年代後半より曲線を多用した鋼管構造デザインが取り入れられ、再びロボティクスを応用した分岐継手が多用されるようになってきている。本稿では主に空間構造に用いられる鋼管構造を対象とする。重層建物の鋼管柱については[043 鉄骨造]を参照されたい。

初期の鋼管構造

圧延成形が容易な鋼板と比較し、鋼管の製造にはやや高度な製造技術が必要となる。明治後期には住友鋼管および日本鋼管により製造が開始され、戦前は軍需が主体であった。戦後、安価な電縫鋼管の技術が開発されるとともに、比較的大規模なタワーや橋梁を中心に、その応用が図られるようになった。

鋼管は同断面積に対し全方向へ最大の断面2次半径を与えることから、軽量で座屈耐力が高く、軸力材に適しており、大規模なトラス架構に多く用いられる。しかし接合部は異なる径の円筒が相関する形状となるため、納まりに工夫が必要となる。溶接による鋼管の相関形状の接合部は「分岐継手」と呼ばれ、その軸力・曲げ耐力評価式が膨大な数の実験研究により取りまとめられ、日本建築学会より1962(昭和37)年に「鋼管構造計算規準」として刊行。その成果はのちにヨーロッパのCIDECT設計規準(1989(平成元)年)に反映された。日建設計工務の設計により1963(昭和38)年に竣工した神戸ポートタワー[fig.1]はそのような時代の代表作といえる。

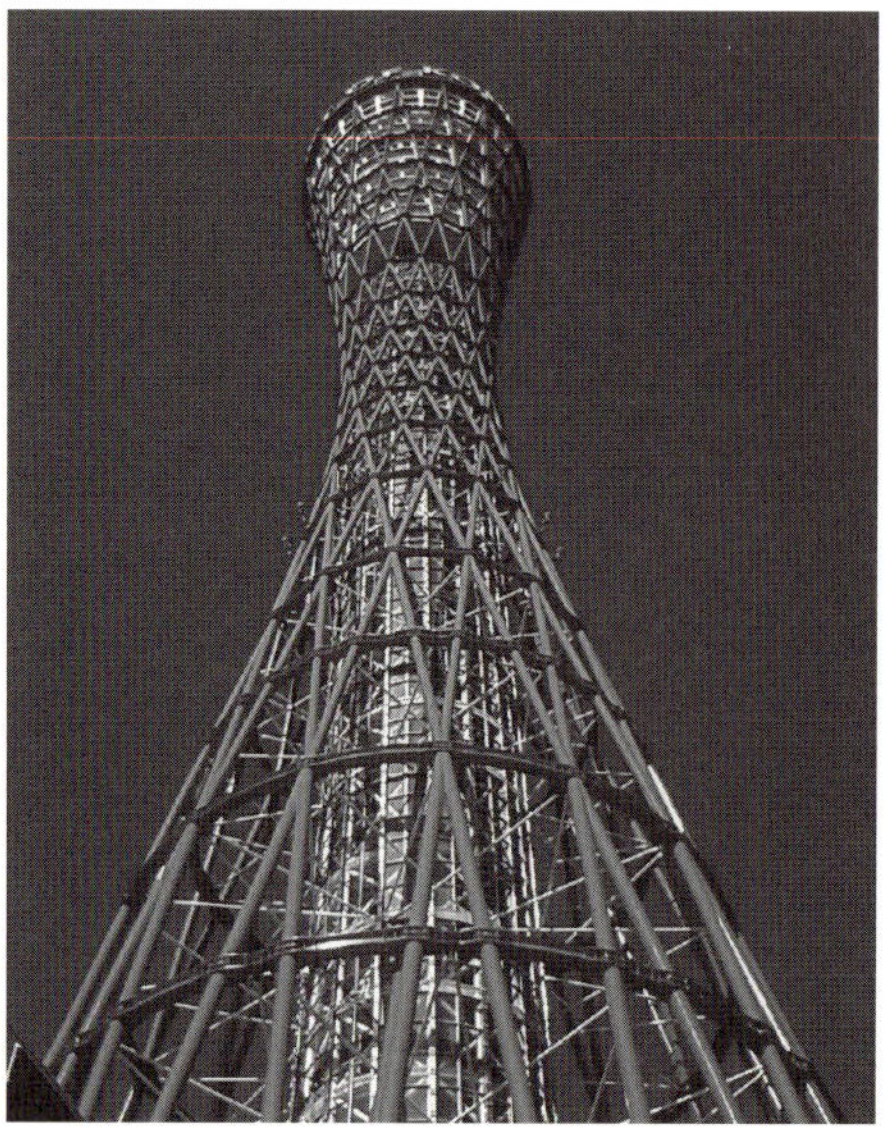

fig.1——神戸ポートタワー(1963(昭和38)年)[撮影:筆者]

システムトラスの開発と発展

一方、接合部に鋼球体ノードを介在させ、任意の角度から来る鋼管を機械的に接合する機構は、「スペースフレーム」または「システムトラス」と呼ばれる。システムトラスの原型は、1940年代のドイツのMEROシステムに始まる。これは格納庫や通信タワーなどを、接合部を標準化した鋼管立体トラスで構成することで、容易に運搬し迅速に組み立てるための構造システムであり、軍事使用を主目的として開発されたものである。第2次大戦終了後、本システムは建築分野にも転用され、種々のラチスシェル構造に使用されるようになった。1970(昭和45)年の大阪万博ではテーマ館、お祭り広場大屋根の292m×108mを覆う巨大な平板立体トラス屋根構造が設計され、このために国産の新しいジョイントシステムが、坪井善勝、川口衞らにより考案・開発された[fig.2]。

このプロジェクトを契機に、国内の鉄鋼系メー

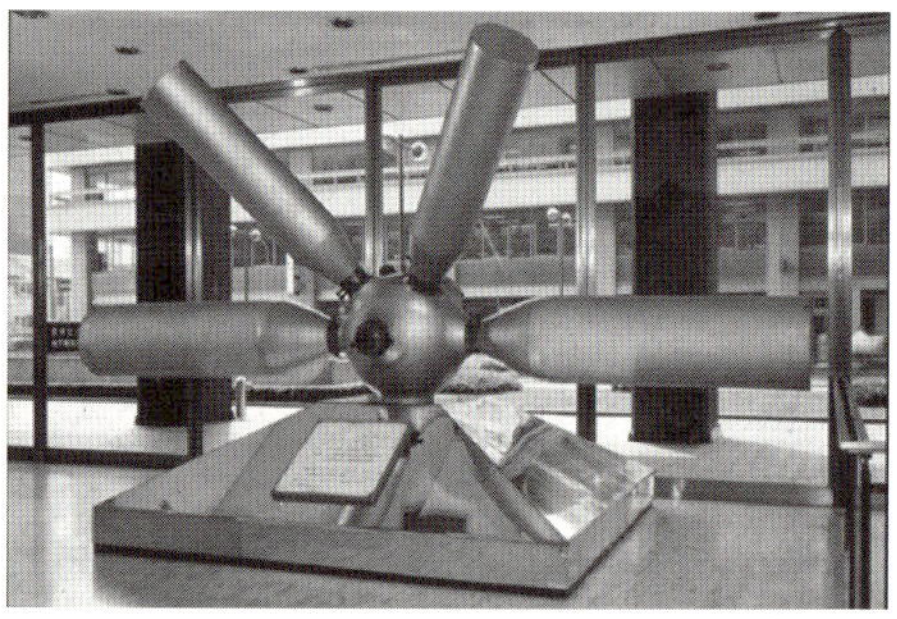

fig.2——大阪万博お祭り広場大屋根の鋼管接合システム[撮影:筆者]

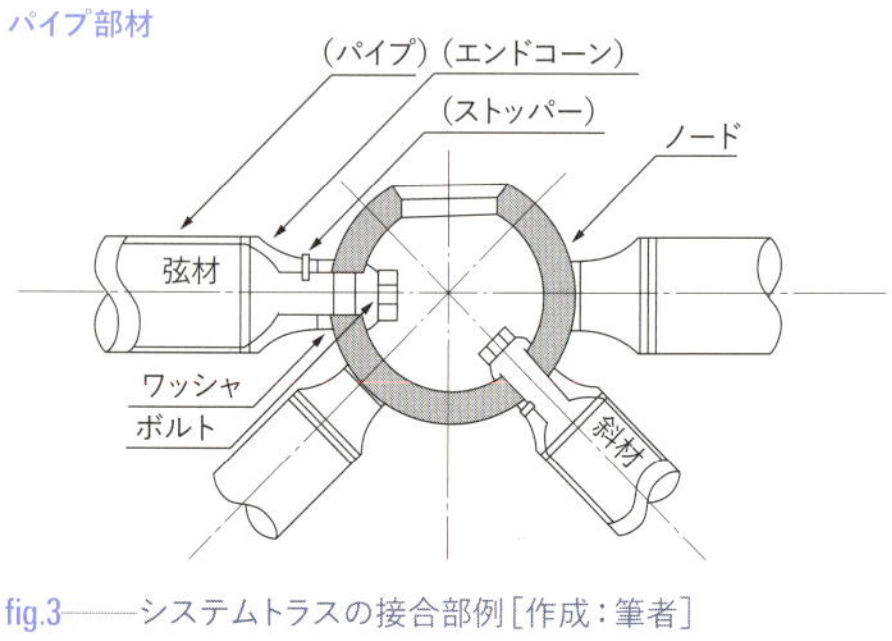

fig.3——システムトラスの接合部例[作成:筆者]

fig.4——巨大ハンガーへの適用(インドネシア・ジャカルタ空港/80×312m)[撮影:筆者]

fig.5-6——溶接鋼管トラスによる屋根構造（関西国際空港ターミナルビル）［提供：関西エアポート（株）］

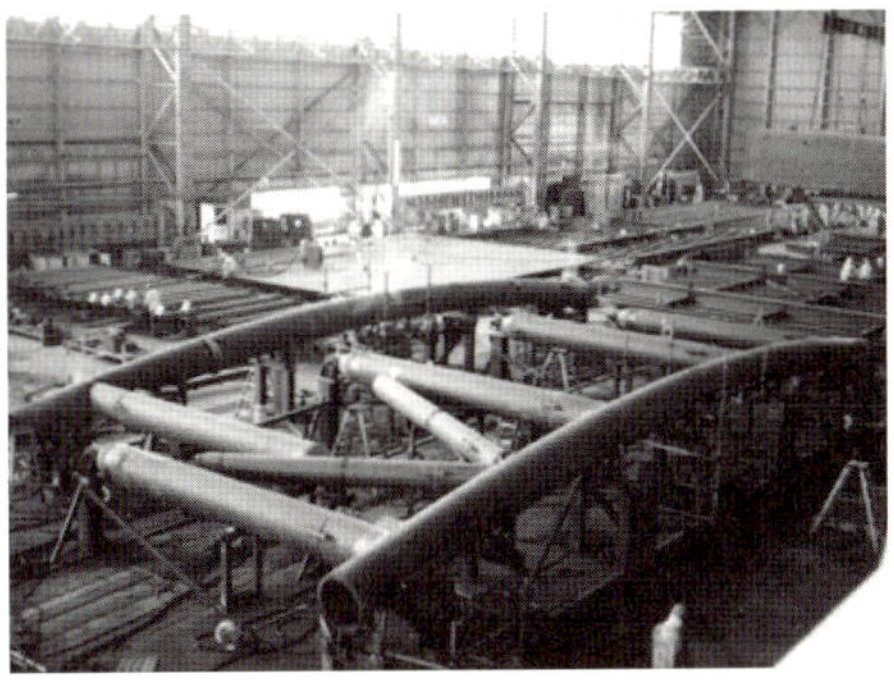

fig.7——溶接鋼管トラスの加工［撮影：筆者］

fig.8-9——東京スカイツリー（2012（平成24）年）と超厚肉大径鋼管の加工［撮影：筆者］

カーでは汎用システムトラスの開発が積極的に行われ、TMトラス（太陽工業）、NSトラス（新日鉄）、ユニトラス（巴組）が相次いで接合部に関する旧38条大臣認定を取得し、実プロジェクトへの適用を拡大していった［fig.3］。各システムは部材単位の要素をもつFEM応力解析プログラムの整備と、部材サイズと取り付け角度により自動加工するノードと鋼管部材の加工システムを整備することで、安価でいかなる形状にも対応可能な汎用性を獲得し、神戸ポートピア国際広場（1981（昭和56）年）、新宿NSビルアトリウム屋根（1982（昭和57）年）、東京ドーム・サンバイザー（1988（昭和63）年）、学校体育館の屋根などに広く用いられるようになっていった。鍛造のノードは、シリンダー状の鋼塊より鍛えて成形するため、鋳造品と比較し欠陥部が生じにくく、安定した品質と精度が確保できた。システムが一般化するとともに適用範囲も拡大し、1980年代には国内外の巨大な飛行機格納庫（ハンガー）やコンベンション施設などにも使用されるようになった［fig.4］。

溶接鋼管構造による多様な構造デザインの具現化

1980年代後半になると、システムトラスは全盛期を迎え、全国の学校体育館、屋内競技場、スタジアム、競馬場、ショッピングモール、展示場、空港施設の屋根などに、汎用的に用いられるようになった。欧米、アジア、中南米の国々でも同様の展開が行われ、それぞれの地域に合わせたシステム開発が推進された。まさに「どこにでもある構造」というほど広く普及したといえる。その一方で、建築デザインとしてはやや陳腐化した要素とみなされるようになった。大きな流れの変換点になったのは、1990（平成2）年に国際設計コンペで選出された関西国際空港ターミナルビルの屋根架構［fig.5–6］である。それまでの均質な構造システムではなく、存在感のある有機形状の立体溶接鋼管トラス梁を一方向に架け渡して構成されたターミナル屋根架構は、従来の一方向トラス架構の印象を一変させ、生産手段としてはむしろクラフツマンシップ型であるにもかかわらず、高度に工業化されたシステムトラスより新鮮でハイテクな印象を与えた。

1990年代に入ると、空港やコンベンション施設の構造は鋼管溶接トラスが主流となっていった。立体溶接鋼管トラスシステムは、曲げ加工された鋼管を組み合わせる鉄骨製作にはノウハウが必要になるものの、建て方精度は溶接部のルートギャップで調整可能であり、1次部材を独立して建て方することができ、2次部材は1次部材に影響を与えないなどの施工上のメリットが大きい［fig.7］。現在では、ロボット加工機の進化により、任意形状の分岐接手の溶接開先加工が自動的に行えるようになり、黎明期と比較すると、自由形状に対する対応性も大幅に向上している。2012（平成24）年に竣工した東京スカイツリーでは、頂部に780N/mm^{2}級の高強度鋼管が使用され、基部では最大直径2.3m、厚さ100mmに達する鋼管が使用された。しかしながら、鋼管の製作や溶接はいまだ多くの熟練工に依存しているのが現状である［fig.8–9］。

参考文献
1———日本建築学会『鋼管構造計算規準』1962年
2———IIW commission XV, *Design Recommendations for Hollow Section Joints –Predominantly Statically Loaded*, 2nd ed. IIW Doc. XV-701-89, International Institute of Welding, Cambridge, 1989
3———岩田衛『はじめてのシステムトラス』建築技術、1996年

052

シェル・空間構造

人々の集いの場となる広大な無柱空間は古代ローマの昔から人類の夢であり、時代を超えた技術的挑戦の対象であった。
中心的テーマは構造体の軽量化であり、軽快かつ透明で流動性をもった空間を可能にする、合理的かつ美しい構造体を実現すること。
そうした基本理念を反映したものが「空間構造」であり、その代表例となる形態抵抗による構造が「シェル構造」である。
シェル・空間構造が日本に誕生した戦後から今日までを概観すると、時代を画する四つのエピソードが浮かび上がってくる。

時代を超えた人類の技術的挑戦

斎藤公男
日本大学 名誉教授

エピソード1(1960(昭和35)年頃–):建築界を動かした「構造芸術」の波

筆者が大学に入学した1957(昭和32)年の春、2つの国際コンペの審査発表が世界を揺るがせた。新都市ブラジリア(L.コスタ)とシドニー・オペラハウス(J.ウッツォン)である。そして同じ頃、戦後復興の途上にあった日本の建築界には海外から大きな波が伝わってきた。戦前の1930年代から始まったR.マイヤール、E.トロハ、O.アラップらによる第一の波と、戦後の1950年代のP.ネルヴィ、B.フラー、F.キャンデラ、F.オットーらによる第二の波。Architect-Engineerとも呼ばれる人々が起こした「2つの波」は、ほぼ同時に沈滞していた日本の建築界を刺激し始めた。鉄筋コンクリート(以下、RC)構造の三次元的表現を中心とした「構造芸術」は、わが国の建築界の造形意欲をかきたて、構造家との協同を促していく[fig.1]。しかし、愛媛県民館(設計:丹下健三、坪井善勝/1953(昭和28)年)[fig.2]を代表とするRCシェルや折板の時代は一瞬であり、大空間構造の主役は鉄骨によるスペースフレームへと移行する。連続体から離散体へ。構造理論も生産システムも変遷するなかで、八戸火力発電所貯炭場上屋(1957(昭和32)年)[fig.3]、東京国際貿易センター 晴海ドーム(1959(昭和34)年)[fig.4]が誕生した。

そしてテンション構造も花開く。国立代々木競技場(1964(昭和39)年)で発想された半剛性吊屋根は、ダイナミックなイメージに導かれた大石寺正本堂(1972(昭和47)年)に適用され、キールアーチとケーブルネット吊屋根を結合した岩手県営体育館(1967(昭和42)年)や、茨城・笠松運動公園体育館(1974(昭和49)年)の建設はミュンヘン・オリンピックスタジアム(1972(昭和47)年)と時期を同じくしている。

最小気積を求めた連続異形山型アーチの秋田県立体育館(1970(昭和45)年)は形態抵抗構造の新しいルートを示唆した。

エピソード2(1970–1990(昭和45–平成2)年):ポストモダンからの脱出——サラブレッドからハイブリッドへ

1970(昭和45)年は、ひとつの時代の終焉であり、新しい時代の幕開けといわれる。その幕を引いたのは大阪万博。シドニー・オペラハウス(1973(昭和48)年)はその完成を待たずして「構造表現主義の墓碑銘」の烙印を押され、丹下・坪井の名コンビの協同もこの頃を境に見られなくなった。「代々木」が拓いたホリスティック・デザインも、構造デザインに対する本質的な問題意識は正しく継承されることなく、ポストモダンの奔流のなかに呑み込まれていった。

しばらく続いた沈黙と停滞の時。空間構造の世界はやがて1980年代半ばに再び活気を帯び始める。大空間建築の話題を花咲かせ、さらにその後の構造デザインを活性化させた建築は3つ、と考える。藤沢市秋葉台体育館(1984(昭和59)年)、神戸ワールド記念ホール(1984(昭和59)年)[fig.5]、東京ドーム(1988(昭和63)年)である。そして小さな、ファラデーホール(1978(昭和53)年)[fig.6]には過去

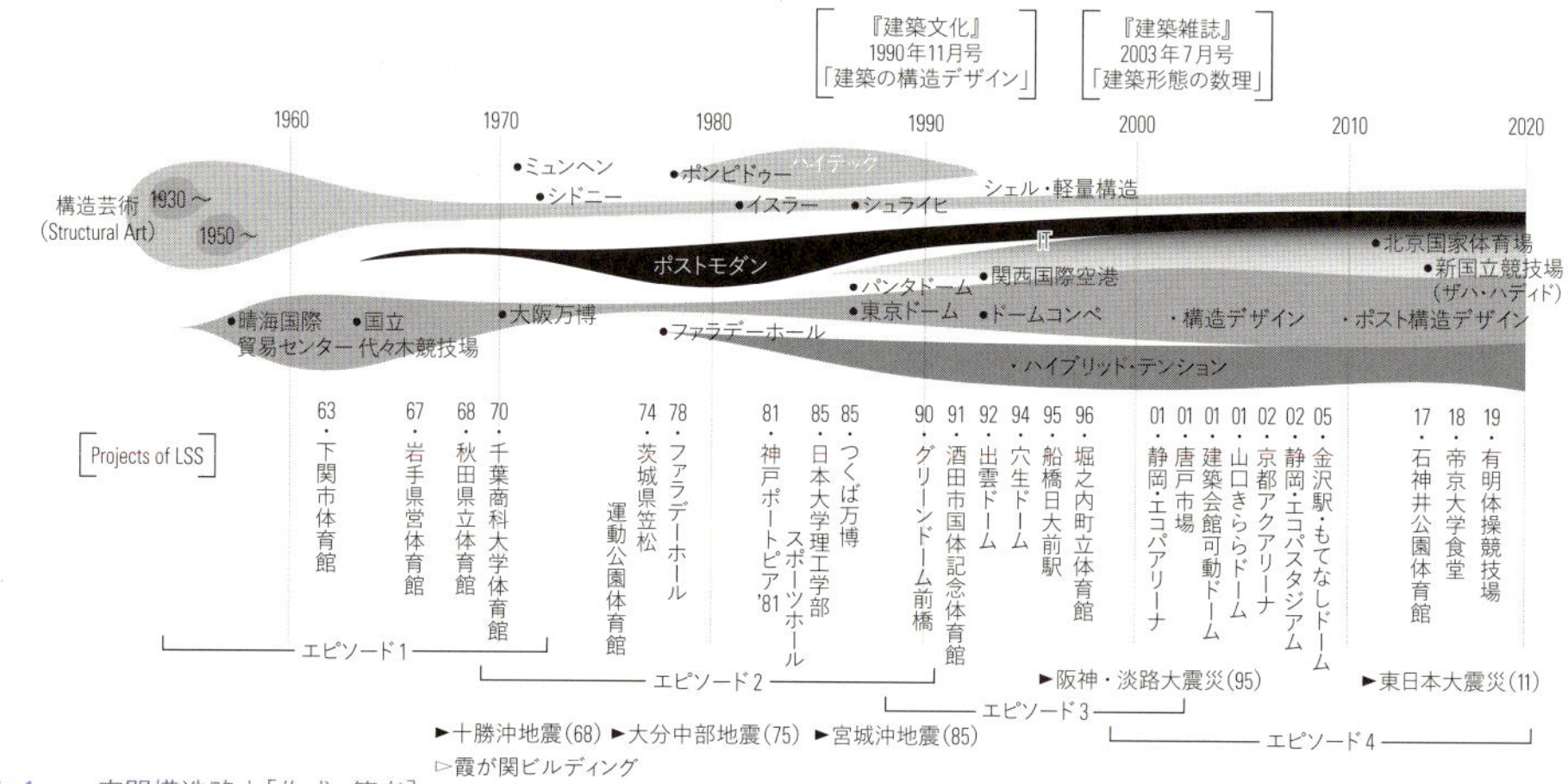

fig.1——空間構造略史[作成:筆者]

fig.2——愛媛県民館(1953(昭和28)年)[撮影:筆者]

fig.3——八戸火力発電所貯炭場上屋(1957(昭和32)年)[撮影:筆者]

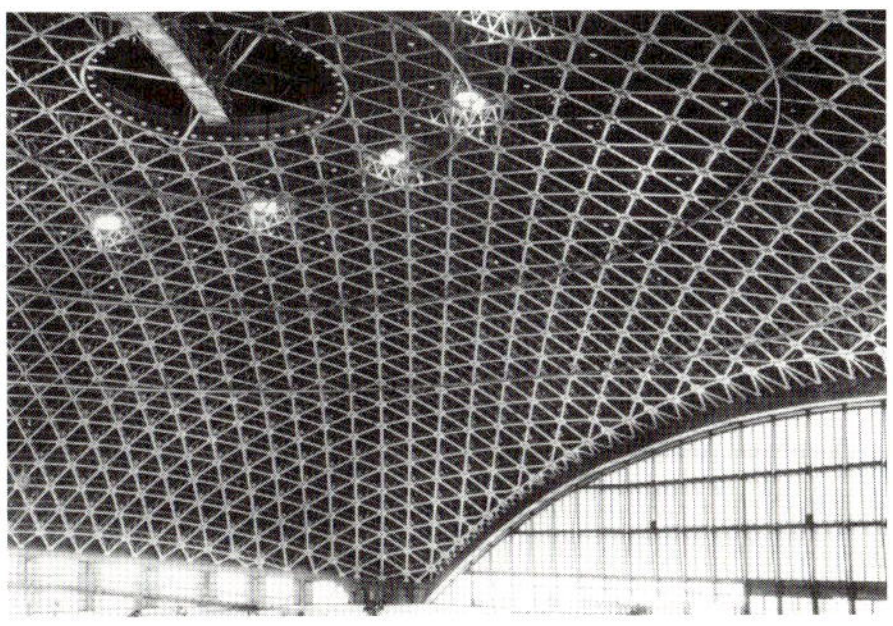

fig.4——東京国際貿易センター 晴海ドーム（1959（昭和34）年）［撮影：筆者］

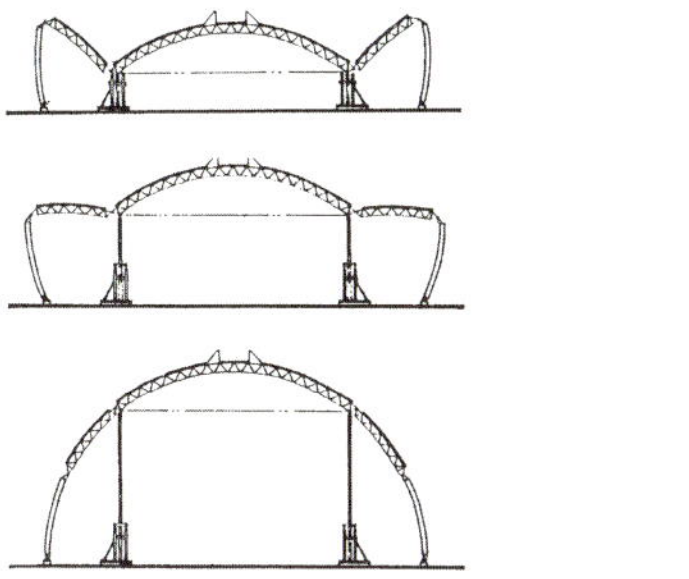

fig.5——神戸ワールド記念ホール（1984（昭和59）年）［作成：筆者］

に失われた技術の現代的甦生と、脱ポストモダンの先兵としてのミッションが与えられていたのだ。時を同じくして、パリのポンピドー・センター（1977（昭和52）年）が新しい建築の世界を拓いた。かつて流行したRCシェルやケーブルネット吊屋根といった形態抵抗構造は、造形的魅力（多様性・軽量性）に富み、力学的合理性にすぐれているものの、ディテールや施工にわたる生産的合理性を見出すことは難しく、それゆえサラブレッドな構造ともいえる。張弦梁（BSS）に代表されるハイブリッド・テンション構造は素材・形状・構法・工法・表現にわたる組み合せ・選択の自由度の高さを第一の特徴としている。剛な鉄・木と柔な膜・弦による軽量な空間構造が、次々と飛翔していった。そのひとつは空間と構造の新しい交差点として注目された酒田市国体記念体育館（1991（平成3）年）である。

エピソード3（1990–2000（平成2–12）年）：再びの構造デザインの展開

いくつかの技術開発とともに、著名な建築家たちが大空間へ参画し始めたこともあり、空間構造の世界は活況を取り戻し、構造デザインという言葉が本質的な意味をもって再び語られていく。海外におけるH.イスラーによるRCシェルやJ.シュライヒの軽量構造の魅力的活動が、日本の構造家を鼓舞していった時期である。

この時代の大きな流れをつくったのはなんといっても「ドーム建築」であろう。あきたスカイドーム（1990（平成2）年）に端を発した地方活性化の起爆剤としての多目的ドーム。全国的に広がった建設の波はドーム現象とも呼ばれ、グリーンドーム

fig.6——ファラデーホール（1978（昭和53）年）［撮影：筆者］

fig.7——出雲ドーム（1992（平成4）年）［撮影：筆者］

前橋（1990（平成2）年）で初めて採用されたゼネコン＋設計事務所による「前橋方式」コンペはさまざまに姿を変えていった。イメージとテクノロジーの融合の諸相は興味深い。たとえばパークドーム熊本（1997（平成9）年）、大館樹海ドーム（1997（平成9）年）、北九州メディアドーム（1998（平成10）年）、但馬ドーム（1998（平成10）年）、札幌ドーム（1996（平成8）年）、しもきた克雪ドーム（2004（平成16）年）などは建築家の形態的イメージが強く感じられ、出雲ドーム（1992（平成4）年）[fig.7]、山口きららドーム（2001（平成13）年）[fig.8]ではホリスティックな技術的挑戦が試みられている。野外スポーツと屋内イベントの両立を計ろうとするきわめて困難な課題に対して大規模な開閉屋根が建設された。その成否についてはいまだに疑問が残されていよう。

エピソード4（2000–2020（平成12–令和2）年）：ポスト構造デザインからホリスティックデザインへ

20世紀末を特徴づけた主役は建設技術とコンピューターの成熟であり、構造設計のスピードは加速し続けている。そうした状況のなかで建設された2002（平成14）年の日韓サッカーワールドカップの多様なスタジアムは興味深い。そのひとつ、有機的な建築形態を樹木の集積として捉えたのが静岡・エコパスタジアム[fig.9]。ここでは自然な構造形態——ホリスティック・デザインが追求され、実現された。一方、IT時代の今日の空間構造で気がかりなのは、時として空間と構造の交差点に然るべき構造設計者の姿が見えにくいことである。たとえば北京オリンピック（2006（平成18）年）に現われた「鳥

fig.8——山口・きららドーム（2001（平成13）年）［撮影：筆者］

fig.9——静岡・エコパスタジアム（2002（平成14）年）［撮影：筆者］

fig.10——（前）新国立競技場（案）（設計：Z.ハディド／2012（平成24）年）［提供：Zaha Hadid Architects］

の巣」。ここには著名な建築家はいても、構造デザインに対する的確なメッセージを発するエンジニアの存在が見当たらない。かつては解けなかった構造システムや膨大な要素の集積も簡単に解ける。「こんなかたちが」と思われる恣意的な造形であっても、現代の技術力をもってすれば不可能とは考えられない。

ドーム建築の頂点に立つと迎えられたZ.ハディドの「新国立競技場」[fig.10]。注目を浴びたこの国際デザインコンクール（2012（平成24）年）の最優秀案にも「建築形態表現主義」や「ポスト構造デザイン」といった言説の流れが感じられよう。

かつてコンピューターが皆無の1960年代。想像力（発想・工夫・予見）と情熱の高さが「代々木」を創出したことを思い起こすとき、ITやAIと向き合う、知的人間力のかかわり方がこれからの空間構造の鍵となろう。

参考文献

1——ドーム建築企画編集委員会『つどいの空間——ドーム建築のデザインと技術』日本建築センター、1997年
2——斎藤公男『空間 構造 物語』彰国社、2003年
3——斎藤公男『新しい建築のみかた』エクスナレッジ、2014年

053

膜構造建築

昼光利用が可能な大空間建築を実現

川口健一
東京大学 教授

大空間建築へのニーズの高まりを受けて、超軽量の張力構造を作る材料として膜材料が利用され、膜構造建築が登場した。発展期には日本は高度成長期後半からバブル期を迎え、多くの特徴のある膜構造建築が日本で建設された。一九七〇年の大阪万博では仮設建築として、空気を構造材として用いる空気膜構造のアメリカ館や富士グループパビリオンが実現する。その後も、昼光による明るい空間を実現した膜構造建築が、主にスポーツ施設などとして全国各地に建設されていった。

20世紀後半の化学工業の発展に伴って作り出された数々の化学物質の中で、化学繊維と合成樹脂は、膜材料という工業化された新しい建築構造材料を生み出した。折しも軽量大空間建築へのニーズが先進国で高まりつつある時代背景のなかで、膜材料は超軽量の張力構造を作る材料として利用され「膜構造建築」が登場した。膜構造の発展期、日本はちょうど高度成長期後半からバブル期を迎え、多くの特徴のある膜構造建築が日本に建設された。

膜材料と膜構造

薄く軽く柔軟な膜材料を、初期張力(プレストレス)により安定化して用いる張力構造を「膜構造」と呼ぶ。膜材料の厚さは通常1mmに満たない。主に化学繊維を合成樹脂でコーティングした膜材料は、従来用いられていた麻や木綿、毛といった生物由来の帆布やテント生地などに比べて品質が安定し長寿命であり、かつ、工業化による大量生産が可能である。膜構造では、膜面が透光性・水密性をもち、空間を内外に分ける仕切りになると同時に、外力に耐える構造材とを兼ねており、非常に軽快な構造が実現できる。一方、プレストレスを導入し、膜面を緊張した状態に保たないと外力に耐えられないため、プレストレスによる膜面の力の釣り合い状態がそのまま建物の形となって顕れる、という特徴がある。

サスペンション膜構造

もっとも単純な膜構造は、膜面を突き上げる力と引っ張り下げる力を釣り合わせて、鞍型の曲面をつくって緊張させるもので、「サスペンション膜構造」と呼ばれる。古来からある小規模なテントが、19世紀末からサーカスや各種娯楽興行の覆い屋根として次第に大規模化。1950年代にはドイツでフライ・オットーがストロマイヤーらと協力し、膜構造を含む張力構造の魅力を顕在化させた(カッセルガーデンセンターの屋外音楽堂(1955(昭和30)年)など)。

日本でも1950(昭和25)年頃から、サーカステントやアイススケート場などの仮設の大型屋根として建設例が増えた(東京スタジアム・アイススケート場:塩ビコーティングナイロン膜、65m×34.5m、高さ12m、1965(昭和40)年)。膜材料の強度には限界があるため、負担できる面積にも限界がある。したがって、構造が大型化すると膜構造は補強用のケーブルを必要とするようになり、ケーブル補強膜構造となる。

空気膜構造

一方、柔軟軽量で気密性のある膜材は、空気を構造材として利用することをも可能とした。イギリスの技術者F.W.ランチェスターは、1917(大正6)年に空気膜構造の特許を申請した。アメリカのW.バードは、1946(昭和21)年に北極圏のレーダー用アンテナシェルターとしての空気膜構造、レードームを考案した(ガラス繊維にネオプレンゴムを塗装した気密膜)。1957(昭和32)年、彼が公開した自宅の温水プールに架けた空気膜屋根が雑誌『ライフ』に載り、空気膜構造は一躍注目を浴びた。

1970(昭和45)年に大阪で開催された万国博覧会(EXPO'70)には、特徴ある仮設膜構造が多くつくられた。自動車館は、ストランドロープと円形の鉄骨によるケーブルネット構造で膜屋根を支える構造を採用した。アメリカ館[fig.1]は、D.ガイガーによるケーブル補強扁平空気膜構造を採用し、その後アメリカに多数建設される同形式の空気膜アリーナのプロトタイプとなった。また村田豊と川口衞は、エアビームの造形を活かした富士グ

fig.1——大阪万博 アメリカ館

ガイガーによる大型低ライズケーブル補強空気膜構造の最初の例。これ以後、アメリカに多くつくられた。[提供:朝日新聞社]

fig.2——大阪万博 富士グループパビリオン

村田・川口によるエアビームの作品。造形的にも挑戦的で優れている。[提供：朝日新聞社]

fig.3——東京ドーム(1988(昭和63)年)

大阪万博のアメリカ館から始まりアメリカで発展した技術が日本初の大規模恒久空気膜構造として返り咲いた。[写真：PIXIA]

ループパビリオン[fig.2]と電力館水上劇場を実現し、その後もネット補強空気膜などの特徴的な空気膜構造を提案した。お祭り広場の屋根葺き材には、透明フィルムに発泡樹脂を充填した膜構造型クッションが採用された。

恒久膜材の登場

1973(昭和48)年に、PTFE(商品名：テフロン)でコーティングされたガラス繊維による膜材が開発され、膜構造は仮設から恒久的大スパン構造として利用できるようになった。アメリカには前述のガイガータイプの空気膜構造も多数建設され、その実績を踏まえたうえで、1988(昭和63)年に日本にも同形式の空気膜構造のアリーナ、東京ドーム[fig.3]が建設された。東京ドームを契機に恒久的膜構造の法的な実現ルートが開拓され、同時にケーブルドームをはじめとするさまざまな構造形式の膜構造が建設されるようになった。パークドーム熊本(1997(平成9)年)[fig.4]のような意匠的にもチャレンジングな空気膜構造も登場した。

骨組膜構造

サスペンション膜構造や空気膜構造は超軽量構造である反面、風や雪荷重に対して大きな変形を発生する。恒久膜材の登場により、トラスやアーチなどの骨組構造の間に膜材を張り渡すことで、架構を剛に保ちながら膜の軽量性と透光性を活かす骨組膜構造が1980(昭和55)年頃に登場。あきたスカイドーム(1989(平成元)年)などが建設された。骨組膜構造は鉄骨造だけではなく、木造大スパン構造への先駆的な例にも採用され、出雲ドーム(1992(平成4)年)や大館樹海ドーム(1997(平成9)年)などは、骨組膜構造とすることで明るい室内空間を実現している。

21世紀を迎えて

昼光による明るい空間が実現できる膜構造建築は、スポーツ空間としての利用価値が高く、西武ドーム(1999(平成11)年)では、既存の球場に骨組膜の屋根を後から、しかも短期間で建設している。2002(平成14)年のサッカーワールドカップの際に建設された大型のスタジアムでも、骨組膜構造の膜屋根を採用した施設が多い。一方で、アメリカに多数つくられたガイガータイプの大規模な空気膜アリーナは、積雪や飛来物による膜面破損が原因のデフレート(空気が抜けて屋根面が萎んでしまうこと)事故が多数起きたため、現在では空気膜屋根から鉄骨屋根に建て替えられたものが多い。

近年は、大面積の膜屋根が建設されることは以前に比べて減っている。膜材料よりも透光性の高いETFEフィルムが材料として注目されており、乾燥空気を入れた二重膜のエアクッションなどを利用した施設も散見されるようになってきている[fig.5]。膜材料に期待する性能は、軽量大スパン構造[fig.6]から、環境性能や意匠性の要求に移ってきており、ファサードや天井材、建築内部の環境制御材料として用いられることが増えている[fig.7]。

fig.4——パークドーム熊本(1997(平成9)年)

車輪型ケーブル構造と二重空気膜構造のハイブリッド構造。[撮影：筆者]

fig.5——新豊洲ランニングスタジアムのETFEフィルムによる二重膜構造の外観[撮影：筆者]

fig.6——2011(平成23)年の東日本大震災での多数の天井落下事故を受けて、天井を軽量な膜天井に改修する例が多い[提供：太陽工業(株)]

fig.7——天窓や吹き抜け空間に可動式の膜材の仕切りを付けることで省エネ効果を狙った例[撮影：筆者]

054 開閉式ドーム

屋根の開閉方式でアイデアを競う

川口健一
東京大学 教授

野球やアメリカンフットボールなどのスポーツで競技観戦の商業化が進んだことにより、屋根を可動式にした大規模集客施設が建設されるようになった。日本における開閉式大型屋根は、一九九一年に建設された有明コロシアムの屋根が最初で、次いで一九九三年に福岡ドームが実現している。開閉方式には、剛パネル型、骨組み機構型、柔軟膜の折り畳み型があり、それぞれにさらにバリエーションがある。通常の建築構造物と異なり多数の可動部分を有するため、雨仕舞の解決や構造躯体の変形の制限など、設計時に解決すべき課題も多い。

スポーツのための集いの空間とともに

大規模集客施設の屋根を可動式にするという発想は古くからあり、ローマ時代の壁画には競技場の観客席に布製の開閉式屋根が架設されている画がある。近代の開閉式ドームの実現も、野球、アメリカンフットボール、テニス、サッカーといったスポーツ観戦の商業化が誘因となっている場合が多い。近代の開閉屋根付き大型施設としてはピッツバーグのアリーナ（アメリカ／1961-2010（昭和46-平成22）年／直径127m）が早期の建設事例である。1989（平成元）年には、国際競技設計を経て、約200mのスパンを持つトロントスカイドーム（カナダ）[fig.1]が建設された。

日本では、1991（平成3）年に架設された有明コロシアム[fig.2]の屋根が、開閉式大型屋根の早期事例である。1990（平成2）年頃には開閉式屋根付き競技場の建設機運が高まり、建設関連各社が競って開閉式ドームの提案を出している。1993（平成5）年に建設された可動式大型屋根の福岡ドーム[fig.3]は、技術的には優れたものであるが、基本案はトロントスカイドームの競技設計の次点案を改良したものである。1994（平成6）年には宮崎県にオーシャンドームが、1997（平成9）年にはこまつドーム[fig.4]が竣工している。2002（平成14）年の日韓共催サッカーワールドカップを契機に、大分、豊田、そして神戸に開閉式のアリーナがつくられた。

開閉式ドーム屋根の形式

一般的なドーム屋根構造は、連続曲面の持つ立体的な力の流れを有利に活用して軽量で高剛性な構造を実現する場合が多いが、開閉式ドームは開閉のために屋根面を切断するため、力学的には一体性のない不利な構造になる。

機構が単純なものは剛なパネルをスライドさせる形式のもので、同心円周りの回転（ピッツバーグ、福岡ドームなど）や平行移動（有明コロシアム、こまつドームなど）を採用することが多い。これらは、屋根パネル同士を重ねる配置になるため、固定屋根部分が残り、開放時の屋根の開口率が制限される。

骨組みの機構を利用するアイデアも多いが、実現したものは少ない。C. ホバマンのアイリスドーム[fig.5]も機構的には良く工夫されているが、屋根葺き材の折り畳みまで現実的な案は提示されていない。

柔軟膜の折り畳み型では、モントリオール・オリンピックスタジアム[fig.6]の開閉式膜屋根（1987

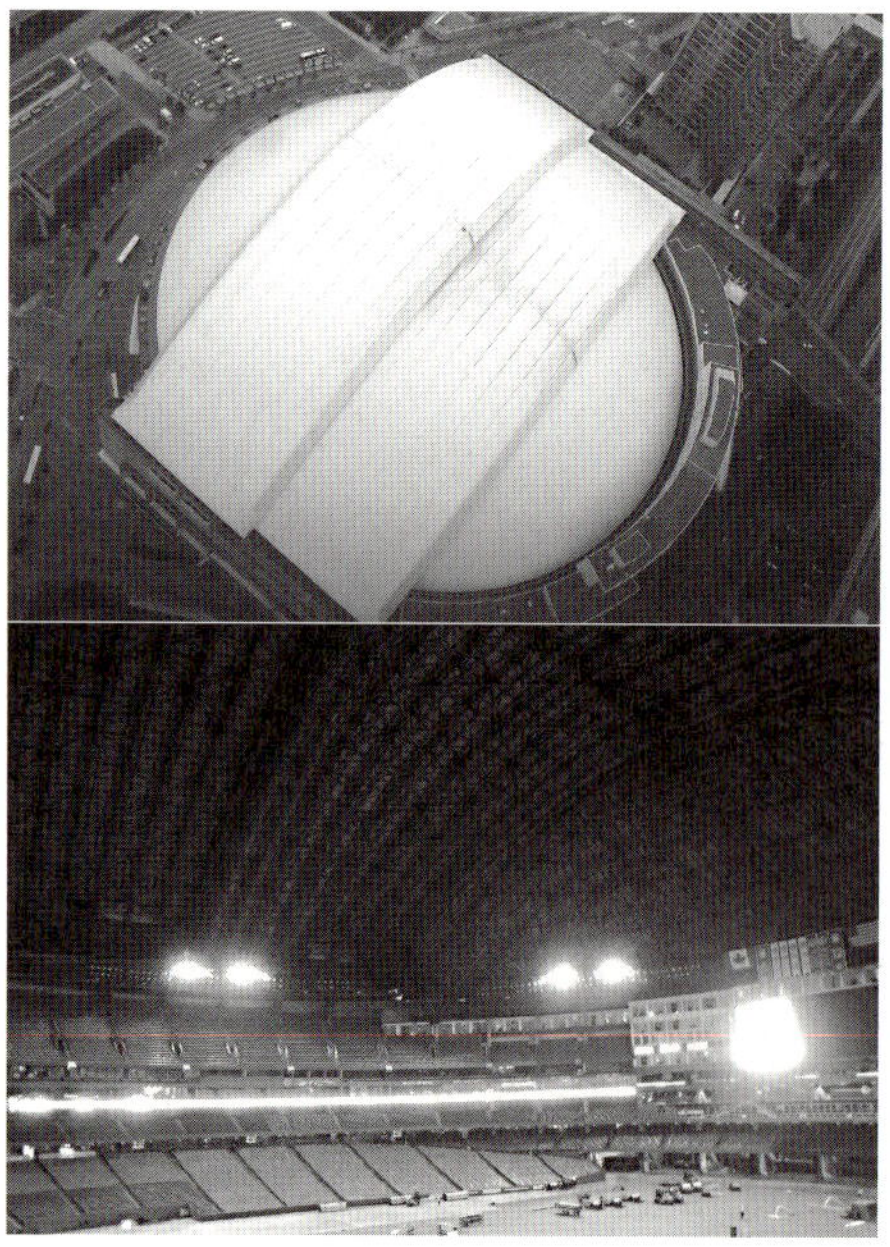

fig.1——トロントスカイドームの外観（上）と内観（下）［撮影：筆者］

fig.2——有明コロシアム［出典：有明コロシアムパンフレット］

fig.3——福岡ドーム［提供：SoftBank HAWKS］

fig.4——こまつドーム（1997年／スライド式屋根／重力利用ワイヤトラクション方式）の外観（上）と屋根移動中の内観（下）［撮影：筆者］

（昭和62）年）が比較的早期の事例だが、冬季の過酷な自然環境も影響し、さまざまな問題が発生、1992（平成4）年以来、固定されたまま動かされていない。サラゴサ闘牛場（スペイン／1990（平成2）年）[fig.7]の放射方向の開閉式膜屋根方式は中央部に畳んだ膜が残るが、技術的な問題が少なく、フランクフルトやワルシャワのスタジアムなどの大規模な屋根にも採用されている。豊田スタジアム（日本／2001（平成13）年）[fig.8]やBCプレイス（カナダ／2012（平成24）年）では、柔軟膜部が二重になっており、閉鎖後に空気圧で膨らませて膜屋根部分の剛性を上げる、エアビーム型を採用している。開閉機構以外に、乾燥空気を二重空気膜内に送風する装置も必要となる。

開閉式屋根構造は、通常の建築構造物と異なり多数の可動部分を有するため、雨仕舞などの建築的な課題だけでなく、構造躯体の施工精度や変形の制限も厳しくなる。さらに機械設備的な部分の設計が重要となり、駆動機器のコンピューター制御やセンサーによるモニタリングも行う。屋根の駆動方式としては、自走式車輪方式、ケーブルトラクション方式、ジャッキ方式、ラック・ピニオン方式、メカニズム方式などがある。走行軌道全体に傾斜をつけて重力を活用する場合もある。屋根自重やスラスト力を支えたままレール上を移動する走行台車や、移動時の騒音、振動対策、万が一の故障時のフェイルセーフ対策なども必要となる。

運用マニュアル

2005（平成17）年、柔軟膜による開閉式膜屋根を持つフランクフルトのサッカースタジアムでは、開閉途中の垂るんだ膜屋根部分に雨水が大量に溜まりウィンチが途中で停止。さらにたまり続けた雨水が、膜に設置された排水弁から競技場に落ちて巨大な水たまりとなり、その日の試合開催が不能となった。このように、開閉式屋根を有する建築においては、開閉時間やタイミングに関して自然環境（雨・風・雪など）との駆け引きが発生する。また、通常の建築に比べ機械設備が格段に多く、日常的なメンテナンスや漏水の管理、部品交換、故障時、停電時、地震時の対応など、付随する注意事項が非常に多く存在する。これらを設計の段階で予測して運用マニュアルを作成し、日常的なオペレーションに活用し、改良更新していくことが非常に重要となる。

可動式構造物の典型的な末路として、日常の使い勝手が変化したり、メンテナンス上の煩わしさなどから、徐々に稼働させなくなり、最終的には固定した状態で使われ続けるようになるものも多い。

fig.7——サラゴサ闘牛場（柔軟膜の折り畳み型張力膜屋根／スペイン）の開いた状態（上）と閉じた状態（下）［撮影：筆者］

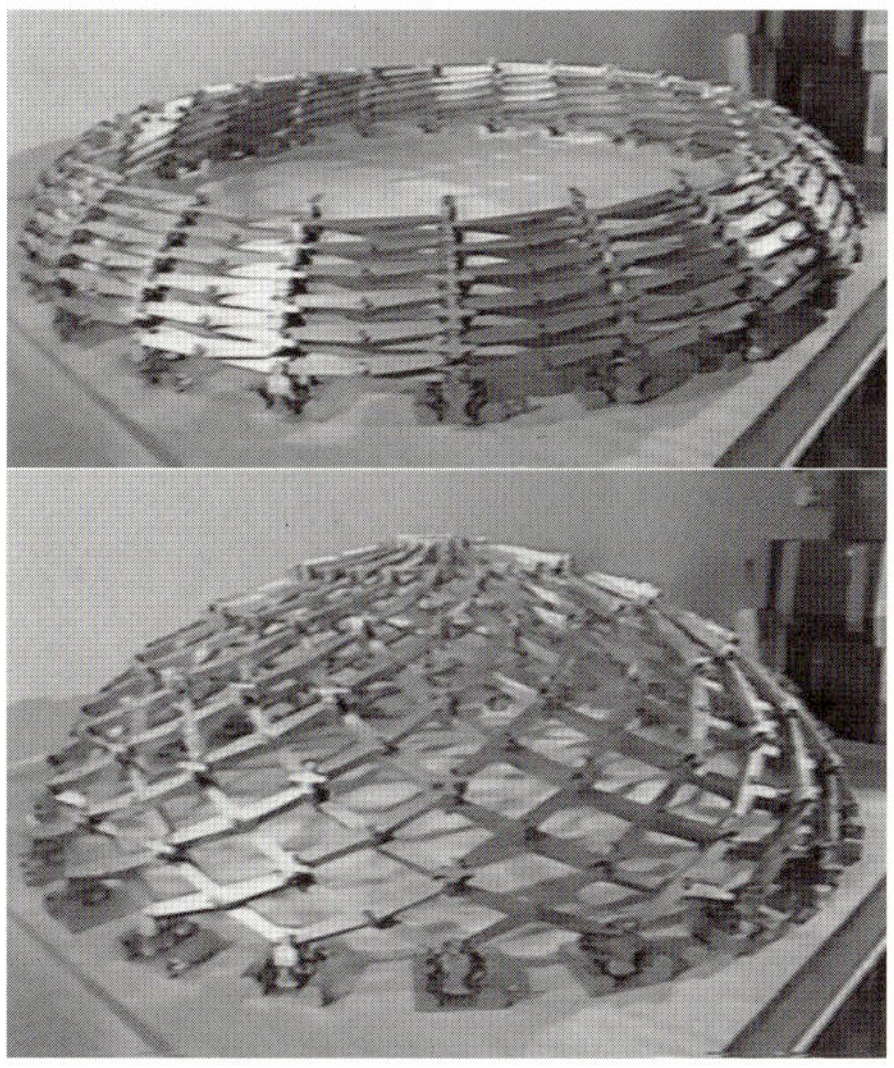

fig.5——C. ホバマンのアイリスドームの開いた状態（上）と閉じた状態（下）［出典：アメリカTV番組より筆者キャプチャ］

fig.6——モントリオール・オリンピックスタジアム［撮影：筆者］

fig.8——豊田スタジアム（柔軟膜の折り畳み型空気膜屋根）の開いた状態（上）と開閉中の機構部分（下）［撮影：筆者］

055

木造住宅の耐震化

地震被害を教訓として向上してきた在来軸組構法住宅の耐震性

坂本 功
東京大学 名誉教授

日本の木造住宅の在来構法、すなわち木造軸組構法の現在の耐震設計の基本は、筋違に代表される耐力壁によって地震力に抵抗することである。
そしてその筋違を有効に利かせるためには、柱頭・柱脚および筋違端部を金物などによって緊結することが必要であり、
また建物全体としての耐震性を保つためには、必要とされる量（長さ）以上の耐力壁を、平面上につり合いよく配置することである。
このような耐震設計の方法は、明治以来の度重なる地震被害を教訓として、だんだんと確立され、その結果として木造住宅が耐震化してきた。

前史：濃尾地震と耐震研究の始まり

日本がいわゆる地震国であることは、いうまでもない。しかし、住宅に限らず社寺などを含め、ほとんどすべてが木造であった日本の建物が耐震的であったかというと、残念ながらそうではない。五重塔のように、結果的に耐震的なものがないわけではないが、大多数の木造建物は、少なくとも現在の要求水準から見て、耐震的とはいえない。近年の地震においても、神社の拝殿や門、あるいは数寄屋風住宅の倒壊が見られる[fig.1]。

もちろん、これらの建物においても、古代以来の土壁や鎌倉時代以降の貫によって、ある程度の耐震性が保たれてはいた。しかし、そのような伝統構法のままでは十分な耐震性を発揮できないことは、これまでの地震被害が示す通りである。幕末の安政東海地震や安政南海地震、あるいは安政江戸地震でも大きな被害が生じている。それにもかかわらず、木造建物を耐震的にしようという積極的な動きはみられなかった。

このような状況を一変させたのは、1891（明治24）年の濃尾地震である。現在の岐阜県から愛知県にかけて大断層が動いたことにより、マグニチュード約8と推定される大地震が起きた。建物の被害は甚大であり、この地震被害をきっかけとして、日本における現代的な意味での耐震研究が始まった。その背景として、明治維新以降、西欧から近代科学技術が流入し、耐震研究に関してもそれを可能にする体制の下地ができていた。木造に関しては、この地震直後に、筋違と金物の使用が推奨されている。濃尾地震の翌年には、震災予防調査会が設立され、それ以降日本における耐震研究が、組織的に行われるようになった。

地震被害・耐震設計年表

1854	安政東海地震・安政南海地震、プレート境界型地震
1855	安政江戸地震、直下型地震
1891	濃尾地震、大被害、木造には筋違+金物推奨
1892	震災予防調査会発足、組織的耐震研究の開始
1919	市街地建築物法制定、構造強度の規定（耐震はまだ）
1923	関東地震（関東大震災）、ビルも木造も大被害 地震火災で被害拡大
1924	市街地建築物法改正、具体的な耐震規定
1934	室戸台風、強風、木造校舎多数倒壊、四天王寺五重塔倒壊
1948	福井地震、震度7相当の揺れ、木造住宅多数倒壊、丸岡城（福井県）崩落
1950	建築基準法制定、耐震規定、木造は耐力壁式（地震に対する壁量規定の導入）
1959	伊勢湾台風、高潮、建築学会の木造禁止決議
1959	建築基準法改正、主に耐火構造関係、（地震に対する）壁量規定の見直し
1968	十勝沖地震、鉄筋コンクリート造に大被害
1979	木造住宅の耐震診断法（日本建築防災協会）
1981	新耐震基準（建築基準法の耐震規定の大改正）、保有水平耐力計算
1995	兵庫県南部地震（震度7の揺れ、阪神・淡路大震災）、 ビルにも木造にも大被害
2000	木造の耐震基準の明確化（告示）
2004	木造住宅の耐震診断法改定（2012年に再改定）
2013	東北地方太平洋沖地震（東日本大震災）、津波による甚大な被害
2016	熊本地震、震度7が2回、新耐震以降の木造にも大きな被害
2017	新耐震木造検証法（日本建築防災協会）

fig.1——木造住宅を中心とした地震などの被害と耐震設計などの略史

関東地震→市街地建築物法に耐震設計の規定、福井地震→建築基準法に「壁量計算」、十勝沖地震→新耐震基準、兵庫県南部地震→基準の明確化というように、耐震設計に関わる法令（基準）は、地震被害をきっかけとして制定、改正されてきている。[作成：筆者]

fig.2——伝統的構法の地震被害（円覚寺舎利殿）

関東地震のとき、鎌倉はきわめて強い揺れに襲われ、多くの社寺が倒壊した。そのひとつが禅宗様の円覚寺舎利殿（室町時代建立）で、その後に建て起こされ、現在は国宝に指定されている。[出典：『国宝円覚寺舎利殿——修理調査特別報告書』神奈川県教育委員会、1970年]

市街地建築物法と関東大震災

さて、建築基準法の前身である市街地建築物法が制定されたのは1919（大正8）年であるが、その3年前の1916（大正5）年に、上記の震災予防調査会の報告書に、佐野利器が「家屋耐震構造論」を発表している。これこそが、現在にまで至る耐震研究の最初の成果である。

しかし、当初の市街地建築物法の施行規則には、構造強度の節はあるが、耐震設計に関する明示的具体的な規定はまだ入っていなかった。木造

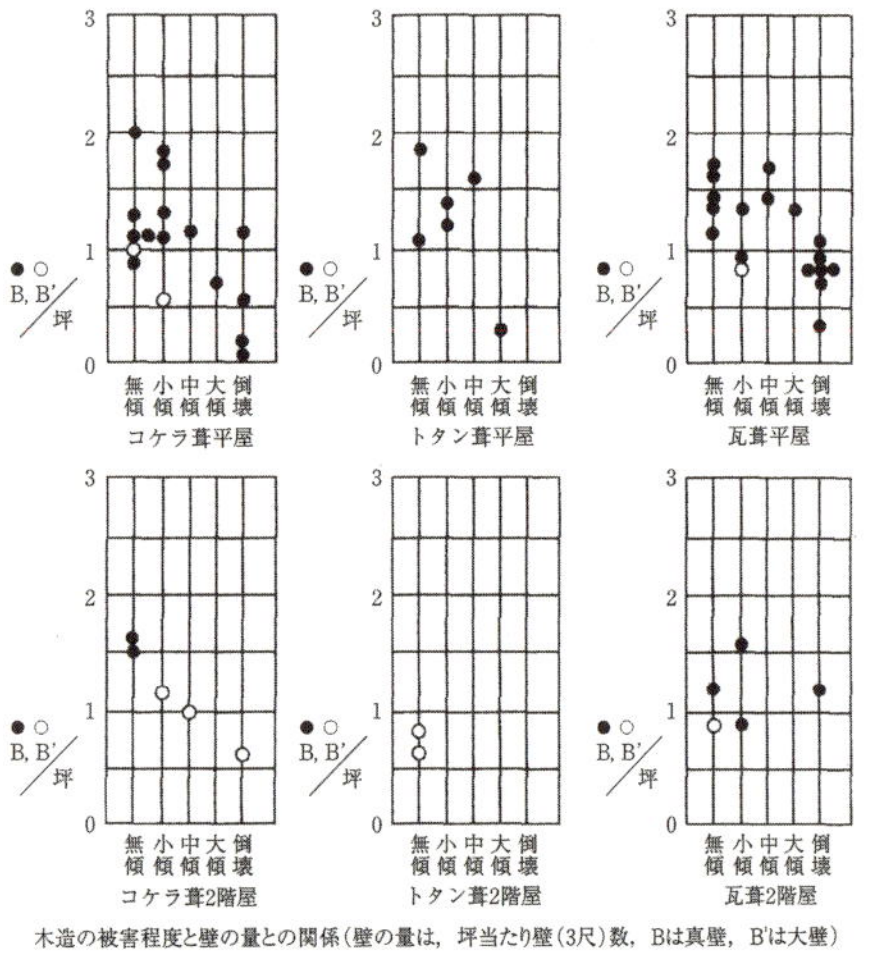

fig.3——福井地震における壁率と被害の関係

福井地震における木造住宅の被害は、克明な調査の結果、「壁が多いものほど被害程度が小さい」という事実が明らかになった。1950（昭和25）年の建築基準法の施行令に「壁量計算」が規定される根拠のひとつになった。[出典：久田俊彦「福井地震における木造住宅壁体の効果」『福井地震震害調査報告』1951年]

fig.4——兵庫県南部地震の被害

震度7を含む強い揺れが神戸市を中心として広い範囲を襲い、とくに木造住宅に甚大な被害をもたらし、「阪神・淡路大震災」と名づけられた大災害を引き起こした。新耐震以降の木造住宅にも倒壊したものがあった。[撮影：筆者]

に関しては、「三階建木造建物又ハ平屋建ニ非サル木骨石造若ハ木骨煉瓦造建物ノ壁体ニハ適当ナル筋違ヲ使用スヘシ」という、仕様規定が書かれているにとどまっている。

この市街地建築物法ができてから4年後の1923（大正12）年、関東地震が発生し関東大震災と呼ばれる大災害をもたらした。当時建てられ始めていた高層ビルや木造家屋が多数倒壊した[fig.2]。

その被害を教訓として、上記施行規則の1924（大正13）年の改正で、「強度計算ニ於ケル地震ノ水平震度ハ之ヲ〇.一以上ト為スヘシ」との規定が加えられた。この規定は、耐震設計を義務づけた画期的なものである。ちなみに、この水平震度は佐野の「家屋耐震構造論」で提案されていたもので、「佐野震度」と呼ばれている。

木造に関しては先の施行規則が改正され、「建物ニハ適当ニ筋違又ハ方杖ヲ設クヘシ」となって、適用範囲が拡大された。

福井地震と建築基準法、そして新耐震基準へ

戦後まもなくの1948（昭和23）年に福井地震が起こった。いわゆる直下型地震で、多数の木造住宅が倒壊した。その被害状況は克明に調査され、一口に言って「壁の多いものは被害が小さい」という事実が実証された[fig.3]。

そしてその2年後の1950（昭和25）年に、市街地建築物法が衣替えして、建築基準法が制定されたとき、木造に関しては、上記の調査結果と、戦前からの筋違や土壁を中心とした耐力壁の実験結果を総合するかたちで、施行令3章3節木造に「壁量計算」が規定された。その後、壁倍率や必要壁率は改正されているが、いわゆる4号建築物すなわち戸建て木造住宅規模の耐震設計法として現在も続いている方法である。同時期に、住宅金融公庫が設立され、その融資のために仕様書がつくられて、基準法と補いあって、木造住宅の耐震化に寄与することになった。この公庫仕様書は、その後位置づけは変わったが、技術的な内容はますます充実してきている。

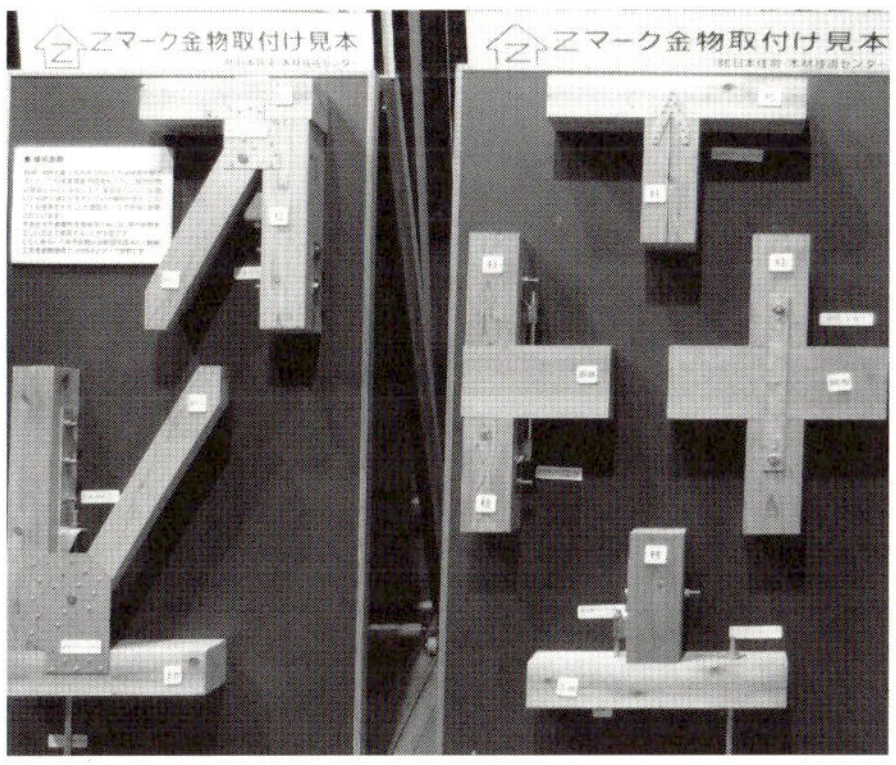

fig.5——Zマーク表示金物

Zマーク表示金物は、（公財）日本住宅・木材技術センターが決めている接合用金物の規格のうち、軸組構法用のものである。市場には、同財団が同等認定した金物も流通している。（写真は、同センターの展示）[撮影：筆者]

1981（昭和56）年の新耐震基準（建築基準法施行令の耐震基準の改正と告示）は、1968（昭和43）年の十勝沖地震による鉄筋コンクリート造の被害を直接のきっかけとするものであるが、木造に関しては、壁倍率と必要壁率の見直し（強化）が行われた。

この新耐震基準ができたことにより、それ以前に建てられた既存の木造住宅は、耐震性に関して既存不適格になるおそれがでてきた。木造住宅に対する耐震診断法は、1979（昭和54）年に作られていたが、ほとんど使われないまま、1995（平成7）年の兵庫県南部地震（阪神・淡路大震災）を迎えた。その後、利用されるようになったことを受け、2004（平成16）年に大改定され、2012（平成24）年に小改定されたものが現行版である。

兵庫県南部地震と熊本地震

1995（平成7）年の兵庫県南部地震では、建築物全体を大局的に見た場合、新耐震基準は有効であったと評価されている。ただし、木造に関しては、新耐震以降のものにも、接合部の緊結の不備や耐力壁の配置の不適切なものが大きな被害を受けていたという調査結果を受けて、2000（平成12）年に「接合部の緊結の具体的な方法」と「耐力壁の釣り合いよい配置の方法（4分割法）」の告示が出され、基準が明確化された[fig.4]。

接合部については、一般的には金物で緊結するが、その金物としてはZマーク表示金物が代表的で、その同等認定品も普及している[fig.5]。

この2000（平成12）年に、住宅の品質確保の促進等に関する法律が制定されて、耐震性については等級1-3が定められた。

等級1は、最低基準である建築基準法（新耐震基準）と同等であり、等級2と3はそれ以上の耐震性をもつものである。

fig.6——熊本地震による新しい木造住宅の倒壊

熊本地震は、震度7が2回記録されたが（益城町）、とくに2回目（本震）の揺れは、新耐震基準で想定しているごくまれな地震動の2倍から3倍の破壊力をもつ強い揺れで、2000（平成12）年の基準の明確化以降のこの住宅も倒壊した。[撮影：筆者]

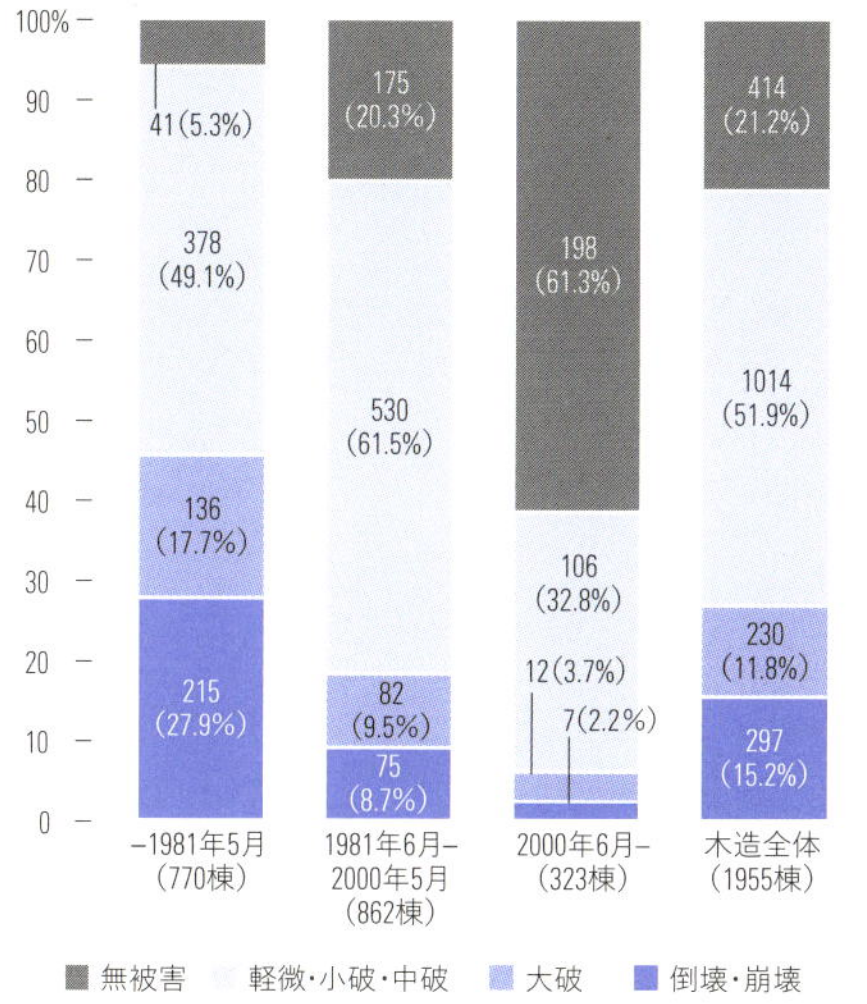

fig.7——熊本地震における建築年代と被害率の関係

『熊本地震における建築物被害の原因分析を行う委員会報告書』（2016年9月）の「図3 学会悉皆調査結果による木造の建築時期別の被害状況」に示された図。1981（昭和56）年の新耐震基準以降でも、2000（平成12）年の基準の明確化までの間の木造は、倒壊・崩壊を含む被害が多いことがわかる。

2016（平成28）年の熊本地震は、兵庫県南部地震をしのぐ強い揺れがあったと考えられ、それによって新耐震以降の住宅でも倒壊したものがあったが、現時点では新耐震を見直すという動きはない[fig.6]。ただし、1981（昭和56）年の新耐震以降2000（平成12）年の基準の明確化までの間の木造住宅は、それ以降のものと較べて被害の程度が大きいことを受けて、2017（平成29）年に「新耐震木造検証法」がつくられた[fig.7]。

参考文献

1——坂本功「日本における木造住宅の耐震性——その歴史と現状」『住宅総合研究財団研究年報』No.20、1993年
2——坂本功『地震に強い木造住宅』工業調査会、1997年
3——大橋雄二『日本建築構造基準変遷史』（財）日本建築センター出版部、1993年
4——杉山英男『地震と木造住宅』丸善株式会社、1996年
5——源愛日児『木造軸組構法の近代化』中央公論美術出版、2013年
6——日本建築防災協会『20世紀の災害と建築防災の技術』技報堂出版、2002年

056

伝統木造の構造解析

伝統木造建築の耐震性能を工学的に評価することは、それが大工や職人による経験の蓄積をもとにつくられているために、非常に難しい。構造解析を行うために、地震に対して抵抗するメカニズムを考察し、耐震要素の定量的な把握を行って、工学的な構造モデルに置換する作業が必要となった。耐震要素については、接合部の回転抵抗、柱の傾斜復元力、垂れ壁付き独立柱の効果などが、一九八〇年代以降、徐々に計算できるようになった。また立体フレームモデルを用いて地震に対する倒壊解析を行うことも可能になり、その妥当性も振動実験との照合により確認されるまでになった。

耐震要素の抽出と工学的モデルへの置換

河合直人
工学院大学 教授

伝統木造は大工、職人の経験の蓄積によって形作られてきており、今日のような工学的なアプローチによるものではない。これを構造解析に載せようとすると、特に、耐震性能評価のための解析に載せようとすると、地震に抵抗するメカニズムを考察し、耐震要素の定量的な把握を行って、工学的な構造モデルに置換する作業が必要となる。近年、ようやくこうした解析が実務レベルになってきたと感じられるが、その道程には多くの研究の蓄積があった。

構造解析の難しさ

伝統木造の構造は、もともと経験に基づく種々の判断の蓄積によって形づくられたと考えられる。したがって、鉛直荷重や風に対する備えとしては、工学的な視点から見ても違和感のないものと感じられる。一方、数百年に一度の大地震動に対しては、もとより工学的に設計されたものではないだけに、その構造解析が非常に難しい。

まず、地震に対して抵抗するメカニズム、すなわち何が耐震要素であるかが不明瞭であるし、耐震要素とそうではないものとの境目も曖昧である。伝統木造の構造は「総持ち」、つまりすべてが構造的に寄与しているともいわれるが、耐震性能に及ぼす寄与の大きなもの、耐震要素が抽出できれば、伝統木造の構造解析が現実味を帯びてくることになる。

伝統木造の構造解析は、耐震要素の抽出と、その荷重変形関係の定量的把握、そして、その一方で構造物全体のモデル化の手法とこれを解く技術の進歩によって、可能になってきたといえる。

耐震要素と構造モデル化

今日、伝統木造の耐震要素としては、柱と貫などの軸組接合部の回転抵抗、土塗壁や板壁などのせん断抵抗、柱に加わる鉛直荷重が柱の傾斜を戻す側に作用するという、いわゆる柱傾斜復元力、その他、掘立柱の柱脚部での回転抵抗、垂れ壁や腰壁と柱が組み合わされたフレームとしての水平抵抗(いわゆる垂れ壁・腰壁付き独立柱)、組物(斗栱)のせん断抵抗などが考えられている。

接合部の回転抵抗に関する実験や土壁など壁体のせん断実験などは、昭和初期から多数行われており、また、1941(昭和16)年に発表された坂静雄による柱と貫の接合部の回転抵抗や柱傾斜復元力(坂は柱の安定復元力と称している)に関する論文が知られている。このような耐震要素に関する研究の多くは実験によるものであるが、さまざまな仕様に適用するためには理論的な考察に基づく一般化が不可欠である。

伝統木造の耐震要素に関する理論的な研究は1980年代以降、徐々に進められてきた。接合部の回転抵抗については、1990年代初頭に稲山正弘によって、めり込みを考慮した理論式が

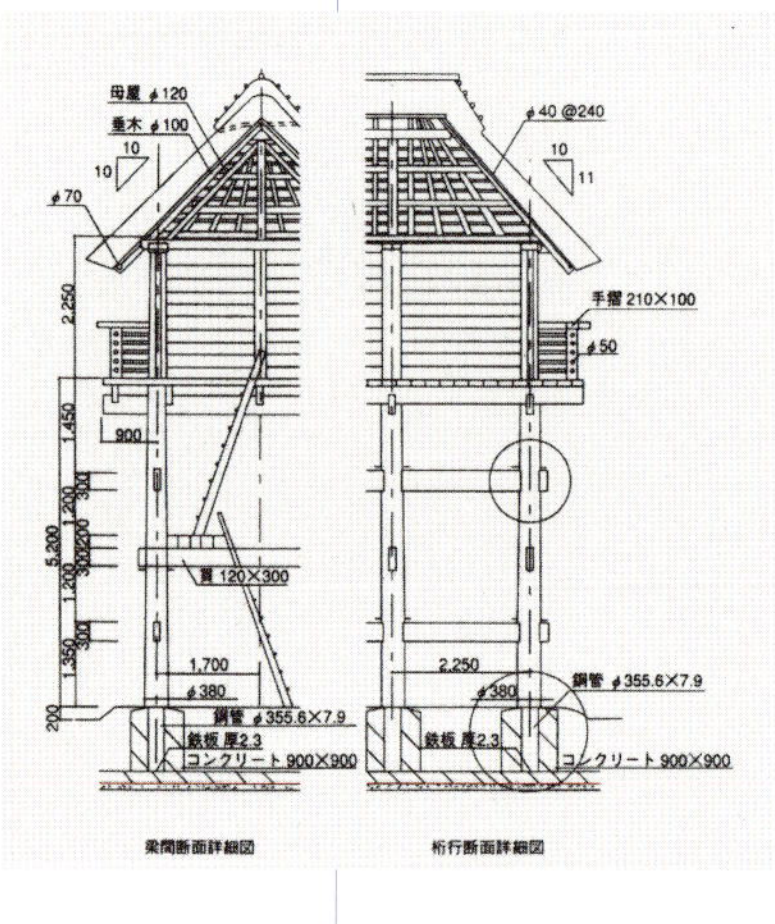

fig.1-2――国営吉野ヶ里歴史公園 物見櫓
―
通し貫接合部と掘立柱柱脚接合部について、めり込み理論に基づく接合部回転抵抗の計算値が用いられた。[出典:日本建築学会『木質構造接合部設計マニュアル』2009年]

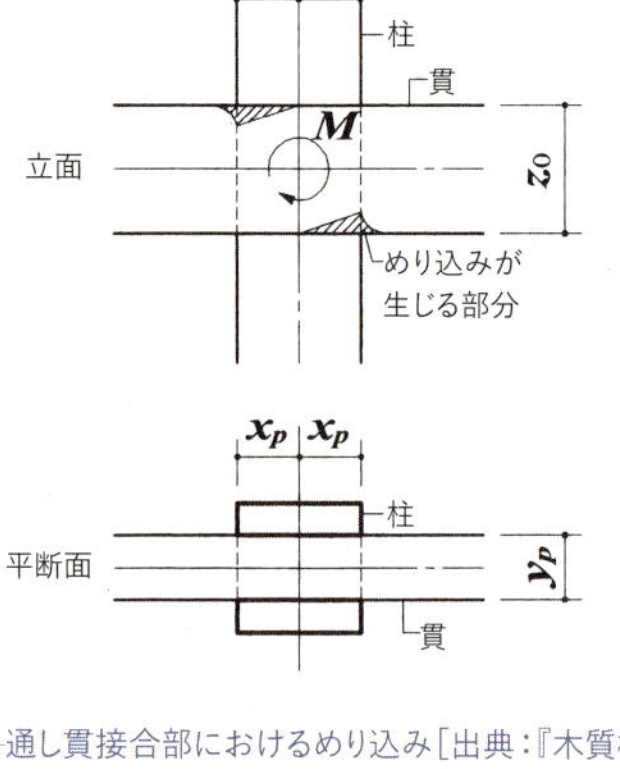

fig.3――通し貫接合部におけるめり込み[出典:『木質構造接合部設計マニュアル』]

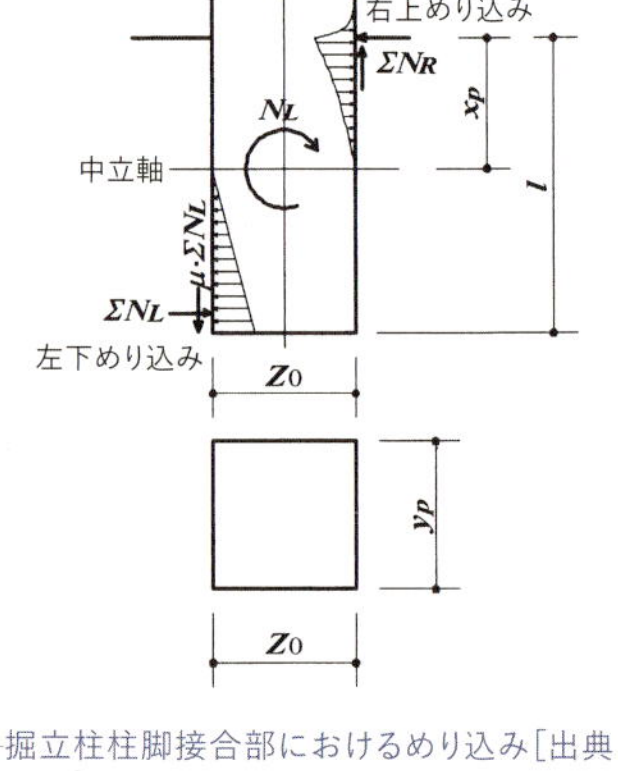

fig.4――掘立柱柱脚接合部におけるめり込み[出典:『木質構造接合部設計マニュアル』]

提案され、伝統的な接合部の回転抵抗が計算によって求められることになった。柱の傾斜復元力については、1990年代半ばに筆者により理論式の導出が試みられたが十分ではなく、現状では実験による荷重変形関係を用いる方法が採られている。垂れ壁付き独立柱についての簡易な計算方法は、2001(平成13)年、文化庁による重要文化財(建造物)基礎診断実施要領において示されている。

耐震要素の荷重変形関係が把握されたとすると、次には、これらを用いて構造物全体をどのようにモデル化するかが問題となる。接合部の回転抵抗を評価するには、接合部に回転バネを置いた平面フレームモデルを解く必要がある。この鉛直構面の荷重変形関係を加算するだけでも良かろうが、一般論でいえば、建築物全体のねじれや、床面や屋根面のせん断変形といった3次元的な変形を考慮する必要がある。すなわち、得られた鉛直構面の荷重変形関係を3次元的につなぐモデル、あるいは直接的に立体フレームモデルを解くことが必要となる。筆者の記憶では、1980年代半ばには木造建築物についてもこうした構造モデルによる静的増分解析が、研究レベルでは行われていた。今日では、立体フレームモデルを用いて地震に対する倒壊解析を行うことも可能になっており、その妥当性も振動実験との照合により確認されるまでになった。

いくつかの解析事例

1. 国営吉野ヶ里歴史公園 物見櫓[fig.1–4]

稲山によるめり込み理論に基づく接合部回転抵抗の計算値を用いて、伝統木造の構造解析を行った早い例として、2001(平成13)年に国営吉野ヶ里歴史公園に建てられた復元建物「物見櫓」がある。この例では、通し貫接合部と掘立柱柱脚接合部について、回転剛性と降伏モーメントをめり込み理論を用いて算出し、これらを主たる耐震要素と考えた構造検討が行われている。

2. 平城宮朱雀門[fig.5–7]

柱傾斜復元力に関する研究成果を復元設計に取り入れた事例である。木造建築研究フォラムという団体の研究会において、2/3スケールの柱傾斜復元力の実験に基づいて耐力壁を組み込んだかたちでの構造物の荷重変形関係の把握、地震応答計算などが行われ、木造による復元の可能性が示された。この成果を受けて(財)建築研究協会による構造設計がなされ、建築基準法第38条(当時)に基づく大臣認定取得を経て1998(平成10)年に竣工している。

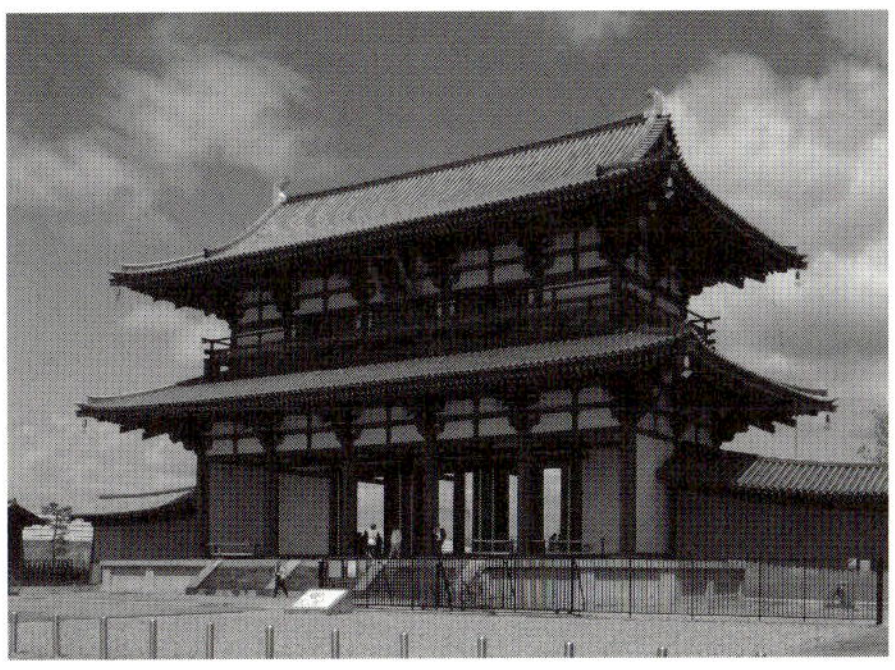

fig.5——平城宮朱雀門

柱傾斜復元力に関する研究成果を復元設計に取り入れた事例。[撮影:筆者]

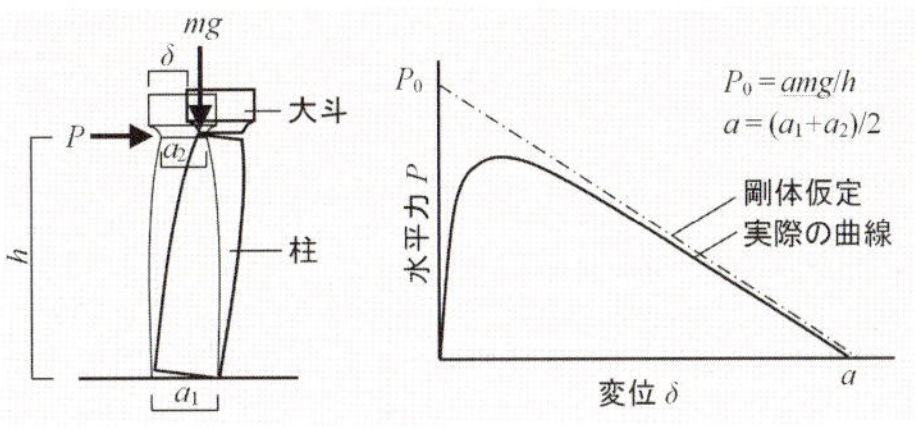

fig.6——柱傾斜復元力の概念図

柱に加わる鉛直荷重が柱の傾斜を戻す側に作用し、復元力が生じる。[作成:筆者]

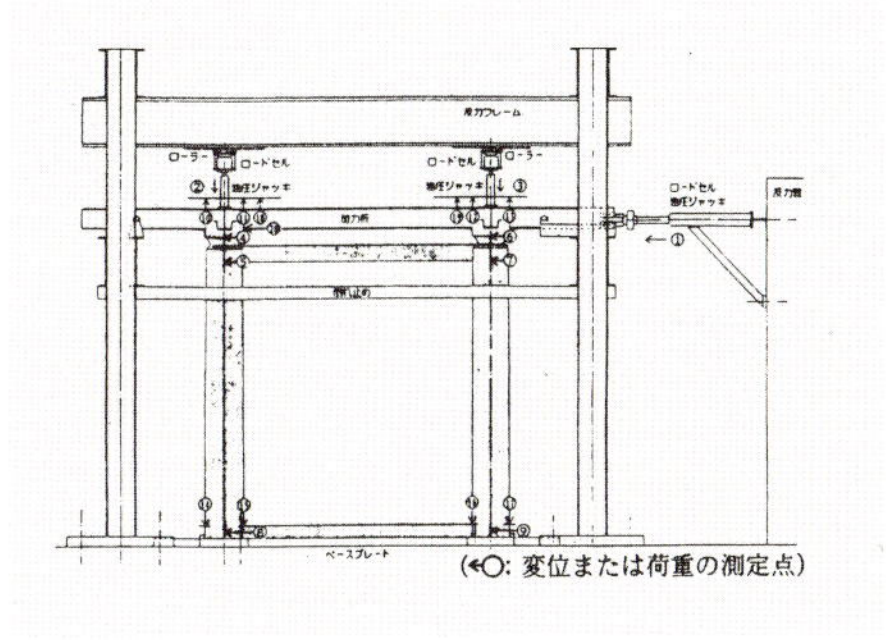

fig.7——朱雀門2/3スケールの柱傾斜復元力の実験[作成:筆者]

3. 永明院五重塔[fig.8]

永明院五重塔は、1998(平成10)年に建築基準法第38条(当時)に基づく大臣認定を取得し、2004(平成16)年に富山県氷見市に建てられた。花里利一らによって行われた構造検討では、稲山によるめり込みの理論式を用いて、柱と貫の接合部、板壁の柱や貫へのめり込みなどを定式化し、さらに心柱の周囲の構造への衝突によって変形が抑制される「閂効果」などを考慮して、静的増分解析および地震応答解析が行われている。

4. 平城宮大極殿[fig.9–12]

大極殿の復元に際しては、実大の試験体を用いた柱傾斜復元力と土塗壁の実験が行われ、これに基づいた構造モデルを作成して立体解析が行われている。もともと耐震要素が少なく、偏心も大きい構造を復元建物として実現するため、免震構造が採用された。奈良建都1300年に当たる2010(平成22)年に復元されている。

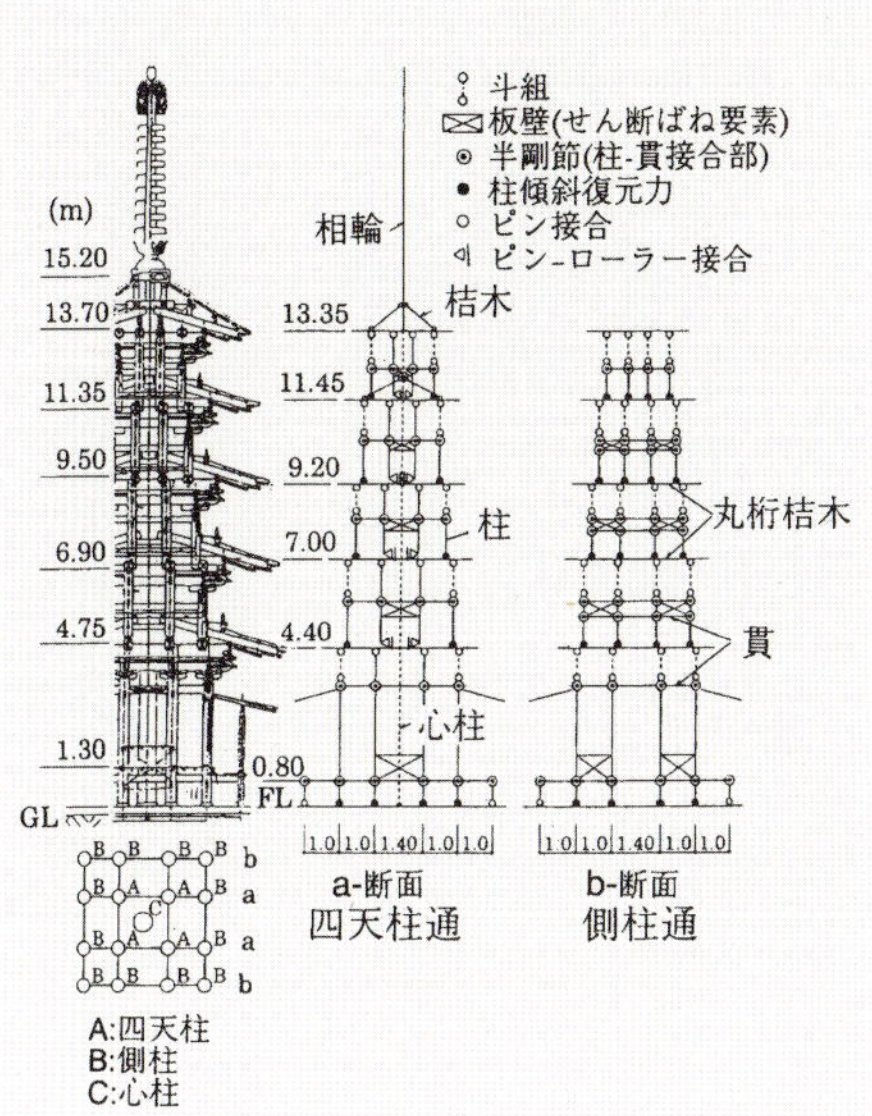

fig.8——永明院五重塔の解析モデル

柱と貫の接合部、板壁の柱や貫へのめり込み、心柱の閂効果などを考慮した解析がなされた。[出典:花里利一ほか「木造伝統構法五重塔の設計における構造安全性の検討」『日本建築学会大会学術講演梗概集(中国)』1999年]

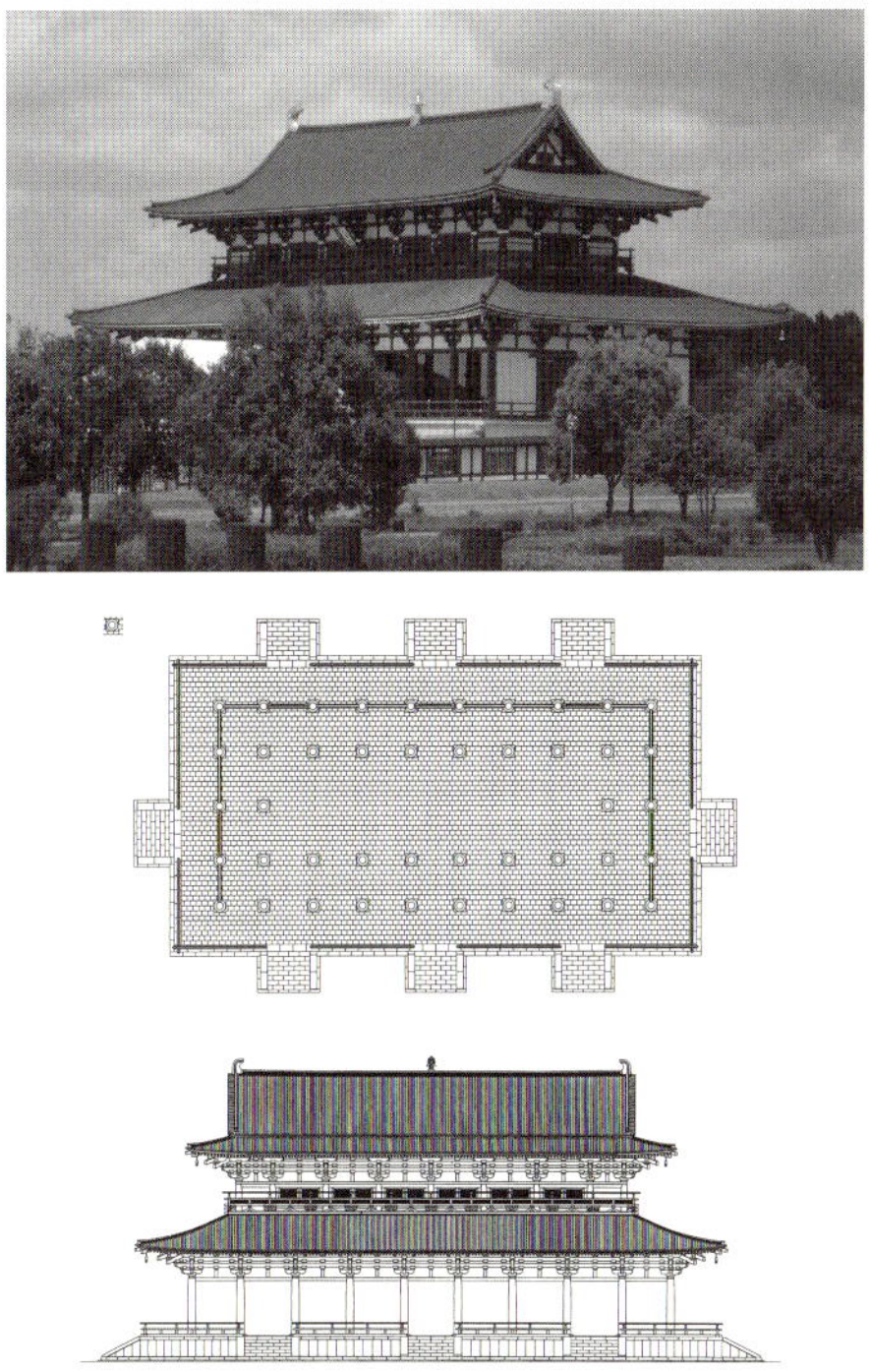

fig.9-11——平城宮大極殿

もともと耐震要素が少なく、偏心も大きい構造を復元建物として実現するため、免震構造が採用された。[撮影(写真):筆者/出典(図面):『伝統的木造建築物に関する構造実験報告書 その1』奈良国立文化財研究所、1997年]

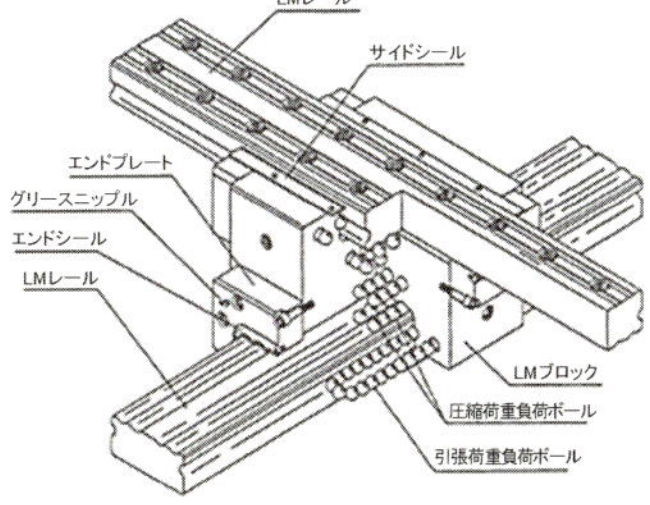

fig.12——平城宮大極殿に採用された免振装置[出典:平城宮跡資料館ウェブサイト]

057 ツーバイフォー建築

合理的な社会供給システムとしての構法

阿部市郎
NPO法人 建築技術支援協会 理事相談役

住宅建設において海外ではさまざまな木造枠組壁構法が普及したが、日本では独自の木造軸組構法が長らく採られていた。しかし一九七四年に枠組壁工法技術基準が施行されると、ツーバイフォー構法が建築基準法の技術基準として使われるようになり広まる。ツーバイフォー構法は単に工法や商品の導入ではなく、北米で普及している合理的な社会供給システムとして導入され、現在では年間十万戸を超えるツーバイフォー住宅がコンスタントに供給されるようになっている。

ツーバイフォー構法のルーツ

17世紀にイギリスからの移民がアメリカ大陸に建てた建物は「アーリー・アメリカンの木造構法」と呼ばれており、太い柱を太い水平材でつなぐ軸組(ポストアンドビーム)の骨組みが特徴である。1830年代になると生産技術の近代化により釘と製材の大量生産が可能になり、小寸法の板状部材の量産により運搬しやすく現場の施工性が良く、ポストアンドビームの精巧な仕口・継ぎ手等を要しない、より建てやすく経済性の優れたバルーン構法が急速に普及した。次に、1-2階通しでなく管柱を使用する「ブレースド構法」が出て、さらに「プラットフォーム構法」に改善され、1950年代に入り構造用合板をコモンネイルで壁枠組みと床構面に緊結使用するシステムがアメリカ合板協会により考案開発された[fig.1]。これが現在のツーバイフォー建築の主流である。バルーン構法からプラットフォーム構法への流れはツーバイフォー建築[fig.2]の合理化の系譜である[注1]。

わが国に導入された契機

昭和40年代の前半は高度経済成長期の真っ只中で、年間百数十万戸の住宅供給が期待され、工業化住宅の開発生産により大手住宅メーカーが急成長して、住宅産業が成立した時代である。在来軸組木造の業界も危機感をもって、北米の優れた環境計画により建設された広大な住宅団地や、プレハブ住宅工場・ホームセンターの見学にわが国から大勢の視察団が赴き、その生産供給方式に強い刺激を受けて帰ってきた。当時は、北米のツーバイフォー構法は木質プレハブなどと同様に、建築基準法第38条による建設大臣認定によらなければ建築できなかった。そのため、1970(昭和45)年頃から大臣認定によるクローズドシステムでの建設が始まり、1974(昭和49)年のオープン化を迎えた。オープン化に当たり論議されたことは、アメリカ・カナダのビルディングコードやカーペントリーなどの施工マニュアルの読み解きに始まり、さらに、①わが国の在来木造との設計手法の相違、②用材規格の相違、③わが国の気候風土を考慮しての対策、④日本建築センター木質系構造評定内規との対比などにより、当初から耐力壁配置・開口比なども論議され、枠組壁工法技術基準として制定された[fig.3]。また、⑤主要材料のディメンションランバーのJAS制定などがなされ、JAS製品のみの使用が規定化された(④⑤に相当する規定は在来木造では規定されていなかった)。

ひるがえってわが国のツーバイフォー建築の歴史を見ると、札幌の時計台[fig.4-5]が「旧札幌農学校演武場」として、1878(明治11)年に開拓使により建設され、また1877(明治10)年には札幌農学校農園模範家畜房・穀物庫(現、北海道大学第2農場)が建設され、ともにバルーン構法とされている。その後、1910-1920(明治43-大正9)年頃にアメリカ製組立住宅として輸入住宅が売り出された記録があるが、1912(大正元)年の旧木下家別邸(神奈川県大磯)はプラットフォーム構法でわが国に現存する最古のツーバイフォー住宅とされている。また、商社マン富永氏がアメリカから帰国にあたり資材一式と設計図を持ち帰り、1926(大正15)年に神戸市東灘区に建てられた富永邸は、1934(昭和9)年に阪神を直撃した室戸台風にも耐え、1995(平成7)年

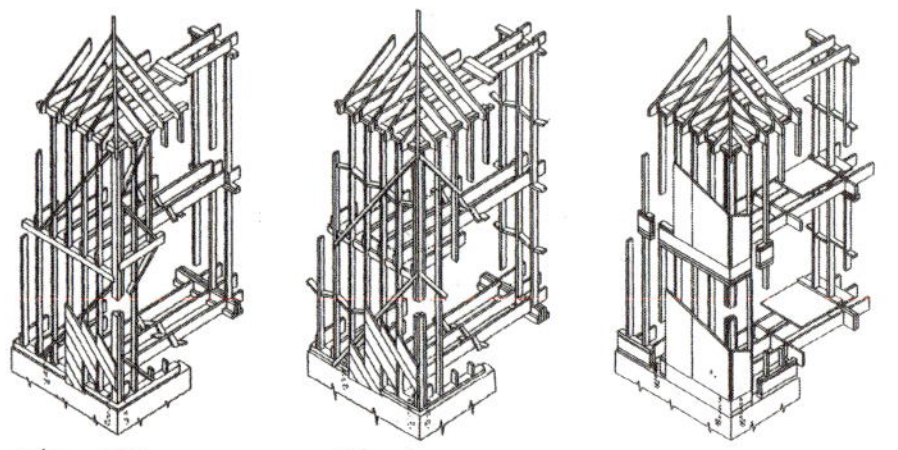

fig.1――北米における木造住宅構法の推移

バルーン構法は間柱のような狭い間隔で配置された1-2階通しの柱(スタッド)にリボンと呼ばれる横架材を添え付けて、2階床根太(ジョイスト)を支持させて床組を構成している。次に根太を支持するリボンの代わりにガートと呼ばれる角材あるいは2枚合わせの枠材を横架材として、柱は各階分離の管柱とするブレースド構法と併用された時期を経過。1階、2階それぞれの床構面と壁パネルに分離されたプラットフォーム構法となった。バルーン構法は、①製材の標準化、②構法のシステム化、③容易で迅速な施工性など、画期的な構法であった。[出典:『安心という居住学』]

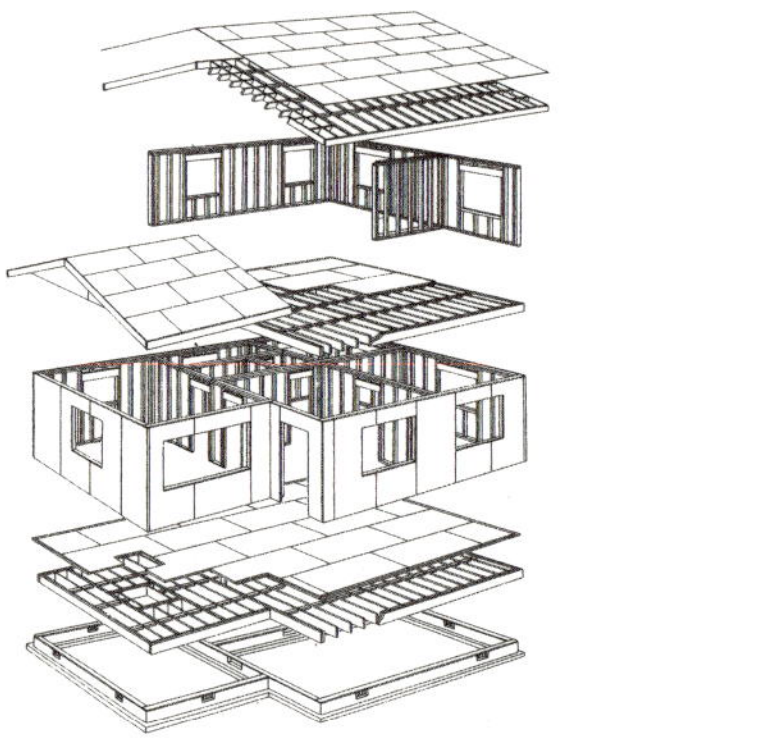

fig.2――ツーバイフォー構法の組立図

ツーバイフォー構法(枠組壁工法)を構成する基本要素は、ディメンションランバーと呼ばれる一定の寸法規格による製材でつくられた枠組みと、構造用合板などの面材を釘留めしたパネルで、形成された床・壁構面である。壁構面と床構面は原則として釘などにより連結され、箱状の立体架構がつくられ、鉄筋コンクリート造などの布基礎やベタ基礎の上に据え付けられ、さらに小屋架構をこの上に取り付け構造躯体が完成する。建物の端部や3階建てなどには上下間の緊結にホールダウン金物も使用される。[出典:『枠組壁工法建築物設計の手引き』]

fig.3——枠組壁工法技術基準告示後洋風デザインの流れをつくったウインザータイプ

枠組壁工法技術基準告示後、西欧様式を採り入れ、「ツーバイフォー住宅=洋風」という流れをつくり、大ヒットした「ウインザータイプ」。[提供:三井ホーム(株)]

fig.6——3階建て共同住宅実大火災実験(1991(平成3)年)

木造での簡易耐火建築(現、準耐火)を可能とする目的で、ツーバイフォー構法による実大3階建て共同住宅による火災実験を実施。高い防耐火性能を実証した。実大実験にあたっては、原則として事前に反力壁により、地震力相当の加力実験を行った後、火災実験を実施した。[提供:(一社)日本ツーバイフォー建築協会]

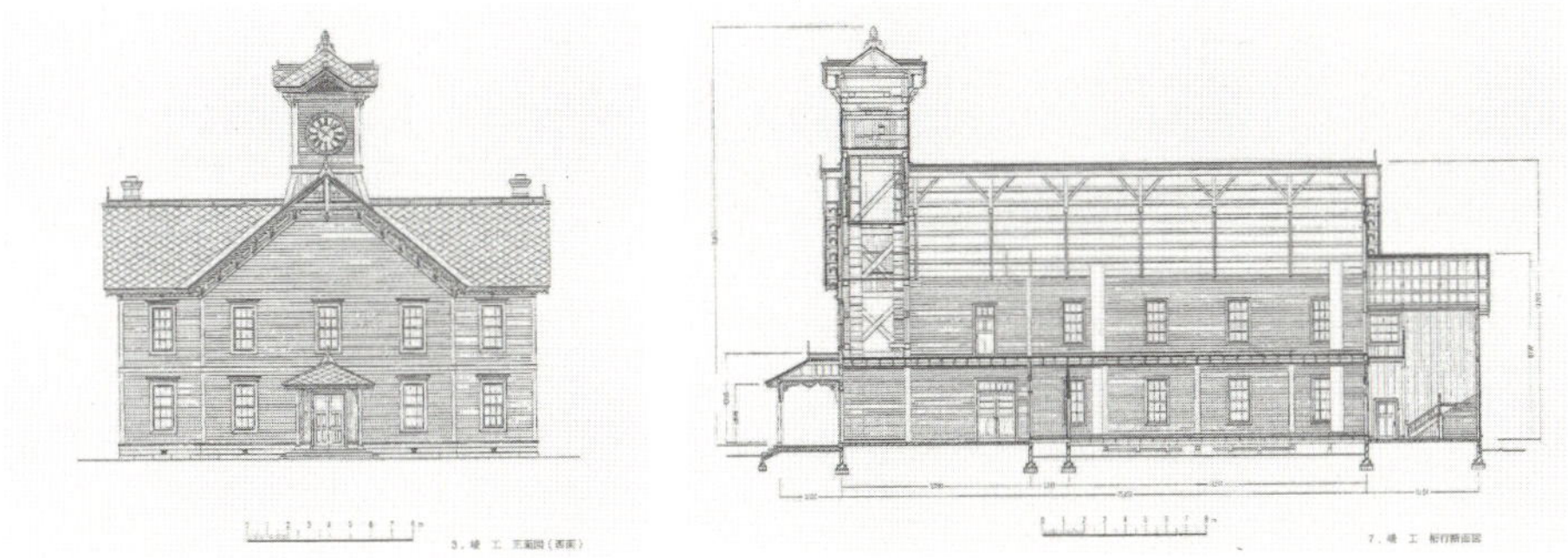

fig.4-5——札幌時計台 断面図・立面図

当時の断面図を見ると、柱・梁・桁に太い木材を使用しているが、2階室内は広い空間を確保するためにアメリカ式のバルーンフレーム構法を取り入れたことが見てとれる。[出典:札幌市時計台ウェブサイト|時計台の構造]

の阪神・淡路大震災を経ても健在で、2018(平成30)年現在も富永家の家族の方が住んでおられる。

プラットフォーム構法の合理性

プラットフォーム構法は、床・壁それぞれの部位別にパネル状になり、同じ形状で現場でも工場でも部品化して生産できる合理化された工法である。また部資材のコンポーネント化により、製材から現場まで直結した供給システムの革新が実現している。主要木材(ディメンションランバー)は2×4から2×12の6種類の木材で構成される。現在は構造用合板以外に構造用面材としてOSB、その他面材も使用されているが、壁パネルは基本的に横力に対して変形しにくい。合板を張られた床構面は在来木造の床組に比べて面内の剛性が大きく、平面上に配置されている耐力壁に対して水平力が良く伝達される利点がある。ツーバイフォー建築の耐震性は、阪神・淡路大震災、新潟県中越大震災、東日本大震災、熊本地震等の災害に大破倒壊したものがないというめざましい耐震性を発揮している。

ツーバイフォー構法は壁構造である。増改築にあたっては、安易に壁を撤去したり移動することは避けるべきで、その場合は全体の構造計画が技術基準に適合しているかをチェックする必要がある。

高い防耐火性能

ツーバイフォー構法では床と壁が接合される箇所に隙間が生じることがなく、接合部の木材がファイアーストップの役割を果たすことから、木造でありながら高い防耐火性能を有している。1991(平成3)年には実大の3階建て共同住宅による火災実験が実施され[fig.6]、木造による準耐火建築が可能となるなど、木造建築の規制緩和に貢献してきた。さらに、2000(平成12)年の建築基準法の性能規定化を受け、(一社)日本ツーバイフォー建築協会は1時間耐火構造の国土交通大臣認定を取得し、2004(平成16)年から木造として初となる耐火建築の運用を開始した。主に戸建て住宅や共同住宅として利用されることの多かったツーバイフォー構法であるが、今日では、高齢者福祉施設・商業施設・文教施設など非住宅用途へも拡大し、耐火建築は累計で3,447件(2017年度まで)を数えている[fig.7]。

さらなる可能性へ

1997(平成9)年には建築基準法の性能規定化に先駆けて技術基準告示が改正され、構造計算により安全を確認することにより、階数制限が撤廃されている。近年では、4階建てはもとより、下階を鉄筋コンクリート造や鉄骨造とし、上階をツーバイフォー構法とする5階建てや6階建ての建築物も出現している[fig.8]。(一社)日本ツーバイフォー建築協会は2016(平成28)年に6階建ての実験棟を建設し、研究成果を検証するとともに、すでに2時間耐火構造の国土交通大臣認定を取得していることから、ツーバイフォー構法による6階建て建築物がまもなく出現することが期待される。

※「高い防耐火性能」「さらなる可能性へ」は、(一社)日本ツーバイフォー建築協会技術開発部会長で三井ホーム(株)の清野明氏にご執筆いただいた。

注釈

注1——ツーバイフォー構法の「構法」は構造すなわち骨組をつくる方法、「工法」は施工すなわち工事の方法のことである。

参考文献

1———杉山英男、日本ツーバイフォー建築協会『安心という居住学——今なぜツーバイフォー住宅か』三水社、1996年

2———「オープン化40周年を迎えた「枠組壁工法」」『Journal of Timber Engineering』Vol.27 No.1-6、木質構造研究会、2014年

3———『枠組壁工法建築物設計の手引き』日本ツーバイフォー建築協会、2007年

4———日本ツーバイフォー建築協会ウェブサイト|住まいのコラム〈https://www.2x4assoc.or.jp/column/index.html〉2018年5月29日閲覧

5———札幌市時計台ウェブサイト|時計台の構造〈http://sapporoshi-tokeidai.jp/know/structure.php〉2018年5月29日閲覧

fig.7——5階建特別養護老人ホーム(2016(平成28)年)

延床面積が9,000m²を超えるわが国で最大級の木造建築。1階を鉄筋コンクリート造、2階以上をツーバイフォー構法とした耐火建築である。[提供:三井ホーム(株)]

fig.8——6階建て実験棟(2016(平成28)年)

ツーバイフォー構法による純木造の6階建て建築物である。床の一部にはCLTを採用するなど、エンジニアードウッドが多用されている。[提供:(一社)日本ツーバイフォー建築協会]

058

防火構造

防火構造の考え方は、戦前期に空襲対策として始まっており、外壁をラスモルタル、漆喰、土などで守ることで類焼を防ごうとした。
戦後になると木造建築が建ち並ぶ市街地の延焼火災抑止対策として建築基準法に受け継がれ、
それによって用いられたモルタルや不燃サイディングによる外壁仕上げは、低層市街地の景観を特徴付ける基本要素にもなった。
日本における防火構造の開発は、試験によって安全性を判断する性能的防災対策の枠組みを世界でもいち早く実現したものであり、火災研究の規範となった。

低層市街地の景観を特徴づける基本的な要素に

—長谷見雄二
早稲田大学 教授

防火構造とは

防火構造は、準防火地域に建つ建物の外壁や軒裏のうち、敷地境界線や他建物に近い部分に必要な防火性能である。市街地でよく見るモルタルや不燃サイディングの木造外壁がその典型で、戦後に形成された低層市街地の景観を特徴づける基本的な要素になっている[fig.1]。

防火構造の外壁の多くは、モルタルなどの防火的な材料で覆われているが、屋内側にはさほどの防火的な措置はない。防火構造の主な目的は、その建物で起こった火災の近隣への拡大防止ではなく、近隣の火災の当該建物内部への類焼の防止なのである。耐火構造や準耐火構造では、火災になっても建物の主要構造部全体が一定時間、自立するのとは考え方が基本的に違っている。

防火構造による延焼防止の理論——防空対策としての防火構造

防火構造の考え方が生まれたのは、戦前の防空対策の開発期である。

日本では、1933(昭和8)年の初の実建物火災実験[1]以来、防空対策を名目として、木造家屋の火災実験が繰り返された。実験の主目的は、木造家屋の火災性状を周囲への延焼危険の観点から把握することだったが、当時の木造家屋の火災は耐火構造に比べて早く高温に達するものの、高温は長く続かないことが判明した[2]。木造火災は拡大が急速で近隣に延焼させ易いが、高温が続くのは短いため、短時間の加熱に耐えるようにあらかじめ外壁などをラスモルタル、漆喰・土などで守っておけば類焼を防げると考えられ[2]、空襲対策として防空建築規則(1939(昭和14)年施行)に例示された[3]。これが防火構造の出発点である。

防空建築規則の対象は新築・増改築だったが、外壁の屋外側被覆なら既存の家屋の改修にも使い易い。そこで日米開戦後の1942(昭和17)年には防火改修規則も施行されたが、既存家屋の防空改修自体は、それ以前から、大都市都心では街区単位で推進されていた[fig.2]。

防空建築規則は、外壁に必要な類焼防止性能を次のように設定した。まず、火災実験の温度データをもとに、出火した木造家屋の外壁温度の経過を標準化し[fig.3][4]、この曲線を一級加熱と定義する。建物周辺の加熱条件は距離とともに低下するので、一級加熱の温度を3/4倍、1/2倍した温度・時間曲線を各々、二級、三級加熱とする。実験データを見ると、距離が同じでも地上から高いほど高温で、二級、三級加熱を表す距離と高さの関係は放物線状になる[fig.4][3]。一方、外壁は、被覆部分をパネル状にした試験体を耐火炉に装着して各級の温度・時間曲線に曝露し、裏面に貼った木片に着火しない限界の等級を、その仕様の性能として決定した[fig.5][3][5]。外壁は隣棟に近いほど高い防火等級が必要になるが、距離・高さの関係を放物線で表すのは実用的でないため、規則では、隣棟との距離を、一級は0m、二級は2mとし、三級は高さ2.5m(距離3m)以下を1階、5m(距離5m)以下を2階とみなして、1階は3m、2階は5mの距離の外壁に三級の性能を要求した[3]。加熱実験により、ラスモルタル被覆は30mm厚で一級、25mm厚で二級、15mm厚で三級、また、漆喰・土塗は木摺から25mm厚で一級、20mm厚で二級、15mm厚で三級とされている。

fig.1——糸魚川市街地火災(2016(平成28)年)で焼け残った民家

周囲敷地の建物はすべて全焼したにもかかわらず、ほぼ無傷で残って「奇跡の一軒」といわれた。準防火地域であり、外壁は防火構造、開口部は防火設備が使われている。防火構造は外壁自体の被害防止までは目標としていないので、建物が無傷だったのは敷地に余裕があったことも寄与していようが、建物左側に近接していた民家は全焼し、手前の樹木の葉も焼けている。[撮影:筆者]

fig.2——戦前に防空改修が行われた京町家

京都市中京区姉小路通地区では、戦前末期に多数の町家に防空改修が行われた。土壁の強化、うだつの設置、住戸間界壁の徹底がその主な内容である。うだつは、それまで京町家では原則として使われなかったため、この地区独特の景観要素となっている。地区単位の防空改修は東京等でも行われたが、ほとんどは戦災で焼失したり、戦後建て替えられたりした。京都の姉小路通地区には、防空改修の事例が多く残されている。[撮影:筆者]

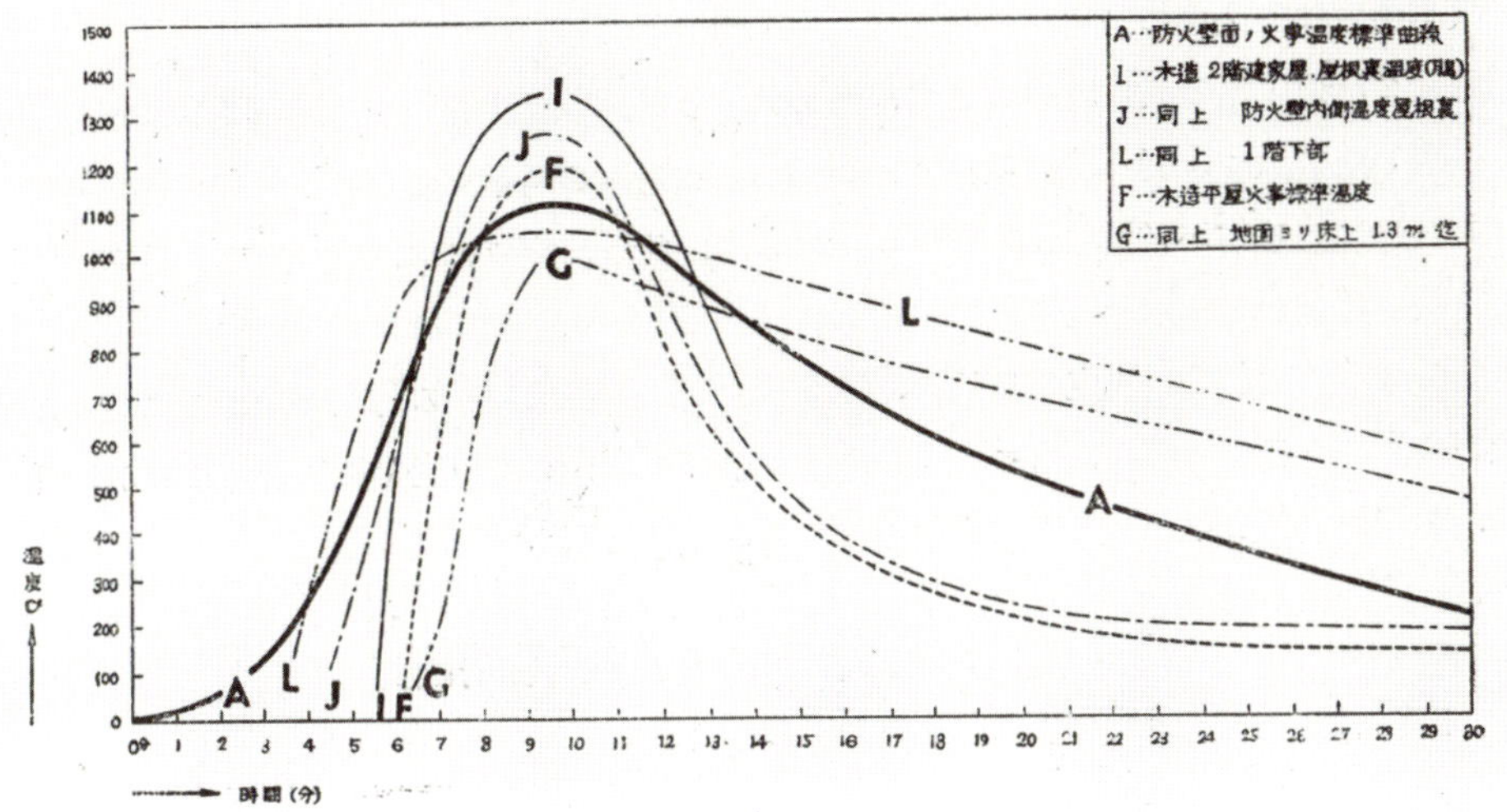

fig.3——木造家屋火災実験の温度記録と「火事温度標準曲線」の誘導

複数の火災実験で測定された建物各部位の温度の時間的経過をまとめたうえ、炎上家屋外壁線の温度の経過を、1本の曲線で標準化して表そうとしている(図のA)。後に、防火構造、防火戸(乙種防火戸)の認定試験の加熱条件となったJIS防火加熱曲線の原形である。[出典:『建築と火災』]

fig.5——防火構造の性能を持つ真壁の載荷加熱試験直後。

試験体を耐火炉から外して加熱面側を見たところ。下方に下見板を貼った部分に残炎が見える。試験体両端近くに柱が見えるが、耐力壁は、加熱中、柱の直下から鉛直荷重をかけて試験を行う。[撮影:筆者]

fig.6——糸魚川市街地火災(2016(平成28)年)の燃え止まり線の民家

左側の民家は、背後の大規模建物の火災で類焼してしまったが、道路側外壁は自立を保ち、右側民家は類焼を免れている。消火活動の効果もあるが、防火設備(網入りガラス)を設置した現代の防火構造外壁は、建物内部で火災が起こっても近隣への延焼抑止に一定の効果があることを示している。[撮影:筆者]

建築基準法における防火構造

戦後、防空建築規則の外壁構造の基準は、裸木造が建ち並ぶ市街地の延焼火災抑止対策として再定義され、建築基準法に一部、継承された。

すなわち、建築基準法では、隣棟距離については三級を継承して「延焼の恐れのある範囲」とし、それより隣棟に近い部分には、二級加熱を原型とするJIS1301防火加熱曲線(2級)に耐える壁が必要として、それを「防火構造」とした。

防火構造の評価は、当初は外壁被覆裏面での木材の着火の有無だけで行っていたが、その後、被覆裏面温度に置き換えられた。さらに2000(平成12)年の建築基準法性能規定化に際して、目的が近隣火災の屋内への延焼防止であることをより明確化させるために、温度測定位置が壁全体の屋内側表面に変更されたうえ、隙間の発生等による火炎の貫通や壁体の崩壊につながる有害な変形も、延焼の重要な要因と認められて評価指標に加えられた。一方、JIS1301防火加熱曲線は、炉内温度の急激な上昇・下降を伴うため、試験の操作に困難があったことや1990年代に防耐火性能試験方法の国際標準化の必要が高まったことを踏まえて、2000(平成12)年に耐火加熱曲線に置き換えられ、JIS1301防火加熱曲線(2級)とほぼ同じ評価が得られる30分加熱が採用されている。

防火構造の防火対策史・火災研究史上の意義

防火構造の開発は、都市・建築防災の対策と研究の両面で、記念碑的なものである。

研究面では、延焼防止という課題を、加熱側の火源の性質の解明と受熱側の被害防止に必要な条件の解明とに分け、前者は外力としての標準化、

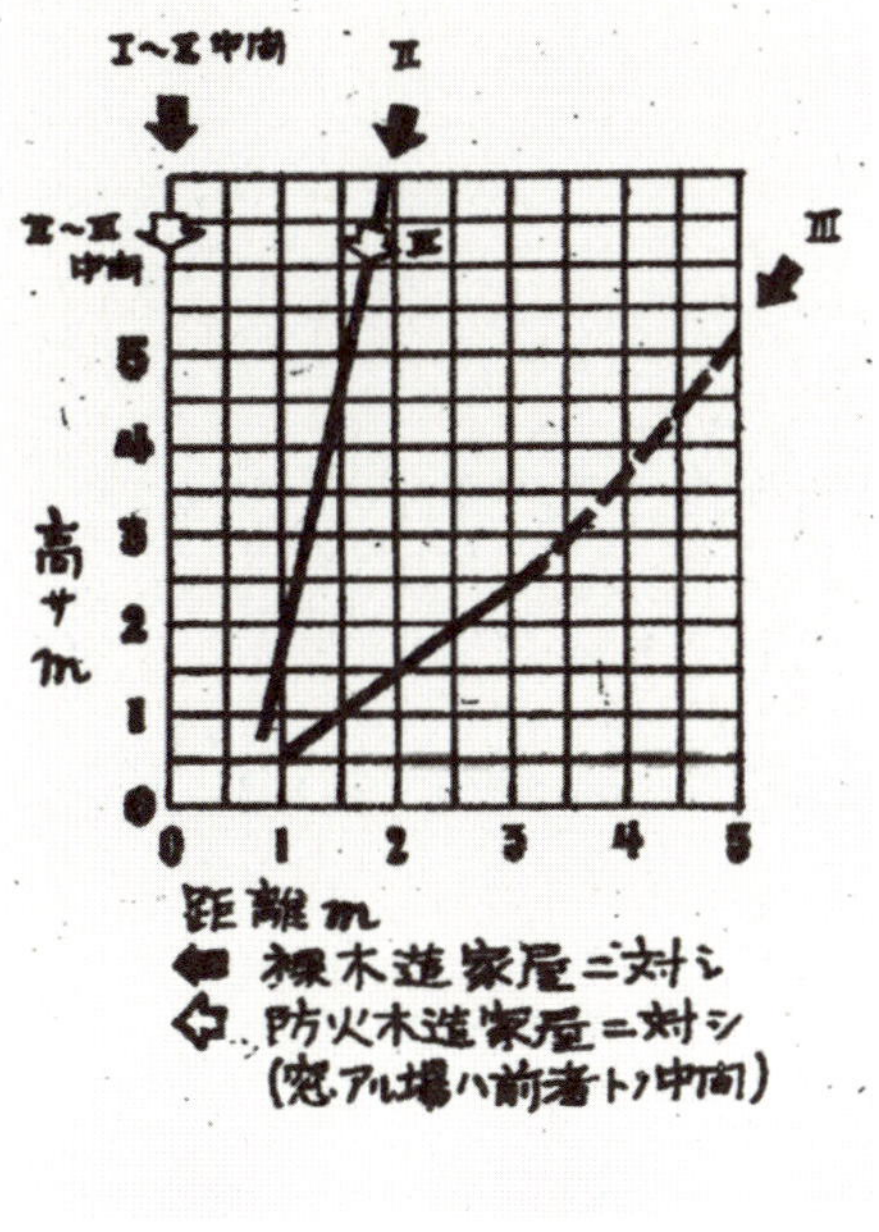

fig.4——木造家屋火災時の近隣外壁への延焼危険度の等高線

一級(I)–三級(III)に分けられている。Iは裸木造が炎上した時の家屋外壁線で、[fig.3]の標準曲線に曝露される場合に相当する。標準曲線の最高温度を3/4にした場合がII、1/2にした場合がIIIである。建築基準法の「延焼の恐れのある範囲」は、裸木造はIII以上の加熱には耐えないと考え、裸木造はIIIの放物線より隣接建物に近づかないようにするために、1階、2階の恐れのある範囲を3m、5mに設定している。[出典:「防火試験の結果と防空建築規則(特に家屋外周の防火工法に就て)」]

後者はそれに対応する試験法の開発を進めている。これにより、試験によって安全性を判断する性能的防災対策枠組みの完成形を、防火分野では世界でおそらく初めて実現したわけであり、日本のその後の火災研究のひとつの規範となった。

防火対策としては、ラスモルタル被覆のようにありふれた材料・生産技術で有効な方法を生み出し、戦前・戦後の建築事情のもとで短期間に全国の市街地に普及した点で、防火対策としてもっとも成功したもののひとつと言って良い[fig.6]。

一方で、木造自体を火災に強くしようとする機運は、日本では1980(昭和55)年頃まで本格化しなかった。それはJIS1301防火加熱曲線が木造火災の標準として独り歩きし、木造火災がそうなることは避け難いとの先入観が定着してしまったことに起因するのではないだろうか。

参考文献

1———内田祥三ほか「木造家屋の火災実験に就て」『建築雑誌』579号、1933年12月
2———濱田稔「都市防火と防火家屋——静岡大火を顧みて」『都市問題』第30巻5号、1940年5月
3———濱田稔「防火試験の結果と防空建築規則(特に家屋外周の防火工法に就て)」『建築雑誌』1942年7月
4———都市防空に関する調査委員会「木造平屋建家屋の火事温度」『建築雑誌』1937年8月
5———内田祥文「家屋外周部の防火に関する研究」『建築雑誌』1940年8月
6———内田祥文『建築と火災』相模書房、1953年3月

059

耐火木造建築

戦後、都市不燃化政策の中で片隅に追いやられてきた木造は、一九八〇年代後半から外圧による三階建住宅および共同住宅の解禁を皮切りに、制限が緩和されてきた。

今世紀に入ると、二〇〇〇年の改正建築基準法施行により、木造による耐火構造の国土交通大臣認定取得が進んだ。

さらに、二〇一四年の告示では耐火構造の壁の一般仕様が、二〇一八年の告示では、床・屋根・階段などを含む主要構造部全般の一般仕様が規定化された。

こうした流れのなかで、木造による耐火建築物が実現するようになっており、木造建築物の可能性が広がっている。

木造建築物の可能性を広げる

安井 昇
桜設計集団一級建築士事務所 代表

準耐火構造と燃えしろ設計[1]

戦後の都市の不燃化政策により、都市部における住宅以外の木造建築物の建設は制限されてきた。当時、木造建築物の防火対策というと、隣棟火災から建物内部への延焼を抑制する防火構造や防火戸が主流であり、住宅以外の大規模木造については、避難安全、消防活動支援、周辺への延焼拡大防止などの観点からの防火対策が明確になっていなかった。

1960（昭和35）年頃から従来の軸組構法に加えて、木質プレファブ工法、1970（昭和45）年頃からツーバイフォー工法による住宅が登場し、2階建てだけでなく、3階建ての住宅や共同住宅を建設可能とするために、実大火災実験が繰り返し実施された。主な実験をあげると、1978（昭和53）年の小屋裏利用木造3階建て住宅の実大火災実験、1987（昭和62）年の木造3階建て住宅の実大火災実験、1991（平成3）年および1996（平成8）年の木造3階建て共同住宅の実大火災実験などであるが、ここでは、木造の構造躯体を石膏ボードなどの不燃系面材で連続的に防火被覆し、躯体への着火を遅延する「メンブレン工法」が採用された。これにより、隣棟火災および内部火災時の壁や床の燃え抜け時間と、枠材・柱などの倒壊時間が制御可能となり、従来の木造建築物の火災上の課題であった建物全体への急激な燃焼拡大と、早期の建物倒壊を抑制することが可能となった。

この考え方は、1993（平成5）年に「準耐火構造」として、建築基準法に位置づけられることになる。また、メンブレン工法以外にも、柱や梁の倒壊時間を制御する手法として、火災で燃えるであろう部分を予め構造上必要な断面に付与する「燃えしろ設計」が、1987（昭和62）年に構造用集成材について告示化された。その後、2004（平成16）年に、構造用製材、構造用単板積層材の柱・梁について、2016（平成28）年に、構造用直交集成板（CLT）、構造用集成材、構造用単板積層材の壁、床、屋根について燃えしろ設計が可能となった。現在では、メンブレン工法と燃えしろ設計を組み合わせた「準耐火建築物」により、3階建て以下の住宅・共同住宅・学校（2007（平成19）年）[fig.1]・保育園・事務所などが建設されている。

fig.1——南越前町立今庄小学校（準耐火建築物／2007（平成19）年竣工）

2階建ての学校であるが、建築基準法第21条の最高高さの規定により、主要構造部を1時間準耐火構造としたイ準耐火建築物。柱、梁を燃えしろ設計にして、あらわしとして使っている。[撮影：筆者]

木造躯体が燃えない耐火構造

2000（平成12）年の改正建築基準法施行により、防耐火法令は性能規定化された。そのなかで、「耐火構造」の要求性能が明確になり、木材などの可燃材料を使った「耐火構造」が可能となった。2002（平成14）年から始まった国土交通省・建築研究所「木質複合建築構造技術の開発」では、耐火構造の代表格である鉄筋コンクリート

	方策1（被覆型）	方策2（燃え止まり型）	方策3（鉄骨内蔵型）

概要

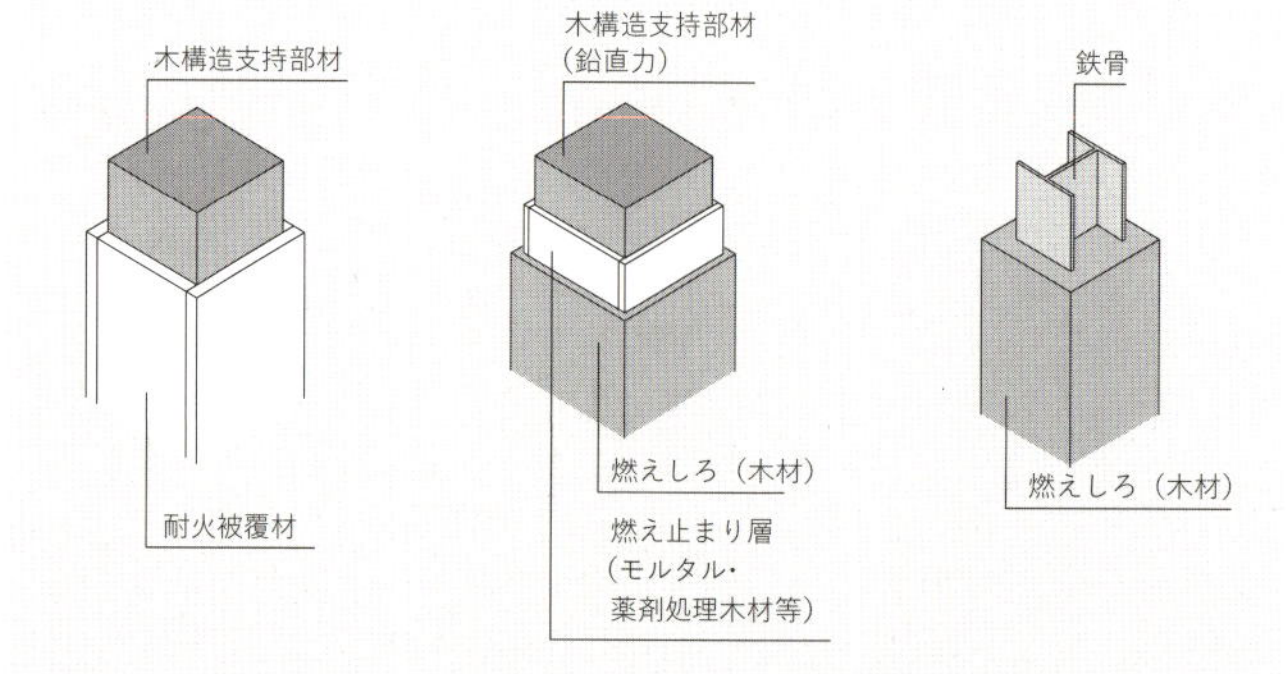

	方策1（被覆型）	方策2（燃え止まり型）	方策3（鉄骨内蔵型）
構造	木造	木造	鉄骨造＋木造
特徴	木構造部を耐火被覆し燃焼・炭化しないようにする	加熱中は燃えしろが燃焼し、加熱終了後、燃え止まり層で燃焼を停止させる	加熱中は燃えしろが燃焼し、加熱終了後、燃えしろ木材が鉄骨の影響で燃焼停止する
樹種	制限なし	スギ、カラマツ等	ベイマツ、カラマツ
部位	外壁・間仕切壁・柱・床・梁・階段・屋根	柱・梁	柱・梁
実績	3,500棟以上	約8棟	約5棟

fig.2——木質耐火構造とする3つの方策

2002（平成14）年から始まった国土交通省「木質複合建築構造技術の開発」の成果として提案された、木質耐火構造とする3つの方策。木材は着火すると自然とは消えにくいため、着火しないように耐火被覆する方策1と、一旦着火するが燃焼を抑制する部材を内部に設けて、燃焼を停止させる方策2および方策3が提案されている。2019（平成31）年3月現在における建設実績予想は、方策1で6,500棟超、方策2と方策3の合計で20棟超とされる。[作成：筆者]

fig.3——方策1（被覆型）の柱の断面模型

強化石膏ボード厚21mmを2枚張りで耐火被覆した1時間耐火構造の柱。（一社）日本木造住宅産業協会の大臣認定。［撮影：筆者］

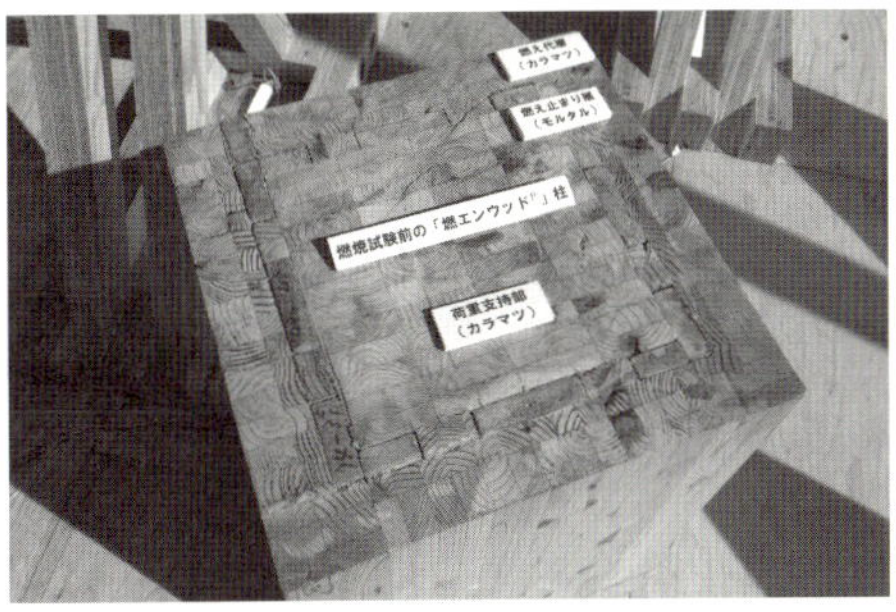

fig.4——方策2（燃え止まり型）の柱の断面模型

部材内部に燃焼を停止させるためのモルタルを配置した1時間耐火構造の柱。竹中工務店の大臣認定。［撮影：筆者］

fig.5——方策3（鉄骨内蔵型）の柱の断面模型

鉄骨を木材で耐火被覆し鉄骨の吸熱力により、木材の燃焼を停止させる1時間耐火構造の柱。日本集成材工業協同組合の大臣認定。［撮影：筆者］

造と同様に、「火災中、火災後も消防活動によらず倒壊しないこと」を要求性能とし、木造による耐火構造の技術開発が活発に実施された。大地震後など消防活動が期待できない場合に建物が倒壊しないことを目標としており、地震が多発する日本独自の要求性能といえる。

約3年間の技術開発の成果として、3つの手法［fig.2–5］が提案された。（一社）日本ツーバイフォー建築協会、（一社）日本木造住宅産業協会らが、木材を石膏ボードなどで耐火被覆する方策1（被覆型）の考え方で、すべての主要構造部について、1時間耐火構造（屋根と階段は30分）の国土交通大臣認定を取得した。また、2004（平成16）年頃より、設計・施工マニュアルを用いた講習会を定期的に開始し、広く普及に努めており、住宅・共同住宅・老人福祉施設（2006（平成18）年）［fig.6］・幼児施設・事務所などが建設されている。

この方策1は、前述の準耐火構造におけるメンブレン工法の防火被覆を厚くして、躯体の木材への着火を抑制する手法のため、住宅の技術の延長上で取り組み易く、木造の耐火建築物に最も採用されている。採用実績が積み上がってきた2014（平成26）年には、外壁と間仕切壁が、2018（平成30）年には、床・柱・梁・屋根・階段が告示化された。

現在、（一社）日本木造住宅産業協会、（一社）日本ツーバイフォー建築協会らが、防火被覆をさらに厚くして、2時間耐火構造の大臣認定を取得しており、5階建て以上の木造建築物も設計可能となっている。

方策2および3は、部材表面に防火被覆は設けず、部材内部に熱容量の大きな素材や燃焼を阻害する素材を配置し、表面の木材が燃え始めた後に、燃焼を途中で停止させようとするものである。木材断面をどれだけ大きくしても、一旦燃え始めると燃え続けて焼失するため、断面構成に何らかの防火的な工夫が必要となる。方策2は複数の大手ゼネコンが、方策3は日本集成材工業協同組合が、柱および梁の国土交通大臣認定を取得し、事務所（2013（平成25）年）［fig.7］・店舗・病院などが建設されている。

木造建築物の中層大規模化

2018（平成30）年現在、6階建て木造建築物（上部4層以内を木造化）が、3棟建設されている。現在の大臣認定や告示を使えば、防耐火的には、さらに高い建築物を純木造で設計することが可能である。しかし、木材はそれほど強い材料ではないため、構造的には中層化する際の課題も少なくない。2017（平成29）年より5カ年計画で始動した、国土交通省「新しい木質材料を活用した混構造建築物の設計・施工技術の開発」では、鉄筋コンクリート造の2–3層分の階高をもったメガストラクチャーで、耐震性能、耐火性能（倒壊防止、区画間の延焼防止等）を確保して、その内部に2–3階建ての木造を準耐火構造で安全に設計するための手法の検討が行われている。木造建築物の中層大規模化にあたっては、木造だけでできることと、鉄筋コンクリート・鉄など、より強い材料と組み合わせてできることの両方を考えていくことにより、木造建築物の可能性が広がっていくと考えられる。

参考文献

1——国土交通省『既存不適格建造物の防火性能診断法に関する調査』第1章、国総研資料、第369号、2007年

fig.6——明治清流苑（耐火建築物／2006（平成18）年竣工）

強化石膏ボードを用いたメンブレン工法で耐火被覆した枠組壁工法の2階建ての特別養護老人ホーム。（一社）日本ツーバイフォー建築協会の大臣認定を使用して、主要構造部を耐火構造としている。［撮影：吉高久人］

fig.7——大阪木材仲買会館（耐火建築物／2013（平成25）年竣工）

防火地域に建つ、燃え止まり型［fig.4］の耐火構造の柱、梁を用いた耐火建築物。避難安全検証法により、内装制限を除外するなど、木造化・木質化の取り組みを積極的に行った建物。［撮影：筆者］

060 大規模木造

伝統的な建材を用いて新しい構造・空間をつくりだす

——腰原幹雄 東京大学 教授

古くより日本の在来構法は木造が主であり、時代ごとにさまざまなかたちで活用が図られてきた。なかでも、戦中・戦後には資材不足のため、高度経済成長期には新技術開発や経済圏拡大のため、その後は治山や経済循環、炭素固定を目的とした木材振興や新たな建築空間の探求のために、大規模木造の可能性が模索されてきた。現在では木造による大規模空間も一般的になってきたが、これらの実現には、大断面・高耐力のエンジニアードウッドや接合金物の開発、防火関連の設計制度の整備、構造解析技術の発展が欠かせなかった。

木構造

日本の木造は永らく経験による構造であったが、昭和に入ると、1930年代には田邊平學が、「最新の力学上の知識を応用して、木材の強さを充分に利用した所の、最も経済的な建物」として呼んだ「力学的木造建築」、1940年代には堀口甚吉が、「科学的検討を加え、力学的理論を以て設計、構造されたもの。常に建物全体を力学的に考察して、建物のいずれの部分も一様の安全性を持つようにする」として呼んだ「新興木構造」と、大工の経験と勘に頼っていた木造建物から、構造工学に基づいた木造建築への転換が図られる。

とくに第2次世界大戦中は、鉄やコンクリートの資材難もあって、木造建築の重要度が次第に増しつつあり、多くの構造技術者が木造建築の構造技術の研究に携わることになった。

さらに、輸入材禁止により大断面の木材が入手困難になると、国産の短小木材を組み合わせて大規模木造を実現しなければならなくなる。この頃、大蔵省営繕局の堀重蔵がドイツの接合具をヒントに継手金物「コマ型ジベル」を考案し、戦争末期には竹山謙三郎らによってスパン43mのトラス構造の木製格納庫[fig.1]までつくることができるようになった。

ここでは、伝統構法で用いられてきた木組だけでなく、積極的に金物を用いた接合が特徴的である。コマ型ジベルをはじめ、織本道三郎によるO式ジベル、クランプは、海外にも輸出されるようになる。これらの金物は、木組の補強としての補強金物だけではなく、それ自体がホゾや栓の代わりとなって仕口を構成する接合金物を目指して開発されていた。

fig.1——建方中の木造格納庫(張間43m)[出典:特殊木架構工作所パンフレット]

fig.2——森林記念館(1951(昭和26)年)[所蔵:日本集成材工業協同組合]

集成材

日本での導入時には「膠着合成梁」「挽板積層材」などと呼ばれていたが、「航空機用構造部材に用いられた単板積層材(LVL)と区別する意味と、挽板を層状のみならず側面或は端部接合して接着加工木材を集成していく意味」[注1]を含んで「集成材」と称されることになった。エンジニアードウッドとして構造用集成材が登場することになり、日本での製造が本格化されると、1951(昭和26)年に日本林業技術協会の森林記念館[fig.2]が東京に建設される。比較的荷重のかからない2階の会議室の屋根に、スパン9mの円形アーチとしてユリア樹脂接着の湾曲集成材が用いられた。その後、1952(昭和27)年にスパン11mの三井木材工業の置戸工場(北海道)の木材倉庫、1954(昭和29)年にはスパン17mの三井木材工業名古屋工場のハードボード製品倉庫など、3ヒンジ・アーチ構造の大規模木造が建設されるようになる。飯塚五郎蔵による新発田市立厚生年金体育館(1962(昭和37)年)が建設されると、木造も大規模建築の選択肢のひとつとなるようになった。

1987(昭和62)年の建築基準法と同施行令の改正により木造建築の高さ制限が解除されるとともに、準防火地域における木造3階建ての建築が可能となった。あわせて大断面集成材による木造建築物の特例規定(燃えしろ設計)が新設されたことにより、防耐火の面からも大断面集成材の使用範囲を広げることとなった。

大空間

1990年代に入ると木質材料の整備、木質構造の解析手法、設計法の整備、実験による性能検証が活発に行われ、大規模木造の形態、構造形式が多様化するようになる。とくに、大規模ドーム建築では、これまでの木造設計者だけでなく、大手組織事務所や総合建設業も設計を手がけるようになり、ハイブリッド構造のアーチやドームなど構造的に合理的な形状が用いられるようになる。

KAJIMA DESIGNによる出雲ドーム(1992(平成4)年)[fig.3]は、直径143m、高さ49mの集成材とピアノ線による張弦ドームである。大断面集成材のアーチ、鉄骨の圧縮リングと束、ケーブル材の引張リング、PC鋼棒のダイアゴナルロッド、テフロン膜とその抑えケーブルと、さまざまな構造材料を組み合わせたハイブリッド構造となっている。設計が施工と一体となることで、建て方工法も変化し、木造の軽さを活かして、屋根仕上げ材の膜や設備を地組で先付けした後、圧縮リングをジャッキで持ち上げるプッシュアップ工法が採用された。

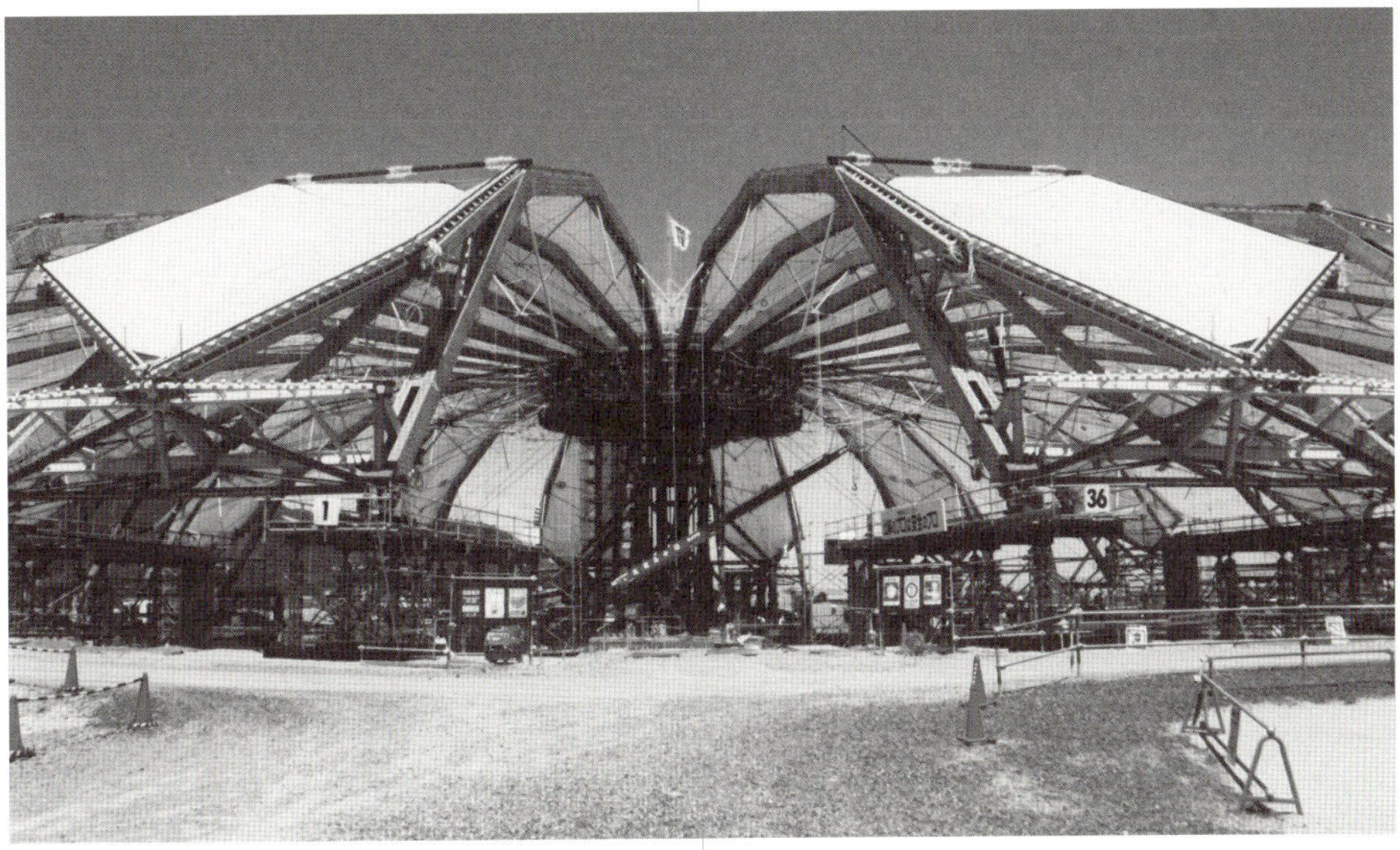

fig.3——工事中の出雲ドーム［撮影：東京大学生産技術研究所 腰原研究室］

fig.4——海の博物館［撮影：東京大学生産技術研究所 腰原研究室］

一方、建築家も大規模木造に興味をもちはじめ、新たな空間への挑戦を行うようになる。内藤廣による海の博物館（1992（平成4）年）［fig.4］では、アーチ構造とトラス構造が、組み合わさった立体的な架構となっている。主構造は、それまでの集成材建築と同様に湾曲集成材を用いたアーチ構造であるが、棟に用いられるトラスと切妻屋根を構成する登り梁のトラスが組み合わさって、竜骨のような有機的な構造表現としての空間が創出されている。

国内最大の木造建築（2018（平成30）年現在）は、秋田県の大館樹海ドーム（1997（平成9）年）［fig.5］で、高さ52m、長径178m×短径157mの広さを誇っている。設計は、伊東豊雄＋竹中工務店のJVで、空間表現と建築技術の融合が進む。ドームの形態は完全な球体ではなく建設地の特徴である季節風の影響を最小限にするとともに内部で行われる野球の飛球線を考慮して、卵型の柔らかで優美な曲面形状を採用している。

fig.5——大館樹海ドーム［撮影：東京大学生産技術研究所 腰原研究室］

地域材

大規模木造は、工学的にエンジニアードウッドの整備、計算機の発達により非線形性の高い木造建築の接合部の詳細な評価が可能となった。こうした技術は、大空間だけでなく、庁舎建築などにも活かされるようになり、地元の地域材を活用した大規模木造として登場することになる。鋼板挿入型ドリフトピン接合によるラーメン構造の3階建て帯広営林支局庁舎（1991（平成2）年）をはじめ、梼原町総合庁舎（2006（平成18）年）［fig.6］では構造体や内装材は最大限地場の木材を活用するとともに、環境を意識しCASBEE評価Sランクを得ることに成功している。

なお、3階建てを超える中層の大規模木造は、2000（平成12）年の建築基準法改正を待つことになる。

注釈

注1——『木材工業』第6巻 第8号、日本木材加工技術協会、1951年

fig.6——梼原町総合庁舎［撮影：藤塚光政］

提供：梅田スカイビル

第Ⅳ章

建築生産・設備

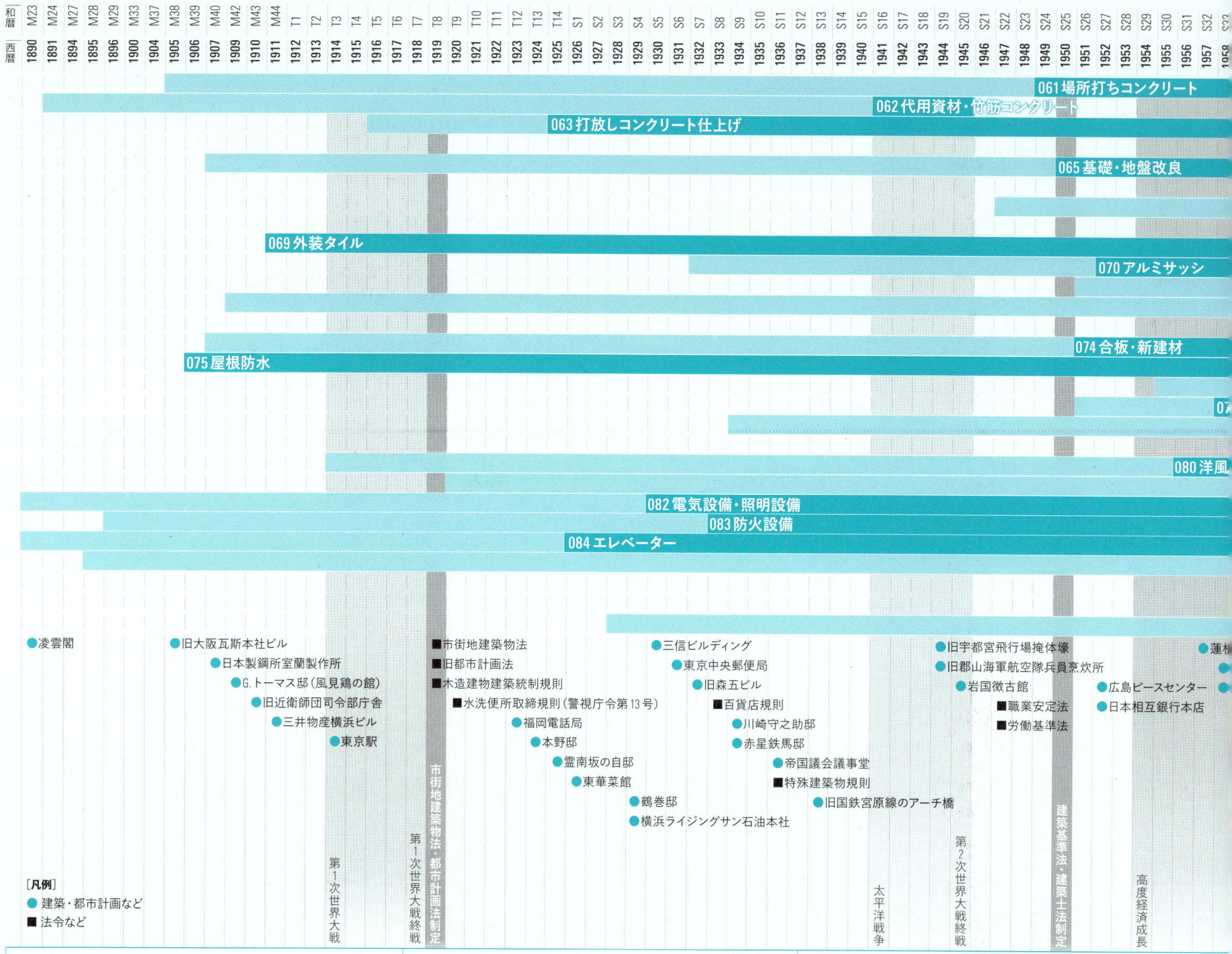

鉄筋コンクリート造と生産技術

明治に入ると、それまで木造がほとんど唯一の建築構法であったわが国は、西洋建築の洗礼を受けることになる。まず煉瓦造が導入されるが、不燃都市を目指してつくられた煉瓦造の洋風建築が地震で大きな被害を受けると、これらに代わる耐火建築として明治末期に鉄筋コンクリートが導入された。最初の本格的事例である三井物産横浜ビルの外壁には初めて**外装タイル**[069]が張り巡らされ、陸屋根には導入間もないアスファルトの**屋根防水**[075]が用いられた。また鉄筋コンクリート造の一般化に伴い、コンクリート杭などによる**基礎・地盤改良**[065]技術も導入された。

コンクリートは昔も今も、現場で打設する**場所打ちコンクリート**[061]が主流であるが、戦後になって初めて国産の生コン工場やコンクリートポンプが登場してから生産能力が飛躍的に向上し、高度成長期の建設ラッシュを支えた。その一方で、手間のかかる型枠工事を無くす工法として大正・昭和初期には補強コンクリートブロックが、戦後になると**PCa(プレキャスト)コンクリート**[064]が工場生産されるようになる。とくに公営住宅・公団住宅などにおいては、高度成長期の大量の住宅需要に応えるべく、標準設計によるプレキャスト化が進んだが、これが画一化の弊害を生む一因にもなった。またプレキャストコンクリート部材をポストテンション方式で圧着する**PC(プレストレスコトンクリート)**[064]は、倉庫や競技場をはじめ、1970年代に大流行したボーリング場などの大スパン建築に多用されるようになる。

コンクリートを発泡させて製造される**ALC**[073]は、軽量で簡易な耐火材料として、中小規模の鉄骨造建築を中心にわが国独自の発展を遂げ、今日では超高層マンションの外壁やビルの耐火間仕切壁などの大型建築にも多用されている。鉄筋については、戦中、貴重な鉄の**代用資材**[062]として**竹筋コンクリート**[062]が実用化するが、中性化や塩害で錆びる心配のない補強筋として、炭素繊維などの代用材料を用いた新しいコンクリート構造の研究・実用化は今日も続けられている。

コンクリート造の外装仕上げについては、戦前は前述のタイルの他、石や煉瓦、あるいはモルタル薄塗り仕上げがもっぱら用いられたが、A. レーモンドがいち早く**打放しコンクリート仕上げ**[063]による作品を世に出し、戦後はその弟子であった前川國男らがこれに続き、やがて安藤忠雄による一連の打放し建築が世界的な評価を得ることになった。

住宅の近代化と設備・建材

戦後復興から高度成長期にかけ、わが国の住宅は大きな進歩を遂げる。まずは衛生面で、汲み取り式が主流だった便所が徐々に水洗化する。ただし下水道整備がそれに追いつかず、**浄化槽**[081]がこれを支えることで、最低限の衛生環境が確保されるようになった。と同時に、便器も和風便器から**洋風便器**[080]へと変化し、これに温水洗浄便座が加わることで、便所は「不浄」から「快適な」空間へと大きく様変わりした。

一方、女性の家事労働を軽減するダイニング・キッチンの導入により台所にも革命が起こるが、これを支えたのはプレス一体成型による**ステンレス流し台**[078]の量産技術であり、その後システムキッチンへとつながっていく。都市部の庶民の住宅には一般に風呂は無く、銭湯に行くのが当たり前であったが、これを変革したのが**ガス給湯設備**[076]と**浴**

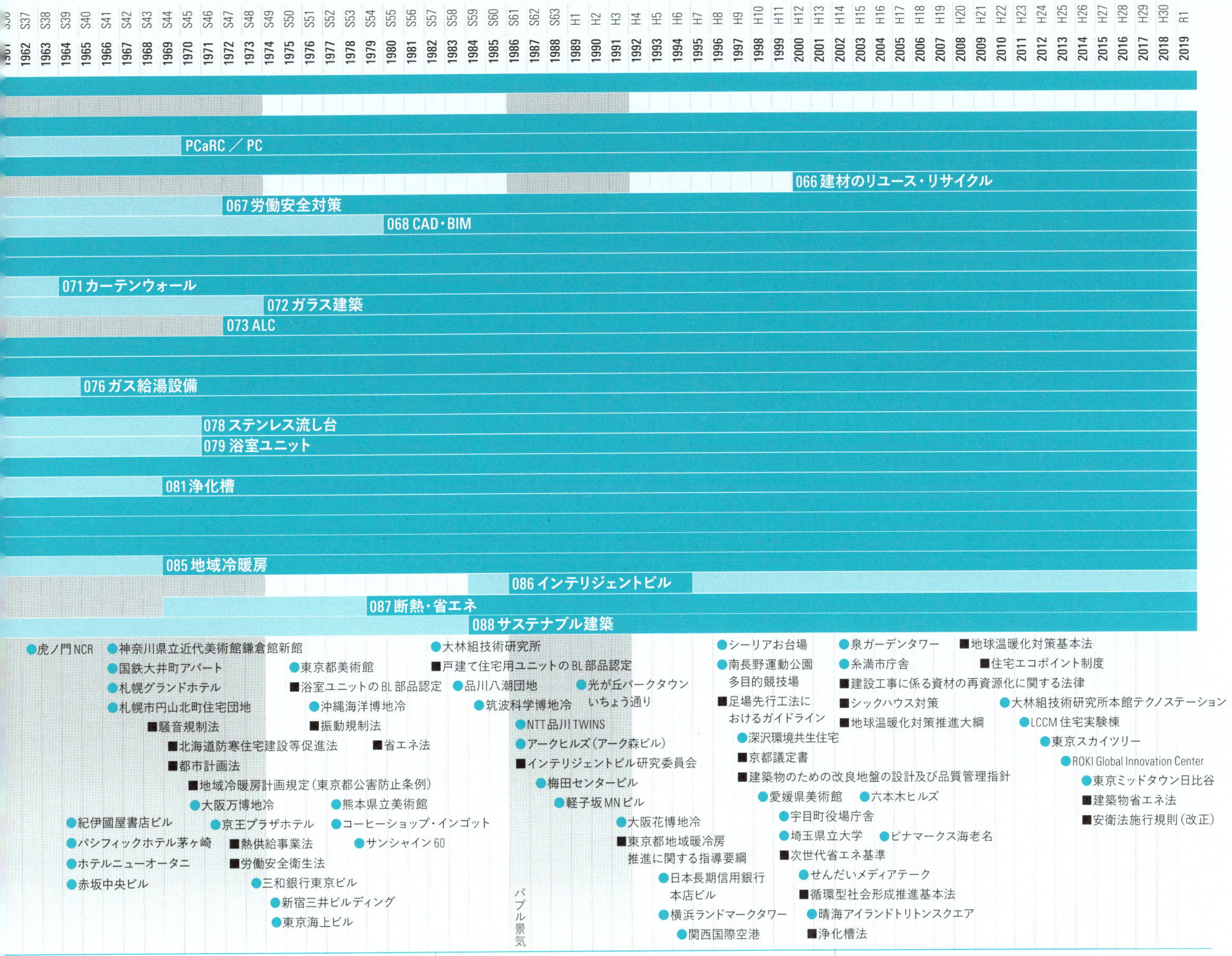

室ユニット［079］である。FRPの洗い場付き浴槽は在来工法に比べて防水性能・施工性が高いことから、ホテル・集合住宅を手始めに戸建住宅にまで普及したが、小型・高性能な給湯設備がこれを支えた。もちろん、便所・台所・風呂の変革に**換気扇**［077］が大きく貢献したことも忘れてはならない。

戦後、戸建住宅では在来構法に加えてプレハブ構法、ツーバイフォー構法が登場するが、いずれの構法においても下地面材として大きく貢献したのは、**合板**［074］や石膏ボード、塩ビシートをはじめとするさまざまな**新建材**［074］であった。ただし、これらを多用することで建物の解体分別は困難になり、今日では**建材のリユース・リサイクル**［066］が問われるようにもなった。

ビル建築を支えた技術

初期のビル建築にはスチールサッシが用いられていたが、戦後になると**アルミサッシ**［070］が登場し、レディメイドサッシの使用が一般化する。これが住宅にも波及し、石油ショック以降は**断熱・省エネ**［087］に対する要請に大きな貢献を果たすことになる。高さ制限が撤廃され、高層・超高層ビルが登場すると、工場生産化された非耐力外壁として**カーテンウォール**［071］が一気に花開くが、開口部であるガラスの進化も目覚ましく、1990年代には高性能熱線反射ガラスやLow-Eガラスを用いた**ガラス建築**［072］が一世を風靡する。

電気設備・照明設備［082］の進歩は、大型のオフィスビルや商業ビルをはじめ、すべての建築の発展に大きく寄与してきた。コンピューターが一般化する1980年代には、ビル内にLANなどの情報回線を張り巡らした**インテリジェントビル**［086］が登場するが、今や大型のオフィスビルでは一般的な仕様となっている。

ビルに必要不可欠な**エレベーター**［084］の技術は主に米国から導入されたが、超高層ビルの時代になると国産の超高速エレベーターが開発され、わが国のお家芸として今日に至っている。また、1970年代以降、超高層オフィスビル街を中心に**地域冷暖房**［085］を導入することが一般的になった。

一方、ビルの大型化と木造住宅などの不燃化に伴い、大型火災の主な舞台は市街地からビルへと移ることになるが、これを防止するため、**防火設備**［083］に関する法令が強化され、防火戸・防火シャッターなどが普及・進歩した。

ところで、これらのビルの建設を支えた労働者は、長らく前近代的な労働環境にさらされていたが、戦後のGHQによる**労働安全対策**［067］により改善の兆しが見られるようになる。1970年代には労働安全衛生法が制定され、以降何度もの改正を経ながら今日に至っている。この結果、過去半世紀で建設業の死亡災害事故は1/7まで減少した。

これからの生産技術

この100年間で、建築生産に関する技術は飛躍的に進歩した。これからは、地球温暖化や少子高齢化にどう対処していくかが焦点となる。温暖化対策として、今後つくられるすべての建物は大なり小なり**サステナブル建築**［088］であることが求められるようになろう。また今後、慢性的な労働者不足と、働き方改革が叫ばれるなか、建設業にも生産性の一段の向上が求められている。建設ロボットなどの自動化技術が今後の鍵となるが、それには（**CAD**［068］の進化形である）**BIM**［068］の普及が不可欠であることは疑う余地がない。

061 場所打ちコンクリート

生コン工場設備と圧送ポンプの進化で高度経済成長期に飛躍的発展

野口貴文
東京大学 教授

明治末期に導入された場所打ちによる鉄筋コンクリート造は、戦後に生コンクリート工場の設置や、圧送ポンプの高性能化と化学混和剤の進歩とともに飛躍的な発展を遂げる。近年になると圧縮強度が一〇〇ニュートン毎平方ミリメートルを超える高強度コンクリートの普及が目覚ましく、超高層建築の建設にも用いられるようになった。また振動締固め作業不要の自己充填コンクリートなどさまざまな技術開発が進められ、自由な建築造形美の創出に貢献している。

創生期のコンクリート

現存する世界最古のコンクリートは、紀元前7,000年頃、イスラエルのイフタフに建設された建物の床(厚さ30–80mm、面積180m^2)[fig.1]に用いられたものといわれており[1]、石灰質のセメントでできていた。

古代ローマ帝国では、パンテオン[fig.2]やコロッセオに代表されるコンクリート建造物の多くが、消石灰とポッツォラーナ(シリカ質を多量に含む火山灰)を主原料とするセメントでつくられた。当時のコンクリート施工は、あらかじめ型枠中に骨材を詰め、その隙間に後からモルタルを流し込むプレパックド・コンクリート製法であったことがウィトルウィウス著「De Architectura」に記されている。

コンクリートは、古代においても、最終完成品の形状を建設現場において一体的・連続的に実現できる有用な建設材料であった。

黎明期のコンクリート技術

1824(文政7)年、現代のセメントがイギリス人のジョセフ・アスプディンによって開発され、それを用いて製造されたコンクリートがフランス人のフランソワ・コワニエによって鉄網と鉄板で補強され、4階建て住宅の床に利用されたのは1853(嘉永6)年のことである。日本初の鉄筋コンクリート造(以下、RC造)建築物である佐世保港内第一烹炊所・潜水器具庫は1905(明治38)年に建設され、1916(大正5)年には日本初のRC造高層集合住宅[fig.3]が長崎市端島(軍艦島)に建設された。不燃化都市を目指して多用されていたレンガ造は、1891(明治24)年の濃尾地震および1923(大正12)年の関東大震災において耐震性に劣ることが明らかとなり、都市の建築物はレンガ造からRC造へと転換していった。

fig.1――イスラエル・イフタフのコンクリート遺跡[提供:Sean Van Delist]

fig.2――パンテオン[提供:アトリエ天工人]

黎明期ともいえる当時のRC造建築物においては、コンクリートの調合設計手法は確立されておらず、建設現場では、バケツで量り取ったセメント・骨材に、施工しやすい軟らかさとなるように水が加えられ、傾胴式ミキサでコンクリートが製造されていた。そのため、打込みやすい床に用いられるコンクリートは水量が少なくて済み、充填しにくい柱や壁に用いられるコンクリートには多くの水が加えられた。その結果、床の方が柱や壁よりもコンクリートの強度が高くなっている。また当時、練り混ぜられたコンクリートは、一輪車によって人力で打込み場所まで運搬された後、型枠内に投入され、突き棒・竹槍・木ダコなどで突き固められていた。

生コン工場・ポンプ圧送・振動締固め

1949(昭和24)年、日本初の生コンクリート工場[fig.4]が東京業平橋で操業を開始した。それにあいまって、工場から建設現場まで生コンクリートを運搬するための傾胴式トラックアジテータ車[fig.5]も開発された。また、ほぼ同時期に、ドイツからの技術導入によってコンクリートポンプが初めて国産化されたが、圧送能力はまだ低く、建設現場におけるコンクリートの垂直運搬には、主としてコンクリートタワーが使用されていた。タワーで揚重された後は一輪車で打込み場所まで水平運搬しなければならず、コンクリートの運搬・打込みに多大な労力と時間を要した。

その後、生コンクリート製造設備が自動化され、コンクリートポンプの圧送能力が高められた。結果として、打込み場所まで直接コンクリートを運搬できるようになり、1960年代以降の高度経済成長期におけるコンクリート工事量の飛躍的増大を実現した。やがて、コンクリートの打込み作業にも効率化が求められ、突き棒などによる突固めから振動機による締固めへと変化していった。

その間、JIS A 5308(レディーミクストコンクリート)が1953(昭和28)年に制定され、全国各地で生コンクリート協会および生コンクリート事業協同組合が発足していった。

高層RC造建築物に関わる技術開発

摩天楼建設の歴史は、1871(明治4)年のシカゴ大火に端を発する。シカゴの復興に際して、構造材料としてスチールの利用が推奨され、エレベーターの発明も後押しをした結果、鉄骨造のホーム・インシュアランス・ビルは世界初の摩天楼として1885(明治18)年に竣工した。RC造は、1960年代に入るまで鉄骨造の1/6の高さに甘んじていたが、セメントの分散を可能とする化学混和剤の開

fig.3——日本初のRC造高層集合住宅

——

長崎市・軍艦島に残存する30号棟は、中央に吹抜けがあるロの字型の7階建て集合住宅で、1974(昭和49)年の炭坑閉山まで58年間利用された。閉山後45年が経過した現在、劣化が極度に進行し、自然倒壊の危機に直面している。[撮影：筆者]

発によって、水セメント比の低いコンクリートの製造が可能となり、1962(昭和37)年のシカゴにおけるマリーナ・シティの建設を機に、コンクリートは高強度化への道を歩み始める。

わが国では、1988(昭和63)年度から5年間、高層RC造建築物の開発を目的として、建設省総合技術開発プロジェクト「鉄筋コンクリート造建築物の超軽量・超高層化技術の開発」(略称：New RC)が実施され、それ以降、化学混和剤の開発が格段に進み、高い分散性とスランプ保持性に富む高性能AE減水剤(1995(平成7)年にJIS A 6204で採用)が開発された結果、60-100N/mm^{2}の圧縮強度を有する高強度コンクリートが1990年代に実用化されるに至り、全国の主要な都市で超高層集合住宅の建設が進められた。

コンクリートの高強度化は、その後さらに進められ、現在、圧縮強度が200N/mm^{2}を超える水結合材比10%程度の超高強度コンクリートが開発されるに至っている。また、圧送ポンプの能力も格段に向上し、2008(平成20)年にはブルジュ・カリファ[fig.6]の建設において、高さ606mへのポンプ圧送に成功した。

昨今、コンクリート工事の合理化・効率化による工期短縮を目的として、超高層RC造のハーフプレキャスト化およびフルプレキャスト化が進められている。今後、建設労働人口のさらなる減少に伴って、コンクリート工事の主流は、場所打ちからプレキャスト化へと変わっていく可能性がある。

自己充填コンクリートの開発

バブル期、建設労働者不足の状況下において、空前の建設投資がなされ、工期短縮と構造物の高性能化が要求されるなか、コンクリート工事の効率化および品質確保を目的として、1988(昭和63)年、東京大学・岡村研究室により、振動締固め無しでも型枠の隅々にまでコンクリートが自然に行き渡る自己充填コンクリートが開発された[2]。

じつは、時をさかのぼること80年、1908(明治41)年に発明王トーマス・エジソンは自己充填コンクリートを発明し[fig.7]、1917(大正6)年に特許を取得していた[3]。エジソンは、鋳鉄製の型枠を住宅の最終形に組み立て、煙突などの最頂部からコンクリートを一気に流し込むことによって、コンクリート製一枚岩の2階建て住宅の建設を可能とした。ただし、同じ型枠で建設される住宅の一様性が問題とされ、普及には至らなかった。

現代の自己充填コンクリートは、残念なことに、日本よりも海外において実用化開発が活発に進められ、普及が進んでいる。

自由な造形と3Dプリンティング

コンクリートは、建設現場において自由な造形を構築できる建設材料である。その特徴をいかんなく発揮した建築物のひとつが2010(平成22)年に竣工した豊島美術館[fig.8]である。鋳物の製造工程にヒントを得て、盛土を型枠として利用し、3次元曲面シェル構造のRC造建築物が実現した。

最近海外では、3Dプリンティング技術を利用したコンクリート構造物の試行建設がなされている

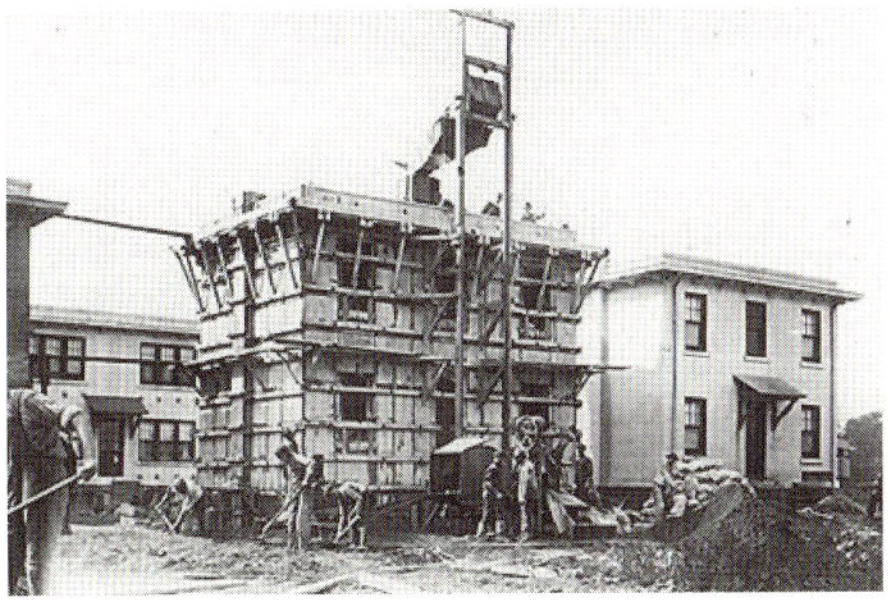

fig.7——エジソンによる自己充填コンクリート住宅[出典：“Development of high performance concrete based on the durability design of concrete structures”]

fig.4——日本初の生コンクリート工場[提供：(公社)日本コンクリート工学会]

fig.5——日本初のトラックアジテータ車[提供：エスオーシー]

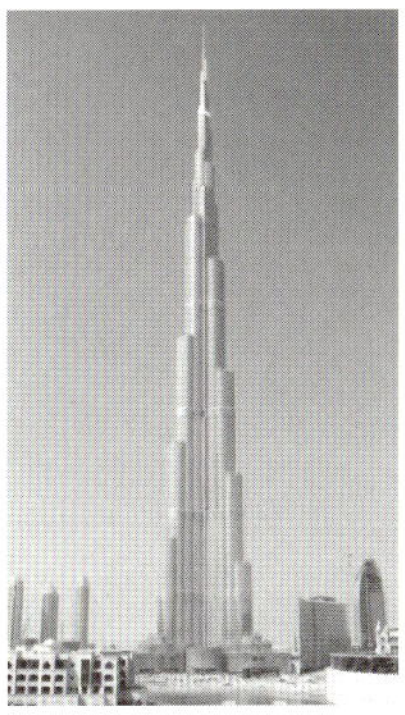

fig.6——ブルジュ・カリファ(世界一高い超高層建築物)[撮影：筆者]

が、将来、BIMやAIと結びつき、まったく新たなRC造建築物の施工方法が出現することが予想される。

参考文献

1——早川光敬「古代セメント・コンクリート(豆知識)」『コンクリート工学』Vol.40 No.9, 2002年

2——Ozawa, K., Maekawa, K., Kunishima, M. & Okamura, H.“Development of high performance concrete based on the durability design of concrete structures”, *Proceedings of the Second East-Asia and Pacific Conference on Structural Engineering and Construction*, Vol.1, January 1989

3——Edison After Forty〈http://americanhistory.si.edu/edison/ed_d14.htm〉2018年7月8日閲覧

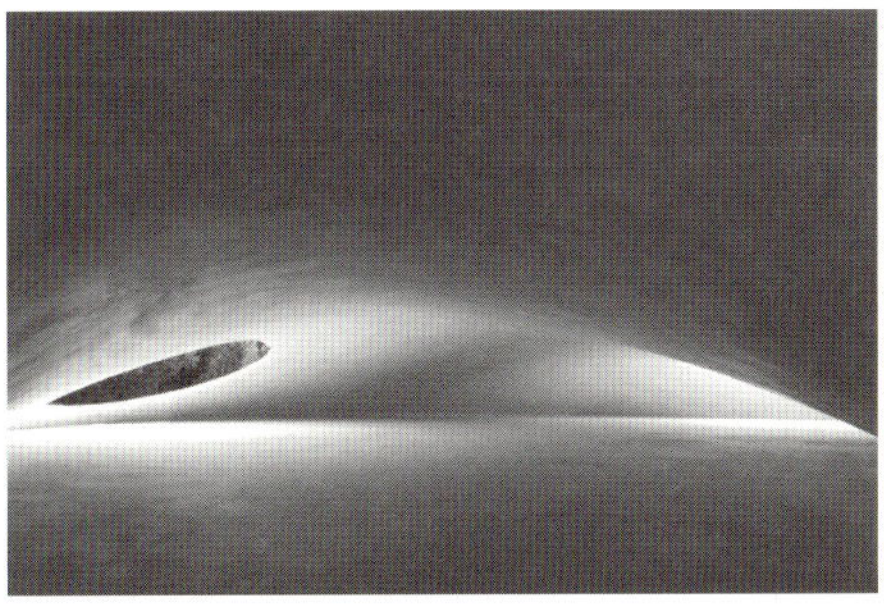

fig.8——3次元曲面シェル構造の豊島美術館[提供：(公社)日本コンクリート工学会]

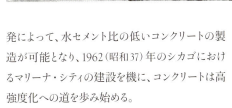

062 代用資材・竹筋コンクリート

日中戦争から太平洋戦争へと続く時代、すべての産業や労働力が国による統制下におかれ、建築においても材料となる鉄が使用を制限された。その代用として木、セメント、陶器、合成樹脂、竹などが資材に用いられ、蝶番、戸車、構造用合板などさまざまな代用品が生まれる。竹はコンクリート構造の補強材としても期待され、鉄筋の代わりに竹材を用いた竹筋コンクリートの研究も盛んに行われた。この構造によって、橋梁や掩体壕のほか建築も建てられたと伝えられるが、本当に竹筋が使われたのかどうかは不明の場合も多い。

戦時下の苦境を象徴する材料

速水清孝
日本大学 教授

戦時と建築

日中戦争(1937(昭和12)年)が始まり戦時色が濃くなると、それに伴って日本では、衣食住から個人の思想に至るまで、あらゆる部分について制約が課せられていった。

ここで関係のある「住」、すなわち建築について述べるなら、鉄をはじめとする金属系材料は使用制限のかたちで(1937(昭和12)年-)、その結果減る鉄筋コンクリートに対して、逆に増えることになった木造建築は規模を抑えるかたちで(木造建物建築統制規則/1939(昭和14)年)制約が課せられた。資源の乏しいわが国である。不要不急のものは後に回し、国民が一丸となって、すべての資源を戦争に充てていくことが考えられたのだった。

一般に建築は、これ以後、戦後復興期にかけて沈むが、なかには活力を得た分野もあった。業界としては建設業、分野としては軍事関係の施設である。建設業はこの戦時下に軍需で成長して、戦後の発展につながっていく[1]。

室戸台風(1934(昭和9)年)以後、必要が叫ばれた木造研究も、主に軍事関連施設の場で発展を遂げたもののひとつである。格納庫などの大空間建築に採用された、新興木構造と呼ばれる、ジベルなどで小径材をつなぐ構法である。

ちなみに東京大空襲で大破した東京駅の戦後の復旧工事(1947(昭和22)年)で用いられたのもこの新興木構造で、2012(平成24)年の当初のドームの復原に至るまで、60年にわたって東京の表玄関の小屋裏に密かに存在し続け、戦後70年を超えて、減りはしたものの現存するものもまだある[fig.1]。

代用資材と竹筋コンクリート

それでも物資の窮乏は確実に進み、その結果、それまでに使われてきたものの代替えとなる材料や製品が生み出されていった。

建築に縁の深いものを挙げれば、木やセメント・陶器・合成樹脂、そして竹などによって、木製の蝶番や戸車・カーテンレール、セメント製の床下換気口や床材、陶器製の表札、合成樹脂製の洗面器などが生まれ、フェノール樹脂を接着剤に使って構造用合板の改良もなされた。この構造用合板は新興木構造と並んで、悲惨なイメージのつきまとうこの時期に現れた、成果らしい成果である。

残る竹は、家具はもちろん、建具の引手やレールや樋、果ては建築の躯体にまで使われた。制限によって使うことの難しい鉄筋に代えて、温帯から亜熱帯に位置する日本では大量に繁殖しており、入手の容易さからコンクリートの補強材に注目されたのである。

土木では、開戦以前の大正初年には梶山浅次郎によって[2]、建築でも、1936年には古宇田實(神戸高等工業校長/1879(明治12)-1965(昭和40)年)の下、巽純一によって[3]研究が始められ、土木の河村協が『竹筋コンクリート』(1941(昭和16)年)を著した頃から急速に実施されていく。

ただし、その竹の仕様に関しては、さまざまに試行錯誤がなされた。竹自体については、5年程度生育の真竹で、虫害の起きないよう秋に伐るのがよいといったことは共有化されるものの、竹をそのまま使うのか[fig.2]、あるいは割って使うのか、薬剤を塗って耐アルカリ性や防腐性を高めて使うの

fig.1——旧郡山海軍航空隊兵員烹炊所(1944(昭和19)年頃)

戦時に進んだ新興木構造の開発は、木造の戦後を思えば、華と呼ぶべきものだった。[撮影:筆者]

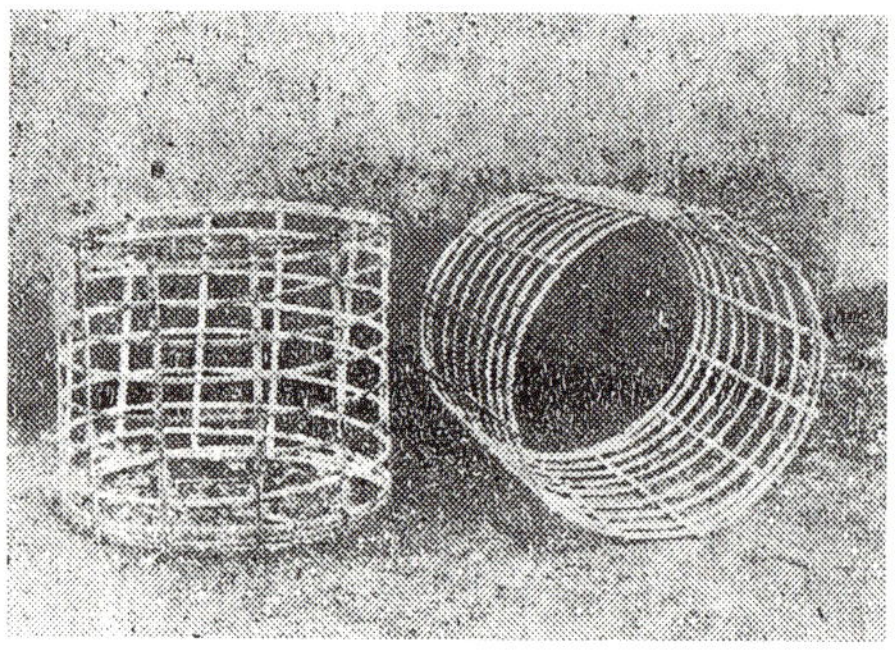

fig.2——竹筋(1941(昭和16)年)

竹をそのまま使うか、割って使うか、鉄と併せて使うか、使用法はさまざまに模索された。写真はそのまま使われた竹筋。[出典:茂庭忠次郎『竹の研究』1943年]

fig.3——竹筋の広告(1942(昭和17)年)

耐アルカリ性と耐腐食性を高めた硬化竹筋、ブーバー竹筋を扱う業者の広告。なお、ブーバーとはバンブーバーをもじった商品名である。[出典:『土木技術』Vol.3 No.11、1942年]

fig.4――旧陸軍宇都宮飛行場掩体壕（1944（昭和19）年）

戦時下に飛行機を空爆から防ぐためコンクリートが使われたこうした掩体壕の中には、竹筋が使われたものがあるとされる。［撮影：筆者］

か、といった、コンクリートの付着や耐久性をいかに高めるかなどの工夫は、終戦に向けてさまざまに凝らされていった。

そのようななかで竹筋を扱う業者も現れ[fig.3]、仕様に関する研究も進み、竹ラスの告示がされるなど、製造の環境も整えられていく。

そうした経緯が知られるせいか、竹筋コンクリートは、戦争の深刻化とともに増えた、戦争の落とし子と見られる節がある。日本に限らず鉄を輸入に頼るイタリアでもこの時期つくられたというから、そうした一面も確かにあった。

用途や規模で見ると、溝蓋のような簡易なもの、柵やベンチなどの公園施設、支柱や水槽などの農業施設、門柱や塀・柵などの建築の附属品といった、比較的小規模で、重要性の低いものが多いようであるが、軍事を支えた性格をもつ、たとえば橋梁の、スラブや橋脚や基礎など、そして天皇の御真影を納める奉安殿など建築でも使われた。

そうしてつくられたものには、現在に残るものもある。国の登録文化財になった旧国鉄宮原線のアーチ橋（熊本）をはじめとする橋梁や、旧陸軍や海軍の飛行場の掩体壕《えんたいごう》[fig.4]にも竹筋が用いたものがあるとされ、建築でも、柱に使ったとされる岩国徴古館（1945（昭和20）年／設計：佐藤武夫）[fig.5–6]がある。

これらに共通するのは、なんとも重々しい印象である。これは、鉄筋に比べて厚くなる被りのためであろうし、開戦後次第にセメントの品質も落ちていく、その影響もあろう。見るからにコンクリートの量塊といった雰囲気をまとう。その意味では表現主義の建築などはこれを用いるのにふさわしそうである。

ただし、上に「とされる」と記したものがあるように、これらはいずれも口伝が多く、そう伝わっていても、使用が確認されたものは多くない。調べると実際には無筋や鉄筋だったこともある。戦時という時代の背景を負っているために、取り立てて言われる部分もあったのかも知れない。それだけ苦境を象徴するものとして、当時話題になった構法ということであろう。

持続可能性と竹

ところでこの竹筋コンクリート。アジアでは現役の構法でもある。中国では近年でも手抜き工事で竹筋が鉄筋の代わりに使われたというから[4]、その使用は、決して特殊なことではなさそうである。また日本でも、第2次世界大戦後の、朝鮮戦争による資材高騰の折には、竹筋の使用が噂されたものもあったし、中国では文化大革命以前にも同様のことがあったという[5]。

竹筋コンクリートは、近年、衰退する竹産業の回復策として業界や研究者が注目する。鉄は無尽蔵という見方もあるが、エコ素材である竹も見落すわけにはいかないから、持続可能な社会の実現に向けて、可能性はさまざまに模索されてよい。

あるいは、翻れば、1891（明治24）年に山口県で住宅の門柱に使われたのが最も古いとされ[6]、また、1922（大正11）年には逓信省の仁波技師がこれに注目して福岡電話局の工事で採用を試みたという[7]。いずれも先に述べた土木・建築各分野での研究の着手より早い。

したがって竹筋コンクリートは、たまたま戦時に代用資材として大きく注目され、そのために悲惨な時代の証人の扱いを受けることがあるが、むしろ、それ以前より始まり、そして現在に至るまで続いた、いまだに可能性をもった構法と見るべきものなのであろう。

参考文献

1―――小川浩平『戦時木構造――戦時下の木造大スパン空間』東京大学修士論文、2006年

2―――梶山浅次郎「第一回竹筋混凝土試験報告」『工学』No.13、1915年

3―――「竹筋コンクリート破竹の勢い」『大阪朝日新聞』1938年8月23日

4―――「耐震構造どころか…中国で竹筋コンクリート高層分譲住宅で露見」『西日本新聞』2006年5月29日

5―――「安徽省、竹筋代用で鋼材節約」『RPニュース』ラヂオプレス（RP）通信社、1956年11月

6―――河村協『竹筋コンクリート』山海堂出版、1941年

7―――「竹筋コンクリート――逓信技師ノ新研究」『大正11年組合報抜粋――土木建築業者参考録』大阪土木建築業組合、1923年

fig.5――岩国徴古館（1945（昭和20）年）

竹筋コンクリートが用いられた建築とされ、溶鉱炉で出た廃材をリサイクルした鉱滓ブロックを用いた終戦間際の建築である。［撮影：筆者］

fig.6――岩国徴古館 室内（1945年）

コンクリートの量塊でつくられた印象を受ける一方で、室内のアーチや末広がりの柱は、外部のクラシカルさからは想像できない表現主義的な印象もある。［撮影：筆者］

063 打放しコンクリート仕上げ

打放しコンクリート仕上げによる史上初の建築は、一九二二年に完成したフランスのオーギュスト・ペレが設計したル・ランシーの教会とされる。それに遅れることわずか数年のうちに、日本ではアントニン・レーモンドがこれに繰り返し取り組み、世界のトップランナーとなる。戦後は丹下健三らの建築家たちも、復興を担う公共建築を打放しコンクリート仕上げで次々と実現していく。これを見た米国の建築家たちが取り入れるなど、日本の打放しコンクリート仕上げは世界の建築界にも大きな影響を及ぼした。

日本で発達して世界をリードした仕上げ

藤森照信
東京大学 名誉教授

打放しコンクリート仕上げ

古代ローマ以来、20世紀初頭まで、長い間、コンクリートは見えないところに使われる材であり、その表側には石やレンガやタイルを取り付けて仕上げとされてきた。理由は、コンクリートのくすんだ色や粗い表情が美しいとは思われなかったからだ。

この習慣を打ち破り、コンクリートの灰色で粗い表情を前面に初めて出したのは建築家ではなく、好奇心に富んだ発見家的技術者の一群であった。たとえば1916(大正5)年に全面打放しの「マーサー博物館」[fig.1]をつくったアメリカ人のヘンリー・チャップマン・マーサーのような。

3つのコンクリート仕上げ

建築家は遅れ、マーサーより6年後の1922(大正11)年に、フランスのオーギュスト・ペレが、かのル・ランシーの教会を建築界に問うところからスタートしている。

「打放し」は当初より、コンクリートならではの唯一の表現であったわけではなく、「斫り(はつり)」と「モルタル薄塗り」との3人兄弟の一人として生まれた、という事実に注意しておいてほしい。

鉄筋コンクリート構造はフランスで生まれ、ドイツで育ったという歴史をもつが、そのドイツでコンクリートならではの表現に最初に取り組んだドイツ工作連盟のメンバーは、テオドール・フィッシャーの「兵営附属教会」(1911(明治44)年)[fig.2]に代表されるように斫りをもっぱらとしている。

このコンクリートそのものの表現を求める試みは、ベルリン留学でドイツ工作連盟の主張に目覚めた本野精吾によって日本にもたらされ、コンクリートブロックとモルタル薄塗りの「本野邸」(1924(大正13)年)と、斫りとモルタル薄塗りの「鶴巻邸」(1929(昭和4)年)[fig.3]の2作を生んでいる。

レーモンドの先駆性

本野邸の翌年、アントニン・レーモンドが「霊南坂の自邸」(1925(大正14)年)[fig.4]をつくり、これが日本における打放し第一号となった。と書きたいところだが、ためらいがある。レーモンドは自分の鉄筋コンクリート作品として常にこれを第一に取り上げ、原図の仕上げを見ると、「rough concrete」と書いているから打放しにちがいないが、竣工後数年して訪れた土浦亀城は「モルタル塗り」と明記しているのである。図面のように打放した後、仕上がりが良くないので、モルタル薄塗りを施し、それを土浦が見たことから、図面(レーモン

fig.1——マーサー博物館

窓の桟まで全面打放しという現存世界最古の打放し。[撮影:筆者]

fig.2——兵営附属教会

柱・梁はコンクリート。壁はレンガ。[撮影:筆者]

fig.3——鶴巻邸

研りの肌は味わい深い。［撮影：筆者］

fig.4——霊南坂の自邸

竣工後は図面のように打放しだったかの謎が残る。［出典：『自伝アントニン・レーモンド』鹿島出版会、2007年］

ドの当初の意図）と土浦目撃の間に齟齬が生じたのかもしれない。外観には打放しかモルタル薄塗りかの謎は残るが、内装は、打放し・研り・磨きといったさまざまなコンクリート仕上げを実験した、と当時の所員の杉山雅則は言っている。

ル・ランシーが1922（大正11）年、霊南坂の自邸は3年後の1925（大正14）年（設計図通りに竣工したとして）であり、ル・コルビュジエの打放し第一作の「スイス学生会館」が1931（昭和6）年であることを思うと、日本の打放しのあまりの早さに驚かされよう。当時のレーモンド事務所員の崎谷小三郎の回想によると、レーモンドはペレの資料をデスクに山積みして、参照しながら取り組んでいたという。

もしレーモンド邸が図面と異なりモルタル薄塗りで竣工していたとすると、レーモンドの打放し第一作は1929（昭和4）年の「横浜ライジングサン石油会社本社」[fig.5]となるが、それでもスイス学生会館より、2年早い。

以後、レーモンドは積極的に打放しに取り組み、「川崎守之助邸」（1934（昭和9）年）、「赤星鉄馬邸」（1934（昭和9）年）などの傑作を連発している。ペレがル・ランシーの教会の後、打放しに積極的でなかったことを思うと、レーモンドの打放し建築は、時期の早さといいデザインの充実ぶりといい、ル・コルビュジエ他を抜いて世界のトップを走っていた、と評価して構わない。

こうした世界トップの実績について、戦後、レーモンドは、誇りをもって書いているし、さらに、打放しとは何かについて“近代技術による大地”と性格づけている。ペレもコルビュジエも打放しを使いながら、理論化していないなかで、レーモンドのこの性格づけは本質をついて貴重である。

レーモンド独走の影響は、若い世代にも及び、前川國男や丹下健三がコンペ案や計画案で打放しを試み、戦後の打放し実現へとつながってゆく。

戦中の建築不能の時期をからくも潜り抜けて、戦後の復興が始まった時、リードしたのは打放しだった。戦前、鉄筋コンクリート造はタイルや石やレンガで仕上げられるのが普通で、打放しはレーモンドだけだったが、戦後、一気に勢力は逆転し、復興の時代をリードするような建築はことごとく打放しでつくられるようになる。

丹下の世界性

その中心に位置したのは、丹下健三にほかならない。代表作として知られる広島ピースセンター（1952（昭和27）年）と香川県庁舎（1958（昭和33）年）は、ともに丸柱ではなく角柱を使った打放しコンクリートのラーメン構造を採り、その構造的な秩序は日本の伝統の木構造に通じる。加えて、角柱は木造の角柱と一致し、打放しの質感は素木の肌を思わせる。丹下は、伝統の木造を、打放しを駆使して鉄筋コンクリート造に置き換えることに成功したのである。

この成功の影響はきわめて大きく、全国各地の公共建築が習い、さらに世界にも広がってゆく。そうしたなか、世界で一番影響を受けたのはアメリカで、E.サーリネン、P.ルドルフ、L.カーンなどが日本を訪れて丹下作品に学び、その成果を「ディア・カンパニー」（1963（昭和38）年）、「エール大学イギリス美術センター」（1974（昭和49）年）などに活かしている。

コンクリートを支える大工技術

丹下の木造化した打放しコンクリートは、入り組んだ造形でも緻密な打放しで仕上げることができることを世界で初めて証明したが、この証明を可能にしたのは、日本の大工技術の高さと当時のコンクリート打設人件費の安さであった。

かくして世界のトップに躍り出た日本の打放しは、その後も力を落とさず、やがて世界の安藤忠雄を生むにいたる。

しかし、安藤を最後の花として打放しの全盛期は終え、代わって鉄（金属）とガラスが建築表現のリーダーシップをとるようになり、現在にいたる。

fig.5——横浜ライジングサン石油会社本社

中央の2本の丸柱はペレ風の打放し。［出典：『自伝アントニン・レーモンド』］

064 PCaコンクリート・PC

あらかじめ製造されたコンクリートの部材を工事現場に運び込んで組み立てる工法をプレキャスト（PCa）コンクリートという。これにより大型パネルを工場生産する工法で中層集合住宅が量産され、また柱・梁を工場生産する工法が特に高層建築で採用されて広まった。一方、高強度鋼材などによりコンクリートに応力をかける工法を、プレストレストコンクリート（PC）という。大スパン建築を実現しやすい工法として、体育館、競技場、流通倉庫、工場などの建設に用いられてきた。

建設を合理化し大スパンを実現する工法

岡本伸
建築研究振興協会 顧問／ペルー国立工科大学 名誉教授

プレキャストコンクリート1: 大型パネル工法

鉄筋コンクリートの大型パネルを工場で生産し現場で組み立てることにより、短期間に大量の住宅を供給できる工法として、第2次世界大戦後の大量の住宅不足を解消するために、世界各国で用いられた。壁式プレキャストコンクリート工法（略称、PCaRC工法）はそのひとつである。

日本にこの種の工法を適用するにあたっては、場所打ち一体式壁式構造と同等な耐震性能を付与することが求められた。そこで、民間企業、住宅公団、建築研究所などにおいて、各種の施工・構造実験、5階建ての実大耐震実験などの実施を経て、水平ジョイントとしては、壁と床のPCa版に埋め込み定着された鋼材同士を溶接する、いわゆるドライジョイントを、鉛直接合部には壁版の接合面に歯型の凹凸を設け、壁版から突出する鉄筋同士に添え筋をして溶接をし、コンクリートを充填するコッター方式のウエットジョイントを用いる方式が、5階建てまでの一般的な工法として確立された。

fig.1——壁式中層PCaRC集合住宅
—
SPHシリーズによる5階建て板状集合住宅団地［出典：『プレハブ建築協会30年史』プレハブ建築協会、1993年］

fig.2——壁式高層PCaRC集合住宅
—
住宅・都市整備公団による壁式14階建て集合住宅の一例［出典：『プレハブ建築協会30年史』］

fig.3——架構式単材方式によるわが国初のPCaRC造超高層住宅（柱梁接合部のみ場所打ち）
—
光が丘パークタウンいちょう通り（東京都練馬区）［出典：住宅・都市整備公団『豊かな都市と住まいを求めて——住宅・都市整備公団10年の歩み』1991年］

当初は、公営、公社、公団などの事業主体によって、それぞれ、異なったプランで建設されていた。しかし、これでは、本来のPCa化による量産効果が発揮できないということから、1970（昭和45）年頃より、プレハブ建築協会において、PCaRC工法による公共中層量産住宅の標準設計——SPH工法の検討が進められた。以降、SPHシリーズにより、1971（昭和46）年から約10年間に、約12万戸の住宅が建設された［fig.1］。その後、種々の鉄筋の継手工法が開発され、壁の曲げ主筋をこれらの継手を用いて接合する、いわゆる直ジョイント方式が、また、鉛直ジョイントにも、ひび割れ後の剛性低下を防ぐことができる各種のディテールが民間各社で開発された。さらに、桁行方向は、壁式ラーメン的なものに整理され、高層化が可能となり、8階建てを中心に、最大で14階建ての住宅が建設された［fig.2］。

プレキャストコンクリート2: 架構式工法

高度経済成長の進展とともに、多様な平面計画に対応でき、かつ高層化が可能なプレキャスト工法として架構式工法による、PCa工法の開発が行われるようになった。その当初には、地震時に大きな応力を受ける柱・梁接合部の近傍における部材接合を避けるということから、地震時応力の小さい柱・梁の中央部に接合部を設けていた。また、部材としては、十字型を基本にこれを縦・横に連続させた、いわゆる、キの字、サの字あるいは、コラムツリー型の部材などを使う方式が用いられてきた。しかし、このような部材形状では、工場生産による量産効果が期待できないこと、部材輸送上の問題があること、現場で大型の重機が必要になることなどの生産施工上の理由により、あまり一般的な工法としては普及しなかった。

これらと並行して、とくに、高層化した場合に量産効果を発揮できる、柱、梁を単材としてプレキャスト化し、柱・梁接合部を場所打ちとする単材方式のPCa架構式工法の開発が民間各社でしきりに行われるようになる。低層の建物での実施例が積み重ねられるとともに、高層化への実施例も積み重ねられた。1991（平成3）年には、柱・梁接合部を場所打ちとした単材方式によるオールプレキャストの超高層住宅が、住宅・都市整備公団によって初めて建設された［fig.3］。

最近では、高強度鉄筋の機械式継手、端部成型あるいはナットなどによる梁主筋の定着方法の開発などにより、柱・梁接合部を柱、または梁と一

fig.4——施工中の柱仕口一体型PCaRC造超高層住宅[撮影：筆者]

fig.5——東京湾岸に林立するタワー型PCaRC超高層住宅(一部事務所の例もある)[撮影：筆者]

体成型したプレキャスト部材化。梁または柱から突出させた鉄筋を、柱または梁を貫通するシース管に挿入し、機械式継手により接続するというような工法が用いられている。これにより、柱、壁、スラブをすべてプレキャストないしは、ハーフプレキャスト部材とした、柱仕口部PCa超高層建築が数多く建設されている[fig.4–5]。最近では、長周期地震動への対応もあり、多くの場合、免・制振工法が組み込まれている。

プレストレストコンクリート

引張に弱いコンクリート梁に、常時荷重を受けたときに生ずる引張り応力を打ち消すように、高強度鋼材により圧縮のプレストレスを導入したものをプレストレストコンクリート(略称、PC)という。これにより、常時荷重時に生ずる引張に対しても圧縮に対すると同様に抵抗しうる、大スパンの梁部材をつくることができるようになる。

プレストレスの導入時期により、①プレテンション工法：コンクリートを打設する前にPC鋼材を緊張しておき、コンクリートを打設し、コンクリート硬化後に緊張力を開放し、コンクリートと緊張材の付着によりコンクリートにプレストレスを導入する工法と、②ポストテンション工法：コンクリートにあらかじめPC鋼材を通すシースを埋め込んでおき、コンクリート硬化後にプレストレスを導入し、防錆と付着の目的を兼ね、シースにグラウトを充填する工法に分類される。プレテンション工法は、主としてPCa製品(有孔床板、リブ付床板など)、小梁などの工場で製作される部材に用いられる。一方、ポストテンション工法は、プレキャストコンクリート部材をポストテンションにより圧着接合することで、容易に剛接合部が得られることなどの利点により、多様なPCaPC建築物の建設に適用されてきた。

1960(昭和35)年に建設省告示第223号が制定され、以降、本格的に、機能的に大スパンが必要とされる、体育館・競技場・流通倉庫・文教施設・工場などの建設に広く使われるようになった[fig.6-10]。とくに、場所打ちのRCフレームの、梁部材のみにポストテンション方式によりプレストレスを導入することにより、スパンの1/20程度の梁成で大スパン架構が比較的容易に建設できる。そのため1962(昭和37)年頃から10年間程続いたボーリングブーム時には、このような場所打ち工法により、全国で多数のボーリング場が建設された。

その後、アンボンド鋼材あるいはアフターボンド鋼材の実用化、免・制振構造の普及により、PC構造を用いた建築も多様化し、多くの造形的に優れた建築物が建設される。一方、PC部材の示す高度な復元性と、免・制振構造と組み合わせることにより、地震後の継続使用が強く求められる、大規模流通倉庫・庁舎などに積極的に用いられるようになった。また、すべての部材をPCaPCとし、免震構造と組み合わせた超高層住宅、鉛直部材は、RC部材とし、梁、あるいは床の一部にPC部材を用いたハイブリット構造による、PCaPC造超高層建物なども建設されている[fig.11]。

fig.6——南長野運動公園多目的競技場(冬季長野オリンピック開閉式会場／1996(平成8)年)

外観を構成する21枚の「巨大な桜の花弁」は、一枚当たり、7分割されたPCaPC版である。花弁は3枚ごとに大きさを変え、両翼から中央部に向かうにつれ大きくなる。1ピース当たりの長さは、最大で20m、重量約30トンである。[提供：(株)建研]

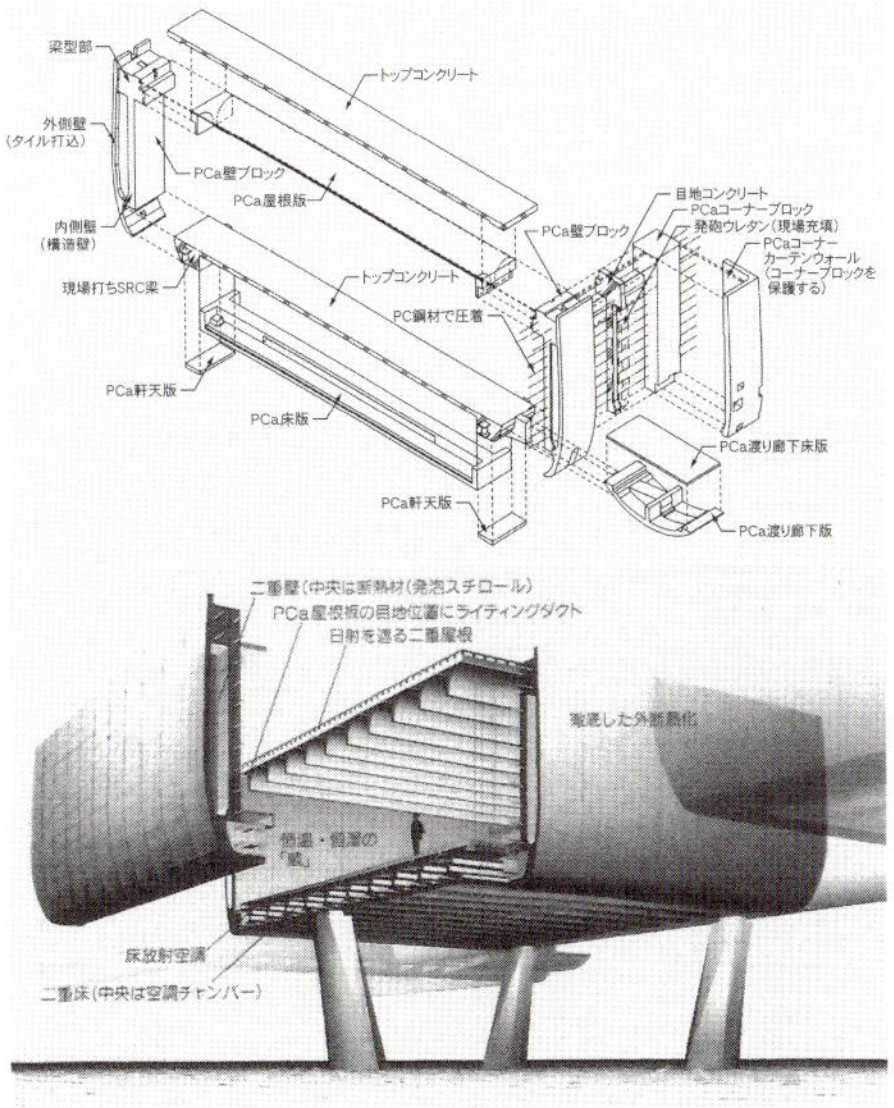

fig.7-8——愛媛県美術館(1998(平成10)年)PC組み立て概要図(上)と二重殻構造(下)

柔らかな曲面をもつ箱状の空間を、1.8m幅のタイルを打ち込んだ丸みをもつ形状の壁と床をプレキャスト部材とし、これらをプレストレスにより圧着することによりつくり上げた愛媛県美術館。箱を支える柱は場所打ちRC造。[出典(上)：プレストレストコンクリート建設業協会『プレストレスト・コンクリート建築』2007年／出典(下)：『建築技術』1998年4月]

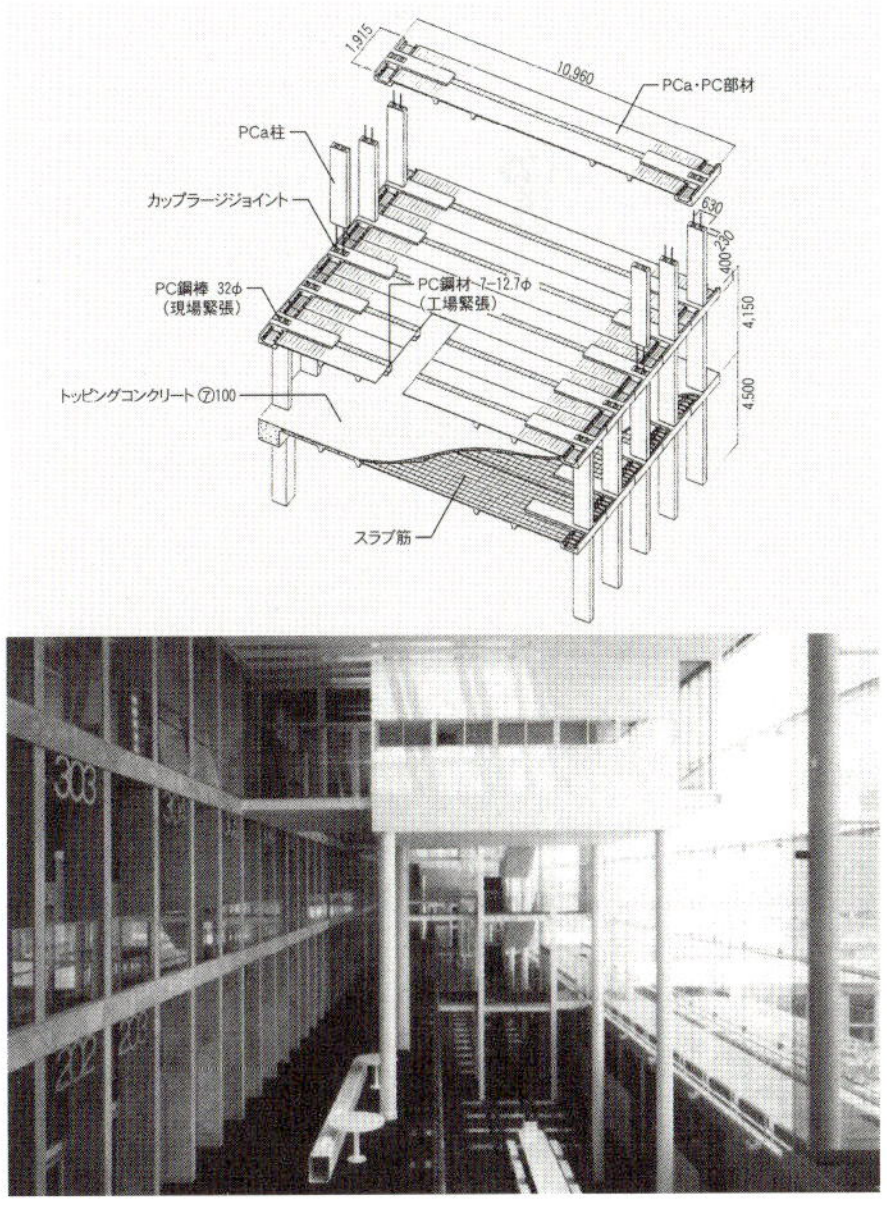

fig.9-10——埼玉県立大学(1999(平成11)年)PC組み立て概要図(上)と内観写真(下)

建物長手方向は、全長261.8mにおよび、基本グリッドを7.7mとし、8グリッドに2グリッドの割合で、RC造の耐震コアーを設け、これにほとんどの地震力を負担させている。したがって、4階建て、スパン10.4mの無柱の空間は、柱断面が23×63cmというルーバーのような柱と、40cmの梁成のきわめてスレンダーな構造部材で構成されている。[出典：『プレストレスト・コンクリート建築』]

fig.11——ビナマークス海老名(2004(平成16)年)

柱、梁、床オールPCaPCの版状超高層住宅。ただし、床・梁は一部ハーフPCa部材で現場で、トッピングコンクリートを打設し一体化する。[提供：(株)ピーエス三菱]

065

基礎・地盤改良

建物を支え続けてきた縁の下の力持ち

藤井 衛
東海大学 名誉教授

伝統的な地業・基礎技術である木杭は、紀元前三〇〇〇年以上前に、スイスで洪水を避けるために築造された杭上集落に見出すことができる。一九五〇年代までは、木杭は建築物を支持する主役であった。我が国でも旧丸ビル解体時に現れた松くいの完全さに度肝を抜かれた建築技術者は多い。明治時代以降、鉄筋コンクリート造の一般化に伴い、フランスやアメリカからコンクリート杭の技術導入がなされ、まさに縁の下の力持ちとして我が国の建物を支え続けてきた。

既製コンクリート杭

コンクリートを遠心力で締め固める方法は、1920年頃、オーストラリアのW.R.ヒュームによって発明された。これがアメリカに渡り、昭和の初め頃から日本へ輸入されはじめた。1934(昭和9)年、わが国で初めて大同コンクリート工業(現、ジャパンパイル)によって、遠心力を利用した鉄筋コンクリート杭(RC杭)の製造が開始された[1]。1968年には、高層ビルの到来とともに、ひび割れに強い遠心力成形プレストレストコンクリート杭(PC杭)が誕生した。そして、PC杭よりもはるかにひび割れに強い遠心力高強度プレストレストコンクリート杭(PHC杭)が、1970(昭和45)年に日本コンクリート工業によって開発された。杭径も大径化が進み、現在では、1,200mmの杭も製造され、同時に耐震性能の高い杭も続々と開発されている。

施工面では、当初はディーゼルハンマーによる打ち込み杭であったが、1968(昭和43)年の騒音規制法や1976(昭和51)年の振動規制法により、市街地では打撃による施工が困難になったため、1960(昭和35)年頃に開発された埋め込み杭工法が主流となった。そして、先端支持力を増大するため1983(昭和58)年にプレボーリング拡大根固め工法が登場し、2000(平成12)年の建築基準法の改正をふまえて、2003(平成15)年頃から、根固め部内の杭先端部とセメントミルクの一体化を高めて先端支持力の向上を図った、高支持力杭の開発が盛んに行われてきた。現在では、根固め径が2.5mを超える工法も登場している[fig.1–2]。

既製コンクリート杭の発展には、コンクリートポール・パイル協会、コンクリートパイル建設技術協会が果たした役割は非常に大きい。

場所打ちコンクリート杭

日本における場所打ちコンクリート杭工法は、1907(明治40)年10月に創立された東洋コンプレッソル株式会社によって施工されたコンプレッソル工法に始まる[2]。コンプレッソルとは、フランス語のCompresol、つまりSol(地面)をCompresser(圧搾)するという造語であり、英語ではCompress-Soilとなる[3]。代表的な建物として、旧近衛師団司令部庁舎(現、国立近代美術館工芸館)や日本製鋼所室蘭製作所などがある。コンプレッソル工法は重りで地面に穴をあけ、固練りコンクリートを打ち込む工法である。ただし、地下水があるところでは孔壁崩壊の恐れがあり、これを改善するために鋼製のケーシングで孔壁を保護した工法がアメリカのヘンリー・アボットによって考案されたアボット工法である。アボット工法の代表的建物として、東京電気株式会社(現、東芝(株))の川崎工場)や帝国議会議事堂(現、国会議事堂)がある。このアボット工法の外管の先端に鋼製板のくつを付け加えた工法が、昭和の中頃まで採用されたペデスタル工法である。

1950(昭和25)年以降、杭基礎の設計技術が普及するにつれ、オールケーシング(当時はベノト工法と呼ばれていた)、アースドリル、リバースサーキュレーションの各工法の技術が相次いでわが国に導入された。オールケーシング工法とは、ケーシングを地盤に押し込みながら内部の土をハンマーグラブでつかみ取り、排土しながら所定の深度まで掘削する工法である。一方、アースドリル工法とは、ドリリングバケットを回転させて地盤を掘削し、バケット内部に収納された土砂を地上で排出する工法である。また、リバースサーキュレーション工法とは、掘削ビットを回転させ、その土砂を孔内水とともに真空ポンプまたはエアリフトにより地上に吸い

fig.1——ディーゼルハンマー

ディーゼルハンマーは、1951(昭和26)年にわが国に導入され、1960年代まで、既製コンクリート杭の打撃工法の主役であった。[提供:日本コンクリート工業(株)]

fig.2——日本コンクリート工業川島工場

現在、わが国の杭工場では、一般にPHC杭のほかに鋼管複合杭(SC杭)、プレストレスト鉄筋コンクリート杭(PRC杭)など耐震性能の優れた杭のほか、負の摩擦力低減材を塗布したSL杭、節付き杭、先端部を拡大したST杭など数多くの種類の杭が生産されている。[提供:日本コンクリート工業(株)]

fig.3——初期のアースドリル機(加藤T&K15H)

—

1947(昭和22)年にアメリカのカルウェルド社で開発されたアースドリル機が日本に導入されたのは1960(昭和35)年である。[提供:東洋テクノ(株)]

fig.4——場所打ちコンクリート拡底掘削機(new ACE工法2248型拡底バケット)

—

1971(昭和46)年には場所打ち拡底杭が誕生した。拡底径も当初は2.7mであったものが4.1m、4.8mと拡大していった。[提供:東洋テクノ(株)]

上げて排出する工法である。1970年代のはじめには、これらの軸工法に加えて、杭先端部の拡大による先端支持力の増加および掘削土量とコンクリート量の低減を意図した場所打ちコンクリート拡底杭工法が開発された[4]。当時は最大拡底径が4.1mに限定されていたが、現在は4.8mを超える拡底杭も登場している[fig.3–4]。

地盤改良工法

主に建築の分野で用いられる地盤改良工法は、深層混合処理工法に代表される固化工法とサンドコンパクション工法に代表される締め固め工法の2種類である。深層混合処理工法が注目を浴びたのは、1995(平成7)年の兵庫県南部地震(阪神・淡路大震災)である。地盤改良を行った建物で被害を受けたものはほとんどなかった。これを受け、1997(平成9)年日本建築センターより、深層混合処理工法による「建築物のための改良地盤の設計及び品質管理指針」が発行され、地盤改良はわが国に広く普及した。深層混合処理工法は、戸建て住宅をはじめ、主に置換工法(ラップルコンクリート)の代替として、中低層建築物での使用がほとんどであったが、70mを超える高層建物や液状化対策を目的とした格子状形式としても利用されるようになった[5]。一方、サンドコンパクションパイル工法(以下、SCP工法)は、液状化対策とした実績が多い。SCP工法は、1956(昭和31)年頃に登場し、当時京都大学教授の村山朔郎の命名が学術名となったものである。当初は櫓を利用したパーカッション方式で粘性土の中に砂杭を打ち込んでいたが、打込み方式を振動式にして現在の振動式SCP工法の基礎ができた。さらに、1996(平成8)年には、振動を用いない回転圧入施工による静的締固め砂杭工法が開発され、市街地での適用が可能になった[6][fig.5–6]。

このように、明治期に諸外国から技術を導入したわが国の建築基礎技術は、昭和40年代の高度経済成長期を境に急激な発展を遂げ、今や世界に冠たる技術力を有するまでに成長した。

住宅用基礎の変遷

戸建て住宅用基礎の原点は、玉石の上に柱を載せる石場立てという形式にある。その後、石を水平方向に配置(布石)するようになり、この石がコンクリートに代わっていった。そして、より安全性を求めて基礎の底版が拡大され、ついには無筋コンクリートから鉄筋を配した現代の布基礎になり、同時に底版を建物全面に拡大したべた基礎も誕生した。さらに、住宅用基礎の技術は、2000(平成12)年に施行された「住宅の品質確保の促進等に関する法律」が引き金となり飛躍的に発展した。数多くの地盤改良工法や杭工法が、日本建築センターの技術審査証明や性能評価を取得し、この分野においても諸外国の戸建て住宅用基礎に比べ、格段に高い技術水準を有することとなった。

参考文献

1————『コンクリートパイルハンドブック』コンクリートポール・パイル協会、1966年

2————宮本和徹、桑原文夫「我が国における場所打ちコンクリート杭の黎明期の施工法に関する調査」『日本建築学会技術報告集』第19号 第41号、2013年

3————豊島光夫「建築基礎技術の歩み——素晴らしき…たかが基礎会社」『基礎工』1997年1月

4————茶谷文雄「杭基礎の展望」『基礎工』2001年1月

5————渡辺一弘、又吉直哉「建築基礎におけるスラリー系機械攪拌方式による深層混合処理工法の現状と今後の動向」『基礎工』2009年5月

6————大西智晴、吉富宏紀「液状化対策工法」『コンクリート工学』Vol.50 No.1、2012年

fig.5————わが国で初めて施工されたサンドコンパクションパイルの施工写真

—

1956年、木津川工場においてパーカッション方式で施工された。[提供:(株)不動テトラ]

fig.6————静的締め固め砂杭工法の施工写真

—

現在、建築分野での締め固め工法の主力は、市街地施工が可能な低振動・低騒音の静的締め固め砂杭工法である。[提供:(株)不動テトラ]

066 建材のリユース・リサイクル

限りある資源を生かして循環型の社会を形成していくためには、資源を再生し活用するリユース・リサイクルの技術が必要となる。リユースでは、建築に使われていた材料をそのままの形で取り出し、別の建物で再利用する。一方、リサイクルでは、解体現場で発生したコンクリートや木材などの副産物を中間処理施設によって再資源化する。建材の再資源化は、原料の収集運搬、それを使用可能な状態にする中間処理、そして製品製造の三段階でそれぞれの技術が求められる。

循環型社会を実現するための資源活用技術

角田誠
首都大学東京 教授

資源循環型社会の構築から生まれた3R

我々の日常生活は、地球から資源やエネルギーを採取し、それを生産・消費の後、地球に廃棄する（返す）行為で成立している。地球環境問題の多くは、この循環のバランスが崩れた結果と見ることができる。限りある資源を効率的に利用し、最適な生産、最適な消費、そして廃棄を最小にする行動により、循環型社会が形成される。大量生産、大量消費、大量廃棄という20世紀型のライフスタイルが引き起こした問題を解決するためにも、この行動規範は不可欠なものといえる。

2000（平成12）年に公布された循環型社会形成推進基本法では、循環型社会を、廃棄物などの発生の抑制、資源の循環的利用の促進、適正な処分の確保により、天然資源の消費を抑制し、環境への負荷を低減した社会としている。その循環型社会を構築するための活動を「3R」と呼び、とくに再生資源の活用技術として、リユース・リサイクル技術がある。

再資源化するための循環システムは、収集運搬、中間処理、製造の3つの側面で構成される。最後の製造技術が注目されがちであるが、その前段階の原料を収集する技術、それを使用可能な状態に処理する技術が必要なことはいうまでもない。たとえば、住宅現場から出る窯業系サイディングの端材を原料として、熱可塑性樹脂廃材（自動車バンパー）をバインダーに用いて溶融成型し、住宅外装用装飾部材に再生利用した例では、溶融形成技術に加え、住宅端材を収集運搬する技術、廃品バンパーを分別処理する技術があって、初めて再資源化製品が出来上がる。このように、再生資源の活用は、ひとつの技術ではなく、資源循環システムに関連する技術総体によって実現可能となることを忘れてはならない。

fig.1——解体現場での副産物の発生状況（上：木造解体現場／下：鉄筋コンクリート造解体現場）

現在の解体工事では、工事着手前に現場調査を行い、解体手順や必要となる重機やその配置などの解体計画を立ててから工事を行う。解体規模や構造種によって排出される副産物は異なるが、大型ブレーカや圧砕機を用い、丁寧に分別解体している。[撮影：筆者]

fig.2——新築現場の副産物排出ステーション

新築現場で発生する余剰材や端材などを、処理可能な素材別に1カ所に集めている。各階にも同じステーションが設けられ、分別の徹底が図られている。ここから、ほとんどの材料は中間処理施設に運ばれる。[撮影：筆者]

再生利用された建材：recycled material

建設工事に係る資材の再資源化等に関する法律（通称、建設リサイクル法）では、特定建設資材（コンクリート、アスファルト・コンクリート、木材）を用いた建築物の解体工事で、一定規模以上の工事を行う際に、その受注者に対し分別解体等および再資源化等を義務づけている。施工の合理化・省力化を目指して開発された新建材や建築部品を用いた建築物の解体において、重機で一気に壊してしまう「ミンチ解体」を防ぐことが背景にある。

建設において使用された資材を解体後に原料として再生利用するためには、できる限り不純物を少なくすること、つまり不純物が混在しないように分けて解体することが望ましい。近年の一般的な解体現場[fig.1]では、事前調査や解体計画・解体設計が行われている場合も多く、結果として分別解体はかなり進んでいる。さらに、新築現場でも、廃棄される建材などは細かく分別されている[fig.2]。

製造される再生建材では、現場から発生した副産物がそのまま原料となるのではなく、再生しやすいように処理が施される。そこで重要となるのが、現場で発生した副産物を減量・減容化、安定化・無害化し、さらにそれらを再資源化するプラントを有した、中間処理施設の存在である[fig.3]。現在、全国に約18,000カ所が存在し、さまざまな副産物を受け入れ、再資源化している。ここでの処理技術の良否が、再生される建材の性能に大きく影響するので、再生建材を製造するうえでの要の施設ともいえる。

fig.3——中間処理施設における再資源化（木くずのチップ化）

各現場から運ばれてきた副産物は、まず中間処理施設内の所定の場所に集積される。そして荒選別され、破砕される。破砕された木くずは、製紙用チップ・ボード用チップ、燃料用チップに分けて処理される。このうち前者はメーカーに売却され、後者は自社内で処理される。［撮影：筆者］

中間処理段階で省力化するためには、分別解体の徹底が効果的である。一方で、分別にも限界があり、また再生される建材としての性能を考慮すると、徹底した分別が不要なものもある。つまり、どのような性能・機能を有した再生建材を製造するのか、最終的な出口（使い道）を考慮したうえで、循環システム内のエネルギー・資源の消費を最適化することが必要となる。

再利用可能な建材：reusable material

リユースの特徴は、「そのままの形」で再度使用することにある。リユースされる建材では、対象とする部材を建築からいかに取り出せるかがポイントとなる。簡単に取り出すことができるためには、建築本体との取り付け・接合の方法が鍵を握る。たとえば、湿式による糊付けなどよりも乾式でビス留めした方が、母材に傷をつけないため、再度の使用にも有利となる。しかし、ビス穴が空いてしまうので、「材料そのまま」という使用条件下では、着脱容易な嵌合方式やスナップジョイント方式の取り付け・接合がより好ましい。

fig.4——工場で出番を待つユニットハウス

建設現場で使われるユニットハウスは、役割が終わると疲れを癒すため工場に戻る。そこでは念入りにお化粧直しを行い、性能・性状を診断し、再び建設現場で働くことになる。［撮影：筆者］

このリユースの条件を建材で実現することはなかなか難しいが、最初から再使用を意図しているものでは可能となる場合がある。たとえば、型枠材は、要求される性能や条件が少なく、かつ恒久的に使用しないため、リユース材料としては好例といえる。また、建設現場の仮設事務所に用いられるユニットハウス［fig.4］も、工事が終わると簡単な補修を行い、再度他の現場で使われるのでリユースを考えやすい。これらの共通点は使用期間が短いところであり、再使用時に工場などの供給側に戻り、清掃・補修を経ることで、材としての安定した性能・性状を担保している。このリース・レンタルの発想を普遍させることにより、新たな建材市場の開拓も期待できる。

さらに、今では入手し難いものを、既存に使われている建物から手に入れる行為も、材の再利用と捉えることができる。古い民家などで使用された古材の再利用が、これに相当する［fig.5］。使用場所、使用目的にもよるが、ここでも分解・着脱の容易性が重要となる。さらに、保管場所（ストックヤード）を確保することも忘れてはならない。

fig.5——古材の再利用

民家の解体に出向き、そこで排出された古材を、釘抜き・燻蒸・洗浄したのち、販売する。塗装や切断加工も行っており、一般の消費者も購入できる。古材の種類としては、柱・梁の構造材だけでなく、建具や枠などの造作材も扱っている。リノベーションの内装仕上げとして、またアンティーク調の雰囲気を出すためなど、その使用の範囲は広い。もちろん、民家として再生する場合もある。［撮影：筆者］

建材の再資源化から、建築空間の再資源化へ

建築現場の仮設事務所や被災地の仮設住宅、博覧会などのパビリオンは、使用期限がある建築である。通常の建築との根本的な違いは、主となる構造材がヴァージン材か否かにあり、求められる構造安全性は当然異なる。近年では事業用の定期借地に建設される、10-15年の使用期限をもつ建築も見られる。通常の構造条件を有するため、使用期限をまっとうした後でもいまだ余力が認められる。これらの部材を有効に使わない手はない。建材の再資源化を越えて、建築空間そのものの再資源化を考える時代となっている。

参考文献

1———角田誠、清家剛「ものづくりにおける資源循環」『総合論文誌 第5号——ものづくりのフロンティア』日本建築学会、2007年
2———角田誠「第12章 解体と資源循環」『建築生産第二版』市ヶ谷出版社、2010年
3———日本建築学会 編『鋼構造のリユースマニュアル・同解説』2009年
4———日本建築学会 編『鋼構造環境配慮設計指針（案）——部材リユース』2015年

067

労働安全対策

建設現場での墜落・落下を防ぐために

蟹澤宏剛
芝浦工業大学 教授

一九九〇年代後半にいたるまで、建設業における労働災害で毎年千人を以上が亡くなっていた。これは全労災死亡事故の約四割にあたる。建設業の労災事故で多いのは墜落・落下によるもの。これを防止するために、足場や安全帯に関しての施行規則やガイドラインが出された。足場では鳥居型の枠材を用いて本足場を組む枠組式のものが広く普及している。安全帯は胴ベルト型が長らく使用されてきたが、安全性の高いフルハーネス型が義務付けられるようになった。

戦後のGHQによる民主化政策のなかで労働者の権利保障や安全対策が講じられてきた。しかし、建設業においては、「怪我と弁当は自分持ち」という考え方が長らく支配的で、法や制度を整え、規制を強化しながら地道に安全意識の向上を促す必要があった。残念ながら1990年代後半まで、毎年1,000人以上が亡くなり、労災死亡事故の4割以上が建設業という状況が続いた。国は、21世紀に入る頃から、矢継ぎ早に制度を改正し、安全環境の整備が進められた。

労働安全に関する政策と建設業

「人の命は地球より重い」という名言があるが、日本において労働者の生命が最優先と考えられるようになったのは戦後のGHQの政策による。とくに、戦前の建設業は、労働者を半ば監禁して強制労働させる「たこ部屋労働」と称されるような前近代的な仕組みが蔓延していた。

GHQは、日本の民主化政策の一環として、1947(昭和22)年に労働基準法と職業安定法を制定することで、労働者の権利を明確化し、職業を得る機会の補償と労働力の搾取を防止する措置を講じた。労基法には、労働者の安全衛生に関わる規定が定められていたが、産業構造の変化や技術進歩への対応が必要になり、1972(昭和47)年に労働安全衛生法(安衛法)が制定された。

しかし、建設業は、元来、危険が伴う仕事が多いにもかかわらず、「怪我と弁当は自分持ち」という考え方が長らく支配的であった。この言葉には、安全設備が無くても怪我をしないのがプロフェッショナルの証であり、逆に、安全設備は、作業をするのに邪魔、自己責任だから保険に入る必要はない、というような意味が込められているのであるが、他産業に比べて圧倒的に事故件数が多いのが実態である。

1990年代まで、建設業は全産業で起こった労災事故による死亡者数の4割以上、今でも3割以上を占めている[fig.1]。ただし、労災事故の統計には、労災保険が申請されなかったものや、労災保険に加入することのできない個人事業主や建設業に特有の一人親方は含まれていないので、実際には、もっと高い割合である可能性がある。

墜落・落下防止措置と足場

建設業の労災死亡事故のうち、45%余りが墜落・落下によるものである。建設現場以外の場所で発生する交通事故を除けば、半数以上を墜落・落下が占める。2017年に撮影したラオスの山村における木造住宅建方の様子を見ると、落下防止措置はほとんど講じられていない[fig.2]。日本では、安衛法制定以降もこれと同じような状況が少なくなく、むしろ全産業に占める割合は上昇さえしていた。

このような木造建築における安全性の問題は、厚生労働省にも認知され、1996(平成8)年に労働基準局長通達により「足場先行工法におけるガイドライン」が策定され、建方に先だって建物外周に足場を設置することの必要性が示された。

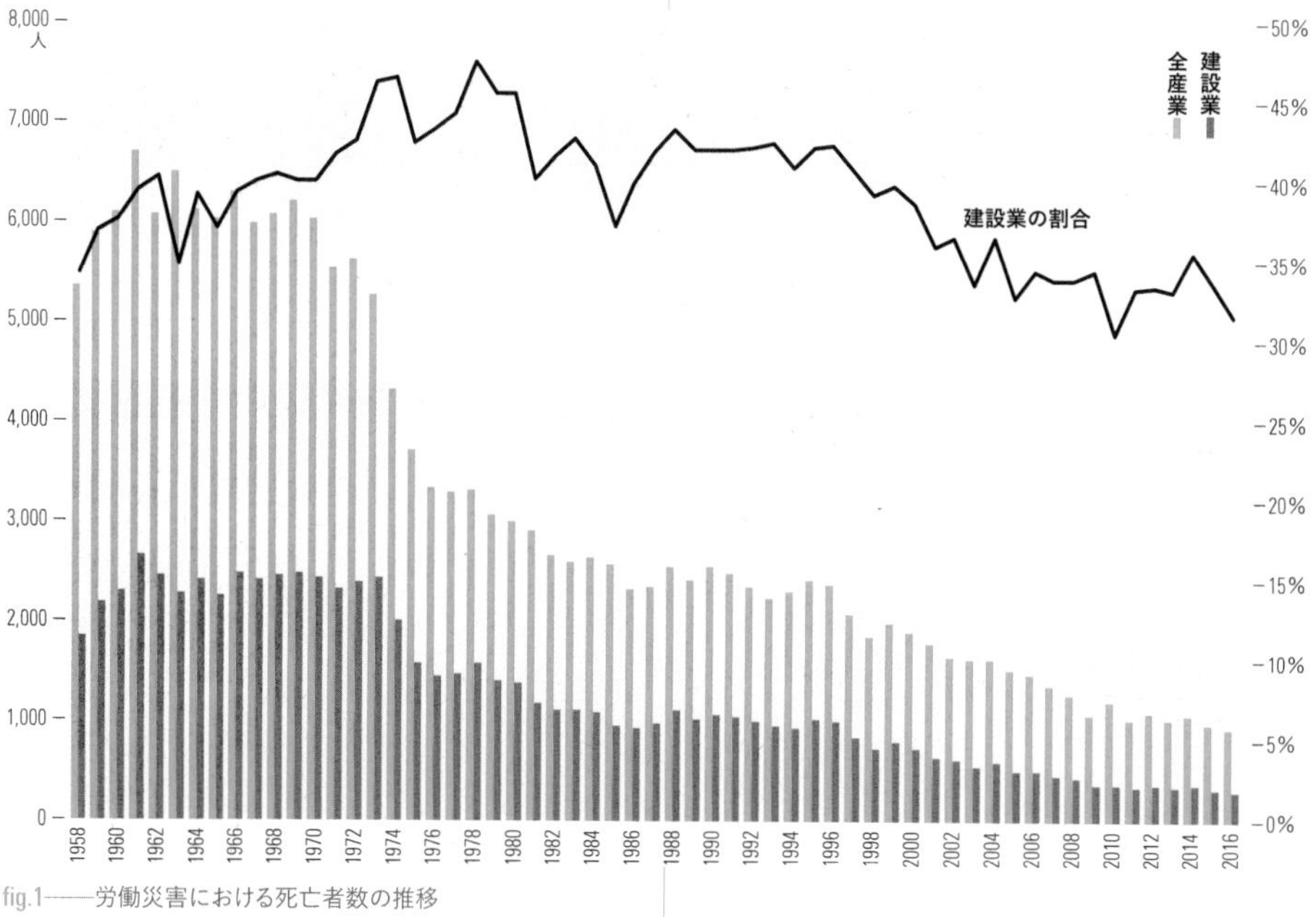

fig.1――労働災害における死亡者数の推移

労働安全衛生法が制定される以前は、全産業で6,000人、建設業では2,000人を越える人が亡くなっていた。それ以降、安全対策の充実により死亡者数は減り続けている。建設業は、かつては死亡者全体の4割を占めていたが、今でも3割を越えている。
[出典:厚生労働省「労働災害統計」より筆者作成]

fig.2——ラオスの山村での建方風景

かつての日本もこれに近い姿であった。[撮影:筆者(2017年、Poung Chong村にて)]

fig.3——ベトナムの木製足場

安全の観点より、高所作業での足場の確保に重点が置かれている。[撮影:筆者(2014年、ハノイにて)]

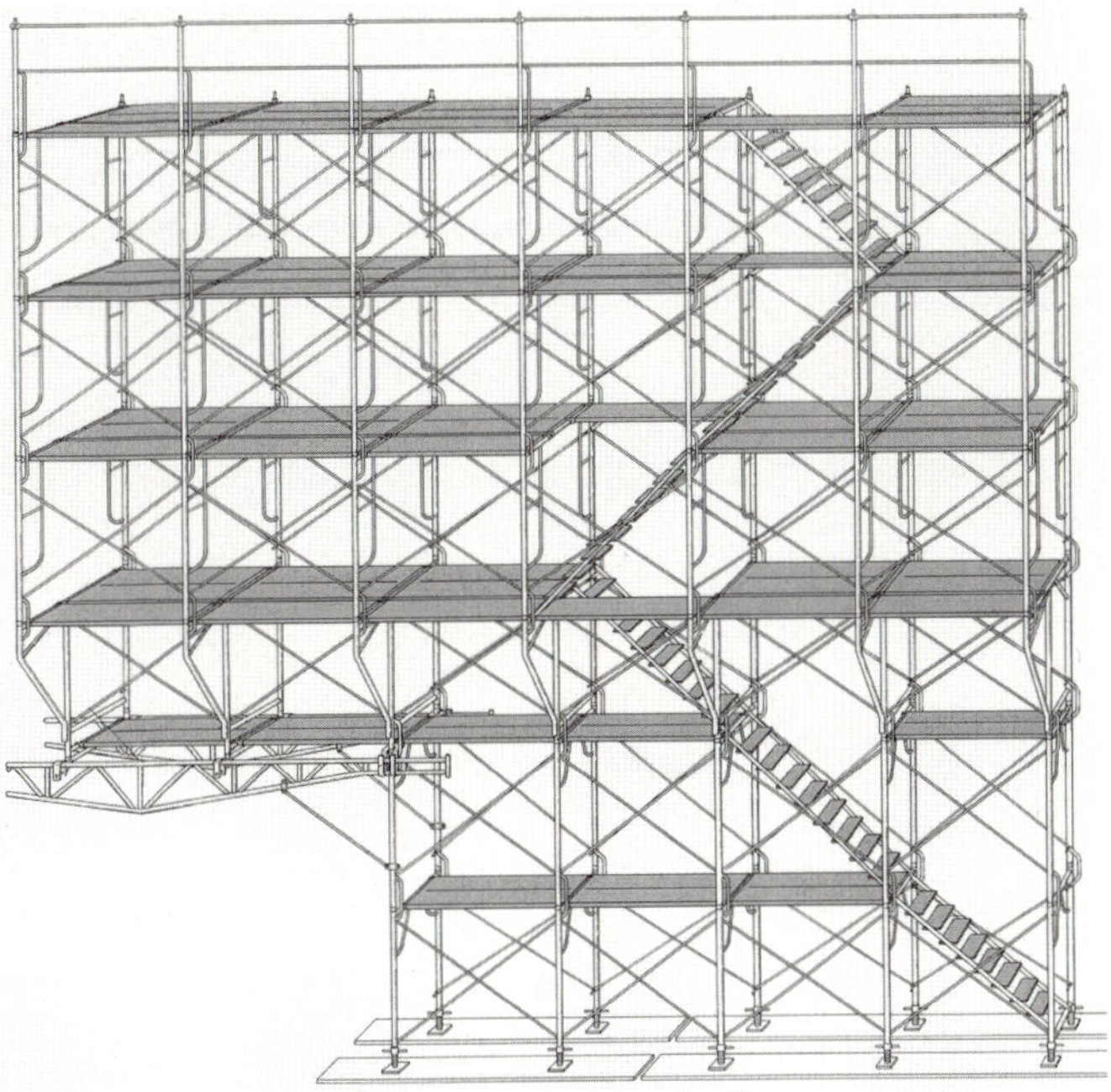

fig.4——枠組足場(ビティ式足場)[出典:日鐵住金建材(株)カタログ]

fig.5——くさび式足場(ビケ足場:住宅用)[出典:(株)ダイサンカタログ]

ガイドラインは2006(平成18)年に改正され、より充実した墜落防止対策となっている。

高所からの墜落・落下を物理的に防止するには、①手すりや足場、墜落防止ネットの設置、②安全帯の使用、の大きくは2通りの対策がある。足場については、当初は、落下防止というよりは、高所で作業をするための設備という色合いが濃かった[fig.3]。

安衛法は、その運用や細則を定めた施行規則を含めて、何度もの改正がなされ、対策が強化されてきた。なかでも建設業の安全対策に大きく影響を与えたのが、2009(平成21)年の改正で、足場に幅木や下さん、手すりの中さんの設置が規定された。さらに、2015(平成27)年の改正で足場の作業床と建物の隙間の規定などが強化された。

足場の種類

足場は、使用する材料により、木製、鋼製、その形状により本足場、一側足場、棚足場、吊り足場、移動式足場など、組立・接合の方式により単管式、枠組、楔緊結式などに分類される。

本足場は、建地と呼ばれる支柱を外側・内側に2本建て、その間に作業床を設けたもので、足場の基本といえる。組立・接合方式は、単管式、枠組式、楔緊結式の3種類があるが、単管は、直径48.6mmの鋼管を専用のクランプを用いて接合するもので、形状の自由度は高いが、組立に手間を要するのがデメリットである。

現状、もっとも普及しているのは、枠組式である。建設現場では、開発者名に由来する商品名の「ビティ式足場」の呼称が一般化している[fig.4]。ビティ式足場は、鳥居型の枠材と現場でアンチ(アンチスリップの略称)と呼ばれる鋼製足場および補強のためのブレースを組み立てて本足場を構築するものである。

くさび緊結式は、縦地部材を接合部にくさびを打ち込んで固定する方式で連結していく足場で、日本で最初の製品とされるシステムの名称を用いて、現場ではビケ足場と呼ばれることが多い[fig.5]。くさび緊結式は、部品の組み合わせでさまざまな形状に対応可能であるため、本足場、一側足場の双方に対応している。また、支保工と一体で構築できるなどの特徴がある。

今でも中国では竹製の足場が使われているが、手すり、ブラケット、養生ネットなども整えられている[fig.6]。竹や木の足場は粗末という先入観をもたれがちであるが、この時代に、これだけの足場を整えていたのはむしろ先進的である。

フルハーネス型安全帯

長らく日本では、胴ベルト型の安全帯が普及してきたが、落下時に身体への負担が大きいなどの問題を有していた。また、世界的にみても、胴ベルト型の安全帯は特殊であることから、2018(平成30)年に安衛法施行規則の改正が公布され、2019(平成31)年に施行、経過措置を経て2022(令和4)年からは、胴ベルト型安全帯の着用と販売が禁止となる。足場や手すりなどの落下防止施設のない場所では、フルハーネスの安全帯の着用が義務化され、世界標準ともいえる安全基準が、GHQの民主化政策から3四半世紀を経て、足場、安全帯ともに整えられることになる。

fig.6——中国の竹製足場

作業床、手すり、ブラケットなどが整えられ、構造補強材のブレースも入っている。システム足場ともいうべき完成度である。[撮影:筆者(2002年、上海にて)]

コンピューターの発展とともに図面作成の仕組みを変える

嘉納成男
早稲田大学 名誉教授

一九七〇年代後半になって、これまで手描きで作成していた図面を、CADで作成しようとする動きが活発化する。その一方で、CAD化に対する根強い反対もあった。しかしコンピューター技術が発展するにつれ、建築の設計と施工はCAD図面を前提とするようになり、レイヤーの考え方や図形ライブラリーの活用など、図面作成の仕組み自体が大きく変わる。また一九八〇年後半には三次元CAD化の動きが始まり、バブル経済の崩壊で一時停滞はしたものの、二〇〇〇年代になってからは、BIMという新たな形で図面の仕組みを再度大きく変えようとしている。

図面の役割

図面の役割には、大別して2つがある。ひとつは、設計者が創出したイメージを視覚的に具現化し、自らのイメージを増幅させる役割。もうひとつは、完成するべき建築物に関する情報伝達の役割である。前者は建築家やエンジニアの個人的な方法論であるが、後者は建築産業全体に関わる方法論である。図面によって、設計に関わらなかった人々が設計内容を理解し、細部納まりの検討、工法の検討、正確なコスト・工期の算出、さらには適切な施工が可能になる。

手描き図面から2次元CAD図面へ

建築学会でコンピューターが取り上げられたのは1961（昭和36）年頃からであるが、その当時は数量計算が主であり、構造計算、積算、PERT/CPMなどへの応用が話題となっていた[1]。しかし、図面は線画をコンピューターに描かせる必要があったため、プロッターや画面への図形の出力装置、図形位置の入力装置（ライトペンやマウス）が安価に出現する1970年代後半まで、真剣には議論されなかった。

1980年代になると、これまで文字列の表示であったディスプレイに線画も出力できるようになり、また、位置の入力装置として安価なマウスが出現した。最初は、大型コンピューターの図形端末を用いて始まり、その後はUNIXワークステーション、さらには安価なパソコンで動作するCADソフトが開発され、設計図をCADで作成しようとする動きが一気に広まった。その後、2次元CADではあるものの、平面図に高さを与えることによって「2.5次元CAD」として使い、面積・容積計算、日影チェック、斜線制限チェック、還流熱量計算、数量積算、コスト配分計画など、CAD図からさらなる演算を行う利点を見出し、インターネットを通じた図面の送受信など、新たな付加価値を設計図に与えることになる。

2次元CAD図面から3次元CAD図面へ

空間的に広がる建築物を設計するには、3次元空間上に部材を配置していく設計法がもっとも適しているとはいえるものの、手描きから2次元CADへの移行以上に多くの問題を抱えていた。ひとつは、3次元CADモデルが2次元CADモデルよりも情報量が格段に多く、その作成に多くの情報入力が必要とされること。また、1990年代当時は、3次元CADのソフト技術も未熟で、コンピューターの性能も低く、小規模な建築物や建築物の一部の3次元表現にとどまっていた。1980年代後半から3次元CADを活用しようとする動きはあったものの、1990年代初頭のバブル経済の崩壊で建築産業が低迷したことによって、2000（平成12）年を迎えるまで、実務への展開を果たすことはできなかった。[fig.1]

BIMへの展開

BIM（Building Information Modeling）の考えは、古くは1975（昭和50）年に建築物の設計に関する総合的なコンピューターの活用の重要性を示したCharles M. Eastmanの論文であるといわれている[2]。C. M. Eastmanは、整合性の取れたひとつにまとまった設計情報から、各種の設計図面、部材数量、コストを出力することができるとともに、施工段階ではそれに基づいてスケジュールや部材発注

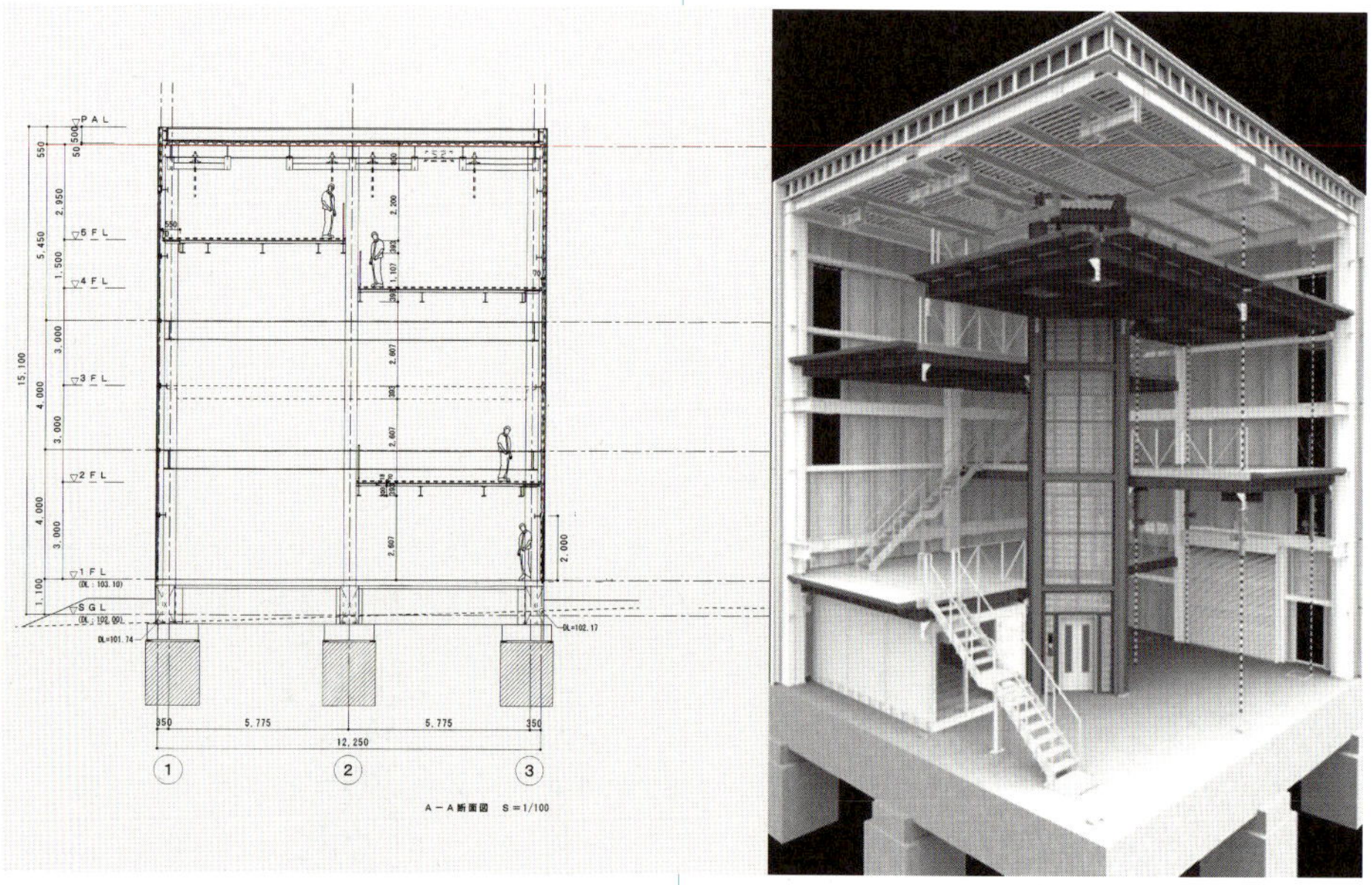

fig.1——2次元図面（左）と3次元図面（右）［作成：筆者］

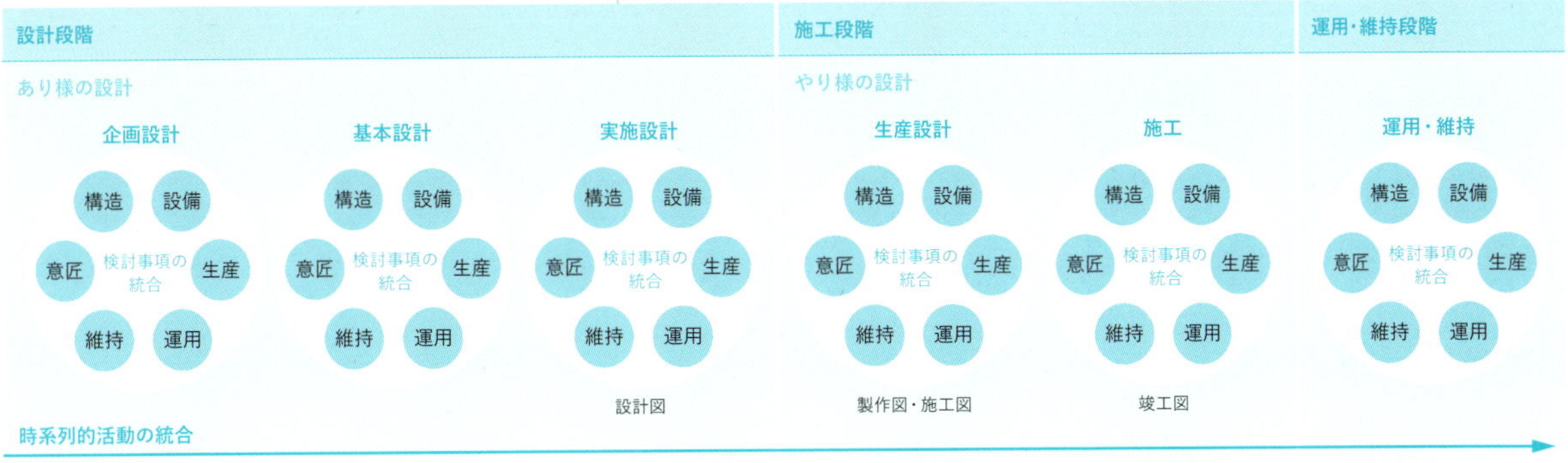

fig.2——情報の統合と連携の考え方[作成:筆者]

ができることを指摘している。しかしこの考えは、2次元CADでは到底達成し得るものではなく、3次元CADが出現するまで、長らく隅に置かれたままになっていた。

日本では、2000(平成12)年ごろから3次元CAD活用の動きが再度始まり、先端的な建設企業や設計事務所で3次元CADやVR(Virtual Reality)が積極的に進められ、それらは欧米の動きを読み取り、BIMの動きとして発展していく。このなかでも、2009(平成21)年にIAI日本が開催したBuild Live TokyoにおけるBIMモデルによる48時間設計コンペは、その後のBIMの動きを加速させることになったと言える。

そして、2010(平成22)年3月に国土交通省が官庁営繕事業についてBIMの導入プロジェクトを立ち上げたことによって、建築業界全体のBIMに対する試行や研究が急速に広まった。これを契機に、日本建築家協会、日本建設業連合会、国土交通省、日本ファシリティマネジメント協会、建築保全センターが、BIMに関するガイドラインや解説書を発刊し、BIMへの考え方の啓発・普及活動につながっている。

3次元CADが図面の考え方を大きく変えたのは、図面を構成するさまざまな形状を、CAD部品の集まりで表現する方法論(オブジェクト指向)を採用したことによる。建築物を構成する個々の柱や床、扉や窓などをオブジェクトで表現する方法によって、実際に取り付ける部材(もの)に対応するオブジェクト(情報)が一対一でCAD上に描かれることになる。このオブジェクトに属性をもたせることによって、材質、重量、色などもさまざまな情報を図面に盛り込むことができる。また、仕様書についても3次元モデルの中に包含することも可能になっている。これによって、3次元CADは単なる図面の域を超えて、すべての建築情報を統合したBIMとして機能することができるようになった。従来別々に描いていた意匠図、構造図、設備図などを同じ3次元空間上に描いて、各種の納まりの確認、干渉チェックなど、今までの2次元CADでは成し得なかった付加価値を建築図面に与えることになった。また、建築のライフサイクルである設計、施工、運用・維持における時系列的な図面を、同じ基盤の上で連携を取りながら統合することができるようになった[fig.2]。現在国際標準となっているIFC(Industry Foundation Classes)は、BIMデータの連携を異なったソフト間でも果たす役割を担っており、さまざまなソフトを介してより高度なデータ活用を可能にしている[fig.3]。

BIMの今後の展開

3次元CADやBIMについては、まだ発展途上であり、この技術が幅広く普及するか否かについては、技術的な問題、建築産業的な問題を解決していく必要がある。

技術的な問題としては、建築物をどこまで細かくBIM化するのか、企画設計段階から運営維持段階まで一気通貫的なデータ連携をどのように可能にするのか、観点や重視する情報に相異がある設計段階から施工段階へどのように図面を受け渡していくのか(現在は総合図が調整を果たしている)など、課題は多い。また、BIMはフロントローディングを可能にする利点があるものの、日本における設計体制、設計者と施工者の現在の役割分担などを考えると、建築産業の仕組みをBIMの考え方に合わせて変えていくことも視野に入れる必要が出てきている。

参考文献

1———吉見吉昭「米国建築技術における電子計算機普及の現状——特に構造計算への応用について」『建築雑誌』1961年4月

2———Eastman, Charles M. "The use of computers instead of Drawings in Building Design", *AIA Jounal*, 63, March 1975

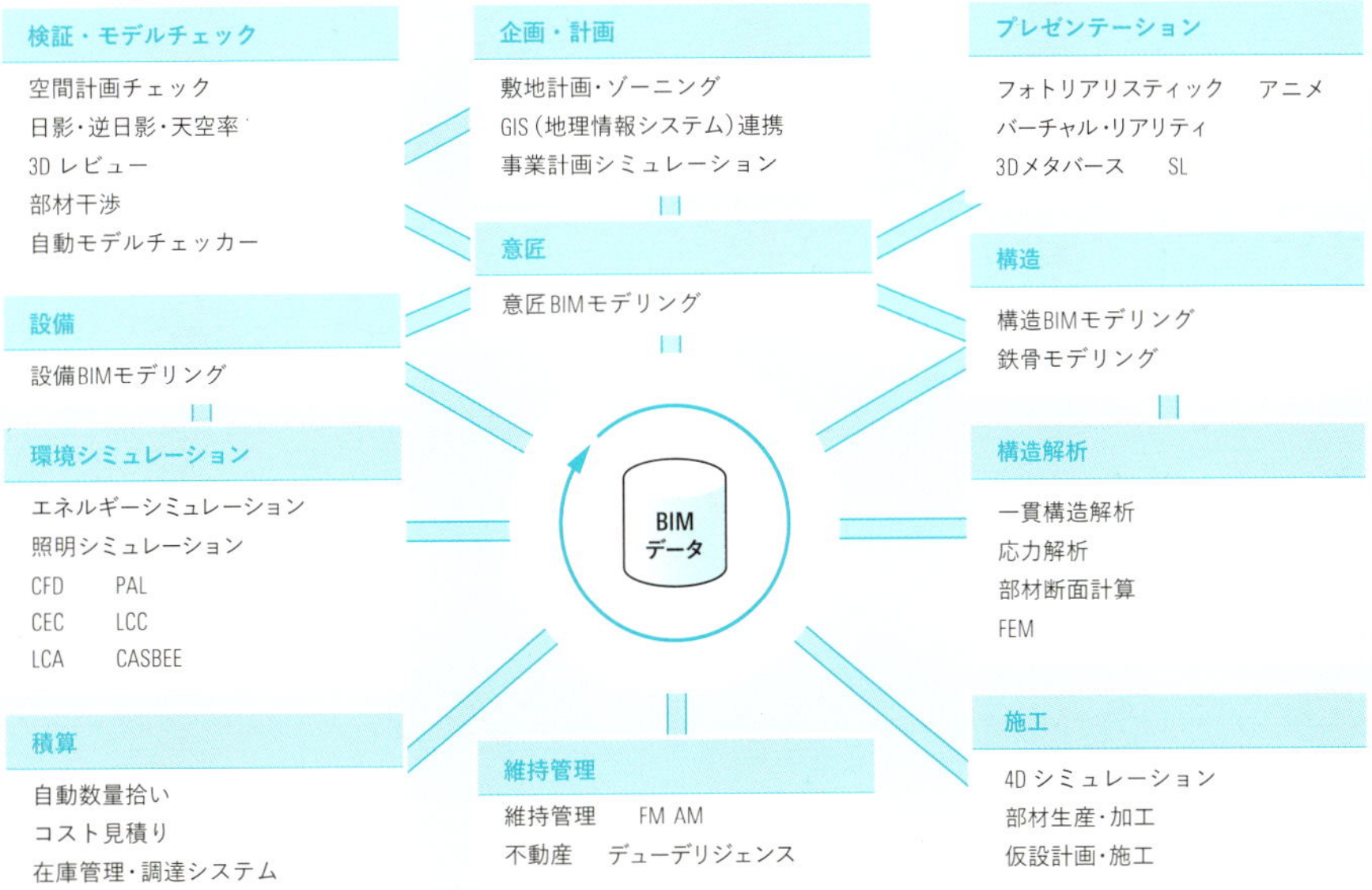

fig.3——BIMにおけるデータ活用のイメージ[出典:Building SMART日本提供の図を元に再作図]

069

外装タイル

独自の発展を遂げた代表的な外装仕上げ

小見康夫 東京都市大学 教授

日本ではタイル張り建築はごく一般的で、馴染みのある仕上げだ。西洋的でモダンな印象を得るが、じつは外装全体をタイルで仕上げることは西洋では一般的でない。外装タイルは近代化とともに日本に入り、日本人に好まれ、独自の工夫を重ね、広く普及し、さらにアジア各国へと広まっていった。施工においては、剥離との闘いの歴史だったが、そうしたハードルを超えて今もなお、外装タイルの建築はつくり続けられている。

わが国初の鉄筋コンクリート造オフィスビルと外装タイル

1911(明治44)年、わが国初の総鉄筋コンクリート造(以下、RC造)による事務所建築、三井物産横浜ビル(現、KN日本大通ビル)が建てられた[fig.1–2]。オーギュスト・ペレの最初のRC造作品であるパリのフランクリン街のアパートが建てられたのが1903(明治36)年であるから、わずか8年しか違わない。世界的に見ても大変貴重な建物といえる。

この建物の外装は、花崗岩張りの腰部、人造石洗出し仕上げの庇・窓廻り部を除き、その全体がタイルで覆われていた。新しい構造形式であるRC造が登場した際、そのむき出しの外壁をどう仕上げるかが大きな問題であったことは想像に難くない。折しもヨーロッパでアール・ヌーヴォーやユーゲント・シュティールの運動が盛り上がっていたこの時期、彼の地では外壁そのものをタイルの絵柄で装飾したものが現れる。その代表的なもののひとつがオットー・ワーグナーのマジョリカハウス(1899(明治32)年)[fig.3]であり、フランクリン街のアパートでも、その外壁の一部は陶芸家アレクサンドル・ビゴによるタイルで植物模様があしらわれていた[fig.4]。

これに対して三井物産横浜ビルは、小口レンガ大の無地の白色タイルが全面に馬踏(破れ目地)の覆輪目地で張られている。装飾のためというよりは、明治になって西洋からもたらされた洋風建築のイコンである組積造のレンガ模様を、同じく西洋から導入された最新技術であるRC造の仕上げ表現に採用したと考えてよい。建設時期が重なる東京駅(1914(大正3)年)では、鉄骨レンガ造の壁に仕上げとして薄い化粧レンガが張られているが、これも外装タイルの嚆矢といえるだろう。化粧レンガは陶磁器に置き換わり、大正期に「タイル」と呼称も統一されるようになる。

日欧で異なった外装タイルの歩み

無地の外装タイル張り建築は、レンガ造が当たり前の彼の地では定着しなかったし、前述のような装飾タイルによる仕上げも、その後のモダニズム運動において装飾性が否定されるに至ると姿を消すようになる。そのため、結果として、ヨーロッパでは外壁にタイルを張り巡らすことは一般化しなかった。

反対に、関東大震災(1923(大正12)年)で多くのレンガ造が壊滅的な被害を被ったわが国では、組積造に代わりRC造・鉄骨鉄筋コンクリート造が耐火建築の主役に躍り出る。折しも、石張りなどに代表される様式主義からの脱却を謳い、若手建築家らが「分離派建築会」を結成するなど、表現主義の新しいデザインが試されるが、その先導役

fig.1——最初の総RC造事務所ビルである三井物産横浜ビル(設計:遠藤於莵、酒井祐之助/1911(明治44)年)[所蔵:横浜都市発展記念館]

fig.2——1927(昭和2)年の増築を経た現在の旧三井物産横浜ビル[撮影:筆者]

fig.3——マジョリカハウスの外装タイル[撮影:筆者]

fig.4——フランクリン街のアパートの外装タイル[撮影:筆者]

fig.5–6——東京中央郵便局（設計：吉田鉄郎／1931（昭和6）年）

白磁のタイルで覆われた部分がオリジナルの建築。2012年にJPタワーへの建替え時にファサードが保存されたが、その際、多くのタイルは張り替えられている。オリジナルは、来日したブルーノ・タウトにより、戦前のモダニズム建築の傑作として海外にも紹介された。［撮影：筆者］

の一翼を担ったのは逓信省営繕課であった。当時若手建築家として在籍した山田守、吉田鉄郎らにより数多くの局舎がRC造・鉄骨鉄筋コンクリート造でつくられたが、それらの多くでタイル張りが用いられ、新時代の外装仕上げとして認知されるのに大きな役割を果たすことになった。その代表のひとつが東京中央郵便局［fig.5–6］である。この他、民間オフィスビルや百貨店などの商業建築に至るまで、タイルは関東大震災以降の洋風建築を代表する外装仕上げとして広く普及し、わが国独自の発展を遂げることになった。

戦後のモダニズム建築と外装タイル

戦後になると、前川國男や丹下健三など、新世代の建築家によりインターナショナル・スタイルの作品が相次いでつくられるようになる。彼らが好んだのはル・コルビュジエやアントニン・レーモンド譲りのコンクリート打ち放し仕上げであり、建築表現としてのタイル外装はしばらく鳴りをひそめるようになる。RC造は、大小さまざまな公共建築で採用されるが、限られた予算ではタイル張りは望めず、初期のRC造校舎や公営・公団住宅に代表されるように、モルタル塗りがその標準的な仕上げとなる。

ただし、高度成長期に本格的に花開いた商業建築やオフィスビル、マンションの多くでは外装タイルが盛んに用いられ、1964（昭和39）年の東京オリンピック前の建設ラッシュでは、タイル張りの施工不良が相次いで問題となった。また、施工不良でなくとも、経年とともに外装タイルの剥離リスクは高まるため、これを防ぐために改良積み上げ張り工法、改良圧着張り工法をはじめ、さまざまなタイル張り工法が考案・改良されることになる。一方、当時の打ち放しコンクリートの早い時期での汚れに悩まされた前川は、これを封印し、剥離のリスクが小さいタイル打ち込み工法を開発して紀伊國屋書店ビル（1964（昭和39）年）をはじめ、東京都美術館（1975（昭和50）年）［fig.7］や熊本県立美術館（1977（昭和52）年）など、レンガ調タイルによる一連の作品を世に出すことになった。

さまざまに展開するタイル張り工法

31m高さ制限が撤廃される1960年代以降、大都市では高層ビルが次々と建設されるようになるが、そのカーテンウォールにも外装タイルは用いられる。高所での手張り作業は困難なため、プレキャスト（PCa）コンクリートのパネル製造時にあらかじめタイルを打ち込んでしまう工法が開発された［fig.8］。

また1980年代後半になり、戸建て住宅の商品化・高級化志向が高まるなか、揺れで剥離の危険性が高いことから、タイル外装とはほとんど無縁だった木造住宅にも、タイル張りの波は押し寄せるようになった。レール状の凹凸が施された金属系または窯業系サイディングを下地とし、これにタイルを引っ掛けるようにセットするもので、「乾式工法」や「ハンギング工法」と呼ばれるものが開発された。さらに1990年代に入ると、モルタルよりも剥離リスクが小さい有機系接着剤を用いた外装タイル張り工法が開発され、現在では主流の工法となっている。

このように、外装タイルはありとあらゆる建築で用いられており、舗装タイルとあいまって、わが国の都市景観のきわめて特徴的な構成要素となり今日に至っている。

参考文献
1———山本正之 監修『日本のタイル』INAX BOOKLET Vol.3 No.3、1992年
2———小見康夫「磁器・せっ器質タイル張り外装の開発と普及」『施工』9604号、1996年
3———世界のタイル博物館 監修『世界のタイル・日本のタイル』INAX出版、2000年
4———生誕100年前川國男建築展実行委員会『建築家・前川國男の仕事』美術出版社、2006年
5———鈴木弘之『東京中央郵便局 光の軌跡』廣済堂出版、2013年

fig.7——東京都美術館（設計：前川國男／1975（昭和50）年）

レンガ調タイルを型枠先付け工法によりRC躯体と一体化している。2010–2012（平成22–24）年の大規模改修にあわせ、タイルも一部で再現された。［撮影：筆者］

fig.8——ホテルニューオータニ（1964（昭和39）年）

タイル打ち込みPCaカーテンウォールの最初期の例として挙げられる。［提供：大成建設（株）］

070 アルミサッシ

建築の開口部性能を劇的に進化させた部品

真鍋恒博
東京理科大学 名誉教授

開口部を構成する部品として、アルミサッシは不可欠な存在となっている。

アルミサッシが登場する以前、ビル建築はスチールサッシの時代であったが、製造・加工・耐久性などの点から、アルミサッシに移行するのは当然の流れであった。

初期の製品は材料のスチールをそのままアルミに置き換えたようなものであったが、閉断面のサッシバーが製造されるようになり、本格的なアルミサッシの時代になっていく。

住宅の性能に対する要求水準の向上によってサッシの性能も向上し、高性能で使い勝手の良いさまざまな製品がつくられ、今やあらゆる建築に不可欠な開口部部品になっている。

アルミサッシの登場

建築の開口部を構成する建具は、工業化の時代になって、木製建具から金属製建具に変わっていった。ここではスチールサッシについては触れないが、ビル建築では主としてスチールサッシが使われていた。アルミサッシが最初に使われたのは1932（昭和7）年（近三ビル、旧森五ビル／設計：村野藤吾）といわれているが、アルミ被覆のスチールサッシであった。押出成形技術が未完の時代であり、削り出しによるサッシバー製作も試みられていた。

わが国で最初の押出成形サッシバーは、1950（昭和25）年の昭和電工製で、自社の発電所などで使われた。一般のビル建築としては1952（昭和27）年の日本相互銀行本店（設計：前川國男建築設計事務所）が最初の本格的な使用例である。当時のアルミ製サッシバーは閉断面ではなく、スチールサッシの材料を単にアルミニウムに変えたような開断面であった[fig.1]。押出成形の断面寸法には制約があり、引戸の戸車を「そろばん車」にして形材断面を小さくする工夫もあった[fig.2]。また引戸の戸車は、スチールサッシでは気密性・埃対策・外観などから、戸を上から吊る上車が使われ、アルミサッシも初期には上車が高級品とされたが、強度や気密性などから下車に移行した。なお、この時代のアルミサッシはビル用の注文生産品がほとんどで、まだ既製サッシの登場には至っていない。また一般の木造住宅では、木製建具が使われていた。

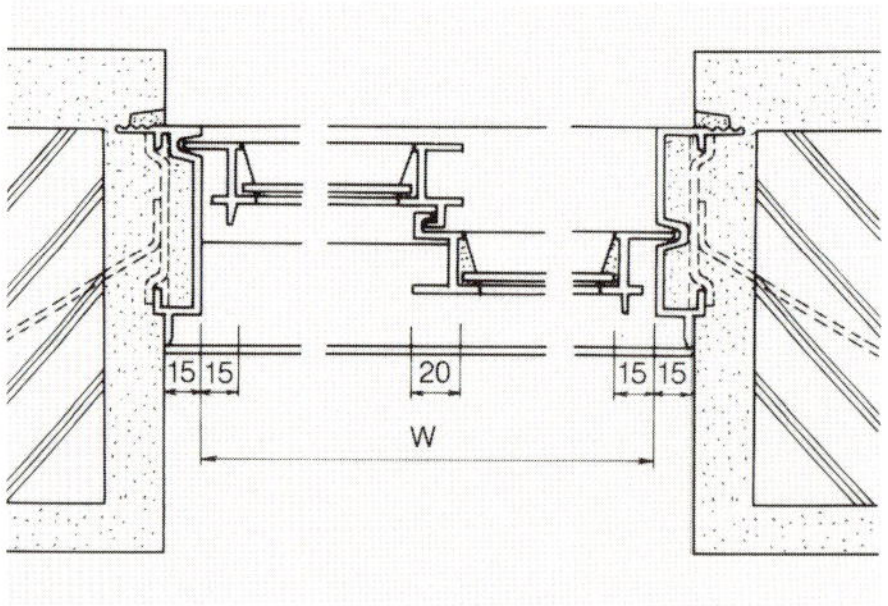

fig.1——初期のオープンセクションのアルミサッシ

文献には「S-316」とあるので三機工業のものと推定されるが、確認できず。［出典：山本貞吉『新建築金物』城南書院、1958年］

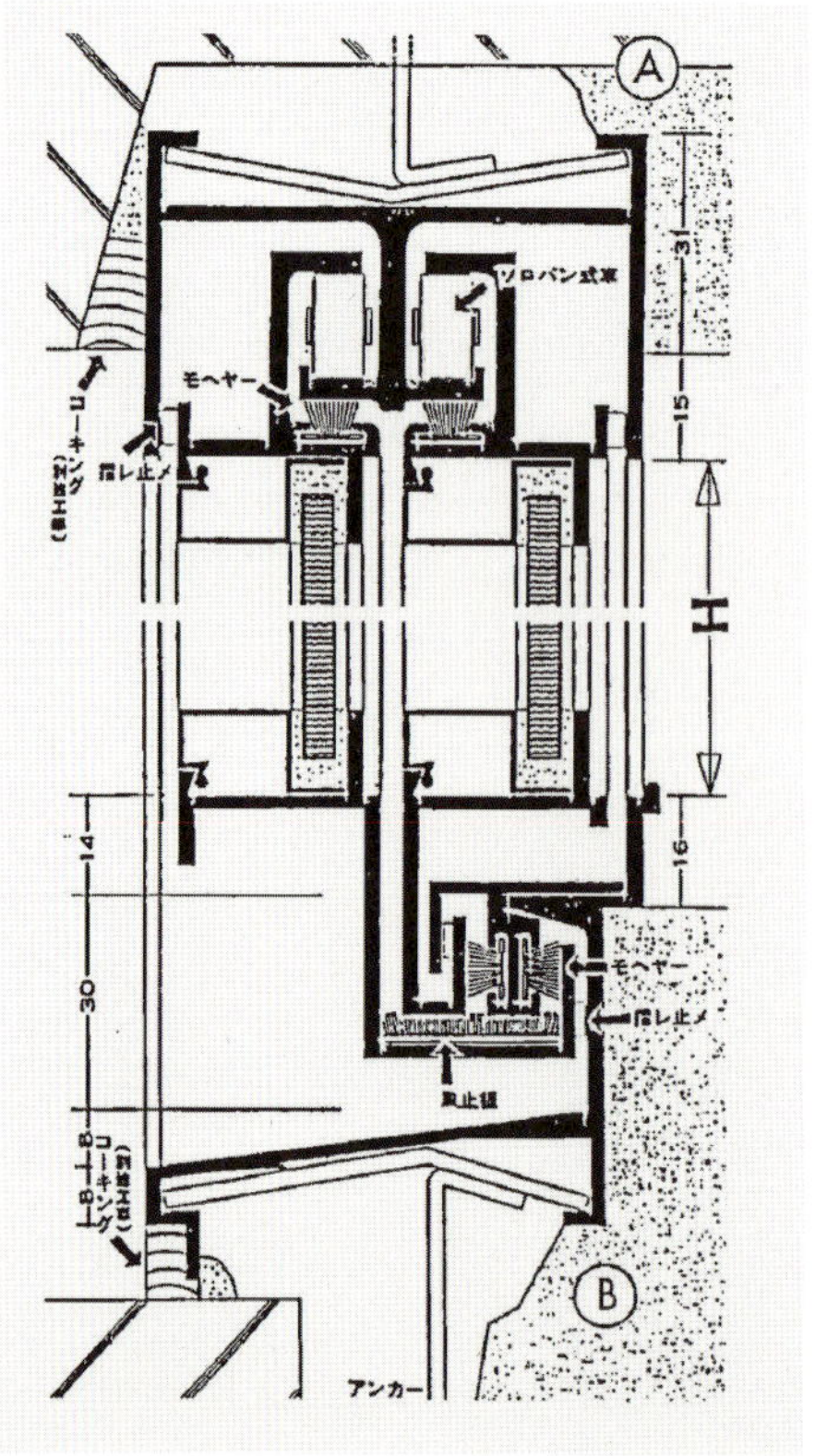

fig.2——上吊りアルミサッシ

宝会館（1957（昭和32）年）に使われた上吊りアルミサッシは、車軸が不要な「そろばん車」で高さを押さえることで、アルミ形材の寸法制約を解決している。［出典：斎藤潮「窓の歴史」（不二サッシ「不二ニュース」連載記事）］

レディメイドサッシの登場

初期のアルミサッシは、スチールサッシをそのままアルミ製に換えただけのようなものもあったが、押出成形で閉断面のサッシバーが製造されるようになると、アルミサッシの需要は拡大していく。スチールサッシの時代には、窓の形になった既製品というより、断面だけが決まった何種類かのサッシバーを注文にしたがって組み立てる生産方式が主であったが、アルミサッシでは、あらかじめ「窓」製品として設計されたものになった[fig.3]。

1957年頃から、海外のサッシメーカーとの技術提携によるアルミサッシの国産化が進む。最初のレディメイドサッシは、不二製作所のビル用サッシFR（1959（昭和34）年）と、家庭用ノックダウン方式FK（1961（昭和36）年）である。海外製品をそのまま導入したFKは、室内側の戸が動く片引、上下対称断面、工場組立・ガラス嵌めと、その後の製品とはかなり異なる。なお当時全盛のスチールサッシはレディメイドの登場（三機6S／1956（昭和31）年）までに時間がかかったが、アルミサッシの既製品化は比較的スムーズであった。

ビル用サッシの多様化と高性能化

ビル空調が普及し始めた1969（昭和44）–1970（昭和45）年頃からは気密性が意識され、気密サッシ・防音サッシが開発された。引き違いサッシにも、引き寄せ機構をもつ完全エアタイトサッシが登場し、断熱用の製品が防音サッシとして使われる例もあった。ビル用では、カーテンウォールの開発や技術導入が行われた。店舗の外周壁を構成するストアフロントが1967年に発売され、ビルの接地階から中小規模店舗に至るまで広く使われ、商店の外観は近代化された。

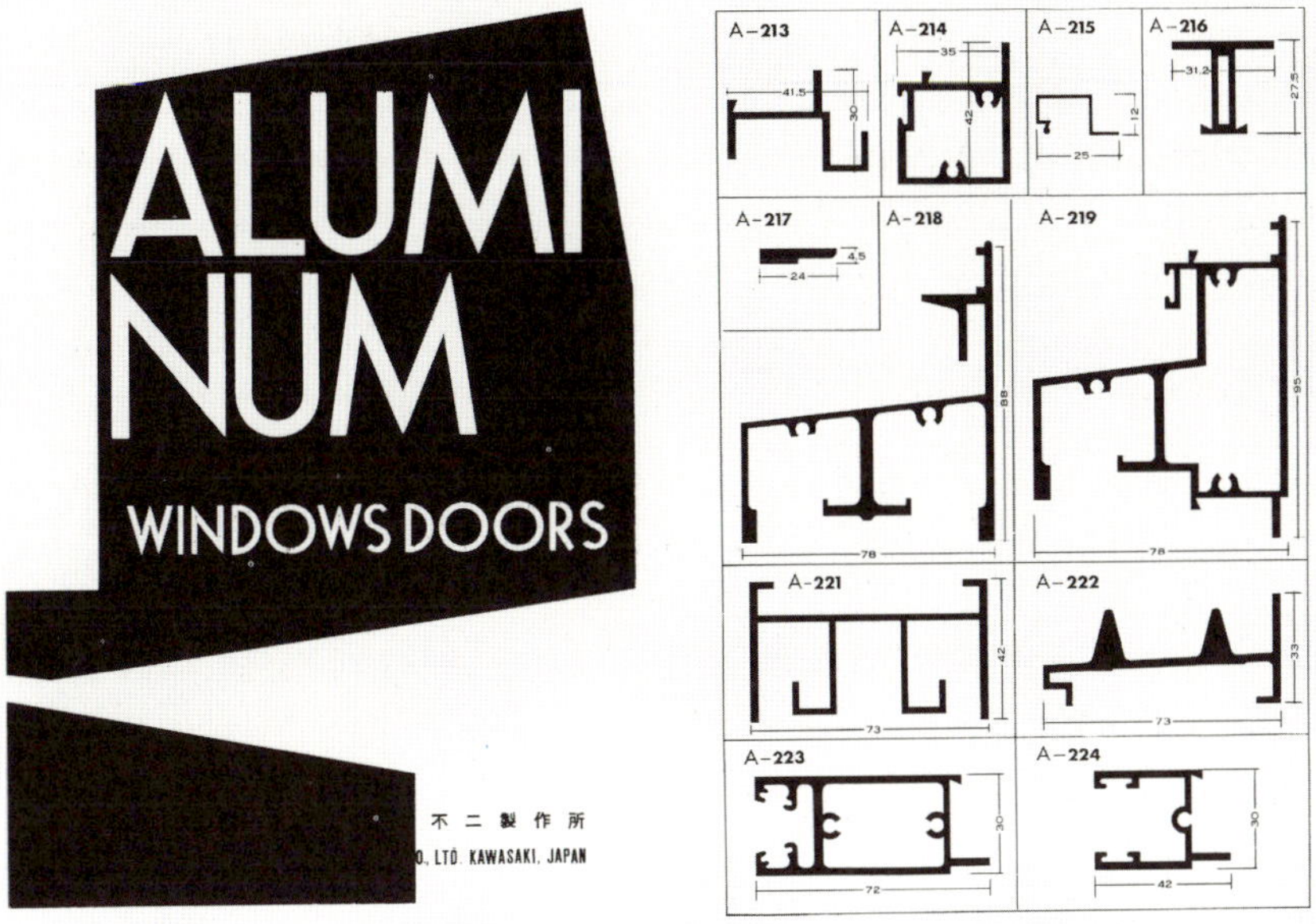

fig.3——初期のアルミ製サッシバーのカタログ

標準アルミサッシ押出形材のカタログの一部。全体で65種類の形材があった。その後、間もなくレディメイドサッシが普及する時代になる。[出典:(株)不二製作所カタログ(1958年)]

住宅用アルミサッシの時代へ

1950年代後半からプレファブメーカーが相次いで誕生し、各メーカーで住宅用アルミサッシが採用された。1962(昭和37)年にはビル用サッシ打込み工法が公営住宅に採用され、アルミサッシの普及は加速された。戸建て住宅用ではノックダウン方式の引き違いサッシなど、木製建具がアルミサッシに置き換えられ、住宅用サッシに参入するメーカーも増えた。スチールサッシとは異なって、木造住宅に積極的に使われるようになった。

スチールサッシでも住宅用(1966(昭和41)年)の製品は発売されたが、アルミサッシの圧倒的な伸びには勝てなかった。1969(昭和44)年にはスチールとアルミの生産量が逆転し、1976(昭和51)年にはKJ部品のスチールサッシが廃止となった。1983(昭和58)年には、レディメイドのスチールサッシがカタログから消えた。

住宅用サッシの性能向上

一般住宅の建具は、和風木製建具の時代には、ほとんど性能らしい性能を有していなかったが、アルミサッシの普及で性能は飛躍的に向上した。防音性・断熱性などは住宅用サッシはビル用より遅れていたが、オイルショック(第1次:1973(昭和48)年-、第2次:1979(昭和54)年-)を機に高まった省エネルギー要求に対応し、住宅用サッシにも断熱性能向上を図った製品が発売された。木造住宅用複層ガラスサッシについては、1974(昭和49)年に「日本複層ガラス」が北海道に設立されるなどの動きもあり、寒冷地主体で始まった性能向上は全国に普及した[fig.4]。

鉄道や道路沿いの住宅などのための防音サッシも開発され、1975(昭和50)年頃に発売されている。二重サッシはすでにあったが、壁厚など納まりの問題のため一重の防音サッシも試みられる一方で、1979(昭和54)年には三重サッシも発売されている。また防犯機構付き製品が各社で開発された。

アルミサッシ、その後と今後

アルミサッシの導入期から普及期までの概要を述べたが、その後もアルミサッシの進化・発展は続いている。上記で述べた時代以降の動向としては、アルミサッシの出荷量については1973(昭和48)年頃にほぼ横ばいとなり、1979(昭和54)年頃をピークに年間おおむね40-50万トン程度であったが、1996(平成8)年以降は住宅需要の足踏みで漸減し、20万t台まで落ち込んでいる。また製品の種類については、色のバリエーションの多様化、窓の開閉方式やデザインの種類の増加、収まりの形態の多様化など、メーカー各社で差別化・多様化・高性能化が進んでいる。

今後の動向については、人口減少、景気低迷、メーカー統廃合など悲観的な面もあるが、一方で、気候の温暖化、環境問題の深刻化、既存サッシのメンテナンスなど、改善すべき課題も多々ある。建物が存在する以上、開口部に関する課題や技術開発は今後とも必要であろう。

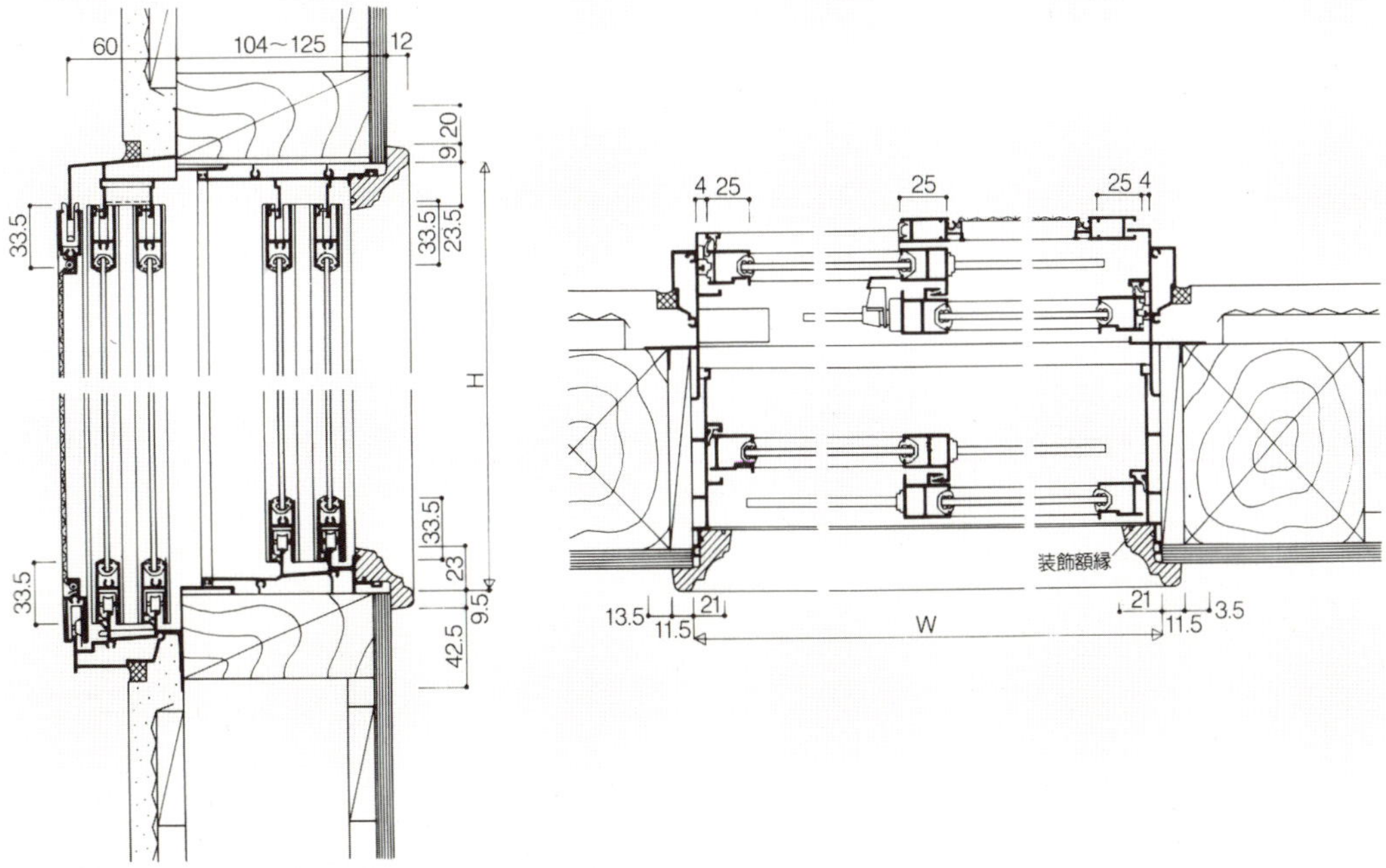

fig.4——内外分離枠二重サッシ

寒冷地向けの分離枠二重サッシの例。立山アルミ「ツインサッシA型」。室内側の飾り額縁は木製だが、発売当初はアルミ製であった。木製に変わったのは高級感嗜好への対応であろうか。[出典:立山アルミニウム工業(株)カタログ(1978年)より筆者作成]

071 カーテンウォール

超高層ビルとともに発展した外装システム

清家 剛
東京大学 教授

カーテンウォールとは非構造壁の総称だが、日本では超高層ビルなどに取り付けられるシステム化された外壁を指す。
戦後オフィスビルを中心に採用されはじめたが、超高層ビルの建設にともない、高い耐震性や多様な仕上げの耐久性を確保するための技術開発が進み、普及してきた。
海外では軽量なメタルカーテンウォールが主流だが、日本ではタイルや石などを打ち込んだプレキャストコンクリートカーテンウォールも多用される。
近年ではメタルカーテンウォールとプレキャストコンクリートカーテンウォールを組み合わせた、複合カーテンウォールの事例も多い。

日本のカーテンウォールの黎明期

「カーテンウォール」は、非構造の外壁の総称として使われる言葉である。構造躯体が組積造からラーメン構造へと発展する時期に、それまで構造的な制約があった外壁がカーテンウォールとなり、自由なデザインを実現できることになった。カーテンウォールの源流は、1851(嘉永4)年のロンドン万博で建設されたクリスタルパレスや、1872(明治5)年のパリ近郊に建てられたムニエのチョコレート工場の外壁といわれている。1890年代以降のアメリカでは、高層ビルの外壁として採用されはじめ、戦後は国連ビル(1950(昭和25)年)やシーグラムビル(1958(昭和33)年)などの超高層ビルの外壁に用いられることで技術が発達する。日本におけるカーテンウォールは、工場などで生産されるシステム化された外壁を指し、戦後のオフィスビルで採用されはじめ、超高層ビルとともに発展してきた。

現代的な日本のカーテンウォールの最初の事例は、1951(昭和26)年のA.レーモンド設計のリーダーズダイジェスト東京支社といわれる。大きなガラス面を有するその姿は、カーテンウォールのイメージを実現したものだった。1952(昭和27)年の前川國男設計の日本相互銀行本店[fig.1]では、正面の開口部のあるファサードをアルミで、妻面の開口部のない面をプレキャストコンクリート(以下、PCa)のパネルで、カーテンウォールとして設計している。とくにPCaについては、その後前川國男が技術的な検討を重ねていくことになる。

1960年代には、アメリカで実績のある技術を導入するかたちで、方立方式やパネル方式のメタルカーテンウォールが、オフィスビルを中心に採用されはじめる。一方既に欧米で実現していたPCaカーテンウォールについても、赤坂中央ビル(1964(昭和39)年)[fig.2]や富山第一生命ビル(1965(昭和40)年)で初めて本格的に採用された。

fig.1——メタルとPCaカーテンウォールを両方採用した日本相互銀行本店(設計：前川國男建築設計事務所／1957(昭和32)年)[撮影：筆者]

超高層ビルにおけるカーテンウォールの発展

1964(昭和39)年には、70m超の初めての超高層ビルであるホテルニューオータニ本館が建設され、開口部のある外壁にメタルカーテンウォール、妻面にタイル打ち込みのPCaパネルが採用された。1968(昭和43)年には、初めて100mを超えた霞が関ビルディングにおいてメタルカーテンウォールが採用され、さまざまな技術的検討が行われる。当時、メタルカーテンウォールのメーカーは、合同でアメリカへ調査に行っており、業界を挙げて超高層ビルの技術開発に取り組んでいたことがわかる。1971(昭和46)年には西新宿開発の先陣を切ってPCaカーテンウォールによる京王プラザホテル[fig.3]が建設され、メタルとPCa両方のカーテンウォールが超高層ビルで使われるようになる。たとえば1974(昭和49)年頃には、メタルカーテンウォールではアルミパネルの新宿住友ビルディング[fig.4]とガラスが印象的な新宿三井ビルディング[fig.5]が建設され、PCaカーテンウォールでは赤いタイル打ち込みの東京海上ビル[fig.6]と黒御影石打ち込みの三和銀行東京ビル[fig.7]が建設されている。このようにカーテンウォールによって、超高層ビルごとに特徴ある外観を追求するようになる。

日本のカーテンウォール技術

1970年代以降は、カーテンウォールの技術開発が盛んに行われる。なかでも日本の超高層ビルのカーテンウォールに欠かせないのが、耐震性の確保である。当初普及した方立方式のメタルカーテンウォールでは、アルミニウムのたわみやファスナー部での回転などによって変形を吸収する面内変形方式がとられていた。しかし剛性の高いパネル方式や、固く重いPCaカーテンウォールでは、層間変位に追従する仕組みが必要になる。1971(昭和46)年の京王プラザホテルは横長のパネルで、既にある程度確立していたスライド方式という技術が採用されたが、同年の六本木のIBMビルと品川のホテルパシフィック東京ではそれぞれ縦長のパネルだったため、新たにロッキング方式が開発され、採用されている。

超高層ビルのカーテンウォールは、一般に軽量であることが望ましい。にもかかわらず、日本ではメタ

fig.2——本格的にPCaカーテンウォールを採用した赤坂中央ビル（設計：圓堂建築設計事務所／1964（昭和39）年）［撮影：筆者］

fig.3——超高層ビルにPCaカーテンウォールを採用した京王プラザホテル（設計：日本設計／1971（昭和46）年）［撮影：筆者］

fig.4——アルミパネルによる新宿住友ビルディング（設計：日建設計／1974（昭和49）年）［撮影：筆者］

fig.5——ガラスが印象的な新宿三井ビルディング（設計：日本設計／1974（昭和49）年）［撮影：筆者］

ルカーテンウォールだけでなく比較的重いPCaカーテンウォールも採用されてきた。その理由は、タイルや石などを打ち込むことによる仕上げ材の選択肢の多さが挙げられる。そのため、PCaカーテンウォールの仕上げの技術については、塗装仕上げが1960年代から、タイル打ち込みや石打ち込みが1970年代から、継続的に技術開発が行われてきた。

こうした技術開発は、超高層ビルの建設のたびにさまざまな試験を積み重ね、現在使われている基礎的な技術のほとんどが、1980年代に完成の域に達する。

外壁としての技術開発の継続

1990年代に入ると、メタルカーテンウォールとPCaカーテンウォールを組み合わせた梅田スカイビル（1993（平成5）年）が建設され、これらを自由に組み合わせた複合カーテンウォールの採用も増えてくる。1990年代後半からは、環境配慮としての省エネルギーが求められるようになり、断熱性の高いLow-E複層ガラスの採用や日射遮蔽のルーバー材などの採用が増えてきた。さらに設備の制御と組み合わせて、より高度な省エネルギーを実現するダブルスキンカーテンウォールも採用されるようになってきた。一方、PCaカーテンウォールの仕上げ技術では、1970年代に使われていた洗い出しやカラーコンクリートによる素地仕上げを復活させる事例も見られる。

このように、建築物の顔となるカーテンウォールは、高度な機能への対応だけでなく、古い仕上げ技術の現代的な再検討など時代ごとに課題が与えられ、そのたびに技術開発を繰り返してきた。新しい要求に応えるための技術開発を続けることが、日本のカーテンウォール技術の根幹だといえよう。

参考文献

1———清家剛「オフィスビルの表現」鈴木博之ほか編『シリーズ都市・建築・歴史 10—— 都市・建築の現在』東京大学出版会、2006年

2———松村秀一、清家剛 監修『ファサードをつくる』彰国社、2006年

3———『カーテンウォールってなんだろう』カーテンウォール・防火開口部協会、2016年

fig.6——赤いタイル打ち込みPCaカーテンウォールの東京海上ビル（設計：前川國男建築設計事務所／1974（昭和49）年）［撮影：筆者］

fig.7——黒御影石打ち込みPCaカーテンウォールの三和銀行東京ビル（設計：日建設計／1973（昭和48）年）［撮影：筆者］

072

ガラス建築

支持部材を目立たなくする工夫で透明な建築を実現

―― 井上朝雄 九州大学 准教授

建物の全面をガラスで覆った建築は、一九二〇年代にミース・ファン・デル・ローエが計画案として示したが、実現するのは難しかった。透明で平滑なガラスは、日本では一九六〇年代に導入されたフロート法の製造技術によって量産化が可能になる。そしてガラスの支持部材を目立たなくする方法も、一九六〇年代後半からSSG構法、ガラスリブ構法、DPG構法などが採られるようになり、透明なガラス建築への道が開かれた。ダブルスキンなどの環境配慮技術との組み合わせにより、さまざまな魅力あふれる建築が実現している。

ガラスの製造技術の発展

板ガラスの工業化は18世紀の手吹き円筒法に始まる。板ガラスの量産が可能となり、1851（嘉永4）年のクリスタルパレスの建設時には、30万枚にもおよぶ板ガラスがこの手吹き円筒法によって生産されたという。明治以降、日本にも西洋建築のさまざまな技術が導入されたが、板ガラスの量産化はなかなか成功せず、その需要を輸入で賄っていた。日本での量産化は、ベルギーからこの技術を導入した旭硝子尼崎工場で1909（明治42）年にようやく成功する。その後、欧米で1910年代に板ガラスを連続的に量産するフルコール法やコルバーン法が相次いで開発されると、日本はいち早くそれらの技術を導入した。明治期は板ガラス輸入国であったが、大正期に輸出入が逆転し、昭和初期には板ガラスの輸出国になった。しかし、それらのガラスは磨きの工程を経ねばならず、完全に平滑なガラスは、1950年代のフロート法の登場を待たねばならなった。

イギリスのピルキントン社で開発されたフロート法は、融解スズ槽の上に融解ガラスを浮かべることでガラスを製造する方法であり、液体の表面張力を利用して平滑なガラスを連続的に生産するもので、1960年代に日本にも導入された。その後、板ガラスの製法は、網入りガラスや型板ガラスを製造するロールアウト法以外は、透明な単板ガラスを製造するフロート法に移行していった。

ガラスの技術的な発展は、透明で平滑なガラスの製法を模索すると同時に高付加価値化へ展開していった。熱線吸収ガラス（1950年代）や熱線反射ガラス（1960年代）といった侵入する日射量を調整するものや、断熱層を有する複層ガラス（1950年代）といった板ガラスの弱点である断熱性能を補ったもの、日射量の調整と断熱性能の両方をもつLow-E複層ガラス（1980年代）が開発され、今日のガラス建築の普及に貢献している。

ガラスのカーテンウォール

ガラスの製造技術の進歩とともにガラス建築も発展していったのだが、ガラス建築を成立させた技術的な背景は18世紀からヨーロッパでつくられるようになった温室建築にあるだろう。その完成形であるクリスタルパレスは、外壁（ガラス）の構造体からの分離、外壁（ガラス）の施工にプレファブリケーションを導入するなど、今日的な意味でのガラス・カーテンウォールの原点ともいえる建築である。一方、全面ガラスのカーテンウォールを牽引したイメージ的な要素として、ミース・ファン・デル・ローエのフリードリヒ街のオフィスビル案やガラスのスカイスクレイパー案が挙げられる。全面ガラスのカーテンウォールは、ガラスの支持部材をできるだけ目立たなくすることが重要であるが、模型では簡単に示せてもその本格的な実現は、N.フォスターによるウィリス・フェイバー・デュマス本社ビルの登場まで、50年も待たねばならなかった。全面ガラスとはいかないまでも、第2次世界大戦後のアメリカでは、シカゴやニューヨークでレイクショア・ドライブ・アパートメント（1951（昭和26）年）、レバー・ハウス（1952（昭和27）年）、シーグラム・ビルディング（1958（昭和33）年）といったガラスのスカイスクレイパーの建設が相次いだ。

一方、日本に目を移すと、ガラスのスカイスクレ

fig.1――新宿三井ビルディング（設計：日本設計）

熱線反射ガラスに映る像の左右上下でのずれを防ぐため、近隣のビルから映像調整を行った。［写真：PIXTA］

fig.2――コーヒーショップ・インゴット（設計：葉デザイン事務所）

4辺SSGによる全面ガラスのカフェ。現存せず。［撮影：新建築社写真部／提供：DAAS］

fig.3——神奈川県立近代美術館新館（設計：坂倉準三建築研究所）

室内外にガラスリブを配しガラススクリーンを実現した。現存せず。［撮影：新建築社写真部／提供：DAAS］

イパーは新宿三井ビルディング（1974（昭和49）年）[fig.1]に始まる。新宿三井ビルディングでは熱線反射ガラスを用いており、ガラスに映る反射像を上下左右のガラスと揃えるため映像調整を行っている。全面ガラスを実現するガラスの支持部材を目立たせなくする方法として、SSG構法、ガラスリブ構法、DPG構法などが発展した。

SSG構法は、構造用シールでガラスを支持部材に留め付ける構法で、1960年代のアメリカで開発、日本でも1970年代に導入され、1977（昭和52）年のコーヒーショップ・インゴット[fig.2]では4辺SSG構法が実現している。その後、いくつかの建物で採用されたが、SSG構法は、ガラスの支持が接着耐久性だけに依存することから耐久性に不安が残り、広く普及しなかった。ガラスリブ構法は、面ガラスにかかる風荷重などの面外荷重をガラスリブに負担させ、透明性の高いガラススクリーンを構成する方法で、1966（昭和41）年の神奈川県立近代美術館新館[fig.3]に始まる。その後、1971（昭和46）年のポーラ五反田ビルで大規模に採用されて以降、さまざまな建物で使われている。日本では自動車のショールームをはじめとした商業建築に多く用いられるほか、その完成形として、ガラスリブ構法による全面ガラスファサードの泉ガーデンタワー（2002（平成14）年）などが実現した。DPG構法は、四隅に穴をあけた強化ガラスを点支持で連結しガラススクリーンを構成する方法で、日本では、1993（平成5）年に竣工した日本長期信用銀行本店ビル[fig.4]が本格的に採用した建築物である。その後、透明建築を実現する多くのガラス建築で採用されている。

fig.4——日本長期信用銀行本店ビル（設計：日建設計）

高さ30mに及ぶガラスアトリウムをDPG構法で実現した。現存せず。［写真：PIXTA］

環境配慮技術の複合化

ガラスで覆われた空間は温室建築から連想されるように、中にいる人にとって必ずしも快適な空間とはいいにくいものである。日本の住宅は、夏はすだれで余計な日射を中に入れないようにし、冬は障子で熱が外へ逃げないようにする。また、春や秋の快適な時期には、戸を開け放ち新鮮な空気を中に採り込むなど、いろいろな工夫を施すことにより、快適な居住空間を実現してきた。ガラス建築にも、このような選択透過性が求められており、それを実現する技術としてダブルスキンが1990年代のヨーロッパで登場した。

ダブルスキンは、建築の外皮を2枚のガラスで構成し、2枚の外皮の間にさまざまな環境配慮技術を導入することによりこの選択透過性を実現している。その源流として位置づけられる虎ノ門NCRビル（1962（昭和37）年）では、2枚のガラスの間に空調の排気を通して外部からの熱負荷を低減するシステムを、大林組技術研究所（1982（昭和57）年）では、二重サッシ排気システムを採用している。こうした流れの中、2000（平成12）年のせんだいメディアテーク[fig.5]はダブルスキンファサードを採用し、環境配慮技術と透明建築の両者の融合に成功した。その完成形として、多くの環境配慮技術を導入しZEBを達成した大林組技術研究所本館テクノステーション（2010（平成22）年）[fig.6]が挙げられる。

参考文献

1——『Glass & Architecture』Spring2000 ／ Autumn2002、旭硝子

2——日本建築学会編『ガラスの建築学』学芸出版社、2004年

fig.5——せんだいメディアテーク（設計：伊東豊雄建築設計事務所）

前面道路側がダブルスキンファサードとなっており、透明建築を実現している。［撮影：新建築社写真部／提供：DAAS］

fig.6——大林組技術研究所本館テクノステーション（設計：大林組）

エネルギー消費量を施設の再生可能エネルギー発電量ですべて賄うエネルギー収支ゼロのZEB（ゼロ・エネルギー・ビル）を達成した。［提供：（株）大林組］

水に浮く軽くて強いコンクリート建材

橘高義典
首都大学東京 教授

日本の高度成長期の建築生産の近代化、工業化には、建築部材のプレファブリケーションは必要不可欠であった。ALC（オートクレーブ養生した気泡コンクリート）は寒冷期の長い北欧において、断熱性の高いコンクリートとして開発された建築材料であるが、技術導入された日本において、時代のニーズに合致した建築材料として独自の発展、成長を遂げてきた。それは大量生産可能な軽量のプレキャスト部材であり、都市の不燃化や居住性の向上につながるすぐれた性能をもっていたからである。

理想的な建材

建築物の構成要素となる建材に必要とされる性能は、単一であることは少なく複数の性能をバランスよく満たす必要がある。風、地震などの各種荷重に対する安全性を高めるためには硬くて強い材料が必要となるが、一方で、居住時の快適性を確保するためには、熱、音などの外的要素に対する遮断性が必要となる。たとえば、強度の高い薄い金属材料が理想的かというと、遮断性を確保するためにはそれなりの厚さが必要となる。剛性に関しては、床でいうと部材厚の2乗で大きくなり、火災延焼に至っては薄い材料は用いたくない。

すなわち、建材としての多様な性能を確保するためには、「強度」に加え、「厚さ」というパラメーターが重要となる。しかしながら、材料の「厚さ」を稼ぐためには構成材料をなるべく軽くする必要がある。世の中でもっとも軽く、かつ、遮熱性の大きな材料は空気であり、強いセメント硬化体の中に空気泡を80%近く含ませることに成功したALC（オートクレーブ養生した気泡コンクリート）が、理想的な建材であるという理由はこの点にある。

以上は、単体としての建材の利点である。建築物となると、その建材を構造体にいかに取り付けるかが重要となり、とくに最近は地震時の局部振動など従来の知見を超える技術基準に対応する必要がある。この点はALCに限らずすべてのパネル状建材に共通する課題となっているが、ALCでは耐震実験などを通じてその安全性の検証を継続している。

ALCパネルの生産性

軽量、耐火、断熱を特徴とするALCであるが、その生産性の高さも大きな特徴である[fig.1]。工場の製造能力は、切断工程の時間と成形されるパネル枚数によりおおよそ決定され、プレキャスト製品として、他に類を見ない大量生産型の建築部材である。ALCパネルは、壁、床などの用途ごとに、必要な部材強度となるように計算された鉄筋が配置され、その用途に必要な形状の目地が加工されて生産出荷される。草創期には常備品と注文品に区分されていたが、現在では製造出荷されるほとんどのパネルが、施工図に合わせた寸法の注文品である。多種な寸法種類が大量生産されるALCパネルは、製造システムの発達に下支えされてきた。

ALCパネルの技術発展と建物

ALC発祥の北欧では、ALCブロックが主に用いられていた。日本でも、当初の規格（JIS A 5416:1972 オートクレーブ養生した軽量気泡コンクリート製品）では、パネルとブロックを規定していた。しかし、当初より建築生産性の向上、建設現場の乾式化が求められ、パネルの生産がほとんどとなり、現在では日本工業規格の名称も「軽量気泡コンクリートパネル」[1]となっている。

ALCパネルは床、屋根、壁など、多用途に用いられる[2]。初期には、住宅の耐力壁にも用いられた。これらALCパネルの取り付け方法は、パネル目地によって形成された溝あるいは空洞に、目地鉄筋とモルタルを充填して固定する構法で、壁は挿入筋構法、屋根および床は「敷設筋構法」と名づけられた。ALCパネルは、耐火性に加えて軽量化による施工性の良さにより、建物の防災化に資する建材として、大きく発展してきた。その製法から600mm幅を基本モジュールとしており、草創期においてはモジュールを生かしやすい工場、倉庫などの大型建物に多く用いられてきた。

1970年代に建築物の高層化とともに、地震時における層間変形に追従する構法として、挿入筋構法を改良したスライド構法が開発され、ALCは間仕切として使用された[fig.2]。

1980年代に入ると都市の防災化がより推進さ

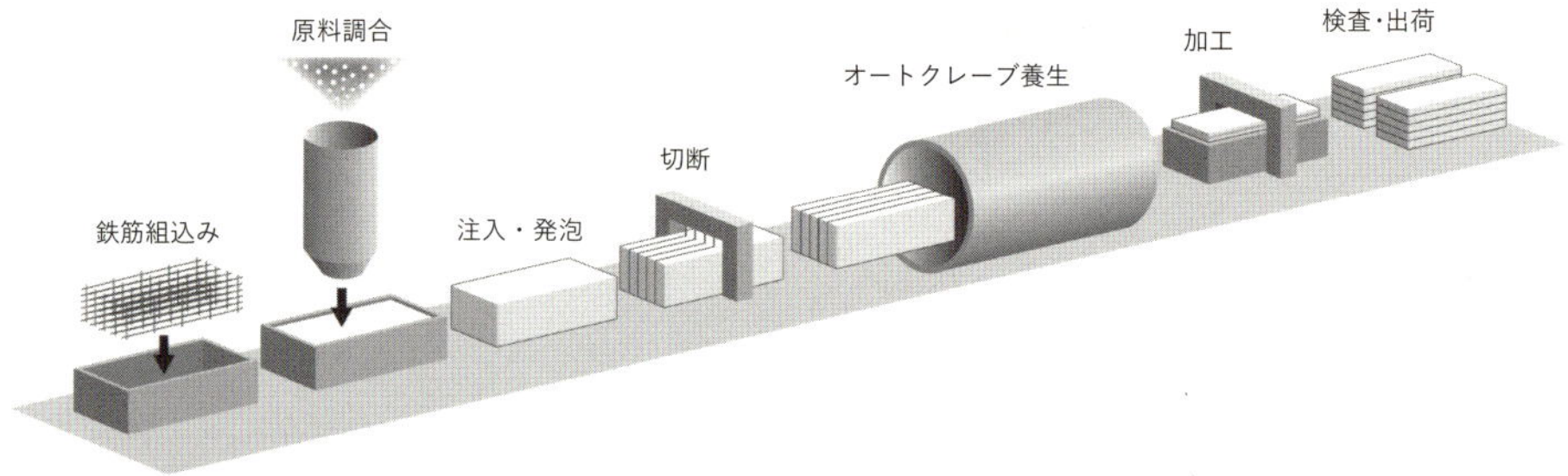

fig.1——ALCパネルの製造工程

ALCパネルの製造は、大きな型枠に打設された半硬化状態の「グリーンケーキ」と呼ばれる養生硬化前のALCを、基本となる厚さにピアノ線で一度に30枚以上に切断成形する。[出典：『50年の軌跡』]

fig.2——高層ビルの間仕切壁に使用

高層ビルにも軽量性と耐火性からALCを間仕切として使用。地震時における層間変形に追従する構法として、挿入筋構法を改良したスライド構法が開発された。写真は建設当時の新宿住友ビルディング。[出典:『50年の軌跡』]

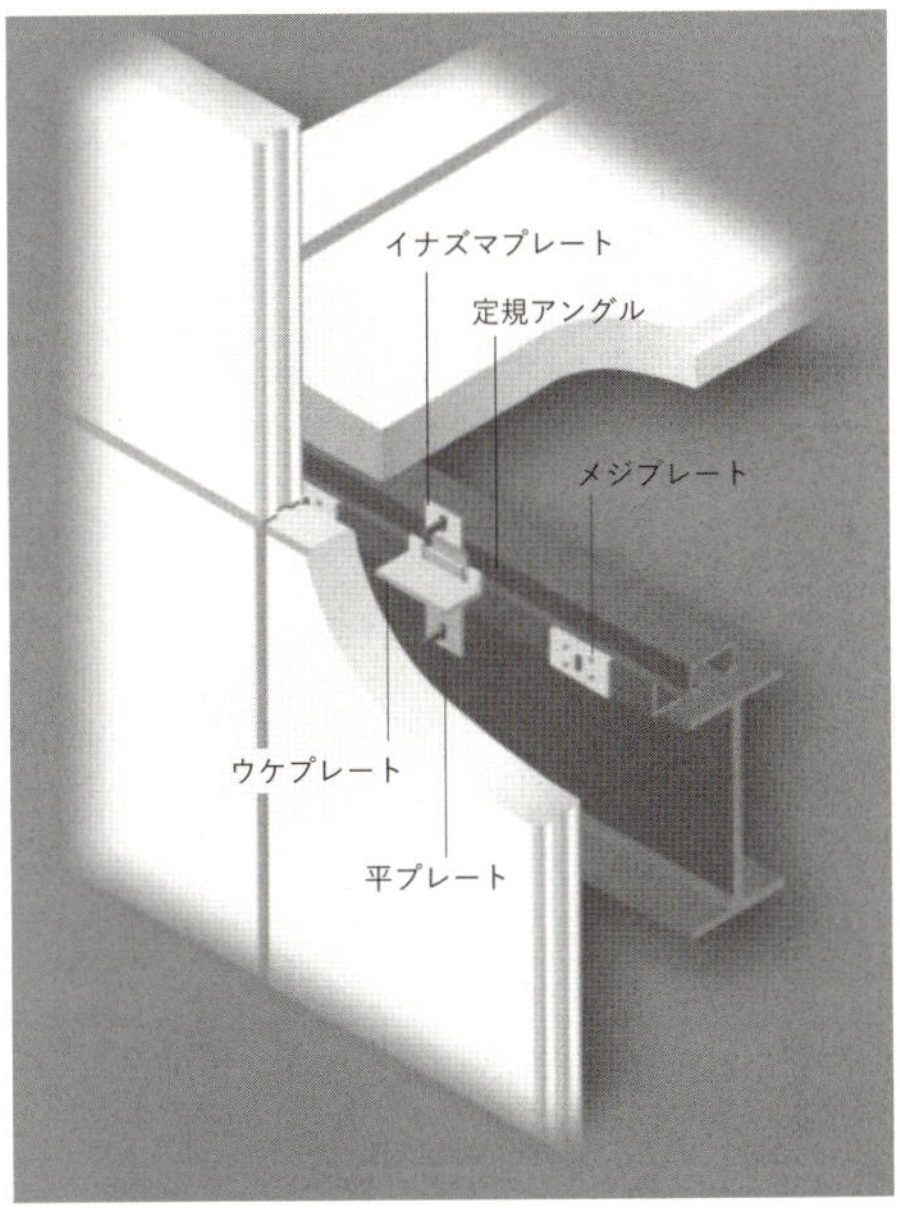

fig.4——ロッキング構法

地震時の構造躯体の変形に追従する乾式ロッキング構法。この構法は、目地モルタルが不要で、パネルに設置されたアンカーにより固定する方法で、耐震性の向上のみならず、完全乾式施工による施工性の向上にもつながった。[出典:『50年の軌跡』]

fig.3——ALCを用いた鉄骨造建築物

人口密集地の商業地域などでは、耐火性を有する建材として多用された。表面に切削加工が施された意匠パネルは、従来の600mm幅の目地に代表されるALCのイメージを一新した。写真は意匠パネルを用いた例であり外観は一般の建物と変わらない。[出典:『50年の軌跡』]

fig.5——東京スカイツリー内の間仕切り壁

エレベーター室、制振構造に用いられている心柱の縦穴区画の間仕切壁としてALCが使用された。外装カーテンウォールが取り付くまでの短期間での事象発生の確率などを考慮し、ALCパネルの限界的強度に注目した新しい設計思想が取り入れられた。四角のブラケットは心柱を固定するダンパー取り付け部。[出典:クリオン(株)カタログ]

れ、市街地の中低層建物や、小規模事務所などの鉄骨造建築物の外壁に多く用いられるようになった[fig.3]。低層木造建築物を主としてきた地域の元請建設会社でも、急増する中低層の鉄骨耐火建築物への対応が可能であったのは、ALC工事、鉄骨工事などの専門工事業者によるサブコンシステムの確立によるところが大きい。基本モジュールによる目地意匠から脱却するため、建物外観のデザイン性を高める意匠パネルが普及したのも、この時代である。

近年のALCパネル

1995年の阪神・淡路大震災では、中低層の鉄骨造建築物も大きな被害を受け、ALCパネルの被害も顕著であった。これを契機に、帳壁のより高い耐震性能への要求が高まり、地震時の構造躯体の変形に追従する乾式ロッキング構法[fig.4]の標準化がALC協会が中心となり推進された。本構法の普及に伴い、取り付け用アンカーが工場で埋設されたパネルも量産化され、JIS規格にも規定されたのがこの年代である。

日本に登場して半世紀余の年月を経て[3]、確実な地位を得たALCであるが、時代の移り変わりとともに、用途の広がりを見せてきた。首都圏を中心に数多く建設されたタワーマンションでは、やはり施工性の良さ、耐火性などの観点から、回廊型ベランダに面する外壁(非構造の壁)にも多用されて、建物の軽量化に大きく寄与している。エポックな建物のひとつである東京スカイツリー[fig.5]では間仕切壁にALCパネルが使用されているが、耐震性に関して新しい設計思想が取り入れられており技術の広がりを見せている。

今後の展望

軽量性、耐火性、断熱性などの基本性能をもとに、ALCパネルは多くの建物に用いられてきたが、それは、仕上げ・断熱・施工・耐震性など、時代ごとに要求される技術への対応に基づくものである。近年では、東日本大震災に見られた、長周期地震動により間柱、中間梁などに発生する、過大な局部振動に起因したALC帳壁の被害に基づいた研究なども進められている[4]。十二分に普及をしたと思われるALCパネルであるが、今後とも時代のニーズに対応した技術の開発により、その用途は広がりを示すと思われる。

参考文献

1———日本規格協会「日本工業規格 JIS A 5416:2016 軽量気泡コンクリートパネル(ALCパネル)」2016年

2———日本建築センター『2009年版 ALCパネルを用いた建築物の構造関係技術基準』2009年

3———ALC協会『50年の軌跡——歩み続けるALCパネル』2015年12月

4———石原直ほか「2段積みALC間仕切壁の面外振動数に着目した構造2次部材選定法の提案」『日本建築学会技術報告集』第23巻 第55号、2017年

074

合板・新建材

優れた性能と施工性、経済性の良さから普及

安藤直人
東京大学 名誉教授

普及した一般的な木造住宅においても、多種多様な「新建材」と呼ばれる材料が開発され、使われてきた。それらの中で、木質材料の代表格が合板であり、化粧材、下地材、構造用面材などのほか、コンクリート型枠としても広く使われている。無機材料の石膏ボードは、防火や遮音の性能に優れ、施工も容易で経済性でもまさっていたことから、壁や天井の内装材として普及した。また木質ボードと総称されるOSB、パーティクルボード、MDFなども、構造用下地や家具・木工製品に使われる材料として製品化されている。

合板の歴史

かつては、木材を製材した柱や梁などの角材や板材を中心にして木造住宅がつくられていたが、順次新しい建材が開発され利用されるようになってきた。それらは総称として「新建材」と一般には呼ばれたが、今日まで木質材料、無機材料など多種多様な製品が登場し実用化されている。

それらの中で、木質材料の代表格である合板は、日本では1907(明治40)年に浅野吉次郎によってロータリーレースが開発され合板を製造したことが起源とされる[fig.1]。その後、日本の合板産業は主に熱帯産丸太を原料にして発展した。そして近年、わが国の合板産業は原料を熱帯産広葉樹から針葉樹へ転換を進め、2016(平成28)年に針葉樹合板の生産量は国産合板総生産量の94%に達している。しかし、日本で使用されている合板需要の国産合板比率は50%を超えているが、残りの約半分は東南アジアや中国で生産されたいわゆる「輸入合板」となっている。

合板は、2003(平成15)年に制定され、その後改正されているJAS(日本農林規格)によって規定されている。その種類は、構造用合板、化粧ばり構造用合板、コンクリート型枠用合板、普通合板、天然木化粧合板、特殊加工化粧合板に分けられる。単板(ベニア)厚さと層構成、接着剤種類によって合板の性能が異なるため、使用に当たっては用途に適した正しい材料の選択が極めて重要である。とくに構造用については、たとえば、枠組壁工法の告示で「木材で組まれた枠組に構造用合板その他これに類する物を打ち付けた床および壁により建築物を建築する工法」と定義され、構造用合板その他これに類する物(面材)として耐力壁への適用が進み、面材と釘などの接合具の配置を定めることで、壁倍率を性能規定化し普及することとなった。

さまざまな新建材[面材]の出現

軸組工法においても、面材による耐力壁が一般化し、いわゆる「新建材」のなかで構造用面材の使用が普及している。たとえば、OSB(配向性ストランドボード)、パーティクルボード、MDF(中密度繊維板)、石膏ボード、炭酸マグネシウム板、ケイ酸カルシウム板などである。

さらに近年では、床下地材、屋根下地用として厚さ24mm、28mmなど厚物合板などの利用例が増加している。これらは主として国産材を中心に製造され、水平構面の強度性能確保、耐火性能向上、遮音性向上、施工合理化などの観点から普及してきた。

建築一般では、コンクリート型枠用合板(通称、コンパネ)も合板の用途としては生産量が大きい分野であり、最近では海外への輸出産品としての検討も進んでいる。国際化も今日的な課題で、重要度が高まってくるものと思われる。合板をはじめと

fig.1——浅野吉次郎が開発したロータリーレース模型[撮影:筆者]

——

現在は丸太を外周駆動させることにより、小径材でも歩留まり良く単板を切削できるように進化改良されている。

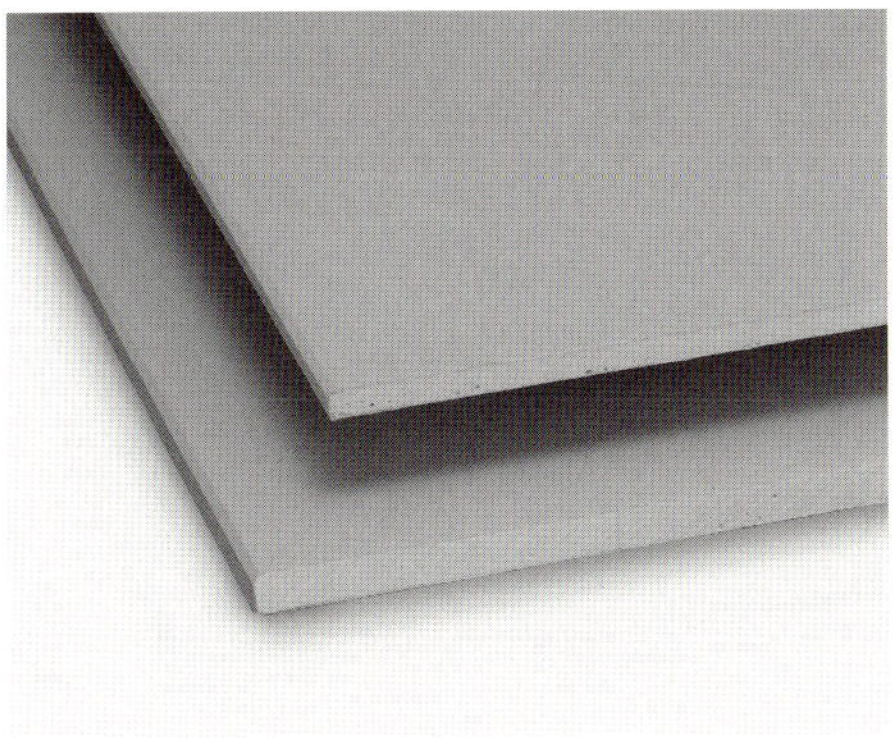

fig.2——石膏ボード［提供：（一社）石膏ボード工業会］

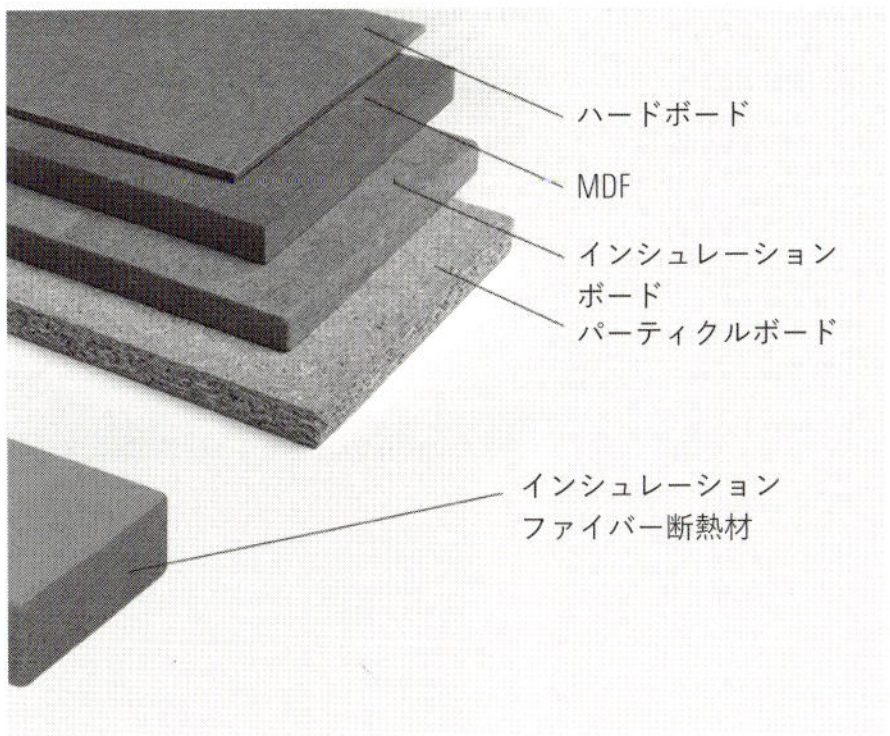

fig.3——木質ボードの種類［出典：日本繊維板工業会ウェブサイト］

する新建材は、さまざまな建築技術の開発が進む中で、建築の可能性を広げる役割を果たしてきたが、実験的研究、解析方法の発展などによりさらに進化中といえよう。今や、構造材としての強度、耐久性とその安定性が求められる性能規定化によって、新たな材料に対しても性能を実証、評価して実用化の道が開かれている。

石膏ボードは木造、非木造のいかんを問わず、防火性、遮音性、寸法安定性、施工の容易性などの特徴をもち、経済性にも優れていることから「なくてはならない建材」として建築物の壁、天井などに広く用いられている［fig.2］。石膏ボードは石膏を芯材とし両面を石膏ボード用原紙で被覆成型した建築用内装材料で、1902年にアメリカで発明され、日本での製造開始は1921年である。1951年にはJIS A 6901（石コウボード）が制定されている。石膏ボードも用途に応じて性能を高めた、強化石膏ボード、構造用石膏ボード、不燃積層石膏ボード、吸放湿石膏ボードなどが製品化され、今日に至っている。

木質ボードと総称される中には、OSB（配向性ストランドボード）、パーティクルボード、MDF（中密度繊維板）などがあり、JIS規格、JAS規格で規定され商品化されている［fig.3］。住宅などの構造用下地、家具・木工製品に広く普及している。かつて「北米は針葉樹合板、欧州はパーティクルボード、日本はラワン合板」と言われた時代があったが、国産材の資源充実、製品の輸入・流通が広く行われるようになったことで、国際的な関係性が高まり今日の市場を形成している。

このほか、新建材といわれるものには、「CFシート」「メラミン化粧板」「塩化ビニルシート」などがあり、このような新建材が日本の住宅づくりを変えてきた。

建材を規定する定義

多くの材料はJAS、あるいはJIS（日本工業規格）で定義されている。新しい建材が「新建材」と呼ばれるならば、軸材料においても集成材、LVL（単板積層材）などがあり、さらに複合化したIビーム、BOXビームなども用いられており、オーストリアで開発されたCLT（直交積層板）も登場している。建築材料としての性質、性能、製造法、それらの接合方法の開発はもとより、原料の資源状況により今後も新たな「新建材」が登場してくることが期待される。

一例として、現在のJAS構造用合板の標準寸法と生産品目、JASマークの表示例［fig.4］と、JISマークの表示例［fig.5］を示す。合板においては、樹種、強度等級、接着耐久性、ホルムアルデヒド放散量で製品は細分化されていることがわかる［fig.6］。他材料においてもそれぞれ期待される性能値を確認して実際に使用することが建物の性能を決定づけることにつながることはいうまでもない。施工時に配慮すべきポイントは合板や新建材を留め付ける際の釘や、ビス、接合金物などの仕様である。たとえば、釘の材質、径、長さ、釘頭の形状、釘ピッチ（本数）などは構造性能に大きく影響を与える。面材のせん断性能を建築構造物の強度性能に活かすには接合具の正しい選択が肝要である。

今日的な課題として、新しい材料であればなおさらのこと、建築基準法を基本として設計された建物の耐震性、耐風性、耐久性などの性能を確実に具現化するには、細部にわたって仕様を遵守することが基本になる。建築設計段階から資材の選定と購入、現場監理などの総合的な連携、情報の伝達が不可欠な時代になっているといえよう。

fig.4——JASマークの表示例［出典：日本合板検査会パンフレット］

fig.5——JISマークの表示例［出典：日本工業標準調査会ウェブサイト］

樹種	国産材	スギ、カラマツ、アカマツ、トドマツ、ヒノキ	これらの樹種の複合 例：カラマツ–スギなど
	外国産材	ラーチ、ベイマツ、ラジアータパイン、ラワン	
強度等級	1級、2級		
接着耐久性	特類、1類		
ホルムアルデヒド放散量	F☆☆☆☆（平均値0.3mg/L以下、最大値0.4mg/L以下）		
	F☆☆☆（平均値0.5mg/L以下、最大値0.7mg/L以下）		
標準寸法	厚さ	5mm、5.5mm、7.5mm、9mm、12mm、15mm、18mm、24mm、28mm、30mm	
	幅×長さ	910mm×1,820mm、910mm×2,430mm、910mm×2,730mm、910mm×3,030mm 1,000mm×2,000mm、1,000mm×2,430mm、1,000mm×2,730mm、1,000mm×3,030mm 1,220mm×2,440mm、1,220mm×2,730mm、1,220mm×3,030mm	
さね加工	あり、なし		

fig.6——JAS構造用合板の標準寸法と生産品目［出典：日本合板工業組合連合会パンフレット］

075 屋根防水

建築平面の自由度を高めた陸屋根の材料

田中享二
東京工業大学 名誉教授

雨が多い日本では、排水効率に優れる勾配屋根しかありえなかったが、明治期になってアスファルト防水の技術が伝わると、勾配のない陸屋根が可能になった。屋根形状と無関係に自由な平面を計画できるので、これには建築設計者も飛びついた。戦後になって新しい高分子材料がつくられると、これを使ったシート防水も普及する。軽量で施工が早いというメリットがあった。勾配屋根の屋根葺き材も、セメント・ベースの波形スレートや化粧スレート、金属系のトタン屋根やガルバリウム鋼板などが開発され普及を見せている。

陸屋根と防水材料

雨の降らない地域では、屋根はどんな形でもよいが、わが国は雨が多いため、排水効率に優れる勾配屋根でしか対応できず、ついこの間まで勾配屋根しかなかった。しかし明治期に入り突然陸屋根が出現した。それを可能にするアスファルト防水材料が伝わったからである。アスファルト防水は、屋上面をアスファルトとルーフィングを何層にも重ねた、まったく水を透さないメンブレンで覆い尽くすので、屋根の勾配とは無関係に防水ができる。そしてそれが最初に使われたのは、1905(明治38)年竣工の旧大阪瓦斯本社ビルである[fig.1]。ただ最初の適用であり、屋根全面というわけにいかず、100m^{2}にも満たないバルコニーの部分だけであった。しかしこれは、日本の屋根の歴史に大きな影響を与えることになった。それまでなかった平らな屋根を登場させたのである。陸屋根は、屋根形状とは無関係に自由に平面計画ができるという設計面の利点もあり、設計者に歓迎され一気に普及した。いわゆる都心と呼ばれる一帯を歩いてみると、この陸屋根がずっと続いていることに改めて気づかされる[fig.2]。

これを具体化したアスファルトは、熱で溶け、冷えると固まる性質をもつ。わが国でも、すでに日本書紀にアスファルトが「燃土」として記述されており、その存在は古くから知られていた。ただ、燃える土としての認識であり、それを屋根に塗り付けて建物を防水するという発想はなかった。従って当初は輸入品であった。その後、国産化の機運が高まり、国内でのアスファルト・ルーフィングの製造が開始された。そしてしばらく、アスファルト防水の時代が続いた。第2次世界大戦後、合成高分子化学工業が隆盛し、次々と新しい高分子材料がつくられ、次々と防水分野への適用が試みられた。いくつかは不適ということで淘汰されたが、シート防水用として、EPDMゴム・塩ビ、塗膜防水用として、ウレタン・アクリル系材料が主要材料として定着した。これらは物性がすぐれており、薄くても防水層として必要な性能を確保することができる。しかも軽量で施工が早いという、従来の積層型のアスファルト防水とは異なる特徴をもち、主に単層防水として普及することになった。現在は、積層防水工法としてのアスファルト防水と、単層防水工法としてのシート防水、塗膜防水が陸屋根の主な防水工法となっている。

fig.1——わが国で最初に防水施工のされた大阪瓦斯本社ビル[提供:大阪ガス(株)]

fig.2——皇居側から見た陸屋根が続く丸の内の景観[撮影:筆者]

fig.3——G.トーマス邸(風見鶏の館)・神戸[撮影:筆者]

fig.4——波形スレート屋根[提供:大和スレート(株)]

fig.5——住宅用石綿スレート屋根[提供:(株)クボタ]

勾配屋根と屋根葺き材料

勾配屋根でも大きな変革があった。屋根が不燃ということは都市防火の観点からは不可欠の条件である。それまでわが国では不燃材料といえば瓦と銅板くらいしかなかった。ただ、これら材料は高価で、しかも施工には高度な技術が必要とされた。そのため、不燃で施工のしやすい新しい屋根材料が求められていた。この要求に応えたのが、明治から大正期にかけて欧米からもたらされた、セメントをベースとした屋根材、それと鋼材を中心とする金属系の屋根材であった。

セメントベースの屋根材の代表格は石綿スレートである。これはセメントと石綿を水に分散させ圧搾してつくられるものであり、天然スレートの代用品としてヨーロッパで使われていたが、これがもたらされた。最初の使用例は、海外貿易拠点港のひとつ、神戸北野異人館街にあるG.トーマス邸(風見鶏の館)と云われている[fig.3]。しばらくは輸入に依ったが、大正期に国産化され、広く用いられるようになった。住宅屋根が主な用途であり、そのためサイズの比較的小さなものであった。

効率よく屋根を葺くためには大型サイズのものが必要である。そのために開発されたのが、断面形状を波形にした波形スレート板である。これも大正期に国産化されたが、これは下地を必要としないという利点があり、工場や駅のホームの屋根などを中心に普及した[fig.4]。

一方、住宅用としては、比較的薄手のスレート板が昭和30年代に入り登場した[fig.5]。デザイン性や施工性の良さが買われ、プレハブ住宅産業の興隆とともに急速に普及した。現在、これは住宅屋根用化粧スレートと呼ばれ、住宅の主要な屋根葺き材となって定着している。以前は、材料の一部に補強のための繊維質材料として石綿が使われていたが、健康安全性の面から使用が禁止され、現在の製品はすべて代替材料で置き換えられている。また繊維質材料を用いず、セメントと細骨材だけを加圧成形したセメント瓦(現在の名称はプレスセメント瓦)も、自由な色彩と形の製造が可能であり、粘土瓦に変わる屋根材として普及している。

もうひとつの屋根葺き材としてあげられるのが金属系屋根材である。古くより日本でも銅や鉛が屋根材として用いられていたが、高価であり、その使用は限定的であった。金属系屋根材が本格的に普及したのは明治以降のことであり、洋風建築技術の導入、金属圧延技術と防蝕技術の進歩により急速に広まった。これの耐久性の面から要求される基本性能は、錆びないことである。そのため鋼板は裸で使うことができなかった。しかしメッキ技法が開発され、スズメッキをしたブリキ、亜鉛メッキをしたトタンが登場した。わが国ではブリキ屋根は普及しなかったが、トタンは一定の耐久性をもつ安価な材料として広く受け入れられた。国産化は1906(明治39)年である。初期の頃は耐久性付与と意匠性付与のため現場で塗装が施されたが、現在は塗膜を工場で安定的に付けられた、いわゆるカラートタン(塗装鋼板)としての使用がほとんどである。さらに1970年代に入って、亜鉛とアルミニウムを混合したメッキ層を施したガルバリウム鋼板が米国で開発され、この技術がわが国にもたらされた。これは耐久性にすぐれた材料であり、使用例も増えている。

また最近は、とくに耐蝕性に優れる材料としてステンレス板も使われる。これは塗装の必要はなく、接合部が現場自動溶接によるため、水密的でしかも長尺屋根の施工が可能であり、展示場や体育館といった大規模な屋根での使用例が増えている[fig.6]。

fig.6——ステンレス屋根[提供:幕張メッセ]

3 設備・環境

076

ガス給湯設備

時代の要請に応じて独自の発展を遂げた給湯技術

倉渕 隆 東京理科大学 教授

鉄筋コンクリート集合住宅の各戸に設けられる内風呂は、当初、燃焼排ガスの排出に問題を残していた。これを解決したのがＢＦ型（密閉型自然給排気式）の風呂釜で、戦後の高度経済成長を支えた都市域に居住する勤労者に、安全で快適な生活をもたらした。その後のさらなる利便性、安全性、快適性の追求は、日本独自のＲＦ型（屋外式）の給湯器へとつながった。二十世紀後半からのオイルショックや地球環境保全の動きがきっかけとなり、エコジョーズやエネファームなどの高効率給湯器が誕生した。

CF型からBF型へ

戦後の高度経済成長期における都市域の慢性的な住宅不足に対応するため、1955（昭和30）年に日本住宅公団が設立され、初年度は2万戸規模の鉄筋コンクリート集合住宅の供給が行われた。当時はまだ珍しかった内風呂の採用と、DK導入による食寝分離による欧米型の新しい設計は人気を集め、羨望を込めて公団住宅の住民は「団地族」と呼ばれることとなった。公団住宅の最初期に導入された浴室は内釜式木製の浴槽で、煙突による自然ドラフト力によって燃焼排ガスを排出する、いわゆるCF型（Conventional Flue：半密閉型自然排気式）の燃焼排気システムであった[fig.1]。このシステムは、伝統的な隙間の多い日本家屋に導入される場合には問題は少ないが、鉄筋コンクリート造の気密性の高い建物に採用するのには無理があり、排気の逆流による一酸化炭素中毒の潜在リスクがあった。公団としては「入浴時に風呂釜を点火しない」などの注意喚起を行ったが、居住者による安全確保には限界があった。

多発するガス中毒事故を受けて、1970（昭和45）年には建築基準法が改正され、火気使用室における換気基準として燃焼器具のある居室には、原則として換気設備の設置が義務づけられることとなる。一方で、ハード面での事故の抜本的な対策としては、燃焼系統を室内と完全に分離する密閉型風呂釜の開発が危急の課題となった。1964（昭和39）年に公団は、当時イギリスで瞬間湯沸かし器用に実用化されていたバランス型の仕組みを、風呂釜に応用する試作品の開発を日本ガス協会に委託した。すると、わずか1年の間に製品の開発が行われ、関東ガス機器（現、ガスター）から発売されるに至った[fig.2]。新たな風呂釜はBF型（Balanced Flue：密閉型自然給排気式）の密閉型燃焼方式として圧電式着火方式を採用、外部風の影響による燃焼性悪化対策などの安全上の配慮が行われた結果、風呂釜による事故は一掃される成果を得ることとなる。

RF型、住戸セントラル給湯システムへ

その後、風呂釜はさまざまな制約条件のもと、ユーザーの要望にできるだけ応えるための試行錯誤が続けられていった。1967（昭和42）年には、当初から要望の強かった上がり湯と簡易なハンドシャワー機能の追加されたBF風呂釜が開発された。さらに1976（昭和51）年にはRF型（Roof Top Flue：屋外式）風呂釜が開発され、循環パイプで浴槽と風呂釜の間を接続し、リモコンで風呂釜の調整や運転状況を確認可能なシステムとなっていたが、風呂釜を浴室外部に設置することにより、浴室に大型浴槽を用いるなどの空間の効率的な利用を可能とした。

fig.1——内釜式浴槽

昭和30年代の公団住宅の風呂は内釜木製浴槽で、燃焼に必要な空気として浴室内空気を用い、煙突で屋外に排ガスを排出するCF型燃焼方式となっていた。この方式は浴室内が負圧になると不完全燃焼による一酸化炭素中毒が発生するリスクがあり、事実事故が多発したことから、安全な風呂釜の開発が急がれた。［出典：『ING REPORT——機（第4版）』］

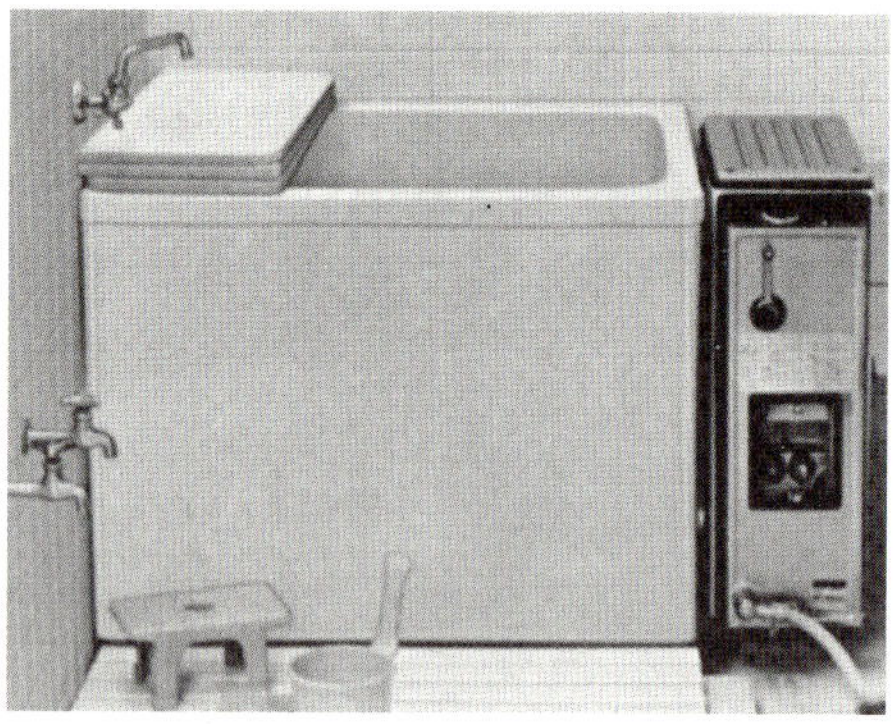

fig.2——BF型風呂釜

昭和40年代には安全性の高いBF型の風呂釜が開発された。BF型風呂釜の開発は昭和37年より東京ガスで着手されていたが、公団の委託によりコスト、耐久性、量産性に留意するとともに、何より安全性に重きを置いた検討が実施され、短期間のうちに商品化にこぎつけた。［出典：『設備開発物語』］

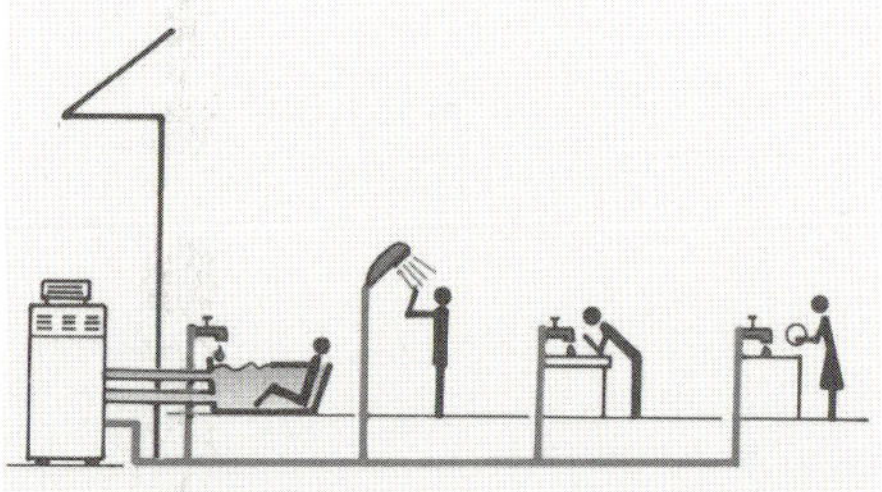

fig.3——システム給湯

1985（昭和60）年以降はシステム給湯時代に移行した。1台の給湯熱源機により風呂沸かし、シャワーのほか、洗面、調理需要に対応するため24号以上の給湯能力が必要となる。湯の同時使用、全自動給湯風呂釜、即時給湯に対応する。［出典：『給湯設備のABC』］

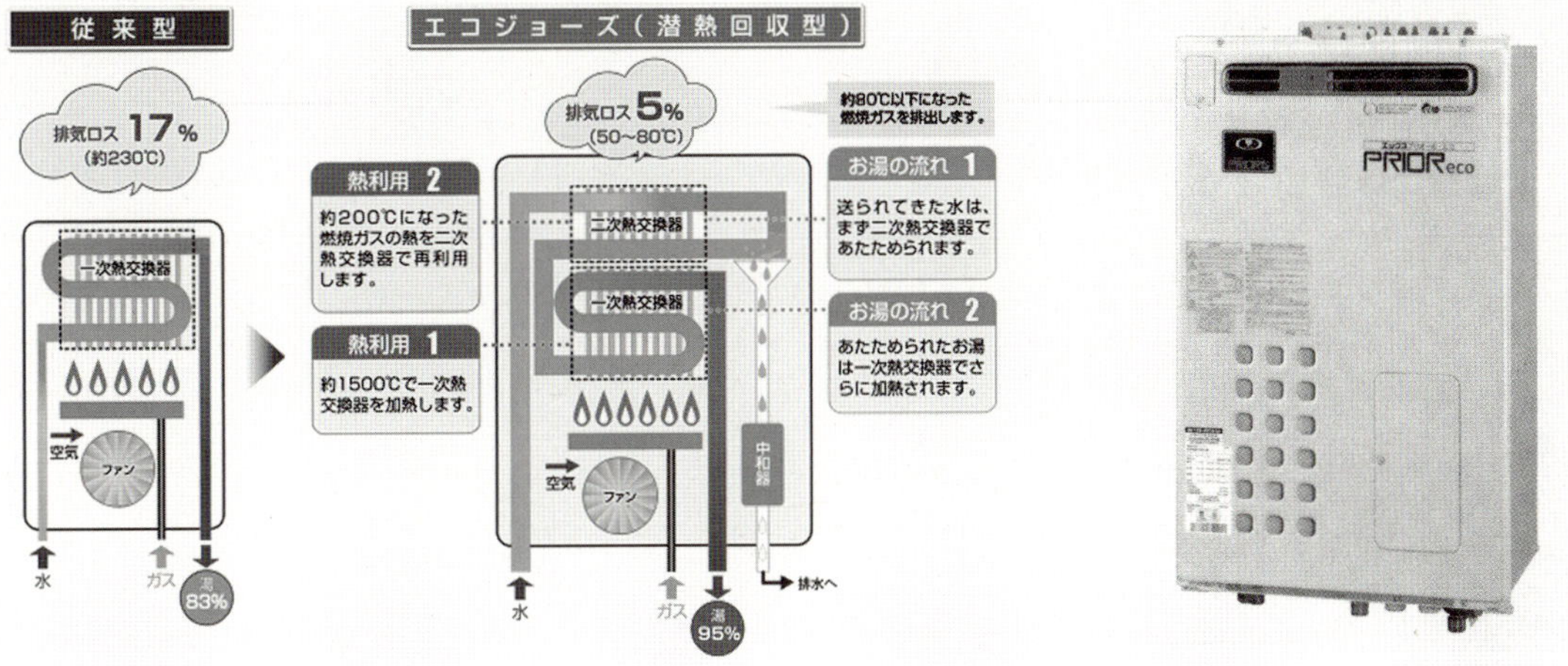

fig.4——潜熱回収型給湯器(エコジョーズ)

排気中の潜熱を回収することで、従来型よりも高効率を実現する給湯器であるが、発生するドレン水が強酸性であることから、二次熱交換器の腐食対策とドレン水の中和が課題となった。二次熱交換器の素材には当初チタンが用いられていたが、その後ステンレス製が開発された。写真は大阪ガス、高木産業の共同開発によるもの。[出典(左):東京ガス(株)/出典(右):『設備開発物語』]

一方、浴室以外の給湯に関して、飲料用や手洗いなどの需要に対応するために、当初は開放型の小型湯沸かし器が台所に設置されていたが、シャワーの快適性の浸透などにより給湯需要が増加し、半密閉型のCF型から、次第にBF型やFF型(Forced Flue:密閉型強制給排気式)などの密閉型給湯器に移行していった。風呂釜と同時期にRF型給湯器が開発されると、1980(昭和55)年頃からは風呂や洗濯、調理などの多角的な給湯需要に一台の給湯器で対応する住戸セントラル給湯システム[fig.3]が普及しはじめ、電子制御方式により出湯温度を40℃付近で一定としても、効率のよい給湯器が開発されている。

エコジョーズの開発

1970年代に2度にわたって起こったオイルショックは、化石エネルギーが有限であることを再認識させ、わが国では省エネ法制定のきっかけとなった。ガス給湯器の分野でも省エネ機運が高まりを見せ、1981(昭和56)年に大阪ガスと陽栄製作所(現、ハーマン)が共同で潜熱回収型給湯器(現在のエコジョーズ)[fig.4]を開発した。従来は捨てていた200℃の排ガスから、給水予熱用のチタン製二次熱交換器を用いて潜熱を回収し、従来機の効率80%に対して10%程度の効率改善を実現した。しかし、価格が高く広く普及するには至らなかった。当時としては時期尚早な機器であったといえる。

その後、1997(平成9)年に京都議定書COP3が採択され、日本は温室効果ガスの削減目標を1990(平成2)年比6%に設定するなど高い公約を設定した。住宅用エネルギー消費量のうち、1/3が給湯用と意外に大きいことが認識され始めたのはこの頃からである。さらに、CO_2を冷媒に用いた空気熱源ヒートポンプ給湯器(現在のエコキュート)も実用化の目途が立ち、ガス給湯器の省エネ化は待ったなしの状況となっていった。

エコジョーズの開発の難しさは、腐食に強い二次熱交換器の開発と、強酸性のドレン水を15年間中和し続ける能力のある中和器開発にあった。この点に関しヨーロッパでは、すでにアルミニウムやステンレス製の熱交換器が実用化されていたこと、FF型給湯器が主流であり雑排水系にドレン水を流せば、とくに中和を要しないことなどの点で有利であった。

このような状況下で、2000(平成12)年に大阪ガスと高木産業が共同で効率93%の潜熱回収型給湯暖房機を開発した。従来型と同程度の大きさであるため、買い替え需要にも対応できること、貯湯型の給湯器と異なり、使い方によらず燃焼系給湯器としては極限に近い効率(95%)が達成できること、などが特徴であり、以後、ガス給湯器のデファクト機種として普及が推進されている。

エネファームの開発

燃料電池はガスから水素を取り出して発電し、その際に生じる熱を回収して貯湯し、給湯利用するコージェネレーションシステムである[fig.5]。発電と給湯を併せた総合効率は80%を超えるとされており、オンサイトにガスを運んで利用するガスならではの高効率システムである。燃料電池の原理は19世紀にすでにイギリスで発見されていたが、その後宇宙船に利用されて注目を集め、東京ガスでは1970(昭和45)年頃から燃料電池の開発研究に取り組んでいた。1998(平成10)年に日本ガス協会が通産省からの研究委託を受け、家庭用燃料電池コージェネレーションシステム(エネファーム)のプロトタイプを完成させて、開発に弾みがついた。その後、国家プロジェクトやNEDOの助成などにより研究開発が進み、2005(平成17)年に商用1号機が首相公邸に設置されることになった。NEDOの大規模実証事業で、3,000台を超える需要家へのモニター試験によるデータ収集と改良を経て、2009(平成11)年から「エネファーム」という業界統一名称にて一般販売が開始された。2017(平成29)年には累積販売数が20万台を超え、今後、集合住宅への展開やさらなるコストダウンによる普及が期待されている。

参考文献
1——鎌田元康『給湯設備のABC——住まいと湯』TOTO出版、1993年
2——建築技術支援協会、LLB技術研究会 編『設備開発物語——建築と生活を変えた人と技術』市ヶ谷出版、2010年
3——『'ING REPORT——機(第4版)』都市再生機構、2011年

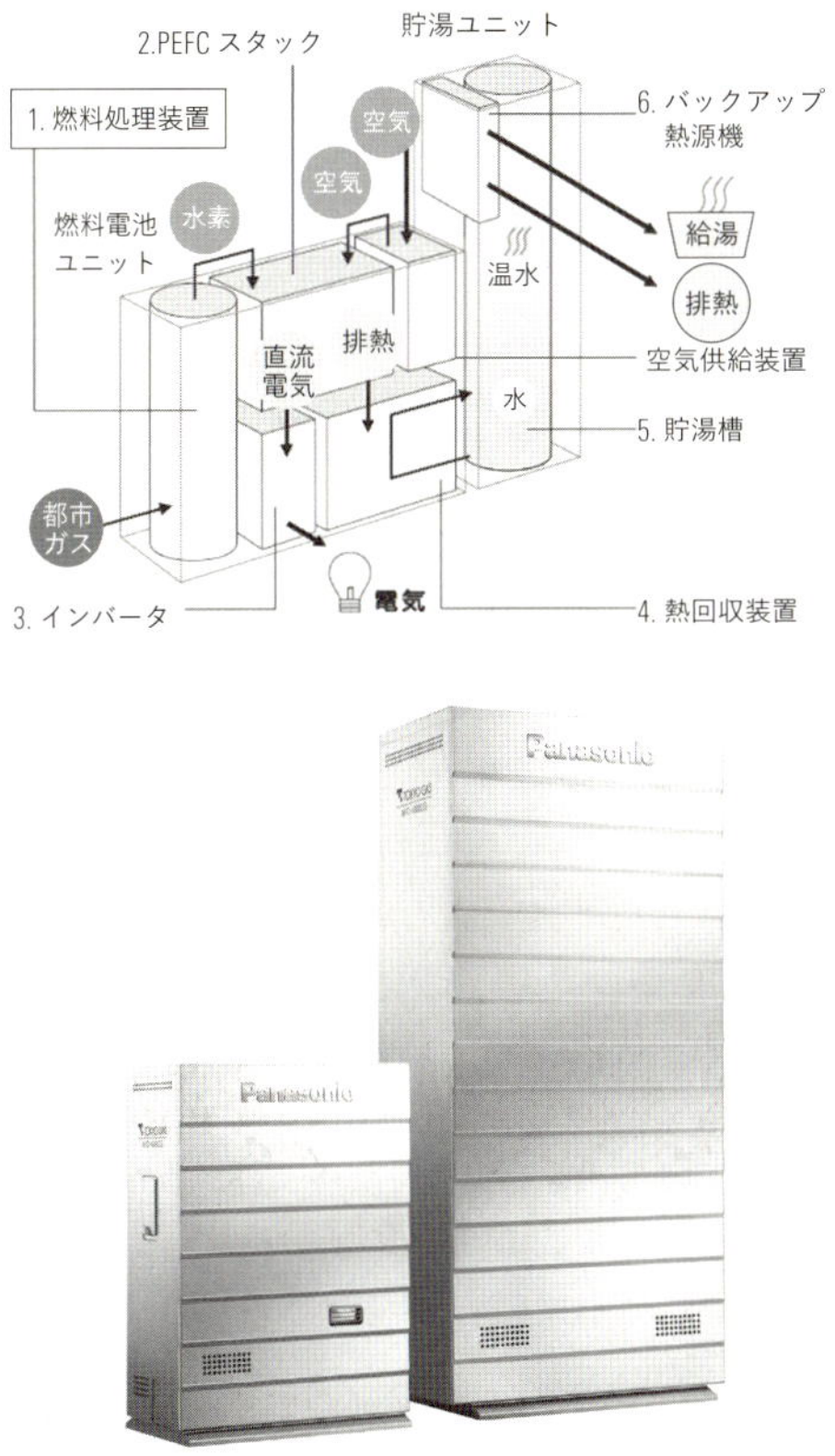

fig.5——家庭用燃料電池コージェネレーションシステム(エネファーム)

エネファームは燃料ガスを改質して水素リッチガスをつくり、空気中の酸素と反応させて発電し、その際の排熱を回収して貯湯タンクに貯湯するシステムである。家庭用では負荷変動や頻繁な発停の繰り返しに対応する必要があり、システムの耐久性が課題となった。当初のPEFC型(固体高分子型)に続き、より発電効率の高いSOFC型(固体酸化物型)も開発されてきている(写真は首相公邸に設置された商用1号機)。[提供:(一社)日本ガス協会]

077

換気扇

台所から始まりトイレ浴室、そして住戸全体に

小峯裕己
千葉工業大学 教授

日本で換気扇が広まるきっかけとなったのは、一九五〇年代から建設が始まった日本住宅公団の賃貸住宅。結露やカビの発生を防ぐ狙いだった。
一九六〇年代になると、ダクトを介して屋外に排気する天井埋め込み型の換気扇が開発される。
これにより、台所や風呂などの水廻りを外気に接しない住戸の中央に配置する平面計画も可能になった。
一九六〇年後半からは、住宅の高気密化に対応した全般換気のシステムが開発され、熱交換装置などと組み合わされた高性能のものも登場している。

換気扇の始まりは台所から

1925(大正14)年「芝浦通風扇」の名称で30cm換気扇が誕生した。太平洋戦争に伴う換気扇製造の中止を経て、1951(昭和26)年「東芝換気扇」と改称したシャッター付き角形25cmの換気扇が販売されていた。しかし、換気扇の知名度は低く、一般的な戸建て住宅にはほとんど、設置されなかった。

わが国の住宅における換気扇の開発、普及に対して、日本住宅公団が果たした役割は極めて大きなものがある。1955(昭和30)年に設立された公団が、1956(昭和31)年に建設した賃貸住宅におけるDKの台所部分に対する換気は、窓開放による自然換気が一般的であった。しかし、煮炊きの煙や湯気がDKに充満したり、天井や壁に表面結露や、カビが発生したりするなどの問題が生じたため、公団は家電メーカーの協力の下、1958(昭和33)年に15cm径プロペラ型の公団指定15cm換気扇を開発した。これ以降、換気扇の呼び名が一般名として定着し、公共共同住宅や民間住宅にも普及した。その後、予め設置された開閉シャッターに後付け出来るセパレート型が開発され、これが1960(昭和35)年に発足した公共住宅規格部品の指定品として認定された。

プロペラ換気扇からレンジフードへ

1960年代後半になると集合住宅の建設が進み、風呂や台所などの水廻りが部屋の中央に位置する事例が増え、また、住宅の高気密化が進むにつれ、従来のプロペラ型壁付け換気扇では換気が出来なくなった。そこで、接続したダクトを通して屋外へ排気を行うダクト扇の開発が行われ、1968(昭和43)年、公団高島平団地の台所に、国内初の天井埋込型ダクト用換気扇が設置された。現場施工の薄型ステンレスフード内部の天井面に、天井埋込型ダクト用換気扇を設置する方式であった。

その後、システムキッチンの普及に伴い、吊り戸棚とのデザインの統一性が問題視され、1977(昭和52)年に深型レンジフードが開発された。戸建て住宅では、壁面取り付けプロペラ型換気扇と深型フードの組み合わせであったが、集合住宅ではダクト接続が必須であったことなどから、シロッコファンを内蔵した深型レンジフードが採用された。

1980年代に入ると、少ない排気風量で捕集効率を高めた、いわゆる、高捕集型の開発が進められ、1990年代初めに製品化された。また、集合住宅では気密性能が大幅に向上し、レンジフード運転時、玄関扉の開閉が困難になる、玄関扉が急に閉じるなどの弊害を生じることから、排気と給気を同時に行う強制給排気型レンジフードが開発された。1990年代には全電化住宅の普及に伴い、IHクッキングレンジ特有の弱い上昇気流に対応するレンジフードの開発が行われ、2000年代始めに製品が発売された。更に、リビングダイニングに設置することを前提とした意匠性が高いレンジフードの開発が進められた。近年では、メンテナンスの容易さに対するニーズから、撥油塗装を施して油汚れを水で簡単に洗い流せる工夫や一拭きで簡単に拭える工夫、フィルター自動清掃機能付きなどを取り入れた製品が上市されている[fig.1]。

水廻りの換気扇

1960年代の公団住戸の浴室は換気が不要なBF式風呂釜が設置されていたので、自然換気が行われていた。1970年代に入ると、前述の天井埋込型ダクト用換気扇、トイレと浴室の2室からの排気を一台の換気扇で処理する2室換気型換気扇(1971(昭和46)年)、中間ダクトファン(1972(昭和47)年)を用いた機械換気が採用され、外気に面しない水廻りの平面計画が可能となった。一方、戸建て住宅の場合、トイレはパイプファンによる機械換気、浴室は窓開け換気が主流であった。

1980年代になると、洗面所とトイレは2室換気型換気扇を、浴室は単独で天井埋込み換気扇が

fig.1——フィルター自動清掃機能付きIHクッキングヒーター用レンジフードの一例

調理物の温度を検知して自動的に風量を選択するので省エネ性に優れ、調理機器の入・切に連動してレンジフードが発停する、新構造のファンフィルターを採用してファンフィルターで集めた油汚れは自動洗浄で掃除をする、撥水塗装で油が取れやすい等、高機能を多数備えている。[出典:パナソニック・エコシステムズ(株)カタログ]

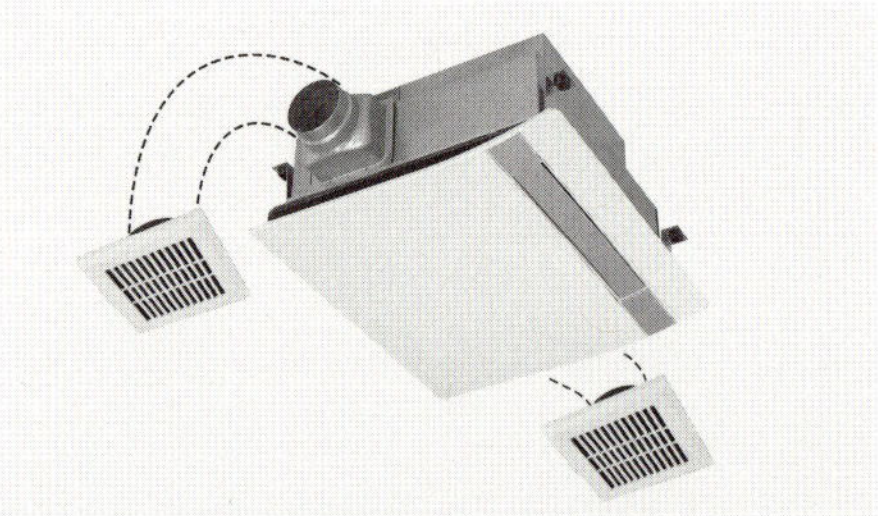

fig.2——24時間換気対応の浴室暖房乾燥換気扇の一例

浴室乾燥、衣類乾燥、浴室暖房、24時間換気、涼風吹出しの5つの機能を備えた暖房乾燥換気扇で、この機種の場合、トイレ、洗面所の換気も賄う。DCブラシレスモーター搭載により省エネ性に富み、外部風圧に拘わらず一定の換気風量を確保する定風量制御を行う。[出典:三菱電機(株)カタログ]

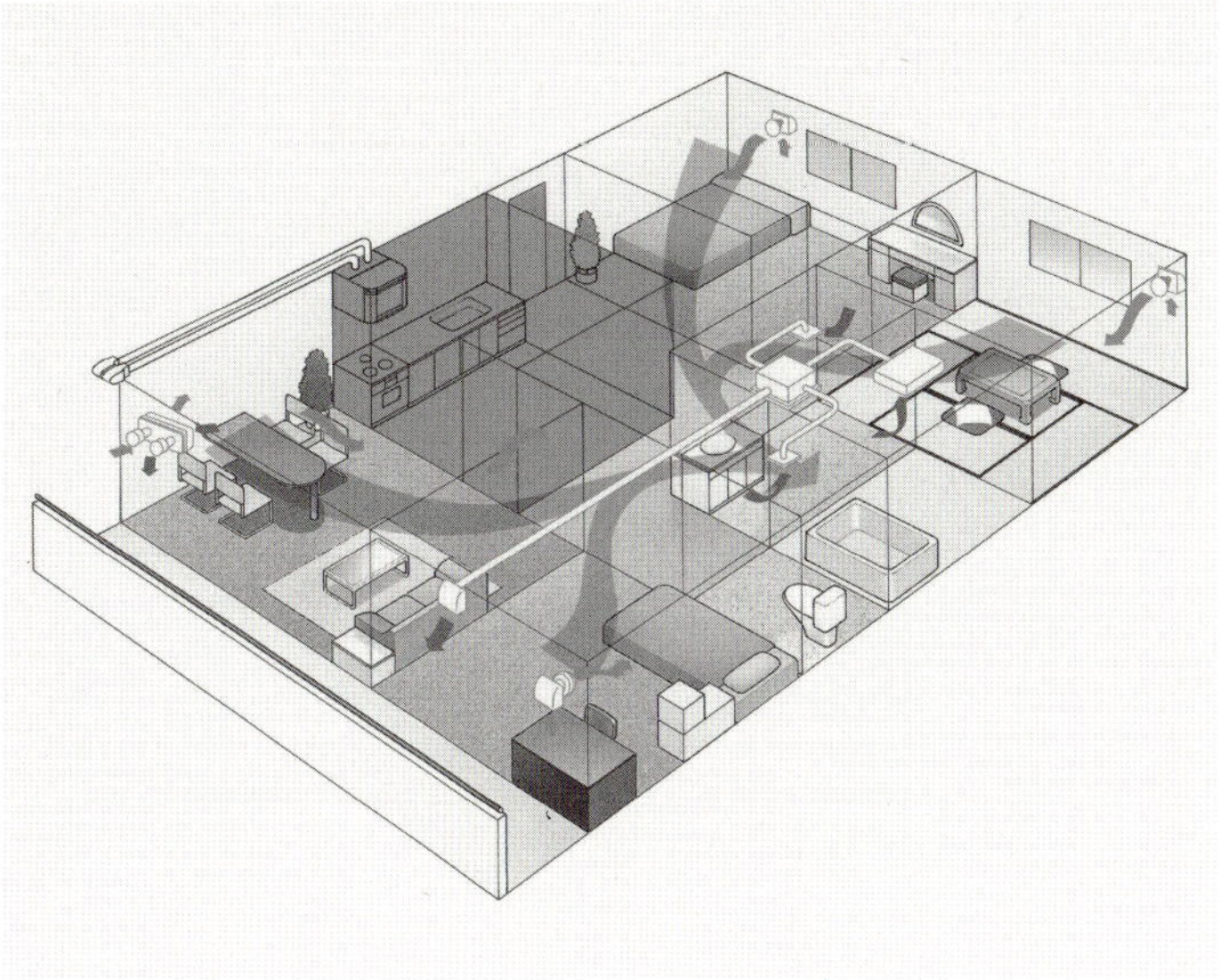

fig.3——常時小風量換気システムの概念図

サニタリー換気ユニットを常時運転して、各居室に設置した給気ユニットから外気を導入する。住戸全体の換気回数は、0.3–0.5回/hを確保する。台所は自然給気方式の深型レンジフードを設置して、レンジフード運転時でも水廻りからの逆流やドアや窓の開閉困難を避けるとともに、廃気捕集率の低下を招かないようにしている。[出典：三菱電機(株)技術資料]

設置された。1983(昭和58)年、浴室の寒さに起因する循環器系疾病を防止するため、若しくは、女性の社会進出に伴う夜間の洗濯や部屋干しに対応するため、浴室の暖房、乾燥および浴室を使った衣類乾燥を行うための浴室暖房乾燥機が公団で採用されて、一般家庭への普及が始まった。現在では、ミストサウナなどの機能が付加された機種が販売されている[fig.2]。

居間の換気扇

1963(昭和38)年には、デザイン性と発生騒音に配慮した居間専用の換気扇が発売され、デザイン面での工夫が重ねられ、現在でもインテリア型換気扇と称して販売されている。一方、1963(昭和38)年には、窓ガラスに開けた丸穴に取り付ける窓用小型換気扇が開発された。その後、伸縮可能な専用パネルを付属して、使用時にはパネル部分の幅だけ窓を開け、未使用時には窓を閉じて施錠できる窓用換気扇も開発されたが、現在は販売中止になっている。

1970(昭和45)年、エアコンによる居間の暖冷房が普及し始めると共に、省エネルギー性に配慮した全熱交換型換気扇が登場し、壁掛式局所換気扇として普及した。

局所換気から全体換気へ

1980年代後半、都心の再開発地域に建つ超高層集合住宅における高気密化に配慮した換気、高水準の家賃に相応しい室内温熱・空気環境を実現するため、ダクト方式による暖冷房・換気システムの開発が行われた。その成果のひとつとして、1988(昭和63)年には、第1種熱交換セントラル換気システムに直膨コイルと温水コイルを組み合わせた暖冷房・換気システムが大川端リバーシティー21イーストタワーズに導入された。

1990年代前半には、各居室に設けられた専用給気口から新鮮外気を導入して、水廻りに設置された換気扇により、住戸全体の換気を行う常時小風量換気システムが、1996(平成8)年に竣工したシーリアお台場の超高層集合住宅で採用された。この換気システムは、住宅の高気密化により顕在化した結露やカビの発生を抑制するために普及した。2002(平成14)年に改正公布された建築基準法による「シックハウス対策」のひとつとして義務化された24時間全般換気の先駆けとなる集合住宅向け24時間全般換気システムである[fig.3]。

1990年代はわが国における住宅用換気システムにとって画期的な変革の時期であり、住宅全体の換気システムの導入が相次いだ。例えば、北海道では、1992(平成4)年改正のいわゆる新省エネ基準を受けて、省エネルギーの観点から、道営住宅に第1種熱交換セントラル換気システムを試験的に導入し、1993(平成5)年から正式採用して新築の全住戸に設置した。また、高断熱・高気密住宅であるR-2000住宅では、第1種熱交換セントラル換気システムが必須のアイテムになっていた[fig.4]。

2000年代以降、24時間全般換気が義務化されたが、多くの戸建て住宅では、法遵守だけの質が低い換気システムが多数設置されているのが現状である。

これからの換気システム

最近の換気扇で採用しているDCモーターは消費電力量が極めて少ないので、省エネや光熱費はほとんど問題ない。今後は、単に外気を導入し室内空気を排出するだけでなく、室内空気による健康性や快適性向上を目指して、殺菌、消脱臭、酸素濃度の上昇や精油による香り付けなど、創空気の機能を備えた換気システムの開発が望まれる。

参考文献

1———東芝キャリアウェブサイト〈http://www.toshiba-carrier.co.jp/products/fan/guide/history.htm〉2018年5月25日閲覧

2———松下精工創立30周年記念活動・行事実行委員会社史編集部会 編『風と空気をつくる——松下精工30年のあゆみ』松下精工、1986年7月

3———三菱電機中津川記念誌編集委員会 編『先駆者たちの70年——中津川製作所70年の技術開発の軌跡と未来』三菱電機中津川製作所、2014年2月

4———「住宅の気密化、台所・浴室・トイレのコア設置化と共に歩んだ換気設備」『ALIA NEWS』100号、リビングアメニティ協会、2007年7月

5———『ING REPORT——機(第4版)』都市再生機構、2011年

6———「松下精工：高気密・高断熱住宅向け気調システム」『月刊SUMAI』第14巻 第8号、1993年8月

7———三菱電機「エアフロー還気システム技術資料」1995年9月

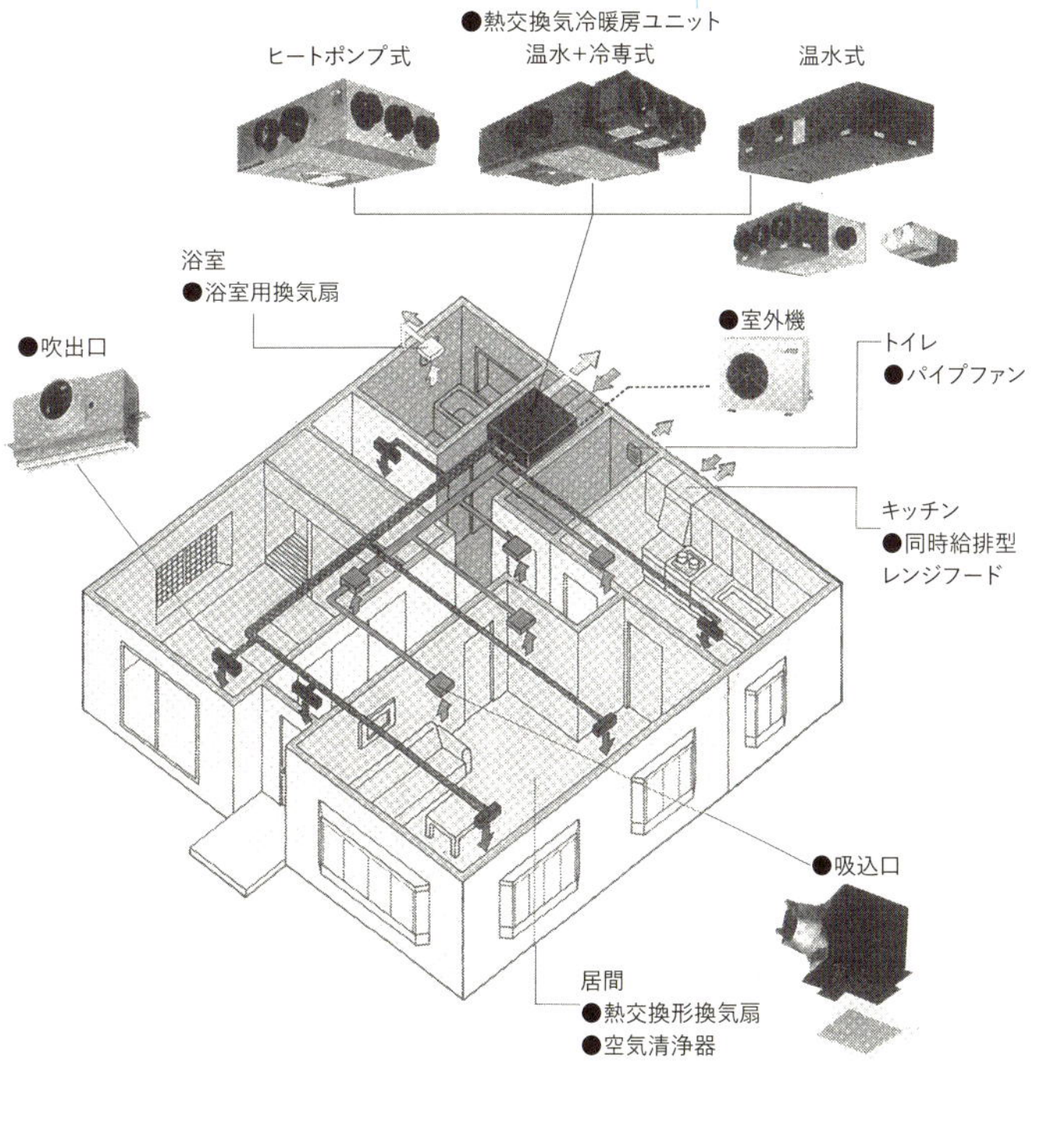

fig.4——ダクト式暖冷房換気システムの概念図

熱交換機能と暖冷房機能を有する熱交換気冷暖房ユニットから、ダクトにより各居室へ冷暖房の空気と外気を給気する。居室からの還気の一部を排気するほか、導入する外気量と水廻りからの排気風量がほぼ同値になるように設計する。地域や目的に応じて熱源機器には3つの方式があり、冷房の必要性が低い寒冷地には温水式、冷暖房が必要な地域はヒートポンプ式、地域冷暖房の地域では温水+冷房専用冷媒式が採用された。[出典：『ING REPORT——機(第4版)』]

078

ステンレス流し台

家庭生活のイメージを一新させた台所革命の立役者

——和田菜穂子
一般社団法人 東京建築アクセスポイント代表理事

戦後日本のライフスタイル革命を象徴するのが台所の変化であり、その中心にはステンレス流し台が置かれていた。一九五〇年代まで、流し台の主流はすぐに錆びる金属や人造石やコンクリート製。ステンレス流し台も製造は始まっていたが、手の届きにくい高級品だった。これを広めたのは日本住宅公団で、一九五八年竣工の晴海団地から採用。そのデザインには日本の女性建築家第一号の浜口ミホが大きく関わっている。またその背景として、押し出し成型によるプレス加工でステンレス流し台の量産化を成功させた企業の果たした役割も大きい。

台所の近代化によって生活が豊かに

戦後日本のライフスタイルが変貌するきっかけとなったのが台所革命である。台所の進化によって封建社会から脱却し、女性の家事労働の軽減が図られ、近代化が一気に加速したといっても過言ではないだろう。さらに、家族団欒の場として新たに、食事をとる場と調理をする場が一体となったDK(ダイニング・キッチン)という和製英語が生まれ、そこには主婦の憧れであったピカピカに輝くステンレス流し台が置かれた。戦前は高価で手の届かなかったステンレス流し台であるが、1958(昭和33)年に公団住宅で標準装備され、一般家庭に導入されると、今までの暗くじめじめした台所のイメージが一掃された。

戦前に登場した高級ステンレス流し台

ステンレス流し台の変遷をたどると、じつは戦前から数は少ないが流通していた。日本初の台所設備メーカーである鈴木商行は、1920(大正9)年に「鈴木式高等炊事台」というシステムキッチンの販売を開始するが、そのときは木製に銅板を貼ったものであった。その後アメリカの雑誌で研究を重ね、いち早く水と接するシンクの部分に着目し、ステンレスを取り入れている。1930年代の雑誌広告を丹念に調べると、1934(昭和9)年に森岡ステンレス工業がステンレス流し台の製造販売を行なっている[fig.1]。これらは「文化台所」と呼ばれ、一部の高級住宅に納められていたが、庶民には手の届かない夢の商品にすぎなかった。

fig.1——森岡ステンレス工業の広告[出典:『住宅』1934年6月号]

fig.2——ワシントンハイツの流し台[出典:小泉和子、高薮昭、内田青蔵『占領軍住宅の記録(下)』住まいの図書館出版局、1999年]

戦後ディペンデント・ハウスの影響

戦後の日本は、アメリカ進駐軍によって彼らのライフスタイルを是とする風潮がもたらされた。1948(昭和23)年に、日本橋三越でアメリカ進駐軍の住宅「ディペンデント・ハウス(DH)」を規範とする展覧会「アメリカに学ぶ生活造形展」が開催され、一般の人も漫画「ブロンディ」でしか知り得なかったアメリカの充実した設備を目の当たりにした。あまりにも日本とかけ離れた生活に驚愕する人が多かったという。DHの台所にはダブルシンクのステンレス流し台が設置されていた[fig.2]。

当時の日本の流し台といえば、躯体は木材かコンクリートで、水と接するシンクに関してはさまざまな素材が検討されていた。金属系の場合、亜鉛・銅・アルミニウム・ブリキ・ステンレスなどがハンダ溶接か釘打ちされ、それ以外では、人造石・タイル・コンクリート・陶器(エナメル)などが取り付けられていた。しかし金属系はすぐに錆びてしまい、見た目の美しさに欠け、コンクリートや陶器は亀裂が入ると水漏れし、食器を割ることもしばしばだった。木製は腐蝕して不衛生である、というそれぞれの欠点と向き合わざるを得なかった。

女性建築家第一号浜口ミホのデザイン提案

日本住宅公団が求めていた新しい時代のキッチン・デザインの登場には、女性建築家第一号の浜口ミホの提案が大きく寄与している。浜口は台所作業を分析し、流し台の位置を真ん中にもってくる「ポイントシステム」の有効性を唱えた。それ以前は「流れ式」という調理の順序に従う配列「流し台→調理台→加熱台」が常識であった。画期的な浜口案は公団に勤務していた津端修一邸で実験的に用いられた。津端は、ミホの夫、浜口隆一の後輩にあたり、1955(昭和30)年に設立された日本住宅公団に発足と当時に入社している。浜口はそれ以前にも、前川國男の事務所から独立してすぐに設計した古谷綱武邸(1952(昭和27)年)でステンレスの流し台を導入している。1954(昭和29)年に日本橋高島屋で開催された台所文化展では「ポイントシステム」のステンレス流し台を出品した。それはサンウェーブ工業が製造したアルゴン溶接による流し台であった[fig.3]。しかし一般家庭には手の届かない高値がついていた。最終的に公団は浜口案の「ポイントシステム」を採用するが、そのコストダウンという課題を抱えていた。

fig.3——台所文化展

アルゴン溶接の流し台が登場する以前は、ハンダ付けかガス溶接によるものであった。アルゴン溶接の流し台は「サンウェーブ流し」という商品名となり、それを契機に1954(昭和29)年菱和工業と三中産業が合併し、「サンウェーブ工業株式会社」が設立された。[出典:『サンウェーブ誕生30周年記念誌』]

日本住宅公団の理想

日本住宅公団の初代総裁の加納久朗は海外生活が長く、公団住宅にステンレス流し台を導入することを当初から思い描いていた。しかし一つひとつを溶接加工する方法では大量供給に追いつかず、量産できる技術開発が必要に迫られていた。名乗りを挙げたサンウェーブ工業は当時、板金工場をもつ中小企業に過ぎなかった。しかし社長の柴崎は公団総裁の加納と交渉し、量産のためのプレス機導入の資金を調達することができ、技術開発に挑む。残念ながら公団初の蓮根団地(1957(昭和32)年)には間に合わず、人研ぎの流し台がDKの間取りに設置された。公団初のステンレス流し台が登場するのは晴海団地(1958(昭和33)年)からである。中央に流し台を配したポイントシステムで、600mmのモジュールで構成され、高さは800mmであった[fig.4–5]。

プレス加工によるステンレス流しの量産化

サンウェーブ工業は1956(昭和31)年秋に押し出し成型によるプレス加工に成功する[fig.6]。「深絞り」という1枚のステンレス板を限界までプレスし、それを破断させずに徐々に薄く深い水槽に仕上げていく、高度な技術を要するものであった。技術者による不眠不休の努力によって、当時の専門家に不可能と言われたプレス成型が、奇跡的に成功に至ったのである。じつは晴海アパートでは流しの部分のみ深絞りに成功しており、左右の調理台とガス台はハンダ溶接でつなぎ合わせている。その後、「一体絞り型流し台」と呼ばれる調理台・ガス台の天板と流し台が一体化した加工に成功する。公団はそれを「プレス型KJ流し台(公共住宅型流し台)」と名づけ、規格化した[fig.7]。

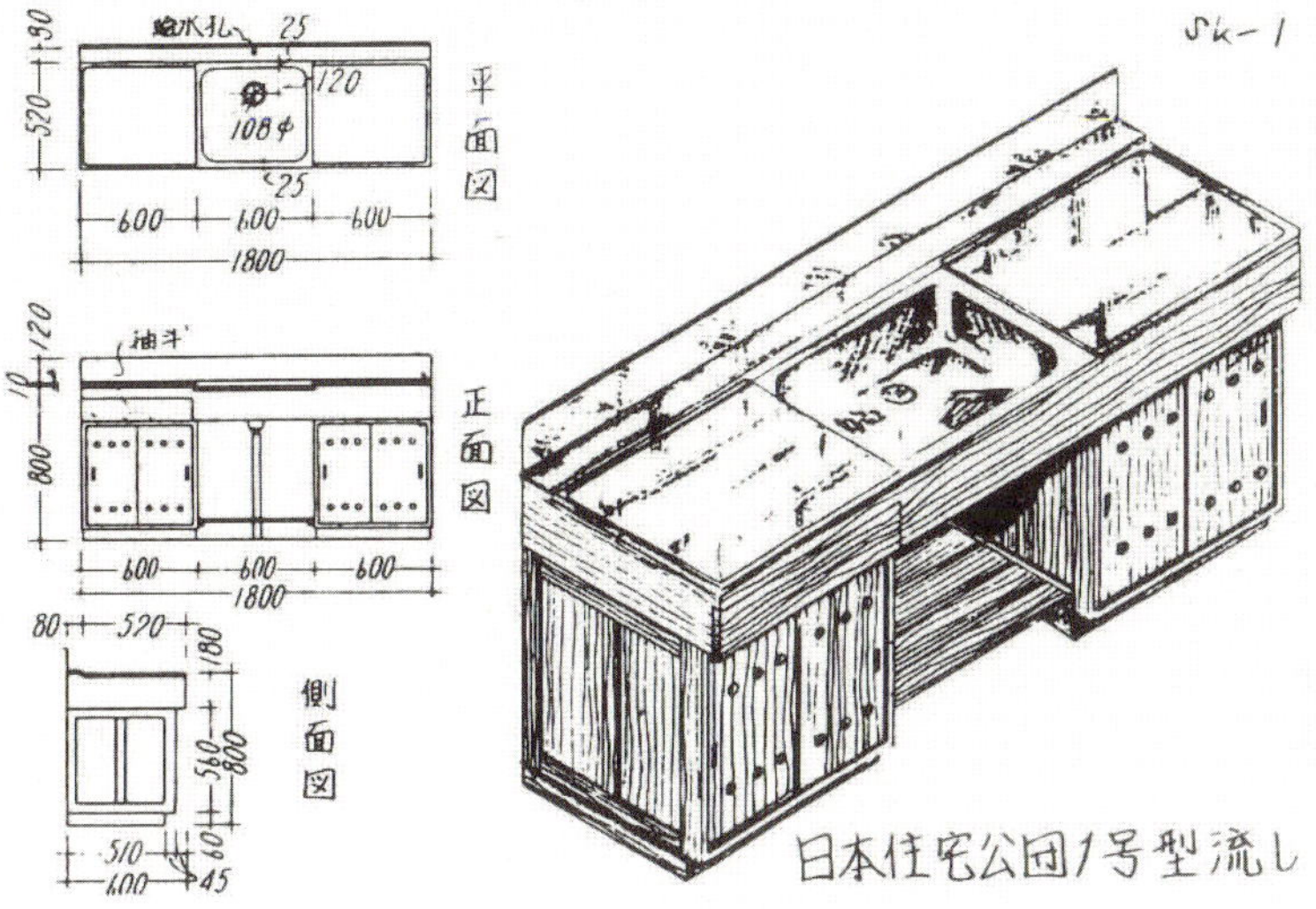

fig.4——日本住宅公団1号型流し図面

「日本住宅公団1号流し」は、ガスコンロが2口取り付けられている型もあった。「日本住宅公団2号流し」は別売のガスコンロを設置するため、ガス台の高さのみ低く設定されている。[出典:『サンウェーブ誕生30周年記念誌』]

台所中心の消費社会へ

「公団のどこが魅力か」という当時のアンケートに対し、90%が「ステンレス流し台」をあげている。このようにステンレス流し台は戦後のモダンな生活の象徴となり、民間アパートや建売の戸建住宅にも広がっていった。ステンレス流し台の登場によって、台所の位置付けが大きく変わり、台所は家の最も良い場所に設けられ、主婦の活動のメインの場となった。さらに神武景気(1954–1957(昭和29–32)年)が後押しし、冷蔵庫・洗濯機・白黒テレビが「三種の神器」と呼ばれ、台所にはミキサーやトースターなどの電化製品が登場し、日本はアメリカ型の消費社会へと移行していく。

キッチン・メーカーによる開発は絶え間なく続けられ、今では継ぎ目のない1枚の天板がワークトップとなった「システムキッチン」と呼ばれるデザインが主流になっている。また顧客のニーズに応じ、人造/人工大理石製など高級素材を用いたワークトップも登場している。

参考文献
1———サンウェーブ工業『サンウェーブ誕生30周年記念誌』1985年
2———北浦かほる、辻野増枝 編著『台所空間学事典』彰国社、2002年
3———北川圭子『ダイニング・キッチンはこうして誕生した』技報堂出版、2002年
4———藤谷陽悦「台所流し台(シンク)の技術革新——ステンレス流し台を中心に」『日本の技術革新体系』国立科学博物館、2010年
5———和田菜穂子『近代ニッポンの水まわり』学芸出版社、2008年

fig.5——晴海高層アパートの流し台(都市再生機構 集合住宅歴史館)

晴海団地は5階建ての中層アパート14棟と前川國男設計の高層アパート1棟の合計15棟699戸で構成されていた。[撮影:筆者]

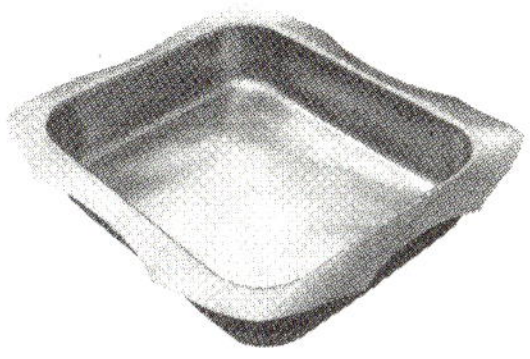

fig.6——初めて成功したプレス加工のステンレス流し

ステンレス素材の質はメーカーによって若干異なるため、選定に時間がかかった。最終的に日新製鋼のステンレスを用いることにし、プレス工作油の種類を塗る場所によって変えるなど試行錯誤して調整を行った。[出典:「サンウェーブ工業パンフレット」]

fig.7——プレス型KJ流し台(都市再生機構 集合住宅歴史館)

継ぎ目のない「一体絞り型流し台」が登場するが、製品の不良率が高く、サンウェーブ工業では途中から生産中止にしている。当時はサンウェーブ工業以外の企業も一体絞り型流し台の製造に成功し、市場に参入していた。[撮影:筆者]

3 設備・環境

079

浴室ユニット

浴室には給排水機能のほか、防水・防湿・耐水・耐火などの性能が要求される。居住密度の高い地域では公共浴場がその役割を担い、専用の場合も屋外や建物隅各部などに配置するのが一般的であった。住宅ごとに専用の浴室が求められるようになり、ホテルや集合住宅など高層建築への設置も増えていく。浴槽の外で体を洗う我が国の入浴スタイルでは、水仕舞や施工の合理化が強く求められるが、浴室のユニット化はこの問題を解決し、今や不可欠な存在になっている。

水仕舞の問題を解決した画期的な水周り部品

真鍋恒博
東京理科大学 名誉教授

浴室ユニットの導入期

住宅のベランダや室内に置くFRP製浴室ユニットは、1960（昭和35）年頃に登場した。住宅の限られたスペースに後から設置され、浴槽の蓋の上で体を洗う製品もあった。1962（昭和37）年に腰壁から下をユニット化したFRP製洗い場付き浴槽が発売されたが、人件費が安くFRPが高価な条件では普及には至らなかった。

本格的な採用例は東京オリンピック時に建設されたホテルニューオータニ（1964（昭和39）年）であり、工期短縮と確実な防水性のため1,044室で採用された。工場生産部品によるフルパネル方式[fig.1]で、在来構法より高価であった。壁の素材はFRPが高価であったためメラミン化粧板とされた。パシフィックホテル茅ヶ崎（1964（昭和39）年）では、菊竹清訓のメタボリズム思想に基づく、建物から独立して交換可能なユニットが採用され、同じ考えの「ムーブネット」[fig.2]も発売された。札幌オリンピック（1972（昭和47）年）にそなえて建設された札幌グランドホテル（1966（昭和41）年）では、冬期の施工を考慮した乾式工法の浴室ユニットが用いられた。

住宅用製品としては、1963（昭和38）年発売の室内据置き「ほくさんバスオール」[fig.3–4]がある。畳一枚サイズの上下分割カプセルタイプで、専用瞬間湯沸器から給湯し、シャワー付きで、ホースを倒して排水する機構であった。1965（昭和40）年頃には中高層住宅にも浴室ユニットが使われるようになったが、当初はホテル用の転用で洋風バスのスリー・イン・ワンタイプであった。和風住宅用ユニットとしては国鉄大井町アパート（1966（昭和41）年）があり、和風浴槽と洗い場があった[fig.5]。

浴室ユニットの普及と構法の多様化

昭和40年代半ばからはさまざまな浴室ユニットが使われるようになった。1968（昭和43）年頃から始まった大阪万博（1970（昭和45）年）に向けた第2次ホテルブームでは、職人不足などから浴室のユニット化が進み、参入メーカーも増えた。都市近郊のマンションブームでは、洗い場付き浴槽タイプのハーフユニットが普及し、コストや施工性のため個

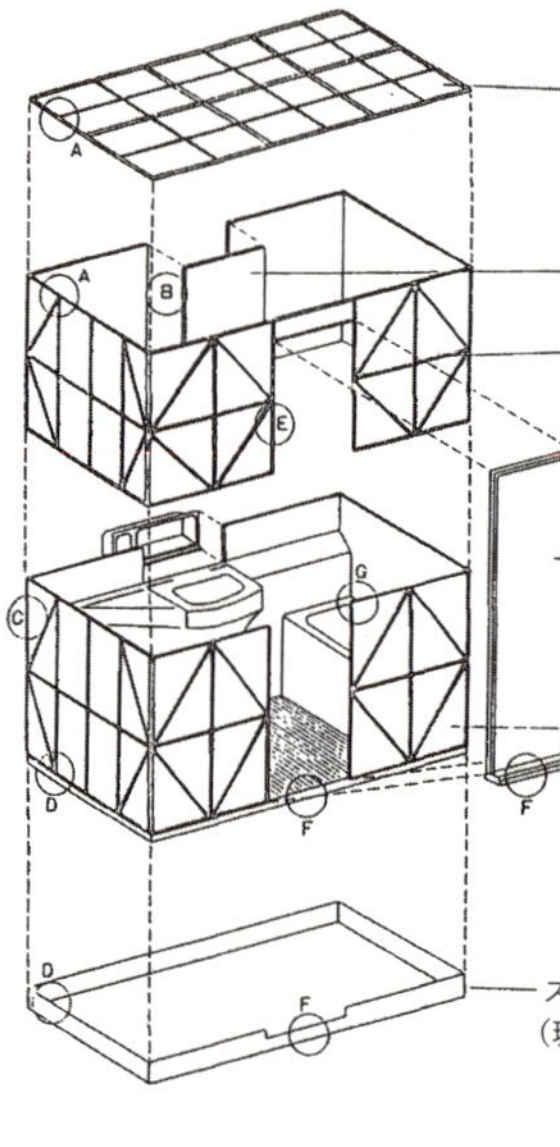

fig.1——ホテルニューオータニの浴室ユニット構成部品（東洋陶器／1964（昭和39）年竣工）

工場生産のパネルを現場で組み立てるフルパネル方式。17カ月のスピード施工のためにはプレファブ化は必須であった。[出典：『新建材——特集：ホテルニューオータニ』きづき書房、1964年1月]

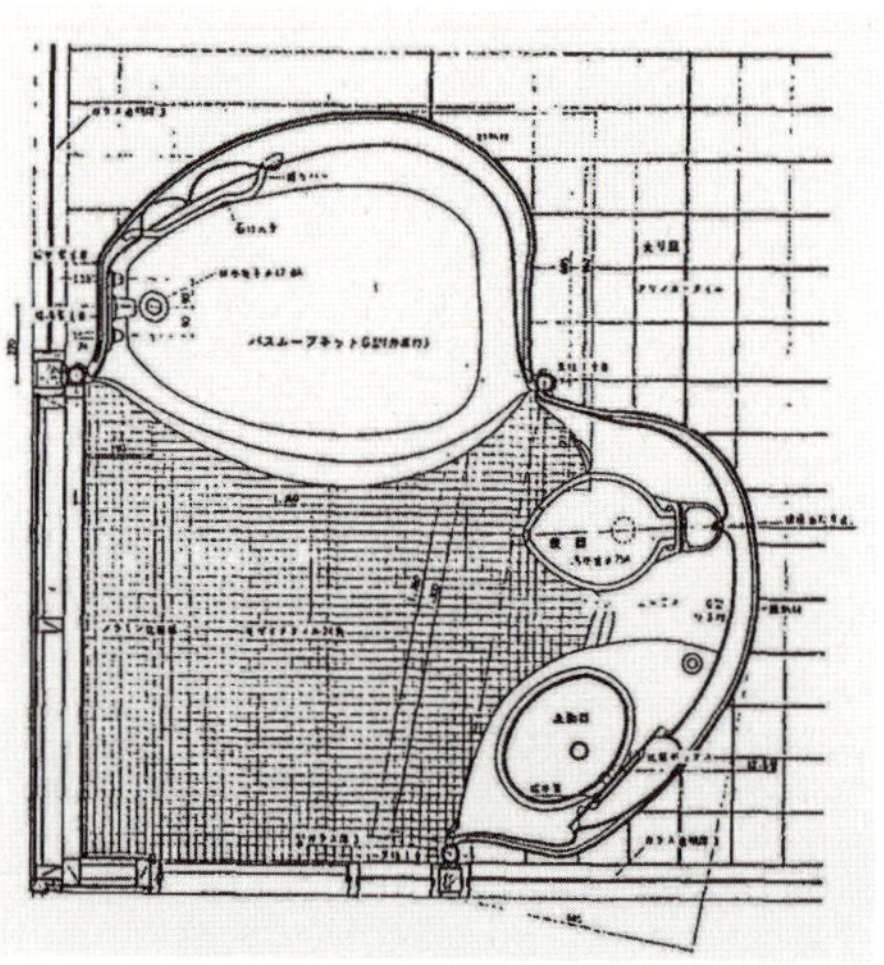

fig.2——ムーブネット（日立化成工業／1963（昭和38）年）

パシフィックホテル茅ケ崎のユニットよりも、かなり未来的なデザインであったが、配管工事や清掃が面倒な点から普及に至らなかったとの見解もある。[出典：『ディテール別冊——ディテール設計資料：住宅設備編』1974年8月]

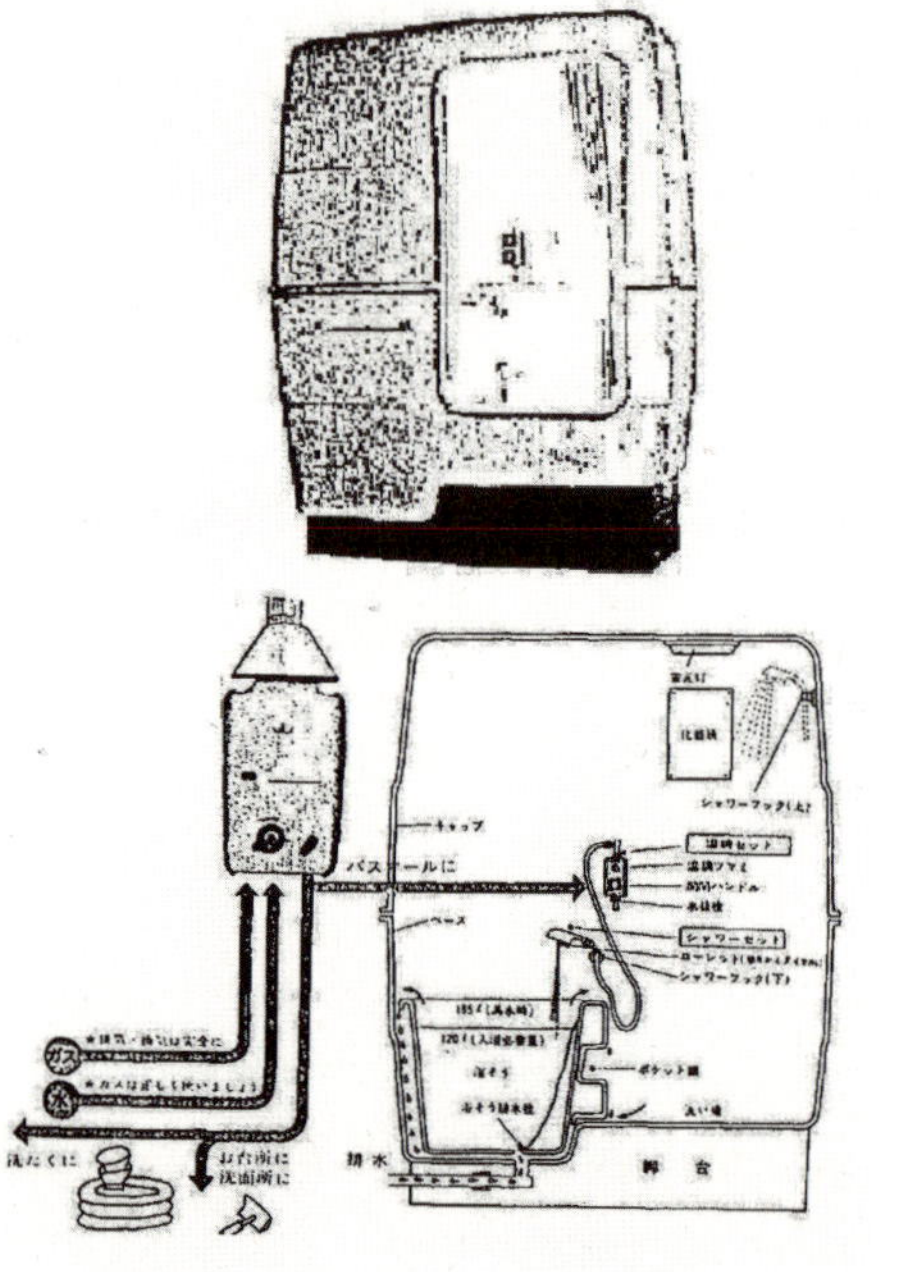

fig.3——ほくさんバスオール（北海酸素／1963（昭和38）年）

専有スペース内に増設が可能なため、浴室の無い住宅の隙間空間に置かれることが多かった。35万台売れたといわれている。[出典：北海酸素（株）「ほくさんバスオール」カタログ]

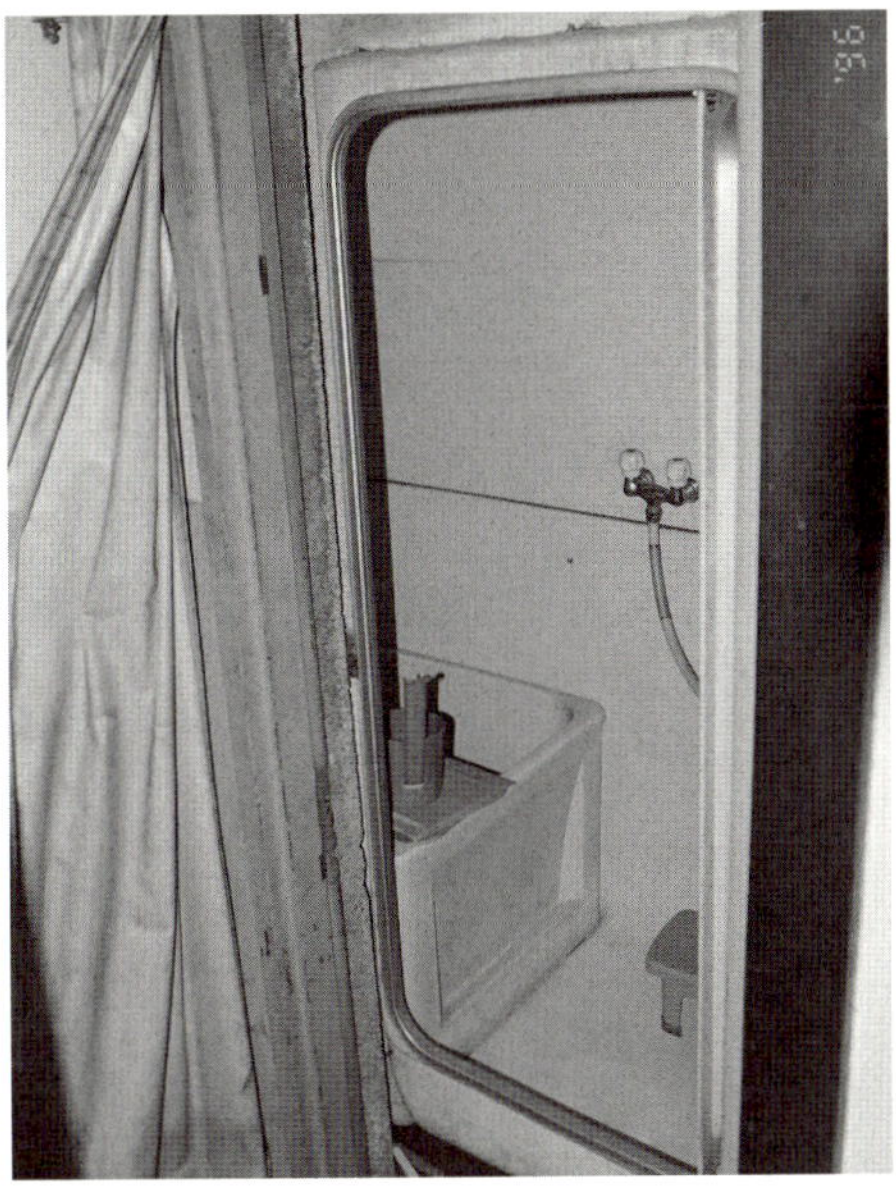

fig.4——同潤会代官山アパートに「増築」されたバスオール

浴室は建物から外部へ張り出した増築部分。1957(昭和32)年の払い下げ後は増築が無秩序に行われていた。写真は1996(平成8)年の解体時。[撮影:筆者]

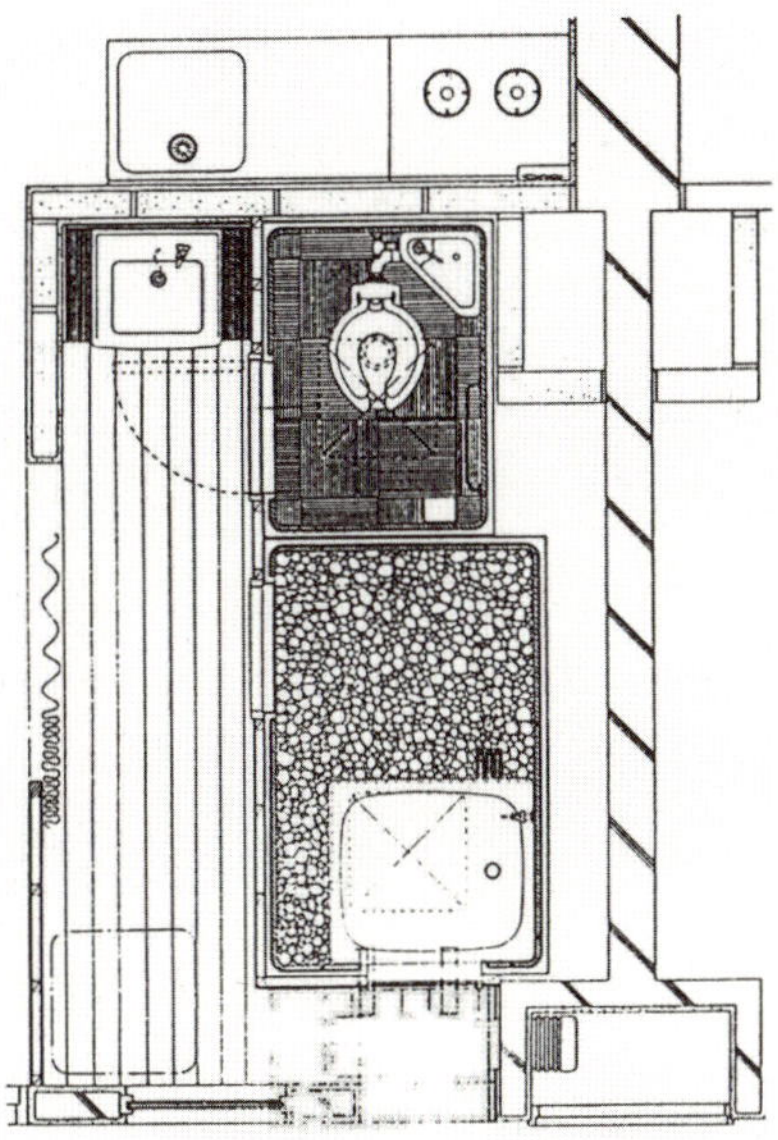

fig.5——国鉄大井町アパートの浴室・便所ユニット(東洋陶器/1966(昭和41)年)

官庁建築として初の採用。ホテル用とは異なって洗い場があり、玉石風の床など、いかにも和風の風呂場らしい。[出典:東洋陶器(株)カタログ]

別設計から規格型に移行した。

開発当初は防水パンの枠内にフレームを建て込む「外パン方式」が主流で、シャワー配管の漏水などにも安全であったが、接合部の信頼性が向上したことにより昭和40年代半ば頃からは内パン方式に移行した。壁に使われたエリオ鋼板には錆の問題があり、価格の下がったFRPに移行した。建設省による浴室ユニットの調査・試作(1970(昭和45)年/日本建築センター)も行われた。

1971(昭和46)年以降のビジネスホテルの増加によって、カプセルタイプの浴室ユニットが普及し、京王プラザホテルでは工期短縮のため、カセット工法のユニットが採用された。ホテルニューオータニ新館(1974(昭和49)年)では、構造体や外壁などを1層ごとに組み立てる積層工法が採用され、水まわりにプレキャストコンクリート製ユニットが使われた[fig.6]。

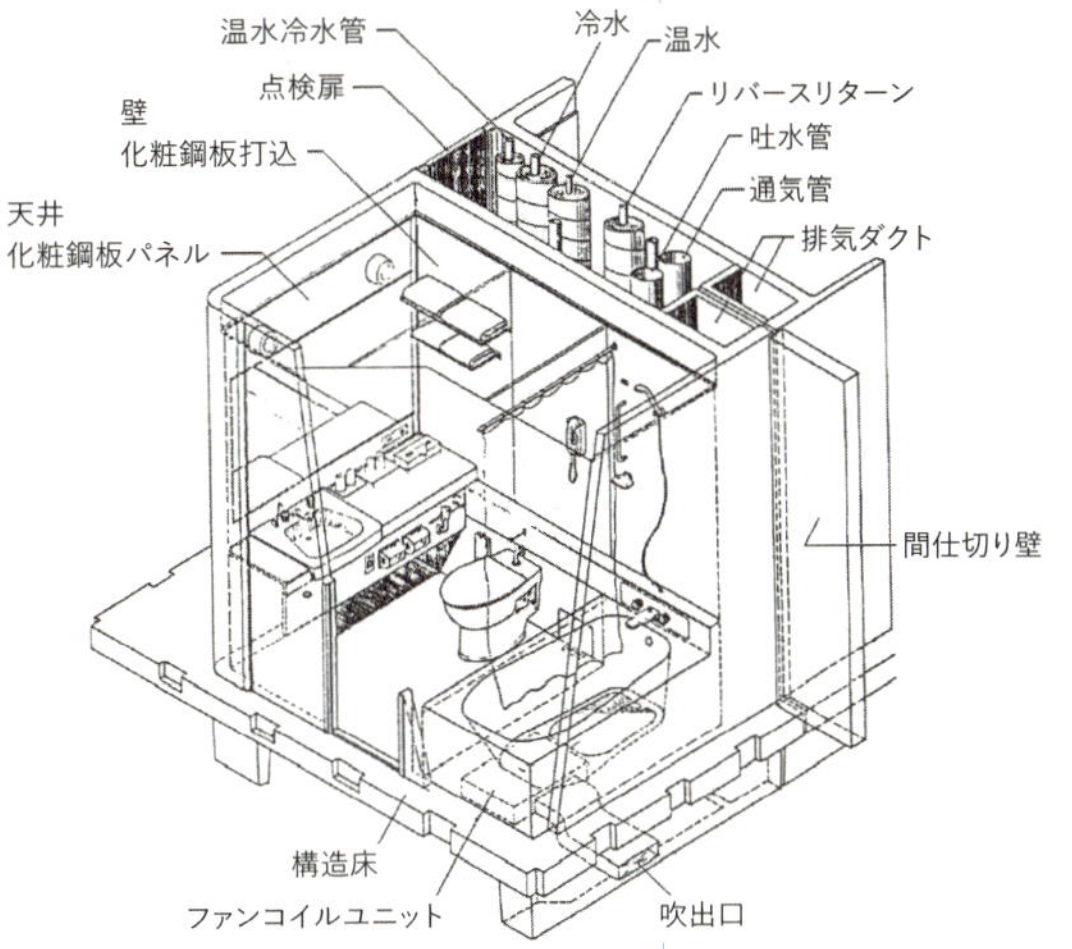

fig.6——ホテルニューオータニ新館のPCユニット(東陶機器、1974(昭和49)年)

ホテルニューオータニ新館では積層工法が採用され、水まわりにもプレキャストコンクリート製のユニットが採用された。施工性のほか、遮音性、仕上自由度、低価格などが評価された。[出典:『ディテール』Vol.43、1975年1月]

第1次オイルショック(1973(昭和48)年)による石油化学製品の価格急騰では、FRP浴槽も前年価格の1.5倍程になった。丈夫で長持ちするものを求める傾向もあって、ステンレス浴槽が人気を博した。

経済成長期の多様化・高級化

浴室ユニットは1975(昭和50)年にBL部品(優良住宅部品)認定され、高度経済成長でホテルや集合住宅での採用が、1976(昭和51)-1980(昭和55)年で約4倍に伸びた。昭和50年代後半のホテルブーム・マンションブームでは浴室ユニットも定着し、タイルや大理石調など高級感のある製品が発売され、品質性能本位・画一化の時代から、差別化・提案型商品の時代へ移行した。

戸建て住宅用ユニットにも各メーカーが参入し、住宅メーカーによる同一品納入が増え、浴室の2階配置に対応して防水性も求められた。慢性的な職人不足や工期短縮、寒冷地では冬期の施工性も普及要因となった。ホテル利用の一般化から浴室ユニットへの拒絶感が減った面もある。

1982(昭和57)年には戸建て住宅用ユニットがBL部品に認定され、参入メーカーが相次ぎ、ユニット市場は拡大した。初期に見られたカプセル型は、浴室の大型化・高級化傾向で1984(昭和59)年頃からほとんどつくられなくなり、施工が容易なパネル方式が主流となった。

浴室ユニットの定着と高性能化

昭和60年代前半になると、住宅着工数の大幅な伸びで浴室ユニット需要も急増した。住宅用浴室ユニットは、賃貸住宅向けの低価格製品と、分譲住宅向けの高級製品に二極分化した。アパートではユニット化も頭打ちであったが、戸建て住宅ではユニット化率も20%程度であり、メーカーは新商品投入で本格的普及を図った。また、色選択幅の拡大、器具類や金具の高級化、乾燥機・BGM装置・収納棚付きなどの傾向もあった。

その後も需要増加と高級化・多機能化の傾向が見られ、1989(平成元)年には浴室ユニットは浴室の約半数、マンションやホテルでは9割で採用された。さらに戸建て感覚、在来構法感覚、高機能化など、従来のユニットの概念を越えたものが要求された。各社は競って製品開発に取り組み、広さ・デザイン・材質などの多様化や、気泡浴槽・床暖房・多機能シャワー・間接調光照明・浴室乾燥器などの機能の充実をもたらした。檜・天然大理石・御影石を使う製品も登場した。バブル経済崩壊後はマンション需要も減ったが、戸建て住宅用ユニットの採用率は40%を超え、大型化・多機能化とともに需要も伸びた。

こうした多機能化・高級化の一方で、高齢者対応も進んだ。ベターリビングの高齢者対応浴室ユニットの試作(1990(平成2)年)に続いて、1992(平成4)年にBL認定された高齢者対応型では、手すり・すのこなどの設置、段差軽減、転倒事故などの際に外から救出できる扉などの工夫があり、老人ホーム・病院などにも採用された。

浴室ユニットの今後

浴室ユニットは、1964(昭和39)年にホテルニューオータニで本格的に用いられて以来、ホテル・集合住宅ではほぼ100%の普及に至った。戸建て住宅にも普及し、多機能化・大型化・高級化がさらに進んだ。このように浴室ユニットは、今や完全に定着した主要設備部品となっている。今後の課題として、耐用年数に達したユニットの交換、既存浴室の改装・更新、老人・身障者向け機能のさらなる充実、などが挙げられよう。

080

洋風便器

水洗式洋風便器が日本で初めて製造され出したのは、およそ一〇〇年前のこととされる。当初、日本で便器の洋式化は、遅々として進まなかったが、一九五五年に設立された日本住宅公団が、洋風便器を標準仕様として採用。これが引き金となって、日本でも普及していく。メーカーからの出荷数のほぼ一〇〇%を洋風便器が占めるようになった。また住宅において温水洗浄便座の普及率が八〇%近いという点も、日本のトイレの大きな特徴となっている。

和風便器は日本の住宅では絶滅危惧種?

鎌田元康
東京大学 名誉教授

腰掛け便器、しゃがみ便器、和風便器

与えられたタイトルは「洋風便器」である。洋風便器と和風便器の最大の違いは、腰掛けて使用するかしゃがんで使用するかにあることに異議はないと思われるが、その排便様式の境界はどこにあるのであろうか。

この点に関し種々述べている平田純一によると、1989(平成元)年出版の本[1]では、腰掛け便器、しゃがみ便器、しゃがみ便器のひとつであるがきんかくしのある和風便器について「トルコのイスタンブールは、(中略)西洋と東洋の境目だといわれているのです。便器の方も、イスタンブールを境に縦割りにして、西側が腰掛け式で、東側がしゃがみ式の世界だと考えています。アフリカの東側もしゃがみ式の圏内に入るわけです。」と述べている。また、1996(平成8)年出版の本[2]では、「異なった排便様式の境目」または「「便器様式の境目」という意味で、一応「便境」と名付けておく」とし、しゃがみ便器と和風便器の便境は難しいが、腰掛け便器としゃがみ便器の便境は、種々例外はあるがと断ったうえで、「調べてみると、イスラム教国家であるオスマントルコ帝国(1299-1922(正安元-大正11)年)の最大版図とほぼ一致するのではないか」と述べている。ただ、筆者が悪戦苦闘した便器[fig.1]とほぼ同じ便器の写真が掲載されていることから即購入した、世界のしゃがみ方に的を絞ったヨコタ村上孝之の本[3]では、1996(平成8)年の説に疑問を呈している。

fig.1——悪戦苦闘した便器

2001(平成13)年、ブータンの見学先の民家で借用したトイレの便器。便座が壁に掛かっている場合もあるので探したが見つからず、排水口の位置から考え写真手前を向いてかがみ込むべきと思いながら奥側が狭く不安を感じ、便意が強くなり、奥側に向いて便器の上でかがみ込みあわてて排泄し、後始末に悪戦苦闘した。ちなみに、文献3の写真では便座あり。[撮影:筆者]

腰掛け便器、しゃがみ便器に関しては、その他にも多くの本に面白い記述があり、紹介したいものも多いが、桜川貞雄の本[4]にある「日本銀行その他の官庁でもハイカラな所はイギリスあたりから洋風の腰掛式便器を輸入し、これを下に埋め、上縁を床面とつら一にしてしゃがみ式に使用していた。ところが洋行帰りの富豪の邸宅などでは水洗式でしゃがんで用の足せる純和式の便器が要望されたので、当時イースタン・クロセット(東洋便器)としてイギリスで造られていた印度便器を輸入して、これにきんかくしを取り付けて設備していた」で終わりにする。

洋風便器の国産化と普及

与えられたタイトルの洋風便器を、「腰掛け式の水洗便器」と定義する。その理由は、日本において設計・制作された最初の腰掛け式便器として知られている、同志社大学の創始者、新島襄の京都の自宅のもの[3]は水洗ではなく、また、「ローマ時代にもあった水洗トイレ」などと紹介されるものは、便器の下の溝に常に水が流れているもので、便器そのものを洗浄できず、水流式と呼ぶべきと思われるからである。

洋風便器の開発・製造は、山谷幹夫[5]によると「1914(大正3)年に開発に成功した国産初の水洗便器は昔のヨーロッパ製品を参考にして製作しました。そのために、現在の便器のような便座を取り付ける孔がありません[fig.2]。便座は、壁に設けたブラケットに取り付けるようになっていたためです。しかしその後、ヨーロッパでは便器に便座を直接取り付ける仕様に変更されましたので、東洋陶器でも、創立した1917(大正6)年の最初の生産品から現在のような便座を直接取り付けるようにした便器に変更して製造しました。」とあり、約100年前のことである。その普及は遅々として進まなかったが、日本住宅公団が採用を決めてから急速に普及し[5–9]、最近では、出荷数のほぼ100%が洋風便器となっている[fig.3]。

1955(昭和30)年に設立された住宅公団では、当初より水洗便所を設置した。公団の便所の変遷については、設備設計基準・要領の推移を示した表なども示した上で、秋林徹[9]が「用いられた便器は和風便器(和風両用便器であり、一般的には「汽車便」[fig.4]と呼ばれている)を採用していたが、大阪支所(現、関西支社)では例外的に腰掛け洋風便器を採用していた(導入1号は、1956(昭和31)年関目第1団地)。洋式便器は戦後進駐軍が持ち込んだもので、この洋風便器の採用は、世間に話題を提供し、好評を得ることになった。すべての

fig.2——国産初の洋風便器のレプリカ

初代の腰掛け便器を再現したもので、便座を取り付ける孔がないもの。[撮影：筆者(TOTOミュージアムにて)]

公団住宅が洋風便器を採用し始めたのは、1960(昭和35)年のことであった」など、幅広い観点から詳述している。また、参考文献に記したものの多くが、洋風便器導入時の使用者の戸惑い、感想などを面白おかしく紹介している。

洋風便器を取り巻く状況

1. 温水洗浄便座の急速な普及

1964(昭和39)年の輸入販売から始まった温水洗浄便座の最初の国産化はINAX(現、LIXIL)の1964(昭和39)年である。当初は遅々として進まなかった普及が、TOTOの戸川純を起用した「おしりだって、洗ってほしい」という強烈なCMで徐々に知名度が上がったことなどにより急速に進み、現在では水洗化が終わった住宅ではほぼ100%の普及率になっている[fig.5]。これらを背景に、いわゆるトップランナー基準の対象品目(品目は暖房便座・温水洗浄便座を含む電気便座)となっているが、男性の立ってする小便時と座ってする小便時では放熱量が違うことなどにも配慮した試験基準が整備され、日本レストルーム工業会が提唱したトイレ操作系ピクトグラムが国際規格に登録されるなどの動きがあった。

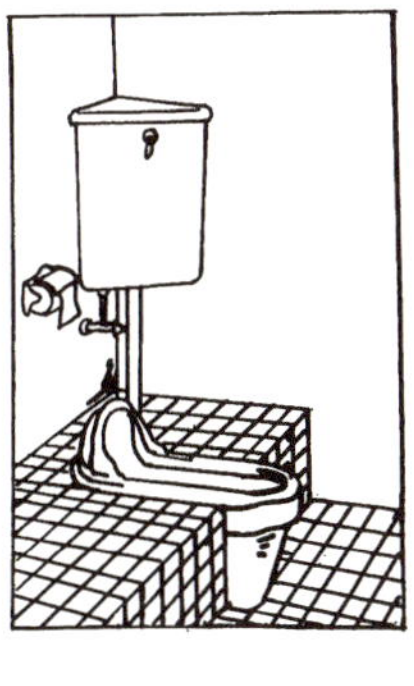

fig.4——和風両用便器(汽車便)[4]

集合住宅ばかりでなく、狭い戸建て住宅でも多用された汽車便。図は、隅付ロータンクの場合。ロータンクになって、大小切替バルブが付き、さらに、タンク給水用の水を上部から流し、手洗用として使った後タンクに落とし込み節水を図るものも出現した。[出典：『トイレ考現』]

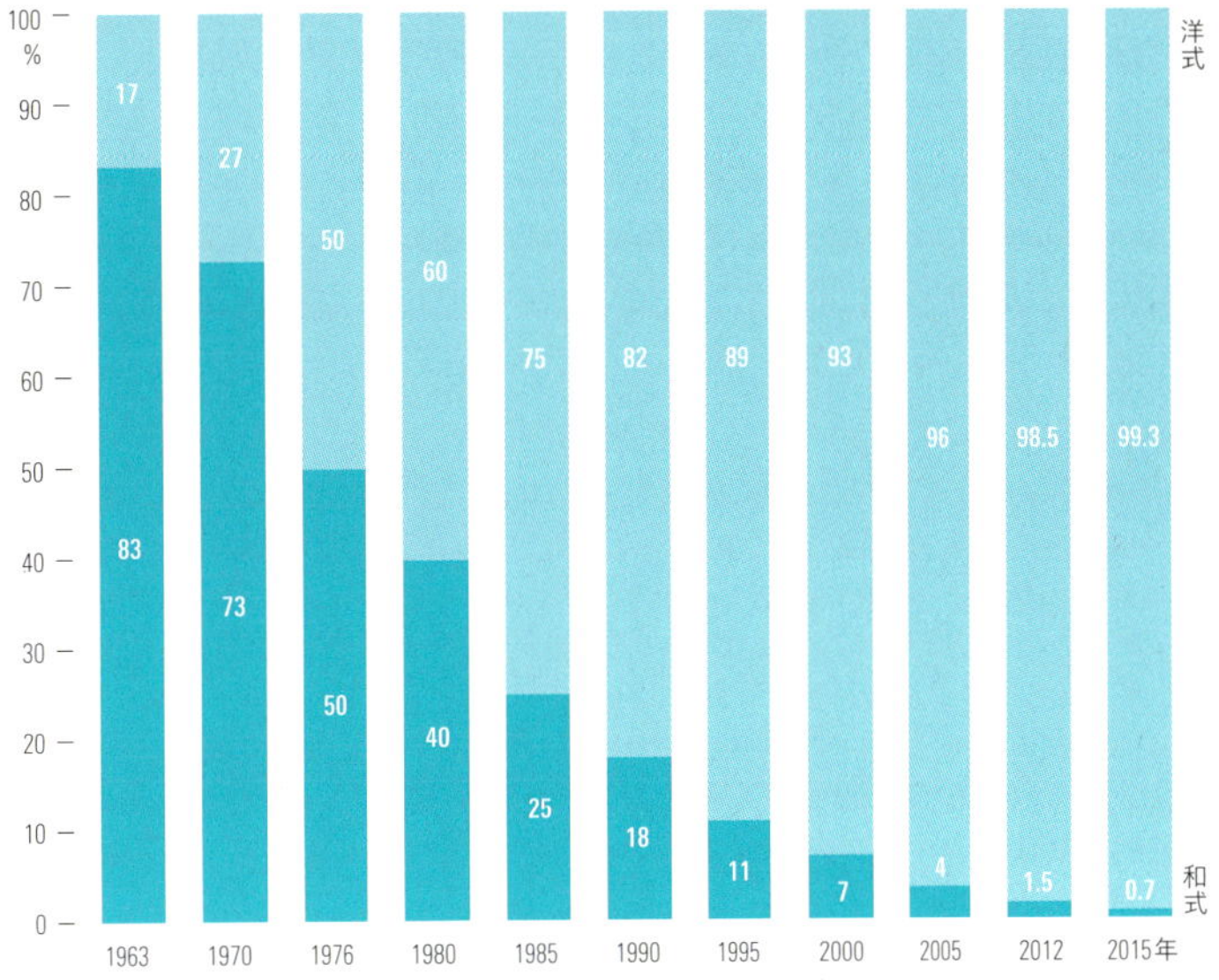

fig.3——洋式便器の普及[10]

学校など洋式化が遅れている建物もあることから、TOTO(株)提供の出荷比率を示す。最近では、和式便器の出荷比率は1%以下となったこともあり、日本工業規格では区分から削除され、附属書扱いとなった。

2. JIS A 5207「衛生器具——便器・洗面器類」

前述のように和風便器の出荷が極端に少なくなったことから、2014(平成26)年の改定により和風便器の区分が本文から削除されたが、性能・試験条件などは附属書C(参考)として残されている。

3. 学校トイレの洋式化

文部科学省が、最も遅れているといわれる避難所として使用されることの多い全国公立小中学校のトイレの便器の洋式化率(全便器数に占める洋風便器数の割合)を2016(平成28)年に調査し、43.3%と発表。

4. 健康を支える便器

看護師の作業負担を軽減する尿流量測定装置付きの便器、ベッドサイドに簡単に移動できる便器などが開発販売されている。

参考文献

1———平田純一『トイレの窓から』扶桑社、1989年

2———平田純一『トイレットのなぜ?——日本の常識は世界の非常識』講談社、1996年

3———ヨコタ村上孝之『世界のしゃがみ方——和式/洋式トイレの謎を探る』平凡社、2015年

4———桜川貞雄『トイレ考現』東陶機器、1966年

5———山谷幹夫『日本の水洗トイレ——誕生と発達』日本設備工業新聞社、2015年

6———日本トイレ協会 編『トイレの研究』地域交流出版、1989年

7———『住宅設備の歴史』空気調和・衛生工学会、2005年

8———日本トイレ協会 編『トイレ学大事典』柏書房、2015年

9———秋林徹「住宅における変遷」『空気調和・衛生工学——特集:Toilet』第78巻 第8号、空気調和・衛生工学会、2004年

10———『学校のトイレ研究会誌——特集:災害日本と避難所トイレ』第20号、2017年

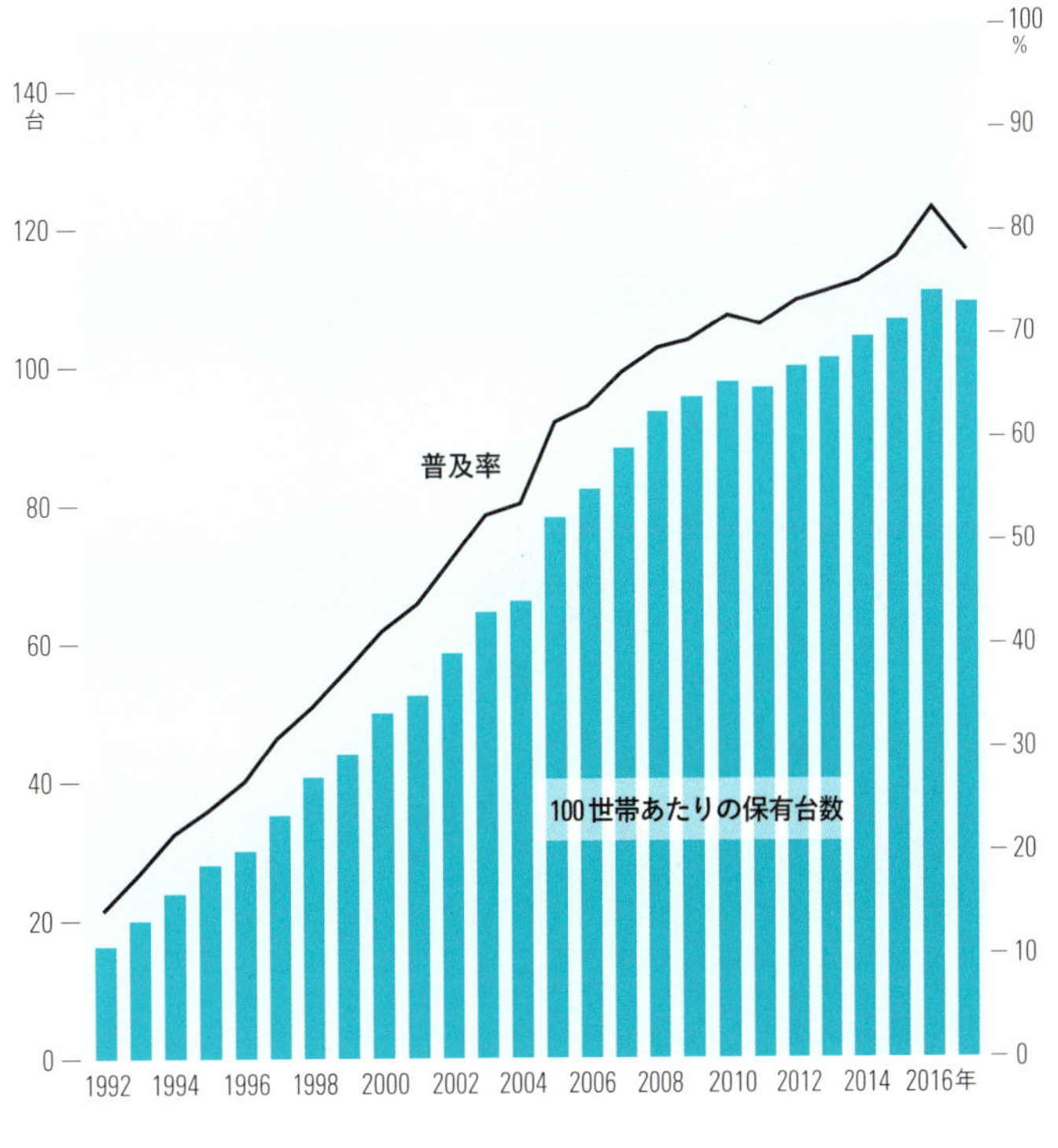

fig.5——温水洗浄便座の普及率と保有台数(一般世帯)

内閣府の消費動向調査をもとに、一般社団法人日本レストルーム工業会が作成した図で、同工業会のウェブサイトからダウンロード可能。また、水洗化が終わった住宅のトイレでは、ほぼ温水洗浄便座が普及し終わった状態となっている。

081 浄化槽

生活水準の向上と水環境の保全に貢献した環境装置

岩堀惠祐
宮城大学 名誉教授

浄化槽は、これがあることで下水道未整備地域においても便所の水洗化が可能になり、生活水準の向上に役立った。当初は便所汚水のみを処理する単独処理浄化槽だったが、台所・洗濯・風呂などの生活雑排水も処理する合併処理浄化槽が登場、それまでの衛生設備から、環境装置としての位置づけに変わり、水環境の保全に大きく貢献してきた。海外でも「Johkasou」で通じる、日本生まれの優れた分散型生活排水処理装置である。

浄化槽開発の黎明期

浄化槽の出現は、水洗便所が建築様式のひとつとして建物に取り入れられた明治末期（1911（明治44）年頃）までさかのぼることができる。当時のアメリカで基準化されていた、腐敗タンクに散水ろ床が組み合わされた浄化槽が設けられ、水洗便所汚水のみを処理する「単独処理浄化槽」の基準型として発展した［fig.1］。

1920（大正9）年制定の「水洗便所取締規則（警視庁令第13号）」により、放流水の水質が定められたことで、単独処理浄化槽の腐敗タンク方式は、これまでのし尿処理とは異なる位置づけとなった。この時代以降、1969（昭和44）年の建設省告示第1726号により浄化槽の構造基準が規定されるまで、この基準型が主体であった。

1945（昭和20）年代、肥料資源として活用されてきたし尿の農業への活用が低減し、寄生虫感染・伝染病の発生や生活様式の向上、都市部への人口集中に伴い、水洗便所が普及して、下水処理施設とともに浄化槽が整備されてきた。

1960年代には、便所の水洗化は毎年増加し、総人口に対する下水処理施設と浄化槽による水洗化の比率は同程度であったが、浄化槽の大半が単独処理浄化槽で、生活雑排水については未処理放流の状況であった。

1970（昭和45）年以後に産業排水の規制が強化されたにもかかわらず、河川、湖沼、海域の公共用水域の水質は悪化し、農山村地域においても水源や生活環境の悪化が進行してきたため、処理対象人員50人以下の小規模な施設にまで、水洗便所汚水および生活雑排水を併せて処理する「合併処理浄化槽」を適用する必要性が高まってきた。

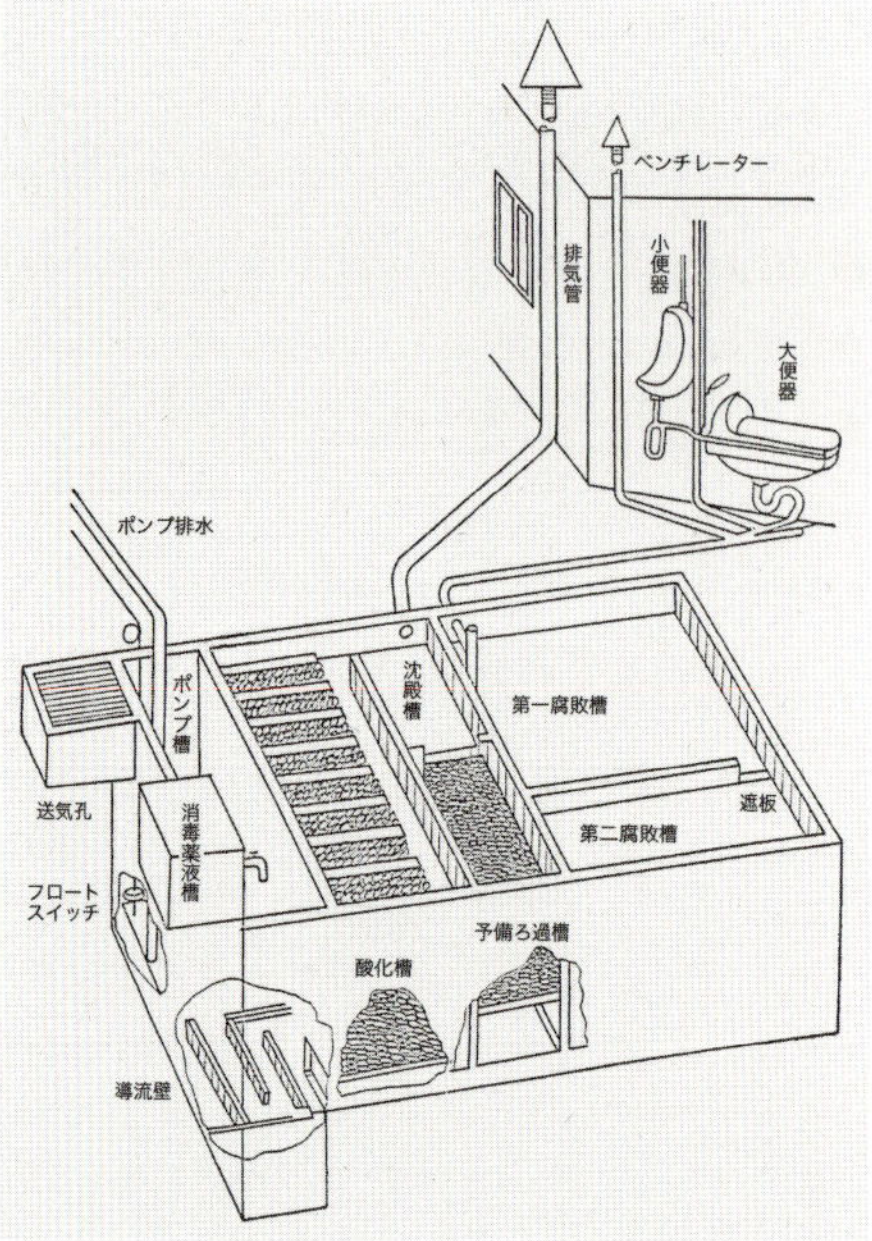

fig.1——多室腐敗タンク・散水ろ床方式の浄化槽

1920（大正9）年頃の典型的な単独処理浄化槽。汚水は第1・第2腐敗槽を経て沈殿槽に入り、径10cm程度の砕石を積み重ねた予備ろ過槽を上向流で通過し、酸化室（散水ろ床）へ散水樋により散水される。散水ろ床流出水は消毒薬液（次亜塩素酸ナトリウム溶液）の点滴を受け、放流ポンプで放流される。［出典：石関秀穂『屎尿浄化槽設計資料集』相模書店、1961年］

構造基準の変遷

浄化槽の構造は、国土交通大臣が定めた構造方法（構造例示型）によるもの、または国土交通大臣の認定を受けたもの（性能評価型）に限られている。

構造例示型浄化槽の構造や処理性能などは、1969（昭和44）年に建設省告示第1726号で全国一律の基準（構造基準）として初めて制定された。その後、1980（昭和55）年に建設省告示第1292号による構造基準の全面改正、1988（昭和63）年には戸建て住宅向けをカバーする処理対象人員50人以下の小規模合併処理浄化槽の構造基準の追加、1995（平成7）年にはBOD（生物化学的酸素要求量）だけでなく窒素・リンの処理性能を加味した高度処理型浄化槽の構造基準の追加など、数回の改正を経てきた。

2000（平成12）年に浄化槽の構造基準が「建設大臣が定める構造方法」として改正され、また2001年には浄化槽法の改正による単独処理浄化槽の新設禁止により、構造基準から単独処理浄化槽の基準が削除された。2006（平成18）年1月の改正では、告示第2・第3が削除され、現在に至っている［fig.2］。

このように、浄化槽は、合併処理の適用規模の小型化、高度処理を含む新たな技術の導入など、生活排水対策を起点に水環境保全対策としての「環境装置」として、その役割も変化してきた。

なお、合併処理浄化槽は年々増えてきているが、2016（平成28）年3月末での浄化槽全設置基数のうち、合併処理浄化槽の割合は47％で、依然として多くの単独処理浄化槽が残存している［fig.3］。早急な単独処理から合併処理への転換が望まれる。

浄化槽の小型化と適用技術

従来の小型浄化槽は接触ばっ気方式が主流であったが、1995（平成7）年以後、構造方法の第13の構造、すなわち新たに開発された処理方式（性能評価型）が採用されるようになった。

その処理方式は、嫌気ろ床接触ばっ気方式に流量調整機能を付加した型式、2次処理装置に生物ろ過方式や担体流動方式を導入した型式、不織布ろ過や膜分離活性汚泥方式を導入した型式、あるいは鉄電解脱リン装置を組み込んだ

告示区分		処理方式	処理対象人員(5 / 50 / 100 / 200 / 500 / 2,000 / 5,000)	処理性能 BOD除去率	処理水質(mg/ℓ) BOD	COD	T-N	T-P
第1	合併	分離接触ばっ気 嫌気ろ床接触ばっ気 脱窒ろ床接触ばっ気		90%	20	— — —	— — 20	— — —
第4	単独	腐敗槽		55%	120	—	—	—
第5	単独	地下浸透		SS:55%	SS:250	—	—	—
第6	合併	回転板接触 接触ばっ気 散水ろ床 長時間ばっ気 標準活性汚泥		90%	20	30	—	—
第7	合併	接触ばっ気・ろ過 凝集分離		—	10	15	—	—
第8	合併	接触ばっ気・活性炭吸着 凝集分離・活性炭吸着		—	10	10	—	—
第9	合併	硝化液循環活性汚泥 三次処理脱窒・脱リン		—	10	15	20	1
第10	合併	硝化液循環活性汚泥 三次処理脱窒・脱リン		—	10	15	15	1
第11	合併	硝化液循環活性汚泥 三次処理脱窒・脱リン		—	10	15	10	1

告示区分	処理方式	COD (mg/ℓ)	SS (mg/ℓ)	n-Hex (mg/ℓ)	pH	大腸菌群数 (個/cm³)	構造
第12	水質汚濁防止法の規定によりBOD以外の水質項目の排水基準に対応する処理方式	60以下	70以下	20以下	5.8~8.6	3,000以下	第6から第11までのいずれかに定める構造
		45以下	60以下				第6から第11までのいずれかに定める構造
		30以下	50以下				第6から第11までのいずれかに定める構造
		15以下	15以下				第7から第11までのいずれかに定める構造
		10以下	15以下				第8に定める構造

fig.2——浄化槽の構造基準の概要(1980(昭和55)年建設省告示第1292号、最終改正2006(平成18)年1月)

構造基準は12に区分されており、第1から第12まではそれぞれ建築基準法施行令第32条に示されている汚物処理性能に対応している。第1から第12までに構造が示されていない浄化槽でも、国土交通大臣がそれらと同等以上の性能があると判断したものは、建築基準法第31条第2項により、特別に認めることになっている(性能評価型浄化槽)。[出典:「日本におけるし尿処理・分散型生活排水処理システム」]

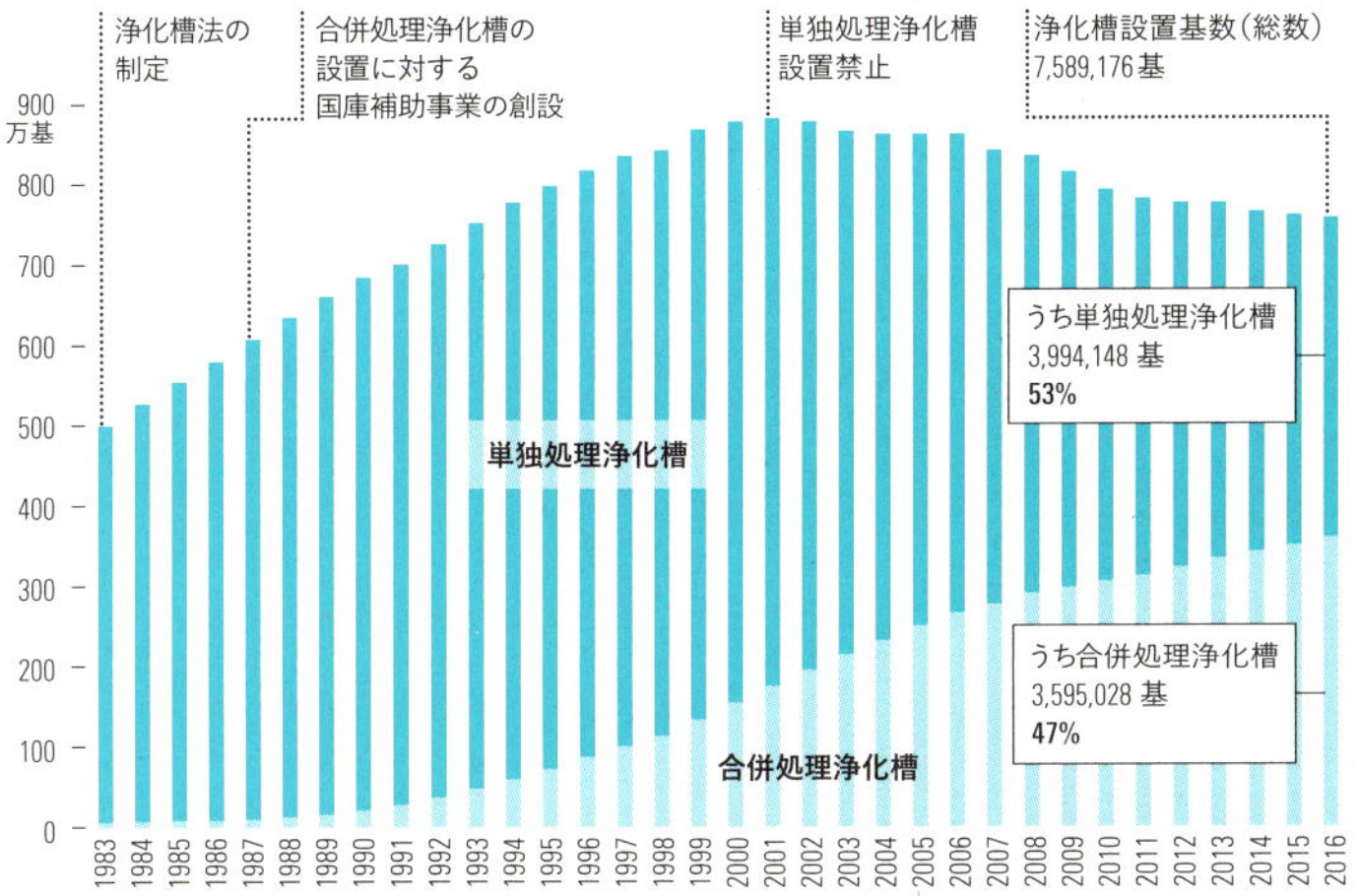

fig.3——浄化槽の設置基数の変化

2016(平成28)年度における浄化槽の全設置基数は7,589,176基で、合併処理浄化槽が47%、単独処理浄化槽が53%であり、依然として多くの単独処理浄化槽が残存している。また、2016(平成28)年度における高度処理浄化槽の新規設置基数は95,441基で、新規設置基数の80.4%を占めている。[出典:「平成28年度における浄化槽の設置状況等について」]

BODに加えて窒素およびリン除去性能を有する高度処理型などがある。

処理性能として、従来のBODが20mg/l以下のほかにも、BODが20(または10)mg/l以下およびT-N(全窒素)が20(または15、10)mg/l以下、BODが5mg/l以下、COD(化学的酸素要求量)が10mg/l以下、SS(浮遊物質)が5mg/l以下およびT-Nが10mg/l以下などの高度な処理性能を有するものもあり、中・大規模と同程度の高度な処理機能を付加した小型浄化槽が現在では開発されてきた。

また、生物ろ過方式や担体流動方式、膜分離活性汚泥方式の採用により、2次処理装置の有効容量が、従来の接触ばっ気法と比較して1/2-1/3程度まで小容量化が図られた。

2011(平成23)年には、さらに小容量で消費電力の少ない型式が実用化された。この型式は、沈殿分離槽、嫌気ろ床槽、好気ろ床槽、処理水槽および消毒槽から構成され、とくに好気ろ床槽では、接触ばっ気法と担体流動法を組み合わせた構造となっている。処理性能はBODおよびT-N除去型で、単独処理を合併処理に転換しやすくしたことが主たる目的である。

戸建て住宅に設置される小型浄化槽[fig.4-5]は、従来、構造例示型浄化槽が主流であったが、最近では、小型化と適用技術の革新により、性能評価型の浄化槽が設置されている。

なお、浄化槽性能の安定化には、的確な「保守点検」「清掃」などのメンテナンスが必要不可欠である。

マンホールを開けた時の見えやすさへの配慮のみならず、メンテナンス時に人の手により行われてきた2次処理装置の洗浄(逆洗)や、汚泥移送操作を自動化する技術開発など、構造上のメンテナンス性へ配慮した浄化槽開発の継続と、メンテナンスに従事する人の教育・訓練なども重要である。

浄化槽への期待

1985(昭和60)年の浄化槽法全面施行から30年以上が経過したが、浄化槽に係わる制度、法令、処理技術は大きく変わり、浄化槽からの放流水に係わる水質基準の創設、また構造面では構造基準型から性能評価型へと移行してきた。さらに、経済性および効率性からみて、個別処理としての浄化槽の活用が図られてきた。今後は、住民の居住密度や平坦地の割合が低い地方自治体への浄化槽の普及促進、施設の老朽化や災害への対応が求められるとともに、生活排水処理システムの観点ばかりでなく、小規模未規制事業場排水を併せて処理するシステムの導入、地域循環や節水対策などの処理水の利活用など、総合水管理システムとしての浄化槽に期待したい。

参考文献

1———「よりよい水環境のための浄化槽の自己管理マニュアル」環境省大臣官房廃棄物・リサイクル対策部 廃棄物対策課浄化槽推進室、2009年
2———環境省「日本におけるし尿処理・分散型生活排水処理システム」2011年
3———環境省「平成28年度における浄化槽の設置状況等について」『報道発表資料』2018年3月22日
4———日本建築センター『浄化槽の構造基準・同解説 2006年版』2006年
5———日本環境整備教育センター『浄化槽の維持管理』2018年5月
6———大森英昭「浄化槽に適用された汚水処理技術の変遷と課題」『水環境学会誌』Vol.19 No.3、1996年(出典:石関秀穂「屎尿浄化槽設計資料集」『相模書店』1961年)
7———岩堀恵祐ほか「浄化槽による処理技術の変遷と今後の展開」『用水と廃水』Vol.50 No.1、2008年
8———岩堀恵祐ほか「浄化槽の史的背景と処理技術の変遷」『用水と廃水』Vol.56 No.10、2014年

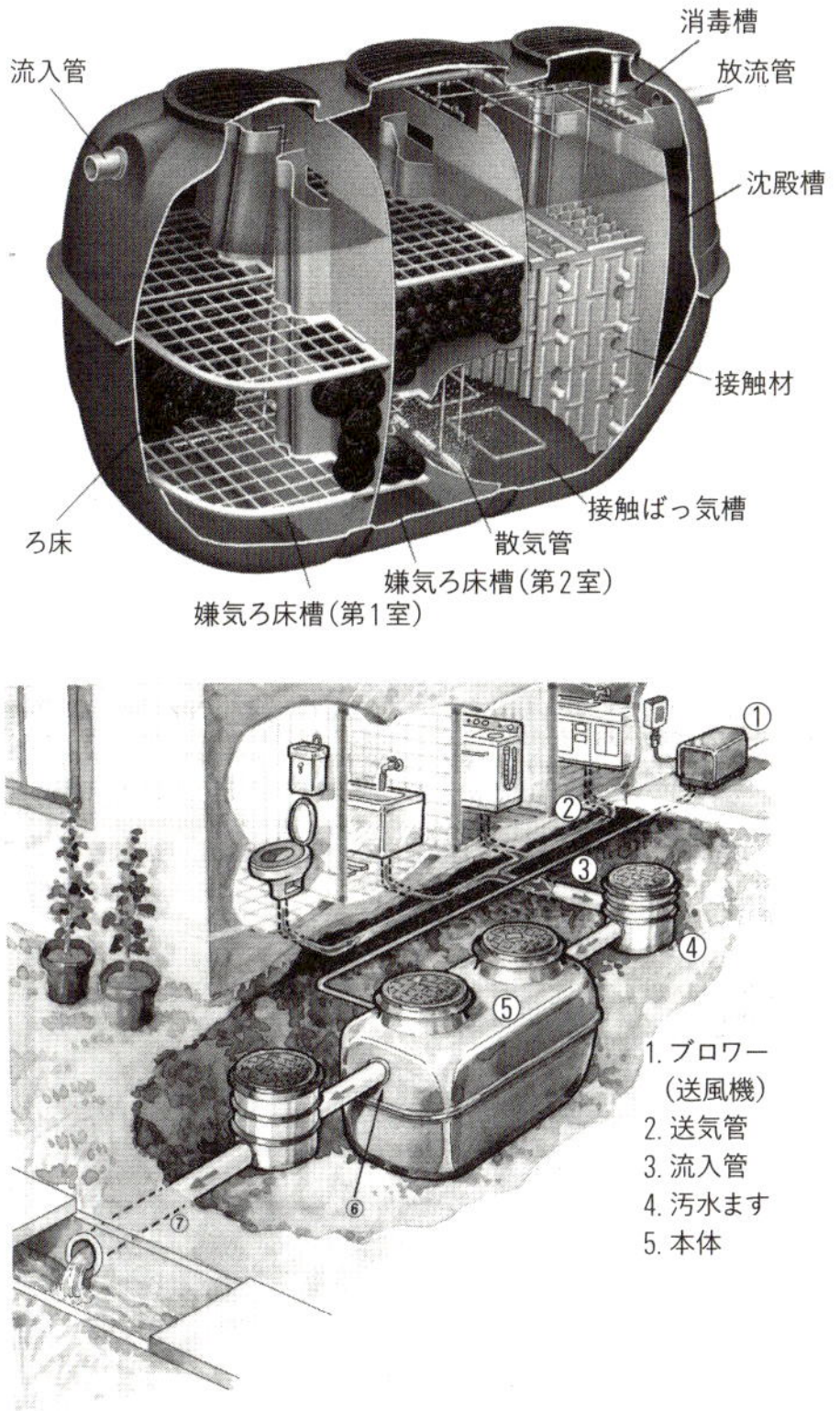

fig.4-5——嫌気ろ床接触ばっ気方式の躯体構造(上)と戸建て住宅における浄化槽の設置例(下)

建物と同じ敷地内で生活排水を処理する浄化槽の設置例。処理対象人員が10人以下の合併処理浄化槽の大部分は、構造基準の第1第五号に定められている嫌気ろ床法と接触ばっ気法を組み合わせた処理方式(嫌気ろ床接触ばっ気方式)である。[出典(上):「日本におけるし尿処理・分散型生活排水処理システム」/出典(下):「よりよい水環境のための浄化槽の自己管理マニュアル」]

082 電気設備・照明設備

白熱灯や蛍光灯からエネルギー効率に優れたLEDへ

後藤昌弘
一般社団法人 建築設備技術者協会 役員・理事

明治期の文明開化と呼ばれる流れの中で白熱灯も使われるようになり、新しい電気の時代が始まった。照明設備は商業施設の創意を凝らした内装デザインとともに発展してきた。

近年は、白熱灯や蛍光灯に比べてエネルギー効率に優れているLEDが光源として用いられるようになっている。

建築の電気設備を支えるのが受変電設備で、停電時に備えて複数回線を備えたり、非常用電源を設けたりするなどの対策が採られる。

新たな電気設備とは、建築工学と電気工学の「融合」「結合」を理想として、ハードウェア・ソフトウェア・ヒューマンウェアの境界の融合を構築することである。

近代日本の電気エネルギー概要「電力史」

長く続いた江戸の文化も、新時代の夜明けとともに次々と入ってくる西欧の文化に驚きと感動を受け、文明開化へと向かう。1868(明治元)年に明治維新が起こり、1871(明治4)年には横浜にガス灯が設置され、東京—横浜間では電信・電話の通信が始まった。1878(明治11)年3月25日には虎ノ門の工部大学校(現、東京大学工学部建築学科)がアーク灯の点灯に成功し、この日は電気記念日と定められた。翌年にはアメリカのエジソンが白熱灯の実用化に成功している。また、時をほぼ同じくして、1881(明治14)年にはフランスのL.ゴーラルとイギリスのJ.D.ギブスにより変圧器が開発され、電力の交流化が始まった。電力環境の基本ができ、銀座にはアーク灯が、東京銀行には日本初の白熱灯が点灯し、新電気時代の幕開けとなった[fig.1]。この後、日本社会は一気に近代化が進み、敗戦を挟みつつも、高度経済成長を迎える。しかし、1970年代にはその成長も警鐘を鳴らされ、エネルギー資源を石油に依存することを改め、バランスのよい電源構成を目指すこととなる。以降、現代は再生可能エネルギーのベストミックスを求めて、環境に優しいエネルギーシステムの構築を図ることが今後の課題である。

時代を反映する建築デザインと照明設備——日比谷三信ビルディングの今昔

照明設備は、商業施設の創意を凝らした内装デザインとともに発展してきたといえる。そのため、日本近代建築勃興期に商業建築を多数手がけてきた横河工務所(現、横河建築設計事務所)が昭和初期に設計した三信ビルディングのアールデコ内装デザイン・照明設備などを取り入れた東京ミッドタウン日比谷を例に、照明設備の技術を見ていきたい[fig.2–3]。

1930(昭和5)年、ファシズムに突き進む暗い時代に、三井信託を施主として日比谷公園のすぐ脇に三信ビルディングは建てられた。東京の移り変わりを75年以上見続けてきた歴史のあるビルは、かつてはライトの帝国ホテルや劇場・日比谷公園を通り日比谷公会堂とノスタルジックなまち並みを構成していた。三層構成のなかにアールデコや表現主義などの要素を取り込んだ建築物である。内部は、1階の2層吹き抜けのアーケードが見所で、扁平したアーチが連なる空間に豊かな装飾が施され、このデザインを強調すべく、次のような間接照明技法が用いられ、建築デザインとの照明器具「明るさ」の調和を構成している。

間接照明

間接照明とは、文字通り間接光による照明をいい、天井を主体とした建築内装の一部に直射光を当て、その反射光を照明として利用する方法である。その狙いは、天井面の意匠を効果的に演出すること、また柔らかく均一な照明光を得ることである。このうち、照明設計上、とくに問題となるのが、「柔らかく均一な光」の取り扱いであり、同時に一番のポイントにもなる。柔らかく均一な光とは、言い換えれば低輝度の面光源で、間接照明とはすなわち、高輝度である「点もしくは線光源」を、建築内装を利用して、低輝度の「均一な面光源」に変換することといえる。この変換を適切に行うためには、照明器具だけではなく反射面の形状や仕上げも含めて考える必要がある。ただ単に建築部材に光を反射させれば事足りるというわけではない。

fig.1——浅草発電所全景(上)と石川島播磨重工業製200kw級国産発電設備(下)[出典:『東京電燈株式會社開業五十年史』東京電燈、1936年]

fig.2——竣工時の三信ビルディングのファサード[提供:(株)横河建築設計事務所]

fig.3——東京ミッドタウン日比谷の低層部ファサード[提供:三井不動産(株)]

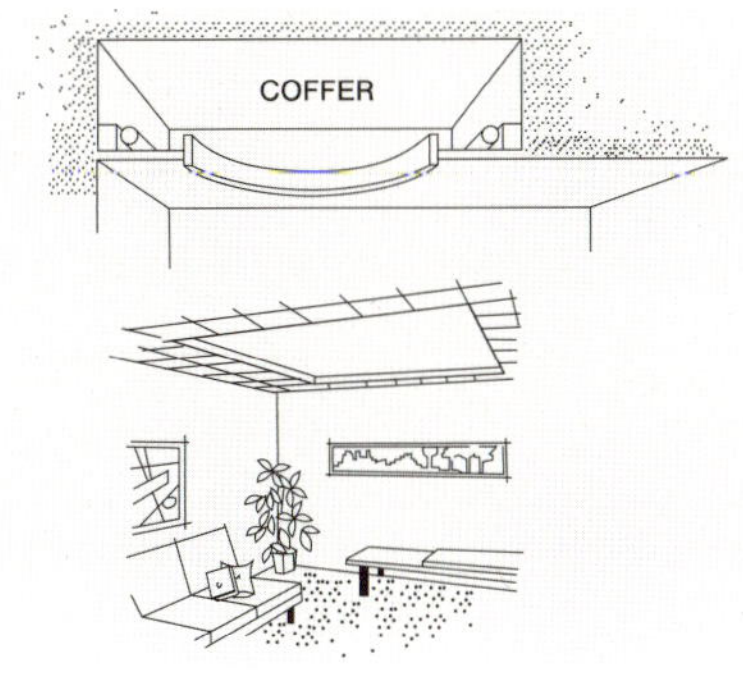

fig.4——コファー照明説明図[出典:パナソニック(株)カタログ]

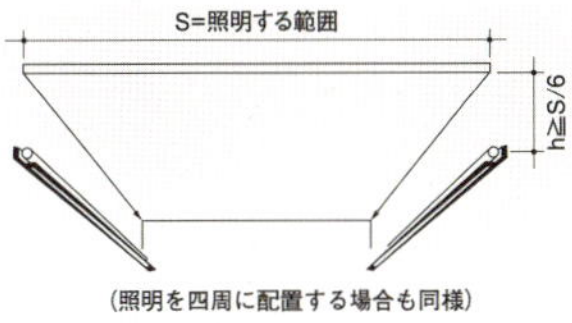

fig.5——コープ照明説明図[出典:パナソニック(株)カタログ]

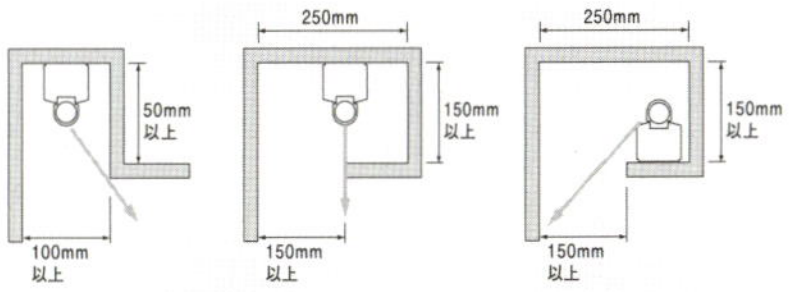

fig.6——コーニス照明説明図[出典:パナソニック(株)カタログ]

コファー照明

「コファー」とは、掘り上げ天井のことで、天井部に底の開いた凹型の空洞を意味する。コファー照明[fig.4]は、この掘り上げ天井の内表面を照明して、間接の拡散光源とする手法である。その場合の光源は、在室者より直接見えないようにする必要がある。光源には、一般的に拡散性の高い線状のもので、シームレスタイプの器具(直型)LEDランプが用いられる。この方式は効率が悪いが、「ソフト」な周辺照明をつくり出すのに有用で、東京ミッドタウン日比谷にも取り入れられた。またこの他にも、コープ照明[fig.5]、コーニス照明[fig.6]など、さまざまな間接照明方式を複合的に用いている。

パサージュの雰囲気を引き継いだ東京ミッドタウン日比谷内部

従来の照明ランプ白熱灯蛍光灯では、建築デザインに調和する照明設備の限界があったが、近年のLEDの導入により、設計要求に限りなく近づけるようになってきている。先に述べたあらゆる間接照明技法の調和は、三信ビルディングの雰囲気に拍車をかけるように、東京ミッドタウン日比谷にも活かされている[fig.7–8]。

また、LEDはデザインだけでなく、エネルギー効率の面でも優れている[fig.9]。LEDの電気設備への導入は、今後の省エネルギーに多大な貢献をするとともに、今後の建築空間デザインの構築にも多大な貢献が期待できる。

fig.7——解体前の三信ビルディング内部の二層吹き抜けアーケード間接照明[撮影:小野吉彦]

fig.8——東京ミッドタウン日比谷アーケード街照明デザイン(LED間接照明)[提供:三井不動産(株)]

ハイセキュリティ受変電設備

一建築の電気設備を支えるのが受変電設備である。首都圏の商業施設の特別高圧受変電設備は、スポットネットワーク(SNW)受変電設備[fig.10]が一般的である。3回線ネットワークを設備しており、停電時に自動的に切り替わるようにして安全を担保している。供給変電施設(給電所)は1カ所である。東京ミッドタウン日比谷では、いくつかの合筆により、複数の給電幹線路が敷地内部に確認され、2カ所の変電所より供給可能となり、A変電所より本線および予備線を、B変電所より予備電源線を供給している[fig.11]。設備的にも、特高変圧器を本線・予備線の2変圧器として、2回線対応としている。複数の変電施設の供給は都心においても珍しく、ハイセキュリティな施設とコストダウンを図っている。

都心部のエネルギー環境とトリジェネレーションシステム

古くは固体燃料より始まった熱エネルギーも、液体・気体が加わり、現在は水素エネルギーの活用が現実化しつつある。都心部においては、火災などの安全性を考慮した不燃化率の向上とエネルギー密度の向上に伴い、空調に必要な冷水・温水・電力エネルギーの地域供給(DHC)、「トリジェネレーションシステムインフラ設備」が標準化しつつある。地域電力供給発電設備のDHCを活用し、供給電力不足に対処する。なお、一般の配電設備は高圧供給として6,600V供給が主流であるが、再開発建築物の延床面積の増大に伴い、特別高圧22kV(SNW)また、工場などに供給されていた66kV供給本線・予備線・ループ供給なども増大しつつある。また、災害に対処すべき事業継続対策(BCP対策)とした非常用発電設備72h「ノンダウンシステム」も普及しつつある。人々の成長と文化の発展に欠かすことのできない建築技術に融合・結合する電気設備は、今後益々重要な位置にあるといえる。

ランプ名称	消費電力	光束	lm/W
白熱灯	60W	810lm	13.5lm/W
蛍光灯	32W	3,520lm	110lm/W
水銀灯	400W	22,000lm	55lm/W
LED	10.6W	810lm	76.4lm/W

fig.9——4種類の電灯特性[出典:遠藤照明ランプ比較値を元に筆者作成]

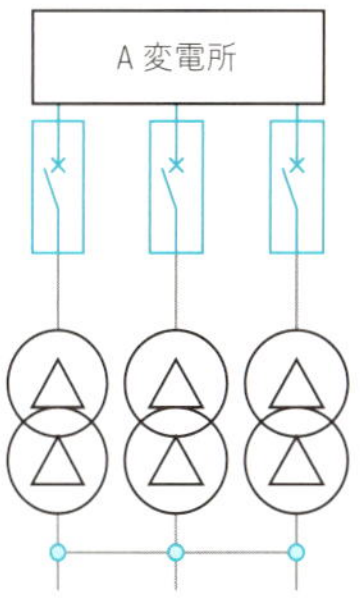

fig.10——特別高圧受変電設備:一般のSNW供給

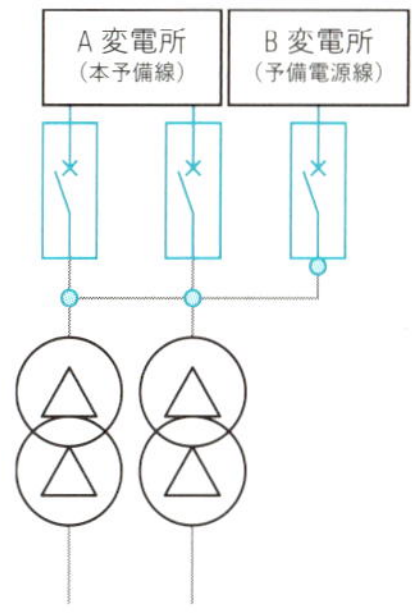

fig.11——特別高圧受変電設備:2変電所供給

おわりに

発展を加速化することで招いた地球規模での環境悪化。21世紀には、これら人間が招いた大罪を、標準化された「自然循環型環境」へ戻す時代でもある。今こそ蓄積された技術の活用期でもある。大きく変化する21世紀の社会環境における、建築・電気設備技術者には、常に社会情勢の変化「市場ニーズ」に目を配り、建築技術と電気設備技術の調和と融合を新たな時代に展開することが求められるだろう。

参考文献

1———河村達雄「電気設備工学に関する教育・研究」『電気設備学会誌』Vol.17 No.5、1997年5月

2———電気事業連合会ウェブサイト|電気歴史年表〈http://www.fepc.or.jp/enterprise/rekishi/meiji/〉2018年5月1日閲覧

3———Panasonicウェブサイト|照明設計資料〈http://www2.panasonic.biz/es/lighting/plam/knowledge/pdf/0306.pdf〉2018年5月1日閲覧

083 防火設備

大規模火災の教訓を生かして新しい技術を採用

萩原一郎
東京理科大学 教授

一九一九年制定の市街地建築物法で、防火地区内の建築で延焼のおそれがある外周部に防火戸を設置することが定められた。関東大震災では地震による倒壊よりも火災による被害が大きかったことから、防火戸や防火シャッターが普及する。一九三二年の白木屋百貨店火災の後には、大空間を防火区画に分割するために防火シャッターが内部で用いられるようになった。また一九七〇年代に連続した大規模商業施設の火災を受けて、煙を感知して自動閉鎖し、気密性を高めた防火防煙シャッターが開発された。

市街地大火を防ぐための防火設備

建築物の火災安全に関する基準は、まず大勢の人が住む都市の大火を防ぐことを目的としてつくられた。ロンドン大火（1666（寛文6）年）では4日間も燃え続けた結果、中心部の建物の大半が焼失した。大火以前、ロンドン市内の家屋のほとんどが木造であり、また狭い道路にはみ出す形で増築が繰り返されていたため、一度火災が発生すると狭い道路を越えて建物間の延焼が生じた。このような市街地大火を防ぐためには、燃えやすい木造を禁止し、建物間の延焼を防ぐために外壁の開口部を保護することが重要となる[fig.1][1]。

市街地火災を防ぐことは、第2次世界大戦などの戦争時にも必要とされた。イギリスでは、先ずは外装と屋根の不燃化が求められた。また、建物内部の延焼を抑制するために防火区画の大きさを制限することと、隣の建物からの距離に応じて外壁の開口部の保護をすることが要求されている。

シカゴ大火（1871（明治4）年）、サンフランシスコ地震火災（1906（明治39）年）などを経験したアメリカでも同様に、外部からの延焼防止のための基準が設けられている。隣の建物からの距離に応じて外壁に対する開口部の比率を制限し、距離が十分にあれば大きな開口が許容される一方、距離が短い場合には開口の面積を制限し、高い防火性能が要求される。具体的な開口部の保護の方法として、網入ガラス、ガラスブロック、ドレンチャー、防火シャッターなどが示されている。

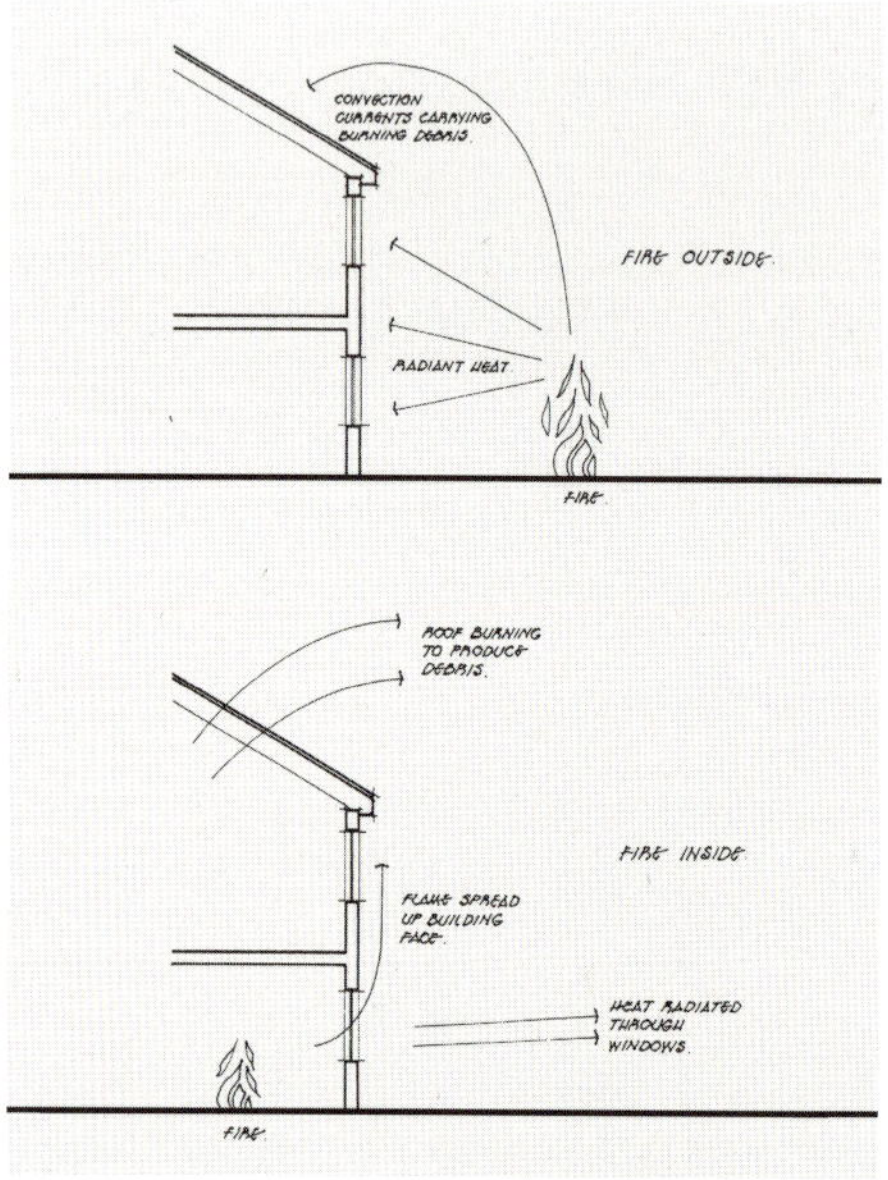

fig.1——建築物の外周部における延焼防止

隣の建物火災など屋外からの延焼には、火炎が直接接する、火炎からの放射熱を受ける、火の粉が飛んでくるの3つがある。同じ建物の下階の火災に対しても、開口部から噴出する火炎の影響で上階に延焼する危険がある。いずれも外周部の防火対策が重要である。[出典：H.L. Malhotra, Principle of fire containment, *Design against fire*, E & FNSPON, 1994]

日本の防火設備

日本も江戸時代より幾度も大火を経験しており、その対策として道路の拡張や茅葺屋根の禁止、町家の土蔵化の奨励などが行われた。明治初期には防火戸、防火シャッターを輸入しており、日本初のシャッターは1896（明治29）年2月に完成した日本銀行本店の外壁の開口部に設置されていた[2]。

市街地建築物法（1919（大正8）年）では防火地区を指定し、地区内の建築物の外周で延焼のおそれがある部分には防火戸を設置することが求められた。日本建築学会が開催した市街地建築物法の講習会ではその内容が詳しく解説されている[3]。「都市商業の発達は富の集中を促し、火災の損害高が益々多くなる。都市の繁栄には火災予防が重要であり、第1次世界大戦における欧州の経験から飛行機からの爆弾や長距離砲での攻撃に対しても、火災防御が重要である」との見解を示している。平時の市街地火災だけでなく、戦時における被害軽減を想定して、防火対策を要求していたことがわかる。

また、欧米都市の防火基準では、都市の中心部では木造を禁止するなど、防火地域制を採用して建築物が火災に耐える構造を要求していることを参考に、日本でも防火地域制を採用している。市街地建築物法施行規則第121条では、甲種防火地区内の建築物の外周部の窓、出入り口には甲種防火戸を設けることが定められた。甲種防火戸には、鉄製で鉄板の厚さが5厘（約1.5mm）以上のものや、厚さが1寸2分（約36mm）以上のコンクリート製や厚さが5寸（約150mm）以上の土蔵扉も位置づけられている。ただし、30平方尺以内の鉄骨網入硝子（現在の網入ガラス）の窓であればよいともされている。当時、まだ鉄骨網入硝子が普及していないためか、延焼防止に有効であることが強調されている。

その後、関東大震災（1923（大正12）年）において地震による倒壊よりも火災による被害が大きかったことから、建物の外周部における延焼防止対策が重要と考えられるようになり、防火戸が普及することになった。震災では防火シャッターが延焼防止に効果があることが認められたため、建設中であった住友ビルディングは震災後に防火シャッターが導入された[fig.2][4]。

防火区画に設置する防火シャッター

白木屋百貨店火災（1932（昭和7）年）では、当時としては高層の地上8階建てビルの4階以上が全焼し、多数の犠牲者をもたらしたことから社会に衝撃を与えた。翌年には東京警視庁令による百貨店規則(1933(昭和8)年)が出され、各階の平面をおおむね1,500m^2以内ごとに防火区画し、各防火区画に避難階に通じる避難階段を設けることが提案され、その後、特殊建築物規則(1936(昭和11)年)に防火区画の規定が引き継がれた。

当時の解説資料を見ると、階を防火区画の壁で大きく分割し、それぞれに必要な数の避難階段を設けることが示されている。しかし、隣の防火区画へ移動することができるようにした場合には階段の数を減じることも認めている。そこで防火区画に防火シャッターを利用し、百貨店の売り場をできるだけ広くまとまった空間を確保とすると同時に、階段の数を減らすことが好まれたのでろう。その結果、従来は外壁部分に用いられていた防火シャッターが、大空間を防火区画に分割する手段として建物の内部に広く使われるようになり、現在に至る。

その後、建築物が大規模化すると、大阪・千日デパートビル火災(1972(昭和47)年)、熊本・大洋デパート火災(1973(昭和48)年)のように100人を超える犠牲者が発生した。その原因は内部の延焼拡大に加え、階段などの竪穴を通じて火災の煙やガスが早期に建物内に拡大したためである。そこで法令改正により、竪穴区画に設ける防火戸は、「火災により煙が発生した場合に自動的に閉鎖し、かつ、避難上及び防火上支障のない遮煙性能を有する構造とすること」が求められた。その結果、従来の防火シャッターでは十分な遮煙性能が期待できないため、スラットとガイドレールの隙間を小さくし、スラット間の気密性を高くした防火防煙シャッターが開発された[fig.3–5]。

参考文献
1———*Post-War Building Study No.20: Fire Grading of Buildings*, British Ministry of Works, 1946
2———小林保「防火シャッターのはじめて」『建築防災』2011年
3———竹内六蔵「第八防火地区」『建築雑誌』Vol.414、1921年
4———真鍋恒博「鋼製シャッター」『近代から現代の金属製建築部品の変遷——第1巻開口部関連部品』建築技術、1996年

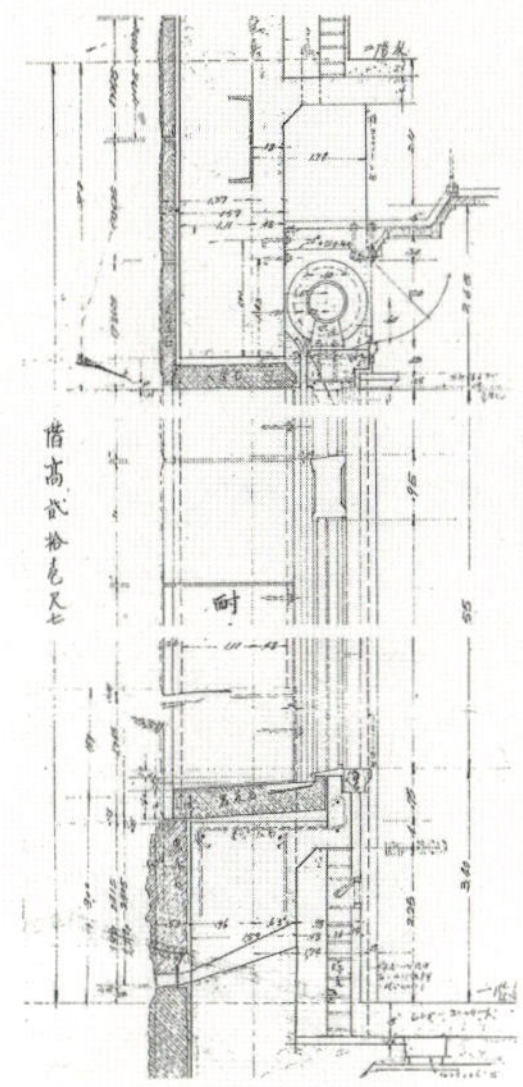
A

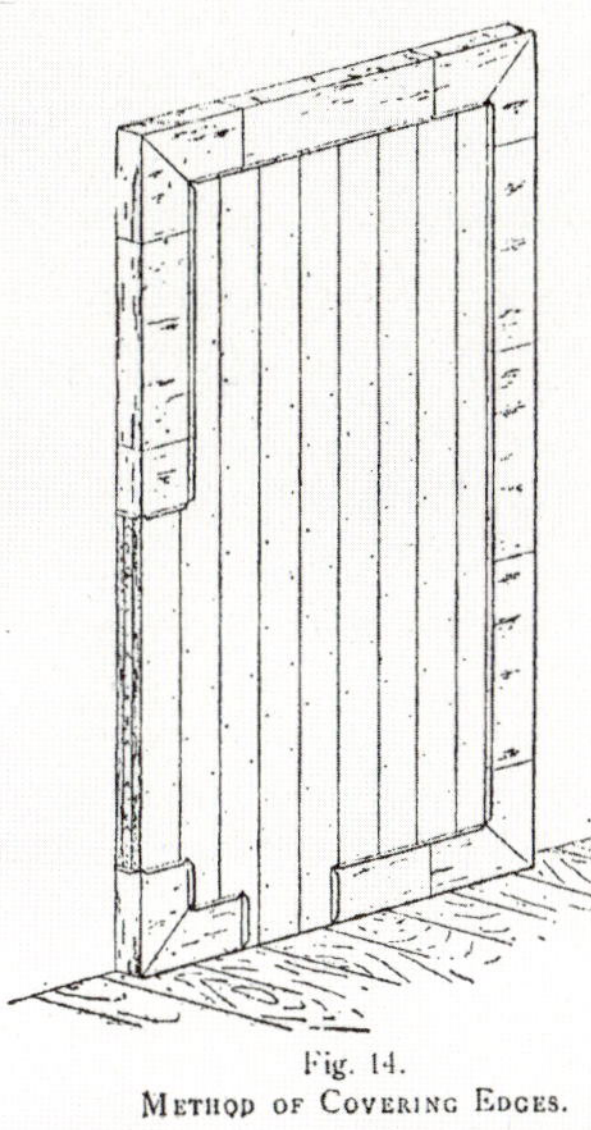

B

C

D

fig.2——防火設備あれこれ

A.住友ビルディング(1926(昭和元)年)1階部矩計図
窓枠と一体に取り付けられた防火シャッターは周囲からの延焼を防ぐ目的で設置された。[出典:(株)日建設計]

B.ブリキ板張防火戸
市街地建築物法に甲種防火戸が規定される前に、実験などによりその性能が確認された仕様が紹介されている。鉄製の防火戸だけではなく、木板を2–3枚重ねて端部をブリキ板で保護したものが示されている。[出典:「ブリキ板張防火戸及びシャッター仕様書」『建築雑誌』1922年1月]

C.土蔵の防火戸
江戸時代の蔵(土蔵)は、火事が起きたら窓や戸を閉めて、さらに隙間を練り土で目塗りして内部への延焼を防いだ。[撮影:筆者]

D.網入りガラス
外壁の開口部に設ける防火戸としては、網入りガラスがよく利用されている。[撮影:筆者]

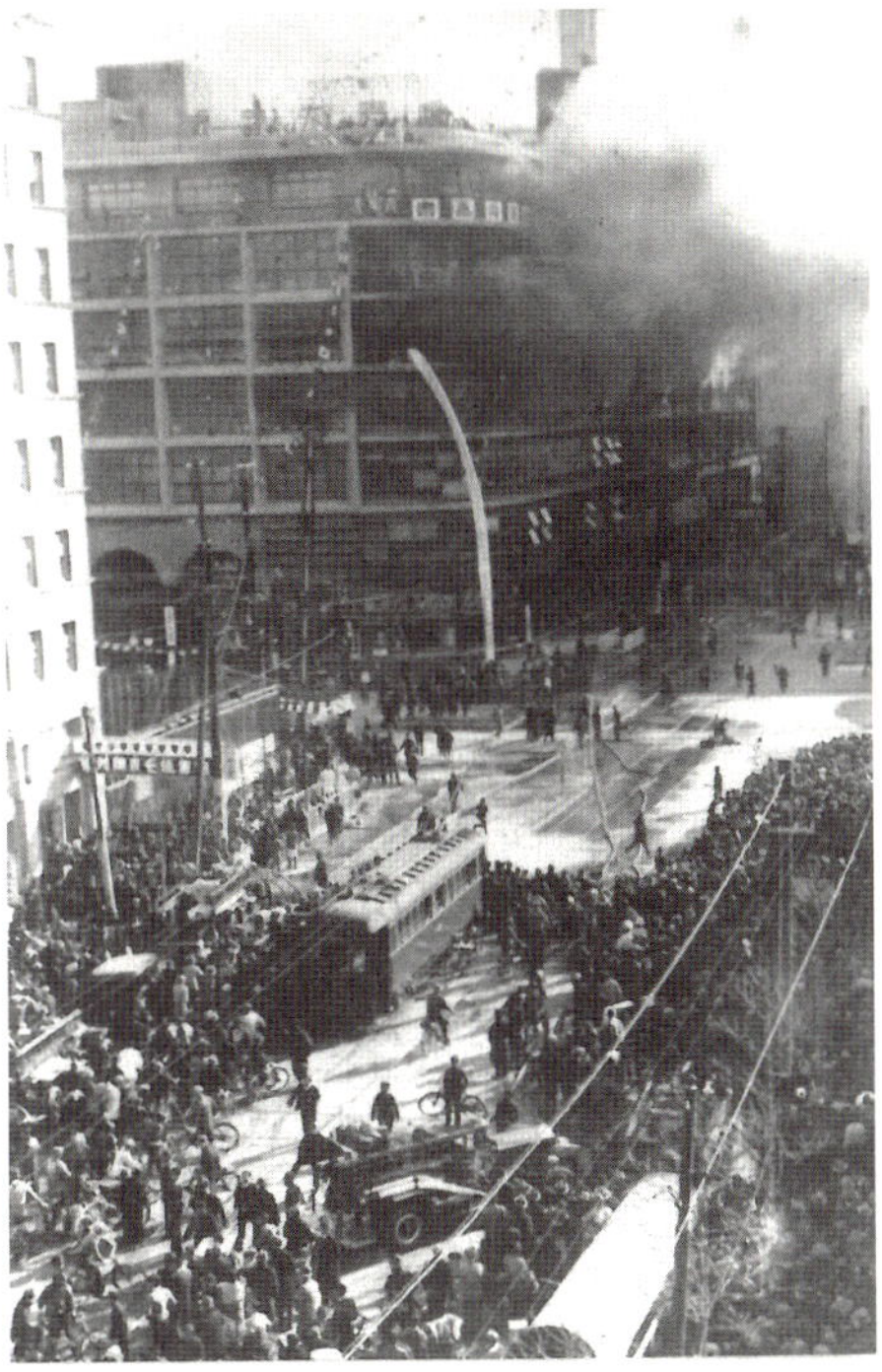

fig.3——白木屋百貨店火災

1932年(昭和7年)12月16日午前9時15分頃、4階の玩具売り場で火災が発生し、地下2階、地上8階の建物の4階から8階までを全焼した。この火災による犠牲者が14人。日本初の高層建築物火災となった。この火災後に「防火区画」の規定が特殊建築物規則に導入され、現在の建築基準法の防火規定に引き継がれている。[提供:四谷消防博物館]

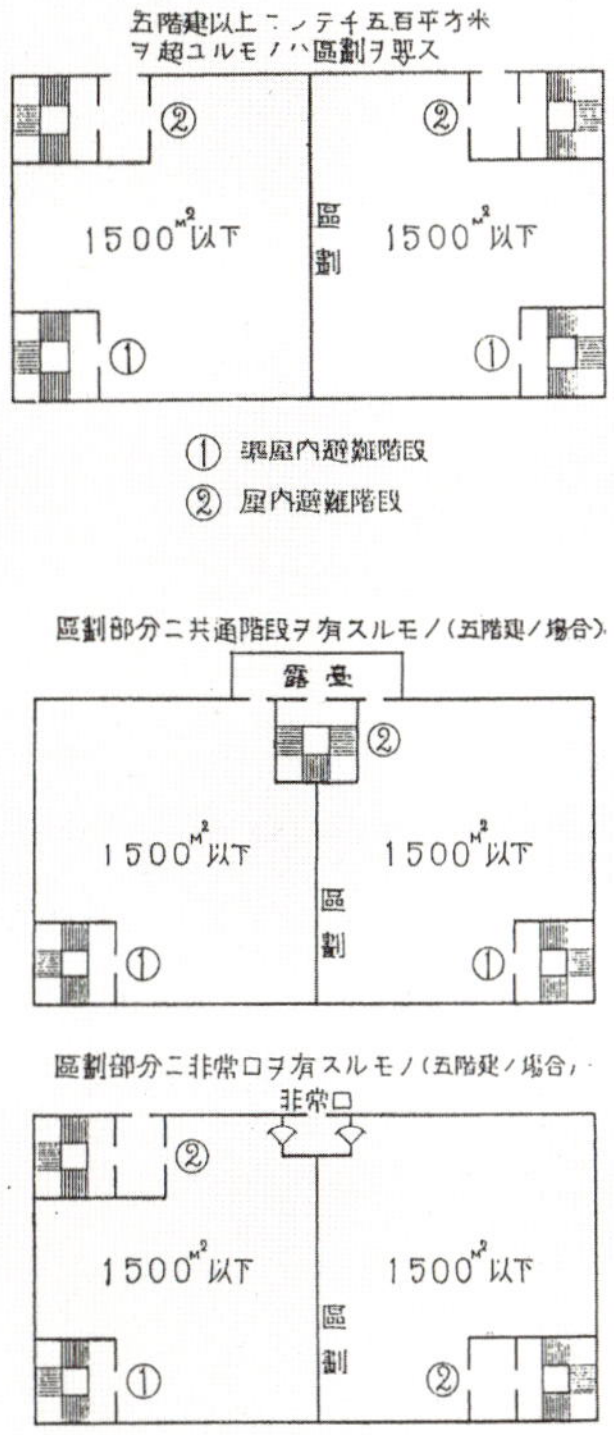

fig.4——防火区画の設置例

階を複数の防火区画に分割し、各防火区画に避難階段を設置することが示されている。出火した防火区画から隣の防火区画への避難経路がある場合には、避難階段の数が緩和される。[出典:「建築法規に関する委員会資料(建築線、特殊建築物)」1934年]

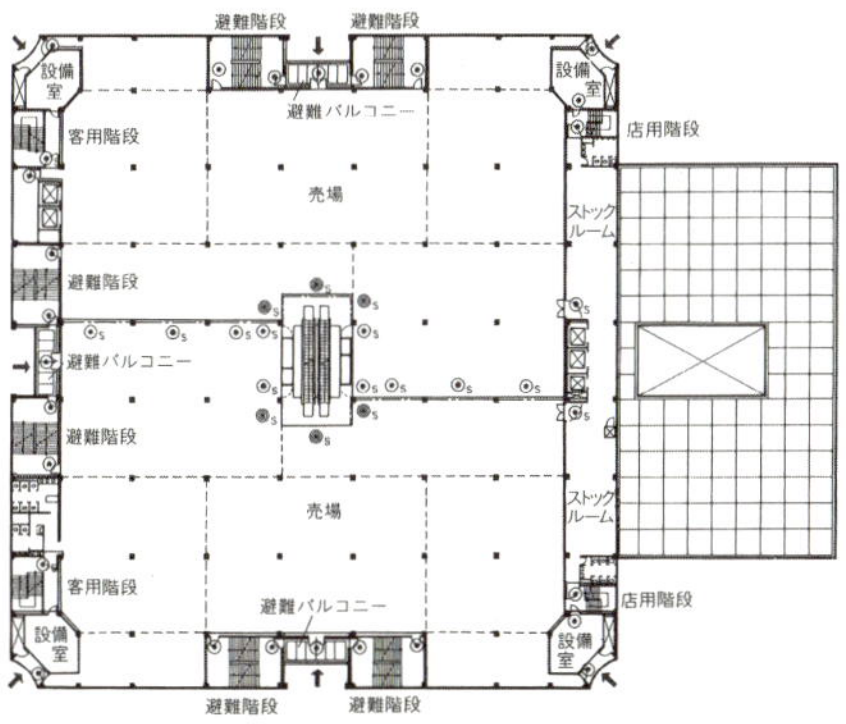

fig.5——物販店舗の防火区画の例

整形な売り場の周囲に階段などの避難施設を配している平面計画。売り場部分は防火シャッターによりほぼ同じ広さの防火区画に分割されている。[出典:『建築防災計画事例図集』日本建築センター、1985年]

084

エレベーター

建築の高層化とともに、かごで乗員を垂直方向に輸送するエレベーターは広く普及していった。その中で、さまざまな革新的技術も開発されている。巻上機や制御装置の小型化によるマシンルームレスエレベーター、輸送能力の向上と階高が不均一な建物への対応を両立させた可変式ダブルデッキエレベーター、中間層免震に対応したエレベーター、分速一〇〇〇メートルを超える超高速エレベーターなどである。また、閉じ込め事故を防ぐ装置の取り付け義務化や、ロープ強度や耐久性の向上など、安全と安心への取り組みも進められている。

縦動線確保のための昇降機技術の進歩

藤田 聡
東京電機大学 教授

はじめに

現在、国内では約70万台のエレベーターが設置されており、一日に延べ約6億人が利用していると言われている。こうした身近な技術である昇降機技術の発展と、この四半世紀で特に革新的と思われる新技術について簡単に紹介する。なお、昇降機技術の発展についての詳細は参考文献を参照されたい[1–2]。

昇降機技術の進歩の概要

乗用エレベーターは、1890(明治23)年に東京浅草千束町に建設された12階建ての展望塔、凌雲閣に設置されたものが最初であった[fig.1]。凌雲閣は建坪123.8m^2、高さ66mのレンガ(上部2階は木造)構造で、1890(明治23)年11月13日に開館した。閣内には2台のエレベーターが1階から8階に設置され、8銭の料金で利用でき市民に愛された。電動機は11kWで、東京電燈会社(現、東京電力)が動力用に初めて電力供給を行った事例である。しかしながら、開業3年後の1893(明治26)年6月の地震でレンガ部分に亀裂が入り、鉄バンドで補強したものの、1923(大正12)年の関東大震災で倒壊した[1–2]。

現存するもっとも古いエレベーターのひとつとして有名なのが1926(大正15)年に京都の東華菜館に設置されたオーチス社のカースイッチ方式の乗用交流エレベーターである。その後、エレベーターは改修されたが、かご構造、運転方式は当時のままであり、今でも目測での停止操作、手動による戸の開閉が行われている[fig.2]。

fig.1——日本初のエレベーターが設置された凌雲閣

乗用エレベーターは1890(明治23)年に東京浅草千束町に建設された12階建ての凌雲閣に設置されたエレベーターが最初であったとされる。最近、ビルの工事現場からその遺構が見つかったことが話題となった[3]。現在の住所でいうと、台東区浅草2丁目で、ちょうど浅草花やしきの横に位置し、ひさご通りの米久本店を西に入ったところになる。[出典:『エレベーターハイテク技術』]

その後の昇降機技術の発展において、とくに重要と思われるものを以下にいくつか紹介する。

マシンルームレスエレベーター

マシンルームレスエレベーター(以下、MRL)は、巻上機や制御装置を小型化し、昇降路内に設置することで屋上機械室を不要にしたものである。建物の有効活用に大きく資することから、現在では幅広く受け入れられている。MRLはフィンランドのKONE社が1996(平成8)年に開発したものである。巻上機に特殊な構造で薄型の回転型リニア同期電動機を使用して、巻上機、制御盤および調速機などを昇降路内頂部に設けることにより、機械室を不要としたものである。

可変式ダブルデッキエレベーター

輸送能力の向上を目指し、1つのかご枠に上下2つのかご室を設けたダブルデッキエレベーターがある。通常の上下かご室を建物階高に応じて一定間隔としたものに対し、かご可動式(可変式)ダブルデッキエレベーターは、上下かご室の間隔を調整できることから、建物階高が不均一の建物にも設置できる。上下かごは連結装置(パンタグラフ)でつながれ、上下かご駆動装置(ボールねじ)を親かご枠に設置することで、上下かごは、かご枠内ガイドレールに沿って移動し、建物階高に一致するよう調整される。上下かごの質量はほぼ等しいことから、その差分だけがボールねじの負荷となり合理的な考え方である[fig.3][4]。

中間層免震対応エレベーター

中間層免震建物内昇降路は、昇降路を上部建物から非免震建物空間まで吊り下げる構造(昇降路吊下型)形式のものと、昇降路壁にスリットを設けて上部昇降路と下部昇降路に分割する構造(分割型昇降路構造)形式のものに大別される。地震時に免震層に生じる水平相対変形量は数百mmにもなり得るため、分割型昇降路構造においては、ガイドレールが破断するおそれがあるばかりか、昇降路の存在が免震性能に大きな影響を及ぼす可能性がある。そこで、免震層に生じる水平相対変形量を3階床分に分散させ、免震性能を損なうことなく、ガイドレールの変形を緩やかにし応力を緩和するとともにかごの走行に影響しない昇降路構造が開発された[fig.4]。

fig.2——東華菜館のオーチス社製エレベーター(左:建物外観、中央:エレベーター、右:ガバナー)

1926(大正15)年、東華菜館にオーチスのカースイッチ方式の乗用交流エレベーターが納入された。かご構造、運転方式は当時のままであり、今でも目測での停止操作、手動による戸の開閉を行っている。稼動中のエレベーターとしては最長寿エレベーターのひとつとされる。[撮影:筆者]

平型ロープ

ウレタン樹脂被覆平型ロープ[fig.5]は、従来の丸形ワイヤーロープに比べ薄型であり、巻上機の小型スリム化やピット寸法の短縮が可能となる。また、注油が不必要であり、保守性も向上する。なお、こうした樹脂被覆のロープは強度上また耐久性の観点から有利であり、世界的に新しいものが開発されている。

UCMP(戸開走行保護装置)および地震時管制運転装置の設置義務付け

2005(平成17)年7月の千葉県北西部地震でのエレベーターの閉じ込め事故、2006(平成18)年6月に発生した港区シティハイツ竹芝でのエレベーターの戸開走行事故などを受け、建築基準法施行令および国土交通省告示が改正された。その結果、エレベーターの安全にかかわる技術基準の見直し、すなわち、エレベーターのドアが開いた状態で動かないようにするための安全装置である「戸開走行保護装置の設置義務付け」と地震感知器が揺れを感知すると、最寄り階に自動停止し、着床後、自動的に戸が開く安全装置である「地震時管制運転装置の設置義務付け」が、2009(平成21)年9月28日に施行された。

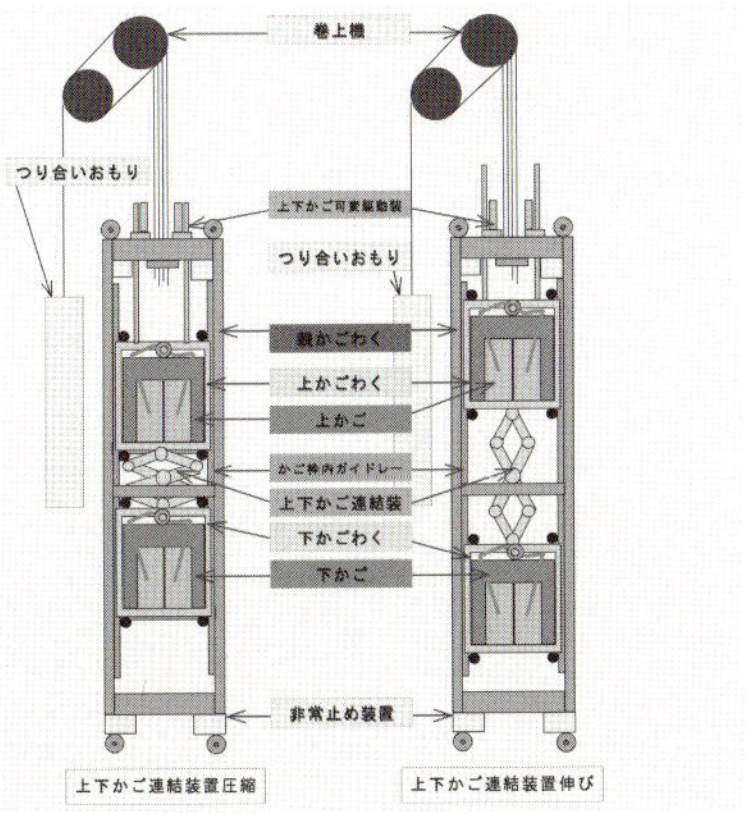

fig.3——可変式ダブルデッキエレベーター

かご可動式(可変式)ダブルデッキエレベーターは、建物階高が不均一の建物にも設置できるのが特長である。上下かごを連結装置でつなぎ、ボールねじを駆動させることによって、建物階高になるよう調整される。[出典:日本オーチス・エレベータ(株)資料]

超高速エレベーター

1978(昭和53)年、「池袋サンシャイン60」に当時世界最高速の分速600mの乗用エレベーターが完成。続いて1993(平成5)年には「横浜ランドマークタワー」に分速750mのエレベーターが完成し、しばらくの間世界最高速を誇っていた。その後、2004(平成16)年に完成した台湾・台北市の「TAIPEI 101」に設置されたエレベーターは分速1,010mで運行し、その後長い間世界最高速のエレベーターとして有名な存在であった。昨今、世界のエレベーター最高速の座を巡り、三菱電機、日立製作所、東芝エレベータの3社が再びしのぎを削っている。2016(平成28)年3月竣工の中国でもっとも高いビル「上海中心大厦(高さ632m)」に納入された分速1,230mのエレベーター、同じく2016(平成28)年に竣工した中国・広州市の超高層複合ビル「広州周大福金融中心(高さ530m)」向けに納入された分速1,260mのエレベーターがある。

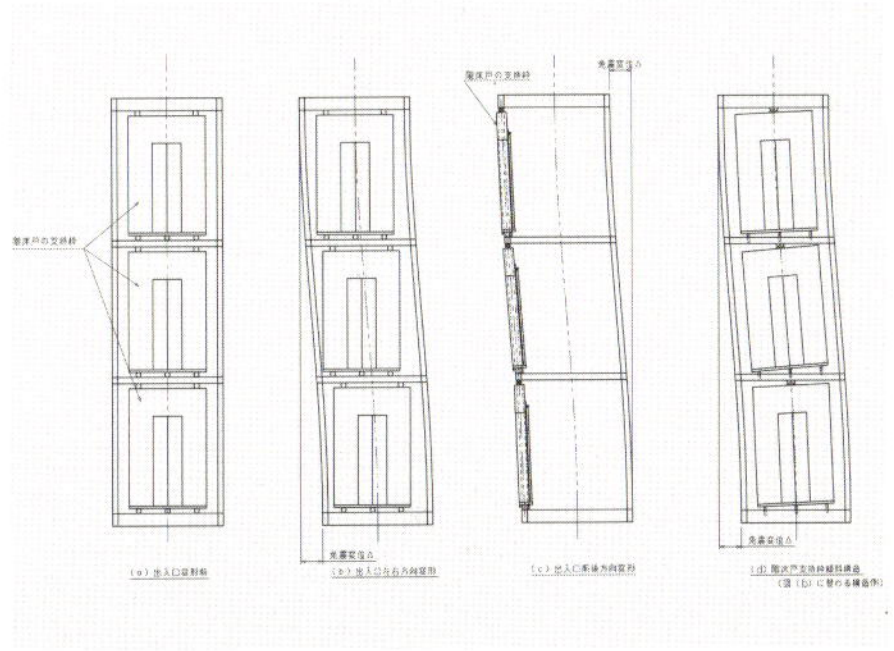

fig.4——中間層免震対応エレベーター

免震層に生じる層間変位に対応するために、昇降路壁にスリットを設けて上部昇降路と下部昇降路に分割する構造(分割型昇降路構造)。地震時に免震層に生じる水平相対変形量は数百mmにもなることが予想されるが、免震層に生じる水平相対変形量を3階床分に分散させることで、免震性能を損なうことなく、ガイドレールの変形を緩やかにし、レールに生じる応力を緩和する。[出典:(株)日立製作所資料]

おわりに

昨今、世界的に超々高層ビルの昇降機技術を支える新たな樹脂被覆高強度ロープ、制御技術などの興味深い新技術開発が盛んになっているが、これらを通じて、より安全で安心な昇降機技術が発展することを期待する。

参考文献
1———三井宣夫「ロープ式エレベーター技術発展の系統化調査」『技術の系統化調査報告——第9集』国立科学博物館、2007年
2———寺園成宏、松倉欣孝『エレベーターハイテク技術——世界最高速度への挑戦』オーム社、1994年
3———「工事現場に「凌雲閣」遺構 浅草、基礎部分など」『東京新聞TOKYO Web』2018年2月10日朝刊
4———山田敦他「スーパーダブルデッキエレベータの開発」『日本機械学会昇降機・遊戯施設等の最近の技術と進歩技術講演会講演論文集』日本機械学会、2002年

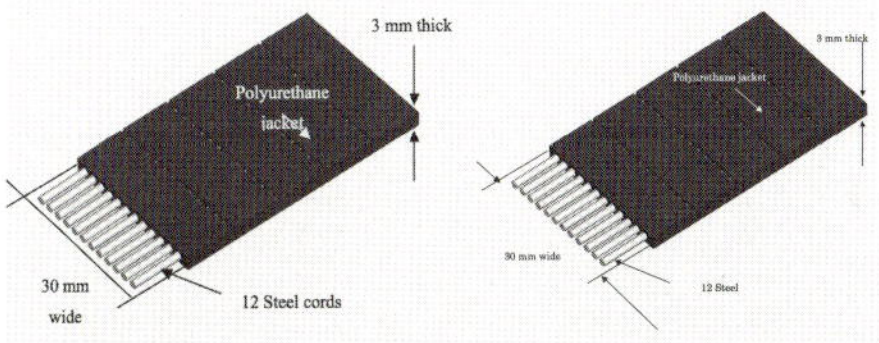

fig.5——平形ロープの構造概略図

従来の丸形ワイヤーロープに替わる薄型の樹脂被覆平形ロープは、綱車径を小径化でき(100mm以上)、巻上機の小型スリム化、オーバーヘッド寸法ならびにピット寸法の短縮が可能となる。また、注油が不必要であり、保守性の向上が図れる。加えて強度上また耐久性の観点から有利である。[出典:日本オーチス・エレベータ(株)資料]

085

地域冷暖房

地域冷暖房は地域でまとめて冷熱や温熱を製造し、複数の利用先に冷水、温水、蒸気などを供給する集中熱源型の冷暖房方式である。先駆的な事例では、一八九五年に東京帝国大学附属病院で中央ボイラー室から七つの病棟に蒸気を供給する「校舎型地域暖房」が誕生している。熱利用者とは別の熱製造者が熱を販売する「事業型地域冷暖房」は、一九六六年に札幌市円山北町住宅団地で始まった。地域冷暖房は一九六八年の都市計画法で都市基盤として位置付けられ、また一九七二年の熱供給事業法で公益事業として認められて以来、全国的な広まりを見せている。

公害対策のひとつとして誕生し環境問題への対応で広まる

射場本忠彦
東京電機大学 名誉教授

地域冷暖房の役割

地域冷暖房は、1つの都市あるいは1つの地域内において、冷熱や温熱をまとめて製造し、複数の利用先に冷水、温水、蒸気などの熱媒を配管（導管）を通じて供給する集中熱源型の冷暖房（給湯）方式である[fig.1]。まとめて冷熱や温熱を製造・供給することによって、機器類、運転員、設置面積、保守点検などをシェアリングし、コスト削減、安全性、省エネルギー性、環境保全性、都市景観性などのメリットを共有・享受することを意図している。

地域暖房と事業型地域冷暖房のはじまり

建物様式の洋風化が始まった1877年（明治10）年、東京大学の前身に当たる工部大学校校舎に、放熱器を直接室内に置く直接暖房（スチーム）が設置されたのが、日本における西洋式暖房の始まりといわれている[1]。そのわずか18年後の1895（明治28）年には、東京帝国大学附属病院で、中央ボイラー室から7棟の病棟に蒸気主管を配管し蒸気で各病棟を暖房する、わが国初の地域暖房が誕生している[1]。以来、蒸気や高温水を配給する「校舎型地域暖房」が多くのキャンパスで採用され、地域内に建物群を配する駐留軍や自衛隊駐屯施設、病院などへの導入がなされてきた。これらは熱製造者と熱利用者が同一の組織体であることが特徴である。

事業型地域冷暖房も校舎型地域暖房と基本的な役務は同一であるが、熱製造者と熱利用者が別、すなわち、熱の販売を事業目的に、より広範な地域への熱供給を意図した「事業型地域冷暖房」が、1966（昭和41）年に札幌市円山北町住宅団地で誕生した（温水供給のみ）。

公益事業としての地域冷暖房

わが国における地域冷暖房は、1968（昭和43）年の都市計画法に盛り込まれた。「都市の健全な発展と秩序ある整備を図り、もって国土の均衡ある発展と公共の福祉の増進に寄与することを目的とした」電気、ガス、水道などの公共配給施設と同様に、都市基盤として位置づけられた。また、事業型地域冷暖房は1972（昭和47）年に制定された『熱供給事業法』に基づく地域冷暖房事業として、経済産業大臣の許可（2016（平成28）年4月からは登録）が必要な公益事業として規定され、今日に至っている。

地域冷暖房の導入が始まった1970（昭和45）年頃は、「いざなぎ景気」による著しい経済成長期で、過密化した都市の大気汚染（ばい煙、SOx、NOx）対策が必至な状況下にあった。その方策のひとつとして、東京、大阪、札幌は、ほぼ同時代に本格的地域冷暖房の黎明期を迎えている。激化するばい煙排出に対し1962（昭和37）年に「ばい煙排出規制法」が、また、1968年（昭和43）に「大気汚染防止法」が制定されている。

公害対策のひとつとして誕生した地域冷暖房の発展は、その後の熱利用形態（要求熱種、負荷バランスなど）の変化、熱源構成や機器類の効率向上、高度な運転管理システムなど、技術面と呼応しながら発展した部分も少なくはない。だがむしろ、その時々の社会背景、すなわち、経済状況、エネルギー情勢、地球温暖化抑制（省エネルギーや再生可能エネルギー利用）、緊急事態対応（BCP：事業継続計画）などに負うところが大きい。そのため、斯界では地域冷暖房の歴史を背景や伸展の度合いを考慮し区分して示している。その概要と代表事業地点を以下に記すとともに、2016年度末時点の熱供給事業133地点のマップを示す[fig.2]。

創成期：1970（昭和45）–1974（昭和49）年

都市計画法が制定され（1968（昭和43）年）、地域冷暖房が都市施設として位置づけられる。東京都公害防止条例に地域暖冷房計画が規定（1970（昭和45）年）、熱供給事業法が制定（1972（昭和47）年）、地域冷暖房が公益事業として認定される。事実上の事業型地域冷暖房の誕生である。夏の需要減対策としてガス会社の事業参画が多い。《大阪万博地冷、千里中央（1970（昭和45）年）／札幌市都心（1971（昭和46）年）／新宿新都心、丸の内2丁目（1973（昭和48）年）》

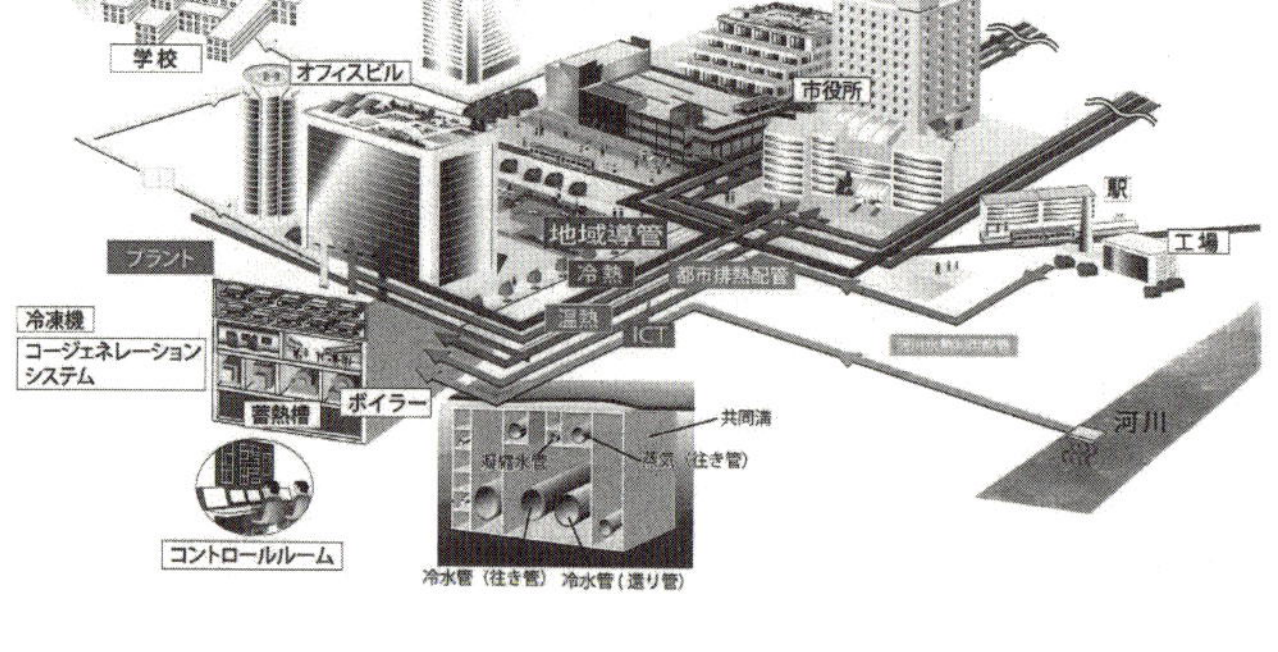

fig.1——地域熱供給のイメージ

冷熱、温熱、給湯、直接蒸気などをたえまなく地域全体に供給し続ける地域冷暖房は、熱源機器や運転保守などの集中シェアリング化により、エネルギーコスト削減、安全性、省エネルギー性、環境保全性、都市景観性などを実現している。[出典：『日本熱供給事業協会パンフレット』2017年]

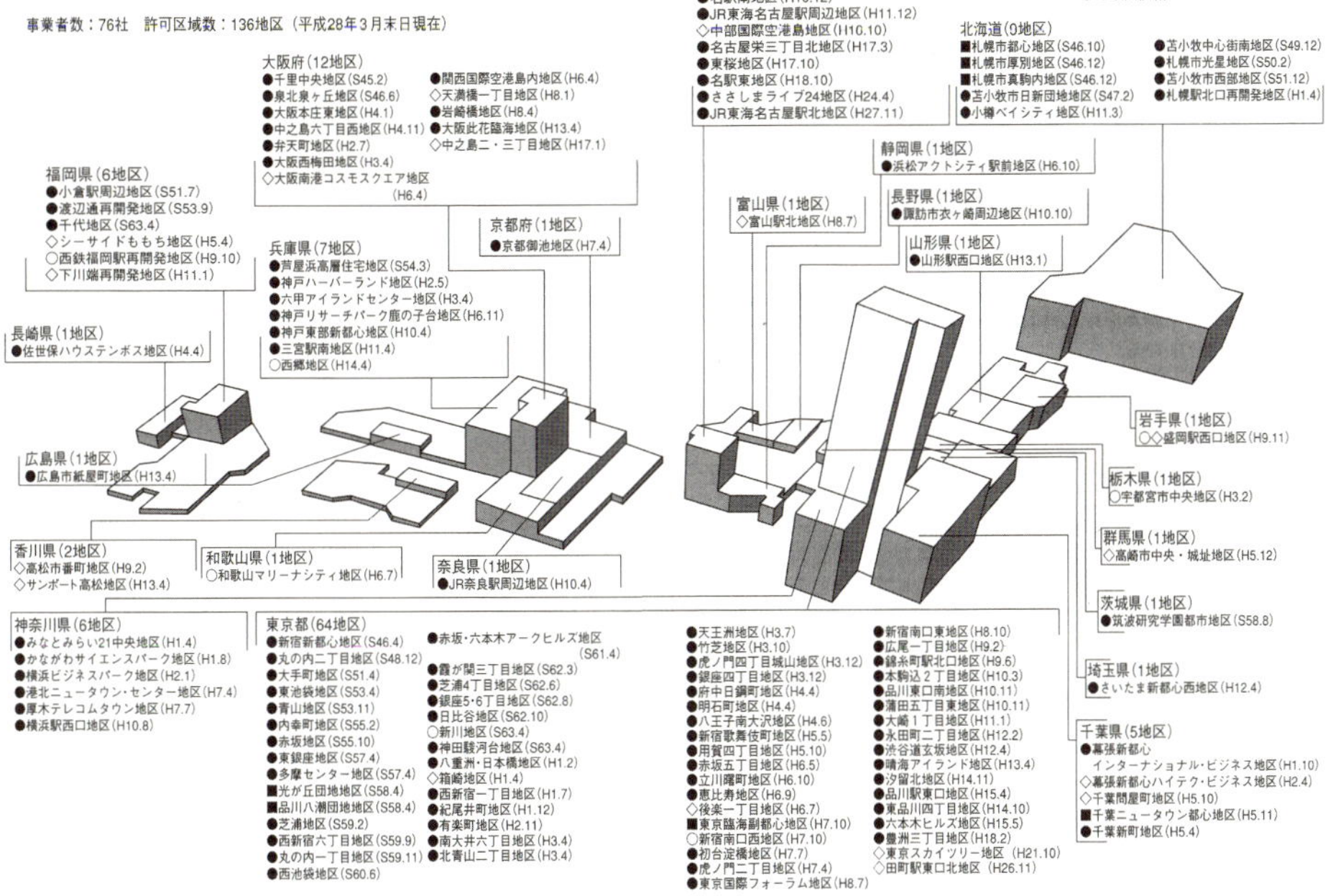

fig.2——全国の熱供給事業地点マップ

ばい煙防止の観点からスタートした地域冷暖房もほぼ50歳、とりわけ景気変動に伴う社会情勢の紆余曲折を経て、現在133事業所が熱供給を行っている。地球温暖化防止、事業継続計画(BCP)、ディマンドリスポンスなどのニーズに対応した新しいプラントの成長を期待したい。[出典:『熱供給事業便覧(平成29年版)』]

低迷期:1975(昭和50)–1979(昭和54)年

第1次石油ショック、第2次石油ショックが勃発し省エネルギー法が施行(1979(昭和54)年)される。《沖縄海洋博地冷、大手町、大阪市森ノ宮(1976(昭和51)年)/東池袋(1978(昭和53)年)》

再生期:1980(昭和55)–1984(昭和59)年

省エネルギー意識、清掃工場の廃熱利用、ヒートポンプの利用、コジェネレーションの利用などが台頭する。《光が丘団地、品川八潮団地、筑波研究学園都市(1983(昭和58)年)/西新宿六丁目(1984(昭和59)年)》

発展期:1985(昭和60)–1989(平成元)年

電力負荷平準化対策に資する蓄熱システム利用による電力会社の事業参画が積極化する。事業地点の全国的広がりが始まる。プラント設置に建築基準法容積率の緩和(1985(昭和60)年)が通達される。《筑波科学博地冷、芝浦四丁目(1984(昭和59)年)/赤坂・六本木アークヒルズ(1986(昭和61)年)/箱崎、名古屋栄四丁目、みなとみらい21中央、幕張新都心INB(1989(平成元)年)》

普及期I:1990(平成2)–2000(平成12)年

東京都地域暖冷房推進に関する指導要綱が制定される(1991(平成3)年)。熱供給事業許可が100地点となる(1992(平成4)年)。氷蓄熱、潜熱蓄熱、吸収ヒートポンプなど新しい技術の採用が始まる。デベロッパーや第三セクターの参画も増大する。一方、個別空調が普及し運用の利便性から地域冷暖房を離脱する需要家も現れる。《仙台泉中央(1988(昭和63)年)/大阪花博地冷、名古屋栄三丁目、幕張新都心HTB(1990(平成2)年)/新宿新都心更新(1991(平成3)年)/シーサイドももち(1993(平成5)年)/関西国際空港島内、南港コスモスクエア(1994(平成6)年)/東京臨海副都心(1995(平成7)年)》

普及期II:2001(平成13)年–

京都議定書が批准され地球温暖化対策推進大綱が制定される(2002(平成14)年)。地球温暖化対策基本法が閣議決定される(2010(平成22)年)。再生可能エネルギー、未利用エネルギー、低炭素型都市づくりなどが台頭する。東日本大震災が発生しBCP意識が台頭する(2011(平成23)年)。電力自由化(特別高圧:2000(平成12)年/高圧:2004、2005(平成16、17)年/低圧:2016(平成28)年)が始まる。《晴海アイランド、サンポート高松(2001(平成13)年)/汐留再開発(2002(平成14)年)/六本木ヒルズ(2003(平成15)年)/中部国際空港(2004(平成16)年)/東京スカイツリー(2009(平成21)年)》

地域冷暖房を取り巻く動向

近年の動向をみてみると、2016年度の販売全熱量の約15%が再生可能エネルギーと未利用エネルギーで賄われている[fig.3–4]。ちなみに、個別熱源方式に対し地域冷暖房では約20%程度一次エネルギー使用量を削減できるといわれている[2]。併せて、定常性に欠ける太陽光や風力発電のアンバランスが、電力のデマンド制御の必要性を増長させ始めており、地域冷暖房のもつ大きな受容量に依拠するディマンドリスポンスが始まっている。

参考文献

1———服部功「随想 日本の地域冷暖房」『日本地域冷暖房協会20年の歩み』日本地域冷暖房協会、1992年
2———「未利用エネルギー面的活用熱供給の実態と次世代に向けた方向性」『資源エネルギー庁報告書』2008年
3———『空気調和・衛生工学便覧 第14版——3 空気調和衛生設備編』空気調和衛生工学会、2010年
4———『熱供給事業便覧(平成29年版)』日本熱供給事業協会、2018年
5———『地域冷暖房技術手引き書 改訂新版』日本地域冷暖房協会、2002年

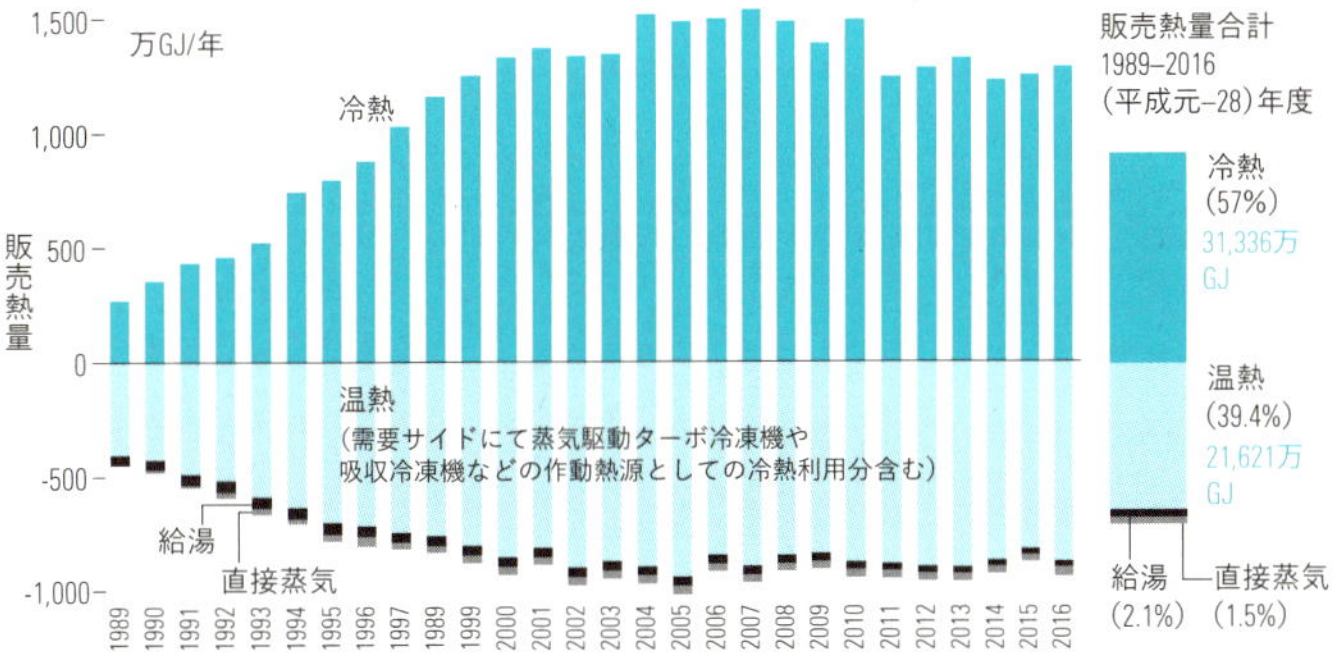

fig.3——年度別販売熱量の推移および販売熱量合計(1989(平成元)–2016(平成28)年度)

1994年以降、冷熱販売が温熱販売を上回っており、冷房需要の増大が見て取れる。また、2011年の震災以降、省エネルギー行動からか房需要の低減が見られる。[出典:『熱供給事業便覧(平成29年版)』より筆者作成]

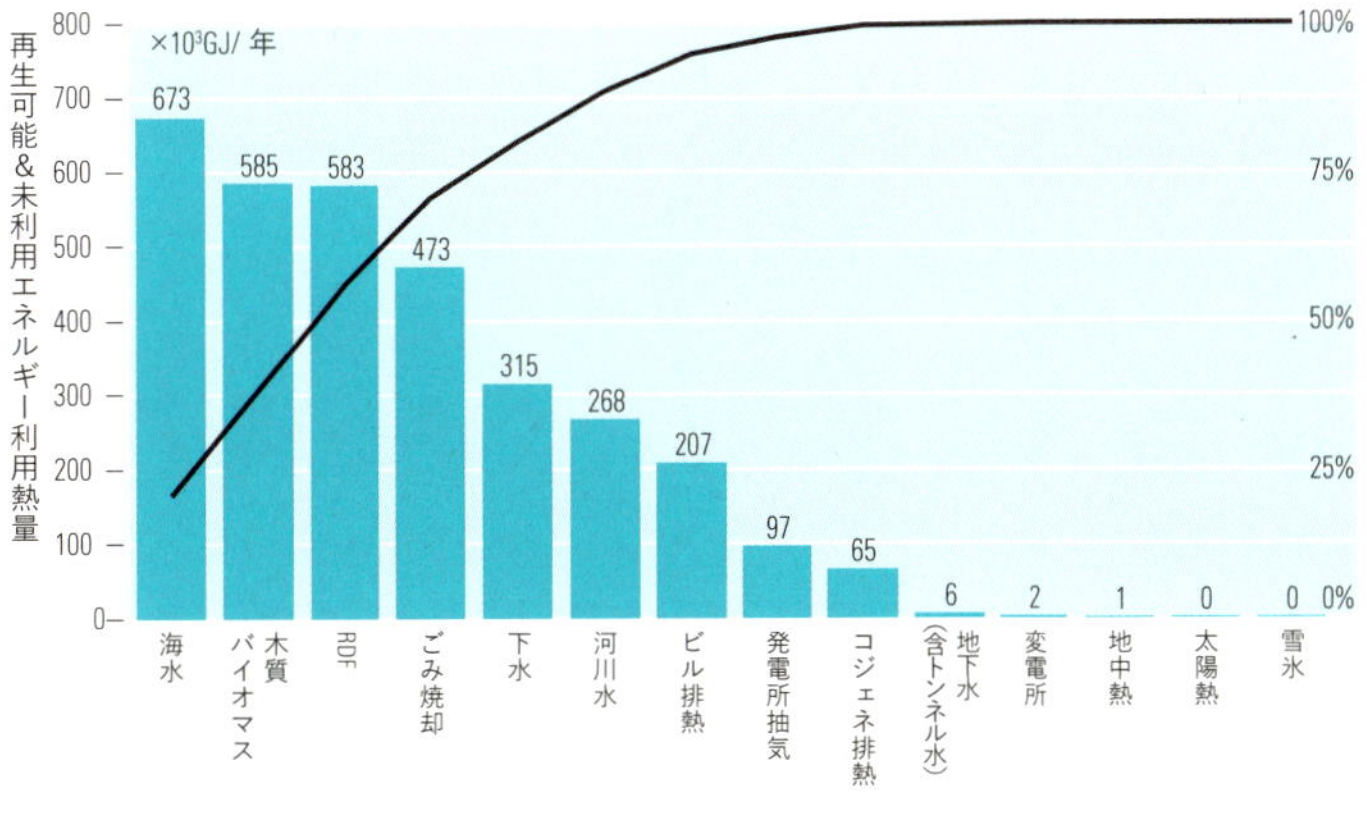

fig.4——再生可能&未利用エネルギー利用熱量2016(平成28)年度

2016年度の販売全熱量2,231万GJ/年に対し、再生可能エネルギーと未利用エネルギーで327万GJ/年(約15%弱)が賄われている。今後も同種のエネルギー利用増大による無理のない地球温暖化防止への貢献を期待したい。[出典:『熱供給事業便覧(平成29年版)』より筆者作成]

080 インテリジェントビル

情報通信技術の進展に対応して登場

沖塩荘一郎
東京理科大学 名誉教授

一九八〇年代、情報通信技術の急進展によりオフィスなどに大量の電子機器が入りだし、電力、空調、配線、職員の健康への対応が必要になった。また、通信のデジタル化によるコンピューターとの融合やセンサー技術の進展により、設備機器の省エネルギーや最適化、ビルの総合的安全性向上が急速に進んだ。通信の自由化も、ビルの計画に大きな影響を与えた。

一九八四年、アメリカでインテリジェントビルと自称するビルがオープンすると、日本の建築界にも一気にその流れが押し寄せた。

インテリジェントビルの出現と背景

1984（昭和59）年、アメリカのコネチカット州ハートフォードにオープンしたシティ・プレイス・ビル[fig.1]を、これに関わった多国籍企業ユナイテッド・テクノロジーの子会社が「世界初のインテリジェントビル」と宣伝して以来、アメリカ各地にこのインテリジェントビル（以下、IB）と銘打つビルが続々出現した。これらでは、ビル内に張り巡らしたデジタル通信回線LAN（ローカル・エリア・ネットワーク）を活用し、①各種建築設備を統合化して省エネルギーと総合的安全性の向上を狙う、②在来のビルより電話料金が安く各種情報も安く入手できる、などをセールスポイントとした。

このシティ・プレイス・ビルのオープンから数年間、日本の建築界にIB旋風が巻き起こった。このブームは、建築設計・建設業・建築設備業だけでなく、家具・ビルメンテナンス・警備保障・不動産・通信・コンピューター・商社・広告などの業界も巻き込んだが、IBについての定まった定義をしないまま沈静化した。

IBは、「スマートビル」とも呼ばれ、頭の良いビル、情報化対応ビルともいわれたが、通常次の5つの要素のうちの多くをもつものと考えられた。①オフィスオートメーション（以下、OA）対応、②ビルディングオートメーション（以下、BA）、③高度な通信サービス、④作業者の健康（エルゴノミクス：人間工学）対応、⑤オフィスサービス。

このIB出現の背景には、限定された広がりの地域でコンピューターなどさまざまな機器の間で情報交換できるLANが1970年代アメリカで開発され、このLANをビル内に設置してOAやBAに対応する動きが出てきたこと、公衆通信回線のデジタル化による通信とコンピューターの融合や通信の自由化が進みだしたこと、各種建築設備のコンピューター制御が進んだこと、各種センサー技術の進展、などがある。

fig.1——自称、世界初のインテリジェントビル：シティ・プレイス・ビル［撮影：筆者］

パソコンなど大量電子機器導入への対応

1970年代後半より、オフィス内にパソコンなどの大量の電子機器が導入されるようになり、オフィス業務のあり方が大きく変わった。わが国では、1978（昭和53）年の日本語ワープロ開発がこれを加速した。これに伴い、電源容量・冷房容量の増大、機器をつなぐ大量の配線処理[fig.2]、職員の健康などへの対応がビルに求められた。

オフィス業務が、机上書類の読み書きからパソコン操作に変わることによって、照明などの変更が必要になった。在来型業務では作業者の視線は下を向いていたが、パソコン業務となると視線は水平に近くなり、輝度の高い天井照明や窓が作業者の視野に入り目に良くない。そのため、ルーバー付き照明器具やタスク・アンド・アンビエント照明（TAL：手元灯と雰囲気灯併用）[fig.3]が望まれ、眼を休めるためオフィスに観葉植物の導入が推奨されるようになった。

機械相手の仕事による負担軽減に、空調を各自調節できるようにするなど、環境のパーソナライゼーションも試みられた。

情報通信技術の急進展と通信の自由化

FORTRANなどの特殊言語を使わずに誰でも使えるパソコンとオフィスシステムの出現、それに対応した通信のデジタル化と自由化、メーカー個別だったシステムの相互互換が可能になったことなど、1980年代の情報通信技術の進展は建築にも大きい影響を与えた。貸ビルの電話設備は、従来入居者が個別に電話局に依頼していたが、IBではビル側が高速デジタル回線の交換機を用意し、さまざまなサービスをテナントに提供するようになった。

アメリカでは、1974（昭和49）年に反トラスト法で提訴され司法省と争ってきたAT&T（アメリカ電話電信会社）が、1984（昭和59）年1月地方の電話会社を分離する大変革を行った。従来のAT&Tは、直接は長距離電話網を中心とした会社ながら、ベルシステムの名の下にアメリカ全土の地方のベル電話会社を傘下に収め、電話事業について独占的地位を占めていた。

わが国では、1985（昭和60）年4月、電気通信

	配線方式	特徴
フロアダクト	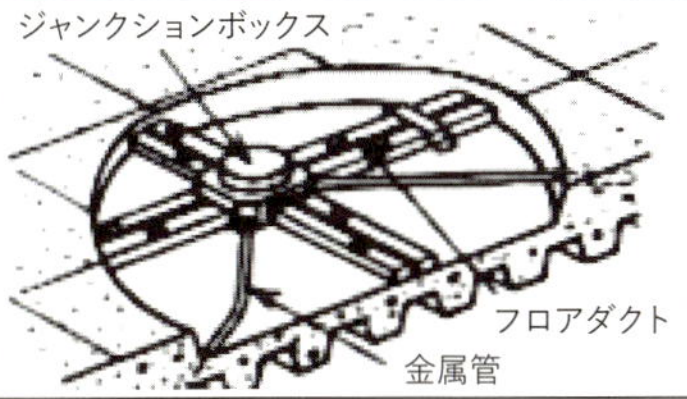	スラブ内にケーブルダクトを埋め込み、電力、電話、データ用の配線を行うことができる。 ダクトの大型化、拡張は不可。
セルラダクト	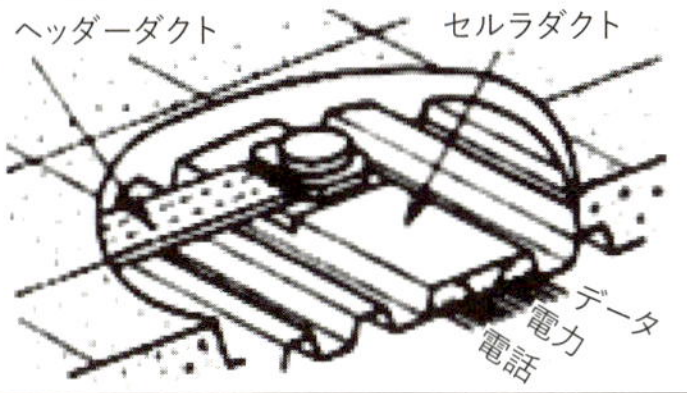	デッキプレートの山、谷部の空間を配線収納スペースとして利用。 フロアダクトより配線の収納量が多い。
アンダーカーペット	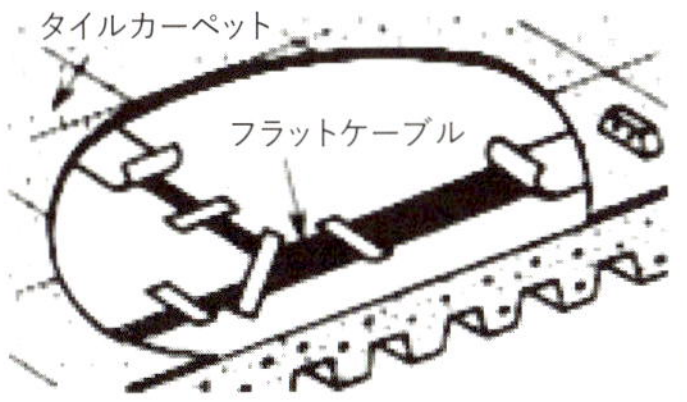	厚さ1mm程度のフラットケーブルをタイルカーペットの下に敷設する方式。 床上の配線なのでレイアウトの変更が容易。
フリーアクセス	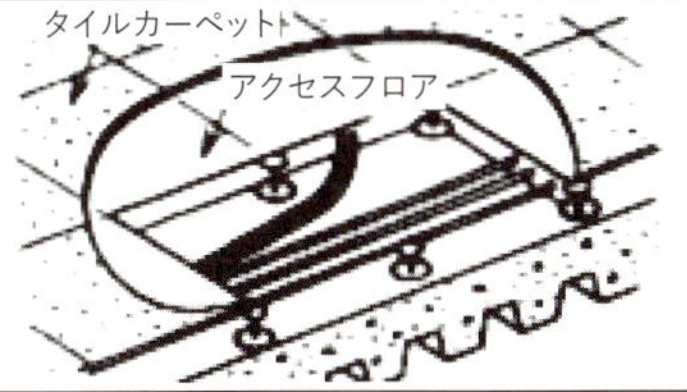	多量の配線が収納でき、レイアウトの変更、床のレベル調整が構造スラブに影響を与えることなく自由に行える。

fig.2——床下配線収納方式

1980年初頭まで、ビル内の通信配線は電話局任せで、ビルとしてはフロアダクトを用意するのが普通だった。オフィス内にパソコンなど電子機器が増え、それらが通信回線で結ばれ、室内環境をより良いものとする照明・空調・防災などの建築設備制御のための配線なども増え、高さを低く抑えたフリーアクセスやアンダーカーペット方式などが多く用いられた。[出典:日本建築学会 編『第2版 コンパクト建築設計資料集成』丸善、1994年]

fig.3——タスクアンビエント照明(TAL)の例

米国ディアカンパニー西棟では、1984(昭和59)年当時すでに一人1台パソコン(まだノートパソコンは出現していない)を用いていた。パソコン画面を見る執務者の視野内に輝度の高い照明器具が入らないよう、照明は天井を照らしてその反射光を得る雰囲気灯と手元灯を併用している。[撮影:筆者]

事業を独占していた日本電信電話公社が民営化し、通信の自由化が行われた。具体的には、①NTT(日本電信電話(株))以外でも回線をもち他人のために電気通信サービスができる、②NTTその他から回線を借りて他人に電気通信サービスをすることができる、③回線をつなぐ端末機器は自由に選べる。

建築の計画にあたり、従来、空調、照明などの建築設備については計画の当初から対応したが、電話など通信設備は電話局任せで建築設計者はあまり関係しないことが少なくなかった。しかし、通信設備は、他の建築設備統合化に大きい役割を占めるようになったこととこの通信の自由化から、建築の基本計画と大きく関わるようになった。

ビルディングオートメーション

ビル内にある空調・照明・コンセント・発電機・給排水・エレベーター・防災などの各種建築設備を、コンピューターとデジタル回線を活用して総合的にコントロールし、ビルの安全性向上と省エネを図る。

シェアード・テナント・サービス

シティ・プレイス・ビルが目玉のひとつとしたのが、このサービスだった。従来テナントが個別に通信会社と契約していた電話など通信サービスをビル側が用意し、テナントに安くシェアする(分け与える)などのサービスである。テナントが長距離回線を使う場合、ビル側が最も安い回線を選択したり最新の機能を提供したりする。

日本におけるIBの研究調査、事例、その後

日本建築学会電子計算機利用委員会のなかに設置されたIB調査研究WGは、1年間13回にわたり、学会誌「建築雑誌」にIBに関する情報を掲載したが、それを加筆修正したものを「IB読本」として出版した[1]。

1986(昭和61)年、建設省の音頭取りで日本建築センターと日本ビルヂング協会連合会が設置した「インテリジェントビル研究委員会」は、その成果を2冊の本にまとめている[2–3]。

アメリカの動きに刺激を受け、わが国でもIBと称するビルが続々と出現する。アーク森ビル(1986(昭和61)年)、NTT品川TWINS(1986(昭和61)年)、梅田センタービル(1987(昭和62)年)[fig.4]、軽子坂MNビル(1988(昭和63)年)などが代表的なものである。

「IBの出現」の項で述べた5つの要素の多くは、その後どのビルでも当たり前に取り入れられるようになり、1984(昭和59)年から数年続いたIBブームは沈静化した。さらに、1994(平成6)年からのインターネットの普及は、無線LANの普及とあいまって、いつでもどこでもオフィスワークができるようになり、オフィスビルのあり方がさらに大きく変わる。

参考文献

1——日本建築学会 編『インテリジェントビル読本』彰国社、1987年

2——日本建築センター、日本ビルヂング協会連合会 編『インテリジェントビルの計画と実務』ぎょうせい、1988年

3——日本建築センター、日本ビルヂング協会連合会 編『インテリジェントビルの活用と展開』ぎょうせい、1988年

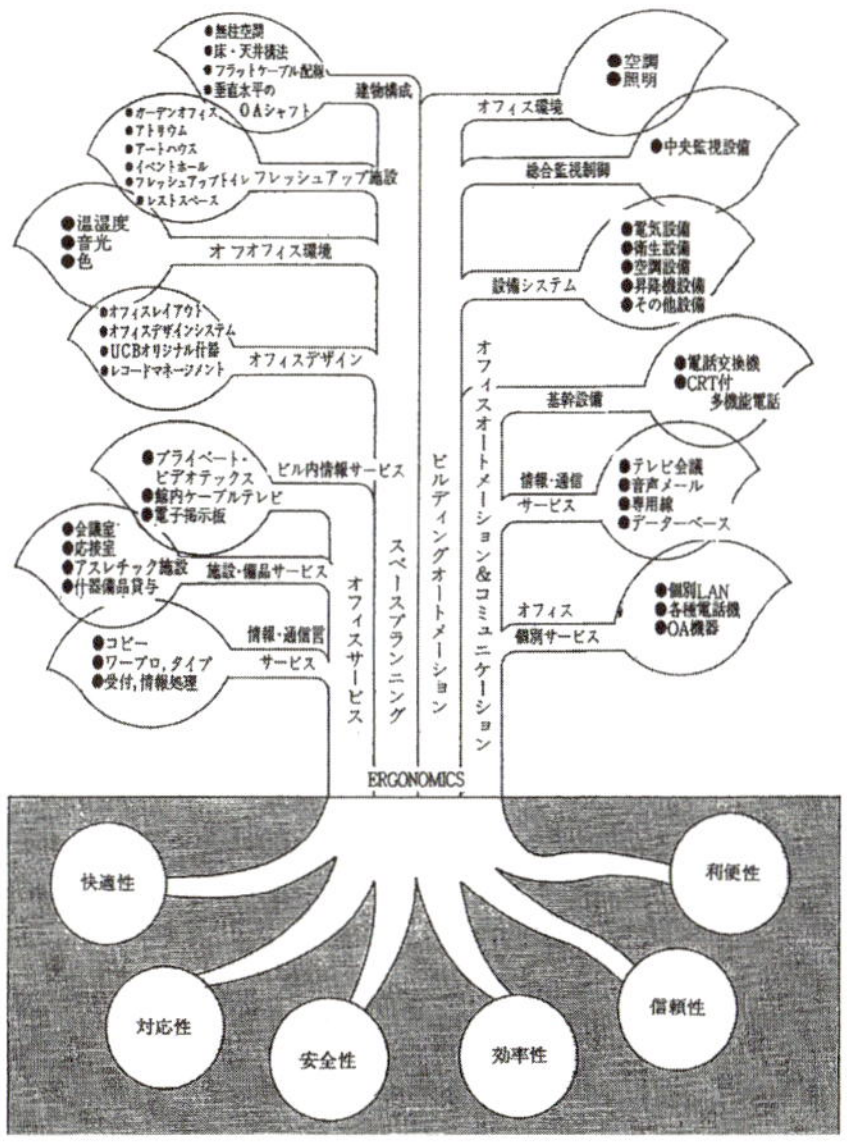

fig.4——梅田センタービル(設計:竹中工務店/1987(昭和62)年)のインテリジェントオフィスシステム[出典:杉浦修史ほか「梅田センタービルの電気設備について」『電気工事の友』1987年10月号]

087

断熱・省エネ

断熱の普及は寒冷地の北海道からで、一九六九年に断熱基準が制定される。当初は暖房費用の削減や表面結露の防止が主目的だった。一九七三年に第一次オイルショックが発生すると省エネルギーの必要性が叫ばれるようになり、一九八〇年には住宅の断熱基準と設計施工指針が告示される。以降、建築の断熱化は全国的に進められるようになり、幾度かの改正・強化を経て現在に至る。断熱材にはさまざまな種類があり、大別すると繊維系と発泡系に分かれる。窓については二十一世紀に入って複層ガラスが普及し、住宅の断熱性能を大きく高めた。

サステナブル社会の必須アイテム

——坂本雄三 東京大学名誉教授

建築の断熱化は、寒冷地の建物から始まったが、今や温暖な地域においても高断熱化が浸透しつつある。建築の断熱化は室温上昇をもたらすので、暖房負荷を削減し省エネにつながるばかりでなく、居住者の健康にもよい影響（たとえば、部屋の寒さが原因となる血圧の上昇を緩和する）があることがわかってきた。今や、建築の断熱技術はサステナブル社会における基本的な技術のひとつとして認識されており、とくに戸建住宅では全国的に高断熱化が進みつつある。

断熱化のあゆみ

建築、とくに住宅の断熱化が法令というかたちで世に示されたのは、改正寒住法（北海道防寒住宅建設等促進法）の断熱基準が1969（昭和44）年に制定されたのが最初であろう。建築用の断熱材としては戦前から、おが屑やもみ殻などの自然素材が用いられていたのだが、1960年代にグラスウールが本格的に生産されるようになり、北海道から断熱化が普及していった。断熱化の目的も、当初は「省エネ・省CO_2」というよりも、暖房用石炭費用の削減や表面結露の防止という、住まい手にとってより切実な問題の解決という意識が強かった。

その後、1973（昭和48）年に第1次オイルショックが発生し、日本政府も省エネルギー対策に着手せざるをえなくなった。第2次オイルショックを経た1979（昭和54）年に省エネ法（エネルギーの使用の合理化に関する法律）が制定され、住宅・建築分野においても省エネ施策が継続的に遂行されるようになった。1980（昭和55）年に住宅の断熱基準と設計施工指針（部位ごとに必要な断熱厚が提示された）が告示され、住宅の断熱化が北海道以外も含め全国的に進められるようになった。この省エネ法に基づく断熱基準は、その後1992（平成4）年の改正・強化を経て、1999（平成11）年には京都議定書（1997（平成9）年に採択）の目標達成のために抜本的に改正・強化された。この1999（平成11）年の基準は制定当初は「次世代省エネ基準」と通称され、この基準のなかで提示された断熱レベルが現在の断熱基準においても継承されている。

現在の断熱基準は2013（平成25）年に制定されたものであるが、このときも省エネ基準全体が抜本的に見直され、改正された。現在は、住宅においても非住宅においても、建築外皮と建築設備の双方を対象にした総合的な省エネ対策が求められる基準になっており、基準の根拠となる法律も「省エネ法」から、2015（平成27）年に制定された「建築物省エネ法」（建築物のエネルギー消費性能の向上に関する法律）に変更されている。

このように、国の断熱基準のレベルは1999（平成11）年でストップしたままなので、国の基準よりさらに高いレベルの断熱基準を構築しようという気運が産学の間では生まれ、HEAT20委員会が組織され、G1とG2という欧州の基準に比肩する高断熱の水準が発表されている。HEAT20も含め、

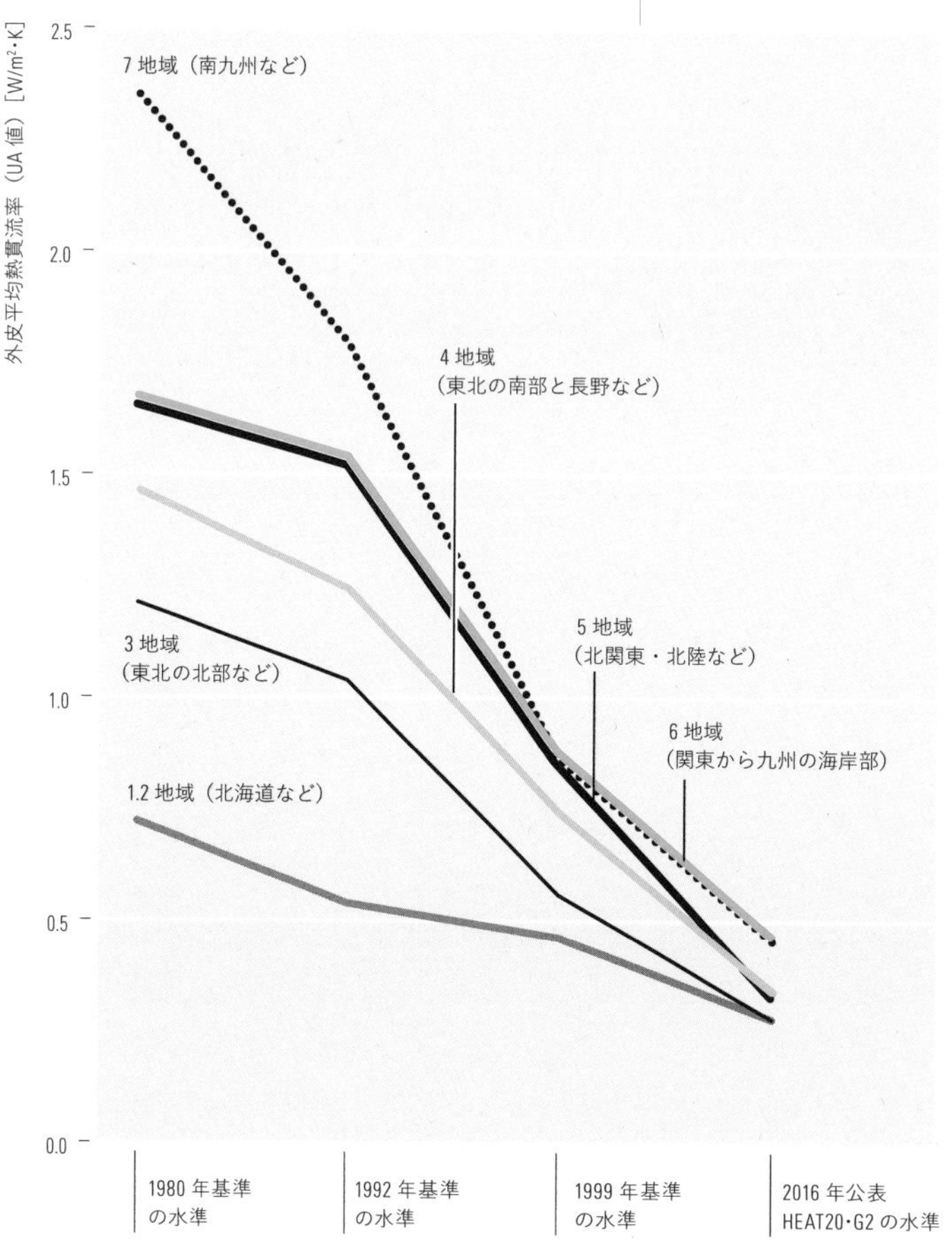

fig.1——戸建住宅の断熱基準値の変遷

外気温が低い場合、断熱化は建物から逃げる熱を減じ、室温低下を抑制するので、暖房負荷の削減という省エネ効果がある。建物からの熱損失L[W]は、L＝UA×S×⊿Tで表される。ここで、UA＝外皮平均熱貫流率[W/m²・K]、S＝外皮面積[m²]、⊿T＝内外温度差[K]である。この図は、1980年以降の省エネ基準における基準値をこのUAに換算し、描いたものである。また、戸建住宅のような規模の小さい建物程、UAの値が建物全体の室温に与える影響が大きく、断熱の効果が顕著に現れる。

fig.2——高断熱木造住宅の外壁仕様の例（上：柱の外側に押出発泡ポリスチレンのボードを貼りつけ（外張断熱）／下：室内側から柱間にウレタンを吹き付け（充填断熱））

——

上記の外張断熱と充填断熱を併せると、外壁のU値（熱貫流率）は0.21W/m^2·Kの高断熱になる。[提供：アイホーム（株）]

1980（昭和55）年以降の断熱基準値を見ると、高断熱化が南九州を含め全国で進みつつあることを見てとることができる[fig.1]。

現代の断熱技術

建築の断熱は、断熱材そのものと断熱施工とを併せて評価しなければならない。断熱材には熱伝導率が低いことと、施工がしやすいことの両方が求められるからである。断熱材はさまざまなものが開発されているが、大別すると、繊維系と発泡系に分けられる。真空断熱材やエアロジェルのようなハイテク材料も開発されているが、まだシェアは低い。また、無機系、石油化学系、自然素材系という分類も可能である。繊維系も発泡系も空気を大量に含んだ軽量の材料であり、空気を小さなツブにして対流の効果を抑え、空気の熱伝導率が小さいことを利用して断熱材として機能させている。建材としての形状（施工方法に大いに関連する）にも、フェルト状、ボード状、ツブ状（吹込み施工）、施工前は液状（吹付け施工）などの種類がある。さらに、透湿性が高い断熱材であれば、室内側に防湿層（気密層も兼ねる）が必要になる。断熱効果を減じる壁体内の対流を防ぐために、外皮には気密性も必要になる。断熱化は断熱材で建物全体を覆うように行うのが理想であるが、覆うことができなくて、熱が通りやすくなる構造躯体や金属部分が生じることがままある。このような部分を「熱橋」というが、熱橋対策には外張断熱や外断熱工法が有力である[fig.2]。

窓の断熱については、21世紀に入ってから著しい進展があり、住宅の断熱性を大いに高めた。日本の建築の窓は、北海道を除けば、アルミサッシに単板ガラスの時代が長く続いていたが、21世紀に入ってから、複層ガラスが普及し始め、近年の高断熱志向に一致するように、現在では3重ガラスに樹脂サッシという、きわめて高断熱（熱貫流率が1W/m^2·K以下）の窓がリーズナブルな価格で提供されるようになってきた[fig.3]。こうした高断熱の窓の開発と普及は世界的な傾向である。また、日本では断熱リフォーム用として内窓が開発され、住宅エコポイント制度（2009（平成21）-2014（平成26）年）の実施によってかなりの市場を獲得することができた。

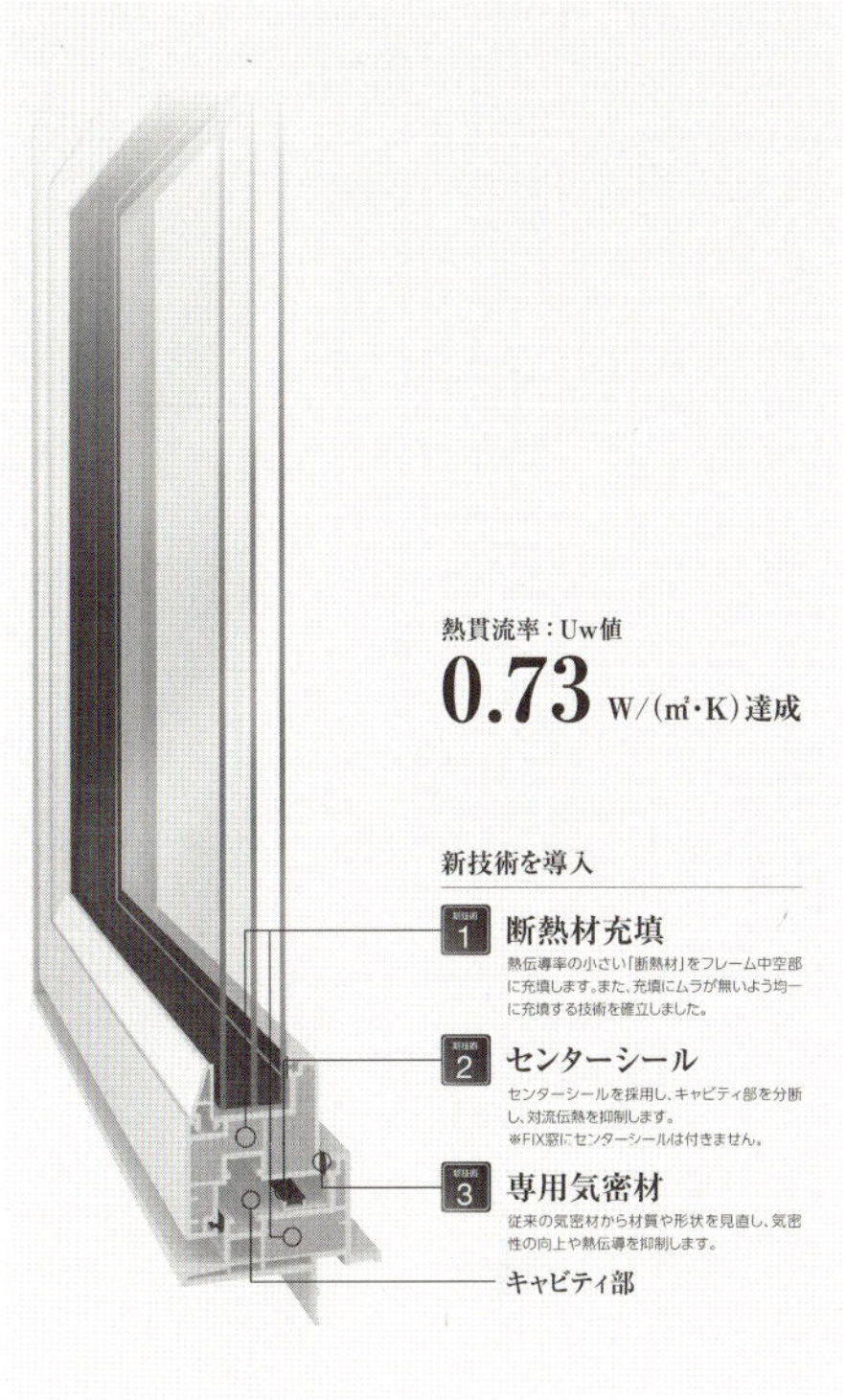

fig.3——高断熱窓の例

——

3枚の板ガラスを使用。ガラス間にはクリプトンを封入。ガラスの表面に低放射膜をスパッタリング。サッシの主材料は断熱性の高い塩ビ樹脂。さらにサッシの空洞部にはウレタン（断熱材）を充填。UW＝0.73W/m^2·K。[提供：（株）エクセルシャノン]

参考文献

1———2020年を見据えた住宅の高断熱化技術開発委員会『HEAT20 設計ガイドブック＋PLUS』建築技術、2016年

2———断熱建材協議会『断熱建材ガイドブック』建築技術、2017年

088 サステナブル建築

持続可能な社会の構築に貢献する建築

小玉祐一郎
神戸芸術工科大学 名誉教授

二十世紀の終盤になって、地球環境問題が環境学者などによって警告される。地球全体でこのまま人口増加と経済発展を続けていくと、温暖化や生態系の破壊が進み、人間社会の基盤が修復不可能なまでに崩されていくだろうとの予測である。近代建築もエネルギーの大量消費を前提とする人工環境技術の進歩によって発展を遂げてきたが、材料の製造から使用期間を経て解体の後までをトータルにとらえて環境負荷を抑制する建築のあり方が探られるようになった。

サステナブルな社会をどのように構築できるか、とレスター・ブラウンが問いかけたのは1981（昭和56）年。「この地球の環境は祖先からの遺産ではなく、未来の子供たちからの借り物だ」という言葉は、このままでは地球の温暖化が急速に進み、連鎖的に起こる気候変動によって、人間社会の基盤である地球生態系が根底から崩れるとの警告であった。20世紀は、エネルギーを始めとする資源を糧に豊かな社会を実現してきたが、資源の大量消費とモノの大量生産に依存する文明のあり方が問われるようになった。国際的な枠組みのもとで地球温暖化のグローバルな抑止目標が作成され、その達成が喫緊の課題とされる一方で、地域固有の自然、文化への配慮が改めて重視されるようになった。地球環境負荷の削減がこれからの建築の必要条件であることを踏まえて、サステナブルな社会の構築に向けての模索が続けられてきた。

国連において「サステナブル・デベロップメント」という理念が示されたのは、1987（昭和62）年。2015（平成27）年にはSDGs（持続可能な開発目標）構想が提案され、サステナブルな社会の具体的な目標が示され、多くの人の共感を得始めている。サステナブル建築の新たな展開が期待される。

サステブルな建築の評価法

環境負荷発生の有効な抑制対策を打ち出すためには、その原因が明らかにされなければならない。建物のライフサイクル分析手法（LCA）の開発は、そのような理由で始められた。1998（平成10）年から始まった国際会議「グリーンビルディングチャレンジ（GBC）」の目的は世界標準となるライフサイクル分析手法の開発であった。これが、「サステナブル建築」と名前を変え、2005（平成17）年には東京で開催された。

GBCの推進者の一人であるN.ラルソンは「グリーン建築とはエネルギー、炭酸ガス排出量、水、材料、資源消費といった多くの環境側面に関して環境負荷を最小化する建築である」としたうえで、「サステナブル建築はサステナブル・デベロップメントの理念を反映し、グリーン建築の概念を拡張し、社会と経済に関する性能を含む」と定義し、実現するための社会と経済との関わりを強調している。

建築の環境に及ぼす影響を総合的に評価する手法としてはBREEAM（イギリス、1990（平成2）年）、LEED（アメリカ、1993（平成5）年）、CASBEE（日本、2001（平成13）年－）がよく知られている。CASBEEはファクター4と呼ばれる概念を取り入れ、環境負荷が半分に減り、利便性や快適性が2倍になったのであれば、効果は4倍あるとみなす。ポジティブな評価を組み込んだ発想は画期的である。

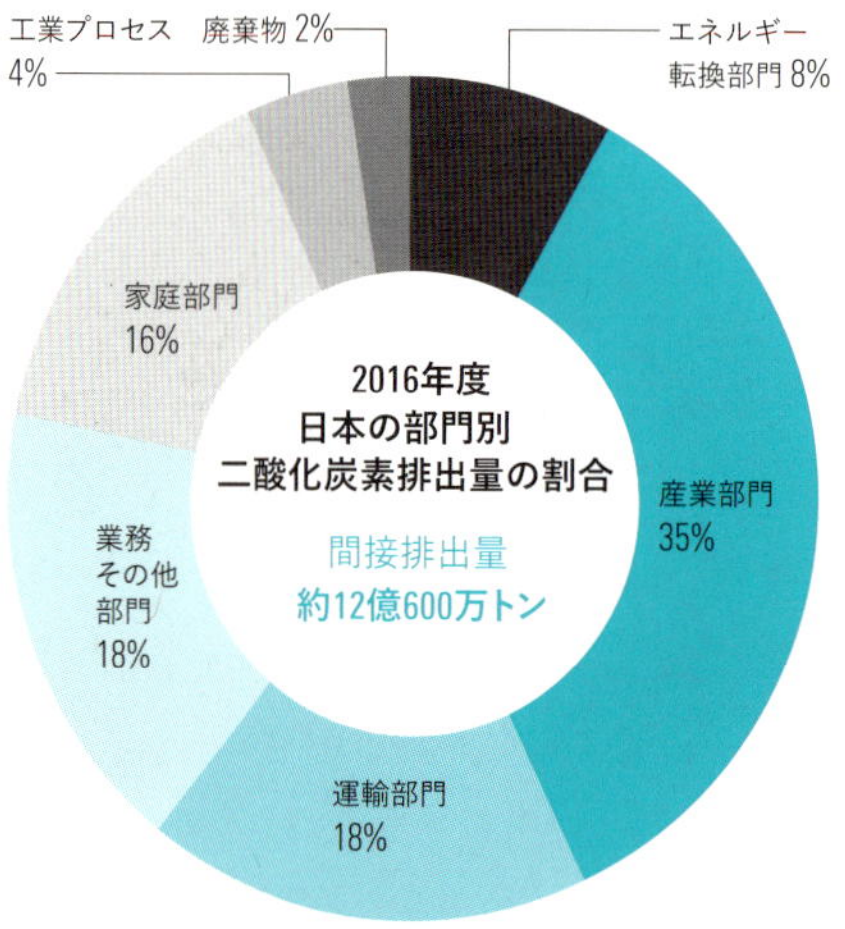

fig.1——部門別炭酸ガス排出量［出典：温室効果ガスインベントリオフィス］

サステナブル建築とエネルギー

建築のライフサイクル分析を通じて、明らかになった

fig.2——深沢環境共生住宅（設計：市浦都市コンサルタンツ＋岩村アトリエ／1997年）

「環境共生住宅」では、環境負荷の低減（ローインパクト）とともに、親自然的な快適さ（ハイコンタクト）を標語として掲げている。親自然的な快適さ（ハイコンタクト）とは、周辺の自然を享受する快適さといってよい。屋上緑化や太陽熱利用、太陽光発電、風力発電などの新しい技術も導入されている。団地の中央には、古くからの井戸を利用したビオトープがつくられ、地域のエコロジカルなまちづくりの拠点となる環境共生のシナリオがつくられた。［提供：岩村和夫］

fig.3——糸満市庁舎（設計：日本設計／2002年）

建物全体を覆う日よけは、太陽光パネルが組み込まれている。太陽光パネルと建築が一体化・統合したデザインの先駆け。［撮影：磯達雄］

fig.4——LCCM住宅実験棟(設計:小泉雅生/2011年)

LCCM(ライフサイクルカーボンマイナス)住宅とは、住宅の建設から廃棄に至るまでの全使用期間中における消費エネルギーと、その期間中に創出したエネルギーの和がマイナス(創出エネルギーが上回る)になる住宅のこと。[撮影:磯達雄]

fig.5——ROKI Global Innovation Center(設計:小堀哲夫/2013年)

内と外を融通無碍につないだ空間構成は、研究所の自由なワークスタイルに適合しながら、周辺の自然のポテンシャルを最大に引出して、ビオフィリックな心地よさを感じさせる。親自然性、健康性、快適性、知的生産性のデザインと省エネルギーデザインが重なり合い魅力を生んでいる。[撮影:磯達雄]

ことのひとつは、建物運用時のエネルギー消費に由来する環境負荷が圧倒的に多いことであった。

省エネルギーの基本は、まず第一に、建物自体のシェルターとしての性能を向上させることである。エンベロープ(外皮)の断熱性や気密性、通風・通気性を確保しながら、季節に対応できる熱・光・空気などを積極的に活用するパッシブな方法である。

第二は、高性能なエネルギー機器を使用し、効率の高い空調・暖冷房・換気・照明・給湯・搬送システムを構築する。

第三に、センサーを用いて外の気候状態と室内環境の状態をモニターしながら、設備機器の運転を統合的に制御するエネルギーマネージメントシステム(HEMS、BEMS)を導入すること。IoTやAIを活用した自動制御のみならず、居住者の意識を喚起し、判断を助けるエネルギーの流れの「見える化」も有効である。

第四に、必要なエネルギーを自給すること。再生利用可能エネルギー(RE)との組み合わせた建築はゼロエネルギー住宅(ZEH)、ゼロエネルギー建築(ZEB)と呼ばれる。RE源にはPV(太陽電池)のほかに太陽や風や海流や水力やバイオマスや地熱などがある。建物内に蓄電システムを設ければ、商業電力に依存しない「オフグリッド」の構築も可能だ。災害時にも強い。

街区や地域スケールで供給することができれば、さらに効率的なシステムが構築可能になる[fig.2–5]。

サステナブル建築と資源循環

木材は、さまざまな意味でエコマテリアルの代表的な存在だ[fig.6]。木造建築の環境負荷が際立って小さい理由は、木材そのものが炭酸同化作用によって大気中の炭酸ガスを固定した炭素の塊であることにある。ほかのほとんどの建築材料がその製造過程で多大なエネルギーを消費し、地球温暖化の原因である炭酸ガスを大量に放出するのと対照的である。建設廃棄物としての処理にも問題は少ない。山で木を育て、その成長に合わせて伐採された木材が建設の需要を満たすことができれば、理想的なリサイクルの輪が完成するし、地域の林業家と工務店が連携して地域経済の活性化につなげられる。山の保全、治山治水効果にも期待できる。近年は、さまざまな加工を施して大断面積層材やパネルをつくり、防火性能を高め、大規模建築や中高層建築にも用途を拡大している。

新しいリサイクル材料の開発も盛んだ。アルミニウムのように何回ものリサイクルが可能な材料もあらためて注目を集めている[fig.7]。

建物の長寿命化は資源の有効利用の大きな課題だ。リユース、リサイクルのしやすい材料・部品を用いて構工法を開発したり、維持しやすい建物にして耐用年数を延ばしたりすることも課題だ。耐用年数をめぐっては重厚長大のストック志向と軽薄短小のフロー志向のものの2つのアプローチがある。SI(スケルトン・インフィル)方式は、双方のメリットを活かすことを狙うものだ。多機能な部品の開発も進む。

リノベーション・コンバージョン

建築ストックの活用は、長期的な資源循環の課題であると同時に、歴史・文化的環境の保全に関わる課題でもある。ストックを継承し、手を加え、建物や都市の記憶を残しながら、新しい時代に求められる機能を充足し、新しい都市風景をつくる意義はますます強く認識されるようになった。都市の再生を見通した建物の改修(リノベーション)、用途変更(コンバージョン)が近隣住民の合意形成を後ろ盾として進められるようになり、それがコミュニティの再生にもつながっている[fig.8]。

参考文献
1——日本建築学会 編『地球環境建築のすすめ』彰国社、2002年
2——日本建築学会 編『シリーズ地球環境建築 専門編1、2、3』彰国社、2004年
3——『建築雑誌』日本建築学会、2005年4月
4——林昭男『サステイナブル建築』学芸出版社、2004年
5——村上周三 編著『サステナブル建築と政策デザイン』慶応義塾出版会、2002年
6——『総合論文誌 第1号——地球環境建築のフロンティア』日本建築学会、2003年
7——日本建築家協会、ビオシティ 編『サステイナブル建築最前線』ビオシティ、2000年

fig.6——天竜の家

地域産木材の利用。木材の地産地消は材料の輸送に必要なエネルギーを大幅に軽減する(ウッドマイレージ評価)。さらに恒常的に山林が更新されることから、地域の自然環境保全(治山治水)、林業と地元工務店との連携など地場産業の活性化に貢献する。[撮影:筆者]

fig.7——アルミエコハウス(設計:難波和彦/1999年)

多くの建物が集積する都市は大量の資源が投入されている。建物は再利用(リユース)、再生利用(リサイクル)可能な資源の塊であり、この意味で都市は資源の発掘を待つ鉱山とみなすことができる。アルミニウムは製造時エネルギーは大きいが再生利用の可能な材料だ。[撮影:筆者]

fig.8——宇目町役場庁舎(設計:青木茂/1999年)

研修施設を庁舎に用途変更した改修。建物の軽量化は耐震性を向上させる工夫のひとつ。新築の半分のコストで新たな付加価値をもつ建築を設計者はリファイニング建築と呼ぶ。[撮影:磯達雄]

写真：amanaimages

第V章 政策・地域計画

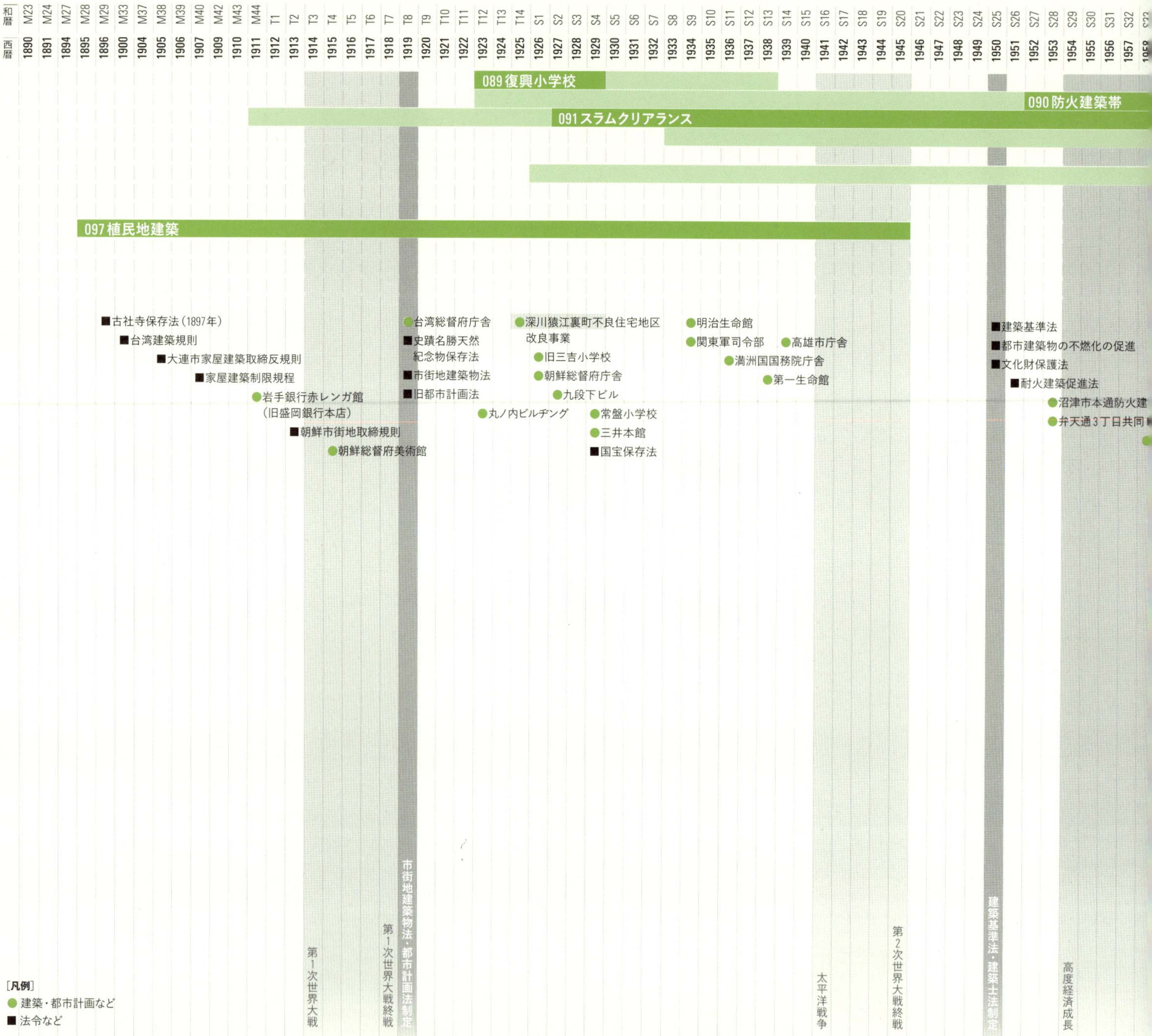

群としての建築

本章に掲載されるキーワードは、「政策・地域計画」と括られる。これを分類すると災害対策・文化・法制度となり、バリエーションに富むが、他の章が建築単体やそこに反映される個々の技術を扱っていることを考えると、建築が群となった際のことが中心となった章ということになろうか。

以下、小見出しごとに触れていこう。

災害対策

自然災害をはじめ災害に満ちた日本では、近代に起きた災害も数多くある。それをさらに市街地建築物法ができた1919(大正8)年以降に限るなら、最初に出くわしたのは関東大震災(1923(大正12)年)であった。そこで被災地となった東京では、のちに「**復興小学校**[089]」と呼ばれることになる耐震・耐火を念頭に置いた小学校建築が，新来の構造である鉄筋コンクリート造でつくられていく。一方、鉄筋コンクリート以前からある木造も室戸台風(1934(昭和9)年)以降、構造的な改良がなされていった。

第2次世界大戦が始まり、木と紙でできた日本の建築は、焼夷弾によって壊滅的な被害を受けた。その反省から、戦後、燃えない都市づくりが考えられ、施策として燃えない建築の帯で都市の防火壁をつくろうと**防火建築帯**[090]が全国の108都市で採用された。この考え方は、防災建築街区造成法の面的防火に受け継がれて、現在の都市空間づくりの基盤を形成していくことになる。

その都市の中身には多くの不良住宅地区があることが大正時代より指摘され、**スラムクリアランス**[091]も行われていた。しかしそれが本格化するのは戦後のことであった。都市の中に群として存在する不良住宅地が、都市の発展を阻害すると認識されるようになり、その解消の方策には、坂出人工土地(1968(昭和43)年)のように建築家が参画して、豊かな住環境の創出が試みられたものも現れた。

それ以後、高度経済成長のもと、都市への人口集中が顕著になり、住宅の建て詰まりが指摘されるようになる。それが一気に社会問題化したのが阪神・淡路大震災(1995(平成7)年)であった。これによって、過度の建て詰まりを問題視して**密集市街地対策**[092]が検討されるようになり、オープンスペースが確保され、住環境が改善されていく。

文化

社会が復興を遂げる中で、経済の成長とともに問題が顕在化していったのが、歴史的建造物の

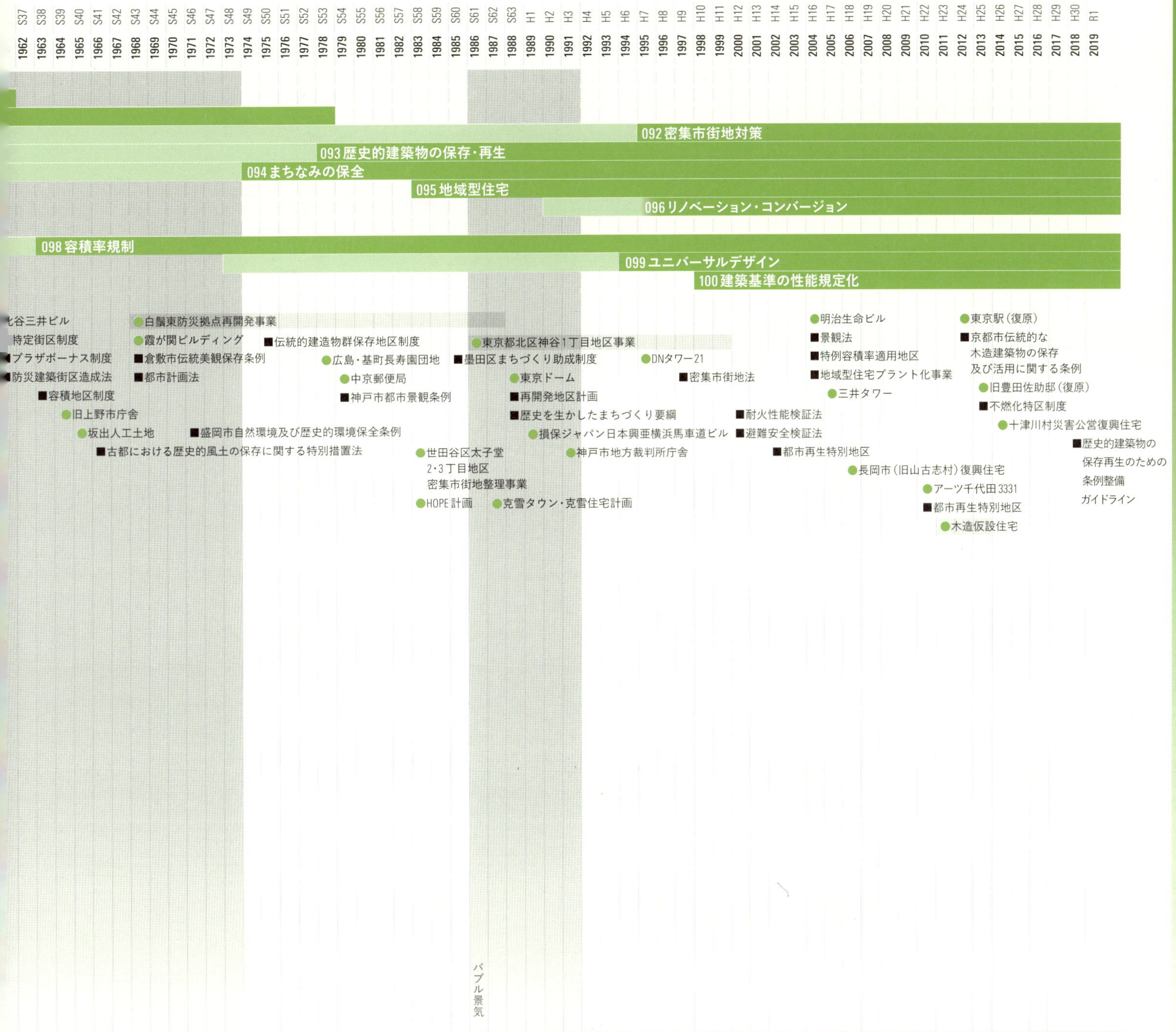

解体と、それに伴う歴史的なまちなみの喪失であった。これらに対しては、今日に至るまで、必ずしも十分とはいえないながら多くの施策が考案されてきたが、**歴史的建築物の保存・再生**［093］や**まちなみの保全**［094］はまだまだ検討の余地の多い課題となっている。

一方、新規に建てられる住宅も、供給を急いだ時期には画一的であった。それでも、量的な住宅不足が解消される頃より、HOPE計画に象徴されるような、地域性に配慮するかたちでの**地域型住宅**［095］が手がけられるようになっていった。

その後、社会の成熟と低成長を背景に登場してきたのが、**リノベーション**［096］や**コンバージョン**［096］である。一度建てられた建築を社会的な資産としてどう活用するかが問われる今日にとって、きわめて重要な課題である。

なお、これらのキーワードに対して採られる対処は、上からあてがわれたものというよりはむしろ、草の根的に現れてきたものであることが、興味深い。

本書においても、また、日本においても、特殊な存在が、**植民地建築**［097］である。戦後、今の日本の形が確定する以前の日本は広く、今日では版図に入らない場所でも日本人による建築や都市づくりの活動が行われていた。

法制度

都市空間を構成する建築をどのようにコントロールするかを考えたとき、次第に、市街地建築物法以来の絶対高さによる規制では、都市に求められる高密な収容力や建築技術の進歩に伴う高層化という時代の要請に応えられないことがわかってくる。そこで登場するのが**容積率規制**［098］という考え方である。

続いて、質が問われるようになった建築では、高齢化の進行とともに、身体に不自由のある人にも支障なく使えるようにというバリアフリーや、その発展とでもいおうか、どんな人にでも使いやすくという**ユニバーサルデザイン**［099］の発想が現れてきた。

そして、社会現象への後追いとなる性質のある法整備の中で、20世紀の建築の法制度に起きたひときわ大きな変化を挙げるなら、**建築基準の性能規定化**［100］となろう。仕様を定めるかたちよりも、技術の進歩に対応しやすいと考えてなされたこの規制方法の改革の効果は、今日までにも少しずつ現れているが、今後本格化していくものと期待されている。

089

復興小学校

関東大震災からの復興の過程で誕生した小学校群が「復興小学校」である。
これらは、設計規格を用いることで、短期間のうちに鉄筋コンクリート造化による、学校建築の不燃化、耐震化を実現した。
復興小学校は、大正期の新教育思潮を実現可能な環境として、あるいは、地域の社会教育の拠点としての整備が目指されたが、
これらの課題解決に際して検討された「複用化」は、現在のオープンスクールとつながる問題意識をもっていた。

関東大震災からの復興が生み出した新しい学校建築

金山眞人
復興小学校研究会 代表／金山眞人建築事務所 主宰

復興小学校とは

復興小学校とは、東京市および横浜市が、1923(大正12)年に発生した関東大震災による火災で焼失した小学校校舎を、帝都復興事業の一環として鉄筋コンクリート造(以下、RC造)に改築したものを指す。これにより再建された小学校は、東京市で117校、横浜市で31校にのぼる。また、東京市は震災前から小学校のRC造化に着手していたので、震災後は復興小学校の設計理念を共有するかたちで、非焼失校舎の改築(RC造化)も同時並行的に進めた[fig.1–2]。これらは復興小学校と区別して「改築小学校」と呼ばれるが、両者の総称として「復興小学校」の用語が使われることもある。

なお、災害や戦災からの復興過程で建設された小学校を復興小学校と称することもあるが、ここでは、関東大震災以降、昭和戦前期までに建設された、東京市および横浜市のRC造小学校校舎について言及する。

fig.1——常盤小学校全景[撮影:清水襄]

1929年竣工の現役小学校である。左手前に延びる低層部が屋内体操場で、特徴的な意匠をもつ昇降口を挟み、正面から右手前にL字型に廻り込むかたちで3階建ての校舎が建つ。校舎に囲まれた中庭のような校庭は、復興小学校の特徴のひとつである。学校と一体的に整備された復興小公園(常盤公園)も現存するが、両者の間にプールが建設され、当初の関係性は失われている。経済産業省認定近代化産業遺産、東京都選定歴史的建造物。

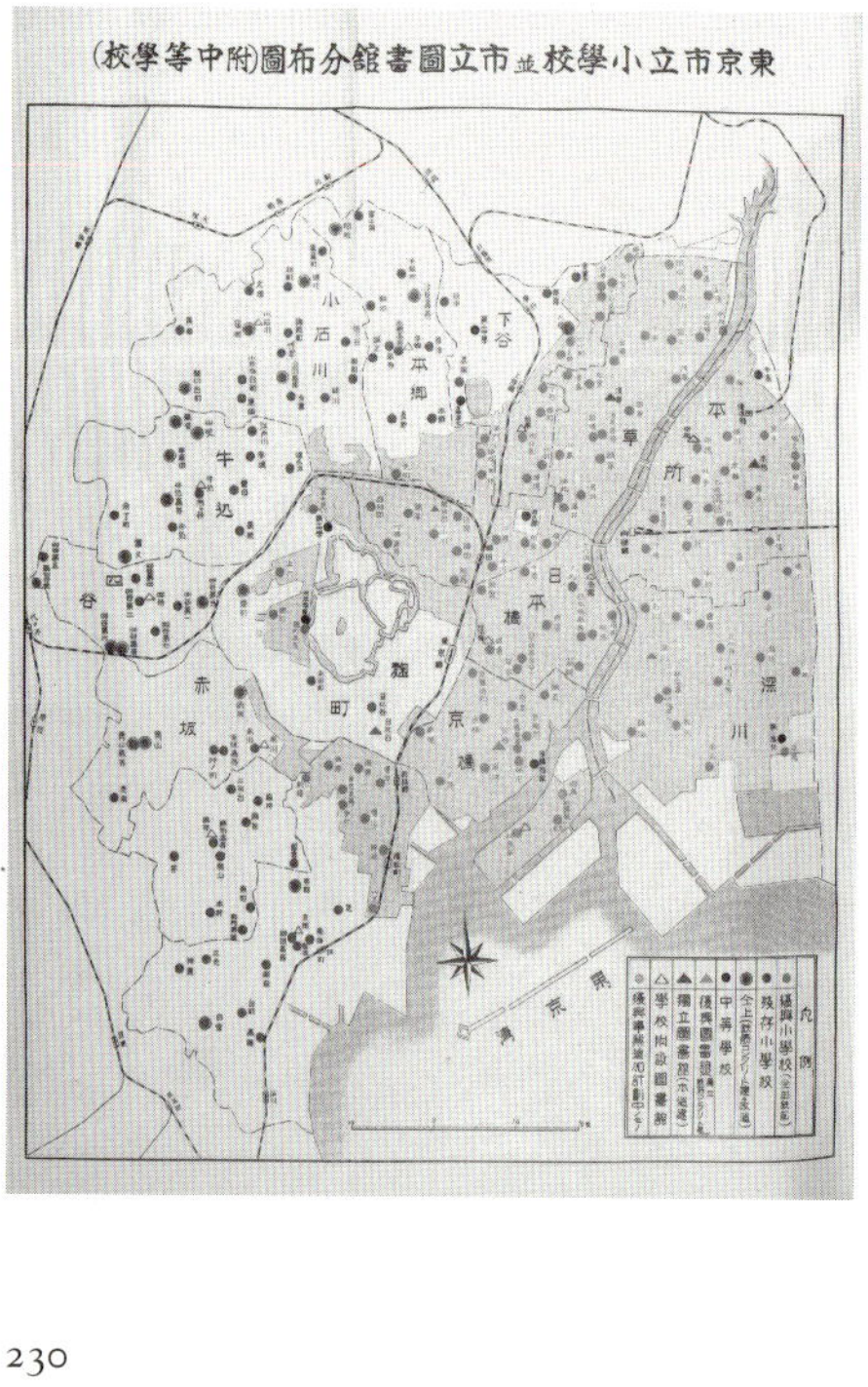

復興小学校の建築的特徴とその設計理念

東京市の復興小学校の建設は、佐野利器(1880(明治13)–1956(昭和31)年)によって集められたメンバーを中心とした市の営繕組織によって担われた。震災前に着手された校舎も含めると、1938(昭和13)年までに170校もの小学校建築のRC造化が実現している。復興小学校の建築的特徴[fig.3]のなかで特に注目されるのは、設計規格を定めたことで、それにより一定の設計水準を確保しつつ、短期間に多数の設計業務を遂行することが可能となっただけでなく、敷地に対応した配置計画の検討や学校側との協議、立面デザインなどに取り組む余力を生み出したと考えられる。なお、規格は横浜市でも定められたが、普通教室のモジュールをはじめ、内容は東京とは異なっている。

佐野の指導のもとで東京市の復興小学校事業を牽引したのは、東京市学校建設掛長の古茂田甲午郎(1894(明治27)–1981(昭和56)年)である。教育史家の小林正泰によると、大正期に模索された新教育の実践に適した施設環境の整備は、震災前の木造校舎においても整いつつあったが、これらの教育思潮に造詣の深い古茂田により、復興小学校において集大成されたと考えられる[fig.4]。

復興小学校の避難・防災思想

震災で多くの校舎が被害を受けたことから、校舎の復興においては不燃化、耐震化が目指された。その結果、復興小学校には、当時の公共施設整備では緒に就いたばかりのRC造が採用されたが、これには佐野の意向が大きく影響しているといわれる。また、狭小な敷地条件から高層化も期待されるなか、避難のしやすさを重視して3階建てを限度とするとともに、教室数に対して階段の幅や数を定めるなど、児童の安全を優先した計画がなされている。さらに、横浜市では3カ所設置された昇降口のうち1つが、階段に代わりスロープとなっており、より安全な避難に配慮されていた。

下町の密集市街地に立地する小学校にとって、震災前から敷地の狭隘は安全、衛生の面で大きな課題であった。震災復興においては、大規模な区画整理事業が実施され、小学校用地もその対象となったが、区画整理は換地と減歩を伴うため、

fig.2——東京市立小学校並市立図書館分布図(附中等学校)

東京市『東京市教育復興誌』(1930年)に掲載された、東京市立教育施設(小・中等学校および図書館)の分布図。焼失エリアである墨かけ部分に立地するのが復興小学校で、凡例に「全部鉄筋」との注釈がある。また、図からは非焼失エリアにある小学校も順次RC造に改築されている様子がうかがえる。[出典:『東京市教育復興誌』/所蔵:都立中央図書館]

学校の用地確保や事業遂行の大きな障害となった。そこで、移転予定地の土地所有者に中間移転費を支払うことで換地処分に先行して用地を確保するとともに、減歩対象外となるよう区画整理の担当部局と交渉を行った。また、新設される小公園を小学校と併設させることで、狭小な校地を補うことが検討された。これらの小公園は、帝都復興計画において地域防災拠点として新設が進められた重要施設であったが、東京市公園課長の井下清(1884(明治17)-1973(昭和48)年)の理解もあり、52校において併設が実現した。これらの校庭に隣接した小公園は、校庭の延長としての利用や防災に配慮して、境界に塀を設けていなかった。

現存する復興小学校

東京市の戦前期RC造小学校は2018(平成30)年時点で24校が現存するが、先行きに不透明な部分も多い[fig.5]。横浜市の復興小学校は、2010(平成22)年に解体された旧三吉小学校(1926(大正15)年)を除き、1980年代にすべて解体された。

復興小学校の今日的意味

関東大震災の復興過程で建設された小学校校舎、とくに東京市の復興小学校は、規格化により設計品質の向上を図るとともに、大正期の自由教育的教育実践に向けた動きと呼応し、計画面でも、設備面でも進歩的な学校建築を実現した。復興小学校の取り組みは、「標準化、合理化により質の高い建築を市民に届ける」というモダニズムの理想を、震災復興という極限的な状況のなかで発現させ、理想を公共へと接続することを試みたプロジェクトであった。

現在の学校建築では、教室の壁を取り払い、さまざまな領域を形成することに大きな関心が向けられているが、大正から昭和初期の段階において、すでに「複用化」、すなわち学校施設の多機能化は課題として意識されていた。それらが集大成された「復興小学校」というプロジェクトには、今なお参照すべき点が多く含まれている。

参考文献
1———東京市 編『東京市教育復興誌』1930年
2———東京市 編『東京市教育施設復興図集』1932年
3———東京市 編『東京市の学校建設事業』1938年
4———藤岡洋保「東京市立小学校鉄筋コンクリート造校舎の設計規格」『日本建築学会論文報告集』第290号、1980年ほか
5———横浜市教育委員会学校施設課『昭和を生き抜いた学舎——横浜震災復興小学校の記録』1985年
6———藤岡洋保、日色真帆、多羅尾直子、山崎鯛介、小林泰葉、中村敬子『明石小学校の建築——復興小学校のデザイン思想』東洋書店、2012年
7———小林正泰『関東大震災と「復興小学校」——学校建築に見る新教育思想』勁草書房、2012年
8———復興小学校研究会『図面で見る復興小学校』2014年

1	区画整理により、帝都復興事業で整備された小公園との併設を実現
2	狭小な敷地で日照を確保するために校舎をコの字型に配置、中庭のようなオープンスペースを構成
3	屋内体操場を校舎端部に配置するとともに、昇降口を挟むことで動線を分離し、地域利用に配慮
4	片廊下を原則として校舎の奥行きを浅くし、教室と廊下との間仕切りを木製建具とすることで、採光、通風を確保
5	設計規格により平・断面方向の寸法を決めるとともに、普通教室を3スパン割とすることでリズム感を表現
6	避難性を考慮して校舎を3階建てに抑えるとともに、教室数に応じた廊下幅、階段の数・幅を設計規格に規定
7	校舎端部に特別教室を配置して教室の幅を広げるとともに、準備室などを設け、科学・実学教育の充実に対応
8	校地の狭小を補うために積極的に屋上の利用を図り、庭園、パーゴラ、日光浴室などを設置
9	当時の最新設備である水洗便所、蒸気暖房の他、シャワー室なども設置し、生徒の環境、衛生に配慮
10	初期は曲線を多用した表現主義的なデザインの校舎が多く、徐々にアールデコ、モダニズム的な表現に接近

fig.3——戦前期東京市RC造小学校の特徴(日色真帆による)

1	作業、実験、自学自習の顕著化による普通教室の多機能・複雑化
2	保健衛生設備の充実
3	特別教室、実験室の必須化
4	講堂・集会室と体育館の兼用
5	児童数の増加と教育施設の社会的公開に伴う「複用」

fig.4——古茂田甲午郎の学校建築観(小林正泰による)

	竣工時の校名	竣工年	区分	現在の校名・施設名	校舎の経緯	復興小公園
旧麹町区(千代田区)						
1	上六尋常小学校	1926|大正15	復興小	九段小学校|九段幼稚園	近代化産業遺産・千代田区景観重要物件	○
2	永田町尋常小学校	1937|昭和12	………	暫定利用		
旧日本橋区(中央区)						
3	常盤尋常小学校	1929|昭和4	復興小	常盤小学校|常磐幼稚園	近代化産業遺産・都選定歴史的建造物	○
4	十思尋常小学校	1928|昭和3	復興小	十思スクエア	都選定歴史的建造物	○
5	箱崎尋常小学校	1928|昭和3	復興小	東京芸術劇場水天宮ピット		○
旧京橋区(中央区)						
6	泰明尋常小学校	1929|昭和4	復興小	泰明小学校|泰明幼稚園	近代化産業遺産・都選定歴史的建造物	○
7	京華尋常小学校	1929|昭和4	復興小	京華スクエア		
旧芝区(港区)						
8	高輪台尋常小学校	1935|昭和10	………	高輪台小学校	都選定歴史的建造物	
旧四谷区(新宿区)						
9	四谷第四尋常小学校	1936|昭和11	………	四谷ひろば+東京おもちゃ美術館+CCAAアートプラザ		
10	四谷第五尋常小学校	1934|昭和9	………	吉本興業東京本部		
旧牛込区(新宿区)						
11	早稲田尋常小学校	1928|昭和3	………	早稲田小学校|早稲田幼稚園		
12	津久戸尋常小学校	1933|昭和8	………	津久戸小学校|津久戸幼稚園		
13	江戸川尋常小学校	1936|昭和11	………	江戸川小学校		
旧小石川区(文京区)						
14	明化尋常小学校	1930|昭和5	………	明化小学校	*2019年度から改築のため順次解体予定	
15	小日向台町尋常小学校	1938|昭和13	………	小日向台町小学校		
旧本郷区(文京区)						
16	元町尋常小学校	1927|昭和2	復興小	暫定利用		○
17	千駄木尋常小学校	1936|昭和11	………	千駄木小学校		
旧下谷区(台東区)						
18	黒門尋常小学校	1930|昭和5	復興小	黒門小学校		
19	下谷尋常小学校	1928|昭和3	復興小	暫定利用		
20	入谷尋常小学校	1926|大正15	………	暫定利用		
旧浅草区(台東区)						
21	柳北尋常小学校	1926|大正15	復興小	暫定利用		○
22	小島尋常小学校	1928|昭和3	復興小	台東デザイナーズビレッジ		○
23	待乳山尋常小学校	1928|昭和3	復興小	東浅草小学校		
旧本所区(墨田区)						
24	言問尋常小学校	1936|昭和11	………	言問小学校		
竣工時には東京市外(渋谷区)						
※	広尾尋常小学校	1932|昭和7	………	広尾小学校	登録有形文化財	

fig.5——戦前期東京市RC造小学校現存リスト[出典:大橋智子作成に筆者加筆]

090 防火建築帯

都市の中に火災から守る盾をつくる

速水清孝
日本大学 教授

都市を不燃化する方法はいくつか考えられるが、既存の街がある場合には都市構造の変革を伴う方法をとることは難しい。そうしたなかで戦災を転じて福となそうと考え出されたのが、不燃建築の帯で全域の延焼を防ぐ盾、防火建築帯をつくるというものだった。これらは主に大きな通り沿いに計画され、都市によっては長屋形式の商店街となったり、住宅の付設を促して賑わいの中心にもなっていった。単に都市の不燃化に供するばかりでなく、地域の生活の質を保つ場であり、街の景色を形づくるものでもあった。

都市の再建に向けて

第2次世界大戦の敗戦から間もなく、田辺平学（元東京工業大学教授）らが木造亡国論を唱えたことに見るように、本格的な都市の不燃化の動きが起こる。

悲惨な経験を二度と再び繰り返さないために建築や都市計画の立場でできるのは、まずは木と紙でできた都市からの脱却、すなわち不燃化だ。誰しもがそう考えた。国会でも議論され、1950（昭和25）年、建築基準法の成立にあたって「都市建築物の不燃化の促進」が決議された。

これを受けて、都市の不燃化に向けた法律の草案づくりが始まっていく。 以後それは、GHQの理解が得られずに断念した翌年の上程を経て、その翌年、すなわち1952（昭和27）年の5月、耐火建築促進法（昭和27年法律第100号）の名で成立した。

都市をいかにして燃えなくするかと考えると、まずは空地帯や緑地帯といった緩衝地帯を設けて延焼を防ぐ方法がある。非常時の戦時下では建物を強引に間引く建物疎開がそれに当たるものとして用いられた。しかし、もはや戦後のこの時期、それはできない。区画整理ではあまりに長く時間がかかる。

そこで、建物自体を不燃化し、それが市街地の道路際に建ち、都市の防火壁になればよい、という考え方が登場してくる。むしろ日本の都市においては、こちらのほうが古くからあった手法かも知れない。

ただしそれまでの、木造の外壁を土で固めて卯立を上げた塗屋造りや土蔵造り、あるいは戦時下に奨励されたモルタルによる外壁防火では、中層程度の高層化すら難しく、高密化の点でも限界がある。しかしそれも、耐火建築物なら容易に可能となる。

そうしてその道路際、具体的には道路境界から奥行き11m（尺貫法での6間）の範囲を防火建築帯と名づけ、そこに、木造でなく、3階建て以上の耐火建築物で建てるなら、国や県・市から資金を助成しよう、という案が登場してきたのだった。

したがって、防火建築帯の発想自体は、戦前の市街地建築物法の時代からの路線防火の発想を受け継いだものである。しかし、関東大震災後に九段下ビル（1927（昭和2）年）のような秀作もできたものの数えるほどでしかなかった状態を、より広く浸透させようと試みられた点は明らかに異なっていた。

都市をつくるツールへ

その防火建築帯、いったいどのくらいの都市で採用され、都市のどんなところに敷かれたのだろうか。

施行にあたって建設省は、防火建築帯の指定について、①人口10万以上の全ての都市で造成を図ることが望ましい、②建築密度の大きな中心市街地の商店街などの繁華街や駅前広場に面する区域などに設ける、③路線式防火地域と一致させる、④道路の両側に設ける、⑤道路幅員の最小は8mとするなどの原則を定めた[1]。

その傍らで、数や量については、戦後の地方経済の疲弊を踏まえてであろう、採用27都道府県・54市町、帯の総延長226.5kmといくぶん控えめに想定している[2]。

その想定の通りというべきか、防火建築帯のスタートは必ずしもかんばしいものではなかった。建設省の打診を拒否しながらも、その直後に大火が起こった鳥取が第1号で指定されたのが、法ができて3カ月を経た8月になってようやくのことだったのである[fig.1]。

しかし、その後は比較的順調に動いていく。総延長で100km以上に敷いた大阪・東京が、また、京都・横浜[fig.2]・神戸・名古屋の旧6大都市はもちろん、まずは戦災を受けた都市がこれを採り入れ、複数の建築主が共同した横浜の共同建築[fig.3]や沼津市本通防火建築帯[fig.4]が、その成果として生み出されていった。

そして次第に、戦災を受けていない人口数万程の都市にまで及んでいく。不燃化もさることながら、防火建築帯に建つ耐火建築物がつくり出す都市美の形成に商業の振興を期待して[fig.5]、最終的には92もの都市が採用し、総延長は638kmに達した[4]。

ちなみに、1953（昭和28）年当時の全国の市の数は286である。つまりじつに1/3を超える市が採用したことになる。1960（昭和35）年に最後の指定となった大船渡は、津波の被害からの復興のツールと考えてのものであったから[fig.6]、目的は不燃化にとどまらなくなっていた。そして、そこで用いられた手法は、それぞれの都市の、防火建築帯以外の場所にも影響を及ぼしていく。それを含めて防火建築帯は、戦後の復興から高度経済成長への橋渡しの時期に、都市をつくるツールとして、不燃化のみならず、より広範な意味合いをもって浸透していったのだった。

防火建築帯から防災建築街区へ

防火建築帯の根拠となった耐火建築促進法は、

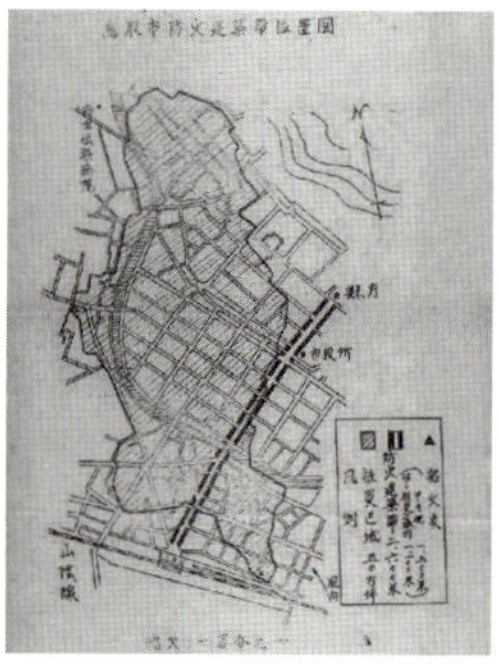

fig.1——鳥取市防火建築帯位置図（1952（昭和27）年）

防火建築帯の多くは、第1号の鳥取に見るように、都市の目抜き通りに数km程の長さで敷かれた。[所蔵：国立公文書館]

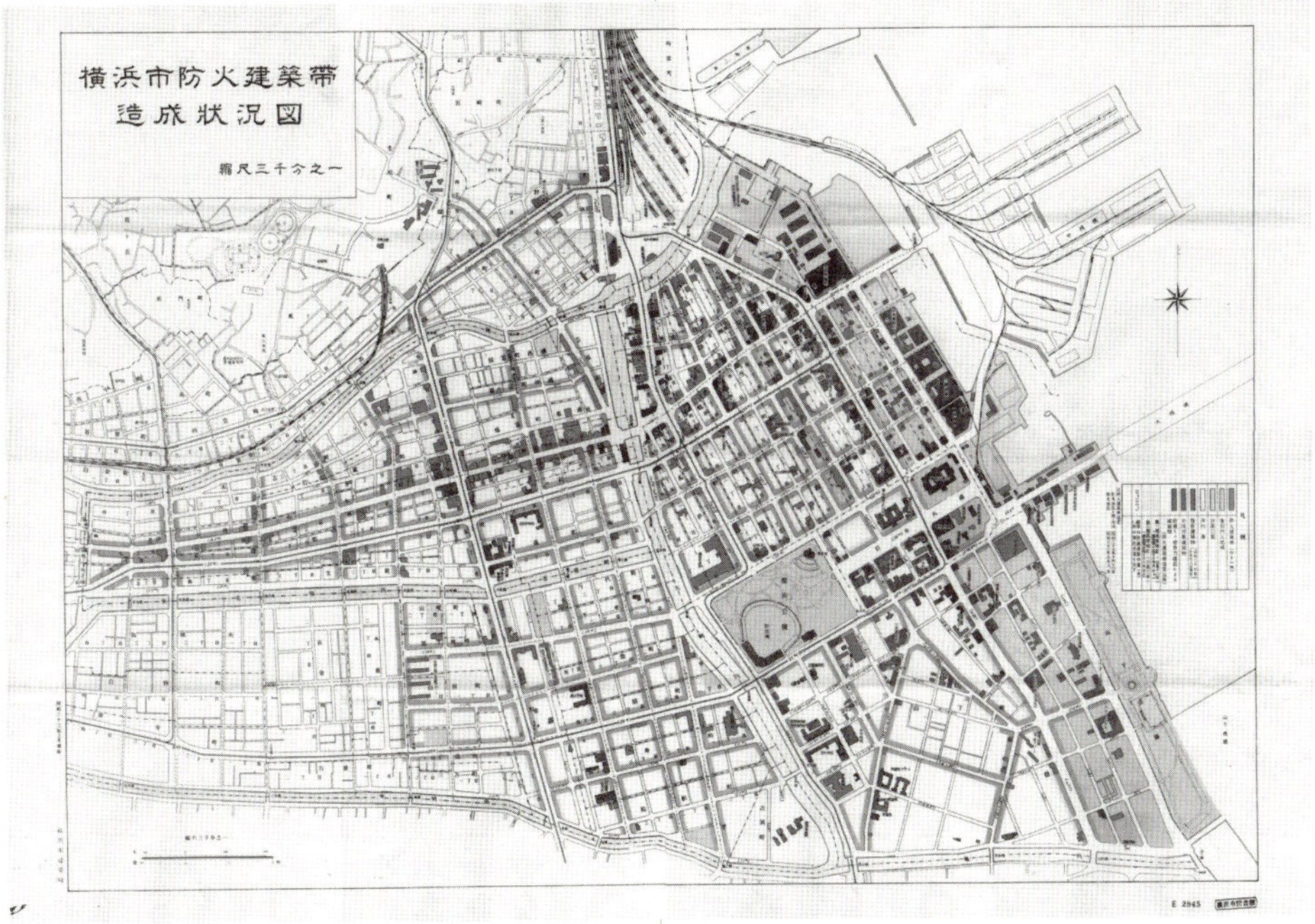

fig.2——横浜市防火建築帯造成状況図(1958(昭和33)年)

戦災によって壊滅的な状況に陥り、牧場とまで呼ばれた横浜・関内の復興は、防火建築帯をきわめて密に敷くかたちで始められた。街区を防火建築帯の帯がロの字型に囲んだことで、欧米に見るような中庭型の都市が形づくられていった。中庭型を意識した幕張ベイタウン(1995(平成7)年)にさかのぼること40年前のことである。[所蔵:横浜市中央図書館]

fig.3——弁天通3丁目共同ビル(横浜/設計:吉原慎一郎/1954(昭和29)年)

人が住んでこそ都市。共同住宅と共同建築を採り入れた横浜では、接収解除後の都市復興のツールとして積極的に活用された。[撮影:筆者]

fig.4——沼津市本通防火建築帯(1957(昭和32)年)

池辺陽、今泉善一らを擁して共同建築で構成した沼津市本通防火建築帯(現、沼津アーケード名店街)は、著名な建築家が関与することの少ない防火建築帯に建つ建築群の華ともいえる存在である。[出典:『建築行政』Vol.2 No.1、1957年]

fig.5——福島市の防火建築帯に建つ建築群

戦災に遭わなかった福島では、商業の振興を期待して、横浜の元町にならい、1階をセットバックさせ、雨に濡れずに歩けるアーケード街をつくった。[撮影:筆者]

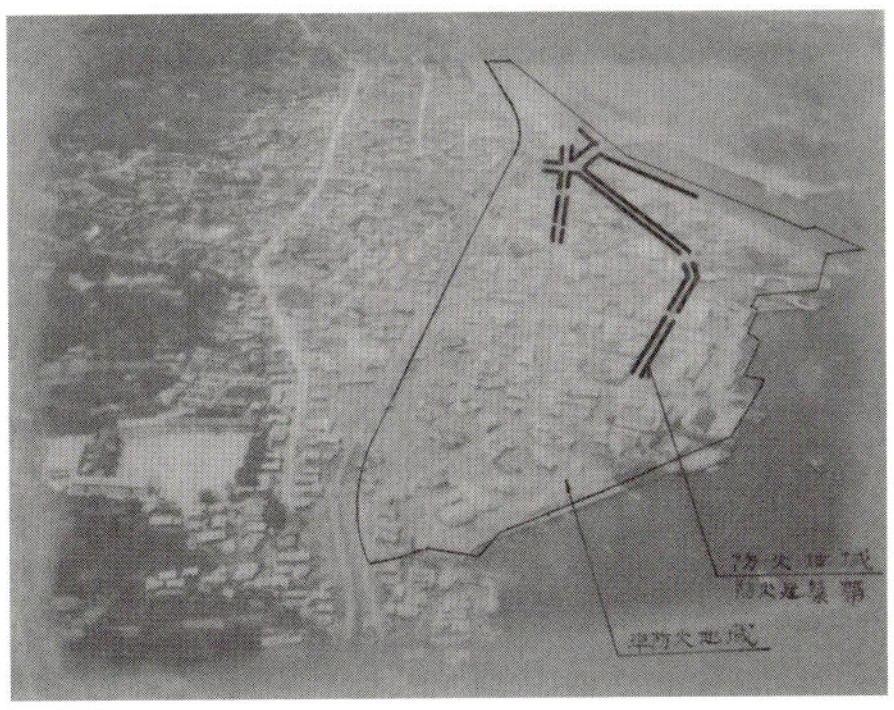

fig.6——大船渡市の防火建築帯(1961(昭和36)年)

防火建築帯として最後の指定となった大船渡は、チリ地震大津波(1960(昭和35)年)の被害からの復興のツールとしてこれを用いた。[所蔵:国立公文書館]

わずか9年で防災建築街区造成法(昭和36年法律第110号)に引き継がれるが、そこに至って採用は108都市にまで達する[5]。そしてこの防災建築街区によって、防火の発想は、線的防火から面的防火の時代に移行していった[fig.7]。

しかし、それによって防火建築帯の時代には道路境界線からの距離の縛りが形づくっていたまち並みの意識が薄れていく。結果としてこのことによって、これ以後、都市美の点での混乱に拍車をかけていくことになった。

また、不燃化、耐火建築物といえばすなわち鉄筋コンクリートだったこの時期に、市街地から木造は駆逐されていった。防火建築帯はその流れに一役買ったことになるが、それでも、他の選択肢が視界に入りようもない時代にあっては、致し方のないことではあった。

半世紀を超え、こうしてつくられた建築のなかには、すでに解体されたもの、あるいは老朽化が指摘され解体の危機に瀕するもの、また再生への模索が始まったものも少なくない。それでも、こうした、著名な建築家の関与が少なく、個々では名の知られないものの多い防火建築帯に建つ建築群は、しかし確実に、日本の戦後の都市景観を形づくってきたのであった。

参考文献

1———「日本建築学会都市不燃化委員会報告」『建築雑誌』1952年5月
2———田中清一「防火建築帯造成事業施行当時の想い出」『建築行政』Vol.7 No.34、1957年
3———村井進「二年間の防火建築帯の動き」『火災』Vol.4 No.3、1954年
4———速水清孝、市岡綾子「福島市の防火建築帯の指定と変更の過程——第二次世界大戦後の地方都市の復興に関する研究」『日本建築学会計画系論文集』第78巻 第694号、2013年
5———清水川慶尭『第二次世界大戦後の都市不燃化事業に関する研究——耐火建築促進法と防災建築街区造成法下の福島県を中心に』日本大学大学院工学研究科修士論文、2017年

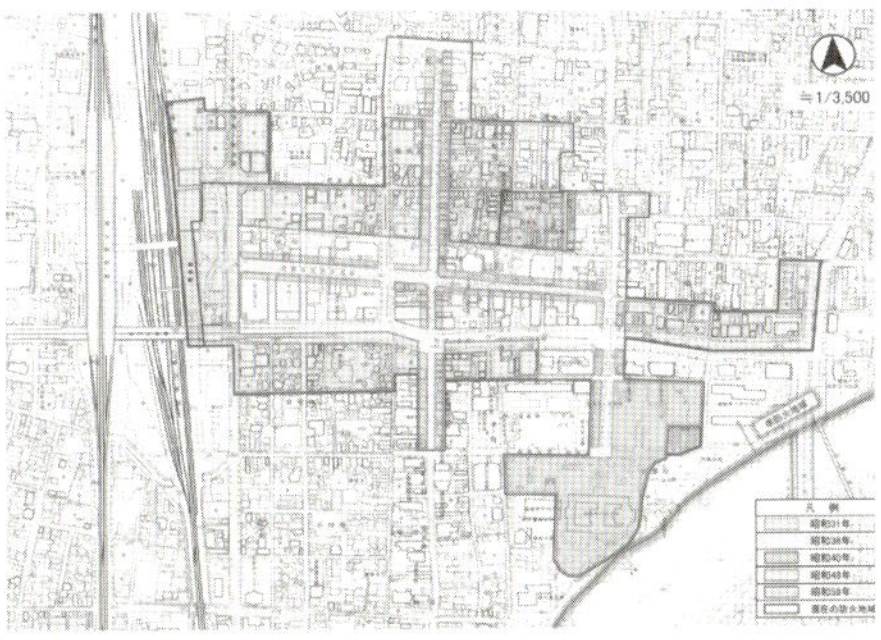

fig.7——福島市の防火地域の展開

路線防火の発想の発展形である防火建築帯が幹になって面的防火地域が形成され、現在に至っていく。[提供:福島市都市計画課]

091 スラムクリアランス

日本においてスラムへの取り組みが始まったのは一九二〇年代で、大都市で急激に進んだ都市化や工業化にともない、不良住宅地区が増加したからであった。一九二七年成立の不良住宅地区改良法では、改良住宅を対象地区内に建設し、以前の居住者を保護して世帯数を維持するスクラップ・アンド・ビルド型の事業を行った。戦後になると高度経済成長の状況下で、都市の中の不良住宅地区が都市全体の発展の足かせになっていると見なされるようになる。戦前の法制度を引き継いだ住宅地区改良法が一九六〇年に制定され、これを用いて香川県の坂出人工土地や広島市の基町・長寿園団地などが建設された。

不良住宅地区を改良し新しい住環境をつくる

石榑督和
東京理科大学 助教

不良住宅地区を改良し、新しい住環境をつくる

産業革命以後の近代都市において、必然的に生まれてきたスラム。近代都市におけるスラムとは都市下層の人々が高密度に居住する地区のことを指し、インフラが整っていなかったり、建物の性能が低いなど、一般的な都市エリアが享受することができる公共サービスや、居住者の健康、安全が守られないような場所のことを指す。こうした劣悪な住環境をクリアランスし(取り払い)、公的に土地を買収し、同地に公営賃貸住宅などを建設してもとの住人に住まわせる改良事業のことをスラムクリアランスという。

スラムの調査と改善に向けた制度

近代都市計画の出発は、産業革命後の都市化と居住地の過密化によるスラムの発生を背景としており、近代住宅政策は、いかにしてスラムの不良住宅をなくしていくかをテーマに検討が始まった。

日本におけるスラムへの取り組みは、制度的には1927(昭和2)年に成立した不良住宅地区改良法をスタートとし、戦後の1960(昭和35)年にはこれを改正するかたちで住宅地区改良法が制定され、現在まで引き継がれている。1920年代、日本の大都市の都市化、工業化が急激に進み、これにともなって増加した不良住宅地区への対応を迫られたことが制度の整備につながっているが、歴史的にみれば不良住宅地区の存在は前近代まで遡る。

東京では明治前期の不良住宅地区は、江戸時代の貧民窟の位置とさほど変わっておらず、次第に市域の周縁部へと移り、産業革命の到来とともに近代的工場の周辺に集積するようになった。こうした状況は当時のジャーナリズムが捉えているが、公的な調査は行われていなかった。状況が変わるのは、1900年代に入り不良住宅問題が労働問題の一部として認識されてからで、農商務省による調査が行われている。

国による本格的な都市下層民の実態把握が始まったのは明治末、1910年代に入ってからである。1911(明治44)年と1912(明治45)年に、内務省地方局によって「細民調査」が2度行われた。こうした現状把握を背景に、内務省内では1920(大正9)年に社会局が組織され、都市計画法・市街地建築物法を前年に起案した池田宏が局長に就任した。その後、抜本的なスラム改良事業を前提とした不良住宅地区調査が行われ、1925年、不良住宅地区数217件、同世帯数72,600件、同人口309,000人という調査結果が発表された。これらの数字は1927(昭和2)年の不良住宅地区改良法成立の根拠ともなっている。

不良住宅地区改良法は、改良住宅を対象地区内に建設し、事業以前の居住者を保護し、世帯数を維持することを規定する、スクラップ・アンド・ビルド型のスラムクリアランス事業を前提にしていた。

同潤会とスラムクリアランス

同時期、不良住宅地区改良事業成立のための試験的改良事業として、同潤会によって実施されたのが深川区の猿江裏町不良住宅地区改良事業であった[fig.1]。

事業は1925(大正14)年からスタートし、同潤会は土地収用法による土地収用を行うことのできる団体としての認定を受けた上で、用地取得を進め、また震災復興土地区画整理事業とも調整を取りながら、換地を有効に使い事業を進めた。猿江裏町共同住宅では、1期として南面平行型住棟の高密度配置によって住居数を確保し、2期ではコミュニティ施設である善隣館とともに中庭を囲む配置とし、大規模な防災広場を整備した[fig.2–3]。この事業を踏まえ不良住宅地区改良法が整備され、日本のスラムクリアランスが始まった。

戦後のスラムクリアランス

1925(大正14)年の不良住宅地区調査で認定さ

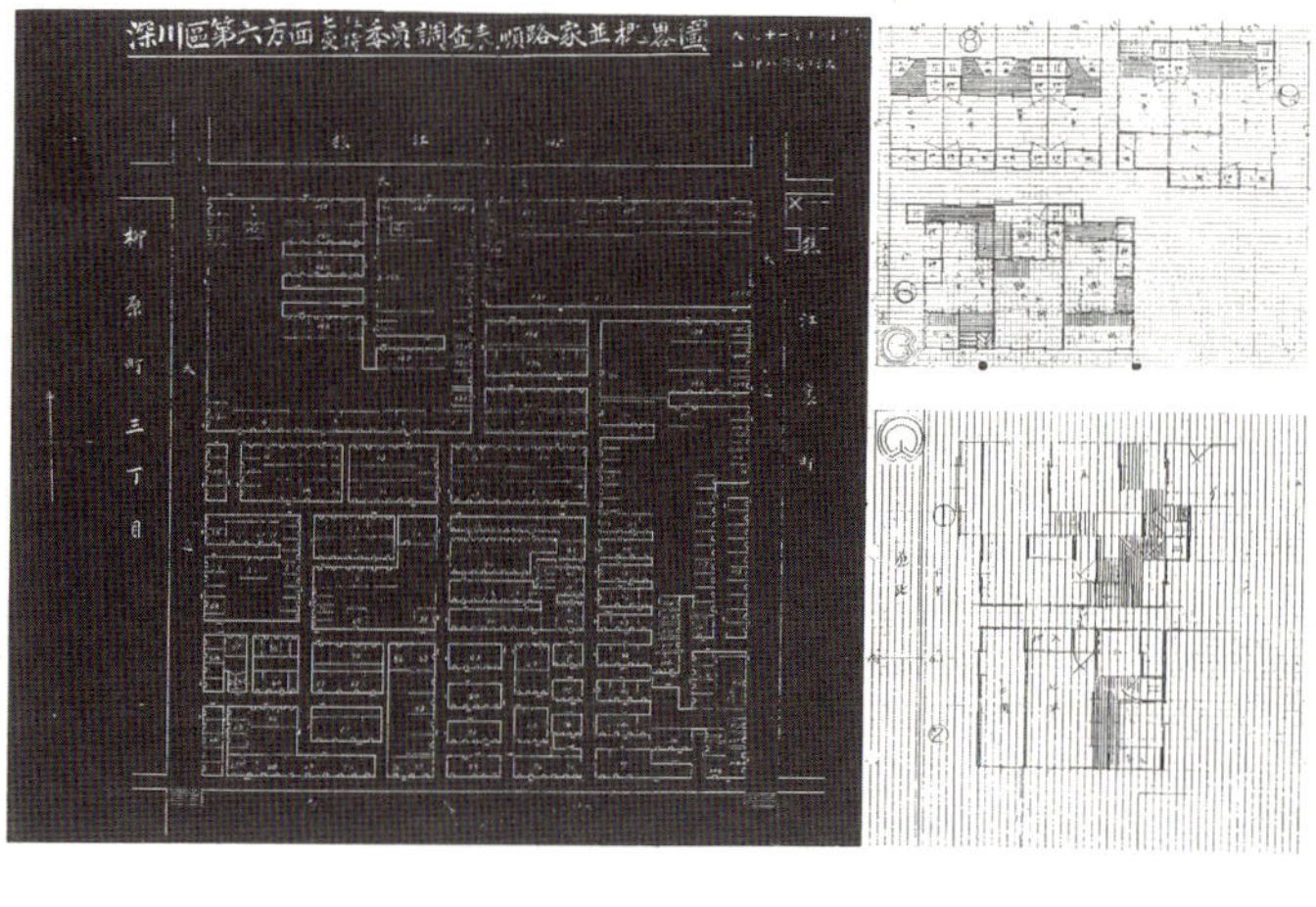

fig.1——内務省社会局による「猿江裏町住宅調査」による図面の一部

猿江共同住宅(2期)および善隣館などが建設される街区を対象とした調査図面。調査では家屋の状況、家族構成、職業、収入等が調べられた。[所蔵:東京都公文書館内田祥三文庫/出典:佐藤滋ほか『同潤会アパートメントとその時代』鹿島出版会、1998年]

fig.2——猿江共同住宅(2期)

善隣館から猿江共同住宅(2期)を見る。猿江共同住宅(2期)は中庭囲み型住棟による大規模な防災広場を持つ。[出典:同潤会編『同潤会十年史』1934年]

fig.3——善隣館

猿江共同住宅(2期)に併設されたコミュニティ施設。もともとは他の財団法人により経営されていたコミュニティ施設であったが、同潤会が事業を譲り受け、建物を建て替えた。[出典:同潤会編『同潤会十年史』1934年]

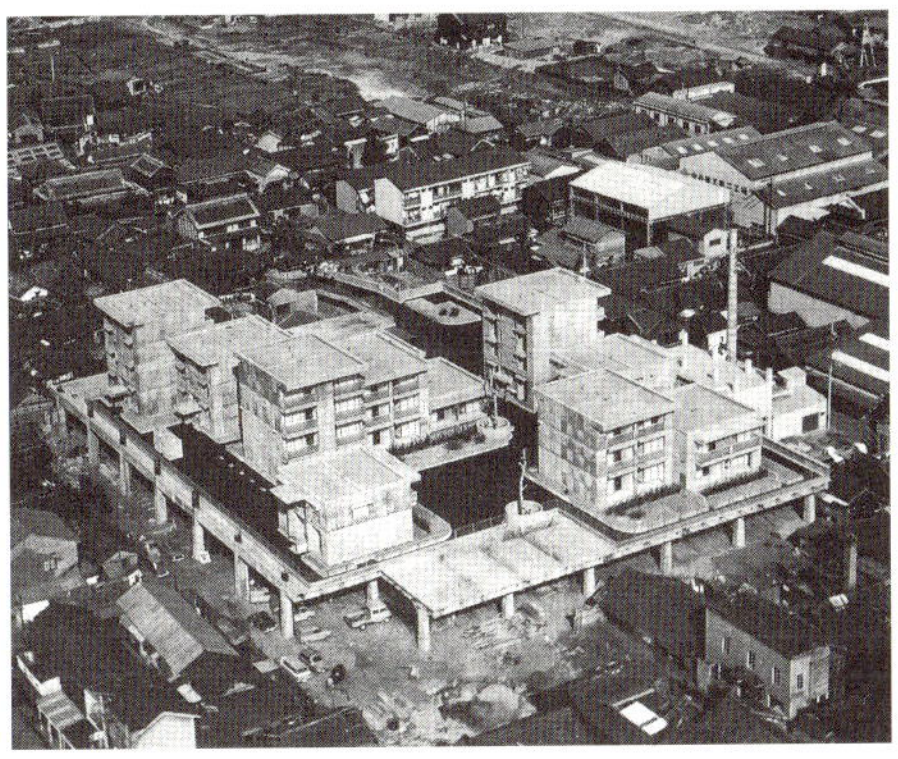

fig.4——第1期完成当時の坂出人工土地

写真の第1期の右手前に第2期、左奥に第3期、左手前に第4期が建設される。[出典:『建築家 大髙正人の仕事』]

fig.5——建設中の基町・長寿園団地

中層住宅に建て替えられた公営住宅を除き、周辺には木造住宅が広がっていることが見てとれる。原爆スラムとも呼ばれた太田川河川堤塘敷の住宅群は、たびたび火災に見舞われた。[出典:『建築家 大髙正人の仕事』]

れた戦前期の不良住宅地区は、都市全体からみれば局所的な場所であった。戦災はこうした状況を一変させ、国土全体に住宅不足を生み、同時に住宅の不良化を進行させた。とくに戦災都市における自力および公設の戦災者住宅や、全国に形成が進んだ引揚者住宅は、建物としての性能が低かったため、ときを経ると不良化が進んでいった。それにもかかわらず、戦後の住宅政策は所得階層が低い順に公営・公団・公庫融資による建設計画が中心で、都市下層の住宅改善に対応した政策は取られなかった。

状況が変わるのは高度経済成長が本格化した1950年代後半、都市のなかの不良住宅地区が都市全体の発展の足かせになっていると見なされるようになってからである。不良住宅地区の状況は戦前の状況と異なり、地区ごとに多様な状況を呈していたが、法制度は戦前のものを引き継ぐかたちで住宅地区改良法が1960(昭和35)年に制定された。

この法制度を利用し、不良住宅地区の改良を行った代表的な事例に、香川の坂出人工土地(正式名称:清浜・亀島住宅地区改良事業)[fig.4]と広島の基町・長寿園団地[fig.5–6]がある。いずれも建築家の大髙正人が設計に関わっている。坂出人工土地は1962(昭和37)年から、基町・長寿園団地は1968(昭和43)年から住宅地区改良法を適用し事業が進められた。そのスタート地点には高度成長期に入り、他地域の都市空間が変容していくなかで、不良住宅地区が取り残されていた。坂出では戦前から栄えた塩田業に従事する人々が多く住む地区が対象となり、広島では戦後につくられた公営木造住宅と不法占拠で形成が進んだ通称「原爆スラム」のクリアランスが対象となった。前者の特徴は地上から5.3mと9mに持ち上げられた人工土地によって、高密度でありながら豊かな住環境をつくろうとしたことであり、後者の特徴は小学校、幼稚園、保育園、商店街などの都市施設を含んだオープンスペースを屏風型の住棟が囲んでいることであろう。両事例ともに事業スタートから半世紀を経過し、居住者の変化や、商店街の賑わいの消失が見られ、今一度住環境として検討が迫られている。

参考文献

1———大月敏雄「1911年(明治44年)–1927年(昭和2年):不良住宅地区改良事業と細民調査」『建築雑誌』2006年4月

2———住田昌二「不良住宅地区改良の動向に関する考——不良住宅地区の型と改良事業の類型」『日本建築学会近畿支部研究報告集 設計計画・都市計画・住宅』No.6、1966年

3———佐藤滋ほか『同潤会アパートメントとその時代』鹿島出版会、1998年

4———蓑原敬ほか『建築家 大髙正人の仕事』エクスナレッジ、2014年

5———日本都市計画学会『60プロジェクトによむ日本の都市づくり』朝倉書店、2011年

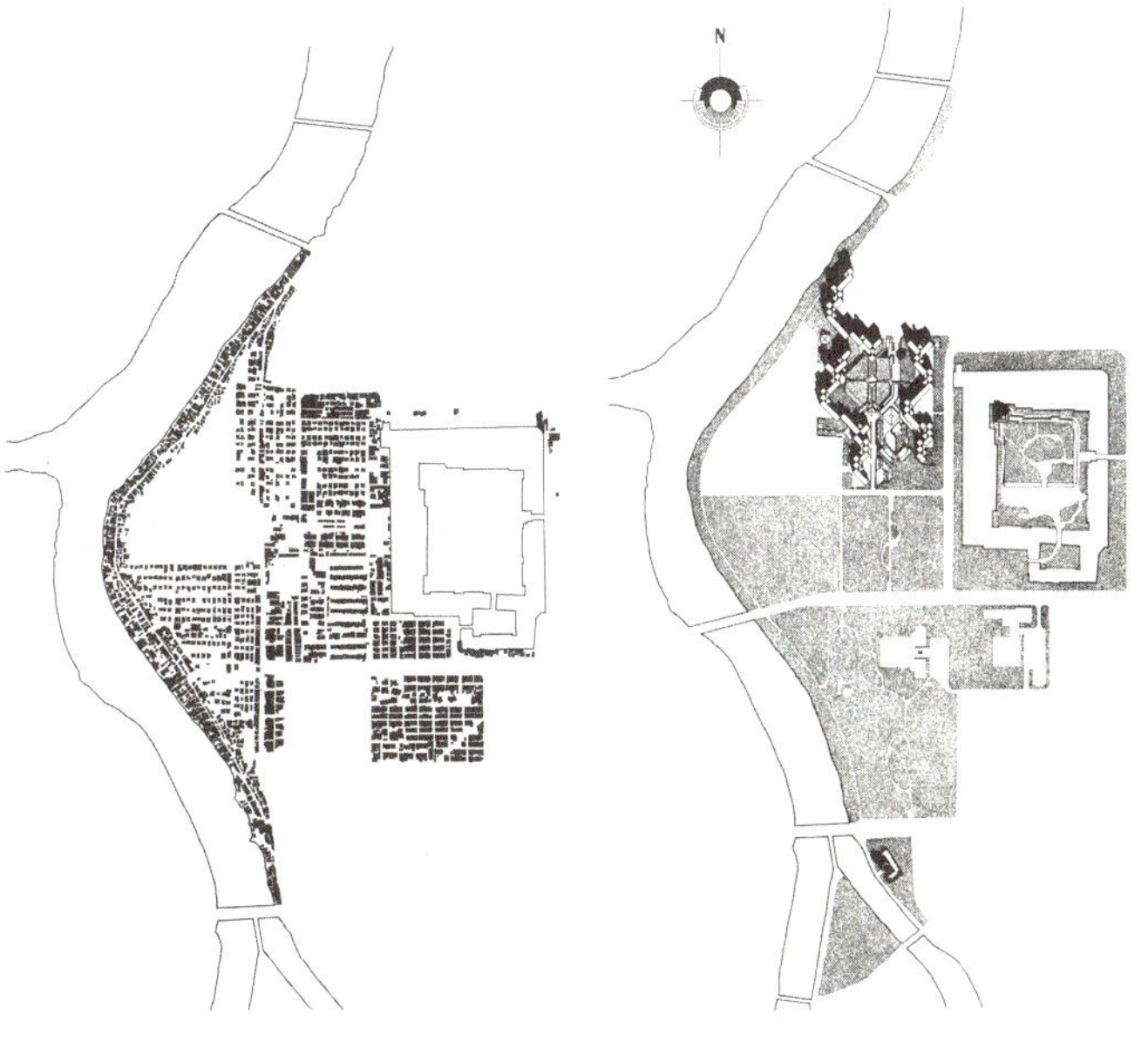

3,000戸のスラム

3,000戸の高層住宅と20haの市民公園

fig.6——基町・長寿園団地

基町・長寿園団地建設以前(左)の状況と、建設以後(右)の状況。3000戸の木造住宅が集約され、市民公園が整備された。[出典:『建築家 大髙正人の仕事』]

092

密集市街地対策

都市の密集市街地は古くから都市計画の重要課題とされ、スラムクリアランスなどの対策が取られてきた。
戦後になると、従前居住者用の公営住宅を設けながら老朽住宅を建て替えていく事業が東京の京島地区などで行われた。
阪神・淡路大震災以後は、住環境の改善以上に防災の機能が密集市街地において重視されるようになる。
公共空地と耐火建築物の建築面積が占める割合を増加させ、延焼遮断帯となる道路を整備するなどの対策が進められている。

住環境の改善から防災機能の強化へ

山本俊哉
明治大学 教授

密集市街地が「20世紀の負の遺産」と言われるようになったのは、1995(平成7)年の阪神・淡路大震災以降のことである。阪神・淡路大震災の焼失面積は約66haであり、従来の都市防災対策の考え方からすると小規模であった。しかし、大火の危険性のある密集市街地の存在は看過できないとして、その対策が国策に位置付けられ、いわゆる密集市街地法が制定された。従来の密集市街地対策は、主に住環境の改善の観点から行われてきたが、それ以降、防災の観点が強化された。

密集市街地の住環境の改善

密集市街地の問題は、古くから都市計画の重要課題として認識され、常にその対策に追われてきた。すなわち、都市の人口増に伴う過密は、伝染病など衛生上の問題を引き起こすことから、市街地を郊外へ拡張する一方、密集市街地内にオープンスペースを創出してきた。

明治時代に、東京や大阪などの各所にあった貧民窟を一掃するスラムクリアランスも、そのひとつであった。住民の防貧対策の観点もあったが、住民を地区外に転出させて、密集市街地の改造を進めた。関東大震災後に復興住宅を建設した同潤会は、良質な住宅供給に付帯して密集市街地の不良住宅の調査を進めるとともに、住民の生活改善を図る隣保事業も手がけ、深川の猿江裏町の住宅地区改良事業(1925(昭和元)-1930(昭和5)年)のように従前居住者の居住権の保護を図った。

「密集市街地整備事業のショーウインドウ」と呼ばれてきた墨田区京島2・3丁目地区[fig.1]のまちづくり(1980(昭和55)年-)は、その住宅地区改良事業をルーツとする住環境整備モデル事業(1978(昭和53)年-)に端を発する。従来は公共事業の色彩が濃く、不良住宅を除去した跡地に道路や公園などの公共施設を整備し、立ち退きになった従前居住者用の公営住宅を建て、それを繰り返す「ころがし方式」であった。それに対し、京島地区では計画幅員6-8mの生活道路の拡幅・整備に伴い買収した土地に、コミュニティ住宅と呼ばれる従前居住者用の公営住宅を建て、密集市街地の住環境の改善を促進した[fig.2]。また、老朽化した木造賃貸住宅の建て替えや共同建て替えを促進し、その計画敷地の計画作成費や緑地などの整備費を助成する「墨田区まちづくり助成制度」(1985(昭和60)年-)も用意した。いずれも地権者の協力を前提とした任意事業であった。まちづくり計画の目標のひとつに、防災が掲げられ、個々の建築物の不燃化も進められたが、あくまでも住環境の改善が主たる目的であった[fig.3]。

京島地区の少し後に始まった世田谷区の太子堂2・3丁目地区の密集市街地整備事業(1983(昭和58)年)も「防災」を謳ってきたが、事業の主たる目的は、道路や広場などの整備や老朽住宅の建て替えの促進による住環境の改善にあった。

都市再生機構(当時は住宅・都市整備公団)が、初めて住環境整備モデル事業の施行者となった東京都北区の神谷1丁目地区の事業(1986年(昭和61)-2000(平成12)年)や、家主および市と家主協議会を設立して共同建て替えを進めて民間の建て替えの連鎖を誘発した大阪府寝屋川市の東大利地区の事業は、都市再生機構が密集市街地対策に積極的に関与したモデルとなったが、いずれも住環境の改善を目的としていた。

密集市街地の防災まちづくり

密集市街地は、道路が狭いだけでなく、敷地も狭く、住宅の建て替えがなかなか進まない。そのため建物の老朽化が進み、居住者の高齢化も進み、地震災害に対して脆弱な市街地になるという悪循環を抱えている。

こうした密集市街地の防災対策は従来、延焼遮断帯の整備による都市防火区画の形成を基本

fig.1——墨田区北部に広がる密集市街地(2016年6月)

密集市街地を鳥の目(東京スカイツリー)から見ると、隅田川沿いに並ぶ白鬚東防災拠点のほか、水戸街道や曳舟川通りなどの幹線道路沿いに高層建築が並び、延焼遮断帯の形成が進んでいることがよくわかる。写真正面右手は2011(平成23)年に完了した曳舟駅前地区市街地再開発事業の高層ビル群。その右手に京島2・3丁目地区が位置する。[撮影:長谷川栄子]

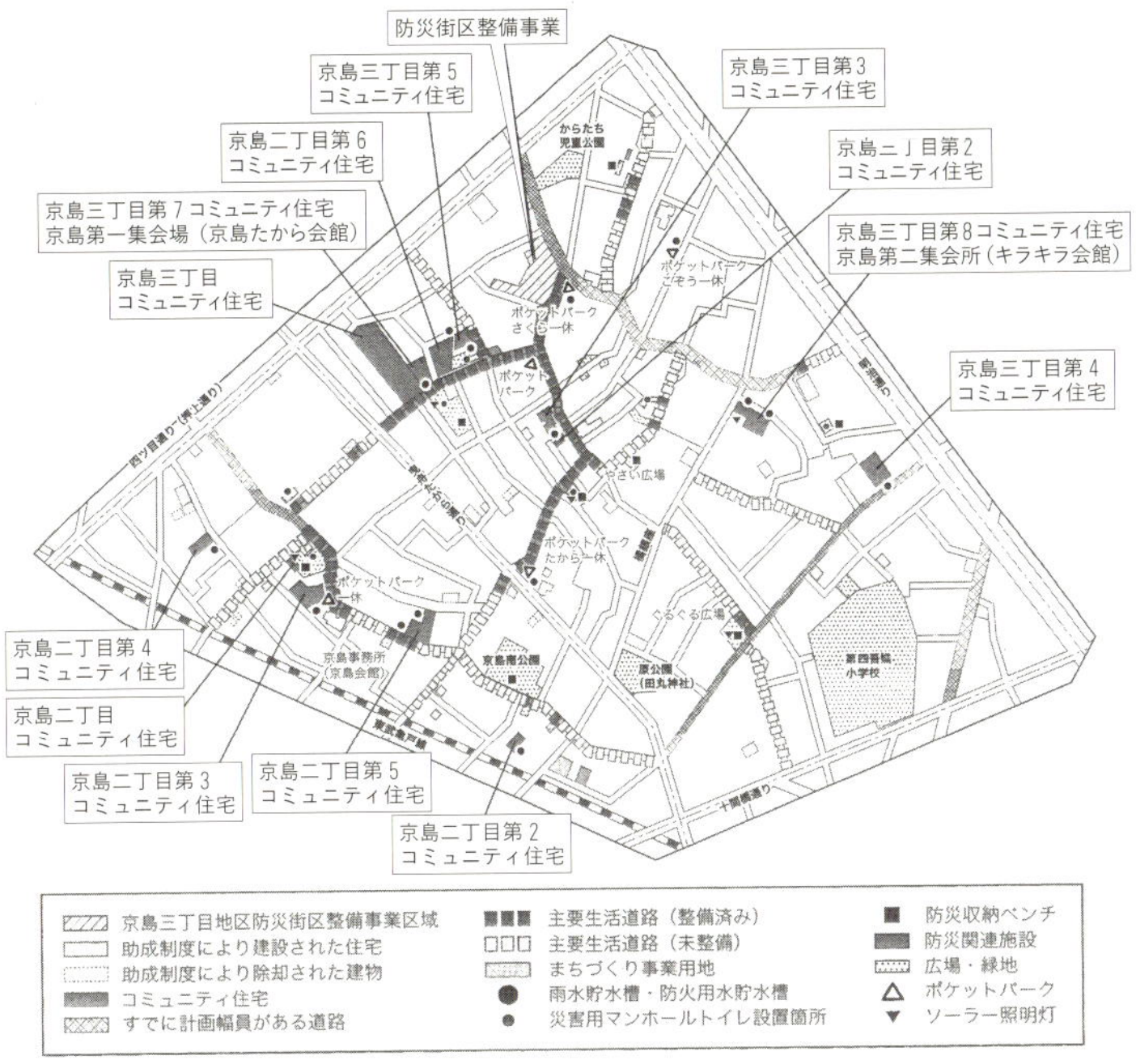

fig.2——京島2･3丁目地区の密集市街地整備事業の実績（2018（平成30）年3月現在）

墨田区京島2･3丁目地区では、1981（昭和56）年にまちづくり協議会がまちづくり計画（大枠）を合意して以降、従前居住者用のコミュニティ住宅などを整備しながら、計画幅員6–8mの生活道路の拡幅・整備を進めてきた。2013（平成25）年度には都市再生機構による防災街区整備事業が完了し、それにより不燃領域率が1％程度（都市再生機構試算）向上した。［出典：京島地区まちづくり協議会『京島地区まちづくりニュース』（No.33、墨田まちづくり公社、2017年4月）を一部加工］

fig.3——拡幅により開通した京島3丁目のコの字型生活道路（2016（平成28）年6月）

墨田区京島3丁目では、まちづくり計画（大枠）に基づき、用地買収や沿道の建て替え促進、コミュニティ住宅の整備等を進めながら、曳舟たから通りとコの字型につながる計画幅員6–8mの生活道路の拡幅整備を重ね、20年以上の歳月を経て開通した。［撮影：筆者］

としてきた。すなわち、近世は火除け地の整備や蔵造りの連続配置、近代になると路線式防火地域指定により、都市大火の対策を進めてきた。戦前の防空計画による緑地計画や建物疎開もこの文脈に位置する。都市改造と都市防火の対策を同時に進めた銀座煉瓦街が失敗の烙印を押されて以降、関東大震災や戦災の後に土地区画整理事業がなされたものの、都市の改造と防火対策は基本的には分離して実施されてきた。

京島地区と同じ墨田区北部の白鬚東防災拠点再開発事業（1968（昭和43）–1988（昭和63）年）［fig.4］は、密集市街地における地震火災からの広域避難場所を確保するために策定された、江東再開発基本構想の最初の成果であった。この大規模な「防災の砦」は、周辺市街地の安全性と住民の安心感の向上に大きく寄与したが、1972（昭和47）年の都市計画決定から事業完了まで17年間の歳月がかかり、多大な財政負担を負った。そこで、東京都は地域防災計画を見直し、広域避難場所に逃げずに済むまちづくりを進める防災生活圏構想を1981（昭和56）年に発表した。これは幹線道路や河川などで囲まれたブロックに対して防災生活圏災害時の運命共同体の形成を図るもので、ブロックの外側は建築物の不燃化により延焼遮断帯を形成し、ブロック内はハードとソフトの両面から防災力を向上させる構想であった。冒頭で述べた阪神・淡路大震災の焼失面積はこの防災生活圏の1ブロックに相当する規模であった。そのエリアに占める公共空地と耐火建築物の建築面積の割合、すなわち不燃領域率が40％を超えると延焼の危険性が低くなることから、それが密集市街地対策の重要な指標となっている。

密集市街地の防災対策は緊急性が高いとして、東京都は2013（平成25）年に不燃化特区制度を創設した。そして2020（令和2）年度までに密集市街地の整備地域の不燃領域率を70％以上にすることを目指し、延焼遮断帯となる都市計画道路の整備を中心に、防災上危険な密集市街地の防災対策を進めている。都市再生機構も密集市街地対策の有力なプレイヤーとして参画し、京島地区や太子堂地区でも防災街区整備事業や土地区画整理事業などを進めてきた。

こうした密集市街地対策は、「選択と集中」により公的支援を重点化し、効果的で効率的な事業を進めている。したがって、これら以外の密集市街地では基本的に、民間の建築活動の積み重ねと、住民団体やNPOなどによる防災まちづくり活動に委ねられている。

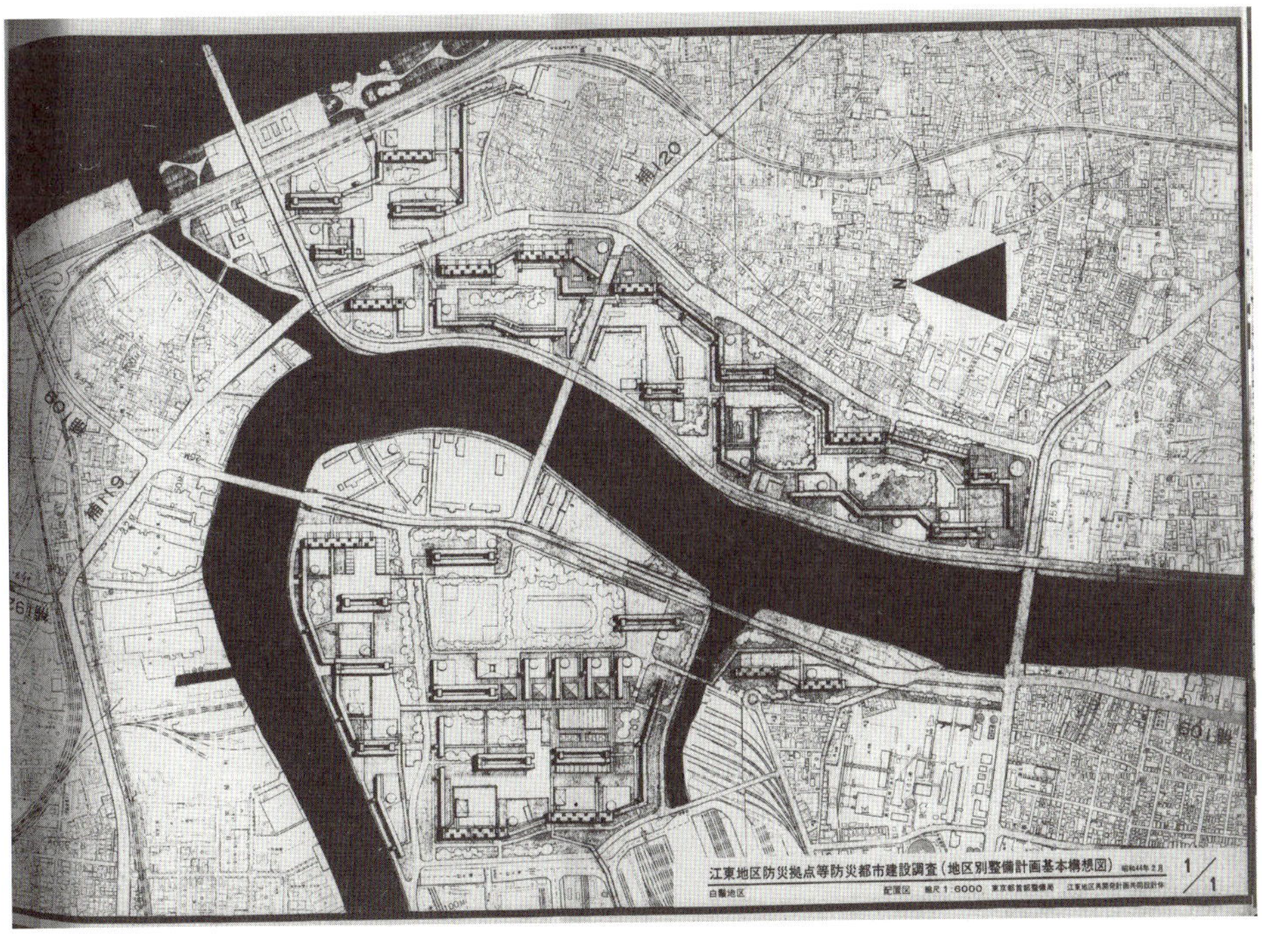

fig.4——白鬚地区整備計画基本構想図（1969（昭和44）年2月）

江東再開発基本構想策定（1969（昭和44）年11月）に向け、他5拠点と同時に描かれた白鬚地区の構想図。白鬚東地区は避難広場を高層住棟26棟で囲み、高密度にするため住棟形式はツインコリドール形式を多用した。住宅不足を背景に、墨堤通り東側の荒川沿いの区域にも防災拠点の再開発計画を構想したが、最終的には高さ40mの高層住棟が墨堤通り沿道に1.2kmにわたり延焼遮断帯として並んだ。［提供：大熊喜昌］

093 歴史的建築物の保存・再生

高度成長期には、土地の高度効率利用のために、歴史的建築物の保存・再生は困難であった。
しかし近年は、ストック重視型の都市再生の必要性がうたわれるようになり、
それに応えて開発と保存・再生を両立させるさまざまな法制度も、次第に整ってきている。
また、保存・再生のニーズが広まりを見せるなかで、地方公共団体が独自条例を制定するなど、新たな取り組みも始まっている。

都市のストックを生かす法制度の整備

後藤 治
工学院大学 教授

都市部の開発と保存・再生

歴史的建築物の保存・再生を助ける法制度に、1950(昭和25)年に制定された文化財保護法がある。同法は、1897(明治30)年施行の古社寺保存法、1919(大正8)年施行の史蹟名勝天然紀念物保存法、1929(昭和4)年施行の国宝保存法を、そのルーツとしている。

高度成長期に入ると、都市部において高度利用を伴う開発が盛んになり、それによって歴史的建築物に存続の危機が訪れはじめた。その時点では、文化財保護法は、そのルーツからもわかる通り、開発と保存・再生を両立させる有効な力とはならなかった。F.L.ライト設計の帝国ホテルが取り壊され、その一部のみが博物館明治村に移築保存されたのは、その象徴的な出来事といえる。

開発と保存・再生の両立に早期に取り組んだのは、理解のある歴史的建築物の所有者・管理者などと一部の地方公共団体だった。地方公共団体は、独自の条例、要綱などを制定するかたちでそれを実現した。岩手県盛岡市が1971(昭和46)年に制定した「盛岡市自然環境及び歴史的環境保全条例」による保存建造物指定は、国内で最初期の取り組みとして知られている。岩手銀行赤レンガ館(旧盛岡銀行として指定)[fig.1]は、その第一号である。地方自治体の取り組みは、その後、1978(昭和53)年の兵庫県神戸市の「神戸市都市景観条例」制定、1988(昭和63)年の神奈川県横浜市の「歴史を生かしたまちづくり要綱」制定をはじめ、各地に広がっていった。

都市部において、歴史的建築物の保存・再生が困難となる主な理由は、低層で高度利用による収益を生まない、耐震強度をはじめ性能が不足しており改修費の負担が大きくなる、といったことにある。早期の取り組みでは、それらに対する補償的な支援措置がほとんど講じられていなかった。そのため、保存・再生ができた事例も、歴史的建築物のファサードだけを残し、建築物としては新しいものに建て替える(多くの場合は、高層建築物)という形が多くなった。中京郵便局(1978(昭和53)年竣工/以下、竣工年は保存・再生のための工事の竣工年)はその初例で、神戸市地方裁判所庁舎(1991(平成3)年竣工)、損保ジャパン日本興亜横浜馬車道ビル(旧日本火災海上横浜ビル/ 1989(平成元)年竣工)[fig.2]は、それに続く代表的な事例である。

特定街区、特例容積率適用地区、都市再生特別地区

補償的な支援措置としては、東京都が1989(平成元)年に、都市計画法の特定街区の運用にあたって、歴史的建築物を保存・再生すると容積率の割り増しを行う措置をとったことが、その端緒といえる。この制度によって、歴史的建築物の本体を含む保存・再生に道が開かれた。第一生命館の一部がDNタワー21(1995(平成7)年竣工)のなかで保存・再生されたのは、その例である。その後、東京都は1999(平成11)年に、特定街区の運用に「重要文化財特別型」を加え、国が重要文化財に指定した歴史的建築物については、より多くの容積の割り増しを認めるようになった。これにより、隣接する高層ビルと一体の形で歴史的建築物を完全に残す保存・再生が可能になった。三井本館と三井タワー(2005(平成17)年竣工)[fig.3]、明治生命館と明治生命ビル(2004(平成16)年竣工)[fig.4]はその例である。

国の制度としては、2004(平成16)年の都市計画法・建築基準法の改正で導入された「特例容積率適用地区」(2000(平成12)年改正で創設された「特例容積率適用区域」制度を拡充)によって、高度利用を図る地区において、地区内の2つ以上の敷地で容積率を移転することが可能になった。この制度によって、隣接して高層ビルが無い場合でも、歴史的建築物を完全に残す保存・再生が可能になった。東京駅丸の内駅舎の復原(2012(平成24)年竣工)[fig.5]はその例である。続いて、2010(平成22)年には、都市再生特別措置法による「都市再生特別地区」において、環境貢献の取り組みに対して、開発

fig.1——岩手銀行赤レンガ館
[撮影:澤野堅太郎]

fig.2——損保ジャパン日本興亜横浜馬車道ビル

横浜市の「歴史を生かしたまちづくり要綱」の支援を受けファサードが保存された。[撮影：筆者]

fig.3——三井本館と三井タワー

重要文化財特別型特定街区の制度を使って保存された。[撮影：筆者]

fig.4——明治生命館と明治生命ビル

重要文化財特別型特定街区の制度を使って保存された。[撮影：筆者]

者にそれに応じた容積の割り増しを認めるかたちに運用方針が見直された。歴史的建築物の保存・再生は、環境貢献のひとつとして認められており、この方針にしたがって保存・再生されたものに、旧豊田佐助邸(2013(平成25)年竣工)がある。

建築基準法と保存・再生

建築基準法では、歴史的建築物を保存・再生する際に、法規に従うことでその価値を失うことがないよう、同法3条でその適用除外ができることになっている。国が指定した文化財建造物(国宝・重要文化財など)については、1950(昭和25)年に同法が制定されたときから、その措置がとられている。1992(平成4)年には、同条が改正され、地方公共団体が文化財保護法に基づく条例や「その他の条例」で特定した歴史的建築物でも、現状変更の規制と保存のための措置がとられ、かつ、特定行政庁の建築審査会の同意が得られたものは、同法の適用除外ができることとなった。

「その他の条例」は、地方公共団体の独自条例を意味する。近年、歴史的建築物の保存・再生に対するニーズが高まるなか、この独自条例を制定するところが増えてきている。2012(平成24)年に京都市が町家の保存・再生を助けるため「京都市伝統的な木造建築物の保存及び活用に関する条例」(翌年、町家以外にも適用できるよう「京都市歴史的建築物の保存及び活用に関する条例」に改正)を制定したのはその一例である。こうした動きを受けて、国土交通省では、2018(平成30)年3月に「歴史的建築物の活用に向けた条例整備ガイドライン」を示し、各地の地方公共団体が歴史的建築物の保存・再生を促進することを推奨している。

その他の法制度による特例措置と保存・再生

建築基準法以外にも、歴史的建築物の保存・再生に対して特例的な措置を定めている法制度がある。

消防法は、同法施行令第32条で消防長や消防署長が特別に認めた場合に同法が定める設備によらなくてもよい特例措置を定めているが、文化財である歴史的建築物については、同条の措置を活用することを推奨している(2004(平成16)年施行令改正時の通知)。バリアフリー新法(「高齢者、障害者等の移動等の円滑化の促進に関する法律」の通称)では、同法施行令第4条において、建築基準法第3条で同法の適用が除外される建築物について、バリアフリー新法についても適用を除外する措置を定めている。土地区画整理法では、第95条第4項で、文化財である歴史的建築物について、同法の換地の特例(配置をかえずに原位置のままとすること)を認めている。これらは、いずれも法制度によって、歴史的建築物に手が加えられその価値が失われることが無いように設けられた特例である。

なお、消防法では、文化財である歴史的建築物については、その施設機能に応じた消防設備の他に、自動火災報知設備、消火器などの設置が義務付けられている。こちらは、火災による被害でその歴史的価値を失わないようにするための措置である。バリアフリー新法については、適用は除外されているが、斜路やエレベーターの設置等によって、実際には対応が図られている歴史的建築物も多い。

以上の他に、都市公園法施行令第6条第1項第2号で定める文化財である歴史的建築物、景観法の景観重要建造物、歴史まちづくり法(「地域における歴史的風致の維持及び向上に関する法律」の通称)の歴史的風致形成建造物について、都市公園法第4条第1項で定める公園内の施設に関する建蔽率に対して、上乗せした建蔽率を認めている。この措置により、都市公園内では、歴史的建築物の保存・再生を進めやすいかたちとなっている。

fig.5——東京駅丸の内駅舎

特例容積率適用地区の制度を使って保存された。[撮影：筆者]

094 まちなみの保全

まちなみの保全は、主に文化財保護法、都市計画法、建築基準法の系統が相互に協力するかたちで進められてきた。一九六〇年代から七〇年代にかけて全国各地で起こった町並み保存運動の高まりを経て、近年では、文化財級ではないが地域の景観を形成している建物や、近代の建築物をまちなみの中で評価し維持活用する動きも進んでいる。各地域の個性を尊重しつつ、積層する歴史の一面を構成するよう、未来を見据えた景観形成施策の拡充が図られている。

地域ごとにとらえられる「良好な景観」

――穎原澄子
千葉大学准教授

美観地区・風致地区

1919(大正8)年市街地建築物法において美観地区、同年都市計画法において風致地区が規定された。これらは、必ずしも文化財を持たない地域においても良好な環境を面的に保全する道を拓いた。だが、美観地区第1号は1933(昭和8)年の東京・皇居外郭一帯、風致地区第1号は1926(大正15)年東京・明治神宮内外苑付近で、皇国史観を色濃く反映したものだった。

戦後、1950(昭和25)年には、従前の国宝保存法、史蹟名勝天然紀念物保存法、重要美術品等ノ保存ニ関スル法律をまとめて文化財保護法が制定されたが、面的な保護体制はもたないままで、市街地建築物法に代えて同年に制定された建築基準法が、美観地区を引き継ぐのみだった。

そのようななか、1953(昭和28)年、沼津市で、戦後復興期の防火建築帯による不燃共同建築帯(アーケード街)[fig.1]が条例を伴って美観地区に指定された。当時、鉄筋コンクリート自体が「美観」をつくるものと認識され、共同建築による統一感を重視したことがうかがえる。

町並み保存運動の高まり

戦後、次第に経済発展に伴う都市開発の進行が深刻な事態となり、1966(昭和41)年に、古都における歴史的風土の保存に関する特別措置法(通称、古都保存法)が制定され、歴史的風土特別保存地区を設け地区内の開発規制をかけるとともに、土地所有者への補償がなされるようになった。

また、1968(昭和43)年には都市計画法が制定され、従前の都市計画法を廃して新たに美観地区・風致地区および古都保存法による歴史的風土特別保存地区が規定された。これにより、1972(昭和47)年、京都において美観地区が都市計画決定されることとなった。ちなみに、倉敷[fig.2]では1968(昭和43)年に倉敷市伝統美観保存条例を公布しているが、これは、県レベルの都市計画決定を待たず、すでに戦後直後から倉敷都市美協会が設立されるなど、先進的な取り組みを行っていた倉敷市における自主条例で、建築基準法に規定される建築条例によって定められた美観地区ではなかった。

倉敷だけでなく、長野県の妻籠、奈良県の今井、愛知県の有松でそれぞれまちづくりの会が設立され、1974(昭和49)年にはこれらの3団体によって全国町並み保存連盟が結成された。

こうした全国的なまちなみ保存の機運を受けて、1975(昭和50)年の文化財保護法改正で伝統的建造物群保存地区制度が導入された。注目すべきは、国宝・重要文化財は国が一方的に「指定」

fig.1――沼津市本通防火建築帯(現、沼津アーケード名店街)[撮影:筆者]

fig.2――倉敷のまちなみ[撮影:筆者]

fig.3——小布施のまちなみ[撮影：筆者]

fig.4——真鶴のまちなみ[撮影：筆者]

するものであったのに対し、伝統的建造物群保存地区は、市町村自らが保存のための条例、保存地区の範囲、保存計画を決定することである。2018年現在、117件の重要伝統的建造物群保存地区の様態は、宿場町・武家町・商家町・在郷町・港町・山村集落など、都市部から農村部までさまざまなものを含んでいる。ただし、その性質上、歴史的建造物を主要構成物とするのが前提となる。

各自治体などの取り組み

だが、良好な景観は文化財的な歴史的建造物のある場所にのみ形成されるわけではない。長野県小布施町ではまちに残る葛飾北斎の肉筆画を収蔵する北斎館の建設を端緒として、1982(昭和57)年頃から地権者としての行政を含めた関係者で「小布施町並み修景事業」を行い、「古くて新しいまち」の様相をもつ独自のまちづくりを行ってきた[fig.3]。神奈川県真鶴町ではリゾートマンション建設からまちを守るために1993(平成5)年に真鶴町まちづくり条例を施行するとともにC. アレグザンダーの『パタン・ランゲージ』を参考にしつつ、69のデザインコードを設定し、自治体主導でルールづくりを進めた[fig.4]。

一方、1999(平成11)年、東京都国立市における高層マンション建設計画については、確認申請・建築確認が済んだ後に地区計画告示・地区計画条例が施行されたことから訴訟に発展した。東京地方裁判所は2002(平成14)年、景観利益を保護対象と認め、被告に建物一部撤去を命じるわが国で初めての判決を出したが、被告による控訴・上告の結果、2006(平成18)年、最高裁で建築物撤去などの請求は棄却された[fig.5]。また、2009(平成21)年のまことちゃんハウス訴訟で表現の自由が認められたように、景観の判断は一義ではない。2012(平成24)年の大阪府都市魅力課による大阪ミュージアム登録事業では、道頓堀通りのまちなみの活気に満ちたネオン空間を、積極的に大阪を象徴する景観と評価している。

景観法

2004(平成16)年に公布された景観法は、今後より良い景観を形成してゆくことを主眼とした法律である。これにより、各地方自治体が独自に制定してきた景観条例に法的な根拠を与えることが可能となった。

同年には文化財保護法も改正され、文化的景観が新たに文化財の範疇に加えられた。ここでは、景観法によって定められた景観計画区域または景観地区内に設定された文化的景観のうち、特に重要なものを重要文化的景観として選定できることとなった。

そして、2017(平成29)年ユネスコによる世界遺産登録の勧告なども行う国際組織「イコモス」の日本イコモス国内委員会第14小委員会とISC20cが発表した「日本の20世紀遺産20選」では、20世紀に継続発展した伝統産業景観の代表として、佐賀県有田や広島県西条が選定されるとともに、旧城下町の都市景観にあわせた近代建築群の代表例として坂倉準三設計の旧上野市庁舎(1964年)[fig.6]を含む伊賀上野城下町などが選定された。伝統的な建造物とともに、近代建築も良好な環境を構成する要素とみなされたのである。日本では1992(平成4)年の世界遺産条約批准後、世界遺産ブームが到来したが、近代の文化遺産を過去のまちなみの中に位置づける先進的な取り組みが、世界遺産を見据えて生まれる可能性があるだろう。

参考文献

1———西村幸夫『都市保全計画』東京大学出版会、2004年
2———光井渉「伝統的建造物群保存地区の目的と進め方」『都市の歴史とまちづくり』学芸出版社、1995年
3———五十嵐敬喜ほか『いきづく町をつくる美の条例——真鶴町・一万人の選択』学芸出版社、1996年
4———川向正人『小布施 まちづくりの奇跡』新潮社、2010年
5———木原啓吉『歴史的環境——保全と再生』岩波新書、1982年

fig.5——国立マンション訴訟の発端となったマンション[撮影：筆者]

fig.6——旧上野市庁舎[撮影：筆者]

095

地域型住宅

それぞれの風土に適した住宅を広める施策

三井所清典
芝浦工業大学 名誉教授

日本の住宅は明治以降、洋風の外観や居室を導入するようになり、戦後になると大量需要に対する資材と人手の不足から、風土の条件を加味する余裕はなかった。その後の高度経済成長の下でも、新しい生産技術や材料・部品の開発と核家族化や都市化の影響から、全国型の住宅計画と供給が進んだ。しかし本来、住宅は地域ごとに特徴のあるプラン、形、材料を備えており、それが個性的なまち並みや集落の風景をつくり上げ、地域の魅力を醸し出していたのである。そうした意識が高まった一九八三年、風土に適した住宅を広めていく施策として「HOPE計画」が始まった。

地域型住宅とは地域の風土に依拠し、住まいのあり方にその特質が現れている住宅である。風土とはある地域の気候・気象、地形・地質などの自然環境と生活、文化、歴史、生業・産業などの社会環境が合わさったもので、地域によって異なる。それゆえ人々は生活のしやすさと住宅の安全や長持ちのために、自然的・社会的環境条件に対して工夫を重ね住宅をつくってきた。とくに不都合な条件は影響の度合いを減らす工夫をする。こうしてつくられる住宅は地域ごとに特徴のあるプランや形、材料や寸法などが次第に体系化され、それが地域の個性となり、まち並みや集落の風景として地域の魅力を醸し出す。

昭和の初め頃までにつくられた農家や町家などの民家は、地域型住宅の質を備えた住まいといえる。しかし、敗戦後の一時は仕方がないにしても、現在なお一般に地域型住宅や地域型建築の認識が薄く、わが国の住宅・建築のあり方に懸念を覚えることがある。

自然環境条件の違いについて

わが国はおよそ北緯25度から45度に渡る大小の島々で構成され、島には大抵数百mから千mを超える山がある。それゆえ南北の差、海岸部、内陸部、平地、中山間地、山間地、太平洋側と日本海側など、条件の異なるさまざまな地域に分かれている。降り注ぐ太陽の光や熱の強さ、差込む角度が違う。空を覆う雲の様子も、降雨や降雪も地域によって大きな差があり、海風や山風、季節風、台風などの風も違う。そのため、住宅のつくり方を見ると、条件の違いの程度が大きいと対策に違いが生じている。たとえば、太陽の光や熱に対して庇の深さで、雨や雪に対して勾配屋根、軒、壁の板壁やなまこ壁、とくに雨雪を伴う強い風に対しては外壁全体を大壁で覆う。湿気対策には、高床や掃き出し窓を設け通風を良くする。

社会的環境条件の違いについて

わが国の住まいの特徴は下足の履き替えによる所が多い。多くの人の住まいと生業の場が一緒であった頃、住まいには屋内の広い土間と屋外の土庇《とひさし》が設けられていた。そこは生業に関わる主作業以外の日常生活にも便利に利用されていた。客を迎えたり、近所の人々の立寄りや子供の遊び場、物干などである。寒くて雨や雪の多い地域では土間や土庇が広くなっている。板の間や縁側に

fig.1———旧上平村(現、南砺市)の克雪タウン「あたらしや」地区の初夏の風景[撮影：筆者]

fig.2———旧上平村(現、南砺市)の克雪タウン「あたらしや」地区の「楽雪住宅」[撮影：筆者]

fig.3———克雪住宅、愛称「楽雪住宅」の屋根雪の落雪風景[撮影：風間耕司]

続く中の間、座敷、寝間などは職業や格式で異なることが多い。農業や商業などの生業が特化している地域はその特徴が地域性として表れる。

地域型住宅の影が薄れた時代

明治以降、欧米風の建築が住宅にも影響し、公邸や公舎、医者などの住宅に洋風の外観や居室が導入され、大正から昭和初期にかけて住宅の一部または全体が洋館風の住宅が各地で見られるようになった。こういう時代の影響は地域を超えて現れる。多くの都市が戦災で焼失した1945(昭和20)年以降の住宅は、大量需要に対する資材と人手の不足から風土の条件を加味する余裕はなかった。公営住宅や公団住宅は、良質の住宅を安く早く平等に実現する趣旨で標準設計のもと全国で建設された。標準設計は毎年改善されたが、地域性は加味されなかった。また戦後の建築教育で、家族の団欒、プライバシーの確保、家事労働の軽減、衛生的で安全で便利な住まいの実現を基本に、新しい時代の質の確立に力が注がれたが、ここでもまだ地域性に触れるゆとりはなかった。

その後の経済成長の中で新しい生産技術、材料や部品の開発があり、さらに核家族化や都市化の影響も加わり、全国型の住宅計画と供給が進んだ。

地域型住宅推進の住宅施策の展開

量的な住宅供給の心配が薄らぎ住宅の性能が意識されるなかで、風土に適した住宅施策が立ち上がった。1983(昭和58)年の地域適合型住宅でHOPE計画[注1]と呼ばれる施策である。市町村が地元の委員を中心に、その地域らしい住宅を策定すれば、その地域適合型住宅を3カ年継続の補助事業として実施できるものである。地域主体の住宅計画は住宅政策の大きな転換であった。引き続き、豪雪地域で克雪タウン・克雪住宅計画が1987(昭和62)年に開始され、富山県旧上平村では、合掌造り民家の里らしい雪割棟のある軒の高い切妻屋根の雪下しが不要の克雪住宅の集落が生まれた[fig.1–3]。その落雪屋根は今や豪雪地域に広まっている。

また、HOPE計画や克雪タウン計画を実施した市町村とコンサルタントが参加する地域住宅推進協議会が設立され、地域型住宅のさまざまなあり方が探求され、その中で地域住宅賞の表彰制度も生まれた。地域に歓迎されたこの施策は長期施策となり、後の住宅マスタープランにも組み込まれ、地域型住宅の概念の普及と実現に寄与した。

fig.4——旧山古志村(現、長岡市)の2タイプの自立再建復興住宅モデル[撮影:筆者]

fig.5——旧山古志村(現、長岡市)の竹沢地区公営住宅団地[撮影:筆者]

fig.6——旧山古志村(現、長岡市)の竹沢地区公営住宅

右奥に2戸1棟タイプと要介護者用の4戸1棟の住棟が見える。集落ごとに必要なタイプの公営住宅が建設された。[撮影:新建築社写真部]

2012(平成24)年に始まった地域型住宅ブランド化事業は、地域の住宅供給力を高めるため地域の関連の事業者が連携し、自ら定める規格・仕様のもとに地域型住宅を供給するグループを支援する施策である。原木供給者、製材事業者、建材流通事業者、プレカット工場、建築士事務所、中小工務店が連携の構成員となる。2015(平成27)年度からは省エネルギーを加味した地域型住宅グリーン化事業が設けられ、地域の設計者や中小工務店支援の施策が展開されている。

災害復興にも地域型住宅が実現

2004(平成16)年の中越地震では山村の住宅にも大きな被害が生じた。長岡市は中山間地域復興住宅検討委員会を設け、策定された復興住宅モデル[fig.4]を基に、旧山古志村を中心に豪雪に耐える自立再建型復興住宅と木造の災害公営住宅[fig.5–6]が建設された。この地域指向の復興住宅の考えは、2007(平成19)年の能登半島地震の輪島市の復興住宅に発展的に受け継がれた。

2011(平成23)年3月の東日本大震災で福島県は木造応急仮設住宅の建設を実現した。地元の木材を用い、地元の工務店が施工する応急仮設住宅を公募し実施した。さらに、設計者と地元製材所・木材供給者および地元の工務店が連携する自立再建復興住宅供給組織も実現した。宮城県女川町の漁村集落竹浦の高台移転は、地元住民の要請からコンサルタントと地域設計者が連携し、地域型の自立再建住宅と災害公営住宅が一体となった漁村集落が再生した。2011(平成23)年9月の豪雨後の土砂災害で被災した奈良県十津川村では、十津川固有の斜面地型住宅として復興住宅が計画され、斜面地集落の中に挿入された。復興住宅の建設で、地域型住宅の考えや性能確保の技術を習得した地元の大工・工務店は、自信と誇りをもってその後も木造住宅や木造建築の建設に従事している。

注釈

注1——HOPE計画は「Housing with Proper Environment」計画の略である。

096 リノベーション・コンバージョン

一九九〇年代後半から二〇〇〇年代にかけて、日本の建築産業は新築一辺倒から、改修・再生・用途変更への転換が見られるようになった。かつては年間二〇〇万戸にならんとした住宅の新築着工件数が二〇〇九年以降は一〇〇万戸を超えることはなく、人口減少を背景として、現在ではストックの量的な剰余が課題に。そのストックを質的に利用する方法として、リノベーション・コンバージョンは社会的な必然性をもち、建築の産業や文化におけるひとつの大きな潮流となっている。

利用の構想力が生み出す建築の価値にむかって

新堀学
建築家／新堀アトリエ一級建築士事務所 主宰

建築再生における「リノベーション」「コンバージョン」

ここで取り上げる「リノベーション（renovation）」とは、日本では建築再生一般に対して広く使われている言葉である（英語圏では「リハビリテーション（rehabilitation）」「リファービッシュメント（refurbishment）」がよく使われている）。また「コンバージョン（conversion）」はとくに建築の用途を変更する行為を指し、1990年代から海外の大都市圏で見られたオフィスから住宅への転用とともに一般化した用語である。

これらの建築的行為は、現前している建築の価値に対して、あるいは時間とともに漸減する建築の価値に対して、改修・用途変更などの手段を講じ、投資を行うことによって、回復・向上させるという目的をもって行われる。欧米、とくにヨーロッパでは建築を都市の一部、社会的基本ストックとして捉える考え方が歴史的に形成され、建築行為の多くの部分が「保存」「改修」「補修」「用途変更」「モダニゼーション」などの領域で従前より行われてきた。一方、日本では太平洋戦争からの戦災復興以降、高度経済成長期後まで、人口増加の背景と基盤となるストックの量的な不足から、建築産業、建築制度は「新築」を中心として形成されてきた。しかし、1980（昭和55）年以降人口増加が1%を切り、2008（平成20）年以降マイナスに転じる動きとともに、「新築からストックへ」と産業や政策は転換することになる。折しも1991（平成3）年のバブル崩壊から続く経済構造の変化の動き、また1995（平成7）年の阪神・淡路大震災からの耐震改修の重要性の再認識と制度改革から、建築再生についての関心が高まっていったのが1990年代の終わりである。この頃から、「コンバージョン」「リノベーション」が、建築学、建築産業、建築文化の主題として議論されるようになっていった。

fig.1——URひばりが丘団地改修後［提供：（独）都市再生機構］

日本におけるリノベーション・コンバージョン

マクロな視点からは、上記のように国内のストックと需要、経済、産業の動向によって、約20年くらいで転換してきたリノベーション・コンバージョンであるが、ミクロな視点では、都市文化、地域不動産市場の動き、地域活性の動きと連携してきたといえる。住宅系においては1990年代終わりから2000年代初頭にかけ、東京・大阪圏における市場の中心ではなく、エッジにおいて、地代負担の相対分を投資回収を終えたような既存建築の改修に充てることにより、たとえば木賃アパート、中古マンションのリノベーションによって、短期の投資回収スキームが成立し事例を増やしていった。大手デベロッパーが市場を認識する以前のこの段階では、リノベーション事業者の第1世代がさまざまな試みをそれぞれの場所で行っていった。それらは、都市に住みたい意思をもつ所得の低い若年層によっても支持されていくこととなった。それは当時2003（平成15）年問題として懸念されていた、市場価値が下がった築古の事業ビルについて、それを取得し住宅としてコンバージョンする事例の増加など、住文化の多様性につながる動きでもあり、のちには大規模の不動産事業者も進出、新築をしないと方針を転換した都市再生機構（旧日本住宅公団）もリノベーションを模索するなど、日本の住宅の市場、文化において大きな部分を占めることになった［fig.1］。商業・文化系においては、原宿、代官山などの同潤会住宅などに象徴され

fig.2——アーツ千代田3331コミュニティテラス［撮影：筆者］

る先行空間を苗床にしたストリートの文化がリノベーションという手法による場面やストーリーづくりを取り込むことで、東京や神戸、横浜などの歴史的な空間リソースを発掘し利用していく想像力を育んでいった。

それらは、建築史の領域における近代建築の歴史的価値の見直し、文化財的評価とも並行し、「保存」ではなく「活用」というアクションによる空間や記憶の継承を実例のなかで社会化していった。たとえば学校をアートセンターとして再生し、地域文化の核となった、アーツ千代田3331［fig.2］や、首都景観のフォーカルポイントとしての東京駅のリニューアルであり、単なる建築物の再生活用にとどまらず、建物が存在する地域の活性化や、それに向けて参加、運動する、市民活動の形成などにもつながっていった。さらにそういったリノベーションの精神は、特定の個の建築の再生のみならず、セントラル・イースト・トーキョー・プロジェクトや、リノベーション・スクールのような、エリアに対する利用の構想力とそれを実行するコミュニティを生み出し新たな地域価値を表出する流れもつくり出している。

制度と産業における
リノベーション・コンバージョン

このように、社会的なリノベーション・コンバージョンへの認知と、それに伴うマーケットの拡大の傾向のなかで、安全性を支える建築基準法においては、戦後の新築生産が求められていた時代の制度として行為規定主義を根底に置いているため、利用状況の安全性を持続的に担保しているかというと、必ずしもそうなっていない。それはまた既存不適格という過渡的な状況を法改正の度ごとに生じさせることも含め、ストック活用時代に向かう制度としてはなんらかの方策が求められるものとなっている。2007（平成19）年、2012（平成24）年、2015（平成27）年の改正により、漸次そういったリノベーション・コンバージョンに関係する規定整備は進みつつある状況である。

また、産業、職能の面においても、不動産の価値向上の手段としてリノベーションをプロジェクトとして企画し、実行し、販売するという事業者が、全国各地で活動をするようになっている。一方で、利用者と提供者の境界を曖昧にさせるようなDIY賃貸やコミュニティ利用などが、リノベーション・コンバージョンを単なる建築的行為ではなく、民主的な社会活動・産業として、持続可能な世界における建築と人間のかかわりのひとつのかたちが、建築学者の松村秀一が提唱する「利用の構想力」であることを示している。

年	政策	建築｜地域プロジェクト
1946	特別都市計画法公布	プレモス（前川國男）
1950	建築基準法・文化財保護法・ 建築士法・住宅金融公庫法公布	建築資材統制解除
1973		アイビースクエア（浦辺鎮太郎、紡績会社）、旧赤坂離宮の改修（村野・森建築事務所）
1982		松本・草間邸改修（降旗建築設計事務所）、慶應義塾図書館・新館（槇文彦）
1984	センチュリーハウジングシステム	TIME'S（安藤忠雄）｜第一回牛窓国際芸術祭
1986		イサム・ノグチアトリエ（イサム・ノグチ）
1988		内井邸改修（内井昭蔵）
1989		日本火災海上横浜ビル（日建設計）
1991		山口蓬春記念館（大江匡）
1993	環境基本法制定	阿部アトリエ（阿部仁史）、実験集合住宅NEXT21（大阪ガスNEXT21建設委員会）｜ 「自由工場」スタート、「SCAI THE BATHHOUSE」（Mz design studio 宮崎浩一）
1994	ハートビル法公布	北九州市門司税関（大野秀敏+アプル総合計画事務所）｜アートプロジェクト「桐生再演」、 灰塚アースワークプロジェクト開始
1995	耐震改修促進法公布	入善町下山芸術の森 発電所美術館（株式会社三四五建築研究所）
1996		NOPE（テレデザイン）、イデー・ワークステーション（クライン・ダイサム・アーキテクツ（KDa） +寺設計）｜コールマイン田川プロジェクトスタート、芦屋浜コミュニティ&アート計画開始
1997		ゼンカイハウス（宮本佳明）、金沢市民芸術村（水野一郎+金沢計画研究所）｜ 現代美術製作所（曾我高明+大岩オスカール幸男）
1998	建築基準法第九次改正	クラフトアパートメントvol.1北区同心町（アートアンドクラフト）、 早稲田大学會津八一記念博物館（早稲田大学古谷誠章研究室［古谷誠章］）、 国立西洋美術館免震レトロフィット工事｜第一回ミュージアムシティ福岡、 直島「家プロジェクト」開始
1999		京都芸術センター（京都市、株式会社佐藤総合計画関西事務所）、誠之堂 （深谷市、清水建設株式会社）｜第一回取手アートプロジェクト、 神山アーティスト・イン・レジデンス開始
2000	大店法撤廃、まちづくり三法、 コンバージョン研究会（2000-03年）、 建築基準法の性能規定化	茨城県立図書館（茨城県土木部営繕課 日建設計）、 石の美術館（隈研吾建築都市設計事務所）、みちのく風土館（阿部仁史アトリエ）｜ 青山同潤会アパートメントに関するDo+の活動、第一回越後妻有トリエンナーレ、 「空間から状況へ」展
2001	第八期住宅建設五箇年計画 （2001-05年）、J-REIT市場創設	世田谷村プロジェクト（石山修武研究室）、自由学園明日館再生、 国際子ども図書館（安藤忠雄）／第一回横浜トリエンナーレ、 同潤会大塚女子アパートメントプロジェクト「Open Apartment」、リノベーション・スタディーズ
2002	建築基準法第十次改正（シックハウス 対策）、既存住宅性能表示制度開始、 都市再生特別措置法	TDB-CE/CET（セントラル・イースト・トーキョー）、RICE+（嘉藤笑子、真野洋介、木村洋介、 長生恒之、北條元康他）、横浜赤煉瓦倉庫（新井千秋）｜食糧ビル閉鎖、 おゆみ野ワークショップ、「湯島もみじ」（中村政人+申明銀+中村鑑+佐藤慎也+岡田章）
2003		REN-BASE UK01（アフタヌーンソサイエティ（松葉力+田島則行+テレデザイン）、co-lab （田中陽明+長岡勉）、目黒区総合庁舎改築（安井建築設計事務所）｜同潤会アパートメント （青山、清砂、大塚、江戸川）の解体、「BankART1929 Yokohama」（都市基盤整備公団）
2004		Lattice 青山（竹中工務店+日本土地建物+ブルースタジオ）、北浜alley・NYギャラリー （井上商環境設計）、松屋銀座ファサード改修（大成建設）｜STOCK×RENOVATION展 （アートアンドクラフト）、東京キャナル・プロジェクト、Namura art meeting vol.00
2005	構造計算書偽造問題発覚、 首都圏新築マンション供給8万4243戸	c-MA3（リプラスホフ事業部）、リ・ストック京町家モデルハウス第一号（八清）、月影の里 （N.A.S.A設計共同体、Tsukikage Renovation）｜第一回下田アートプログラム「融点」、 セントラル・イースト・トーキョー（CET05）、第二回横浜トリエンナーレ、KANDADA（中村政人）
2006	改正建築基準法、住生活基本法、 耐震改修促進税制創設	求道学舎リノベーション（近角建築設計事務所／集工舎建築都市デザイン研究所）、 階段一体型エレベーター付加システム（首都大学東京4-Metセンター）、 国際文化会館（三菱地所設計）
2007	改正建築基準法、200年住宅ビジョン	名古屋大学豊田講堂改修（槇文彦）、霞が関ビルディング低層部改修（鹿島建設）、 Sayama Flat（長坂常+スキーマ建築計画）
2008	省エネ改修促進税制の創設、 「住宅産業のニューパラダイム」	犬島アートプロジェクト「精錬所」（三分一博志）、 YKK黒部事業所丸屋根展示館（大野秀敏+アプルデザインワークショップ）、 旧四谷第五小学校（荒木信雄）
2009	長期優良住宅認定制度、 社会資本整備審議会	リノベーションミュージアム冷泉荘（吉原住宅）、URルネッサンス計画1ストック再生 実証実験（都市再生機構）、八幡浜市立日土小学校保存再生 （日土小学校保存再生特別委員会）
2010	既存住宅売買瑕疵保険の導入	HOSTEL64 OSAKA（アートアンドクラフト）、市原市水と彫刻の丘（川口有子+鄭仁愉）、 アーツ千代田3331（中村政人+佐藤慎也+メジロスタジオ）
2011	「住生活基本計画（全国計画）」改定	URルネッサンスたまむすびテラス（都市再生機構）、ロイヤルアネックス（メゾン青樹）
2012	建築基準法施行令等の改正、 「不動産流通市場活性化フォーラム」	観月橋団地リノベーション（都市再生機構西日本支社）、 千代田区立日比谷図書館文化館リニューアル（保坂陽一郎）、旧岩波別邸解体復元
2013	既存住宅インスペクション・ガイドライン	東京駅復原（JR東日本）
2014	個人住宅の賃貸流通に資する指針、 長期優良住宅化リフォーム推進事業、 不動産鑑定評価基準改定	躯体の窓（増田信吾+大坪克亘）、花畑団地27号棟プロジェクト （都市再生機構東日本賃貸住宅本部・藤田雄介／Camp Design）、 東京大学安田講堂改修（東京大学キャンパス計画室（千葉学）・同施設部・ 香山壽夫建築研究所）
2015	宅地建物取引業法の改正、 「空き家対策特別措置法」施行	大多喜町役場（千葉学）、近三ビルヂング［旧 森五商店東京支店］ （竹中工務店（原設計：村野藤吾））、ブルーボトルコーヒー 清澄白河ロースタリー&カフェ （長坂常+山本亮介／スキーマ建築計画｜HAGISO/hanare（丸越荘） （宮崎晃吉／HAGI STUDIO）
2016	住生活基本計画（全国計画）」改定	おりづるタワー（三分一博志）、ロームシアター京都（基本設計・監修：香山壽夫建築研究 所）、みやがわベーグル（ルーヴィス）／私立大室美術館（大室佑介アトリエ）
2017	住宅セーフティネット法、 住宅宿泊事業法	時間の倉庫 旧本庄商業銀行煉瓦倉庫 （福島加津也+冨永祥子建築設計事務所・早稲田大学）、 unico（西田司／オンデザイン）、大木代吉本店（大木代吉本店プロジェクトチーム）

出典：「リノベーション・クロニクル」（HOME'S総研）、『新建築』、『新建築住宅特集』、『a+u』、LIXIL「リノベーション・フォーラム」、『建築雑誌』、『建築20世紀』（新建築社）、『日本建築構造基準変遷史』（日本建築センター出版部）、『現代建築の軌跡』（新建築社）、「リノベーション・スタディーズ」（LIXIL出版）

fig.3——リノベーション・コンバージョン年表［作成：筆者］

097

植民地建築

支配能力を示す施設・様式・構造・規則

西澤泰彦
名古屋大学 教授

十九世紀末から二十世紀前半にかけて日本が支配した植民地において日本は数々の建築を建てていった。優先的に建てられたのは植民地支配に必要な施設で、それは庁舎や病院であった。構造には煉瓦造が用いられ、その理由は都市の不燃化を図るとともに、美観を確保するためであった。当初は西欧列強国の建築が規範とされ、クイーン・アン様式やネオ・バロック様式などで建てられたが、一九三一年の満洲事変を節目として、アジア建築の様式がそのまま採り入れられるようになった。

ここで扱う「植民地建築」とは、19世紀末から20世紀前半にかけて日本が支配したアジア各地において、日本の支配とともに出現した建築の総称である。その特徴は、①各地の支配機関は支配に直接関係する建築を優先的に建てていったこと、②公的建築を中心に煉瓦造を主体とした建築が建てられたこと、③19世紀末から1920年代まで公的建築の多くは西洋建築を規範とした建築であったこと、④それぞれの支配地で建築規則が実施されたこと、の4点である。

庁舎と病院

支配機関の庁舎の新築時期を見ると、台湾総督府庁舎の竣工は1919(大正8)年だが、これは総督府設置から23年後であった。朝鮮総督府庁舎の竣工は1926(大正15)年であり、これは総督府開設から16年後であった。中国東北地方で鉄道附属地の行政を担った南満洲鉄道(満鉄)の場合、日露戦争前に建てられた商業学校の建物を本社屋に転用し、1945(昭和20)年まで使い続け、本社屋は新築されなかった。

一方、台湾総督府は1897(明治30)年から台北医院の新築を開始し、その一期工事は1898(明治31)年に竣工した。朝鮮総督府は、統監府が1907(明治40)年に大韓帝国に建設させた大韓医院を引き継いで朝鮮総督府医院とし、4棟の病棟を加え、その工事は1911(明治44)年に竣工した。満鉄は、1908(明治41)年から1909(明治42)年にかけて、奉天、長春、鉄嶺、遼陽、撫順で病院を新築した。

庁舎と病院の規模と工期を勘案しても、優先的に建てられたのは庁舎ではなく、病院であったことは明らかである。その理由はふたつあった。ひとつは、日本国内とは気候風土の異なる支配地に移動した日本人の生活の安定のためである。もうひとつは、支配者と被支配者の区別なく人を襲う病魔、とくに、マラリア、ペスト、赤痢、コレラといった伝染病への対応である。伝染病が流行すれば、社会は混乱する。病気への対応を適切におこなうことで、被支配者の生活を向上し、それをもって日本の支配を正当化し、かつ、欧米列強に日本の支配能力を示すことができた。病院は、支配に必要不可欠な施設であった。

煉瓦造の推進とその意味

煉瓦造が主体構造になった理由は、建物の耐火

fig.1――1919(大正8)年竣工の旧台湾総督府庁舎

1907(明治40)–1908(明治41)年に設計競技をおこない、実質的に1等であった乙賞の長野宇平治案をもとに、台湾総督府営繕課技師の森山松之助が、塔を高くし、構造をカーン式RC造とするなどの改変を施した。現在は中華民国総統府として使われている。[撮影:筆者]

fig.2――1917(大正6)年刊行の『南満洲写真帖』に掲載された大連・大山通

1905(明治38)年に実施された大連市家屋建築取締仮規則により、建物の軒高を27尺(当初規程は30尺)以上にすること、耐火建築にすることが求められた結果、写真のように階高の高い煉瓦造2階建の建物が軒を連ねる街路空間が出現した。

fig.3——ネオ・バロック様式の外観をもつ1926（大正15）年竣工の旧朝鮮総督府庁舎

朝鮮王朝の王宮であった景福宮の中に建てられたことや、「日」の字を寝かした平面形状をもつことから、韓国では、日本による植民地支配の象徴的存在として扱われている。建物は、戦後、韓国中央庁として使われたのち、1986（昭和61）–1995（平成7）年には韓国国立中央博物館として使われたが、その後、解体された。[撮影：筆者（1993年）]

性能を確保することで都市全体の不燃化を図り、また、煉瓦造の建物が軒を連ねることで都市の美観を確保するためであった。これは、それぞれの地域で実施された建築規則によって誘導された。これらの動きと並行して、台湾では、植民地支配の初期に建てられた下見板張りの木造建築がシロアリ被害を受け、その対策のひとつとして煉瓦造が導入された。朝鮮半島では、煉瓦が建築材料として安価で手軽な材料であったため、煉瓦造が普及していった。満鉄沿線の鉄道附属地では、断熱効果の高い煉瓦を壁体に使うことで寒冷な気候に対応する建物が建てられた。

このように、日本の支配地での煉瓦造建物の普及は、結果として洋風建築が軒を連ねる景観を生み出した。それは、建物の躯体構造が煉瓦造になることで、必然的に建物が洋風建築になったためである。

ところが、鉄筋コンクリート造（以下、RC造）の導入については、支配地の事情が異なっていた。台湾では、シロアリ対策の一環と頻発する地震に対応するため、20世紀初頭からRC造が積極的に用いられた。これは、世界的に見ても早い例であるが、同時に鉄筋の腐食によるコンクリートの破壊やコンクリートの中性化というRC造特有の問題も台湾が世界で最初に経験する地となった。また、1920–1930年代の大連など満鉄沿線の都市では、豊富な煉瓦生産を背景に鉄筋コンクリート・ラーメン構造に煉瓦の壁体をつくるという構造形式が一般化した。

満洲事変がもたらした建築様式の変化

日本の植民地建築の建築様式は、1930年代初頭を区切りとして、その前後で大きな変化が生じた。20世紀初頭の東アジア地域に対する日本の支配は、欧米列強諸国との協調関係を基軸に進んだ。そのなかで、日本は植民地支配能力を示す必要があり、それを認めてもらうことで、支配を維持していた。そのためには、東アジア地域における列強支配地に建てられた建物と比較可能な建物を日本の支配地に建てる必要があった。その典型は、クイーン・アン様式の延長線上に位置する辰野式建築となった台湾総督府庁舎と、近世復興式と呼ばれたネオ・バロック様式で建てられた朝鮮総督府庁舎であった。

ところが、1930年代になると、関東軍司令部、満洲国国務院庁舎、朝鮮総督府美術館、高雄市庁舎のように、日本建築、朝鮮建築や中国建築の意匠を取り入れた庁舎や公共建築が建てられていく。このような様式の変化の境目は満洲事変（1931（昭和6）年）と満洲国の成立（1932（昭和7）年）であった。満洲事変によって列強諸国との協調体制からはみ出た日本にとって、他国に支配能力を認めさせる必然性はなく、東アジア地域における列強諸国の建築と比較されるべき建築を建てる必然性もなくなった。

植民地建築の建築様式の変化は、当時の日本を取り巻く国際関係に依拠していた。

不燃化・衛生・美観を確保した建築規則

台湾総督府は設立から4年後の1900（明治33）年に台湾建築規則を、朝鮮総督府は設立から3年後の1913（大正2）年に朝鮮市街地建築取締規則を実施した。また、関東都督府は、設立以前の1905（明治38）年に公布されていた大連市家屋建築取締仮規則を継続実施した。さらに満鉄鉄道附属地の行政を担当していた満鉄も1907（明治40）年に家屋建築制限規程を実施した。これらの建築規則に共通していたことは、個々の建物の不燃化と衛生状態の向上を目指しながら、市街地全体の不燃化と衛生状態の向上を確保するものであった。さらに、台湾や大連、満鉄鉄道附属地で実施された規則では、建物高さの最低限を規定するなどにより市街地の美観の確保も図られた。

ところで、これらの建築規則は、いずれも支配機関の設立からわずかな時期の間に公布、施行されている。それは、これらの支配機関が、政策として市街地での居住環境の向上を重視していたことを示していた。

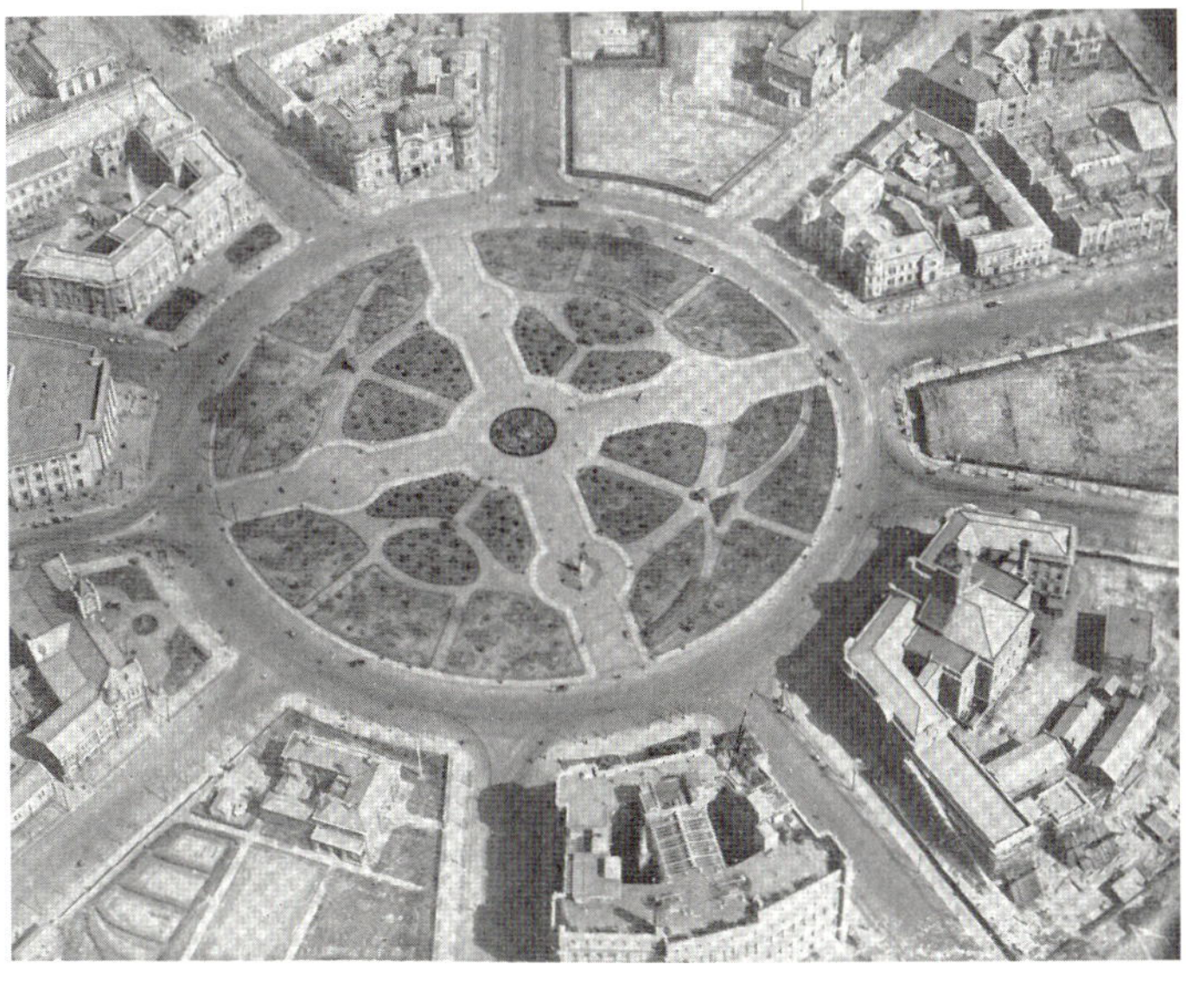

fig.4——1930（昭和5）年刊行の『日本地理体系』に掲載された大連大広場の航空写真

円形広場に面する10街区のうち、7街区は日本の支配に関係する機関の建物が建てられた。7棟の植民地建築のうち、6棟は西洋建築を規範としたゴシック、ルネサンス、バロック様式であり、唐破風や組物、木鼻を装飾に付された大連市役所庁舎も全体としては、バロック建築の手法で全体形が設計されていた。

098 容積率規制

都市の密度を制御する手法

大澤昭彦
高崎経済大学 准教授

建物の延べ面積が増えれば活動人口が増加し、道路や上下水道などのインフラへの負荷も大きくなる。容積率規制は敷地面積に対する延べ面積の割合を制限することで、都市内の建築物の床量とインフラの供給・処理能力とを均衡させようとする手法だ。かつては都市の密度規制を絶対高さと建蔽率の制限による間接的な手法で行っていたが、高度経済成長期におけるビルの大規模化、高層化に対応する形で、容積率による規制へと変わっていった。

100尺規制（31m規制）の時代

かつて都市の密度規制は、絶対高さ制限と建蔽率制限による間接的な手法が採用されていた。いわゆる100尺規制（31m規制）である。市街地建築物法（1920（大正9）年施行）によって、用途地域ごとに絶対高さの上限を規定したものだ。住居地域が65尺（1931（昭和6）年に20mへ変更）、商業地域・工業地域などが100尺（同31m）に制限された。100尺は既存の高層ビルの高さやロンドン建築法の高さ制限などを根拠とし、65尺は4階から5階建てが建設できる高さとして決まった[fig.2]。いずれも科学的根拠があったわけではない。戦後まもなく絶対高さ制限の見直しが検討されたものの、1950（昭和25）年に成立した建築基準法でも継承された。

1950年代の経済復興に伴うビルブームで建物は大規模化していった。同じ31mのビルでも、戦前に竣工した丸ノ内ビルヂング（1923（大正12）年）の容積率は約650%だが、高度成長期に入ると大手町ビル（1958（昭和33）年）や日比谷三井ビル（1960（昭和35）年）など、1,000%を超えるビルも建設された。高さ31m制限下で床面積を増やすには、建蔽率を大きくするか、階高を低くして階数を増やすしかない。その結果、市街地のオープンスペースは不足し、室内環境も悪化。床面積の増大によって周辺の交通渋滞も深刻化した。31m規制の弊害が顕在化し、容積率による直接的な密度規制を求める機運が高まっていった。

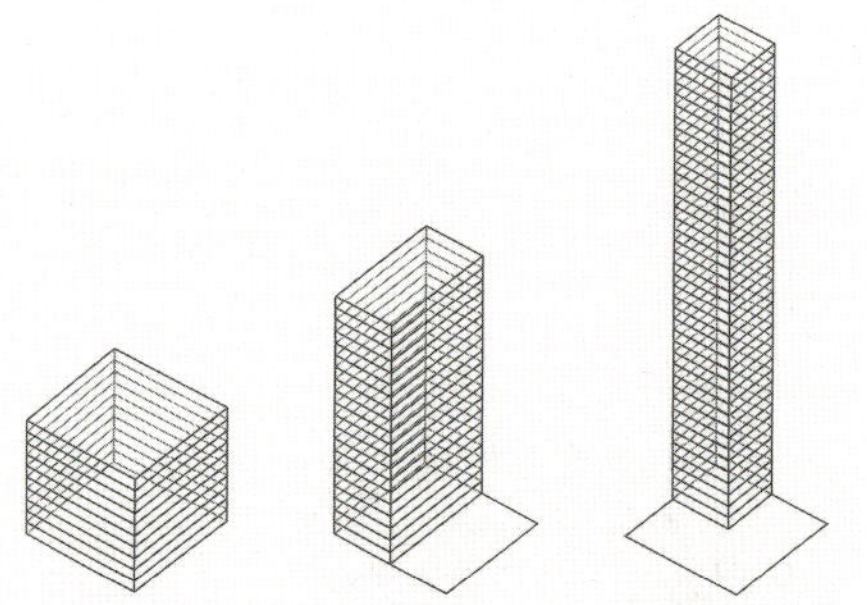

fig.1——容積率規制のイメージ

容積率=延べ面積÷敷地面積×100%。上の3つのビルはいずれも容積率1,000%だが、ビルの建蔽率を小さくして空地を取るほど高層化が可能となる。容積率規制は、従前の絶対高さ制限による密度制限と異なり、直接的に建物のボリュームを制御し、建物の形態の自由度が確保できる点に特徴がある。［出典：『高層建築物の世界史』］

fig.2——100尺規制の街並み（丸の内・行幸通り）

100尺の数値は、既に建っていた東京海上ビルヂング（1918（大正7）年／写真右）や、当時計画中だった丸ノ内ビルヂング（1923（大正12）年／写真左手前）などの高層ビルの高さのほか、ロンドンをはじめとする海外の高さ制限値、消防車のはしごが届く距離、ラウンドナンバーが考慮されて決まった。［出典：笠原敏郎『建築法規』岩波書店、1940年］

容積率規制の確立

わが国最初の容積率規制が、1961（昭和36）年創設の特定街区制度である（すでに空地地区制度があったものの趣旨は異なる）。区域内では絶対高さ制限などが適用除外となる代わりに容積率制限がかかる仕組みだ。インフラへの負荷を踏まえて指定容積率は最大600%に抑えられた（当時ロンドン中心部での指定容積率が550%）。高さは建築技術の限界から45m程度が想定されていた。しかし、31m規制下でも容積率1,000%以上のビルが建設可能だったことから経済的利点は少なく、活用は進まなかった。

翌1962（昭和37）年は日本が超高層化に向けて舵を切る分岐点となった。3月に「建築物の適正設計震度に関する研究——超高層建築への新しい試み」（日本国有鉄道、日本建築学会、日本鉄道技術協会）が公表され、地震国日本でも25階建て程度の超高層ビルが実現可能との結論が示された。8月には河野一郎建設大臣が絶対高さ制限の見直しを指示。翌1963（昭和38）年7月の建築基準法改正で容積地区制度が創設された。区域内の絶対高さ制限が解除され、容積率で規制される点は前述の特定街区と同じだが、広域的な指定も可能な点が大きく異なる。容積率のメニューは既存のビルなどに配慮して最大1,000%。1964（昭和39）年に東京で最初の容積地区が指定され、1,000%は丸の内周辺と西新宿で適用された[fig.3]。指定容積率は、絶対高さ制限下での実質許容容積率との乖離を小さくする必要から、比較的緩やかな規制値となった。

また、この法改正では特定街区制度の見直しも行われている。1961（昭和36）年にニューヨークで導入されたプラザボーナス制度を参考に、広場をもつ街区単位の計画に対し、容積地区で定めた指定容積率を緩和する制度に再編された。改正特定街区の第1号が霞が関ビルディングで、高さ147mの超高層ビルの足元には72%の空地が設けられた[fig.4]。容積制と高層建築技術が31m規制のくびきから都市空間を解放し、日本は本格的な超高層ビルの時代を迎えることとなる。

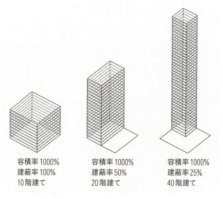

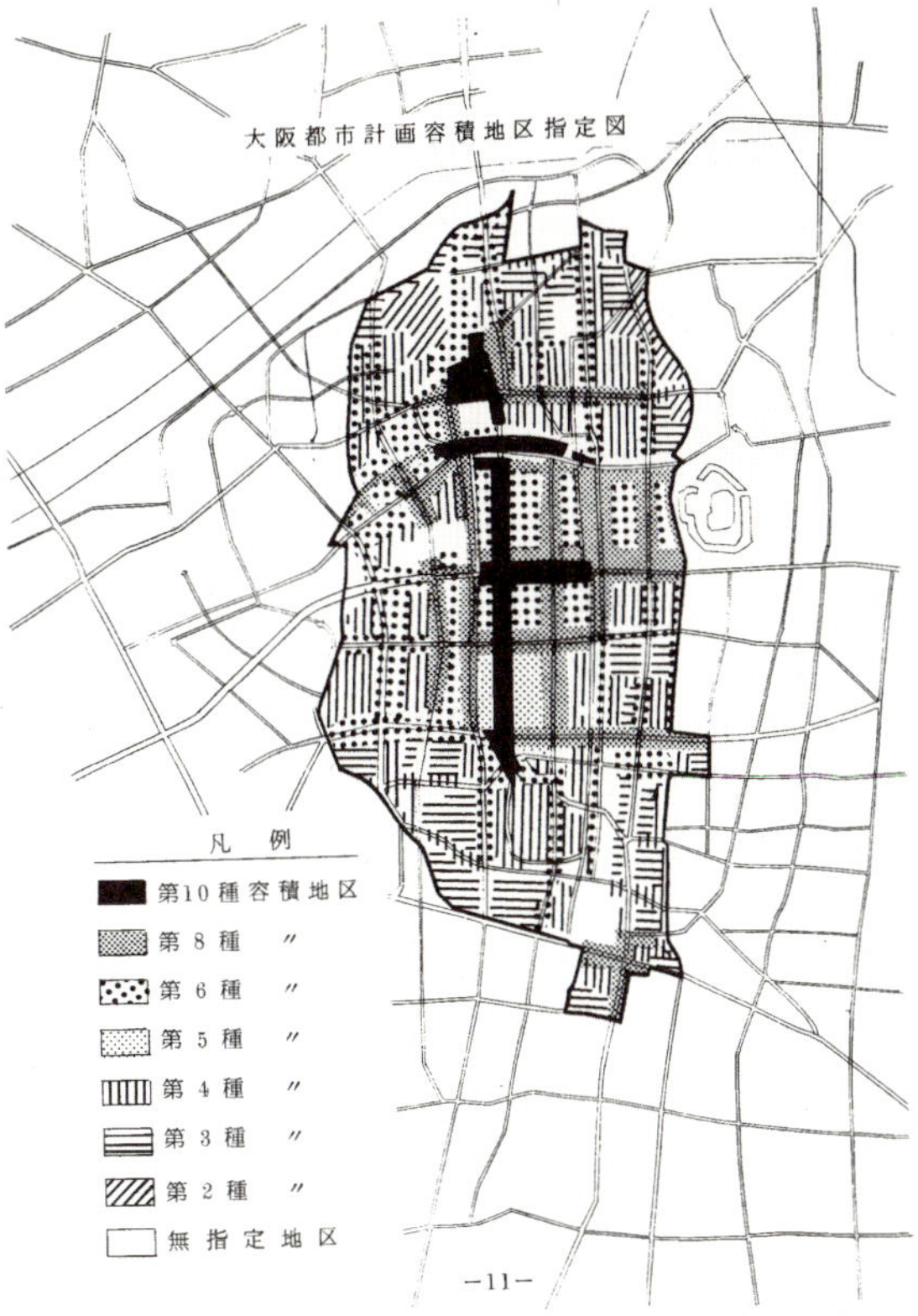

fig.3——東京容積地区(1964(昭和39)年10月23日告示)と大阪容積地区(1969(昭和44)年4月9日告示)

容積地区制度は第1種100%から第10種1000%までの10種類。東京容積地区は環状6号線と荒川放水路の内側14,634haに指定。容積率の設定は、1985(昭和60)年の建物総床面積を推計し、各地区に配分するかたちで検討された。ただ、この推計値は従前の絶対高さ制限下での許容容積率を大きく下回るために、結果的に推計値の約2倍の容積率を指定。容積地区は東京と大阪の一部のみで活用され、1970(昭和45)年の容積制全面導入に伴い廃止された。[出典:『建築行政』Vol.13 No.70、1964年/大阪市『大阪都市計画容積地区指定』1969年]

そして、1970(昭和45)年の建築基準法改正で現在につながる容積率規制の骨格が確立する。20mと31mの絶対高さ制限は撤廃となり、容積制が全面導入された。同時に創設された総合設計制度は、いわば特定街区制度の簡易版で、個別敷地単位で容積率の割増をインセンティブに公開空地を創出する制度として、タワー・イン・ザ・パーク型高層ビルの普及を後押ししていった[fig.5]。

容積率緩和制度の展開

容積制の確立以後、民間の資本や創意工夫を活かした都市開発の促進を旗印に、さまざまな容積率緩和が講じられた。オフィス需要が拡大した1980年代には、過剰資本を都市再開発に振り向ける規制緩和が進み、バブル崩壊後は景気浮揚や都市再生を意図した容積緩和が展開していった。従来の総合設計制度などの拡充に加え、1988(昭和63)年の再開発地区計画(現、再開発等促進区)をはじめ、地区計画制度を活用した緩和制度が次々と創設された。2002(平成14)年に制度化された都市再生特別地区では、民間事業者の提案に基づく大幅な容積緩和が可能となった。

制度の拡充にあわせて緩和要件も多様化していった。公開空地に加えて、空洞化した都心部での住宅の供給、駐車場や文化施設の設置、老朽化したマンションの建て替え、歴史的建造物の保存なども緩和の対象となった。緩和制度が政策課題の解決手段のひとつとして位置づけられ、民間開発を通じて多様な公共貢献機能の創出につながった。

だが、容積率の緩和には批判も少なくない。もともと指定容積率が緩いことに加え、一連の規制緩和が過度な高層ビルの林立を促し、景観や住環境の悪化、学校不足や交通混雑の要因ともなったためである。一方、容積率規制自体を疑問視する立場から、規制を撤廃して、交通渋滞はピークロードプライシングなどの手段で抑制し、景観や市街地環境は高さ制限や壁面位置の制限で守る方が合理的との見解もある。

容積率規制が本来の「建築容量と都市インフラの均衡」といった目的から離れ、経済指標のひとつとなりつつある。人口減少が進み都市構造の再編が求められる現在、容積率規制のあり方も再考する時期に来ているのかもしれない。

参考文献

1——大澤昭彦『高さ制限とまちづくり』学芸出版社、2014年
2——大澤昭彦『高層建築物の世界史』講談社、2015年
3——八田達夫 編『都心回帰の経済学——集積の利益の実証分析』日本経済新聞社、2006年
4——柳沢厚「容積インセンティブ手法の系譜と今後」『都市住宅学』17号、都市住宅学会、1997年

fig.4——霞が関ビルディング(1968(昭和43)年)

日本で初めて高さ100mを超えた高層ビル。1963年の建築基準法で改定された特定街区制度を活用し、72%の空地を設けることで指定容積率が700%から910%に緩和。築地1丁目街区(電通ビル)、常盤橋街区(日本ビル、朝日生命ビル、大和証券ビル)とともに、東京の特定街区指定第1号である(いずれも1964(昭和39)年8月26日決定)。[提供:三井不動産(株)]

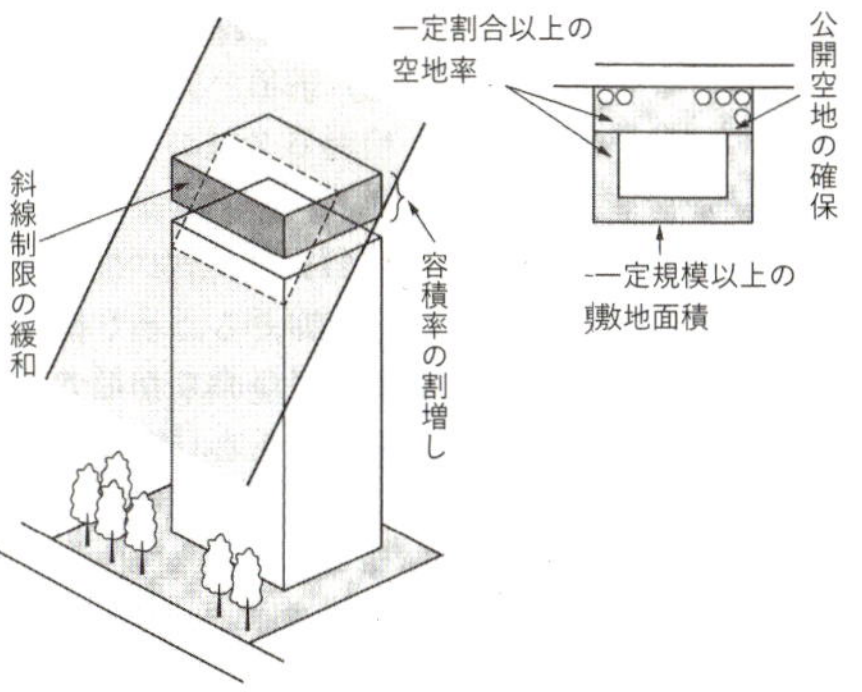

fig.5——総合設計制度

一定規模以上の公開空地や敷地規模を確保し、市街地環境の整備改善に資すると認められる建築物に対して、容積率や斜線制限などを緩和する制度。規制緩和をインセンティブとして、土地の高度利用や市街地内のオープンスペースの創出、その他公共貢献に寄与する各種機能の導入を図ることが目的。[出典:饗庭伸、鈴木伸治 編『初めて学ぶ都市計画(第二版)』市ヶ谷出版社、2018年]

3 法制度

099 ユニバーサルデザイン

障害者のためのバリアフリーから人類共通の課題に

高橋儀平
東洋大学 名誉教授

一九八〇年代に日本社会で定着したバリアフリーは、世の中に存在する物的環境、市民意識、情報、制度の障壁を除去する概念であった。一方、二〇〇〇年代以降に広まったユニバーサルデザインは、できる限り多くの人が利用できる空間、環境、もの、サービスをデザインすることである。両者に共通しているのは、既存のバリアを除却し、新たなバリアをつくらないために、多様性を認め、差別のない社会環境および都市を目指していることである。

バリアフリーの発祥

「バリアフリー」という言葉が日本社会に定着したのは1980年代以降である。それ以前の活動は、車いす使用者や市民による、障害者の生活圏拡大運動[注1]と呼ばれる。1971（昭和46）年秋、仙台市の車いす使用者とボランティアが中心となり、「福祉のまちづくり」の呼称で、市内の商業施設や公共施設のトイレや出入り口を改善する運動が始まった。1973（昭和48）年9月には、この仙台の取り組みを全国の障害者に知らせる「車いす市民交流集会」[fig.1]が仙台市内で開かれた。厚生省は、1973（昭和48）年度から「身体障害者福祉モデル都市事業」を創設、1973（昭和48）年度には人口30万人以上の全国6都市[注2]を指定した。1974（昭和49）年、国連障害者の生活環境問題専門家会議の報告書『バリアフリーデザイン』[fig.2]が国際リハビリテーション協会から出版され、わが国にバリアフリーデザインの概念が伝播した。同報告書の一部には、「バリアフリーデザインの問題は、障害者のためだけではなく、高齢者、子どもをふくむすべての人々の生活環境への問題である」との指摘がある。

fig.1——第1回車いす市民交流集会（1973（昭和48）年仙台市）

日本におけるバリアフリーのまちづくり運動の幕開け集会であり、その後2000（平成12）年初頭まで2年毎に全国主要都市で開催され、多くの当事者がバリアフリーの担い手になった。[所蔵：筆者]

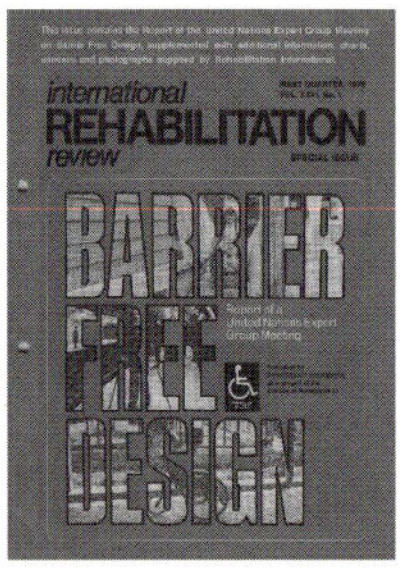

fig.2——『国連による障害者の生活環境問題専門家会議報告書』（1974（昭和49）年）

リハビリテーション世界会議の定期刊行物で紹介され、高齢者や乳幼児連れへの対応を含むユニバーサルデザインの思想が包含されていたことが判明している。

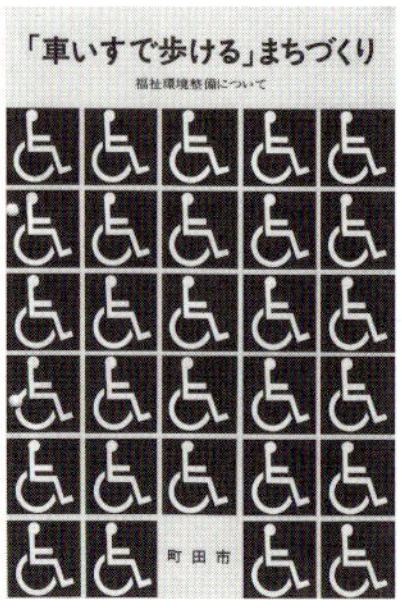

fig.3——『町田市福祉環境整備要綱・ガイドブック』

1974（昭和49）年要綱が制定され、駅や公共建築物のみでなく共同住宅のバリアフリーも規定した。福祉のまちづくり条例が制定される1990年代前までに、全国で約60自治体が要綱または福祉のまちづくり整備指針を制定した。

福祉的環境整備とハートビル法

1974（昭和49）年、「車いすで歩けるまちづくり」を標榜していた町田市が、全国の自治体で初めて、建築物のバリアフリー配慮を求めた「福祉環境整備要綱」[fig.3]を制定し、全国各地の自治体が道路や公共施設のバリアフリー化を始める大きな契機となった。要綱は、建築確認申請前の事前協議でバリアフリー基準に適合しているか否かをチェックし、建築主に必要な助言を行うものであった。その後、神奈川県や兵庫県は建築基準法第40条を活用して、基本的なバリアフリー基準（国際アクセスシンボルマークの基準）を、建築基準法の許認可のプロセスに施行条例として導入することに成功した（1990（平成2）年）。一方、大阪府と兵庫県は、アメリカで制定されたADA（アメリカ障害者法1990）[注3]に影響を受け、福祉的環境整備要綱や指針の強化を図る目的で、福祉のまちづくり条例[注4]を1991（平成3）年に制定した。この条例化の検討過程には多数の障害者が参加し、のちに公共施設やバリアフリー政策の立案過程に障害当事者が参加する仕組みへと広がっていった。しかしながら、同条例は建築基準法と異なる地方自治法を根拠としたために、建築の許認可権まではなかった。

1994（平成6）年ハートビル法（高齢者、身体障害者等が円滑に利用できる特定建築物の建築の促進に関する法律）が建築基準法とは切り離されて制定される。その結果、ハートビル法もまた、特定行政庁の指導や助言にとどまったが、同法により初めてバリアフリー基準が全国で標準化されることとなったことは評価されてよい。2005（平成17）年国土交通省では、超少子高齢化社会に備えた都市、公共施設整備の在り方を検討し総合的なバリアフリーのまちづくりを目指したユニバーサルデザイン政策大綱を策定した。国による本格的なユニバーサルデザイン施策の登場である。2006（平成18）年12月には、交通バリアフリー法（2000（平成12）年）とハートビル法を合体したバリアフリー法[注5]が施行され、道路、公共交通機関、公園、車両、建築物などを対象に、高齢者、障害者などの市民生活に合わせて、一体的かつ連続的に整備することが求められるようになる。建築物に対しては、延べ面積2,000m^{2}以上の特別特定建築物にバリアフリー化を義務づけし、さらに同法14条で地方公共団体が、地域の特性に合わせて独自に建築物のバリアフリー化を強化することができる委任条例の制定を可能とした。

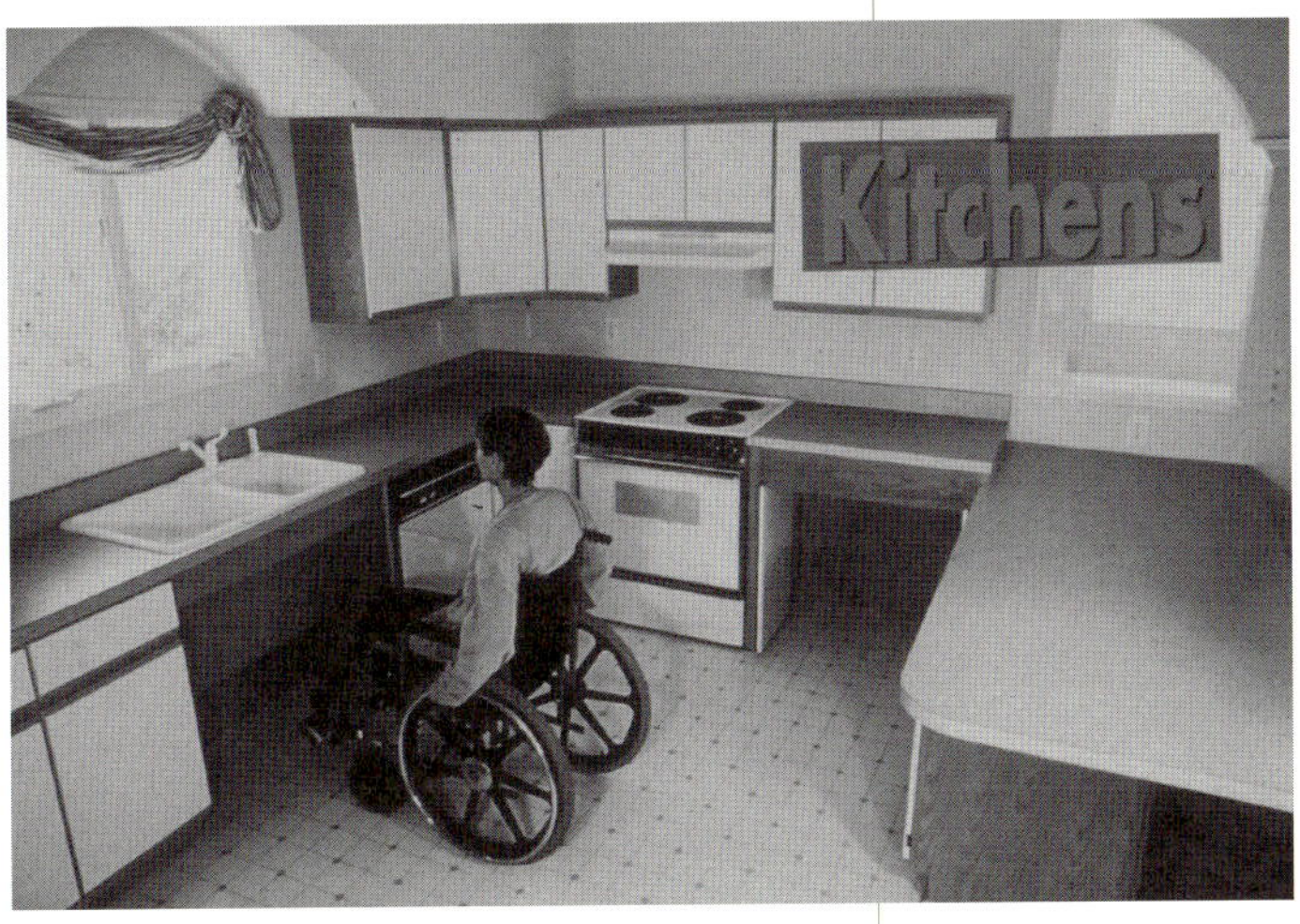

fig.4——ユニバーサルデザインのキッチン

ロン・メイスたちが考えた初期のユニバーサルデザインキッチン。車いすで移動できるアクセス空間を確保し、必要な時にキャビネットなどの設備を簡単に取り外したりできるデザインを提案している。[出典:Adaptable Housing啓発用スライド]

fig.5——ユニバーサルデザイン・ワークショップ

(仮称)ぬまづ健康福祉プラザ基本設計段階でのワークショップ(2005(平成17)年)、ワークショップは構想、プロポーザルコンペ、基本設計、施工の各段階で行われた。[撮影:筆者]

ユニバーサルデザインの発祥

ユニバーサルデザインは、1985(昭和60)年、自身も車いすを使用する建築家であり工業デザイナーであったロナルド・メイスが提唱した[注6][fig.4]。メイスは、「ユニバーサルデザインとは、追加的なコストを殆どかけずして、建物や施設の設計が障害の有無に関わらずすべての人々にとって魅力的かつ機能的となるようなデザインのあり方である。(中略)われわれの社会には、なんらかの障害のある人々が数多く存在するが、建築家や設計者の多くは自らが設計する建築物や製品がそういった人々の生活にどれだけ甚大な影響を及ぼしているのかをほとんど認識していない」と指摘した[注7]。2006年国連障害者の権利条約では、障害は社会の環境や制度によるものであるという「社会モデル」の考え方を提示されたが、メイスの指摘も同じ根底に位置づけられる。1997(平成9)年、米国でユニバーサルデザインの7原則[注8]が公表された。7原則ではすべての人の公平性を最初に掲げ、最後にユニバーサルデザインはすべての人が異なるという前提に立ち、個々のスペースや寸法の違いを認識することが重要であると説いている。この考え方が今日のユニバーサルデザインにとって極めて重要である。

ユニバーサルデザインの今後

日本では7原則の公表直後から、21世紀の超高齢社会を見据えた次世代型デザインコンセプトとして建設業界、家電、自動車メーカーなどで取り組みが開始された。自治体では静岡県が1999(平成11)年全国で初めてユニバーサルデザイン室を開設し、全国の自治体施策に影響を与えた。日本でのユニバーサルデザインの展開には大きな特徴がある。それは徹底した障害者参加の仕組みであり、福祉のまちづくり運動から受け継がれた遺産でもある。参加のプロセスは世界中の障害者の共通言語ではあるが、日本では空港や庁舎などの公共建築物のプロセスでは徹底している[fig.5]。2020(令和2)年東京オリンピック・パラリンピックのメイン会場である新国立競技場、都立競技場の建設プロセスにおいても障害者参加が推進されている。そして、2017(平成29)年2月にはオリンピック・パラリンピック関係閣僚会議により「ユニバーサルデザイン2020行動計画」[fig.6]が策定され、わが国の今後の都市・建築、交通機関などの持続的発展におけるハードとソフトの一体的かつ重要な方向性が提示された。同行動計画でも今後障害者の政策立案過程への参加と評価が大きな柱となる。

これからの課題

心身機能の低下や事故は年齢を問わず不意に私たちを直撃する。これからのバリアフリーやユニバーサルデザインは、すべての市民が災害や事故、犯罪からの危険回避を目標とした、安全・安心・快適なコミュニティの形成に寄与しなければならない。移動や生活のバリアを除却することは人類共通の課題であり、建築家や経営者の基本的な使命である。

注釈

注1——1969年仙台で身体障害者の生活圏拡大運動が始まる。活動は国際アクセスシンボルマークを公共施設や駅に貼付するためのトイレや入口のバリアフリー改善運動である。

注2——1973(昭和48)年厚生省は最初のモデル都市事業として、仙台市、高崎市、大宮市、町田市、京都市、北九州市の全国6都市を指定した。

注3——米国の公民権法。雇用、公共的サービス、施設、情報(通信)サービスの場面で障害を理由としたあらゆる差別を禁止したもの。日本では2013(平成25)年6月障害者差別解消法が成立し、2016(平成26)年から施行されている。

注4——福祉のまちづくり条例の狙いは、市町村によってバラバラな福祉のまちづくり要綱や指針を統一していくこと、道路や交通機関、建築物や公園のバリアフリー化、福祉のまちづくり推進体制、市民、事業者への啓発の役割を担った。

注5——正式名称は高齢者、障害者等の移動等の円滑化の促進に関する法律という。2006年の国連障害者の権利条約、2013(平成25)年の障害者差別解消法の制定、東京2020オリンピック、パラリンピック大会の開催を見据えて2018(平成30)年5月に改正された。

注6——1941-1998年。ノースカロライナ州立大学アクセシブル・ハウジング・センター(1989年設立、1996年ユニバーサルデザインセンターへ名称変更)の創設者[出典:Universal Design, AIA, Designers West, Nov. 1985]。

注7—— Ronald L. Mace, *Universal Design*, Designers West, AIA Nov.1985, pp.147-152

注8——①公平性、②柔軟性、③単純性と直感性、④認知性、⑤安全性と許容性、⑥効率性、⑦サイズとスペース

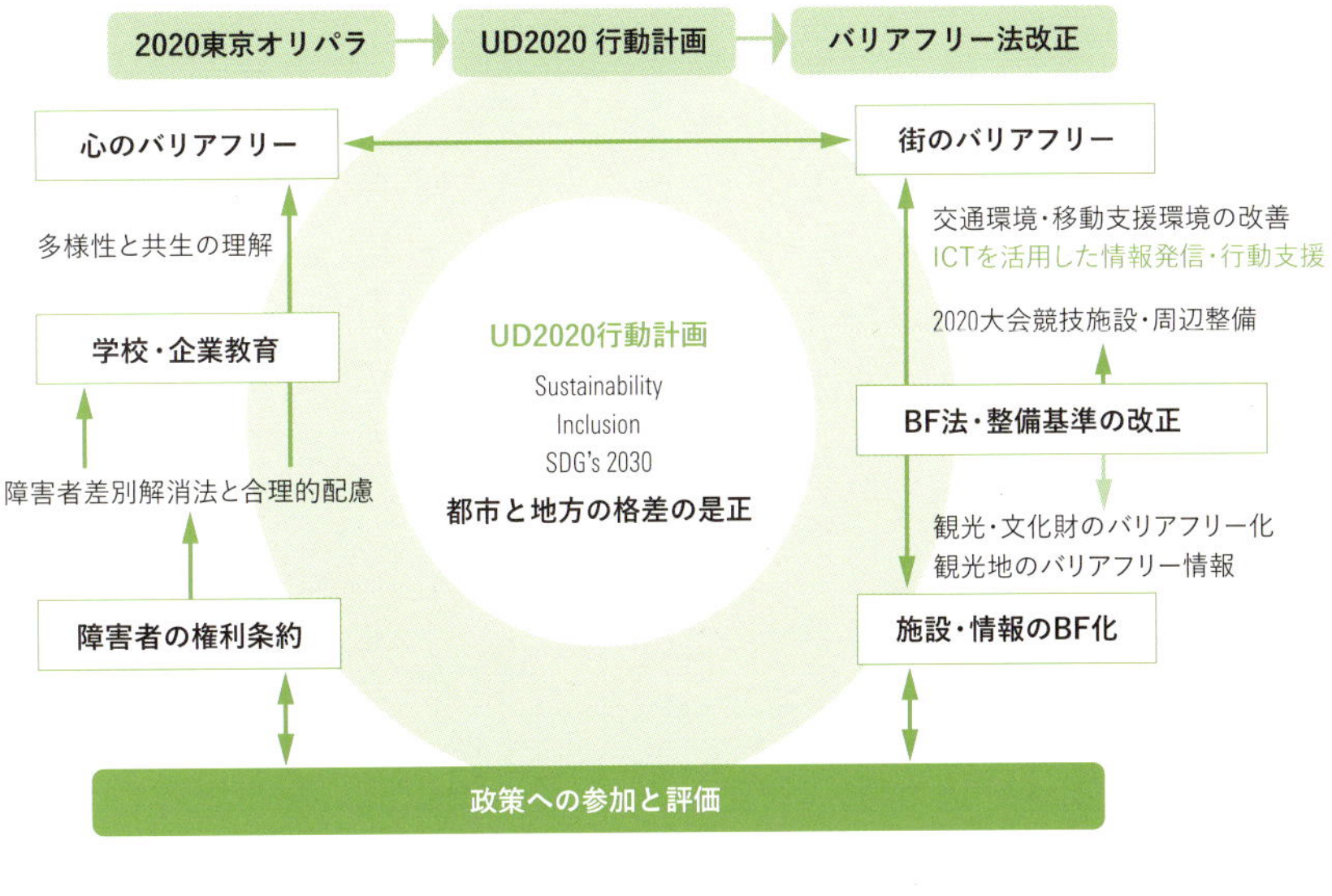

fig.6——ユニバーサルデザイン2020行動計画[作成:筆者]

100

建築基準の性能規定化

設計の自由度を高め新技術の導入を促進する法体系に

五條 渉
一般財団法人日本建築防災協会 技術総括参与

使用できる寸法、形状、使用材料などを具体的に定める仕様規定に対し、一定の性能さえ満たせばよいとするのが性能規定である。性能規定では多様な材料、設備、構造方法を採用することが可能で、設計の自由度が高まり、新しい技術や海外資材の導入もやりやすくなる。建築基準法は仕様規定を主とし、例外については法第三十八条によって認定する方法を採っていた。しかし二〇〇〇年の建築基準法改正により、建築基準の性能規定化が行われた。

はじめに

1998（平成10）年公布・2000（平成12）年施行の建築基準法の改正（以下、2000年改正）により、建築基準の性能規定化が行われた。改正のポイントは、「一定の性能さえ満たせば多様な材料、設備、構造方法を採用できる規制方式（性能規定）を導入する」ことであり、改正の効果は、「性能規定化で、仕様基準を満たす必要がなくなり、設計の自由度が高まる」ことと「性能基準が明確になるため、技術開発や海外資材の導入が促進され、より合理的で低コストの技術等の円滑な導入や市場の活性化が期待される」ことであった［注1］。以下、本稿では、建築基準法の単体規定を対象に、それ以前の状況と比較しつつ、この性能規定化によって何が実現したかや、関連する課題などについて述べることとする。

2000年改正以前の状況から法第38条認定の時代

1950（昭和25）年の建築基準法制定時に法第38条の規定が設けられた［fig.1］。当時の事情を知る前川喜寛氏によれば［注2］、この規定は、「進歩の早い技術というものを主体とする法」において、「優れた技術が固定的な法のために排除されること」を防ぐために考え出されたものであり、「実現を阻んでいる抵触条文の排除という消極作用」を目指していた。

このような運用方針は、1965（昭和40）年の「200号通達」［fig.2］によって転換され、「現行の規定によっては、性能もしくは安全性についての判断ができないもの」および「現行の規定の予想する範疇を超えたもの」が、法第38条の認定を要するものとして扱われることとなった。これにより新たに認定対象となったものの代表例が、高さが45m（純鉄骨造の場合31m）を超える高層建築物［注3］である。この背景には、1963（昭和38）年に容積地区制度により31mの絶対高さ制限の適用除外が可能となったこと［注4］や、1965（昭和40）年に日本建築センターが設立され、認定申請前に技術的な評価を受けるための審査体制が整えられたことなどがある。高さ100mを超える超高層建築物として初めて認定を受けたのが霞が関ビルディング［fig.3］であり、1988（昭和63）年竣工の空気膜構造の東京ドーム［fig.4］などの新たな技術を用いた建築物が法第38条認定により実現した。また、200号通達では、個別の建築物ではなく、一般に適用・使用されるものの認定（一般認定）を行うことも明確にされ、工業化住宅、各種の部材・材料などが認定を取得し、普及した。

この章の規定又はこれに基く命令若しくは条例の規定は、その予想しない特殊の建築材料又は構造方法を用いる建築物については、建設大臣がその建築材料又は構造方法がこれらの規定によるものと同等以上の効力があると認める場合においては、適用しない。

fig.1——制定時の建築基準法第38条

法制定時の条文。「この章の規定」とは、建築基準法第2章のいわゆる単体規定。後述のとおり、2000年改正で廃止されたが、2015（平成27）年にほぼ同内容の条文として復活した。

1 次の各号に該当する建築材料又は構造方法については、建築基準法第38条の規定に基づく建設大臣の認定を受けるものとする。

一 現行の規定に適合しない特殊な材料又は構造方法

二 現行の規定によっては、性能もしくは安全性についての判断ができない特殊な材料又は構造方法、すなわちプラスチックス等の新材料、もしくはプラスチックスによる建築物等の特殊な構造方法で現行規定には性能、安全性等についての基準が定められていないもの、あるいは純鉄骨造で高さが31mを超える建築物もしくは高さが45mを超える高層建築物等現行の規定の予想する範疇を超えたもの。

fig.2——昭和40年建設省住指発第200号「特殊な建築材料、構造方法の取扱いについて」（適用対象関係部分の抜粋）

従来は抵触規定がある場合に法第38条認定を要するという運用がなされていたが、「性能・安全性が判断できないもの」や「予想する範疇を超えたもの」が対象に追加され、認定件数が増大した。

2000年改正による性能規定化

法第38条認定は、手続きに一定の負担と期間を要すること、現行規定によるものと「同等以上の効力」というクライテリアが必ずしも明確ではないことなどから、より柔軟な制度への転換を求める声があがっていた。また、とくに木材の輸出拡大を図ろうとしていた北米諸国から、木造に厳しい防火関係規定の緩和が強く要請されていた。2000年改正による性能規定化は、そうした状況のなかで、建築審議会による「二十一世紀を展望し、経済社会の変化に対応した新たな建築行政の在り方に関する答申」をふまえて行われたものである［注5］。

1980年代から、ヨーロッパ諸国などにおいて、建築基準の性能規定化を行う国が増加しつつあり、建築基準全体を性能規定型の階層構造に再構成したオーストラリア［fig.5］などの国があるなかで、日本の「性能規定化」は、建築基準の全体構成はそのまま維持し、一部の規定に性能規定的な構成を取り入れるかたちをとった［fig.6］。

構造関係規定は、従来から性能規定的な構

fig.3——霞が関ビルディング

1968(昭和43)年に竣工し50周年を迎えた高さ147m、36階建の超高層ビル。1966(昭和41)年に法第38条に基づく大臣認定を取得している。その後、高さ150mを超える世界貿易センタービルディングが1968(昭和43)年(竣工は1971(昭和46)年)、200mを超える新宿住友ビルディングが1972(昭和47)年(竣工は1974(昭和49)年)に大臣認定を取得して建築されるなど、本格的な超高層建築物時代が到来した。[提供:三井不動産(株)]

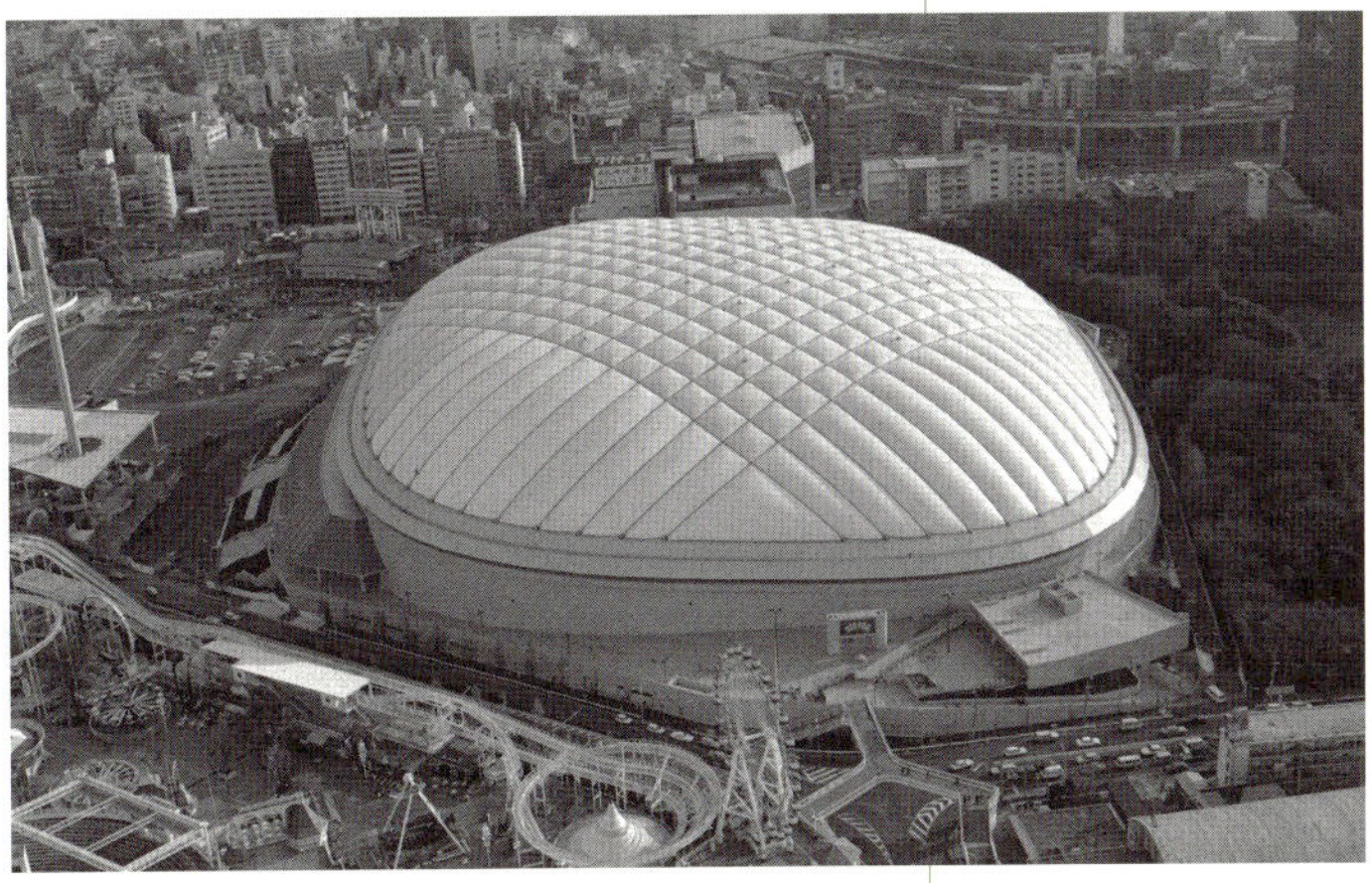

fig.4——東京ドーム

空気膜構造を仮設建築物として建築することは、1971(昭和46)年の法第38条に基づく「ニューマチック構造の仮設建築物の取扱いについて」などで認められていたが、東京ドームは、恒久的な建築物として法第38条に基づく認定を取得し、1988(昭和63)年に実現した。[提供:朝日新聞社]

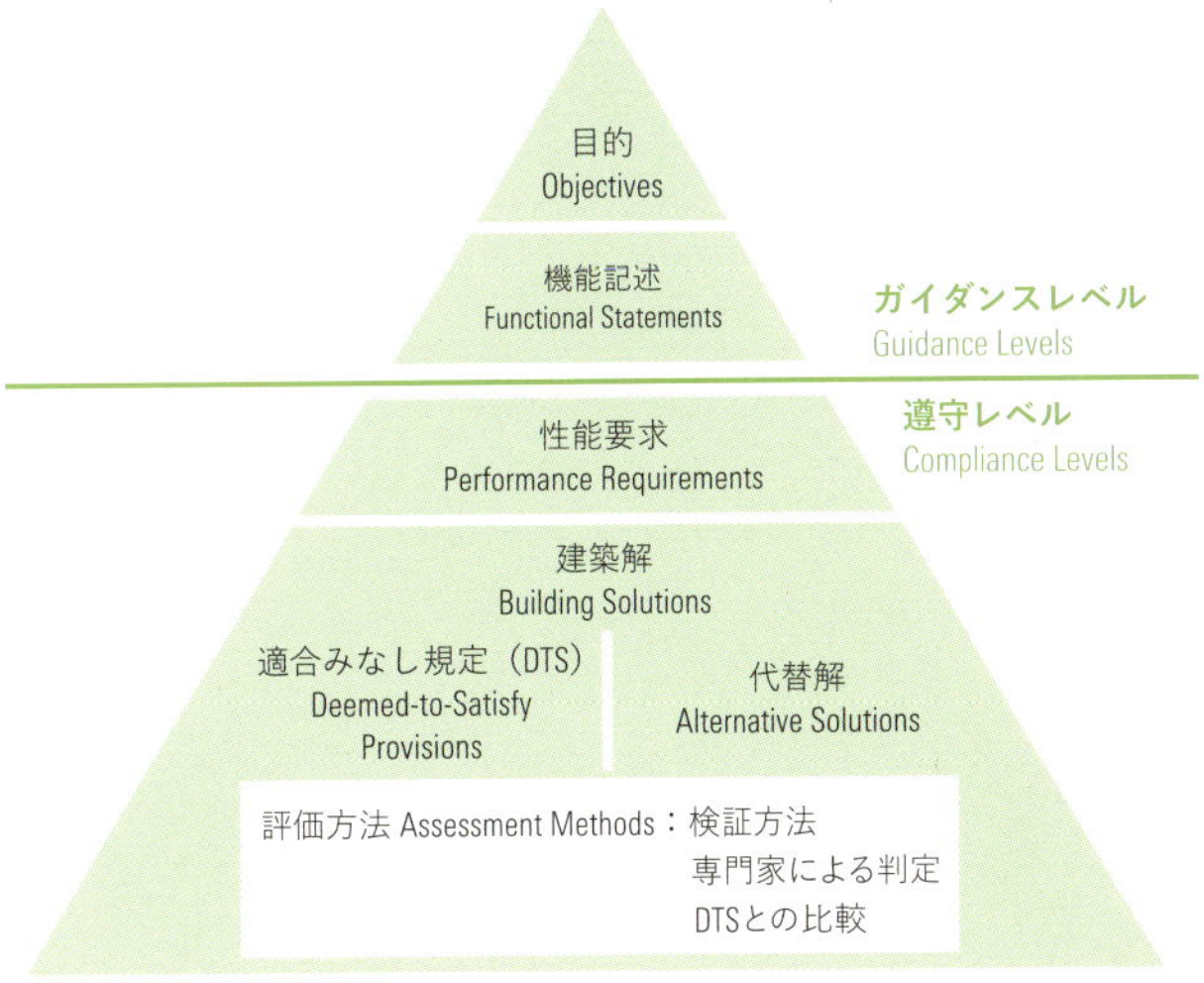

fig.5——オーストラリア建築基準で採用された階層構造

1996(平成8)年にオーストラリアのモデル・コード全体にこの構成が採用された。ノルディック諸国で構成する建築規制委員会(NKB)が1970年代に作成した5レベルの基準構造モデルをほぼそのまま採用したものである。上位2階層はガイダンスで、3層目の「性能の要求基準」を満足することが、その下の「解」であることにより検証されることが義務づけられる。[出典:*Building Code of Australia*, Australian Building Codes Board, 1996]

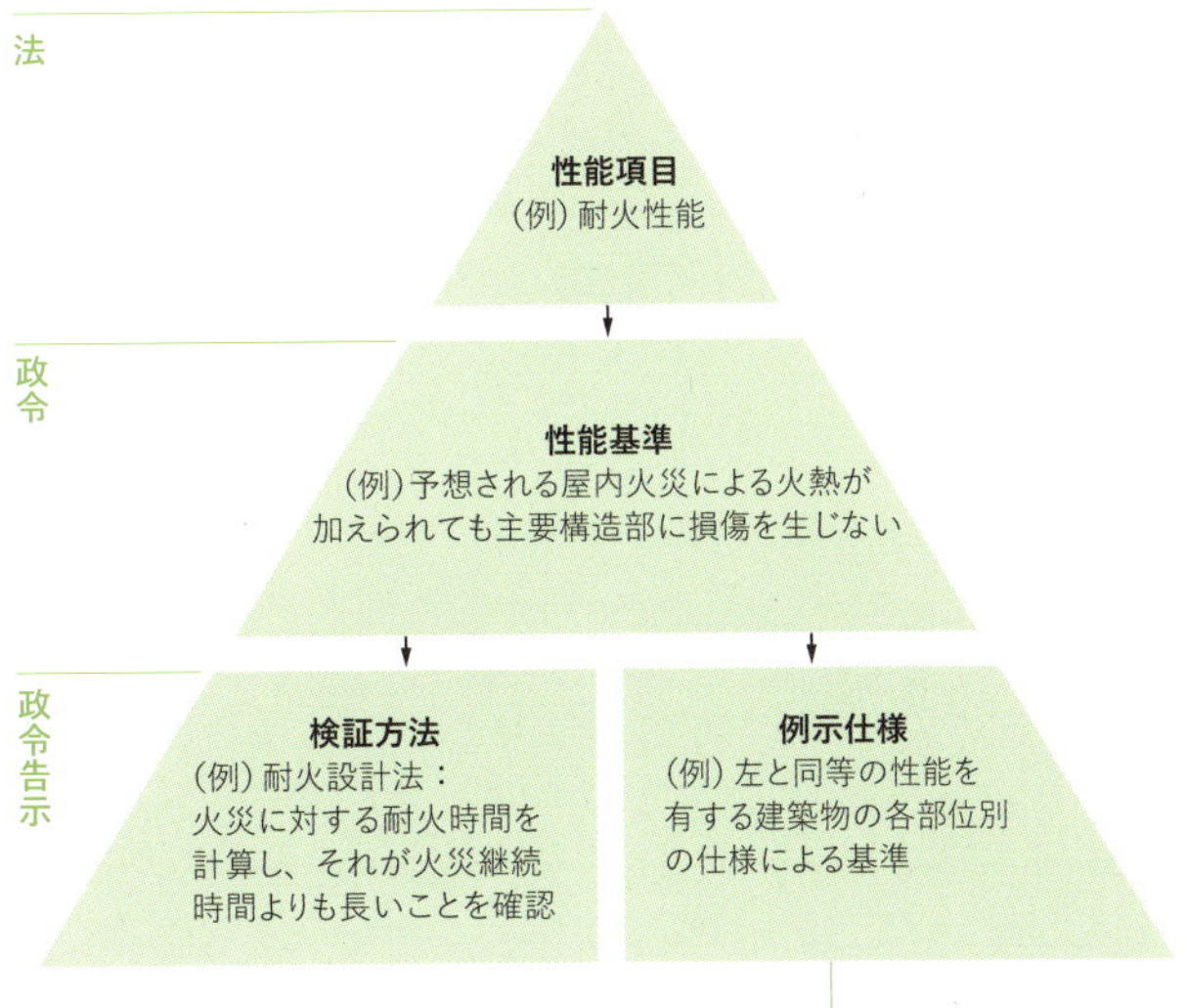

fig.6——2000年に採用された性能規定化の基本構成

「性能基準」への適合性を確保するための方法として、「検証方法」と「例示仕様」が位置づけられた。特殊・高度な検証方法を用いる場合に大臣認定を要することとされ、法第38条は廃止された。従来からの方法(仕様規定)は、「例示仕様」として引き続き用いることができるよう配慮された。このような構成が採用された規定と、従来通りの規定が混在するかたちとなった。[出典:建設省資料]

成だったため、仕様規定の適用が免除される性能検証法として「限界耐力計算」ルートが新設されたほかは、大きな見直しはなされなかった。一方、防火避難関係規定は、新たに「避難安全検証法」および「耐火性能検証法」という性能検証法が規定され、大臣認定によらず関係する仕様規定の適用が免除される道が開かれたが、全体的な性能規定化は今後の課題とされた。その他の建築設備や一般構造を含む諸規定についても、一部の規定に性能規定的な構成が取り入れられた。

新技術の導入の容易性という観点から2000年改正の前後を比較すると、特殊な検証方法を用いる場合の大臣認定の手続きなどについても制度が改められ、事前の性能評価を行う機関が多数指定されるとともに評価基準が明確化されるなど、合理化や透明化が図られた。一方で、包括的な認定制度である法第38条が廃止されたため、1つの建築物で複数の認定を同時に取得しなければならない場合があったり、性能規定化されていない規定については仕様規定の適用除外が受けられないこととなるなどの影響があった。

おわりに

上述の2000年改正の残された課題のうち、仕様規定の除外が受けられない規定の存在については、2015(平成27)年施行の建築基準法改正において、従来とほぼ同内容の法第38条の規定が再び定められたことにより解消された。防火避難規定のより完全な性能規定化については、研究開発などが積極的に進められており[注6]、木造建築物の利用拡大を図ることなどを目的とした見直しが段階的に行われている。今後も、性能規定化により実現を図るべき設計の自由度の拡大、新技術の導入の促進などがより高いレベルで達成されるよう、基準・制度の改善に向けた努力を続けていくことが期待される。

注釈

注1——「平成12年6月1日施行 改正建築基準法(2年目施行)の解説」2000年7月、新日本法規

注2——前川喜寛「建築基準法制定に当たって描いたいくつかの夢」『建築雑誌』1992年12月号

注3——1981年から、高さ60mを超える超高層建築物を対象とする建築基準法施行令第81条の2に基づく認定に移行した。

注4——それ以前の1961(昭和36)年に特定街区制度による除外が可能となっており、その後1970(昭和45)年に高さ制限そのものが廃止された。

注5——審議会への諮問が1995(平成7)年、答申が1997(平成9)年になされたが、この間の1996年に、当時の橋本首相がクリントン大統領に建築基準の性能規定化を行うことを表明した。

注6——国土交通省総合技術開発プロジェクト「防火・避難規定等の合理化による建築物活用に資する技術開発」(2016-2020(平成28-令和2)年)など。

提供：鹿島建設（株）／撮影：エスエス

座談会

日本の近代・現代を支えた建築——建築技術一〇〇選

ここまで、一〇〇のキーワードとともに市街地建築物法制定から一〇〇年間の建築・建築技術の発展を網羅的に振り返ってきましたが、その遍歴はきわめて幅広く、奥深いものであり、限られた紙幅では言い尽くせない部分も多くあります。本書をきっかけに、皆様がそれぞれ、建築・建築技術の遍歴とこれからの展望について考えていただくことを切に願っております。

そうした思索の道しるべとなるよう、長い間建築界に関わり、深い造詣をお持ちの方々にお集まりいただき、先達ならではの視座からさまざまなお話をいただく場を設け、本書の締めくくりとさせていただきました。

座談会の会場は、本書を象徴する場所をということから、数多くのキーワードの本文に登場するとともに、一〇〇年間の中間点（一九六八（昭和四三）年）に竣工した霞が関ビルディングの一角といたしました。

［出席者］

内田祥哉——東京大学 名誉教授

岡田恒男——東京大学 名誉教授／一般財団法人 日本建築防災協会 顧問

村上周三——東京大学 名誉教授／一般財団法人 建築環境・省エネルギー機構 理事長

立石眞——元 建設省 住宅局長／元 一般財団法人 日本建築センター 理事長

［司会者］

深尾精一——首都大学東京 名誉教授／「日本の近代・現代を支えた建築—建築技術一〇〇選」委員会 委員長

平成三〇年九月二〇日（木）霞が関ビルディング三十五階 東海大学校友会館 霞の間にて

出席者プロフィール

内田祥哉 うちだ・よしちか

1925年東京都生まれ。1947年東京帝国大学第一工学部建築学科卒業。逓信省、日本電信電話公社を経て、東京大学教授、明治大学教授、日本建築学会会長などを歴任。工学博士。主な作品に、佐賀県立図書館（1963年）、佐賀県立九州陶磁文化館（1980年）、大阪ガス実験集合住宅 NEXT21（1993年）などがある。主な著書に、『建築生産のオープンシステム』（彰国社、1977年）、『建築構法』（市ケ谷出版、1981年）などがある。主な受賞に、日本建築学会大賞、日本建築学会賞［作品、論文］などがある。

岡田恒男 おかだ・つねお

1936年岡山県生まれ。1959年東京大学工学部建築学科卒業。1980年東京大学教授、1996年同名誉教授。日本建築学会会長、日本地震工学会会長、日本建築防災協会理事長を歴任。工学博士。国内外の震災の被害調査や復旧指導などに従事し、1995年の阪神・淡路大震災では、建築学会、土木学会や関係省庁の各種対策委員会委員長・委員を務める。2010年「建築物の耐震性評価とその向上に関する一連の研究および地震防災技術の普及に関する貢献」により日本建築学会大賞を受賞。

村上周三 むらかみ・しゅうぞう

1942年愛媛県生まれ。1965年東京大学工学部建築学科卒業。1985年東京大学教授。デンマーク工科大学（DTU）客員教授、慶應義塾大学教授、建築研究所理事長、空気調和・衛生工学会会長、日本建築学会会長などを歴任。現在、建築環境・省エネルギー機構理事長。工学博士。主な著書に、『低炭素社会におけるエネルギーマネジメント』（共著、慶應義塾大学出版会、2010年）、『スリム&スマート未来都市構想』（単著、エネルギーフォーラム、2012年）などがある。

立石眞 たていし・まこと

1936年生まれ。1960年東京大学工学部建築学科卒業後、建設省入省。同省にて、大臣官房政策課長補佐、住宅局市街地建築課長補佐、住宅局住宅生産課建設専門官、住宅局市街地建築課住環境整備室長、大臣官房政策企画官、住宅局建築指導課長、大臣官房審議官（住宅局担当）、住宅局長などを歴任。1993年住宅・都市整備公団理事、1996年同副総裁。1997年より日本建築センター理事長を務め、2011年同退任。

司会者プロフィール

深尾精一 ふかお・せいいち

1949年東京都生まれ。1971年東京大学工学部建築学科卒業、1976年東京大学大学院博士課程修了。工学博士、一級建築士。1977年東京都立大学（現、首都大学東京）助教授、2005年同教授、2013年同名誉教授。主な著書に、『建築構法』（市ケ谷出版社、1981年）、『住まいの構造・構法』（放送大学教育振興会、2004年）、『建築構法計画』（共著、鹿島出版会、1983年）などがある。

深尾———本日はお集まりいただきまして誠にありがとうございます。この本の編集委員会の委員長を仰せつかりました深尾でございます。座談会を始める前に、この会の概略をご説明いたします。

この本は、都市計画法・建築基準法制定100周年を迎えるに当たって、日本建築センターから建築技術・制度に関する記念書籍制作の企画が提案されたことに始まります。2017（平成29）年5月から広い分野の先生方による委員会を設け、今までに委員会を4回開いてきました（2018（平成30）年9月時点）。

最初は、この100年間の建築を振り返るに当たって、100の建築を選び、紹介することで、建築技術の変遷も浮き彫りにできるだろうと考え、議論をしておりました。ですが、100の建築を選ぶことはあまりに難しいということ、また、100とか50の建築を選ぶという類書は既にあるため、都市計画法・建築基準法制定100周年を記念する画期的な出版にはならないのではないかといった問題に直面しました。そのうえで、建築ではなく、建築をつくってきた技術を選ぶことになりました。

そして、編集委員会で136の候補を挙げていただき、若手中心のワーキンググループで「これは重要ではない」「まとめて1つにしたほうがいい」といった審議を行って100に絞り、それを再度編集委員会にお諮りして、この「建築技術100選」を決定しました。

ただし、技術といっても、挙げたキーワードには計画手法や東京オリンピックなども含んでいますので、建築技術という表現が適切かどうかという議論もありました。ですが、建築をつくった方法・契機などを広く技術と捉え、このような並びになりました。

その後は、編集者を交えたワーキンググループにて、100のキーワードの執筆に最適な方を選び、依頼しました。なるべく幅広い世代の、多くの方にご執筆いただくことを主旨に依頼をしてゆき、総勢91名の方にご執筆いただき、この本の本編ができつつあります。

本日の座談会は、まさに識者の方々にお集まりいただき、自由にご発言いただいて、この本に華を添えていただこうという趣旨で企画しました。また、われわれが選んだ100のキーワードに対して、「こういうキーワードもあった」ということもぜひ伺いたいと考えております。そしてこれが、読者の方々にも「こういうキーワードもあったのではないか」と考えていただくきっかけになればと思います。

また本日は、今年——2018（平成30）年に竣工50周年を迎えた霞が関ビルが座談会会場となっています。2019（平成31）年で市街地建築物法施行から100年ですので、この霞が関ビルはほぼその真ん中に竣工したことになるわけです。ですので、まずは霞が関ビル誕生より前のおおよそ50年についてお話をいただき、その後、霞が関ビル建設から今までの50年のお話を伺いたいと思います。それから、今後の建築界を担う若い人たちに伝えたいこと、期待したいことをお話しいただく、そういう3部の構成で進めたいと思います。

第1部

市街地建築物法施行から霞が関ビルディング建設まで

市街地建築物法・建築基準法制定のあらまし

深尾———それでは、最初は立石さんよりお話しいただけますでしょうか。

立石———私は行政に携わってきたので、行政の中で技術がどういうルールで決められて、それがどう整備されてきたかという点に関心があります。市街地建築物法も、建築基準法も、国民生活にもっとも近くて影響の大きい法律ですので、社会・経済の変化や建築技術の進歩に合わせ、頻繁に見直されてきました。まずは前半の50年と言われましたが、座談会の最初に背景をまとめる意味でも、全体を通した話をさせてください。

この100年を振り返ると、前半50年と後半50年とでは、建築規制のルールのつくり方、技術進歩への対応の仕方が大きく違っています。市街地建築物法・建築基準法や政令基準などについては、学会、業界、行政が総力を挙げて取り組

立石氏

んできました。

そのなかでも、前半の50年、市街地建築物法制定から建築基準法制定までは、とくに建築学会に集結した建築関係者の力が社会を動かして法を定め、また法令を整備したという感じが強くあります。

一方で、後半の50年は、産業界の力が強くなってきた時代です。建築産業界が学会や行政に働きかけをするようになり、次第に民の力が強くなって、行政行為のなかでも重視されるようになったという歴史だと思います。

市街地建築物法が制定された背景には、明治中期に建築規制の必要性が社会的に注目されるようになり、近代国家の都市建設を目的として、建築都市法令の整備をすべきという声が上がったことがあります。日露戦争後の1906（明治39）年には、尾崎行雄東京市長から建築学会会長の辰野金吾に総合的な建築条例案の編纂が依頼され、建築学会は総力を挙げて6年半かけてまとめました。その後、1918（大正7）年に建築学会などの4会［注1］が、内務大臣の後藤新平に建築法令制定に関する意見書を提出し、それをもとに国会審議が始まり、1919（大正8）年4月に市街地建築物法が制定・公布されました。

それと同時に、建築学会が委員会を設置して勅令・府省令の案を作成し、1920（大正9）年9月と11月に公布されました。

それから約30年後の1950（昭和25）年に公布された建築基準法は、新憲法のもとでつくられます。地方自治という観点から、市街地建築物法にはなかった「第1条（目的）」に、全国共通の最低基準を示すという旨の1文が書き加えられます。そのほか、市街地建築物法は一部の都市部の市街地だけに適用されるものでしたが、建築基準法では、単体規定は全国適用になりました。

また、それまで都道府県知事の認可制度でしたが、建築主事の確認制度になって、建築行政から裁量的処分を排除してしまいます。それから、防火・避難関係が強くなったこと、特殊な材料または構造についての大臣認定制度（38条認定制度）［注2］が生まれてきた点が特徴といえます。

そして、1968（昭和43）年に超高層建築物――霞が関ビルが登場するわけです。この背景には、高度経済成長時代に突入し、大都市地域に産業や人口が集中したことで引き起こされた、過密問題がありました。これに対し、それまでの31mという絶対高さ制限が容積率制限に移行するとともに、新建築材料や新工法が活発に開発され、行政の体制づくりも進んできました。

この霞が関ビルは非常に象徴的で、構造はもちろん、それ以外にも、H形鋼、高層エレベーター、カーテンウォール工法、工場生産化された材料・部品が取り込まれた点など、この時代の建築技術の発展を表象していると思います。

またその頃、超高層建築物は、構造設計を個別に審査され、38条認定を受けることが原則と決められました。最初は、建設省に高層建築物構造審査会［注3］が置かれ、そこで審査をしていました。しかし、高層ビルブームが近づいてくる頃には、一件一件具体的に審査することが難しくなってきます。また、材料、部材、設備、構造など、とにかく建築物全般について法令に規定されていないような新技術が盛んに開発され、それを実用化したいという声が非常に大きくなってきます。それに対応するものとして、この本の発行者であり、私も所属していました財団法人日本建築センターが1965（昭和40）年に設立され、そのなかの評定委員会で技術的審査を担うようになります。さらにその結果を建築行政の参考にすることで、急増する新技術に対応する体制が整備されます。

深尾――背景をきれいにまとめていただきありがとうございました。キーワードを選ぶ時は、どうしても現在の観点から見てしまうので、「建築基準の性能規定化」は入っていますが、2000（平成12）年に廃止された「38条認定」は挙がっておりませんでした。建築基準法第38条の大臣認定や評定制度は、建築技術を支えてきたきわめて大きな制度でしたので、深く反省しております。

ものづくり中心の技術からの変化

深尾――次に、村上先生にご発言いただきたいと思います。よろしくお願いします。

村上――100年のうち前半の50年については、私の専門の環境・設備から見ると、まず衛生設備が問題の中心でした。快適を言う前に人間的な生活をするにはどういうものが必要かという段階でした。したがって、霞が関ビル建設前はトイレと水以外に語るべきものがあまりないという感じがします。

それが霞が関ビル以降になると、急速な経済成長とともに環境・設備の出番も多くなりました。

そのような経済成長の結果として直面することになった大きな問題が地球環境問題だと思います。「東京オリンピック」や「大阪万博」がキーワードに入っていますが、環境・設備からみると、「地球環境問題」がもっとも大きな影響があるという印象を持っています。

それから、キーワードの中に「住宅性能表示制度」や「建築基準の性能規定化」などが入っているのも大変結構だと思っています。最近の動向として、有形資産から無形資産へという企業の資産評価の流れがあります。技術というものづくりの技術が中心だったものが、これらの運用方法に関する無形の技術も重要になってきています。とくに我々の分野がそうかもしれませんが、地球環境問題とも絡んで、できた技術をどう円滑に運用するかが世界的な課題となっています。そういうことにも充分配慮していただければありがたいと思います。

深尾———ありがとうございます。「断熱・省エネ」「サステナブル建築」がキーワードに入っていますが、このあたりもどう扱うかは委員会でも議論があって、なかなか難しかったところです。

十勝沖地震と日米共同研究

深尾———では、岡田先生、お願いします。

岡田———私の専門は耐震工学で、このキーワードでは「耐震設計法」と「鉄筋コンクリート造」などです。それに関して言うと、1968（昭和43）年頃に3つの大きな出来事がありました。

ひとつは霞が関ビルができたこと。先程から話されているように、日本で初めての超高層ビルですね。

もうひとつは、地震がどのように起こるか、という地球規模の基礎理論「プレートテクトニクス」[注4]が認められたこと。こういう理論はいつできたと定義しにくいのですが、世界の地震学者・学会に認められた、つまり理論がacceptされたのが1967（昭和42）年から1968（昭和43）年にかけてです。

最後のひとつは、1968（昭和43）年の十勝沖地震です。地震学からすると大した地震ではないので地震の歴史では触れられないこともあるのですが、耐震工学からすると関東大震災に次いで重要な地震です。なぜかというと、地震発生当時、世界で一番厳しい耐震設計法だと思われていた日本の基準で設計した新しい学校や市役所が多く破壊され、大反省をしたからです。日本の構造界は、それを境にかなり変わってきました。

私自身もこの頃にずいぶん変化がありました。大学を卒業してから、鉄筋コンクリートで超高層建築をつくりたいと研究を続けていました。しかし、十勝沖地震によって低い建物が壊れ、低い建物がつくれないのに高い建物がつくれるはずがないと思い、鉄筋コンクリートの低い建物のほうに研究の中心が動きました。

地震というのは、地下の岩石の断層が壊れて、波が地上に伝わって建物の基礎を揺るがせるから建物が揺れるのだと、今の我々は知っていますよね。しかし、少しさかのぼって、1891（明治24）年の濃尾地震の頃は、地震のメカニズムがさっぱりわからなかったのです。そのため、対症療法的に、地震が起きると建物は主に横に揺れるようなので、横からの力に対して強くつくっておけば地震に対して有効なのではないか、と佐野利器先生などが対策を始めました。

それで建物はかなり良くなったのですが、その限界がわかったのが、多くの建物が被害を受けた十勝沖地震でした。それを解き明かすのに役立ったのが、超高層建築物をつくるために1950年代から行っていた研究でした。超高層建築のために開発されていた振動方程式を直接解く方法を3階建てくらいの学校校舎に適用してみると、そちらのほうが解析が難しいことがわかりました。構造がシンプルな超高層のほうが楽なのです。それを低い建物にも応用する研究が、日本の建築の耐震化にずいぶん役に立ちました。コンピューターもあまり使えない時代ですから、手計算でもできるようにしようとしていました。

もうひとつ加えると、私たちのグループは鉄筋コンクリートで超高層ビルを建てる研究をしていましたが、周囲からは超高層は鉄骨だと思われており、鉄筋コンクリートの研究者はマイノリティでした。しかし、十勝沖地震で鉄筋コンクリート造の建物が壊れて、それから鉄筋コンクリート関係の研究者がものすごく増えました。それがずっとつながって、今、超高層ビルを鉄筋コンクリートでも建てられるようになっています。

深尾———最近の集合住宅はほとんどそうですね。

岡田———ええ。あと少し補足をすると、先ほど佐野先生が対策を考えられたと言いましたが、その成果として1924（大正13）年に市街地建築物法に耐震基準が入れられました。全国規模で耐震基準ができたのは、世界的に見ても日本が初めてで

十勝沖地震で被害にあった建築物。写真の建物は函館大学校舎で、4階建ての1階が潰れ、3階建てのようになってしまっている［提供：朝日新聞社］

した。とてもエポックメーキングな出来事ですので、よく前年（1923（大正12）年）に起こった関東大震災をきっかけにできたなどと書かれるのですが、半年や1年で耐震基準ができるわけがありません。じつは、濃尾地震の次の年から震災予防調査会［注5］という国の機関ができて、何十年もずうっと研究していました。それが関東大震災をきっかけに世の中が動き、耐震基準が生まれたのです。

内田———岡田さんは、十勝沖地震を日本のひとつの起点に考えていらっしゃると僕は理解していますが、1971（昭和46）年にロサンゼルスで起きたサンフェルナンド地震は国際的にどのような評価がなされているのでしょうか。

岡田———十勝沖地震の際にアメリカからも学者やエンジニアが来日して、僕も現地を案内しました。当時はカリフォルニアの基準よりも日本の方が厳しいことを彼らも知っていましたが、そんなに厳しい基準で壊れたということは、よほど日本のエンジニアの腕が悪いか、施工が下手なのだろうと言われて、僕はカッとなった記憶があります。「そうではない」と言ったのですが、残念ながらそれを理解してもらうのはなかなか難しかったです。しかし、サンフェルナンド地震が起きて、アメリカでも日本と同じ様な被害が生じ、日米の共同研究が進むようになりました。

深尾———日米共同研究の話は、この本の中には出てこないですね。そういう国際協力をして技術を支えてきたことはすごく重要だと思います。

岡田———十勝沖地震の後、文部省の予算で日米セミナーが開かれ、サンフェルナンド地震の後には日米で共同研究をするために予算が付き、3年間続きました。残念ながら文部省の予算は切れるのですが、やめるのはもったいない、と建築研究所［注6］の人たちががんばられて、つくばの大型の試験装置を使って科学技術庁と建設省の予算でいろいろな実験ができる目処が立ち、日米共同研究が始まりました。

村上———国際貢献は非常に大事で、建築研究所では毎年、世界各国から人を集めて2年間教育しています。こうした取り組みは大変重要なことだと思います。

岡田———さらに後半の50年にかかることを言えば、日本は1981（昭和56）年に、アメリカは1988（昭和63）年に耐震基準を大改正しました。これは、日本で行われていた議論と同じような流れがアメリカにも起こり、同じような方向で変わったのです。

内田———それは日米共同研究の成果でしょう。

岡田———成果と言っていいと思います。そういうことがあったから、耐震問題の共通理解が生まれたわけです。その頃に、世界的な耐震基準に対する考え方はだいたいひとつになりました。世界的に見ると、アメリカの耐震基準に準拠している国がたくさんあるのに、日本の耐震基準はなかなか参考にされませんが、それは単に言語の問題なんですよね。

深尾———ありがとうございます。

建築の責任を負うもの

深尾———それでは、内田先生、お願いします。

内田———霞が関ビル建設の前と後で何が違うかというと、第一には鉄骨の建て方です。これ以前は、まずすべての鉄骨の建て方を行っていて、足場もなければ床もないところに、鳶が飛び回って鋲を打って、それが終わってようやく床がつくられる。それが、霞が関ビルでデッキプレートができることによって、これ以後はそういう危ない仕事は一切なくなってくるわけです。

また、これは功罪ありますが、アルミニウムが建築の外壁に使われるようになったことがあります。

それから、建築基準法が容積率規制になりましたね。私は当時、高層建築物は構造計算ができないから建てられないと思っていました。ですが、じつはそうではなく、市街地建築物法のときから下水や上水の量などで容積が決められていることを知りました。おそらく、世の中の人が「容積は密度の問題である」と理解するのは霞が関ビル以降だと思います。

前半の50年について言うと、市街地建築物法ができた頃と、市街地建築物法が建築基準法に変わる頃にいろいろな問題がありました。実際には、市街地建築物法と建築基準法の境目は、戦争が終わって平和になった直後ですから、何がどう変わったかという記録があまりありません。しかし、僕がいつも指摘しているのは、日本の棟梁がこの頃から無視されるようになったということです。

市街地建築物法以前は、伝統的な建築の責任は棟梁が持ち、壊れれば棟梁がクビを切られ、切腹するくらいの責任感を持っていました。それが、市街地建築物法ができてから、西洋風の

JR新橋駅方向から見た建設中の霞が関ビルディング［提供：時事］

アーキテクトが主導権を握り、棟梁はその下に入るわけです。そうして建築家／建築士にその責任を移したのはいいけれども、建築基準法になったときに建築士法が一緒に立ち上がらなかったために、建築士が責任を取らなくなったようです。実際には、誰も責任を持ちたくないので、すべてを建築主事に押しつける現状に至っている。そういう風習が、現在の建築基準法ができてから芽生え、問題になっていると理解しています。

また、もうひとつの問題は、建築行政を住宅局が担うようになったことです。住宅局になったために、病院は厚生省、学校は文部省と旗を揚げるようになって、建築基準法が住宅の中に閉じこもりがちで、それが大きな弊害をもたらすようになっていると思います。だから、なるべく早く、住宅局を建築局に戻してくださいと何回も言っています。

それと、ここまで霞が関ビルを境に技術の転換が語られて来ていますが、じつは、この前に高層建築の研究は、東京駅建替えプロジェクトのために大きく進みました。

深尾——ありがとうございました。東京駅高層化構想は、当時の国鉄トップである十河総裁の発案でしたね。

岡田——東京駅のプロジェクトのために、国内を挙げての委員会が国鉄の中につくられました。私も大学院の学生で、端っこのお手伝いで計算をさせられました。それらの技術が蓄積されて霞が関ビルが実現したということですよね。

内田——そうです。

岡田——十河総裁が正月の新聞に発表したんですよね。あの頃は、保存しろという声は誰からも上がらなかったと思います。もしあのときに東京駅を壊していたら、今の赤レンガはなかったでしょう。その後、保存・復元が行われるときには、私は保存・復元の側に立って技術的な協力をしたのですが、半分は変な気持ちだなと言っていました。建築に対する考えというのはそういうふうに変わるものだなと、今はつくづく感じています。

立石——責任の話がありましたが、建築基準法は、構造や設備などについて最低の基準を定める、と第1条に書いてしまったわけです。それまでは、大御所の人が設計をし、責任を持つという体系だったものが、徐々に建築設計者の人数が増えてきて、技術の習熟度や知識に差が出てきた。そうなると、最低限の基準を示して、質を保たなければならないとなった。すると今度は、最低の基準さえ満たせればよいとする質の低い設計が多数出てきた。これが、建築基準法の責任ではないかと、先生のお話をお聞きして思いました。もっと後に構造計算書偽装問題［注7］のように悪意のある人が出てくるわけですが、悪意は別としても、やはりそういう質の問題があったのだと思います。

深尾——それから、市街地建築物法は、今までにないような建物が都市にできることをどうコントロールするかが目的でした。それが、建築基準法になったとたん、地方に建っている木造の平屋の建物も建築基準法の中に入ることになりました。そこがすごく大きいのかなと思います。それは、今でも4号特例［注8］のようなかたちで引きずっていて、行政としてもなかなか難しいことだと思います。

第2部

霞が関ビルディング竣工から現在まで

経済の変化と地球環境問題

深尾——前半の50年について一通りお話しいただきましたので、次に霞が関ビル竣工から現在までの50年を振り返ってお話ください。今度は村上先生からお願いします。

村上——建築というのはある意味ですべて経済水準の反映という側面を持っています。霞が関ビル建設の少し前、昭和30年代後半は、日本は年率17–18%と信じられないような経済成長をしていました。造船業などの先導で日本の産業は急速に発展しましたが、建築界もその経済成長の影響を全面的に受けていました。

環境・設備で言いますと、先ほど言った衛生設備を整備して人間的生活水準を確保することから、便利・快適の追求へと変化しました。とくにアメリカの消費生活の影響を受けて、非常にたくさんの便利で快適な設備機器が出てきました。それまでの日本の家には暖房・冷房・給湯がありませんでしたが、これらが急速に普及し始め、それが1990年代まで続いていきました。

ところが、高度成長とバブル景気の後、1990年代から経済の停滞が始まるわけです。またこの頃から、先ほど申し上げたような地球環境問題が大きな話題となります。まずメディアで深刻

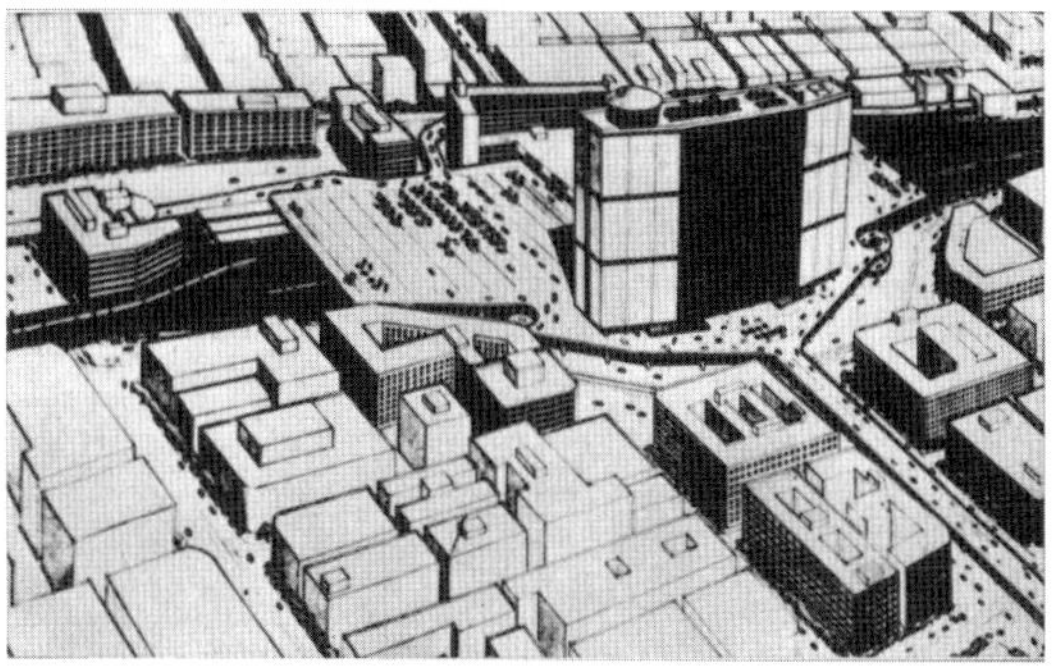

東京駅高層化構想［出典：『東京20年—都民と都政の歩み』都政20年史編纂委員会、1965年］

に取り上げられ、今世紀に入ってからは建築分野でもかなり具体的に環境負荷削減の観点が根付いてきました。

先ほど、キーワードに「断熱・省エネ」が入っているというご説明をいただきましたが、省エネのスタートは地球環境問題ではなく、1973(昭和48)年と1979(昭和54)年の石油ショックへ対応するために必要とされて出てきた技術です。1970年代はまだ、建築の世界で明示的に地球環境問題に触れられることはありませんでした。

また、キーワードに「サステナブル建築」がありますが、2000(平成12)年前後から住宅局も高い関心を持たれて、国交省の支援で2005(平成17)年に「サステナブル建築世界会議東京大会」が開かれました。この分野の研究者、技術者が2,000人近く集まり、日本の建築界による地球環境問題への貢献を世界的に発信できたと思います。

2008(平成20)年のリーマンショックや2011(平成23)年の東日本大震災の影響で、経済的に余裕がなくなってきて、環境・設備の分野の性能は低下傾向にあります。

これからは、2015(平成27)年に国連で採択されたSDGs[注9]を中心に、建築技術やそれを運用する制度が展開されていくと思っています。建築の世界も、SDGsをきちんと踏まえ、発展途上国の支援も含めた広い理念で地球環境問題を捉えていかないと、国際的な場で発言しても理解はされにくい状況になると思います。

深尾——ありがとうございます。国際的視点が足りないのではというご指摘かと思います。

編集の議論で、最も苦労したもののひとつが電気設備です。電気設備について、どなたに、どういう観点から書いていただけばいいのかということを最後まで議論していました。今お話を伺って、衛生、空調、設備の発展については建築界で行われてきたが、電気だけは電気屋さんの仕事のような感じだったのかなと改めて思いました。村上先生はその辺についてどうお考えでしょうか。

村上——この本は建築産業や建築行政に関連の深い技術が中心にまとめられています。たとえば、今、大きな関心を呼んでいる太陽光発電のパネル、LED照明、蓄電機器などが入っていません。建築行政、建築学科の枠以外のところには、結果的に、わりあい関心が低かったということではないでしょうか。

岡田——それでは具合が悪いということで、昔、私が勤めていた芝浦工業大学では電気設備学科がつくられていました。電気学科と建築学科が人員を出し合ってつくり、一級建築士も受けられるようにして、電気設備専門のエンジニアを育てようとしましたが、やがて閉じてしまいました。

深尾——関東学院大学には、建築設備工学科が設置されていましたね。

岡田——電気設備学科は、建築設備工学と電気工学とをくっつけて設置したかたちですが、立ち行かなくなったようですね。

村上——電気もそうですが、機械設備もやや枠から外れた感じがします。

深尾——でも、機械設備は何となく想像がつくというか、建築の発展と一体で進んできて、その中で、この点とこの点は焦点を当てて書いていただけるかなという感じでした。電気設備については、照明で捉えたほうがいいといった議論もあり、なかなか難産でしたが、「電気設備・照明設備」ということで書いていただきました。

日影規制と総合設計制度

深尾——それでは、立石さん、お願いします。

立石——霞が関ビル竣工以後の出来事として、集団規定関係について触れたいと思います。

私は、1972(昭和47)年から1973(昭和48)年にかけて、建設省住宅局で集団規定を担当しました。そこで非常に印象に残っている2つの仕事があります。ひとつは日影の規制基準をつくったこと、もうひとつは総合設計制度の普及を始めたことの2点です。2つとも、従来の建築基準法的な考え方からすると異質なものだったと思います。

まず、昭和40年代、燎原の火のごとく燃え上がった日照紛争がありました。これは、高密度の社会になって、高層化が狭小な区画割の中で、計画性を持たないまま進んでいったことによるものです。そうすると、従前からの居住者の日照や通風などを阻害するわけです。住民側の日照確保の要求が、司法上の問題ばかりでなく、日常的な紛争として頻発し、行政的な大問題となり、知事室や市長室、相談室などで対応するようになりました。

その頃の一般的な考え方としては、日照紛争は基本的には私法上の相隣関係の問題として解くべきであって、最終的には裁判所の判断によって

SDGsの17の目標［出典：国連広報センター］

村上氏

解決するものということでした。しかし、裁判所も、なかなか裁くことができないという状況だったと思います。

建築審議会は大臣の諮問に答えて、日照に関する基準を定めて合法的な規制を行うべきである、という方針を出します。その場合、日照を確保する基準なのか、日影を規制する基準なのか、ということが議論になりました。結果的には、日照を確保する基準を決めるのは難しいということで、日影を規制する方向に収まりました。

ただ、日影を規制するといっても、敷地外への影響を規制するという考え方はそれまでの建築基準法にはありませんでした。建築基準法の基本的な考え方は、敷地の中において、敷地と建築物の安全性を確保するというものです。それに対して、日影の規制基準は、敷地外に及ぼす負の影響をどのくらいにとどめるかということを、数値的に捉えて規制するという考え方ですので、建築基準法の中では異質なものなのです。環境関連法には排出基準というものがあるかと思いますが。

次に、総合設計制度です。これは、都市計画で定められた制限に対して、建築基準法で特例的に緩和を認める制度です。容積率等について特例を認める制度としては、「特定街区」がかなり前からあって、霞が関ビル建設などには適用されています。これは、都市計画的な観点の制度で、主に再開発事業などと結びつけて街区単位で運用されています。一方の総合設計制度は敷地に着目して、その敷地について公益的な行為をしたら容積率を緩和するというものです。

たとえば、規模の大きな敷地で、周辺環境の向上に寄与する公開空地──公開の道路や空地、緑地など──を設けたら、その公益的な行為に応じて容積率を緩和するということです。当時、ギブ・アンド・テイクだと説明しました。この考え方は、旧来の屋敷の概念に対する反発でもあります。周囲を全部塀で囲って内部は自分だけで楽しみ、外部に対しては塀しか見せない。そういうものを覆そうとする意味でも、市街地建物に対するひとつの形態的な提案でもあったと思います。最初は、こういうものが馴染むかどうか心配しましたが、社会の要請にマッチして、また、その後も制度が拡充されて、大変活用されている制度だと思います。

一般的に都市空間というのは、道路や公園などの公共空間と、住宅や敷地内の私的空間で構成されていると考えられてきました。しかし、じつはその中間に公的な空間があって、敷地の周囲や建築物の外観を含めて、社会の目を意識して整備されるべき空間があるのではないかと思っています。実際に、少しずつそういう考え方が増えてきているようにも感じています。

深尾───ありがとうございます。総合設計制度に関しては、「公開空地」や「都心再開発」を浅見先生に書いていただいているので、ぜひご覧ください。

日影規制は最初から挙がっていなかったのではなかったかと思います。技術とは結びつかなくて、少しネガティブになってしまうために挙がらなかったのでしょうか。

村上───ネガティブなものはキーワードに入れていないのですか。

深尾───キーワードを選ぶなかで、ネガティブなものをどう扱うのかといった議論もありました。結果として、日本の近代・現代を支えた建築を変えてきたものであればネガティブでも入れなければいけないとなりましたので、ネガティブなものを特別排除するという意識はありませんでした。

村上───ネガティブな側面を減少させるという意味で捉えるという考え方もあります。

深尾───そうですね。抑えるという意味で「支える」と。ですが最終的なキーワードを見るとネガティブなものはあまり入っていませんので、このあたりの覆いきれなかったことを、この座談会でカバーしていただければとも思います。

性能規定と耐震診断・耐震改修

深尾───続いて、岡田先生、お願いします。

岡田───超高層ビルは、設計する人も限られており、個別に日本建築センターで評定し、きちんとした審査が行われていました。それはそれで、1968(昭和43)年の十勝沖地震の影響とはあまり関係なく進んでいました。

一方、建築基準法がカバーする全体をどうするかが問題になっていました。基本的には、超高層でやっているようなことを、あまり大げさな計算やらをしないで、普通の建物に適用する設計法ができないかと10年くらい議論したわけです。

1978(昭和53)年に宮城県沖地震が起きて、この被害が十勝沖地震と非常によく似ていた。そ

総合設計制度（1970（昭和45）年創設）を用いて1974（昭和49）年につくられた、新宿三井ビルディングの公開空地「55広場」［撮影：川澄・小林研二写真事務所］

れでみんな、なるほどと納得し、1981(昭和56)年に、いわゆる新耐震設計法が施行令の中に組み込まれるのです。それ以降、日本の建築はかなり良くなったと思います。

ただし、相変わらず被害が繰り返されているのが1981(昭和56)年以前、あるいは、1971(昭和46)年以前の既存不適格建築物[**注10**]。地震に対する性能の保証がない建物がそのまま残されたわけです。

私はこの辺から二足のわらじを履くようになります。一足は「耐震設計」です。普通の耐震設計の考え方は、建物に粘りがあれば横力に対してそれほど強くなくてもよろしい、粘りがなければ強くしなさい、というものです。粘りがある建物は、地震が起きたら、ひびが入ったり、鉄骨が少し曲がったりという損傷によってエネルギーを吸収するわけで、部分的には壊れるけど、全体が壊れて人が死ぬことのないようになっているのです。ここから生まれてきたのが性能設計という概念です。この建物はどのくらい壊れます、ひびが入りますということをわからずにつくるべきではない、という反省です。

そこで、1994(平成6)年頃かもう少し前から、新耐震をもう少し何とかしなければいけないのではないかという相談が始まって、日本建築センターと国土開発技術研究センターが事務局になって建設省の総合技術開発プロジェクト、いわゆる総プロにおいて「新建築構造体系の開発」が企画されました。最初は、1995(平成7)年4月から5年間くらい基礎研究をして、そのあと5年くらい住宅局でもんで法律改正まで持っていくという10年計画を考えていました。

そうしたら、1995(平成7)年の1月に阪神・淡路大震災が起きて、時の建設大臣から、5年ではなくて3年にしろ、おまけに、3年で建築基準法を変えろと言われました。だから、10年計画が3年計画になったのです。

阪神・淡路大震災を見ると、マンションでも、つぶれなかったけれども建て直さなければいけないものと、そのまま使えるものとが出てきた。要するに、新しい建物でも性能がはっきりしていなかったので、それをはっきりしようということで総プロが3年で遂行され、それと同時並行で建築指導課で2000(平成12)年基準の原案が策定されたわけです。

性能がわかるように、できるだけ仕様規定は外そうという議論をしたのですが、じつはそのときに果たせなかったことがありました。技術的には超高層もつくれる、コンピューターも十分使える、かなり高度な解析をして良い設計ができる技術があるのだから、それも建築基準法の体系に取り入れたかったわけです。けれども、これは極端に言うと、仕様規定も外してどうぞご自由におつくりくださいということですから、取り入れるためには建築士法の改正までしなければならない。しかし、やはり3年間ではその議論までは進まず、ある意味では、性能規定化をしたといっても中途半端な状態で、僕の目から見ると入口だと思っていました。

ところが、構造計算書偽装問題が起きたことで、構造設計一級建築士の制度ができ、総プロで議論していたことが変なかたちで半分実現してしまった。ある程度の構造の試験を受けないとできないようになったわけです。本当はこれがもう少しランク分けされると、普通の建物でも超高層のように、かなり技術力を発揮した設計ができる体系になるだろうと思います。

もうひとつが「耐震診断」です。建設省が、それだけは早く基準をつくりたいというので、当時の日本特殊建築安全センター(現、日本建築防災協会)に委託されて、私が担当になりました。そうして、1977(昭和52)年に診断基準を策定して、既存建物の対策をずっと進めていたのですが、静岡県の地震対策以外はほとんど見向きしてくれなかったのが現実です。ですから、その後ずっと、地震が起きるたびに壊れているのは1971(昭和46)年以前の建物でした。それがまとめて壊れて、はっきりしたのが阪神・淡路大震災でした。それから、耐震改修促進法(建築物の耐震改修の促進に関する法律)という法律が施行され、耐震改修が大きく進みました。

深尾——ありがとうございました。「耐震改修」という言葉は、キーワードとして絶対に必要ですので、残そうということになりました。

岡田——おそらく「耐震改修」の中で触れてくれるとは思いますが、私の専門のひとつである「耐震診断」という言葉が、キーワードに入っていないのは大変残念でした。

深尾——合併したというようなことかと思います。それから、私も現状で完全に性能規定化しているとはとても思えなくて、仕様規定がたくさん残っていると思いますが、2000(平成12)年の性能規定化を中心に「建築基準の性能規定化」を

岡田氏

書いていただいています。

　それから、先ほど村上先生のご質問に、ネガティブなことも含めて選定したと申しましたけども、構造計算書偽装問題はいろいろな制度が変わる大きなきっかけでしたが、やはりこれは少しネガティブだということでキーワードから外しました。アスベストやシックハウス症候群なども同様で、キーワードには入れませんでしたが、記録としては書かざるを得ない大変重要な話だと思います。

100年の間に出てきて消えた技術

深尾———それでは、内田先生、お願いします。

内田———霞が関ビル竣工以後、現在まではいろいろな技術開発が山ほどあって、書き切れないほどだと思います。一方で、それまで非常に盛んだったが消えてしまったものがあると思うのですが、そういったものはきちんと拾われているのでしょうか。たとえば和風建築で、竿縁天井がなくなって、その後、目透かし天井というものが出てくるわけですが、現在ではその目透かし天井もなくなっています。100年の間に出てきて、またなくなっているもののなかにも、案外貴重なものもあるかもしれません。今、何かの事情で使えなくなっているけれども、将来また復活するものもあるかもしれませんから。そういうことを考えていました。

　できてから、消えて、再度できたものに建築基準法の第38条があります。これは、ある意味では銘記すべきものかもしれませんが、最近、私が感じたのは、じつは僕の家は38条認定が2度かかって、死に物狂いで脱出しようとしていますが、まだ脱出できないでいるんです。建築主事が改造を認めてくれないんですよ。それに引っかかっているのはプレハブ住宅全体。これは、なるべく早い機会に何とかしなければいけない。

　それから、配管類というのは、人体でたとえると循環器系統だと思います。循環器系統は傷むものですから、取り替えが必要になっています。また、筋肉も疲労するから取り替えるようにした方がよいですよね。岡田さんが携わった西洋美術館(免震レトロフィットの免震装置)は取り替えられるでしょう。最近では、すずかけ台の校舎の補強は、ラーメンの横に弁当箱がくっついて、そこが壊れるようになっていますね。それを取り替えるとまた次の地震に耐えられる。

　そういう非常に新しい技術が最近は出てきて、一般に壊れるようにして取り替えられるようにするもの、ここにはまだ出てきていないものが多いのではないかと思います。

深尾———ありがとうございました。今、先生がおっしゃられたのは、本当の意味のメタボリズムのようなものだと思います。こういう類の本だと、普通、メタボリズムという項目が建築作品的なもので必ず出てきますが、今回は挙げてはいないですね。先生がおっしゃったような意味では、給排水などに関しても相当技術が進歩していると思いますが、あまり触れられていないということは、この座談会での指摘として受け止めたいと思います。

内田———もうひとつ、この期間に大きく進歩したのはトイレです。この頃、痔病の広告が減りましたよね。

村上———温水洗浄便座が増えたということでしょうか。

内田———トイレについて日本は古来より先進国でした。この間、公開講演会に行ったら、シェイクスピアの頃のロンドンの話がありました。僕は、シェイクスピアの劇場の話かと思っていたら、全部トイレの話でした。その頃、オペラハウスにトイレがなかったというのです。彼らは汗をかかないし、乾燥しているのでトイレが必要なかったわけです。しかし、日本は飛鳥時代からトイレがきちんとあったという記録が残っています。

深尾———「洋風便器」の鎌田先生の原稿は、かなり文化的で他とは違うものです。この本は執筆者によって、すごく不思議な観点から書いてくださった原稿もありますし、ものすごく法制度と結びつけて書いていただいたもの、極めて技術的に書いていただいたものもあります。この100の原稿全体としては統一がとれていないのですが、読み物としては、それなりに面白いと思います。

　それと、工業化住宅の38条認定の問題は、今の指導課などは真剣に考えていらっしゃると思います。既存建築ストックを活用しなければいけないときに、工業化住宅の増改築をどうするかは、1970年代の終わり頃から、プレハブメーカーとしてはかなり言われていたけれども、制度としてはなかなか動かなかった。それが、ここ数年、どう見てもストック活用しなければいけないときに、工業化住宅としてできたものをどうするかということは、動きだすとお考えいただいてよいかと思います。

内田氏

第3部

次の100年に向けて

巨大なストックをどうするか

深尾――それでは、今後期待したいこと、今後の建築界を担っていく方々にこういうことに関心を持ってほしいということも含めて、先ほどの順番で村上先生からお願いします。

村上――今回の成果を、どういうかたちで建築技術のさらなる発展に活かせるかということが今後の課題だと思います。

建築設備でいうと、過去50年で十分に近代化・現代化しました。この変化を誇張して表現すれば、奈良時代から戦前までの約1,200年間ほとんど変化がなかったものが、戦後60年で大きく変わったといえるのではないかと思います。しかし、これまでは欧米という目標がありましたが、これからはモデルにするものがないので、そう急激な変化はなくて、わりあい安定的に進むのではないかと思います。暖房・冷房・給湯と何もなかったところから、それがあるのが普通の時代に入ったと思います。

問題は、内田先生が配管の取り替えのことをおっしゃいましたが、この巨大なストックをどうするかということです。ストック活用のためのメンテナンスに関する技術に、分野を挙げて取り組むべきだと思います。日本の建築投資が今後、資産として残っていくためには欠かせないことであるといえます。ですので、投資が資産として残るような技術のあり方を追求すべきだろうと思います。次世代には、資産価値の持続ということを含めて、広い意味でのメンテナンスをどうするかということの研究を、ぜひお願いしたいと思います。

また、今日の座談会では、良いものを積極的に伸ばすという話題はあまり出ませんでした。たとえば経済産業省と国土交通省では技術開発のスタンスも同じではありません。経済産業省のトップランナー制度は、非常に早くから、明確に高い目標を掲げて、ここまで到達しなさいと誘導してきました。それで極めて高い性能向上を達成して、地球環境問題に関連する技術も世界的に高く評価されています。技術開発のあり方はいろいろ柔軟であるべきで、ストックのメンテナンスなどの際にも、今までとは違う技術開発の制度や仕組みを早く整備する必要があると思っています。

深尾――ありがとうございます。最近、日本建築センターが建築技術研究所の活動を再開されていて、その研究テーマのひとつが、ストック建築物のリノベーションをいかに進めていくかということです。現在、そのような活動を活発に行っていると聞いています。

村上――表層の技術問題ではなくて、制度も含めて資産価値として次世代にもきちんと継続・保全されるような仕組みをつくるところから考えなければいけないと思います。日本の建築界としてもっとも大きな問題点だと思います。

深尾――岡田先生が鉄筋コンクリートのお話をされていましたが、20世紀以降の鉄筋コンクリートなどの建築物ストックの活用については、ある意味で日本ががんばれるテーマです。今までのヨーロッパでのストック活用とは違う側面で、いろいろな技術開発を行わなければいけないテーマですので、次世代を担う方々にはそういうものへも関心をぜひ持っていただきたいと思います。

それから、今日は話題に出ませんでしたが、キーワードの中に「パイロットプロジェクト」がありますが、パイロットハウスや芦屋浜高層住宅など、1970（昭和45）年頃から住宅局が進めた一連の取り組みは、トップランナー的なことだったと思います。民間の力の活用という意味でも、建築行政が進めてきたことは、当時はすごく先進性があったと捉えていますので、キーワードとして取り上げています。その後、ああいう動きがあまりなかったように思いますが、そういうことも大切ではないかというご指摘かと思います。ありがとうございます。

それでは、立石さん、お願いします。

立石――私もやはり、ストックが膨大になってきたので、これをどのように活用するか、あるいは、いきいきしたものにするかが今後の最大の課題であると思っています。これは、ハード、ソフトの両面ありますが、とくにソフト面の課題がたくさんあります。それは、ここの建築技術からははみ出してしまうものが多いかもしれませんが、そういうものの基礎になるようなことをしていかなければならない。たとえば、鉄筋コンクリートでいうと、建築物の安全度だけではなくて健全度を診断したり、評価する技術がもっと必要でしょうし、部分的な改修をスムーズに行う技術ももう一度考え直す段階ではないかと思っています。

ただ、それにつけても人手不足問題ですね。

深尾氏

自分の家の修繕を頼もうとしても、このごろは、修繕にも人手が不足しているような社会になってきています。こういうものに対して、AIを活用するなどいろいろあるでしょうが、人手が不足する中で、どのようにストック活用をしていくかということが大きな課題かと思っています。

若い人たちにとって魅力ある分野に

深尾―――それでは、岡田先生、いかがでしょうか。

岡田―――耐震改修の技術が実際に全国的に進んだのは阪神・淡路大震災以降です。どうしてそれまで進まなかったか。その頃よく私が言っていたのは、一般の建物の持ち主から政治家まで、みんなが古いものを壊して新しいものをつくりたがるからだ、との憎まれ口でした。

建築家、建築士もそうです。新しい建物の設計料が安いと言っているけど、古い建物を改装したり、診断したり云々ということではもっとお金にならないわけです。こういうものがもっとお金になるような施策、耐震補強したら高く売れるとかいう世の中の仕組みを構築しない限り、やはりみんな新しいものが良いというのは変わらない。そういう仕組みをこれからつくっていかなければいけないのではないかと思います。

私の狭い専門の耐震工学の面から言うと、性能規定化はまだまだ入口ですから、これをどう完成させていくか。それに対して、コンピューターの有効活用が今は全然されていない。構造の面では、手計算でしていた時代と同じことを計算機にかけているだけであって、コンピューターを使うと、もっと新しい設計法ができるはずです。それに向かっていかない限り、若い人たちが耐震構造に携わろうなどという気にはならないとずっと言っています。

若い現役の人にもよく憎まれ口をきくけど、耐震設計というものは、学問で言うと物理学であって、数学ではありません。物理学は現実の出来事に基づく事象の学問で、数学は単にそれを解く方法です。ところが、それが今や法学になりつつある。建築基準法さえ守っていればよろしいという世界になっていて、それでは性能設計に結びついてきません。もとに戻って考えなおさない限り、若い人たちがこういう仕事をしよう、良い建築物をつくろうという気になる、魅力ある分野にならないのではないかと思います。

それから、いつ、どこで、誰に言ってもなかなか聞いてくれないのですが、耐震設計には活断層対策をきちんと入れてほしい。今、ものすごくお金を使って断層の調査をしていますが、実際の建築物の建設に活かされていません。それを結びつけるため、活断層法でも制定しませんかと言っています。これは、活断層上での建設を禁止するのではなくて、活断層がある場所の近くの建築はもう少し丈夫に建てればよいとか、少し避けて建てるなど、いろいろな手があります。そういうことをもう少し真剣に考えないといけません。

2年前の熊本地震を見ると、断層沿いの震度予測と被害のマップが完全に一致していました。そういうことがわかっていて、そのためにものすごくお金をかけ調査をしているけれども、建物の設計には何も活かされていないのはおかしいのではないかと考えています。

深尾―――コンピューテーショナル・デザインという言い方で、最近、コンピューターを駆使して、形態生成から構造計算まであわせて行うような若い人たちがいます。優秀な人でないとできないので、まだ数は限られていますけど、そういう動きがぼちぼち出始めていますね。これは、かなり建築そのものを変えていくことになろうかと思います。ありがとうございました。

それでは、内田先生、お願いします。

内田―――みなさんの後であまり言うことがなくなってしまったのですが、既存不適格建築物をつくらない方法を考えていただきたいです。

深尾―――それは法律を変えたいということですか(笑)。

内田―――集団規定のようなものは社会事情が変わると変わってくるから仕方がないけど、敷地内のことは建築士に責任を持たせるようにすればいいと考えています。建築士に見回ってもらって居住者と連帯で責任をもってもらう。敷地内でけがをするとか、敷地内で何か起こることまで建築主事の責任にするのはおかしいと僕は思っています。

深尾―――建築基準法が仕様規定でずっと来て、それでよかれと思って、安全に、安全にと法律を変えていくと、既存不適格建築物がどんどん増えてくるわけですよね。それが、性能規定が進めば、既存のものでも本当に安全なものはまったく平気なはずだし、本当に危ないものは取り締まればいい。

内田―――性能規定にすると、具体的にどうすればいいかを決める人が必要で、それを担うのが建築士だと思います。そして、責任を取るためには見返りが必要ですので、その分の報酬が建築士に入る。そういう方向に進まなければいけないだろうと思います。

立石―――以前、既存不適格建築物についての法改正を試みた経験があります。大きな建築物の火災が発生したことがあり、そのときに、デパートなどの特殊建築物[注11]について、既存不適格建築物を許さないようにしようと遡及適用の試みをしました。ですが、どこかで法規のほうが社会に負けて、消えてしまい、その後は遡及適用の話はあまりしなくなりました。

もうひとつ、たとえば集団規定の不適合と単体規定の不適合があって、さらに単体の中でも構造の問題と防火の問題あるいは環境衛生の問題などいろいろあります。どこか少しを変えると建築物全部を直せというのが昔の精神ですが、今はそれを部分的に直すことをある程度認めているかと思います。今後ストック活用を進めるためには、社会の実情に応じた柔軟で弾力的な法整備が必要になると思います。

深尾―――耐震改修促進法は、ある程度そういう理念を取り入れられていますね。それ以上に、少しでも良くなるのであれば改修してもらったほうがいいと。耐震だけではなくて、いろいろなことで少しでも良くなるのであれば、それは進めるべきだという考えが少し入ってこないと、ストック活用は難しいということだろうと思います。

ちょうど予定の時間もまいりました。本日は、もう少し技術寄りの話になるかと思っていましたが、都市計画法・建築基準法制定100周年にふさわしい話題をたくさんお聞かせいただけたと思います。本当にありがとうございました。

注釈

1―――建築学会などの4会
建築学会（1897（明治30）年に造家学会（1886（明治19）年創立）から改称。現、一般社団法人日本建築学会）、日本建築士会（1917（大正6）年創立。現、公益社団法人日本建築家協会）、関西建築協会（1917（大正6）年創立。現、一般社団法人日本建築協会）、都市協会の4団体。

2―――大臣認定制度（38条認定制度）
建築基準法令で想定していない特殊の建築材料または構造方法を用いる建築物について、建築基準法第38条の規定に基づき、建設大臣が建築基準法令の規定によるものと同等以上の効力があると認める場合に、建築基準法令の規定を適用除外とする制度。

大臣認定の申請にあたっては、1965（昭和40）年の建設省住宅局建築指導課長通達（昭和40年12月17日住指発第200号）などにより、事前に日本建築センターの技術的審査（評定委員会による評定）を受けるよう指導がなされていた。

この認定制度は1998（平成10）年の建築基準法改正により、性能規定の導入に合わせて2000（平成12）年に廃止された。

なお、2014（平成26）年の建築基準法改正によって、法第38条が廃止前とほぼ同じ条文として復活しているが、新たな「特殊構造方法等認定制度」として位置づけられている。

3―――高層建築物構造審査会
1964（昭和39）年に高層建築物の構造安全審査のため建設省に設置された審査会。

4―――プレートテクトニクス
地球の表面が何枚かの固い岩盤（プレート）で構成されており、このプレートが変形することなく水平に回転運動をするということで、海陸の移動、地震、火山、山脈の形成など地球上のさまざまな変動を説明する理論。plate tectonics。

5―――震災予防調査会
1892（明治25）年に震災予防に関する事項の研究などのために設置された文部省所轄の機関。

6―――建築研究所
建設省建築研究所。現在の国土交通省国土技術政策総合研究所および国立研究開発法人建築研究所。

7―――構造計算書偽装問題
2005（平成17）年11月に国土交通省が、一級建築士が構造計算書を偽装していたことを公表したことに始まる一連の事件。これを契機として2006（平成18）年の建築基準法改正などの措置が講じられた。

8―――4号特例
小規模なものまで含めたすべての建築物について建築確認時に詳細な審査を行うことは、申請者側、審査側双方の負担の大きさに対して効果が限られたものとなり、合理的ではない。このため、戸建て住宅などの比較的小規模な建築物（建築基準法第6条第1項第4号に掲げる建築物）で建築士が設計したものについては、建築確認時の法的適合性の審査を一部省略できることとする特例制度。

9―――SDGs
「Sustainable Development Goals（持続可能な開発目標）」の略称。2015（平成27）年の国連サミットで採択された「持続可能な開発のための2030アジェンダ」に記載された、2016（平成28）年から2030（令和12）年までの国際目標。持続可能な世界を実現するための17のゴール、169のターゲットから構成されている。

10―――既存不適格建築物
建築時には適法に建てられた建築物であって、その後、法令改正や都市計画変更などによって現行法に適合しない部分が生じたもの。建築基準法第3条第2項および第3項の規定により、そのままの状態で使用する場合は違反建築物とはならないが、増築などを行う場合は原則として現行法の規定に適合させることが必要となる。

11―――特殊建築物
建築基準法第2条第2号で定義されている学校、病院、劇場、百貨店、旅館、共同住宅、工場、倉庫などの用途に供する建築物。

2018年現在の霞が関ビルディング周辺［提供：鹿島建設（株）／撮影：エスエス］

001　郊外住宅地

小場瀬令二(おばせ・れいじ)

筑波大学名誉教授(居住環境・まちづくり・景観計画)／1948年東京都生まれ。1971年早稲田大学建築学科卒業。東京都立大学大学院生、豊橋技術科学大学助手などを経て、筑波大学社会工学系教授、ヘルシンキ工科大学客員教授、練馬まちづくりセンター所長などを歴任。工学博士、一級建築士。建築研究所懸賞論文で国土交通大臣賞(2003年)や、都市・建築デザインコンペで最優秀賞など多数受賞。主な著書に、『多摩田園都市――良好な街づくりをめざして』(東急電鉄、1980年)、『人と車「おりあい」の道づくり』(共著、鹿島出版会、1989年)、『都市をつくった巨匠たち』(共著、ぎょうせい、2004年)がある。

002　同潤会アパートメント

大月敏雄(おおつき・としお)

東京大学教授(建築計画・住宅地計画)／1967年福岡県生まれ。東京大学工学部建築学科卒業。同博士課程単位取得退学。横浜国立大学助手、東京理科大学助教授を経て、東京大学教授。博士(工学)。主な著書に、『集合住宅の時間』(王国社、2006年)、『奇跡の団地――阿佐ヶ谷住宅』(王国社、2010年)、『近居』(学芸出版社、2014年)、『住まいと町とコミュニティ』(王国社、2017年)、『町を住みこなす――超高齢社会の居場所づくり』(岩波書店、2017年)、『住宅地のマネジメント』(建築資料研究社、2018年)、『四谷コーポラス』(鹿島出版会、2018年)がある。日本建築学会賞[論文](2019年)受賞。

003　炭鉱住宅

菊地成朋(きくち・しげとも)

九州大学教授(建築計画・住居論)／1955年生まれ。東京大学工学部建築学科卒業、同大学院修了。東京大学助手、九州大学助教授を経て、1998年より九州大学教授。工学博士。主な著書に、『韓国現代住居学』(共著、建築知識社、1990年)、『砺波散居村における居住システムの分析』(共著、住宅総合研究財団、1998年)、『住まいを読む――現代日本住居論』(共著、建築資料研究社、1999年)、『都市理解のワークショップ』(共著、九州大学出版会、2015年)がある。

004　公営住宅・公団住宅

髙田光雄(たかだ・みつお)

京都美術工芸大学教授、京都大学名誉教授(建築計画学・居住空間学)／1951年京都府生まれ。1975年京都大学卒業、1977年同大学院修了、同助手、助教授を経て2003年教授、2017年より現職。博士(工学)、一級建築士。現在、都市住宅学会会長、京都府建築士会会長、京都府・京都市建築審査会会長、大阪府・京都府・大阪市・京都市住宅(まちづくり)審議会会長、京都市京町家保全・継承審議会会長などを兼務。主な建築計画に、「泉北桃山台B団地」、「実験集合住宅NEXT21」、「ふれっくすコート吉田」、「平成の京町家 東山八坂通」がある。主な著書に、『少子高齢時代の都市住宅学』(編著、ミネルヴァ書房、2002年)、『木の住まい』(共著、日本ぐらし館、2014年)がある。日本建築学会賞、都市住宅学会賞など受賞多数。

005　団地

植田 実(うえだ・まこと)

編集者／1935年東京都生まれ。1960年早稲田大学第一文学部卒業。『建築』編集部、『都市住宅』編集長などを経て1984年からフリーに。住まいの図書館出版局編集長として「住まい大系」(現在103巻)その他を企画・編集。主な著書に、『集合住宅物語』(みすず書房、2004年)、『都市住宅クロニクルI・II』(みすず書房、2007年)、『住まいの手帖』(みすず書房、2011年)、『真夜中の庭――物語にひそむ建築』(みすず書房、2011年)、『集合住宅30講』(みすず書房、2015年)、『いえ 団地 まち――公団住宅設計計画史』(共著、住まいの図書館出版局、2014年)がある。日本建築学会文化賞(2003年)、日本建築学会著作賞(2015年)受賞。

006　ニュータウン

鳴海邦碩(なるみ・くにひろ)

大阪大学名誉教授(都市計画・都市デザイン)／1944年青森県生まれ。1968年京都大学建築学第二学科卒業。1972年同大学院建築学第二専攻博士課程退学。博士(工学)。兵庫県技師、京都大学助手、大阪大学講師を経て、大阪大学教授。2008年同退職、同名誉教授、関西大学客員教授。日本都市計画学会元会長。大阪をはじめ関西の各地のまちづくりを支援。インドネシアをはじめアジア諸国の都市環境調査を行なってきた。サントリー学芸賞、不動産協会賞等を受賞。主な著書に、『都市の自由空間――街路から広がるまちづくり』(学芸出版社、2009年)、『都市のリ・デザイン』(共著、学芸出版社、1999年)、『都市の魅力アップ』(共著、学芸出版社、2008年)、『失われた風景を求めて』(共著、大阪大学出版会、2008年)がある。

007　分譲マンション

小林秀樹(こばやし・ひでき)

千葉大学教授(住環境計画・住宅政策)／1954年新潟県生まれ。1977年東京大学卒業、設計事務所勤務を経て1985年同大学院博士課程卒業(工学博士)。1987年建設省建築研究所入所、住宅計画研究室長等を歴任。2002年千葉大学助教授。2003年同教授、現在に至る。主な受賞に、日本不動産学会業績賞(1996年)、都市住宅学会論文・論説賞(1998、2010年)、日本建築学会賞(2007年)、住宅総合研究財団・清水康雄賞(2008年)、日本マンション学会論文賞(2017年)がある。主な著書に、『集住のなわばり学』(彰国社、1992年)、『新・集合住宅の時代』(日本放送出版協会、1997年)、『住民主体の住環境整備』(共著、放送大学教育振興会、2012年)、『居場所としての住まい』(新曜社、2013年)がある。

008　民間アパート

森本信明(もりもと・のぶあき)

近畿大学名誉教授(住宅計画)／1947年大阪府生まれ。1975年京都大学大学院修士修了後、信州大学農学部造園学研究室助手、1978年より建設省建築研究所に勤務、建設経済研究室長等を経て、1991年より近畿大学理工学部建築学科助教授、1996年より同教授、2013年退職、現在同大学名誉教授に。主な著書に、『都市居住と賃貸住宅』(学芸出版社、1994年)、

『賃貸住宅政策と借地借家法』(ドメス出版1998年)『まちなか戸建──持家化社会のまちづくり』(学芸出版社、2008年)がある。

009　コーポラティブハウス

中林由行(なかばやし・よしゆき)

NPO法人コーポラティブハウス全国推進協議会副理事長、(株)綜建築研究所会長／1943年熊本県生まれ。1965年東京大学建築学科卒業。1972年(株)綜建築研究所代表取締役所長。1978年NPO法人コーポラティブハウス全国推進協議会の設立に参加。主な著書に、『コーポラティブ・ハウジング』(共著、鹿島出版会、1988年)、『ともに住むかたち』(共著、建築資料研究社、1997年)がある。

010　コレクティブハウス

檜谷美恵子(ひのきだに・みえこ)

京都府立大学教授(住生活学・居住政策論)／滋賀県生まれ。1982年京都府立大学生活科学部住居学科卒業。1989年大阪市立大学大学院生活科学研究科生活環境学専攻博士課程修了。学術博士。大阪市立大学生活科学部助手、准教授等を経て2008年より現職。主な著書に、『欧米の住宅政策』(共著、ミネルヴァ書房、1999年)、「都市生活のリ・デザイン──居住・消費・福祉」『都市の再生を考える──都市のガバナンス』(岩波書店、2005年)、『Housing and Social Transition in Japan』(分担執筆、Routledge、2009年)がある。

011超高層マンション

安藤正雄(あんどう・まさお)

千葉大学名誉教授(建築構法・建築生産)／1948年生まれ。東京大学卒業、同大学院博士課程中退。博士(工学)。主な著書に、『建築ものづくり論』(共著、有斐閣、2015年)、『変革期における建築産業の課題と将来像』(共著、日本建築学会、2007年)、『建築生産ハンドブック』(共著、朝倉書店、2007年)がある。日本建築学会賞[論文](2004年)受賞。

012　応急仮設住宅・復興住宅

渡邊史郎(わたなべ・しろう)

国土交通省国土技術政策総合研究所主任研究官／1986年滋賀県生まれ。2009年東京大学建築学科卒業、2014年東京大学大学院博士課程修了。博士(工学)。国立研究開発法人建築研究所住宅・都市研究グループを経て、2017年より国土技術政策総合研究所。住総研博士論文賞受賞(2016年)。

013　最小限住宅

塚本由晴(つかもと・よしはる)

アトリエ・ワン共同主宰、東京工業大学教授(建築意匠・ふるまい学)／1965年神奈川県生まれ。1987年東京工業大学卒業、1992年貝島桃代とアトリエ・ワン設立。1994年同大学院博士課程修了。博士(工学)。2000年同准教授、2015年より同教授。ハーバード大学大学院客員教員、UCLA客員准教授なども歴任。主な著書に、『コモナリティーズ ふるまいの生産』(共著、LIXIL出版、2014年)、『現代住宅研究』(共著、INAX出版、2004年)、『メイド・イン・トーキョー』(共著、鹿島出版会、2001年)がある。主な受賞に、東京建築士会住宅建築賞金賞(1999年)、吉岡賞(1999年)などがある。

014　公庫仕様書

水谷達郎(みずたに・たつろう)

元住宅金融公庫建設サービス部長／1944年愛知県生まれ。1967年名古屋大学工学部建築学科卒業。1969年名古屋大学工学研究科修了、住宅金融公庫入庫。1996年北海道支店長。1999年建設サービス部長。2001年(財)住宅金融普及協会常務理事。2007年(財)首都圏不燃公社理事。2009年首都圏建物管理(株)代表取締役社長。2013年退任。2012年「木質材料・木質構造技術研究基金賞第一部門杉山英男賞」を受賞。主な著書に、『木造住宅における技術革新』(日刊木材新聞社、1995年)がある。

015　寒地住宅

谷口尚弘(たにぐち・なおひろ)

北海道科学大学教授(住環境計画・住宅生産)／1972年北海道生まれ。1995年北海道工業大学卒業、2000年北海道工業大学大学院博士後期課程修了。博士(工学)。2001年より北海道工業大学(現、北海道科学大学)。主な著書に、『みんなで30年後を考えよう──北海道の生活と住まい』(共著、中西出版、2014年)がある。

016　高齢者住宅

園田眞理子(そのだ・まりこ)

明治大学教授(建築計画・住環境計画・住宅政策論)／石川県生まれ。1979年千葉大学工学部建築学科卒業、1993年千葉大学大学院自然科学研究科博士課程修了。博士(工学)、一級建築士。(株)市浦都市開発建築コンサルタンツ、(財)日本建築センター建築技術研究所を経て、1997年より明治大学に勤務。主な著書に、『世界の高齢者住宅──日本・アメリカ・ヨーロッパ』(日本建築センター、1993年)、『建築女子が聞く──住まいの金融と税制』(共著、学芸出版社、2015年)がある。

017　住宅性能表示制度

角倉英明(すみくら・ひであき)

広島大学准教授(建築生産・建築構法)／1977年東京都生まれ。2000年芝浦工業大学卒業。2008年東京大学大学院工学系研究科博士課程修了。博士(工学)。国土技術政策総合研究所住宅研究部、建築研究所建築生産研究グループを経て、現職。主な著書に、『図表でわかる建築生産レファレンス』(彰国社、2017年)がある。主な開発に、「ICタグを用いたコンクリートトレーサビリティシステム」(2010年)、地域工務店との協働によるモデルハウス「suku*suku plus」(広島、2018年)がある。

018　工業化住宅

松村秀一(まつむら・しゅういち)

東京大学特任教授(建築構法・建築生産)／1957年兵庫県生まれ。1980年東京大学建築学科卒業。1985年東京大学大学院博士課程修了。工学博士。1986年より東京大学講師、助教授、教授を経て2018年より現職。HEAD研究会代表理事、建築技術支援協会代表理事、団地再生支援協会会長。日本建築学会賞[論文](2005年)、都市住宅学会賞[著作](2008、2015、2016年)、日本建築学会著作賞(2015年)など受賞多数。主な著書に、『「住宅」という考え方』(東京大学出版会、1999年)、『箱の産業』(共著、彰国社、2013年)、『建築──新しい仕事のかたち』(彰国社、2013年)、『ひらかれる建築』(筑摩書房、2016年)、『建築再生学』(市ヶ谷出版社、2016年)がある。

019　パイロットプロジェクト

吉田倬郎(よしだ・たくろう)

工学院大学名誉教授(建築構法・建築生産)／1947年高知県生まれ。1969年東京大学工学部建築学科卒業、1972年東京大学大学院博士課程中退。東京大学工学部助手、工学院大学講師、助教授を経て1991年工学院大学教授。2014年工学院大学名誉教授。主な著書に、『変革期における建築産業の課題と将来像──その市場・産業・職能はどのように変わるのか』(共著、日本建築学会、2007年)、『建築構法第五版』(共著、市ヶ谷出版社、2007年)、『建築と工学 ヴィジュアル版建築学入門』(共著、彰国社、2003年)、『図解事典 建築のしくみ』(共著、彰国社、2001年)、『建物の評価』(共著、建設物価調査会、1989年)がある。

020　スケルトン・インフィル住宅

南 一誠(みなみ・かずのぶ)

芝浦工業大学教授(建築構法・建築設計)／1956年石川県生まれ。1979年東京大学建築学科卒業、東京大学およびマサチューセッツ工科大学大学院修了。博士(工学、東京大学)。郵政省大臣官房建築部、建設省大臣官房官庁営繕部勤務を経て2005年4月より現職。都市住宅学会賞[著作]、北米照明学会賞優秀賞、千葉県建築文化賞などを受賞。主な著書に、『時と共に変化する建築』(UNIBOOK、2014年)、『集合住宅のインフィル改修』(共著、井上書院、2014年)、『公共施設の再編──計画と実践の手引き』(共著、日本建築学会、2015年)がある。

021　プレカット

権藤智之(ごんどう・ともゆき)

東京大学特任准教授(建築構法・建築生産)／1983年香川県生まれ。2006年東京大学工学部建築学科卒業。2011年東京大学大学院工学系研究科建築学専攻博士課程修了。博士(工学)。日本学術振興会特別研究員PD、首都大学東京都市環境学部建築都市コース准教授を経て、2017年より現職。主な著書に、『箱の産業』(共著、彰国社、2013年)、『霞が関ビルディング』(霞が関ビルディング50周年記念誌編集委員会として、三井不動産、2018年)がある。

022　学校建築

長澤 悟(ながさわ・さとる)

東洋大学名誉教授(建築計画)、教育環境研究所所長／

1948年神奈川生まれ。1973年東京大学卒業。1978年同大学大学院博士課程修了。工学博士。東京大学助手、日本大学教授、東洋大学教授を経て2014年より現職。主な受賞に、日本建築学会賞［作品］（1991年）、同［業績］（2000年）、日本建築学会作品選奨がある。主な著書に、『やればできる学校革命——夢を育む教育実践記』（日本評論社、1998年）、『スクール・リボリューション——個性を育む学校』（彰国社、2001年）、『第3版 コンパクト建築設計資料集成』（丸善、2005年）がある。主な建築設計に、「山梨県昭和町立押原小学校」、「福井県坂井市立丸岡南中学校」、「広島県府中市立府中学園府中小・中学校」がある。

023 公共文化施設

佐藤慎也（さとう・しんや）

日本大学教授（建築計画）／1968年東京都生まれ。1992年日本大学理工学部建築学科卒業。1994年日本大学大学院理工学研究科博士前期課程建築学専攻修了。博士（工学）。I.N.A.新建築研究所を経て1996年より日本大学理工学部。主な建築設計に、「3331 Arts Chiyoda」（メジロスタジオと共同、2010年）がある。主な著書に、『建築設計資料集成——展示・芸能』（丸善、2003年）、『劇場空間への誘い——ドラマチック・シアターの楽しみ』（鹿島出版会、2010年）がある。

024 庁舎建築

石田潤一郎（いしだ・じゅんいちろう）

武庫川女子大学客員教授、京都工芸繊維大学名誉教授（近代建築史）／1952年鹿児島県生まれ。1976年京都大学建築学科卒業。1981年京都大学大学院博士後期課程修了。工学博士。京都大学助手、滋賀県立大学助教授、京都工芸繊維大学教授を経て2018年より現職。主な著書に、『都道府県庁舎——その建築史的考察』（思文閣出版、1993年）、『関西の近代建築』（中央公論美術出版、1996年）、『関西のモダニズム建築』（監修・共著、淡交社、2014年）『建築を見つめて、都市に見つめられて』（鹿島出版会、2018年）がある。

025 モダニズム建築

山名善之（やまな・よしゆき）

東京理科大学教授（建築史・建築保存）／1966年東京都生まれ。1990年東京理科大学工学部第一部建築学科卒業。香山アトリエ／環境造形研究所勤務の後、フランス政府給費留学生として渡仏。パリ・ベルヴィル建築学校DPLG課程、パリ大学Iパンテオン・ソルボンヌ校美術史研究所博士課程を修了。博士（美術史）、フランス政府公認建築家DPLG。主な著書に、『世界遺産 ル・コルビュジエの作品群——国立西洋美術館を含む17作品登録までの軌跡』（TOTO出版、2017年）がある。フランス政府芸術文化勲章シュバリエ（2017年）、ベネティア・ビエンナーレ2016審査員特別賞。DOCOMOMO International専務理事、日本イコモス理事。

026 沖縄型建築

松葉一清（まつば・かずきよ）

武蔵野美術大学教授（近現代建築史・都市史）／1953年兵庫県生まれ。1976年京都大学建築学科卒業、朝日新聞入社。特別編集委員などを歴任し、2008年から武蔵野美術大学教授。主な著書に、『安藤忠雄 建築家と建築作品』（共著、鹿島出版会、2017年）、『集合住宅——20世紀のユートピア』（ちくま新書、2016年）、『現代建築のトリセツ』（PHP新書、2016年）、『「帝都復興史」を読む』（新潮選書、2012年）、『帝都復興せり!』（朝日文庫、1997年）、『近代主義を超えて』（鹿島出版会、1983年）がある。建築学会建築文化賞（2011年）、不動産協会賞（2017年）受賞。

027 宗教建築・祈念施設

五十嵐太郎（いがらし・たろう）

東北大学教授（建築史・建築批評）／1967年フランス・パリ生まれ。1992年東京大学大学院修士課程修了。博士（工学）。あいちトリエンナーレ2013芸術監督、第11回ヴェネチア・ビエンナーレ建築展日本館コミッショナー、『窓学——窓から見える世界』展の監修を務める。第64回芸術選奨文部科学大臣新人賞、日本建築学会教育賞（2015年）受賞。『日本建築入門——近代と伝統』（筑摩書房、2016年）、『日本の建築家はなぜ世界で愛されるのか』（PHP研究所、2017年）ほか著書多数。

028 タワー

吉見俊哉（よしみ・しゅんや）

東京大学教授（社会学・文化研究・メディア研究）、東京大学出版会理事長／1957年東京都生まれ。東京大学教養学部教養学科卒業後、同大学院社会学研究科博士課程単位取得退学。社会学・文化研究・メディア研究専攻。東京大学大学院情報学環長（2006–08年）、東京大学新聞社理事長（2009–12年）、東京大学副学長（2010–14年）等を歴任。ハーバード大学エドウィン・O・ライシャワー客員教授（2017–18年）。主な著書に、『都市のドラマトゥルギー』（河出書房新社、2008年）、『アメリカの越え方』（弘文堂、2012年）、『「文系学部廃止」の衝撃』（集英社、2016年）、『視覚都市の地政学』（岩波書店、2016年）、『大予言』（集英社、2017年）、『戦後と災後の間』（集英社、2018年）、がある。

029 東京オリンピック

豊川斎赫（とよかわ・さいかく）

千葉大学准教授（都市デザイン・公共施設デザイン・都市建築史）／1973年宮城県生まれ。1997年東京大学卒業。2000年同大学院修了。2000–05年日本設計。2007–16年国立小山工業高等専門学校准教授、2017年より現職。工学博士（東京大学）、一級建築士。主な著書に、『群像としての丹下研究室』（オーム社、2012年）、『磯崎新建築論集8 制作の現場』（編集協力、岩波書店、2015年）、『丹下健三』（岩波書店、2016年）がある。主な受賞に、日本建築学会著作賞（2014年）、日本イコモス奨励賞（2015年）、アートドキュメンテーション学会賞（2016年）、小山市景観賞まちなみ部門奨励賞（2017年）がある。

030 大阪万博

橋爪紳也（はしづめ・しんや）

大阪府立大学特別教授（建築史・都市文化論）／1960年大阪府生まれ。京都大学大学院修士課程修了後、大阪大学大学院博士課程修了。京都精華大学助教授、大阪市立大学都市研究プラザ教授、同大学院教授などを歴任。主な著書に、『倶楽部と日本人』（学芸出版社、1988年）、『明治の迷宮都市』（平凡社、1990年）、『日本の遊園地』（講談社現代新書、2000年）、『あったかもしれない日本』（紀伊国屋書店、2005年）、『「水都」大阪物語』（藤原書店、2011年）、『EXPO'70パビリオン 大阪万博公式メモリアルガイド』など。主な受賞に、大阪活力グランプリ特別賞（2010年）、日本観光研究学会学会賞（2014年）、日本都市計画学会石川賞（2015年）、日本建築学会賞［業績］（2017年）がある。

031 駅ビル

藤村龍至（ふじむら・りゅうじ）

東京藝術大学准教授（建築計画）、RFA主宰／1976年東京生まれ。2008年東京工業大学博士課程単位取得退学。2005年藤村龍至建築設計事務所（現、RFA）設立。東洋大学専任講師を経て、2016年より現職。アーバンデザインセンター大宮副センター長・ディレクター。主な著書に、『ちのかたち』（TOTO出版、2018年）、『批判的工学主義の建築』（NTT出版、2014年）がある。主なまちづくりプロジェクトに、「おとがわプロジェクト」（愛知県岡崎市、2015–20年）、「大宮東口プロジェクト」（さいたま市、2013–16年）、「鶴ヶ島プロジェクト」（埼玉県鶴ヶ島市、2011–16年）がある。

032 アーケード

辻原万規彦（つじはら・まきひこ）

熊本県立大学教授（建築史・都市史・建築環境工学）／1970年石川県生まれ。1995年京都大学工学部土木工学科卒業。1999年京都大学大学院博士後期課程修了。博士（工学）。日本学術振興会特別研究員を経て2000年より熊本県立大学。主な著書に、『社宅街——企業が育んだ住宅地』（共著、学芸出版社、2009年）、『熊本の近代化遺産 下』（弦書房、2014年）、『編集復刻版 昭和10年全国商店街調査資料』（共編、不二出版、2007年）、『戦前期外地火災保険特殊地図集成』（共編、柏書房、2018年）、論文に「戦前期の沖縄における製糖工場とその建設が地域に与えた影響」（2017年）がある。

033 地下街

初田香成（はつだ・こうせい）

工学院大学准教授（都市史・建築史）／1977年東京都生まれ。2001年東京大学工学部都市工学科卒業、2008年東京大学大学院工学系研究科建築学専攻博士課程修了。博士（工学）。東京大学助教、プリンストン大学客員研究員を経て2018年より現職。主な著書に、『都市の戦後 雑踏のなかの都市計画と建築』（東京大学出版会、2011年）、『都市計画家・石川栄耀——都市探求の軌跡』（編著、鹿島出版会、2009年）、『盛り場はヤミ市から生まれた』（編著、青弓社、2013年、2016年（増補版））がある。

034 ペデストリアンデッキ

藤村龍至（ふじむら・りゅうじ）

［031 駅ビル］と同様

035　公開空地

浅見泰司（あさみ・やすし）

東京大学教授（都市計画）／1960年東京都生まれ。1982年東京大学都市工学科卒業。1987年ペンシルヴァニア大学大学院博士課程修了。Ph.D.。東京大学助手、講師、助教授、教授を経て2012年より現職の東京大学大学院工学系研究科教授。主な著書に、『人口減少下のインフラ整備』（共編著、東京大学出版会、2013年）、『都市の空閑地・空き家を考える』（編著、プログレス、2014年）、『地理情報科学――GISスタンダード』（共編著、古今書院、2015年）、『都市工学の数理：基礎編』（日本評論社、2015年）、『民泊を考える』（共編著、プログレス、2018年）がある。

036　都心再開発

浅見泰司（あさみ・やすし）

［035　公開空地］と同様

037　ウォーターフロント開発

横内憲久（よこうち・のりひさ）

日本大学名誉教授（まちづくり・ウォーターフロント計画）／1947年東京都生まれ。1970年日本大学理工学部建築学科卒業。1972年日本大学大学院修士課程修了。工学博士。1972年より日本大学理工学部助手、助教授を経て1992年同教授。2017年同名誉教授。『ウォーターフロント開発の手法』（鹿島出版会、1988年）、『ウォーターフロントの計画とデザイン』（新建築社、1991年）、『港の景観設計』（技報堂、1991年）、『都市の計画と設計第3版』（共立出版、2017年）など著書多数。実作に「大阪南港コスモスクエアII期計画」（1997年）、「天王洲・浮体式水上レストランwaterline計画」（2006年）がある。

038　ショッピングモール

松葉一清（まつば・かずきよ）

［026　沖縄型建築］と同様

039　繁華街

石榑督和（いしぐれ・まさかず）

東京理科大学助教（建築史・都市史）／1986年岐阜県生まれ。2009年明治大学建築学科卒業。2014年明治大学大学院博士後期課程修了。博士（工学）。明治大学助教を経て現職。主な著書に、『戦後東京と闇市 新宿・池袋・渋谷の形成過程と都市組織』（鹿島出版会、2016年）、『盛り場はヤミ市から生まれた・増補版』（共著、青弓社、2016年）、『PUBLIC PRODUCE――「公共的空間」をつくる7つの事例』（共編著、ユウブックス、2018年）がある。

040　コンベンション施設

磯 達雄（いそ・たつお）

建築ジャーナリスト、フリックスタジオ取締役／1963年埼玉県生まれ。1988年名古屋大学卒業。1988年『日経アーキテクチュア』編集部勤務。2000年に独立し、2002年より編集事務所フリックスタジオ共同主宰。桑沢デザイン研究所非常勤講師、武蔵野美術大学非常勤講師。主な著書に、『634の魂』（徳間書店、2012年）、『昭和モダン建築巡礼 西日本編／東日本編』（共著、日経BP社、2006年／2008年）、『ぼくらが夢見た未来都市』（共著、PHP研究所、2010年）、『ポストモダン建築巡礼』（共著、日経BP社、2011年）、『菊竹清訓巡礼』（共著、日経BP社、2012年）、『プレモダン建築巡礼』（共著、日経BP社、2018年）がある。

041　テーマパーク

井上章一（いのうえ・しょういち）

国際日本文化研究センター教授（風俗史）／1955年京都府生まれ。1978年京都大学工学部建築学科卒業。1980年京都大学大学院工学研究科建築学専攻修士課程修了。京都大学人文科学研究所助手を経て、1987年より国際日本文化研究センター。主な受賞に、1999年芸術選奨文部大臣賞、1987年サントリー学芸賞。主な著書に、『伊勢神宮――魅惑の日本建築』（講談社、2009年）、『日本に古代はあったのか』（角川選書、角川学芸出版、2008年）がある。

042　コンクリートブロック造

熊谷亮平（くまがい・りょうへい）

東京理科大学准教授（建築構法計画）／1976年佐賀県生まれ。2000年東京都立大学（現、首都大学東京）建築学科卒業。2008年東京大学大学院博士課程修了。博士（工学）。2009年より東京理科大学。主な著書に、『霞が関ビルディング』（共著、三井不動産、2018年）、『理工系の基礎――建築学』（共著、丸善、2016年）、『建築再生学』（共著、市ヶ谷出版社、2016年）がある。

043　鉄骨造

山田 哲（やまだ・さとし）

東京工業大学教授（鉄骨構造・耐震工学・免震構造・制振構造）／1965年大阪府生まれ。1988年東京大学工学部建築学科卒業。1994年東京大学論文博士、博士（工学）。1990年東京大学助手、1998年東京工業大学助教授、准教授を経て、2014年より東京工業大学教授。日本建築学会奨励賞（1995年）、日本建築学会賞［論文］（2016年）、日本免震構造協会賞技術賞（2014、2017年）を受賞。主な著書に、『2013年改訂版 既存鉄骨造建築物の耐震改修施工マニュアル』（分担執筆、日本建築防災協会、2013年）、『第二次改訂版 学校建物の耐力度測定法』（分担執筆、第一法規、2018年）がある。

044　鉄骨鉄筋コンクリート造

熊谷亮平（くまがい・りょうへい）

［042　コンクリートブロック造］と同様

045　鉄筋コンクリート造

藤岡洋保（ふじおか・ひろやす）

東京工業大学名誉教授（近代建築史）／1949年広島県生まれ。1973年東京工業大学工学部建築学科卒業、1975年同大学院修士課程建築学専攻修了、1979年同大学院博士課程建築学専攻修了、工学博士。明治大学工学部助手などを経て、1984年東京工業大学工学部助教授、1996年同教授。日本近代のデザインや建築思想、建築技術などについて研究。主な著書に、『表現者・堀口捨己――総合芸術の探求』（中央公論美術出版、2009年）、『近代建築史』（森北出版、2011年）、『明治神宮の建築――日本近代を象徴する空間』（鹿島出版会、2018年）がある。日本建築学会賞［論文］（2011年）、「建築と社会」賞（2013年）を受賞。

046　耐震設計法

塩原 等（しおはら・ひとし）

東京大学教授（建築構造）／1958年富山県生まれ。1981年東京大学建築学科卒業。1986年東京大学大学院博士課程修了。工学博士。建設省建築研究所研究員を経て1995年より東京大学。主な受賞に、J.James Croesメダル ASCE（アメリカ土木工学会）（2002年）、日本建築学会賞［論文］（2011年）がある。主な著書に、『鉄筋コンクリート構造保有水平耐力計算規準（案）・同解説』（日本建築学会、2016年）、『現場打ち同等型プレキャスト鉄筋コンクリート構造設計指針（案）・同解説』（分担執筆、日本建築学会、2002年）がある。

047　免震構造

西川孝夫（にしかわ・たかお）

首都大学東京名誉教授（建築構造学・耐震工学・地震工学）／1942年広島県生まれ。1965年東京大学建築学科卒業。1968年東京大学大学院博士課程中退後、1972年工学博士。1968年東京都立大学助手、同助教授を経て、1985年同教授。2005年首都大学東京教授（校名変更）。2006年定年退官。同名誉教授。主な著書に、『性能型構造設計入門』（共著、培風館、2003年）、『建築の振動』（共著、朝倉書店、2005年）、『建築構造の力学』（共著、朝倉書店、2003年）がある。主な受賞に、日本地震工学会論文賞（2012年）、経済産業大臣賞（2008年、原子力安全功労者表彰）、国土交通大臣賞（2015年、耐震改修貢献者賞）、日本免震構造協会功労賞（2016年）がある。

048　制振

和田 章（わだ・あきら）

東京工業大学名誉教授（建築構造学・耐震工学・免震構造・制振構造・空間構造）／1946年岡山県生まれ。1970年東京工業大学修士課程修了、1981年工学博士。日建設計を経て、1982年東京工業大学助教授、1989年同教授。主な著書に、『建築物の損傷制御設計』（共著、丸善、1998年）、『建築の構造設計――そのあるべき姿』（監修、日本建築学会、2010年）がある。主な受賞に、日本建築学会賞［論文］（1995年）、同賞［技術］（2003年）、松井源吾特別賞（2011年）、Fazlur R. Khan Lifetime Achievement Medal（2011年）、日本建築学会大賞（2019年）がある。主な構造設計に、「東京工業大学百年記念館」（1987年）、「東京工業大学超高層免震研究棟」（2003年）などがある。

049　耐震改修

中埜良昭（なかの・よしあき）

東京大学生産技術研究所教授（建築耐震構造学）／1962年

兵庫県生まれ。1984年東京大学工学部建築学科卒業。1989年同大学院工学系研究科建築学専攻博士課程修了（工博）。2012–15年東京大学生産技術研究所長。国内外の被害地震調査ならびに復興支援活動多数。主な著書に、『耐津波学』（分担執筆、森北出版、2015年）、『規基準の数値は「何でなの」を探る』（分担執筆、建築技術、2015年）、『Preliminary Reconnaissance Report of the 2011 Tohoku-Chiho Taiheiyo-Oki Earthquake』（分担執筆、Springer、2012年）がある。

050　超高層ビル

権藤智之（ごんどう・ともゆき）

［021　プレカット］と同様

051　鋼管構造

竹内 徹（たけうち・とおる）

東京工業大学教授（建築構造）／ 1960年大阪府生まれ。1982年東京工業大学建築学科卒業。1984年同大学院修士課程修了、2002年まで新日本製鉄勤務。1991–92年英国Ove Arup & Partners勤務。博士（工学）。2003年より東京工業大学、2009年同教授。主な著書に、『鋼構造座屈設計指針』（日本建築学会、2009年）、『ラチスシェル屋根構造設計指針』（日本建築学会、2016年）、『力学・素材・構造デザイン』（建築技術、2012年）、『Buckling-Restrained Brace and Applications』（日本免震構造協会、2017年）がある。主な構造設計に、「香港中環中心」、「東京工業大学緑が丘1号館レトロフィット」、「東京工業大学附属図書館」がある。

052　シェル・空間構造

斎藤公男（さいとう・まさお）

日本大学名誉教授（空間構造デザイン）／ 1938年群馬県生まれ。1961年日本大学理工学部建築学科卒業。1963年日本大学大学院修士課程修了。工学博士。1991年同教授、2007年日本建築学会会長。日本建築学会賞［業績］、同教育賞、同大賞、松井源吾賞、IASS坪井賞、E.トロハ賞など受賞多数。主な設計に、「岩手県営体育館」、「ファラデーホール」、「出雲ドーム」、「山口きららドーム」、「静岡エコパスタジアム」がある。主な著書に、『空間構造物語』（彰国社、2003年）、『新しい建築のみかた』（エクスナレッジ、2004年）がある。

053　膜構造建築

川口健一（かわぐち・けんいち）

東京大学教授（空間構造工学）／ 1962年生まれ。1985年早稲田大学卒業、1991年東京大学大学院博士課程修了。工学博士。主な設計に、「東京大学新2号館」（2005年）、「White Rhino I, II」（2001年、2007年）がある。主な著書に、『一般逆行列と構造工学への応用』（コロナ社、2011年）などがある。日本免震構造協会技術賞特別賞（2008年）、日本建築学会賞［論文］受賞（2012年）。

054　開閉式ドーム

川口健一（かわぐち・けんいち）

［053　膜構造建築］と同様

055　木造住宅の耐震化

坂本 功（さかもと・いさお）

東京大学名誉教授／ 1943年徳島県生まれ。1966年東京大学工学部建築学科卒業。1971年同大学院工学系研究科修了、工学博士。1971年建設省建築研究所研究員、1973年東京大学工学部建築学科助教授を経て1989年同教授。1995年同大学院工学系研究科建築学専攻教授。2006年慶応義塾大学理工学部教授（2009年まで）。2017年（一財）日本建築防災協会理事長。主な著書に、『地震に強い木造住宅』（工業調査会、1997年）、『木造建築を見直す』（岩波新書、2000年）、『木造住宅構法（第三版）』（編著、市ヶ谷出版社、2018年）がある。主な受賞に、日本建築学会賞［業績］（2003年）、日経BP技術賞建設部門（2008年）、防災功労者内閣総理大臣表彰（2013年）がある。

056　伝統木造の構造解析

河合直人（かわい・なおひと）

工学院大学教授（建築構造・木質構造）／ 1958年神奈川県生まれ。1981年東京大学建築学科卒業。1986年東京大学大学院博士課程修了。工学博士。東京理科大学、建設省建築研究所、国土交通省国土技術政策総合研究所、独立行政法人建築研究所を経て、2011年より工学院大学。主な著書に、『限界耐力計算による伝統的木造建築物構造計算指針・同解説』（分担執筆、日本建築学会、2013年）、『五重塔のはなし』（分担執筆、建築資料研究社、2013年）がある。

057　ツーバイフォー建築

阿部市郎（あべ・いちろう）

NPO法人建築技術支援協会理事相談役／ 1928年東京生まれ。1947年芝浦高等工学校建築科卒業。一級建築士。（株）東久世建築設計事務所を経て、永大産業（株）取締役ハウス研究所長としてプレハブ住宅・ツーバイフォー構法の研究開発に従事後、三井ホーム（株）にて技術研究開発を担当、常務取締役。（一社）日本ツーバイフォー建築協会設立時より22年間技術開発部会長として普及啓発に努める。建築技術支援協会の設立に参加、現在に至る。主な著書に、『木の国の文化と木の住まい』（共著、三水社、1994年）、『安心という居住学』（分担執筆、三水社、1996年）がある。

058　防火構造

長谷見雄二（はせみ・ゆうじ）

早稲田大学教授（建築防災・設備）／ 1951年東京都生まれ。1973年早稲田大学建築学科卒業。1975年早稲田大学大学院修士課程修了。工学博士。建設省建築研究所研究員・主任研究員・防火研究室長を経て、1997年より早稲田大学教授。主な著書に、『新建築学大系 建築安全論』（共著、彰国社、1982年）、『ホモファーベルの建築史』（都市文化社、1985年）、『火事場のサイエンス』（井上書院、1988年）、『災害は忘れたところにやってくる』（工学図書、2002年）がある。

059　耐火木造建築

安井 昇（やすい・のぼる）

桜設計集団一級建築士事務所代表／ 1968年京都府生まれ。1993年東京理科大学大学院（修士）修了。積水ハウスを経て、1999年桜設計集団一級建築士事務所設立。2004年早稲田大学大学院（博士）修了。博士（工学）。木造建築の設計の傍ら、木造防耐火に関する研究、技術開発、コンサルティングを行う。日本建築学会奨励賞［論文］（2007年）受賞。主な著書に、『世界で一番やさしい木造3階建て』（共著、エクスナレッジ、2010年）がある。

060　大規模木造

腰原幹雄（こしはら・みきお）

東京大学生産技術研究所教授（木質構造学）／ 1968年千葉県生まれ。1992年東京大学建築学科卒業。2001年東京大学大学院博士課程修了。博士（工学）。構造設計集団〈SDG〉を経て2001年より東京大学。主な著書に、『都市木造のヴィジョンと技術』（共著、オーム社、2012年）、『感覚と電卓でつくる現代木造住宅ガイド』（彰国社、2014年）、『日本木造遺産――千年の建築を旅する』（共著、世界文化社、2014年）がある。主な構造設計に、「下馬の集合住宅」、「幕張メッセペデストリアンデッキ」、「八幡浜市立日土小学校耐震改修」がある。

061　場所打ちコンクリート

野口貴文（のぐち・たかふみ）

東京大学教授（建築材料・建築防耐火）／ 1961年岡山県生まれ。1985年東京大学建築学科卒業。1988年東京大学大学院博士課程中退。博士（工学）。東京大学助手・助教授・准教授を経て2014年より同教授。その間、西安建築科技大学客員教授、中国科学技術大学客員教授を歴任。日本建築学会奨励賞、セメント協会論文賞、土木学会出版文化賞、ACI最優秀作品賞など多数受賞。主な著書に、『Stock Management for Sustainable Urban Regeneration』（Springer、2009年）、『ベーシック建築材料』（彰国社、2010年）、『The Sustainable Use of Concrete』（CRC Press、2012年）がある。

062　代用資材・竹筋コンクリート

速水清孝（はやみ・きよたか）

日本大学教授（近代建築史）／ 1967年栃木県生まれ。1990年千葉大学工学部建築工学科卒業。1992年同大学院修士課程修了。郵政省大臣官房建築部などを経て、2003年東京大学大学院修士課程、2007年同博士課程修了。博士（工学）、一級建築士。日本大学工学部准教授を経て、2015年より現職。日本建築学会奨励賞（2007年）、建築史学会賞（2013年）、日本建築学会著作賞（2014年）などを受賞。主な著書に、『建築家と建築士――法と住宅をめぐる百年』（東京大学出版会、2011年）、『日本近代建築家列伝――生き続ける建築』（共著、鹿島出版会、2017年）がある。

063　打放しコンクリート仕上げ

藤森照信（ふじもり・てるのぶ）

東京大学名誉教授、工学院大学特任教授（建築史）／ 1946年長野県生まれ。東京大学大学院博士課程修了。1986年に赤瀬川原平、南伸坊らと路上観察学会を発足。主な著書に、『明治の東京計画』（岩波書店、1983年）、『日本の近代建築』（岩波新書、1993年）、『藤森照信の原・現代住宅再見』（TOTO出版、2002年）がある。主な受賞に、毎日出版文化賞（1983年）、日本芸術大賞（1997年）、日本建築学会賞［作品］（2001年）がある。主な建築設計に、「神長官守矢史料館」（1991年）、「ニラハウス」（1997年）、「熊本県立農業大学校学生寮」（2001年）がある。

064　PCaコンクリート・PC

岡本 伸（おかもと・しん）

（一社）建築研究振興協会顧問、ペルー国立工科大学名誉教授（建築構造・建築研究技術開発）／ 1938年東京都生まれ。1961年京都大学建築学科卒業。1965年京都大学大学院博士課程中退。1987年京都大学工学博士。建設省建築研究所研究員、同所所長、（財）日本建築センター建築技術研究所長、（社）日本建設業経営協会中央技術研究所長、（株）ピーエス三菱建築本部顧問、（社）建築研究振興協会会長を経て、2009年より同協会顧問。主な著書に、『JASS10プレキャストコンクリート工事標準仕様書・同解説』（日本建築学会、1991年）、『Response Control and Seismic Isolation of Buildings』（Tailor & Francis, 2006年）がある。

065　基礎・地盤改良

藤井 衛（ふじい・まもる）

東海大学名誉教授（建築基礎工学）／ 1951年石川県生まれ。1974年東海大学工学部建築学科卒業。1984年東海大学大学院博士課程修了。工学博士。1979年東海大学第二工学部助手を経て、1994年教授、2017年に退官。主な著書に、『ザ・ソイル』（建築技術、2000年）、『ザ・ソイルII』（建築技術、2002年）、『建築技術者が知りたいBuilding Foundation』（東海大学出版会、2012年）、『住宅地盤がわかる本』（オーム社、2014年）がある。

066　建材のリユース・リサイクル

角田 誠（つのだ・まこと）

首都大学東京教授（建築生産・構法計画）／ 1959年東京都生まれ。1983年東京都立大学建築工学科卒業。1985年東京都立大学大学院修士課程修了。博士（工学）。東京都立大学助手、同助教授を経て、2008年より現職。主な著書に、『建築ヴィジュアル辞典』（彰国社、1998年）、『シリーズ地球環境建築・専門編2　資源・エネルギーと建築』（彰国社、2004年）、『建築生産（第二版）』（市ヶ谷出版社、2010年）、『建築再生学』（市ヶ谷出版社、2016年）、『図表でわかる建築生産レファレンス』（彰国社、2017年）、がある。

067　労働安全対策

蟹澤宏剛（かにさわ・ひろたけ）

芝浦工業大学教授（建築生産・建築構法）／ 1965年東京都生まれ。1995年千葉大学大学院博士課程修了。ものつくり大学を経て、2005年芝浦工業大学助教授。2009年より現職。主な著書に、『建築生産ハンドブック（共著、朝倉書店、2007年）、『建設産業辞典』（共著、鹿島出版会、2008年）、『建築大百科事典』（共著、朝倉書店、2008年）、『現代住宅研究の変遷と展望』（共著、丸善、2009年）、『建築生産――ものづくりから見た建築のしくみ』（彰国社、2012年）、『建設業 社会保険未加入問題Q&A』（建設通信新聞社、2012年）がある。

068　CAD・BIM

嘉納成男（かのう・なるお）

早稲田大学名誉教授（建築生産）／ 1947年兵庫県生まれ。1970年早稲田大学理工学部建築学科卒業後、同大学院理工学研究科建設工学専攻に進学、1977年同助手、講師、助教授を経て、1988年より同教授。工学博士。日本建築学会賞［論文］（1995年）受賞。日本建築学会副会長（2005年6月–2007年5月）。主な著書に、『建築工事における施工シミュレーター』（早稲田大学出版部、2018年）がある。

069　外装タイル

小見康夫（おみ・やすお）

東京都市大学教授（建築生産・構法開発）／ 1961年大阪生まれ。1985年東京大学建築学科卒業。1995年東京大学大学院博士課程修了。博士（工学）。小見建築計画室・AEワークス代表を経て、2005年より武蔵工業大学（現、東京都市大学）。主な著書に、『図説テキスト・建築構造』（彰国社、1997年）、『世界のタイル・日本のタイル』（INAX出版、2000年）、『耐火木造マニュアル』（エクスナレッジ、2012年）、『3D図解による建築構法』（市ヶ谷出版社、2014年）がある。

070　アルミサッシ

真鍋恒博（まなべ・つねひろ）

東京理科大学名誉教授（建築構法計画・構法変遷史）／ 1945年生まれ。1968年東京大学工学部建築学科卒業、同大学院、1974年工学博士。1973年より東京理科大学工学部建築学科勤務、2012年同嘱託教授。主な著書に、『可動建築論』（井上書院、1971年）、『省エネルギー住宅の考え方』（相模書房、1979年）、『住宅部品を上手に使う』（彰国社、1992年）、『近代から現代の金属製建築部品の変遷・第1巻・開口部関連部品』（建築技術、1996年）、『図解・建築構法計画講義』（彰国社、1999年）、『建築ディテール 基本のき』（彰国社、2012年）がある。日本建築学会賞［論文］受賞（2000年）。

071　カーテンウォール

清家 剛（せいけ・つよし）

東京大学教授（建築構法計画）／ 1964年徳島県生まれ。1989年東京大学大学院修士課程修了。1991年東京大学助手を経て、1999年より同助教授、2019年より現職。博士（工学）。主な著書に、『ファサードをつくる――PCaコンクリート技術と変遷』（共同監修、分担執筆、プレコンシステム協会、2005年）、『窓と建築をめぐる50のはなし』（共同監修、エクスナレッジ、2017年）、『3D図解による建築構法 第二版』（市ヶ谷出版、2017年）がある。

072　ガラス建築

井上朝雄（いのうえ・ともお）

九州大学准教授（建築構法・建築生産）／ 1974年東京都生まれ。1998年東京大学工学部建築学科卒業。2003年東京大学大学院工学系研究科建築学専攻博士課程満期退学。九州大学大学院助手、助教を経て現職。博士（工学）。2017年より、環境設計の国際化を推進する学内センターである「環境設計グローバル・ハブ」の副ハブ長、2019年よりハブ長を務め、環境設計の国際化に取り組んでいる。

073　ALC

橘高義典（きつたか・よしのり）

首都大学東京教授（建築材料）／ 1957年東京都生まれ。1980年東京工業大学建築学科卒業。1986年東京工業大学大学院博士課程修了。工学博士。宇都宮大学助手、MIT客員助教を経て1995年より東京都立大学（現、首都大学東京）助教授、2001年同教授。日本鉄筋継手協会会長、日本建築仕上学会会長などを歴任。日本建築学会賞［論文］（2001年）ほか受賞。主な著書に、『JASS21・ALCパネル工事』（主査、日本建築学会、2005年）、『建築材料』（市ケ谷出版社、2010年）、「初学者の建築講座――建築材料」（市ケ谷出版社、2017年）がある。

074　合板・新建材

安藤直人（あんどう・なおと）

東京大学名誉教授（木質材料学・木質構造学）／ 1950年東京都生まれ。東京大学農学部林産学科卒業、同大学院修士課程修了。農学博士。日本木材輸出協会会長、NPO法人木未来理事長。主な著書に、『安全で長持ちする木の家――耐久性が住宅を変える』（ラトルズ、2010年）、『新・木質構造建築読本』（井上書院、2012年）がある。主な受賞に、日本木材学会賞（1987年）、木質材料・木質構造技術研究基金賞（2001年）、日本建築学会作品選奨（2002年）、木づかい運動日本木材情報センター理事長賞（2008年）がある。

075　屋根防水

田中享二（たなか・きょうじ）

東京工業大学名誉教授（建築材料・構法）、工学博士／ 1945年北海道生まれ。1969年北海道大学建築工学科卒業。1971年同大学大学院修士課程修了。1971年東京工業大学助手。2011年同定年退職。主な著書に、『新・建築材料I構造材料編』（数理工学社、2004年）、『新・建築材料II部位構成材料・機能材料編』（数理工学社、2005年）、『図解防水材料』（東洋書店、2014年）、『見えない建築地下防水の見える話』（建築技術、2014年）、『建築用シーリング材－基礎と正しい使い方』（シーリング工業会、2018年）がある。

076　ガス給湯設備

倉渕 隆（くらぶち・たかし）

東京理科大学教授（建築環境工学・建築設備）／ 1959年東京都生まれ。1982年東京大学工学部建築学科卒業。1985年東京大学大学院博士課程中退。博士（工学）。東京大学工学部助手を経て、1992年より東京理科大学。主な著書に、『初学者のための建築講座 建築環境工学』（市ヶ谷出版社、2006年）、『建築環境設備ハンドブック』（共著、オーム社、2009年）、『床暖房読本——快適・安心・人と環境にやさしい床暖房のすべて』（共著、風土社、2009年）、『はじめての環境・設備設計シミュレーション CFDガイドブック』（共著、オーム社、2017年）がある。

077　換気扇

小峯裕己（こみね・ひろみ）

千葉工業大学教授（建築環境工学・建築設備）／ 1953年東京都生まれ。1975年早稲田大学理工学部建築学科卒業。1977年東京大学大学院建築学専攻修士課程修了。工学博士。東京大学生産技術研究所助手、国立公衆衛生院建築衛生学部主任研究官を経て、1988年より千葉工業大学に勤務。主な著書に、『空気調和設備計画設計の実務の知識』（オーム社、1995年）、『環境工学教科書』（彰国社、1996年）、『住宅ビルダーのための常時換気設備の選定マニュアル』（トステム建材産業振興財団、2007年）、『室内微生物汚染——ダニ・カビ完全対策』（井上書院、2007年）、『建築設備集成 学校・図書館』（オーム社、2011年）、『建築設備の実務設計ガイド 中規模オフィスビル編』（オーム社、2013年）がある。

078　ステンレス流し台

和田菜穂子（わだ・なほこ）

一般社団法人東京建築アクセスポイント代表理事／ 1969年新潟県生まれ。2003年慶應義塾大学大学院修士課程修了。博士（学術）。2006–08年コペンハーゲン大学客員研究員、2009–14年東北芸術工科大学准教授、2015–16年東京藝術大学特任准教授、2009年より慶應義塾大学非常勤講師（現在に至る）。2016年より現職。文化資源として建築を活用した各種建築ツアーを企画し、社会人、外国人、こどもらに対し、実際の建築を見て学ぶ教育の機会を提供している。主な著書に、『近代ニッポンの水まわり』（学芸出版社、2008年）、『アルネ・ヤコブセン』（学芸出版社、2010年）、『北欧モダンハウス』（学芸出版社、2012年）、『北欧建築紀行』（山川出版社、2013年）がある。

079　浴室ユニット

真鍋恒博（まなべ・つねひろ）

［070 アルミサッシ］と同様

080　洋風便器

鎌田元康（かまた・もとやす）

東京大学名誉教授（建築空気環境・水環境と関連設備）／ 1945年宮城県生まれ。1968年東京大学工学部建築学科卒業。1年の建設省建築指導課勤務の後、東京大学工学系研究科建築学専攻修士課程・博士課程修了。工学博士。1974年より東京大学工学部助手、講師、助教授、教授を経て、2007年定年退職、名誉教授。2007–10年神奈川大学工学部建築学科教授。主な著書に、『給湯設備のABC』（TOTO出版、1993年）、『給排水衛生設備学 初級編——水まわり入門』（TOTO出版、1999年）、『トイレ学大事典』（柏書房、2015年）がある。

081　浄化槽

岩堀恵祐（いわほり・けいすけ）

宮城大学名誉教授（環境保全工学）／ 1954年静岡県生まれ。1976年大阪大学工学部環境工学科卒業。1978年大阪大学大学院工学研究科前期課程修了。工学博士。（株）明電舎、大阪大学、静岡県立大学を経て、2013年より宮城大学。主な著書に、『環境微生物工学研究法』（技報堂出版、1993年）、『水環境ハンドブック』（朝倉書店、2006年）、『最新 環境浄化のための微生物学』（講談社、2008年）、『リサイクル・廃棄物事典』（産業調査会、2012年）、『浄化槽工学』（日本環境整備教育センター、2013年）がある。

082　電気設備・照明設備

後藤昌弘（ごとう・まさひろ）

一般社団法人建築設備技術者協会役員・理事／ 1945年山形県生まれ。芝浦工業大学工学部電気設備学科を卒業後、同大学院建設工学にて建築環境工学を研究。アイシン精機株式会社空調システムグループにてNEDO支援のガスエンジンヒートポンプエアコン（GHP）の商品開発技術および許認可市場認知活動に従事。エネルギーシステム部統括責任者で定年。2005年より現職の公益財団法人関東電気保安協会に従事。東京南事業本部渋谷事業所を経由し、現在は一般財団法人関東電気保安協会本部営業部マネージャー特高市場開発業務を担当。自家用電気保安を通し、電気設備技術の設計コンサルタント業務に従事し現在に至る。

083　防火設備

萩原一郎（はぎわら・いちろう）

東京理科大学教授（避難計画・火災安全設計）／ 1960年埼玉県生まれ。1982年東京大学工学部建築学科卒業、1987年同大学院博士課程中退、同年4月建設省建築研究所に入所し、防火研究室で避難計画や火災安全設計に関する研究を開始する。1996–97年米国商務省国立標準技術研究所（NIST）の客員研究員、2001年4月国土技術政策総合研究所建築研究部防火基準研究室長、2004年独立行政法人建築研究所防火研究グループ上席研究員、2013年同グループ長。2017年4月から現職。主な著書に、『環境と空間（シリーズ「人間と建築」1）』（朝倉書店、1997年）、『2001年版避難安全検証法の解説及び計算例とその解説』（井上書院、2001年）がある。

084　エレベーター

藤田 聡（ふじた・さとし）

東京電機大学教授（装置機器学・耐震・免震・制振）／ 1956年東京都生まれ。1979年慶応義塾大学工学部機械工学科卒業。1981年慶応義塾大学大学院修士課程修了。1987年工学博士（東京大学）。東京大学助手、講師（生産技術研究所）を経て、1988年より東京電機大学。主な論文に、「産業施設に適した建屋免震構造の基礎的研究」（『日本機械学会論文集 C編』第53巻 第496号、1987年）、「エスカレーターの地震時挙動に関する基礎的研究」（『日本機械学会論文集』Vol.83 No.851、2017年）がある。

085　地域冷暖房

射場本忠彦（いばもと・ただひこ）

東京電機大学常務理事・名誉教授（建築設備・環境工学）／1947年鹿児島県生まれ。1972年北海道大学衛生工学科卒業。1914年東京大学大学院建築学専門課程修士修了。1977年東京大学大学院建築学専門課程博士修了。工学博士。東京電力（株）を経て、1984年より東京電機大学（工学部建築学科。現、未来科学部建築学科）。2002–05年工学部第一部長。2008–10年空気調和・衛生工学会会長。2006–17年IEA蓄熱実施協定執行委員会日本代表。主な著書に、『建築設備学教科書』（編集代表、彰国社、2009年）、『蓄熱式空調システム——計画と設計』（編集代表、空気調和・衛生工学会、2006年）。『トコトンやさしいヒートポンプの本』（監修、日刊工業新聞社、2010年）がある。

086　インテリジェントビル

沖塩荘一郎（おきしお・そういちろう）

東京理科大学名誉教授（建築計画・ファシリティマネジメント・建築防災）／ 1928年東京都生まれ。1952年東京大学工学部建築学科卒業。電気通信省入省、電気通信技官。同年日本電信電話公社法施行、社員となる。1977年同建築局特殊建築工事事務所長。1980年同退職、東京理科大学工学部建築学科教授。1997–2001年宮城大学事業構想学部教授。主な建築設計に、「クウェイト国電気通信センター」、「NTT横須賀研究開発センター」がある。主な著書に、『高度情報時代オフィスの環境』（日経BP社、1986年）、『変化するオフィス』（共著、丸善、1996年）がある。

087　断熱・省エネ

坂本雄三（さかもと・ゆうぞう）

東京大学名誉教授（建築環境工学）、一般財団法人日本建築センター顧問／ 1948年北海道生まれ。1971年北海道大学卒業。1978年東京大学大学院博士課程修了。工学博士。建設省建築研究所研究員、名古屋大学助教授、東京大学助教授を経て、1997年東京大学教授。2012年国立研究開発法人建築研究所理事長。専門は建築環境工学、省エネルギーなど。主な著書に、『省エネ・温暖化対策の処方箋』（日経BP企画、2006年）、『建築熱環境』（東京大学出版会、2011年）がある。国土交通省社会資本整備審議会・建築分科会・省エネルギー判断基準等小委員会長、公益社団法人空気調和衛生工学会会長（2010–12年）、ハウス・オブ・ザ・イヤー・イン・エナジー審査委員会委員長。主な受賞に、坪井賞（2001年）、空気調和衛生工学会・井上宇一賞（2014年）がある。

088　サステナブル建築

小玉祐一郎（こだま・ゆういちろう）

神戸芸術工科大学名誉教授（建築設計・建築環境計画）、エステック計画研究所取締役所長／1946年秋田県生まれ。1974年東京工業大学大学院博士課程修了。工学博士。同助手、建設省建築研究所を経て、1998年より神戸芸術工科大学教授、エステック計画研究所。主な建築設計に、「つくばの家シリーズ」（1984–2000年）、「高知・本山町の家」（2002年）、「飯田川小学校」（1992年）がある。主な著書に、『エコハウジングの勧め』（丸善、1996年）、『パッシブ建築設計手法事典 新訂版』（共著、彰国社、2000年）、『地球環境建築のすすめ』（共著、日本建築学会、2009年）がある。

089　復興小学校

金山眞人（かなやま・まひと）

復興小学校研究会代表、金山眞人建築事務所主宰／1963年東京都生まれ。1986年横浜国立大学工学部建築学科卒業。（株）大宇根建築設計事務所を経て2002年（有）金山眞人建築事務所設立。歴史的建造物の保存、再生に関心を持ち、（公社）日本建築家協会関東甲信越支部・保存問題委員会委員、（一社）東京建築士会・東京ヘリテージマネージャー養成講座検討特別委員会委員等を歴任。2018年（公社）日本建築家協会・保存再生会議議長。2011年に大橋智子、佐田祐一、多羅尾直子、日色真帆らと復興小学校研究会を結成。復興小学校の継承に向けて、調査研究や情報発信を行う。

090　防火建築帯

速水清孝（はやみ・きよたか）

［062　代用資材・竹筋コンクリート］と同様

091　スラムクリアランス

石榑督和（いしぐれ・まさかず）

［039　繁華街］と同様

092　密集市街地対策

山本俊哉（やまもと・としや）

明治大学教授（都市計画・安全学）／1959年千葉県生まれ。1981年千葉大学建築学科卒業。1983年千葉大学大学院修士課程修了。博士（学術）。マヌ都市建築研究所を経て、2005年より明治大学。一般社団法人子ども安全まちづくりパートナーズ代表理事、特定非営利活動法人向島学会副理事長、一般財団法人都市防災研究所理事。主な著書に、『防犯まちづくり』（ぎょうせい、2005年）、『路地からのまちづくり』（学芸出版社、2006年）、『大地震に備える』（丸善、2009年）、『都市計画とまちづくりがわかる本』（鹿島出版会、2011年）、『日本の安全文化』（研成社、2013年）がある。

093　歴史的建築物の保存・再生

後藤 治（ごとう・おさむ）

工学院大学理事長・教授（建築史・保存修復）／1960年東京都生まれ。1984年東京大学卒業、1988年東京大学大学院博士課程中退。博士（工学）。一級建築士。文化庁文化財保護部建造物課文部技官、同調査官を経て、1999年より工学院大学。2017年より現職。主な著書に、『建築学の基礎6 日本建築史』（共立出版、2003年）、『伝統を今のかたちに』（共編著、白揚社、2017年）、『都市の記憶を失う前に』（共編著、白揚社、2008年）、『それでも、「木密」に住み続けたい!』（共編著、彰国社、2009年）、『食と建築土木』（共編著、LIXIL出版、2013年）がある。

094　まちなみの保全

頴原澄子（えばら・すみこ）

千葉大学准教授（建築史・建築保存論・建築資料保存活用）／1972年愛知県生まれ。1995年東京大学文学部西洋史学科卒、文学士。1997年東京大学工学部建築学科卒、工学士。1997年から2000年まで（株）宮本忠長建築設計事務所勤務。一級建築士。2002年英国ヨーク大学歴史的建造物保存学コース修了、Master of Arts。2007年東京大学大学院工学系研究科博士課程修了、博士（工学）。九州産業大学講師を経て現職。著書に『身近なところからはじめる建築保存』（弦書房、2013年）、『原爆ドーム——物産陳列館から広島平和記念碑へ』（吉川弘文館、2016年）がある。

095　地域型住宅

三井所清典（みいしょ・きよのり）

芝浦工業大学名誉教授（建築生産・構法計画・建築設計）／1939年佐賀県生まれ。1963年東京大学建築学科卒業。1968年東京大学大学院博士課程修了。1968年芝浦工業大学専任講師、1983年同教授、2006年同名誉教授。1970年アルセッド建築研究所設立、主宰。東京建築士会会長（2007–13年）、日本建築士会連合会会長（2006年）を歴任。主な建築設計に、「佐賀県立九州陶磁器文化館」（1980年）（建築業協会賞、日本建築学会賞［作品］）、「北九州市営住宅団地ビレッジ香月」（1990年）（福岡県建築住宅文化大賞いえなみ部門）、「山古志における中山間地型復興住宅」（2006年）（木の建築賞、地域住宅計画賞）がある。

096　リノベーション・コンバージョン

新堀 学（しんぼり・まなぶ）

新堀アトリエ一級建築士事務所主宰／1964年埼玉県生まれ。1989年東京大学建築学科卒業。1989–96年安藤忠雄建築研究所所員。1999年より新堀アトリエ一級建築士事務所主宰。2012年より一般社団法人住宅遺産トラスト理事、一般社団法人HEAD研究会理事。主な著書に、『リノベーション・スタディーズ』（INAX出版、2002年）、『コンバージョン設計マニュアル』（エクスナレッジ出版、2004年）、『リノベーションの現場』（彰国社、2005年）、『建築再生の進め方』（市ヶ谷出版社、2007年）、『建築再生学』（市ヶ谷出版社、2016年）、『織田邸／家具・生活・空間』（ハシモトオフィス、2017年）がある。

097　植民地建築

西澤泰彦（にしざわ・やすひこ）

名古屋大学教授（建築史）／1960年愛知県生まれ。1983年名古屋大学工学部建築学科卒業。1993年東京大学大学院博士課程修了。博士（工学）。豊橋技術科学大学助手、名古屋大学助教授、内閣府技官（併任）などを経て、2014年より現職。『図説「満洲」都市物語』（河出書房新社、1996年）、『海を渡った日本人建築家』（彰国社、1996年）により1999年第3回建築史学会賞受賞。『日本植民地建築論』（名古屋大学出版会、2008年）などにより日本建築学会賞［論文］（2009年）を受賞。その他の著書に『日本の植民地建築』（河出書房新社、2009年）、『植民地建築紀行』（吉川弘文館、2011年）、『東アジアの日本人建築家』（柏書房、2011年）がある。

098　容積率規制

大澤昭彦（おおさわ・あきひこ）

高崎経済大学准教授（都市計画）／1974年茨城県生まれ。1997年筑波大学第三学群社会工学類卒業。2000年東京工業大学大学院総合理工学研究科修士課程修了。2008年東京工業大学大学院社会理工学研究科博士課程修了。博士（工学）。財団法人土地総合研究所、東京工業大学助教を経て、2015年より現職。主な著書に、『高さ制限とまちづくり』（学芸出版社、2014年）、『高層建築物の世界史』（講談社現代新書、2015年）、『初めて学ぶ都市計画（第2版）』（市ヶ谷出版社、2018年）がある。

099　ユニバーサルデザイン

髙橋儀平（たかはし・ぎへい）

東洋大学名誉教授（建築計画・まちづくり）／1948年埼玉県生まれ。1972年東洋大学工学部建築学科卒業。同助手、講師、助教授、教授を経て、2006年より同ライフデザイン学部人間環境デザイン学科教授。2019年同名誉教授。1994年ハートビル法の設計標準の検討に参加後、交通バリアフリー法、バリアフリー法の検討に参画。新国立競技場及び東京2020年オリンピック・パラリンピック競技場のユニバーサルデザイン計画に関わる。主な著書に、『高齢者、障害者に配慮の建築設計マニュアル』（彰国社、1996年）、『さがしてみようまちのバリアフリー』（編著、小峰出版、2011年）、『福祉のまちづくりの検証』（編著、彰国社、2013年）、『共生のユニバーサルデザイン』（共著、学芸出版社、2014年）がある。

100　建築基準の性能規定化

五條 渉（ごじょう・わたる）

一般財団法人日本建築防災協会技術総括参与／1957年生まれ。東京大学工学部建築学科卒。博士（工学）。1980年建設省入省。国土技術政策総合研究所建築災害対策研究官、同建築研究部長、建築研究所住宅・都市研究グループ長、同構造研究グループ長、同研究総括監などを歴任。2017年10月（一財）日本建築防災協会参与、2019年6月より同技術総括参与。主な著書に、『市民と専門家が協働する成熟社会の建築・まちづくり』（共著、日本建築学会、2014年）、『建築生産』（共著、市ヶ谷出版社、2010年）、『建築ストック社会と建築法制度』（共著、技報堂出版、2009年）がある。

本書は、「都市計画法・建築基準法制定100周年記念事業」の一環として出版されたものです。
出版にあたっては、一般財団法人 日本建築センターに「日本の近代・現代を支えた建築 ―建築技術100選― 委員会」を設置し、
公益財団法人 建築技術教育普及センターと協力して、企画、選定、編集いたしました。なお、本書と同時に、同じ記念事業出版物として、
建築基準法100年の歴史をまとめました『日本近代建築法制の100年 市街地建築物法から建築基準法まで』を発行しております。

[巻頭写真クレジット]
amanaimages：P.014–015
朝日新聞社提供：P.005上、P.009下
梅田スカイビル提供：P.013上
神奈川県提供：P.005下
神奈川県立近代美術館提供／村沢文雄撮影：P.006上
新建築社写真部撮影：P.013下
産経新聞社提供：P.008
積水化学工業（株）提供：P.009上
大成建設（株）提供：P.007
（株）竹中工務店提供：P.010-011
（独）都市再生機構提供：P.006下
西日本新聞社提供：P.004上
三井不動産（株）提供：P.002–003
三菱地所（株）提供：P.004下
松葉一清撮影：P.012上
森ビル（株）提供：P.012下

都市計画法・建築基準法制定100周年記念事業
日本の近代・現代を支えた建築―建築技術100選―

2019年6月19日　第1版 第1刷 発行

[選定・編集]
日本の近代・現代を支えた建築 ―建築技術100選― 委員会

[編集協力]
磯 達雄+山道雄太+平尾 望+中島由貴+星野拓美
（株式会社フリックスタジオ）
[デザイン]
中野豪雄+原 聡実+鈴木直子（株式会社中野デザイン事務所）
[印刷・製本]
藤原印刷株式会社

[発行]
一般財団法人 日本建築センター
公益財団法人 建築技術教育普及センター

[販売]
一般財団法人 日本建築センター
〒101-8986 東京都千代田区神田錦町1-9
TEL 03-5283-0478 ／ FAX 03-5281-2828

[定価]
本体4,500円+税

ISBN 978-4-88910-177-5